Michael Lindemann

Die Sanktionierung unbotmäßigen Patientenverhaltens

Michael Lindemann

Die Sanktionierung unbotmäßigen Patientenverhaltens

Disziplinarische Aspekte des psychiatrischen Maßregelvollzuges

W DE G
RECHT

De Gruyter Recht · Berlin 2004

Dr. *Michael Lindemann*, Wissenschaftlicher Mitarbeiter am Institut für Rechtsfragen der Medizin der Heinrich-Heine-Universität Düsseldorf

zugl.: Bielefeld, Univ., Diss. 2003

⊚ Gedruckt auf säurefreiem Papier,
das die US-ANSI-Norm über Haltbarkeit erfüllt.

ISBN 3-89949-145-9

Bibliografische Information Der Deutschen Bibliothek

Die Deutsche Bibliothek verzeichnet diese Publikation in der Deutschen Nationalbibliografie;
detaillierte bibliografische Daten sind im Internet über http://dnb.ddb.de abrufbar.

Printed in Germany

Datenkonvertierung/Satz: WERKSATZ Schmidt & Schulz GmbH, 06773 Gräfenhainichen
Druck und Bindung: Hubert & Co., 37079 Göttingen

MEINEN ELTERN

Vorwort

Die Arbeit hat der Fakultät für Rechtswissenschaft der Universität Bielefeld im Sommersemester 2003 unter dem Titel „Die Sanktionierung unbotmäßigen Patientenverhaltens im psychiatrischen Maßregelvollzug. Rechtssystematische Fragen, Ergebnisse einer Aktenanalyse und kriminalpolitische Konsequenzen“ als Dissertation vorgelegen. Bei der Drucklegung konnten die 2. Auflage des von *Kammeier* herausgegebenen Kommentars zum Maßregelvollzugsrecht sowie die 6. Auflage des nunmehr von *Volckart* und *Grünebaum* verfassten Erläuterungswerkes noch berücksichtigt werden.

Den Anstoß zur Auseinandersetzung mit den therapeutischen und rechtlichen Rahmenbedingungen der Sanktionierung im psychiatrischen Maßregelvollzug verdanke ich Herrn Dipl.-Soz. Bernd Dimmek, einem Mitarbeiter der Abteilung für Grundsatz-, Planungs- und Sicherungsaufgaben des Westfälischen Zentrums für Forensische Psychiatrie in Lippstadt-Eickelborn. Dieser äußerte den Verdacht, dass die im Gefolge der Strafgefangenen-Entscheidung des *Bundesverfassungsgerichts* entstandenen Vollzugsgesetze der Länder mit ihrer Konzentration auf die Eingriffsebenen der Therapie sowie der Prävention kein hinreichend differenziertes Instrumentarium zur einrichtungsseitigen Verarbeitung konflikthaften Patientenverhaltens bereithielten. Ähnliches Unbehagen kennzeichnet die Ausführungen von *Volckart* und *Grünebaum* in ihrem bereits erwähnten Werk, welche die unterstellte „Gemeinschaftsschwierigkeit“ der Maßregelklientel sowie die erwähnte Zweispurigkeit der Vollzugsgesetze zum Ausgangspunkt für die Diskussion eines Disziplinarinstrumentariums für den Maßregelvollzug nehmen (*Volckart/Grünebaum* 2003, S. 89ff.).

Die vorliegende Arbeit nimmt den eingangs skizzierten Verdacht, der (kritische) Vollzugspraxis und Rechtswissenschaft zu einen scheint, zum Anlass, sich dem Phänomen der Sozialkontrolle unter den Bedingungen des geschlossenen, von den Besonderheiten der Unterbringungssituation ebenso wie der untergebrachten Klientel geprägten Settings des psychiatrischen Krankenhauses aus rechtsdogmatischer, sozialwissenschaftlicher, empirischer sowie rechtsvergleichender Perspektive zu nähern.

Dem psychiatrischen Maßregelvollzug sowie den in ihm untergebrachten psychisch kranken Straftätern ist von der 1971 im Auftrage der Bundesregierung erarbeiteten „Enquête zur Lage der Psychiatrie in der Bundesrepublik Deutschland“ eine „Schlusslichtposition“ innerhalb des psychiatrischen und psychotherapeutischen Versorgungsbereiches attestiert worden (vgl. BT-Drs. 7/4200, S. 281). Obwohl es sich bei der grundsätzlich unbefristeten Unterbringung des schuldlosen oder lediglich vermindert schuldfähigen Maßregelpatienten um eine überaus gravierende Beschränkung persönlicher Freiheiten ausschließlich aus Gründen der Gefahrenabwehr handelt, finden der Maßregelsektor und seine Vollzugswirklichkeit in der rechtswissenschaftlichen Diskussion nach wie vor lediglich marginale Beachtung; auch insoweit erscheint es angebracht, eine „Schlusslichtposition" zu konstatieren. Die vorliegende Arbeit verfolgt das Anliegen, die Zusammenhänge dieses bislang nur wenig beleuchteten, sensiblen Bereichs der Rechtsanwendung einer breiteren juristischen Öffentlichkeit zugänglich zu machen.

Mein besonderer Dank gilt meinem Lehrer und Doktorvater, Herrn Prof. Dr. Stephan Barton, der mir nicht nur während meiner Zeit als wissenschaftlicher Mitarbeiter an seinem Lehrstuhl stets den zum eigenständigen wissenschaftlichen Arbeiten benötigten Freiraum zugestanden hat, sondern durch sein Vorbild seit frühen Studententagen auch für mein Verständnis eines rechtsstaatlichen Strafrechts prägend geworden ist. Herrn Prof. Dr. Otto Backes habe ich neben einer raschen Erstellung des Zweitgutachtens auch das „Initialerlebnis" seiner Vorlesung zum Allgemeinen Teil des Strafrechts im Wintersemester 1994/95 zu danken.

Im Westfälischen Zentrum für Forensische Psychiatrie Lippstadt-Eickelborn sind mir bei meinen Studien viele Personen behilflich gewesen, die hier nicht alle einzeln Erwähnung finden können. Neben Herrn Dipl.-Soz. Dimmek, der die Arbeit nicht nur angeregt, sondern ihr Entstehen auch ganz wesentlich gefördert hat, möchte ich besonders Herrn Dipl.-Psych. Aebert, Herrn Dr. Knapheide und Herrn Dr. Lietz für ihre aufgeschlossene Gesprächsbereitschaft danken.

Weitere wertvolle Anregungen verdanke ich Herrn Prof. Dr. Hartmut Bargfrede, Herrn Dr. Helmut Pollähne und Frau Prof. Dr. Irene Sagel-Grande. Besonders zu danken habe ich darüber hinaus auch dem Verlag De Gruyter für die Aufnahme der Untersuchung in sein Programm.

Zweifel und Ängste, die mich in ganz unterschiedlichen Stadien der Arbeit immer wieder einmal befallen haben, sind durch meine Freundin Diana König, meine Schwester Christina sowie meine Freunde Thorsten Schumacher und Jan Schumann stets fürsorglich und beherzt wieder vertrieben worden. Dass ich aber überhaupt den Mut und die Zuversicht entwickeln konnte, welche ein Unterfangen wie das nunmehr abgeschlossene erst möglich machen, verdanke ich der voraussetzungslosen Liebe meiner Eltern Margret und Heinrich Lindemann. Ihnen widme ich dieses Buch.

Düsseldorf, im Januar 2004 Michael Lindemann

Inhaltsübersicht

Inhaltsverzeichnis

Abkürzungsverzeichnis

aaO	am angegebenen Ort
ABl.	Amtsblatt
Abt. GPS	Abteilung für Grundsatz-, Planungs- und Sicherungsaufgaben
AE	Alternativ-Entwurf
a.F.	alte Fassung
Afd.	Afdeling
AG	Amtsgericht
AK	Alternativkommentar
Alt.	Alternative
Anm.	Anmerkung
ARSP	Archiv für Rechts- und Sozialphilosophie
Art.	Artikel
AT	Arbeitstherapie
AvD	Arzt vom Dienst
BayUBG	Bayerisches Gesetz über die Unterbringung psychisch Kranker und deren Betreuung (Unterbringungsgesetz) in der Fassung der Bekanntmachung vom 5. April 1992 (GVBl. S. 60, berichtigt S. 851)
BayVBl	Bayerische Verwaltungsblätter
BayVGH	Bayerischer Verwaltungsgerichtshof
BbgGVBl.	Gesetz und Verordnungsblatt für das Land Brandenburg
BbgPsychKG	Brandenburgisches Gesetz über Hilfen und Schutzmaßnahmen sowie über den Vollzug gerichtlich angeordneter Unterbringung für psychisch Kranke (Brandenburgisches Psychisch-Kranken-Gesetz) vom 8. Februar 1996 (BbgGVBl. I S. 26)
BerlPsychKG	Berliner Gesetz für psychisch Kranke vom 8. März 1985 (GVBl. S. 586)
BewHi	Bewährungshilfe
BGB	Bürgerliches Gesetzbuch vom 18. August 1896 (RGBl. S. 195)
BGBl.	Bundesgesetzblatt
BGH	Bundesgerichtshof
BGHSt	Entscheidungen des Bundesgerichtshofs in Strafsachen
BHPK	Behandlungsplankonferenz
BK	Bonner Kommentar
BOPZ	Wet bijzondere opnemingen in psychiatrische ziekenhuizen vom 29. Oktober 1992 (Stb. 96)
BPK	Behandlungsplankonferenz
BRD	Bundesrepublik Deutschland
BR-Drs.	Drucksachen des Deutschen Bundesrates
Brem. GBl.	Gesetzblatt der Freien Hansestadt Bremen

BremMVollzG	Bremisches Gesetz über den Vollzug von Maßregeln der Besserung und Sicherung in einem psychiatrischen Krankenhaus und in einer Entziehungsanstalt (Maßregelvollzugsgesetz) vom 28. Juni 1983 (Brem. GBl. S. 407)
BremPsychKG	Bremisches Gesetz über Hilfen und Schutzmaßnahmen bei psychischen Krankheiten vom 19. Dezember 2000 (GVBl. S. 471)
BT	Beschäftigungstherapie
BT-Drs.	Drucksachen des Deutschen Bundestages
BtMG	Betäubungsmittelgesetz vom 28. Juli 1981 (BGBl. I S. 681)
BVerfGE	Entscheidungen des Bundesverfassungsgerichts
BVerwGE	Entscheidungen des Bundesverwaltungsgerichts
BVT	Beginselenwet verpleging ter beschikking gestelden vom 25. Juni 1997 (Stb. Nr. 280)
bzw.	beziehungsweise
ca.	circa
CD	Compact Disc
DDR	Deutsche Demokratische Republik
ders.	derselbe
d.h.	das heißt
dies.	dieselbe(n)
diesbezgl.	diesbezüglich
Diss.	Dissertation
DM	Deutsche Mark
dorts.	dortselbst
Dr.	Doktor
Dr. med.	Doctor medicinae
DVBl	Deutsche Verwaltungsblätter
DVJJ	Deutsche Vereinigung für Jugendgerichte und Jugendgerichtshilfen
DV MVollzG NRW	Durchführungsverordnung zum Gesetz über den Vollzug freiheitsentziehender Maßregeln in einem psychiatrischen Krankenhaus und einer Entziehungsanstalt
ebd.	ebenda
EBZ	Einzelbettzimmer
EGGVG	Einführungsgesetz zum Gerichtsverfassungsgesetz vom 27. Januar 1877 (RGBl. S. 77)
EGMR	Europäischer Gerichtshof für Menschenrechte
Einf.	Einführung
Einl.	Einleitung
einschl.	einschließlich
EMRK	Europäische Konvention zum Schutz der Menschenrechte und Grundfreiheiten vom 4. November 1950 (BGBl. 1952 II S. 685)
et. al.	et alii
etc.	et cetera
EuGRZ	Europäische Grundrechte-Zeitschrift
evtl.	eventuell
EzSt	Entscheidungssammlung zum Strafrecht
f.	folgende

FamRZ	Zeitschrift für das gesamte Familienrecht
ff.	folgende
Fn	Fußnote
FPI	Freiburger Persönlichkeitsinventar
FS	Festschrift
Fr.	Freitag
GA	Goltdammer's Archiv für Strafrecht
GBl. BW	Gesetzblatt für Baden-Württemberg
gem.	gemäß
GemSenOBG	Gemeinsamer Senat der obersten Gerichtshöfe des Bundes
GG	Grundgesetz für die Bundesrepublik Deutschland vom 23. Mai 1949 (BGBl. S. 1)
ggf.	gegebenenfalls
GV	Geschlechtsverkehr
GVBl.	Gesetz- und Verordnungsblatt
GVBl. LSA	Gesetz- und Verordnungsblatt für das Land Sachsen-Anhalt
GV NRW	Gesetz- und Verordnungsblatt für das Land Nordrhein-Westfalen
GVOBl. M-V	Gesetz- und Verordnungsblatt für das Land Mecklenburg-Vorpommern
Habil.-Schr.	Habilitationsschrift
HambgMVollzG	Hamburgisches Gesetz über den Vollzug von Maßregeln der Besserung und Sicherung in einem psychiatrischen Krankenhaus oder einer Entziehungsanstalt (Hamburgisches Maßregelvollzugsgesetz) vom 14. Juni 1989 (GVBl. S. 99)
HansOLG	Hanseatisches Oberlandesgericht
HessMRVG	Hessisches Gesetz über den Vollzug von Maßregeln der Besserung und Sicherung in einem psychiatrischen Krankenhaus und in einer Entziehungsanstalt vom 3. Dezember 1981 (GVBl. I S. 414, 440)
h.M.	herrschende Meinung
Hr.	Herr
Hrsg.	Herausgeber
Hs.	Haus
IBO	Interdepartementaal beleidsonderzoek
i.Br.	im Breisgau
IBR	Intensivbetreuungsraum
ICD	International Classification of Diseases
Inl. opm.	Inleidende opmerkingen
insbes.	insbesondere
iS	im Sinne
JGG	Jugendgerichtsgesetz in der Bekanntmachung vom 11. Dezember 1974 (BGBl. I S. 3427)
JuS	Juristische Schulung
JVA	Justizvollzugsanstalt
JVKostO	Verordnung über Kosten im Bereich der Justizverwaltung vom 14. Februar 1940 (RGBl. I S. 357)
JR	Juristische Rundschau
JZ	Juristenzeitung

Kap.	Kapitel
KastrationsG	Kastrationsgesetz
KG	Kochgruppe
KG	Kammergericht
KIR	Kriseninterventionsraum
KJ	Kritische Justiz
KrimJ	Kriminologisches Journal
KritV	Kritische Vierteljahresschrift für Gesetzgebung und Rechtswissenschaft
l	Liter
LG	Landgericht
LK	Leipziger Kommentar
LKH	Landeskrankenhaus
LKW	Lastkraftwagen
LS	Leitsatz
lt.	laut
LT.-Drs.	Landtags-Drucksache
lit.	litera
m.	mit
MA	MitarbeiterIn
MDR	Monatsschrift für Deutsches Recht
Med.	Medikation
mgl.	möglich
Min.	Minute
Mitpat.	MitpatientIn
M.L.	Michael Lindemann
MSchrKrim	Monatsschrift für Kriminologie und Strafrechtsreform
mwN	mit weiteren Nachweisen
MVollzG LSA	Maßregelvollzugsgesetz für das Land Sachsen-Anhalt vom 9. Oktober 1992 (GVBl. S. 736)
MRVG-NW	Maßregelvollzugsgesetz Nordrhein-Westfalen vom 15. Juni 1999 (GV NRW S. 402/SGV NRW 2128)
MVollzG SH	Maßregelvollzugsgesetz Schleswig-Holstein vom 19. Januar 2000 (GVBl. S. 114)
Nds. MVollzG	Niedersächsisches Maßregelvollzugsgesetz vom 1. Juni 1982 (GVBl. S. 367)
NET	Neuroelektrische Therapie
NJ	Neue Justiz
NJB	Nederlands Juristenblad
NJW	Neue Juristische Wochenschrift
NLG	Niederländische Gulden
N.N.	Nomen Nominandum
Nr.	Nummer
Nrn.	Nummern
NRW	Nordrhein-Westfalen
NStZ	Neue Zeitschrift für Strafrecht
NStZ-RR	NStZ-Rechtsprechungsreport Strafrecht

NVwZ	Neue Zeitschrift für Verwaltungsrecht
NVwZ-RR	NVwZ-Rechtsprechungsreport Verwaltungsrecht
OBG NW	Ordnungsbehördengesetz Nordrhein-Westfalen vom 13. Mai 1980 (GV NRW S. 528)
o.g.	oben genannte(r)
OLG	Oberlandesgericht
OVG	Oberverwaltungsgericht
Pat.	PatientIn
PC	Personal Computer
PDL	PflegedienstleiterIn
PE	Pflegeeinheit
Pfl.	PflegerIn
Pfl.-Pers.	Pflegepersonal
pktl.	pünktlich
PolG NRW	Polizeigesetz Nordrhein-Westfalen vom 25. März 1980 (GV NRW S. 234)
PP	Pflegeplanung
Prof.	Professor
PsychiatPraxis	Psychiatrische Praxis
PsychKG	Psychisch-Kranken-Gesetz
PsychKG M-V	Gesetz über Hilfen und Schutzmaßnahmen für psychisch Kranke (Psychischkrankengesetz Mecklenburg-Vorpommern) in der Fassung der Bekanntmachung vom 13. April 2000 (GVOBl. M-V S. 182)
R&P	Recht & Psychiatrie
Rn	Randnummer
Ref.	ReferentIn
RGBl.	Reichsgesetzblatt
RhPfMVollzG	Landesgesetz über den Vollzug freiheitsentziehender Maßregeln (Maßregelvollzugsgesetz Rheinland-Pfalz) vom 23. September 1986 (GVBl. S. 223)
RuP	Recht und Politik
Sa.	Samstag
SaarlMRVG	Gesetz Nr. 1257 über den Vollzug von Maßregeln der Besserung und Sicherung in einem psychiatrischen Krankenhaus und einer Entziehungsanstalt (Maßregelvollzugsgesetz des Saarlandes) vom 29. November 1989 (Abl. 1990 S. 81)
SächsPsychKG	Sächsisches Gesetz über die Hilfen und die Unterbringung bei psychischen Krankheiten vom 16. Juni 1994 (GVBl. 1994 S. 1091)
SchwZStR	Schweizerische Zeitschrift für Strafrecht
SGV NW	Sammlung des bereinigten Gesetz- und Verordnungsblattes für das Land Nordrhein-Westfalen
SK	Systematischer Kommentar
sog.	sogenannte(r)
SOG LSA	Gesetz zum Schutz der öffentlichen Sicherheit und Ordnung für das Land Sachsen-Anhalt vom 19.12.1991 (GVBl. LSA S. 538)
Sr.	Wetboek van Strafrecht vom 3. März 1881 (Stb. 35)

St.	Station
Stat.	Station
Stb.	Staatsblad
Stcrt.	Staatscourant
Std.	Stunde(n)
StGB	Strafgesetzbuch in der Bekanntmachung vom 13. November 1998 (BGBl. I S. 3322)
StPO	Strafprozessordnung in der Bekanntmachung vom 7. April 1987 (BGBl. I S. 1074)
StR	Revisionen in Strafsachen (Registerzeichen)
StRG	Gesetz zur Reform des Strafrechts
st. Rspr.	ständige Rechtsprechung
StV	Strafverteidiger
StVK	Strafvollstreckungskammer
StVollzG	Strafvollzugsgesetz vom 16. März 1976 (BGBl. I S. 581)
Tab.	Tabelle
Tab	Tabak
TBR	Ter beschikking stelling van de regering
TBS	Ter beschikking stelling
tgl.	täglich
ThürPsychKG	Thüringisches Gesetz zur Hilfe und Unterbringung psychisch Kranker vom 2. Februar 1994 (GVBl. S. 81)
TK	Tweede Kamer
TOA	Täter-Opfer-Ausgleich
TV	Television
u.a.	unter anderem/und andere
UBG BW	Gesetz über die Unterbringung psychisch Kranker (Unterbringungsgesetz Baden-Württemberg) in der Fassung vom 2. Dezember 1991 (GBl. BW S. 794)
Univ.	Universität
usw.	und so weiter
VGH	Verwaltungsgerichtshof
vgl.	vergleiche
Verf.	VerfasserIn
Verg.	Vergünstigungen
Vol.	Volume
Vorbem.	Vorbemerkung
VorschVfG	Vorschaltverfahrensgesetz Nordrhein-Westfalen vom 20. Februar 1979 (GV NRW S. 40)
VV	Verwaltungsvorschrift
VVDStRL	Veröffentlichungen der Vereinigung Deutscher Staatsrechtslehrer
VVJug	Verwaltungsvorschriften zum Jugendstrafvollzug vom 15. Dezember 1976 (bundeseinheitlich vereinbart)
VwGO	Verwaltungsgerichtsordnung in der Bekanntmachung vom 19. März 1991 (BGBl. I S. 686)
VwVfG.NRW.	Verwaltungsverfahrensgesetz Nordrhein-Westfalen vom 21. Dezember 1976 (GV NRW S. 510)

WG	Wohngruppe
WLK	Westfälisches Landeskrankenhaus
WMI	Westfälische Metallindustrie (auch: Hella)
Wochensp.	Wochenspiegel
WS	Wochenspiegel
WsFPP	Werkstattschriften für Forensische Psychiatrie und Psychotherapie
WZFP	Westfälisches Zentrum für Forensische Psychiatrie
z.B.	zum Beispiel
ZDF	Zweites Deutsches Fernsehen
ZfStrVO	Zeitschrift für Strafvollzug und Straffälligenhilfe
Ziff.	Ziffer
ZRP	Zeitschrift für Rechtspolitik
ZStW	Zeitschrift für die gesamte Strafrechtswissenschaft
z.T.	zum Teil
zugl.	zugleich
zusf.	zusammenfassend
zust.	zustimmend(er)
zw.	zwischen
Zweitbearb.	Zweitbearbeiter
z.Z.	zur Zeit

„Gesellschaft interessiert hier vornehmlich als etwas, was passiert, im Zusammenhang mit der Tatsache, daß Gesellschaft etwas ist, das Zähne hat, die beißen können."

H. Popitz, Die normative Konstruktion von Gesellschaft, 1980

1. Kapitel: Einleitung – Die Kontroverse um das Fernsehempfangsrecht in Haina

Der Patient R leidet unter einer chronischen paranoid-halluzinatorischen Schizophrenie. R wird von seinem 24. bis zu seinem 28. Lebensjahr insgesamt dreißigmal in psychiatrischen Krankenhäusern stationär behandelt. Seine Entlassung erfolgt in den meisten Fällen, weil er aufgrund seiner Aggressivität im Krankenhaus nicht mehr tragbar erscheint. Schließlich wird im strafrechtlichen Sicherungsverfahren seine Unterbringung in einem psychiatrischen Krankenhaus gem. § 63 StGB angeordnet, die in der Klinik für gerichtliche Psychiatrie Haina vollstreckt wird. Aufgrund von Tätlichkeiten innerhalb der Einrichtung erfolgt eine Verlegung des Patienten in das sog. „Feste Haus" der Außenstelle der Klinik in Gießen. Auch dort nimmt R von Beginn an eine drohende und aggressive Haltung ein, und es kommt immer wieder zu schweren Tätlichkeiten gegen Mitpatienten, Pfleger und ärztliches Personal. Längere Gespräche mit dem Patienten werden dadurch unmöglich gemacht, dass dieser bereits nach wenigen Sätzen Beschimpfungen, Drohungen und Beleidigungen an seinen Gesprächspartner richtet. Auch eine Medikation wird von R massiv abgelehnt. Innerhalb des „Festen Hauses" in Gießen ist der Patient auf der Unterstation 3 untergebracht. Auf dieser Station ist der Besitz eines privaten Fernsehgerätes untersagt, den Untergebrachten wird jedoch zugestanden, von 07.00 Uhr morgens bis 18.45 Uhr abends im Gemeinschaftsraum fernzusehen. Nach 18.45 Uhr wird ihnen die Teilnahme am gemeinsamen Fernsehen verweigert, während dies den Patienten einer anderen Unterstation bis 21.45 Uhr gestattet ist. Gegen die für ihn nachteilige Praxis beantragt R beim LG Marburg gerichtliche Entscheidung mit der Begründung, es bestehe „eigentlich kein vernünftiger Grund", ihm das abendliche Fernsehen zu verweigern.

I. Der Maßregelvollzug als gesteigert konfliktträchtiger sozialer Raum

Das menschliche Zusammenleben ist stets davon geprägt, dass sich einige Mitglieder der Gemeinschaft an den geltenden Normen reiben, gegen diese Normen aufbegehren. Im geschlossenen Setting des Maßregelvollzuges kommt eine Reihe von Faktoren hinzu, welche die Wahrscheinlichkeit derartiger Regelverstöße noch zusätzlich erhöhen. Es handelt sich hierbei zunächst um Personenspezifika der Patienten: Die nach § 63 StGB Untergebrachten weisen oftmals erhebliche Sozialisationsdefizite auf und zeigen zum Teil verfestigte Züge dissozialen Verhaltens. *Volckart* und *Grünebaum* sprechen insoweit von einer „gemeinschaftsschwierigen" Klientel.[1] Daneben ist auf einige ungünstige situative Faktoren hinzuweisen: Die Betroffenen befinden sich aufgrund der Unterbringungsentscheidung dauerhaft in einer nicht von ihnen selbst gewählten Gemeinschaft mit den anderen Patienten der Einrichtung; baulich und organisatorisch bedingt mangelt es oft an privatem Rückzugsraum, was die Reibungsflächen im täglichen Miteinander auf der Station erhöht.[2] Als Reaktion auf das einrichtungsseitig auferlegte Normensystem entsteht zudem oft eine von einem konkurrierenden Wertegefüge geprägte Insassensubkultur, welche ihrerseits einen nicht unbeträchtlichen Anpassungsdruck auf den einzelnen Untergebrachten ausüben dürfte.[3] Es ist demgemäß grundsätzlich damit zu rechnen, dass sich das beschriebene Konfliktpotential in einer nicht unbeträchtlichen Anzahl konflikthafter Ereignisse entlädt, denen in vielen Fällen das Moment der Auflehnung des Untergebrachten gegen die Fremdbestimmtheit seiner Situation eignen wird.[4]

Die dieser Einleitung voran gestellte Fallschilderung berichtet in der stark verkürzten Sprache eines zur gerichtlichen Entscheidung aufbereiteten Sachverhalts die Geschichte eines derartigen Konflikts. Dem Leser wird bereits bei der Lektüre der wenigen wiedergegebenen Zeilen deutlich, dass der Patient R für den Stationsalltag der Klinik in Haina eine gewaltige Belastung darstellen muss. Er untergräbt kontinuierlich jeden Versuch, ihn in das Zusammenleben der Gemeinschaft einzubeziehen oder zur Teilnahme an Behandlungsangeboten zu bewegen und antwortet mit verbaler und physischer Aggression, die sich an Therapeuten, Pflegepersonal und Mitpatienten entlädt.

Das Verhalten des R muss für die Verantwortlichen eine Provokation gleich in zweifacher Hinsicht darstellen: Zunächst liegt bereits in seiner unberechenbaren Neigung zu Aggressionsdurchbrüchen eine gravierende Gefährdung der allgemeinen Sicherheit und Ordnung auf der Station, für deren Aufrechterhaltung letztlich allein das Vollzugspersonal die Verantwortung trägt. Vor diesem Hintergrund erscheint das Bedürfnis nach einer unmissverständlichen Reaktion, mit welcher dem

---

1 *Volckart/Grünebaum* 2003, S. 89. Ähnlich für den Jugendstrafvollzug *Böhm* 1978, S. 78.

2 Vgl. insoweit für den Strafvollzug *Huber* 1995, S. 6: „Gleichzeitig birgt die Zwangsgemeinschaft von Menschen mit unterschiedlicher sozialer und nationaler Herkunft und verschiedenen Lebensgewohnheiten und Lebensansichten, die auf engem Raum zusammenleben müssen, weiteren Konfliktstoff, den es zu meistern gilt."

3 *Lüdemann* 1990, S. 235 spricht in diesem Zusammenhang von einer „Gegenidentität"; nach *Möller* 1994 haben die angesprochenen Zwänge bei Strafgefangenen oftmals „zwei Gesichter" zur Folge: „der Gefangene in seiner Gruppe und der Gefangene bei der Therapeutin" (S. 286). Zur subkulturellen Prägung aufgrund vorheriger Hafterfahrungen vgl. *Rasch* 1987, S. 23.

4 In diesem Sinne auch *Kelk* 1988, S. 297. *Warta* 1998, S. 114 weist in diesem Zusammenhang auf den (bereits von *Goffman* 1971, S. 25ff. ausführlich beschriebenen) drohenden Identitätsverlust innerhalb einer totalen Institution hin.

Unruhestifter die in dieser Hinsicht existierenden Grenzen aufgezeigt werden, durchaus nachvollziehbar. Da der Vollzug der Maßregel darüber hinaus nach § 136 S. 2 StVollzG ausdrücklich der Heilung oder zumindest einer Zustandsverbesserung des Untergebrachten dienen soll,[5] kommt auch der von dem Patienten R so gewaltsam artikulierten Kooperationsunwilligkeit in sämtlichen Therapiebelangen eine eigenständige Bedeutung zu: Verweigert ein Untergebrachter dauerhaft jegliche Partizipation an den ihm unterbreiteten Behandlungsangeboten, so liegt es aus therapeutischer Perspektive nicht völlig fern, durch die Ausübung von Druck auf ein Einlenken des Betreffenden hinzuwirken.[6] Konsequenterweise ist demnach zu erwarten, dass auf die deutlich gewordene provokative „Fehlhaltung" des Betroffenen mit entsprechenden restriktiven Maßnahmen reagiert wird, um eine Modifikation der gezeigten konflikthaften Verhaltensmuster herbeizuführen.

Im Ausgangsfall hat die Einrichtung in Haina das durchgängig sehr konfrontative Verhalten des R zum Anlass genommen, diesen auf eine Unterstation des „Festen Hauses" zu verlegen, deren Statut für die dort untergebrachten Patienten unter anderem eine Einschränkung des Fernsehempfangs vorsieht.

Durch die auferlegten Beschränkungen wird in eine grundrechtlich verbürgte Rechtsposition des R, die in Art. 5 I 1 Alt. 2 GG verankerte Informationsfreiheit, eingegriffen: Von einer bestimmten Tageszeit an wird der Patient durch das Klinikpersonal daran gehindert, sich aus bestimmten, „allgemein zugänglichen Quellen ungehindert zu unterrichten".[7] In einem demokratischen Gemeinwesen kommt jedoch den in Art. 5 I GG verankerten Kommunikationsgrundrechten eine besondere, konstituierende Bedeutung zu, denn „nur der informierte Staatsbürger ist in der Lage, sich ein eigenes Urteil zu bilden und in der vom Grundgesetz intendierten Weise am demokratischen Prozess mitzuwirken."[8] Dieser überragende Rang des Rechts auf freie Information ist bei der im Eingriffsfalle von Verfassungs wegen vorzunehmenden Abwägung mit entgegenstehenden Gemeinwohlbelangen stets

---

[5] Vgl. zur Entstehungsgeschichte dieses „therapeutischen Auftrages" *Venzlaff/Schreiber* 1981, S. 189ff.

[6] Exemplarisch der Bericht von *Eickmann* 1984 über ein Behandlungskonzept mit psychologisch-pädagogischer Ausrichtung: „Die Teilnahme an Therapie- und Freizeitaktivitäten ist freiwillig. Allerdings sollten bestimmte Empfehlungen bezüglich der Gruppen- und Einzeltherapie von den Patienten eingehalten werden. Da die Erfahrung zeigt, dass Patienten häufig mit der Entscheidung über die Teilnahme überfordert sind, wird allerdings unsererseits auch immer wieder überlegt, ob beim Scheitern von „weichen" Motivierungsmaßnahmen (verbal) nicht doch stärkerer Druck von außen erfolgen sollte." (S. 73). Nichts anderes beschreiben auch *Fengler/Fengler* 1994, wenn sie für das Personal der von ihnen untersuchten psychiatrischen Einrichtung feststellen, dieses lehne es ab, die Patienten im Krankenhaus lediglich zu „verwahren", ohne dass „irgendetwas" mit ihnen geschehe (S. 347).

[7] Allgemein zu dem durch Art. 5 I 1 Alt. 2 GG gewährleisteten Schutzbereich Dreier-*Schulze-Fielitz* Art. 5 I, II, Rn 56ff.; *Pieroth/Schlink* 2001, Rn 562ff.; Sachs-*Bethge* Art. 5, Rn 51ff.; v. Mangoldt/Klein/Starck-*Starck* Art. 5, Rn 39ff.

[8] *Hesse* 1995, Rn 393. Vgl. auch noch BVerfGE 35, 202 (221): „schlechthin konstituierend für die freiheitliche demokratische Grundordnung"; 77, 65 (74); Sachs-*Bethge* Art. 5, Rn 51.

angemessen zu berücksichtigen.[9] Seitdem das *Bundesverfassungsgericht* in seiner Strafgefangenenentscheidung im Jahre 1972 den Abschied von der Rechtsfigur des „besonderen Gewaltverhältnisses“ eingeleitet hat, benötigt die öffentliche Gewalt überdies auch im Bereich des Maßregelvollzuges für die Vornahme derartiger Grundrechtseingriffe eine gesetzliche Grundlage, die ihrerseits verfassungsrechtlichen Vorgaben genügen muss.[10] Die nach § 138 I StVollzG hierfür zuständigen Landesgesetzgeber sind denn auch inzwischen sämtlich ihrer Pflicht zur Schaffung entsprechender Regelwerke nachgekommen.

Die vorliegende Arbeit will der Frage nachgehen, ob die geltenden Vollzugsgesetze ein adäquates Instrumentarium zur einrichtungsseitigen Verarbeitung von Konfliktlagen wie der im Ausgangsfall exemplarisch beleuchteten bereithalten. Dabei wird nicht zuletzt zu erörtern sein, wie viel Disziplin der Maßregelvollzug nötig hat; anders ausgedrückt: wie viel Disziplin dem Patienten über das bereits durch seine Unterbringung in einem psychiatrischen Krankenhaus für die Sicherheit der Allgemeinheit erbrachte Sonderopfer[11] hinaus im Einzelnen abverlangt werden darf, und welche Maßnahmen zur Herstellung dieses Ausmaßes an Disziplin als rechtlich zulässig angesehen werden können. Ziel der Arbeit soll es sein, die Leistungsfähigkeit des geltenden Rechts des Maßregelvollzuges an den von konflikthaften Interaktionen wie der eingangs geschilderten ausgehenden besonderen Belastungen zu messen und – für den Fall eines negativen Befundes – denkbare Alternativen oder Ergänzungen aufzuzeigen.[12] Im Folgenden soll allerdings zunächst untersucht werden, welche Rechtfertigungsoptionen von den einschlägigen Maßregelvollzugsgesetzen für eine Maßnahme wie das im Hainaer Fall verhängte Fernsehverbot eröffnet werden.

II. Die gesetzlich normierten Eingriffstatbestände

Eine Einschränkung oder Aussetzung des Hörfunk- und Fernsehempfanges ist im hessischen Maßregelvollzug gem. § 26 S. 2 HessMRVG allgemein oder für einzelne Untergebrachte dann möglich, wenn durch den Empfang „das Ziel der Unterbringung oder die Sicherheit oder Ordnung der Einrichtung des Maßregelvollzuges“ erheblich gefährdet würde.

---

9 BVerfGE 7, 198 (208); 35, 202 (221 f.); Dreier-*Schulze-Fielitz* Art. 5 I, II, Rn 31.

10 BVerfGE 33, 1 ff. Zur Umsetzung im Maßregelvollzug *Bernsmann* 1984; *Pollähne* 1992; *Schöch* 2000, S. 340f.; *Tondorf* 1980, S. 114. Eher zurückhaltend allerdings die Bewertung bei *Eisel* 1992, S. 175: „An den Maßregelvollzug dachte damals auch das Bundesverfassungsgericht nicht.“

11 Vgl. zum Sonderopfer des eventuell gänzlich unverschuldet, zumindest aber auf der Grundlage verminderter Schuld internierten Maßregelpatienten *Baur* 1990, S. 485; *Kammeier* 1987; *Kammeier* 1993, S. 198; Kammeier-*Kammeier*², Kap. A, Rn 99ff.; LK-*Hanack* § 63, Rn 54; *Müller-Dietz* 1983a, S. 148 sowie bereits *Lindemann* 2002, S. 12.

12 Zum Gang und zur Methodik der Untersuchung vgl. S. 16f.

Eine im Hinblick auf Beschränkungen der Informationsfreiheit vergleichbar explizite Regelung enthält das Saarländische Maßregelvollzugsgesetz, welches in § 16 I 3 gestattet, den Hörfunk- und Fernsehempfang vorübergehend auszusetzen oder einzelnen Personen zu untersagen, soweit „dies aus Gründen der Behandlung oder zur Aufrechterhaltung der Sicherheit oder des geordneten Zusammenlebens in der Einrichtung erforderlich ist." Nach § 26 II 1 des auch auf den dortigen Maßregelvollzug anwendbaren Brandenburgischen Psychisch-Kranken-Gesetzes sind entsprechende Rechtsbeschränkungen zulässig, „wenn der Inhalt von ... Hörfunk- und Fernsehsendungen in direktem Widerspruch zu den Zielen des Behandlungsplanes steht und eine offenkundige Gefährdung des Behandlungserfolges zu erwarten ist". In anderen Ländern erfordern entsprechende Rechtsbeschränkungen den Rückgriff auf weniger spezielle Regelungen. So eröffnet § 10 II MRVG-NW ganz allgemein die Möglichkeit, „aus zwingenden Gründen der Therapie, des geordneten Zusammenlebens und der Sicherheit" dem Untergebrachten Einschränkungen in seiner Freizeitgestaltung aufzuerlegen. Auch § 18 III des Hamburgischen Maßregelvollzugsgesetzes gestattet derartige Beschränkungen, „wenn andernfalls der Zweck der Unterbringung oder die Sicherheit oder das geordnete Zusammenleben in der Vollzugseinrichtung gefährdet werden würde." In allen anderen Ländern fehlt es gänzlich an einer Normierung zu diesem Bereich, so dass sich die – hier nicht näher zu erörternde – Frage stellt, inwieweit beim Fehlen eines einschlägigen Sondertatbestandes auf existierende Generalklauseln zurückgegriffen werden kann.[13]

Anhand der referierten Normen lässt sich trotz ihrer im Einzelnen unterschiedlichen Ausgestaltung eine grundlegende Tendenz illustrieren, welche die Struktur sämtlicher Landesgesetze prägt: Die Tatbestände, die einen Eingriff in Rechtspositionen der Untergebrachten ermöglichen, lassen sich zu einem System ordnen, dessen Koordinaten durch das Begriffspaar der Besserung und Sicherung bestimmt werden.

- Vornehmlich der Aspekt der Gefahrenabwehr kommt zunächst darin zum Ausdruck, dass Rechtsbeschränkungen aus Gründen der *Prävention* für zulässig erklärt werden, indem in Anlehnung an den Sprachgebrauch des allgemeinen Polizei- und Ordnungsrechts an eine Gefahr für die *Sicherheit oder Ordnung* angeknüpft wird. Demgemäß finden sich in den Maßregelvollzugsgesetzen einerseits Formulierungen, bei denen das Gefährdungspotential des Untergebrachten im Vordergrund steht; es ist dann etwa von der „Sicherheit in der Einrichtung" oder der „Aufrechterhaltung der Sicherheit" die Rede. Mit Begriffen wie der „Ordnung der Einrichtung" oder dem „geordneten Zusammenleben in der Einrichtung" werden demgegenüber eher Belange der Anstaltsordnung fokussiert.

---

[13] Trotz der insoweit recht permissiven Ausführungen in BVerfGE 33, 1 (11) stößt ein uneingeschränkter Rückgriff auf entsprechende Auffangregelungen im einschlägigen Schrifttum zumindest für diejenigen Konstellationen auf Ablehnung, deren Regelungsbedürftigkeit dem Gesetzgeber hätte klar sein müssen. Vgl. dazu *Kreuzer* 1994, S. 33; *Volckart* 1999a, S. 45: „Wo das Bedürfnis klar ist, aber eine (speziellere, M.L.) Regelung fehlt, sind solche Eingriffe nicht zulässig".

- Die hierzu in gewisser Hinsicht einen Gegenpol bildenden Besserungsaspekte finden sich schließlich insoweit in den fraglichen Eingriffstatbeständen wieder, als diese eine Rechtsbeschränkung zumeist auch dann ermöglichen, wenn *Therapiebelange* sie erforderlich machen. Exemplarisch sind hier etwa zu nennen die Bezugnahme auf das „Ziel der Unterbringung", die Einschränkung „aus Gründen der Behandlung" oder das Erfordernis einer drohenden „offenkundige(n) Gefährdung des Behandlungserfolges".

Festzuhalten bleibt, dass auch auf der Ebene der Vollzugsgesetzgebung jenes Begriffspaar seinen Niederschlag findet, welches bereits in der Überschrift zu dem auch die Maßregel des § 63 StGB umfassenden Sechsten Titel des Strafgesetzbuches begegnet. Halten Krankenhausärzte oder Pflegekräfte einen Eingriff in die Rechte des Untergebrachten für geboten, so sind sie für die dann erforderliche Begründung mithin auf Präventionserwägungen (im Sinne von Sicherheit und Ordnung in der Einrichtung) und Therapieerwägungen beschränkt.[14]

III. Überlegungen zur Einführung von Disziplinarmaßnahmen

Fraglich ist nun, ob die aufgezeigte Alternativität, die nach dem Willen der Landesgesetzgeber für die Begründung eines Eingriffs in grundrechtlich geschützte Positionen der Patienten gelten soll, vor dem Hintergrund des eingangs umrissenen Konfliktpotentials der Maßregelklientel als hinreichend zu bezeichnen sind. Mit *Volckart* und *Grünebaum* ist in diesem Zusammenhang zu überlegen, ob nicht noch eine dritte, gerade die Sanktionierung von Fehlverhalten zulassende Eingriffsschiene geschaffen werden sollte.[15] *Volckart* und *Grünebaum* weisen zunächst auf die Gefahr hin, dass es im Falle von Regelverstößen des Untergebrachten zu Strafaktionen von Mitpatienten, aber auch des Krankenhauspersonals kommen könne. Insoweit komme auf der einen Seite das eklatante Machtgefälle zwischen dem mit umfassenden Möglichkeiten zur Repression ausgestatteten Vollzugspersonal und dem entsprechend hilflosen Gewaltunterworfenen zum Tragen, auf der anderen Seite würden die bereits erwähnten subkulturellen Strukturen mit den ihnen immanenten Herrschafts- und Abhängigkeitsverhältnissen wirksam.[16]

Die beschriebenen Wege einer „Bestrafung" des Abweichlers zeichnen sich jedoch gerade durch einen deutlich klandestinen Charakter sowie durch eine (zwangsläufig) informelle Art der Konfliktverarbeitung aus und sind zudem in ihrer Befriedungswirkung unter Umständen auf den Kreis der unmittelbar in die Situa-

---

[14] Vgl. zu dieser Form der „Zweispurigkeit" bereits *Wagner* 1990a, S. 58ff.; *Wagner* 1992a, S. 156ff.

[15] *Volckart/Grünebaum* 2003, S. 89ff. Vergleichbare Überlegungen zur Situation in den Niederlanden vor Inkrafttreten des dortigen Disziplinarrechts finden sich im Übrigen bereits bei *Koenraadt/Drost* 1985, S. 21.

[16] *Volckart/Grünebaum* 2003, S. 90.

tion involvierten Personen beschränkt. Zumindest sind eventuelle Ausstrahlungseffekte innerhalb der Einrichtung nur schwer kalkulierbar. Für den Fall, dass ein Patient gegen die für das Zusammenleben in der Institution aufgestellten Regeln verstößt, ist dementsprechend davon auszugehen, dass insbesondere bei den im Maßregelvollzug Tätigen das Bedürfnis auch nach einer formellen Ahndung des betreffenden Regelverstoßes im Sinne eines unmissverständlich zum Ausdruck gebrachten Missbilligungsurteils entsteht.[17]

Das Zustandekommen dieses Wunsches lässt sich mit der Bekräftigungsfunktion erklären, die bereits *Durkheim* jedem staatlichen Strafen zugeschrieben hat: Danach bestätigt die Wahrnehmung der hoheitlichen Reaktion auf den individuellen Normbruch durch die Allgemeinheit diese in ihrem Bewusstsein um die Geltung des essentiellen Normenbestandes und trägt so zur Aufrechterhaltung der gültigen Ordnung bei.[18] Überträgt man diesen in der modernen Strafrechtswissenschaft unter dem Schlagwort der *positiven Generalprävention*[19] diskutierten Ansatz auf den Maßregelvollzug, so wird deutlich, dass es für Ärzte und Pflegepersonal nahe liegen muss, das kollektive Bewusstsein der Normgeltung durch eine entsprechende Sanktionierung des Abweichlers zu befestigen und sich so des Fortbestands der den Untergebrachten gesetzten Handlungsgrenzen zu versichern.[20]

Wie bereits dargestellt, ist in den entsprechenden landesgesetzlichen Regelwerken ein Disziplinarrecht, welches eine repressive Reaktion auf Regelverstöße gestatten und damit dem unterstellten Bedürfnis der Bediensteten nach einer formellen Sanktion entgegen kommen würde, gerade nicht enthalten.[21] Nach Auffassung von *Volckart* und *Grünebaum* besteht aufgrund dieses Mangels die Gefahr, dass die vorhandenen Eingriffstatbestände zum Zwecke einer dennoch für erforderlich gehaltenen Bestrafung von Seiten des Vollzugspersonals überdehnt werden.[22] Das Resultat

---

[17] Entsprechende Einstellungen des Vollzugspersonals skizziert auch *Rasch* 1991a, S. 79: „Der mir gegenüber wiederholt von Mitgliedern des Pflegepersonals geäußerten Erwartung entspricht, dass auf Fehlverhalten irgendeine Reaktion erfolgt."; vgl. auch noch aaO, S. 108. Insoweit gilt vielleicht in besonderem Maße, was *Popitz* 1980, S. 22 zum desiderativen Charakter sozialer Normen ausgeführt hat: „Die Norm schwimmt nicht in einem Meer von Indifferenz".

[18] *Durkheim* 1977, S. 149. Grundlegend bereits *Durkheim* 1976, S. 157ff. Erläuternd hierzu etwa *Coser* 1968; *Eisenberg* 2000, § 10, Rn 1ff.; *Göppinger* 1997, S. 14f. sowie ausführlich *Gephart* 1990, S. 120ff.

[19] Hierzu *Hassemer* 1990, S. 324ff.; *Naucke* 1998, § 1, Rn 140; *Roxin* 1997, § 3, Rn 26f.

[20] Die Thesen *Durkheims* ergänzend hat *Popitz* 1968 allerdings darauf hingewiesen, dass die Sanktion des Abweichlers ihre bekräftigende Wirkung auf das jeweilige Kollektiv nur zu entfalten vermag, wenn ein Großteil der individuellen Normverletzungen *nicht* entdeckt oder zumindest nicht geahndet wird. Zur Bedeutung der Dunkelziffer für die Normgeltung auch noch *Popitz* 1980, S. 67; *Treiber* 1973.

[21] Auf den insoweit vom brandenburgischen Gesetzgeber in § 27 II des dortigen PsychKG beschrittenen Sonderweg einer Befugnis zur Regelung disziplinarischer Belange in den jeweiligen Hausordnungen wird zu einem späteren Zeitpunkt einzugehen sein. Vgl. hierzu S. 286f.

[22] *Volckart/Grünebaum* 2003, S. 90f. Ähnlich *Duncker* 1987, S. 136 (Verbrämen „disziplinarische(r) Maßnahmen unter der Form therapeutischer Konsequenzen") sowie *Pollähne* 1994, S. 41, der auf die Gefahr einer Instrumentalisierung vor allem der Vollzugslockerungen zu Disziplinar-

für den konkreten Fall seien dann Maßnahmen, welche einer rechtlichen Überprüfung nicht standhielten. Insbesondere sei es unzulässig, die Reaktion auf Disziplinwidrigkeiten im Falle einer auch nur verminderten Schuldfähigkeit als *„ärztliche Behandlungsmaßnahmen“* zu deklarieren. Stattdessen handele es sich bei den Einordnungsschwierigkeiten der prinzipiell steuerungsfähigen Patienten um soziale Probleme, und bei der einrichtungsseitigen Reaktion stünden dementsprechend *Ordnungsbelange* im Vordergrund. Durch die Einführung eines Disziplinarrechts werde es den Ärzten somit im Ergebnis erleichtert, die dargestellte Trennlinie zwischen Behandlung und Verwaltung einzuhalten.[23]

Neben diesen praktischen Erwägungen führen die Autoren noch einen dogmatischen Grund für die Notwendigkeit der Schaffung eines disziplinarrechtlichen Instrumentariums für den Maßregelvollzug an. Im Umgang mit dem lediglich vermindert schuldfähigen Patientenanteil eines psychiatrischen Krankenhauses sei es ein Gebot der Menschenwürde, den Untergebrachten die Verantwortung für ihr Verhalten zuzuerkennen. Reagiere man auf ein entsprechendes Fehlverhalten ausschließlich mit ärztlichen Behandlungsmaßnahmen, so werde dies dem Subjektstatus der Betroffenen nicht gerecht. Auch sei es der Wiedereingliederung der Patienten nicht gerade dienlich, wenn diese das Gefühl vermittelt bekämen, sie könnten ungestraft beliebig gegen Regeln verstoßen.[24] Aus den genannten Gründen befürworten *Volckart* und *Grünebaum* die Einführung von Disziplinarmaßnahmen im Maßregelvollzug.[25]

Während die rechtsdogmatischen Überlegungen *Volckarts* und *Grünebaums* erst in einem späteren Stadium der Arbeit wieder aufgegriffen werden, soll ihre Warnung vor der Gefahr einer Überdehnung gesetzlich normierter Eingriffstatbestände durch Ärzte und Pflegepersonal bereits an dieser Stelle zum Anlass genommen werden, die im Ausgangsfall von der Klinikleitung und dem mit der Sache befassten Gericht für die vorgenommenen Rechtsbeschränkungen gewählte Legitimationsgrundlage einer kritischen Würdigung zu unterziehen.

---

zwecken hinweist. Zur Situation im Strafvollzug *Baumann et al.* 1973, S. 243 (Verstecken von „Eingriffe(n) disziplinärer Art oder solche(n), die die Aufsicht erleichtern sollen, hinter ‘ärztlichen’ Gründen“); *Volckart* 1985a; *Walter* 1999, Rn 295, 364; für die Niederlande schließlich *Blankstein* 1987, S. 68.

[23] *Volckart* 1999a, S. 91. Ähnlich auch noch AK-*Volckart*[4] §§ 136–138, Rn 11. Eine derartige Klarstellung nimmt im Übrigen *Noeres* 1993, S. 36f. bereits vor dem Hintergrund der geltenden Gesetzeslage vor.

[24] *Volckart* 1999a, S. 91 („Jagdschein“). In diese Richtung gehen auch die Überlegungen von *Blankstein* 1987, S. 69.

[25] *Volckart* 1999a, S. 90. Ihnen beipflichtend *Kreuzer* 1994, S. 37: „Untergebrachte Patienten sollten keinen Freibrief für Regelverstöße erhalten. Sie sollten vielmehr als Personen ernst genommen und d.h. auch für Regelverstöße zur Verantwortung gezogen werden“.

IV. Rechtfertigungsansätze der Klinik und des Gerichts im Ausgangsfall

Der Leiter der Klinik für gerichtliche Psychiatrie in Haina hat die Beschränkung des Fernsehempfanges gegenüber dem mit der Sache befassten *LG Marburg* in einem ausführlichen Schreiben gerechtfertigt.[26] Zum besseren Verständnis erscheint es angemessen, zumindest die wesentlichen Passagen seiner Argumentation zunächst in ihrer ursprünglichen Form wiederzugeben:

„In der Klinik für gerichtliche Psychiatrie Haina wird bei einigen wenigen (ca. 6%) der gemäß § 63 StGB Untergebrachten der Fernsehempfang eingeschränkt. Die Gründe hierfür liegen entweder im Bereich der Sicherheit oder Ordnung der Einrichtung oder aber in therapeutischen Notwendigkeiten (‚Ziel der Maßregel'‘)." (S. 60f.)

„Im Maßregelvollzug befindet man sich zwangsweise. Dies bringt es oft mit sich, dass die Motivation zur Mitarbeit in der Therapie zunächst nicht oder kaum vorhanden ist. Viele Patienten haben keinen Leidensdruck bezüglich ihrer Störung. Ein therapeutisch nutzbarer Leidensdruck besteht aber an der Tatsache der Unterbringung, also am Fakt des Freiheitsentzuges. Es ist der Entzug des Grundrechts auf Freizügigkeit, der es erlaubt, mit den meisten Patienten zu einem tragfähigen Arbeitsbündnis in Sachen Therapie zu kommen, dessen Endziel die Wiedererlangung der persönlichen Freiheit, also die Entlassung ist." (S. 61)

„Bei einigen wenigen völlig unmotivierten Patienten, reicht die schon durch die Tatsache der Unterbringung grundsätzlich gegebene Beschwernis nicht aus, um sie zu der unerlässlichen Mitarbeit zu bewegen. Hier bedarf es im Rahmen des therapeutischen Gesamtkonzeptes so genannter negativer Verstärker, also Sanktionen, um ihnen die Sackgasse, in der sie sich befinden, zu verdeutlichen. Solche Patienten – wie gesagt wenige Einzelfälle – werden in der Klinik für gerichtliche Psychiatrie im Festen Haus G 3 in der Außenstelle Gießen zusammengefasst. Die dort – ganz bewusst und therapeutisch motiviert – stattfindende weitere Rücknahme der persönlichen Möglichkeiten und Freiheiten soll dem Patienten eine Beschwernis auferlegen, die es ihm ermöglicht, seine antitherapeutische Grundhaltung neu zu überdenken, sie zu revidieren und sich so dann doch auf den Weg in die Freiheit zu begeben." (S. 62)

„Solche Maßnahmen – in der Verhaltenstherapie spricht man von ‚negativen Verstärkern' – mögen bei erster Ansicht durch mit der Materie nicht vertraute Laien, den Anschein von Bestrafung und Disziplinierung erwecken, haben damit aber nicht das Geringste zu tun! Es sind vielmehr ärztlich indizierte verhaltenstherapeutische Eingriffe (‚Die Behandlung des Untergebrachten in einem psychiatrischen Krankenhaus richtet sich nach ärztlichen Gesichtspunkten.' § 136 StVollzG)." (S. 63)

„Der auf zwei Unterstationen des Festen Hauses der Klinik für gerichtliche Psychiatrie Haina praktizierte abendliche Fernsehentzug ist somit eine vielleicht eingreifende – aber notwendige und nachweislich erfolgreiche Methode, auch sonst therapeutisch nicht er-

---

[26] Abgedruckt im Beschluss des LG Marburg v. 28.08.1991 (7b StVK 131/91), der sich fast vollständig dokumentiert findet bei *Kreuzer* 1994, S. 59ff., stärker gekürzt auch in R&P 1992, S. 67ff. Die im Folgenden angegebenen Seitenzahlen beziehen sich auf den Abdruck bei *Kreuzer* 1994.

reichbare Patienten auf den Weg in die Freiheit zu bringen. Sie dient dem ‚Zweck der Maßregel' im Sinne des Hessischen Maßregelvollzugsgesetzes." (S. 63)

Erfolgt eine differenzierte Gewährung von Annehmlichkeiten in Abhängigkeit von den Fortschritten des Untergebrachten in der Therapie sowie nach zuvor einrichtungsweit festgelegten, standardisierten Vorgaben, so spricht man im Maßregelvollzug von der Einbindung in ein so genanntes *Stufenkonzept*.[27] Hierzu führt der Klinikleiter in seinem Begründungsschreiben weiter aus, auch die Regelung des Fernsehempfanges im „Festen Haus" der Außenstelle Gießen sei Bestandteil eines derartigen Konzeptes, welches wiederum in den Stufenplan der gesamten forensischen Klinik integriert sei. Für die Station G 3 ergebe sich eine Gliederung in vier Unterstationen: Unterstation 3 (Motivation und Sicherung, sechs Behandlungsplätze), Unterstation 2 (Motivation II, zwölf Behandlungsplätze), Unterstation 1 (Psychotherapie, sechs Behandlungsplätze) sowie Unterstation 4 (chronisch Kranke, acht Behandlungsplätze). Dem idealtypischen Behandlungsverlauf eines Patienten im „Festen Haus" entspräche es, wenn dieser die Unterstationen 3 bis 1 durchlaufe, um im Anschluss wieder in die Stammklinik nach Haina verlegt zu werden und dort weiterhin an der Therapie teilzunehmen.[28] Mehrere Veröffentlichungen beschreiben das in Haina praktizierte umfassende System von Lockerungsstufen, das sich durch eine ausführliche Dokumentation der für den jeweiligen Untergebrachten mit dem Erreichen der jeweils nächsten Stufe verbundenen Freiheiten in einem entsprechenden Plan auszeichnet.[29] Ausdrücklich wird insoweit von Seiten der Einrichtung darauf hingewiesen, dass die Einstufungen keineswegs einem starren Schematismus verhaftet seien, vielmehr durchaus unter Berücksichtigung etwaiger Besonderheiten des individuellen Einzelfalls erfolgten.[30]

Die Entscheidung über den Fernsehempfang des R ist, selbst wenn man ein gewisses Bemühen der Mitarbeiter um eine einzelfallorientierte Entscheidung unterstellt, nach dem Gesagten doch auch als Vollzug eines in der gesamten Einrichtung gültigen allgemeinen Klassifikationssystems zu betrachten, welches den strukturellen Rahmen für sämtliche Unterbringungsverläufe vorgibt. Es ist davon auszugehen, dass sich die Überlegungen des konkret mit der Sache befassten Personals zumindest als vorgeformt durch den in der Einrichtung angewandten standardisierten Reaktionskanon erweisen. Auf die Gefahren, die aus einer möglichen unhinterfragten und gewohnheitsmäßigen Orientierung an derartigen detailreichen, auf der Stufe ständiger Verwaltungspraxis etablierten Regelsystemen für die Position des Untergebrachten erwachsen können, wird im Folgenden noch näher einzugehen sein.

---

[27] Vgl. *Nedopil* 1996, S. 220f.; *Noeres* 1993; *Pollähne* 1994, S. 43f.; *Rasch* 1999, S. 103; *Venzlaff* 1993. Beispiele bei *Binder et al.* 1981, S. 184 (Unterbringung nach § 64 StGB); *Eickmann* 1984, S. 59f.; *Koester* 1987, S. 113f.

[28] Bei *Kreuzer* 1994, S. 62.

[29] Hierzu *Heinz/Jöckel* 1989, S. 90; *Leygraf/Heinz* 1984, S. 50f.; *Lietz/Gretenkord* 1985, S. 231f.; *Müller-Isberner* 1992, S. 364; *Thomas-März/Müller-Isberner* 1995, S. 344f.

[30] *Leygraf/Heinz* 1984, S. 50; *Müller-Isberner* 1992, S. 364.

Das *LG Marburg* hat in dem auf Antrag des Untergebrachten zustande gekommenen Verfahren die Maßnahmen der Klinik für mit den rechtlichen Vorgaben vollumfänglich vereinbar erklärt. Nach Auffassung des Gerichts bestand für die Einrichtung nicht nur die *Befugnis*, sondern sogar eine *Verpflichtung*, „die Beschränkung des Fernsehens im Rahmen des verhaltenstherapeutischen Konzepts einzusetzen, wenn dies Erfolg verspricht".[31] Aus dem von dem Betroffenen durch Erdulden der Unterbringung erbrachten Sonderopfer erwachse eine Pflicht der Klinik, alle möglichen und zulässigen Mittel einzusetzen, um den belastenden Zustand so bald wie möglich wieder zu beenden. Tatsächliche oder rechtliche Beschränkungen für den Untergebrachten dürften nicht in ihren isolierten Auswirkungen gewürdigt werden, sondern müssten „als Schritt auf einem oft langen und mühsamen Weg zu einem bestimmten, höheren Ziel, nämlich der Entlassung in die Freiheit" verstanden werden.[32]

Zusammenfassend ist festzuhalten, dass nach den Ausführungen der Verantwortlichen im Fall des Patienten R vor allem Therapiebelange die vorgenommenen Einschränkungen rechtfertigen sollen: Unter den Legitimationsoptionen, die § 26 S. 2 HessMRVG eröffnet, entspricht dies der Begründung mit dem „Ziel der Unterbringung". Auch im Rahmen der gerichtlichen Überprüfung durch das *LG Marburg* wird die bewusste tatbestandliche Zuordnung für rechtlich unbedenklich, ja sogar zwingend erklärt. Im Folgenden soll nunmehr die Tragfähigkeit des verwendeten Rechtfertigungsmodells unter Einbeziehung der zum konkreten Fall in der Literatur veröffentlichten Stellungnahmen untersucht werden. Sollte sich bei einer kritischen Würdigung der von Klinik und Gericht verfolgten Legitimationsstrategien abzeichnen, dass diese nicht das verlässliche Fundament bilden, welches sich die Beteiligten augenscheinlich von ihrer Verwendung erhoffen, so wäre dieser Befund unter Umständen als eine erste, wenn auch vorsichtige Bestätigung für die These *Volckarts* und *Grünebaums* zu werten und könnte zudem als Grundlage für einen umfassender zu formulierenden Untersuchungsansatz herangezogen werden.

V. Tragfähigkeit der im Ausgangsfall verwendeten Konstruktion

Der Leiter der Klinik in Haina unternimmt in seinem Begründungsschreiben zunächst einen sehr apodiktischen Rekurs auf die Tatbestandsvoraussetzungen des § 26 S. 2 HessMRVG. Die ohnehin nur in geringer Zahl auferlegten Beschränkungen des Fernsehempfanges fänden ihre Begründung „entweder im Bereich der Sicherheit oder Ordnung der Einrichtung oder aber in therapeutischen Notwendigkeiten." Gleichwohl scheint ihm die Nähe der bewussten Verfahrensweise zu Bestrafung und disziplinarischer Ahndung ebenfalls bewusst geworden zu sein: Ob-

---

[31] LG Marburg, bei *Kreuzer* 1994, S. 73.
[32] LG Marburg aaO, S. 74.

wohl er selbst von „Sanktionen" sowie einer dem Untergebrachten bewusst auferlegten „Beschwernis" spricht, weist er in seinen weiteren Ausführungen den Gedanken an die schlichte Disziplinierung eines Normabweichlers entschieden zurück. Die Eingriffe seien vielmehr eingebettet in ein „unter Fachleuten geläufiges und akzeptiertes" verhaltenstherapeutisches Konzept und hätten dort die Funktion eines „negativen Verstärkers".

In seiner Anmerkung zum Beschluss des *LG Marburg* weist *Pollähne* auf die Risiken einer derartigen Konzeption hin: Sie berge in sich die Gefahr antitherapeutischer Arrangements sowie korrumptiver Aushandlungsstrategien und fördere nahezu zwangsläufig Prozesse vordergründiger Anpassung an institutionelle Regelsysteme.[33] Die Bezugnahme auf den Zweck der Maßregel erbringe darüber hinaus keineswegs die angestrebte Rechtfertigungsleistung. Es treffe zwar zu, dass sich die Behandlung gem. § 136 S. 1 StVollzG nach ärztlichen Gesichtspunkten richte. Jedoch sei derselben Norm zu entnehmen, dass jeglicher Behandlungsversuch seine Grenzen in der Reichweite der therapeutischen Möglichkeiten finde. Diese würden unter anderem durch die Bereitschaft des Patienten bestimmt, an der angebotenen Behandlung mitzuwirken. Nach Auffassung von *Pollähne* kann insoweit auch § 26 S. 2 HessMRVG nicht als Rechtsgrundlage für die getroffenen Maßnahmen herangezogen werden, da diese Norm eine Einschränkung des Fernsehempfanges nur dann zulasse, wenn der Konsum selbst das Erreichen des Unterbringungsziels gefährde. Eine derartige unmittelbar kausale Verknüpfung hätten die Verantwortlichen in Haina jedoch gerade nicht dargelegt. Insgesamt erinnere die fragliche Vorgehensweise mit ihrer paternalistischen Vereinnahmung des wohlverstandenen Interesses des Untergebrachten an das Konzept der „aufgedrängten Fürsorge".[34]

Rasch kommt in einem aus Anlass der Kontroverse angefertigten Gutachten über die Klinik für gerichtliche Psychiatrie Haina zu dem Ergebnis, das dort angewandte Stufenkonzept entspreche in seiner ausgeprägten Belohnungs- und Bestrafungspraxis lediglich einem „sehr schlichten verhaltenstherapeutischen Ansatz".[35] Zudem

---

[33] *Pollähne* 1992, S. 51.

[34] *Pollähne* 1992, S. 50; Kammeier-*Pollähne*², Kap. F, Rn 76. Ihm zustimmend *Eisel* 1992, S. 180, nach welchem durch die Entscheidung des LG Marburg „die Allmächtigkeit des Anstaltsleiters wieder installiert" wird.

[35] *Rasch* 1991a, S. 18; allgemeiner zur besagten Konzeption auch noch *Rasch* 1984a, S. 132f.; *Rasch* 1986a, S. 105 („Charakter des Vorgehens nach der Versuch-Irrtum-Methode"); *Rasch* 1987, S. 26; *Rasch* 1993, S. 13 f.; *Rasch* 1999, S. 103. Ebenfalls kritisch zumindest zu einer allzu starren Anwendung von Stufenkonzepten bzw. zu einer möglichen Instrumentalisierung als Disziplinierungsinstrument *Duncker* 1987, S. 139; *Eisenberg* 1995, § 34, Rn 36; *Fabricius* 1991, S. 206; *Huber* 1995, S. 100; *Hohlfeld et al.* 1985, S. 90; *Leygraf* 1988, S. 156f.; *Nedopil* 1996, S. 220f.; *Pollähne* 1994, S. 43f.; eher affirmativ hingegen *Eickmann* 1984, S. 60; *Koester* 1987, S. 113f.; *Müller-Isberner* 1992, S. 364; *Noeres* 1993; *Venzlaff* 1993, S. 33. Zusammenfassend *Baur* 1988, S. 199ff.; Kammeier-*Wagner*², Kap. D, Rn 27f., 38; Kammeier-*Pollähne*², Kap. F, Rn 22. Ernüchternd schließlich die Einschätzung bei *Rasch* 1984b, S. 35: „Die Tatsache, dass das Stufenmodell in so vielen Einrichtungen praktiziert wird, die sich mit der Behandlung von Rechtsbrechern beschäftigen und dass man zu ihm vielfach zurückkehrt, nachdem man es aufgegeben

weise die Sanktionierung von Verhaltensweisen, die außerhalb des Maßregelvollzuges keineswegs als Straftaten gewertet würden, darauf hin, dass das Stufensystem vor allem auf Anpassung innerhalb der Institution ziele. Da zudem für einen nicht geringen Teil der Klientel eine Entlassung in völlige Freiheit niemals in Betracht komme, diene das Stufensystem weniger einer Vorbereitung auf die Anforderungen eines Lebens außerhalb der Mauern geschlossener Einrichtungen als vielmehr der Anpassung an die spezifischen Erfordernisse derartiger Institutionen. Nach Auffassung *Raschs* steht diese Behandlung im Widerspruch zu dem vom Gesetzgeber dem Maßregelvollzug erteilten Besserungsauftrag. Speziell zur Reglementierung des Fernsehempfangs im „Festen Haus" in Gießen merkt der Autor an, es sei als „therapeutische Bankrotterklärung"[36] zu werten, wenn dem Haus tatsächlich keine anderen Methoden zur Verfügung stünden, um die Kooperationsbereitschaft der Patienten zu wecken. Pathologisiere man zudem auch noch die Beschwerde des auf behördliche Anordnung Verwahrten als Ausweichen vor der Therapie, so erschienen die Verhältnisse in Haina letztlich geprägt von einer Art „therapeutischen Overkills".[37] Durch die Angabe therapeutischer Gründe als vermeintliche Rechtsgrundlage für jegliche Restriktion in diesem Bereich sei die Durchführung von medizinisch-psychologischen Behandlungsmaßnahmen bei Rechtsbrechern insgesamt in Misskredit gebracht worden: Man fürchte sich vor einer „Allmacht der Therapeuten".[38]

Lesting dient die von der Klinik gegebene Begründung als Beleg für eine „Hypertrophie des Behandlungsbegriffes".[39] Auch er hält den Rückgriff auf § 26 HessMRVG im vorliegenden Fall aufgrund des nicht hinreichend dargelegten Kausalzusammenhanges zwischen dem Fernsehempfang selbst und der angenommenen Gefährdung des Unterbringungszieles für unzulässig. Statt dessen werde ein Rechtseingriff als Behandlungsmaßnahme ausgegeben, obwohl es sich tatsächlich um eine vom Gesetz nicht vorgesehene Disziplinarmaßnahme handele.[40]

Volckart und *Grünebaum* wiederum wenden sich ausdrücklich gegen die im Ausgangsfall zur Anwendung gelangende „Behandlung durch repressive Maßnahmen",[41] soweit diese dem Patienten oktroyiert werde und ohne dessen Einwilligung geschehe. Sie halten die weiter oben[42] angeführten einschlägigen landesrechtlichen Eingriffsgrundlagen sogar für verfassungswidrig, soweit sich durch diese ein therapeutisch begründetes Fernsehverbot rechtfertigen ließe: Die Verhängung lerntheoretischer Strafen zur Einflussnahme auf eine tatursächlich gewordene Fehlhaltung

---

hatte, scheint für seine Effektivität zu sprechen. Man kann hierin allerdings auch ein Indiz dafür sehen, dass einem noch nichts Besseres eingefallen ist".

[36] *Rasch* 1991 a, S. 87.

[37] *Rasch* 1991 a, S. 88.

[38] *Rasch* 1991 a, S. 87.

[39] Kammeier-*Lesting*², Kap. G, Rn 61.

[40] Kammeier-*Lesting*², aaO.

[41] *Volckart* 1999 a, S. 171.

[42] Vgl. hierzu die Aufstellung auf S. 4f.

des Untergebrachten sei im Katalog der §§ 38–45b StGB nicht vorgesehen und verstoße aus diesem Grunde gegen den in Art. 103 II GG sowie § 1 StGB verankerten Grundsatz nulla poena sine lege. Dem könne auch nicht entgegengehalten werden, es handele sich vorliegend nicht um strafrechtliches Strafen, sondern lediglich um Behandlung, da sich in der Orientierung an Belangen der individuellen Spezialprävention bedeutende Überschneidungen zwischen dem Strafrecht einerseits und den bewussten therapeutischen Konzepten andererseits ergäben. Im Hinblick auf letztere sprechen *Volckart* und *Grünebaum* denn auch von einem „apokryphe(n) Nebenstrafrecht".[43] Die Autoren weisen schließlich darauf hin, dass der Anwendung besagter kriminalpädagogischer Behandlungsansätze ohne die Einwilligung des Betroffenen eine paternalistische Haltung zugrunde liege, die allenfalls bei der Erziehung kleiner Kinder, keinesfalls jedoch bei der Behandlung erwachsener psychisch Kranker ihren Platz habe.[44]

Die soeben kritisierte entmündigende Grundhaltung kommt auch in den Ausführungen *Kreuzers* zum Ausdruck, der die Maßnahmen in Haina für rechtlich zulässig hält.[45] Nach seiner Auffassung müssen das prinzipiell beachtenswerte Selbstbestimmungsrecht des Patienten im Hinblick auf die Teilnahme an den ihm unterbreiteten therapeutischen Angeboten sowie sein Grundrecht auf Informationsfreiheit gegebenenfalls zurücktreten, wenn nur so sein hierzu entgegengesetzt verlaufendes Interesse an einer möglichst schnellen Beendigung des Freiheitsentzuges verwirklicht werden kann.[46] Die mit dem Verzicht auf die Beeinflussung der individuellen Therapiemotivation verbundene Inkaufnahme einer entsprechend länger fortdauernden Unterbringung sei demgegenüber aufgrund des durch sie bewirkten reinen „Verwahreffektes" mit dem Willen des Gesetzgebers nicht vereinbar.

---

[43] *Volckart/Grünebaum* 2003, S. 173.

[44] *Volckart/Grünebaum* 2003, aaO. Zur Kritik einer derartigen Bevormundungsstrategie vgl. auch noch *Kammeier* 1984, S. 202: „So sinnvoll, überzeugend und auch mehrheitsfähig die Meinung sein mag, der Wiedererlangung der persönlichen Freiheit gebühre der Vorrang vor dem Schutz der personalen Integrität, eine Abwägung zwischen diesen individuell ganz unterschiedlich bedeutsamen Rechtsgütern muss auch dem psychisch kranken, persönlichkeitsgestörten oder geistig behinderten Betroffenen höchstpersönlich selbst überlassen bleiben."; weiterhin *Kammeier* 1993, S. 198; *Rüping* 1988, S. 406 („häufig unterschwellige Tendenzen, psychisch Kranken eine natürliche Freiheit abzusprechen, die Unterbringung nicht als Freiheitsentzug, sondern als Schutzmaßnahme zu werten und folglich von einem umfassenden Behandlungsziel auf Kosten rechtlicher Formen auszugehen"); *Strasser* 1977, S. 295 („illiberale(s), paternalistische(s) Klima"); *Wagner* 1990a, S. 62 (Gefahr eines „Wir-meinen-es-doch-nur-gut-mit-Ihnen"); *Wolfslast* 1987, S. 51.

[45] *Kreuzer* 1994, insbesondere S. 30ff. Ihm im Ergebnis zustimmend *Laubenthal* 2000, S. 171 sowie *Schöch* 2000, S. 342f.

[46] *Kreuzer* 1994, S. 28. Ähnlich *Schreiber* 1986, S. 17: „Beim psychisch Kranken, der nicht in der Lage ist, überhaupt bzw. nach unseren vorherrschenden Anschauungen vernünftig zu handeln, rangiert dagegen das von der Sozietät besser verstandene 'Wohl' des Kranken vor seinem Willen." In den Niederlanden ist diese Argumentationsfigur als das „bestwil-principe" bekannt; vgl. hierzu *Berghmans* 1992; *Junger-Tas* 1991, S. 13; *Kortmann* 2000; *Oppedijk* 1994, S. 278; *Tervoort* 1996, S. 61; *Van Marle* 1999, S. 6ff.

Der Autor nimmt sodann eine Dreiteilung denkbarer einschränkender Reaktionen vor: Bei Maßnahmen, die ausschließlich therapeutisch indiziert und motiviert seien – hierzu wird ausdrücklich auch die Anwendung „negativer Verstärker" gezählt – sowie bei Reaktionen, welche sowohl therapeutisch als auch disziplinar erklärbar erschienen, stehe der rechtlichen Zulässigkeit nichts entgegen. Lediglich für diejenigen Eingriffe, die ausschließlich disziplinaren Charakter aufwiesen, entbehre es aufgrund des Fehlens eines Disziplinarrechts im HessMRVG einer Eingriffsgrundlage. Daneben wendet sich *Kreuzer* auch gegen die durch andere Autoren vorgebrachte Kritik: So fänden sich für den von *Pollähne* angemahnten Unmittelbarkeitszusammenhang im Text des § 26 S. 2 HessMRVG keine Anhaltspunkte. Den von *Rasch* und *Pollähne* vorgebrachten Bedenken hinsichtlich der Geeignetheit des verhaltenstherapeutischen Konditionierungsprogramms zur Erzeugung von Therapiemotivation hält der Autor entgegen, die hierzu erfolgten Ausführungen der Klinik seien theoretisch und praktisch durchaus plausibel. In diesem Zusammenhang sei zudem auf die zurückhaltende Auffassung des *Bundesgerichtshofs* zur Justitiabilität ärztlicher Behandlungsentscheidungen hinzuweisen.[47]

Im Rahmen einführender Bemerkungen sollte eine inhaltliche Auseinandersetzung mit einzelnen zu einer bestimmten Streitfrage vertretenen Positionen – wenn man sie denn überhaupt als statthaft ansieht – nur sehr kursorisch erfolgen. Zu dem von *Kreuzer* Vorgebrachten seien aus diesem Grunde lediglich einige kurze, wenngleich entschiedene Erwiderungen gestattet: Die unter Fürsorgeaspekten von außen an den Betroffenen herangetragene Bewertung seiner im konkreten Fall konfligierenden Interessen beugt das individuelle Selbstbestimmungsrecht des Patienten paternalistisch „zu seinem Besten", obwohl die Durchführung der konkreten Abwägung – seine Einsichtsfähigkeit vorausgesetzt – ausschließlich ihm selbst als dem Träger der betroffenen Rechtsgüter zugestanden hätte.[48] Es kommt einer vom Gesetzgeber nicht vorgesehenen, zumindest partiellen Entmündigung des prinzipiell auch unter Berücksichtigung seiner psychischen Krankheit als grundrechtsmündig zu Betrachtenden[49] gleich, wenn sich Außenstehende anmaßen, dessen ureigenste Freiheitsinteressen nach ihren eigenen Prämissen in die Waagschale zu werfen und in der Folge gleichsam stellvertretend für oder gegen die Ausübung einer bestimmten Rechtsposition zu optieren.[50] Die grundsätzliche Unzulässigkeit

[47] *Kreuzer* 1994, S. 45ff. unter Bezugnahme auf die in BGHSt 30, 320 entwickelten Grundsätze. *Walter* 1999, Rn 396 spricht in diesem Zusammenhang von einem bemerkenswerten „Kontrollverzicht der Gerichte"; kritisch auch noch AK-*Volckart*[4] § 115, Rn 34; *Dopslaff* 1988; *Volckart* 1982, S. 174f. („rechtspolitisch unerträglich"); *Wagner* 1992a, S. 102ff.

[48] So auch *Baur* 1982a, S. 127; *Kammeier* 1984, S. 202; Kammeier-*Wagner*[2], Kap. D, Rn 131.

[49] Ausführlich zu der noch in den Anfangsjahren der Geltung des Grundgesetzes vertretenen Gegenposition AK-*Volckart*[4] §§ 136–138, Rn 8; *Hartmann* 1997, S. 69ff. Zum Grundrechtsstatus psychisch Kranker auch noch *Baur* 1984, S. 37; *Geppert* 1976, S. 7; *Rüping* 1988, S. 406 sowie schließlich aus niederländischer Perspektive *Legemaate* 1998, S. 80 („Bild des Patienten als eines mündigen Bürgers").

[50] *Wagner* 1992a, S. 32f. spricht im Zusammenhang mit der gebräuchlichen Bezugnahme auf das

einer solcherart umfassenden Enteignung von Entscheidungskompetenzen verkennt im Übrigen auch das *LG Marburg*, wenn es aus dem mit der Unterbringung verbundenen Sonderopfer des Patienten sogar eine *Verpflichtung* der Krankenhausärzte zur Vornahme geeignet erscheinender Behandlungsmaßnahmen ableitet.[51]

Nach dem Gesagten sieht sich die im Ausgangsfall zugrunde gelegte lerntheoretische Konzeption sowohl durchgreifenden behandlungsethischen Bedenken als auch Zweifeln an ihrer Vereinbarkeit mit den geltenden Rechtsgrundlagen ausgesetzt. In den Vordergrund rückt stattdessen der Aspekt einer Disziplinierung des Behandlungsverweigerers und Querulanten R unter dem Etikett der Behandlung seiner psychischen Problematik – der Versuch einer Erzeugung gesteigerter Kooperationsbereitschaft durch den Entzug von Annehmlichkeiten.

VI. Folgerungen für den weiteren Gang der Untersuchung

Der erhobene Befund kann als eine erste, wenngleich vorsichtige Bestätigung der eingangs im Hinblick auf eine verbreitete Tendenz der Vollzugspraxis zur Überdehnung existierender Eingriffstatbestände geäußerten Befürchtungen gewertet werden. Soweit die einschlägigen Ländergesetze Eingriffe in Rechtspositionen des Untergebrachten nur aus Gründen der Therapie, der Sicherheit oder des geordneten Zusammenlebens zulassen, scheinen sie zumindest für eine Reaktion auf Ordnungsverstöße und Insubordinationen wie die von R im Ausgangsfall gezeigten nur unzureichend gerüstet. Ohne dass in der Sache eine endgültige Bewertung vorgenommen werden soll, können die dokumentierten, in der Beurteilung einer Ver-

---

„wohlverstandene Interesse des Patienten" durch die Psychiater von einer drohenden „Vernunfthoheit der Ärzte".

[51] In der in den Ausführungen *Kreuzers* und des *LG Marburg* zum Ausdruck kommenden Neigung, die Ausübung von Zwang gegenüber psychisch Kranken mit Fürsorgeaspekten zu legitimieren, dürften nicht zuletzt einige problematische Aspekte der herrschenden verfassungsrechtlichen Dogmatik ihren Niederschlag gefunden haben: Diese sieht sich aufgrund des insoweit eindeutigen Wortlauts des Art. 1 I GG gezwungen, die Menschenwürdegarantie mit einem Absolutheitsanspruch auszustatten, ohne jedoch von der gleichzeitigen Zuschreibung von Grundrechtsqualität abzurücken. Das hierdurch bewirkte Zusammenfallen von grundrechtlichem Schutzbereich und effektivem Garantiebereich (exemplarisch v.Mangoldt/Klein/Starck-*Starck* Art. 1, Rn 30: „Der Menschenwürdeschutz steht und fällt mit der richtigen Definition des Garantiegehalts.") befördert nach *Neumann* 1993, S. 285ff. eine Tendenz der Rechtsanwendung zur Negation von Eingriffstatbeständen, welche vermeintlich gerade dann besonders „überzeugend" ausfällt, wenn der Eingriff als Maßnahme ausgegeben wird, die ihrerseits dem Schutz der Würde zu dienen bestimmt ist. Auf diesem Wege verkehrt sich jedoch die Menschenwürdenorm in eine Ermächtigung für Freiheitsbeschränkungen. *Neumann* plädiert aus diesem Grunde dafür, die in Art. 1 I GG verankerte Menschenwürdegarantie dogmatisch als ein „regulatives Prinzip insbesondere der Grundrechtsinterpretation" (S. 288) aufzufassen, anstatt ihm den Charakter eines eigenständigen Grundrechts zuzuschreiben (ebenso Dreier-*Dreier* Art. 1 I, Rn 71f.: „Grundprinzip, nicht Grundrecht"; für Grundrechtsqualität hingegen *Benda* 1995, Rn 8; *Pieroth/Schlink* 2001, Rn 350).

einbarkeit der im konkreten Fall verhängten temporären Fernsehsperre mit den gesetzlichen Anforderungen zum Teil weit auseinandergehenden Auffassungen in Vollzugspraxis, Rechtsprechung und Schrifttum zumindest als Beleg für die Schwierigkeiten gewertet werden, denen eine eindeutige rechtliche Einordnung restriktiver Vollzugsmaßnahmen bisweilen begegnet. Die Schaffung eines Disziplinarrechts als weitere, der überkommenen begrifflichen Dualität aus Gefahrenabwehr und Therapie beizuordnende Eingriffsdimension erscheint nach den bisherigen Ausführungen als durchaus bedenkenswerter Ansatz zu einer Bereinigung der kontrovers diskutierten Unklarheiten im Hinblick auf die Vereinbarkeit therapeutisch motivierter Rechtsbeschränkungen mit der geltenden Gesetzeslage.

Diesem Zwischenergebnis kommt jedoch aufgrund seiner Gewinnung an einem – wenngleich recht vielschichtigen und gut dokumentierten – Einzelfall zunächst nur eingeschränkte Aussagekraft zu. Bevor die eingangs aufgeworfene Frage nach der Leistungsfähigkeit des geltenden Vollzugsrechts bei der Bewältigung konflikthafter Interaktionen im Unterbringungsalltag zufriedenstellend beantwortet werden kann, bedarf es demgemäß in jedem Fall der Gewinnung weiteren Abwägungsmaterials.

Hierzu soll im Folgenden zunächst im Rahmen einer Literaturstudie die vertiefte Auseinandersetzung mit den einschlägigen therapeutischen und rechtlichen Rahmenbedingungen gesucht werden, welchen die Verarbeitung konflikthafter Interaktionen zwischen Patienten sowie therapeutischen und pflegerischen Mitarbeitern im Vollzugsalltag unterliegt. Der im Rahmen dieser einleitenden Worte ins Gespräch gebrachte Vorschlag eines Disziplinarrechts für den Maßregelvollzug zieht es dabei nach sich, dass mit der *Sanktion* (bei der es sich keineswegs um die einzige aller insoweit denkbaren Reaktionsformen des Personals handelt) ein sozialer Tatbestand in das Zentrum des Interesses rückt, dessen Konturen am Beginn jeglicher weiteren Ausführungen geschärft werden sollten (2. Kapitel). Im Anschluss an die beschriebenen theoretischen Zurüstungen soll sodann durch eine eigene empirische Untersuchung der Frage nachgegangen werden, welche Zwangsmechanismen in dem zwischen den konventionellen Eingriffssphären der Gefahrenabwehr und der Therapie verlaufenden „rechtsfreien" Raum des Disziplinarwesens greifen: Es soll der Rechtswirklichkeit der Sanktionierung unbotmäßigen Patientenverhaltens im psychiatrischen Maßregelvollzug nachgegangen werden (4. Kapitel), nachdem zuvor dem zur Anwendung gelangenden Forschungsdesign einige Ausführungen gewidmet werden (3. Kapitel). Sollte sich der hier geäußerte Verdacht einer Unzulänglichkeit der existierenden Vollzugsgesetze in der Verarbeitung auflehnenden, konflikthaften Verhaltens der Untergebrachten im Zuge dieser Untersuchung weiter verfestigen, so erscheinen Überlegungen zu den Konturen eines eigenen Regelungsentwurfes angebracht (6. Kapitel), wobei – das sei bereits an dieser Stelle vorausgeschickt – derartige Erwägungen keineswegs im „luftleeren Raum" stattzufinden haben, sondern durch die Rezeption entsprechender Erfahrungen im niederländischen Maßregelsektor vorbereitet werden können (5. Kapitel). Den Abschluss bilden einige zusammenfassende Bemerkungen, die sich auch mit möglichen Einwänden gegen die hier entwickelte Konzeption auseinandersetzen werden (7. Kapitel).

2. Kapitel: Therapeutische und rechtliche Dimensionen der Sanktionierung im Behandlungsvollzug

I. Klärung von Vorfragen

Bevor im Folgenden die therapeutischen und rechtlichen Rahmenbedingungen des in der Einleitung skizzierten sozialen Tatbestandes – der Sanktionierung konkflikthaften Patientenverhaltens im psychiatrischen Maßregelvollzug – zum Gegenstand einer Literaturstudie gemacht werden, erscheint es angebracht, zunächst das in diese Untersuchung einzubeziehende Terrain dem Versuch einer etwas genaueren Bestimmung zu unterziehen. Vorab sollen deshalb durch einige Anmerkungen zur Auswahl der im Einzelnen einzubeziehenden Erkenntnisquellen die äußeren Abmessungen des Untersuchungsgegenstandes nachgezeichnet werden (1). Da dem Begriff der Sanktionierung ausweislich sowohl des Titels der vorliegenden Studie als auch der Überschrift dieses Kapitels für den weiteren Gang der Untersuchung zentrale Bedeutung zukommen wird, sollen auch zu dessen inhaltlicher Konkretisierung einige Ausführungen vorangestellt werden (2).

1. Erkenntnisquellen

Bei der Analyse eines Vollzugsbereiches, in dem man sich – wie im Maßregelsektor – stets im Betätigungsfeld so verschiedener Disziplinen wie der Psychiatrie, der Psychologie und Psychotherapie sowie nicht zuletzt der Rechtswissenschaft bewegt, versteht es sich zunächst auch für eine juristische Arbeit von selbst, Äußerungen aus den anderen beteiligten Fachdisziplinen in die Betrachtung einzubeziehen. Beschäftigt man sich mit der Beurteilung sanktionierender Vollzugsmaßnahmen unter den Bedingungen eines Behandlungssettings, so ist neben einer Auseinandersetzung mit den einschlägigen rechtswissenschaftlichen Quellen mithin auch das entsprechende sozial- und psychowissenschaftliche[52] Schrifttum heranzuziehen.[53]

---

[52] Der Begriff wird in Anlehnung an den Gebrauch bei *Barton* 1983a, S. 6 et passim verstanden und soll die Relevanz sowohl psychiatrischer als auch psychologischer und psychotherapeutischer Literatur für die vorliegende Fragestellung verdeutlichen; eine „abträgliche" (*Mauz* 1979, S. 159f.) Verwendung ist auch hier nicht angestrebt.

[53] Auf das besondere Interesse an interdisziplinären Bezügen, das sich bei Beschäftigung mit dem Gebiet des Maßregelvollzuges nahezu zwangsläufig einstellt, weist auch *Dimmek* 1992 hin: „Der Maßregelvollzug stellt ein Feld dar, in dem sich unterschiedliche Fachdisziplinen überschnei-

Zusätzlich ist allerdings zu überlegen, ob nicht anstelle einer vielleicht vorschnellen Verengung der Perspektive allein auf den Maßregelsektor die Gewinnung zusätzlicher Erkenntnisse durch die Einbeziehung weiterer Formen staatlich organisierten Freiheitsentzuges in die Analyse angestrebt werden sollte. Verortet man mit *Pollähne* den Maßregelvollzug an der „Schnittstelle zwischen Kriminaljustiz- und psychosozialem Versorgungssystem",[54] so liegt es nahe, auch die benachbarten Regionen zu berücksichtigen, also zumindest diejenigen Bereiche des Strafvollzuges, in welchen der Behandlungsgedanke besondere Relevanz erlangt, sowie weiterhin auch die durch eine zwangsweise Unterbringung der Patienten geprägten Einrichtungen der geschlossenen Allgemeinpsychiatrie.

Eine solche Ausweitung des in die Analyse einzubeziehenden Materials kann sich unter anderem auf die Überlegungen *Goffmans* zu den „Merkmale(n) totaler Institutionen" stützen.[55] Als gemeinsames Kennzeichen der mit diesem Begriff bezeichneten Einrichtungen hebt *Goffman* die Beschränkungen hervor, denen der soziale Verkehr ihrer Insassen mit der Außenwelt sowie deren Freizügigkeit regelmäßig unterliegen. Dieser Abgeschlossenheit gegenüber der Umgebung korrespondiere in der Binnenstruktur eine Aufhebung der für gewöhnlich die unterschiedlichen Lebensbereiche des Individuums (von *Goffman* als „Schlafen, Spielen und Arbeiten" bezeichnet[56]) voneinander trennenden Schranken. Indem weiterhin die Handhabung von menschlichen Bedürfnissen nach den modernen Gesetzen bürokratischer Organisation erfolge, erweise sich die totale Institution letztlich als „sozialer Zwitter", welcher einerseits Züge einer Wohn- und Lebensgemeinschaft, andererseits solche einer formalen Organisation aufweise.[57] *Goffman* bildet in seiner Untersuchung verschiedene Gruppen von Institutionen, die nach seiner Ansicht der von ihm entwickelten Definition unterfallen, wobei unter anderem auch „Irrenhäuser" sowie „Gefängnisse" und „Zuchthäuser" – mithin Einrichtungen der hier behandelten Art – Erwähnung finden.[58] Für den vorliegenden Zusammenhang werden die Ausführungen *Goffmans* zusätzlich durch eine Feststellung interessant, die er seiner Arbeit gewissermaßen vorangestellt hat, um die zusammenhängende Behandlung sämtlicher anhand der vorstehend referierten Kriterien identifizierbaren Anstalten zu begründen: „... die einzelnen Mitglieder dieser Gruppe haben so viele Gemein-

---

den, insbesondere Psychiatrie, Psychologie, Kriminologie, Soziologie und Strafrecht. Er ist darauf angewiesen, die jeweiligen Möglichkeiten und Beiträge dieser Disziplinen im Interesse der eigenen Weiterentwicklung zu bündeln und für die Praxis nutzbar zu machen." (S. 139f.).

[54] *Pollähne* 1999, S. 43. Ähnlich *Baur* 1984, S. 17: „psychiatrisch-juristische(r) Grenzbereich".

[55] *Goffman* 1971, S. 13ff. Die Aussagekraft des von *Goffman* entwickelten Modells für die Perspektive des im psychiatrischen Maßregelvollzug Untergebrachten beleuchtet *Ingenleuf* 1992, S. 36ff.; die ungebrochene Bedeutung der Studien *Goffmans* für den innerhalb der Psychiatrie nach wie vor randständigen Maßregelsektor wird von *Bargfrede* 1999, S. 17 betont.

[56] *Goffman* 1971, S. 17.

[57] *Goffman* 1971, S. 23.

[58] *Goffman* 1971, S. 16.

samkeiten, dass man nur dann Aufschluss über eine dieser Institutionen erhält, wenn man auch die übrigen untersucht."[59]

Kann bereits diese Aussage *Goffmans* als Ermutigung für einen entsprechend großzügigen Zuschnitt der Untersuchungsperspektive dieses Abschnitts aufgefasst werden, so gewinnt die angesprochene Ausweitung noch zusätzliche Plausibilität durch die Feststellung *Amelungs*, gerade der Alltag in den unter den Oberbegriff der totalen Institution zu subsumierenden Einrichtungen biete dem Anstaltspersonal reiche Möglichkeiten zu einer verdeckten Sanktionierung des Insassen.[60] Aufgrund der das jeweilige Milieu prägenden bürokratischen Struktur, welche sich durch eine Verbindung von umfassender Verhaltens- mit ebenso umfassender Bedürfniskontrolle[61] auszeichne, falle den Bewachern eine große Anzahl von Entscheidungen über die Zu- oder Aberkennung von Vorteilen zu, in welchen letztlich auch persönliche Motive wie etwa Rachegefühle oder aufgestauter Ärger kanalisiert werden könnten.[62] Soweit *Amelung* nun insbesondere mit dem Kontext der totalen Institution die Gefahr verbindet, dass nicht unmittelbar auf einen Regelverstoß des Insassen reagiert werde, sondern diesem durch das Personal bei einer anderen Gelegenheit – ohne erkennbaren Zusammenhang mit seinem Ärgernis erregenden Verhalten – verdeckte Sanktionen auferlegt würden, wird erneut der Erkenntnisgewinn deutlich, den eine Gesamtschau der genannten Einrichtungen für den vorliegend zu erörternden Zusammenhang einer Sanktionierung von Fehlverhalten durch Vollzugsmaßnahmen verspricht.

Einschränkend ist allerdings darauf hinzuweisen, dass sich bei weitem nicht in allen Bereichen des Strafvollzuges das von einem allgemeinen Behandlungsoptimis-

---

[59] *Goffman* 1971, S. 15.

[60] *Amelung* 1983, S. 5: „Die Verwaltung einer größeren Zahl von Menschen, die in allen Daseinsvollzügen auf engem Raum zusammenleben, erzeugt eine Fülle von Normen, die der Insasse zu beachten hat. Das Aufsichtspersonal überwacht die Einhaltung dieser Normen".

[61] Vgl. hierzu exemplarisch die Studie von *Forster/Pelikan* 1982, welche die strukturellen Rahmenbedingungen in einem psychiatrischen Krankenhaus insbesondere anhand einer Systematisierung von Patientenbedürfnissen sowie der diesbezüglichen Handlungen und Einstellungen des Pflegepersonals nachzuzeichnen versucht; die Autoren stellen insoweit eine Tendenz des Personals fest, „die Vielfalt menschlicher Bedürfnisse auf eine stark eingeschränkte Untermenge von institutionell akzeptierten Bedürfnissen zu reduzieren." (Band 1, S. 277).

[62] *Amelung* 1983, S. 6 unter Bezugnahme auf eine Studie zur Insassensubkultur von *Harbordt* 1972, in welcher auch die bereits aus dem in der Einleitung diskutierten Fall bekannten Beschränkungen der Informationsfreiheit durch das Vollzugspersonal erneut Erwähnung finden: „Der Gefängnisinsasse lebt so sehr eingeschränkt, dass er – unter rechtsstaatlichen Verhältnissen – wenig verlieren, wohl aber durch Gehorsam und gute Führung seine Lage verbessern kann. Frühere Selbstverständlichkeiten werden im Gefängnis zu Vergünstigungen: Kaffee, Tabak, Bewegungsfreiheit, Briefe-Schreiben, meist auch: Arbeiten-Dürfen, Zeitung-Lesen, Radio-Hören, Fernsehen usw. Verstöße gegen die Verhaltensvorschriften der Anstaltsordnung können mit dem Entzug von Vergünstigungen empfindlich bestraft werden" (S. 7). Ohne den Ergebnissen der empirischen Untersuchung im Mindesten vorgreifen zu wollen, sei hier doch kurz angemerkt, dass das in diesen wenigen Sätzen beschriebene Reaktionsrepertoire auf frappierende Art und Weise demjenigen gleicht, welches beinahe dreißig Jahre später dem Personal eines psychiatrischen Krankenhauses moderner Prägung zur Verfügung steht.

mus getragene kriminalpolitische Reformklima der 60er und 70er Jahre dauerhaft gegen das Beharrungsvermögen eines in erster Linie an Sicherungsaspekten orientierten kustodialen Verwahrvollzugs durchzusetzen vermocht hat.[63] Von einem konsequenten „Behandlungsvollzug", wie ihn der Alternativentwurf deutscher und schweizer Strafrechtslehrer aus dem Jahre 1973 vorgesehen hatte,[64] ist der Regelvollzug mithin nach wie vor weit entfernt.[65] Aus diesem Grunde dürften sich Berührungspunkte zu den psychiatrischen Krankenhäusern des Maßregelvollzuges in der Frage einer umfassenden Berücksichtigung therapeutischer Belange im Rahmen der Vollzugsgestaltung am ehesten bei den zumindest bislang in verhältnismäßig geringer Zahl anzutreffenden,[66] auf eine psycho- und soziotherapeutische Behandlung bestimmter besonders rückfallgefährdeter Strafgefangener ausgerichteten sozialtherapeutischen Einrichtungen des Justizvollzugs ergeben.[67] Soweit nach der mit dem Gesetz zur Bekämpfung von Sexualdelikten und anderen gefährlichen Straftaten vom 26.01.1998 eingeführten Neuregelung des § 9 I StVollzG in Zukunft bei bestimmten Straftätern für eine Verlegung in die bewussten Einrichtungen nicht mehr wie bisher die Zustimmung des Betroffenen erforderlich sein soll,[68] ergibt sich eine weitere Gemeinsamkeit mit der Maßregel des § 63 StGB, für deren Anordnung es nach dem insoweit eindeutigen Wortlaut der Norm ebenfalls nicht der Feststellung einer entsprechenden Behandlungsbereitschaft bedarf.[69]

---

63 Zu den Gründen Kaiser/Kerner/Schöch-*Kaiser* § 2, Rn 50. Vgl. auch noch *Schäfer/Sievering* 1998, die einen Tagungsband zum zwanzigsten Jahrestag des Inkrafttretens des Strafvollzugsgesetzes mit dem Titel „Behandlungsvollzug zwischen Erfolgsbilanz und Offenbarungseid?" versehen.

64 *Baumann et al.* 1973. Der Begriff des „Behandlungsvollzuges" findet sich – mit insgesamt sehr unterschiedlichen Konnotationen, jedoch stets in Abgrenzung zu einem von Resozialisierungsbemühungen unberührten „Verwahrvollzug" – etwa bei *Claßen* 1984, S. 85; *Fabricius* 1998, S. 65; *Geppert* 1976, S. 5; Kaiser/Kerner/Schöch-*Schöch* § 4, Rn 18; *Leygraf/Heinz* 1984, S. 44; *Lüdemann* 1990, S. 229. Zum Inhalt des AE-StVollzG Kaiser/Kerner/Schöch-*Kaiser* § 2, Rn 50; *Müller-Dietz* 1978, S. 55f.; zum Einfluss dieses Entwurfs auf die endgültige Fassung des Strafvollzugsgesetzes vom 12.02.1976 vgl. *Laubenthal* 1998, Rn 130; *Walter* 1999, Rn 18.

65 Im Schrifttum werden hierfür vor allem kapazitäre und finanzielle Gründe genannt; vgl. *Walter* 1999, Rn 281. Zur Situation der psychowissenschaftlichen Betreuung im Normalvollzug Kaiser/Kerner/Schöch-*Kerner* § 17, Rn 3ff.; *Konrad* 2000a, S. 312ff.; *Lesting* 1992, S. 82ff.; *Rasch* 1999, S. 132ff.; *Walter* 1999, Rn 213ff.

66 *Specht* 1993, S. 11 verzeichnet für das Jahr 1993 in neun Bundesländern sozialtherapeutische Einrichtungen mit insgesamt rund 820 Plätzen, was lediglich etwa 2% der Strafhaftplätze der „alten" Bundesländern entspreche. Zum 31.03.1997 war diese Zahl auf 888 Plätze angestiegen; vgl. *Egg/Schmidt* 1998, S. 131; mit *Egg* 1995, S. 57 kann insoweit von einem „insgesamt nur zaghaft(en)" Ausbau gesprochen werden.

67 Vgl. auch *Rotthaus* 1992, S. 157: „Forensische Psychiatrie und Sozialtherapie sind inhaltlich nahe verwandt. Zumindest teilweise haben sie es mit ähnlichen Menschen zu tun." Zu den in den sozialtherapeutischen Einrichtungen praktizierten Behandlungsansätzen *Egg* 1996; Kaiser/Kerner/Schöch-*Kerner* § 17, Rn 19ff.; *Lösel* 1996; *Müller-Dietz* 1996.

68 BGBl. I, S. 160. Zur Abschaffung des Zustimmungserfordernisses AK-*Rehn*[4] § 9, Rn 15; *Jäger* 2001; *Schwind/Böhm-Rotthaus* § 9, Rn 8; zusammenfassend zur Neuregelung *Konrad* 1998.

69 Vgl. insoweit nur *Kammeier* 1996, S. 213: „Die persönliche Therapiemotivation des Täters oder

Im Rahmen der angekündigten Auseinandersetzung mit den therapeutischen und rechtlichen Rahmenbedingungen von Vollzugsmaßnahmen mit Sanktionscharakter ist nach dem Gesagten nicht bei einer Analyse der Situation in den Einrichtungen des psychiatrischen Maßregelvollzuges stehen zu bleiben, sondern es ist der Blick auch auf die erwähnten verwandten Formen totaler Institutionen, namentlich den (therapeutisch orientierten) Strafvollzug und die (geschlossene) Allgemeinpsychiatrie zu richten.[70]

2. Inhaltliche Konkretisierung des verwendeten Sanktionsbegriffes

In Anlehnung an *Spittler* sollen im Rahmen dieser Studie mit dem Begriff der Sanktion „Reaktionen auf Abweichungen von Verhaltensregelmäßigkeiten" bezeichnet werden, durch welche „demonstriert wird, dass das abweichende Verhalten nicht hingenommen wird".[71] Ähnlich hat *Popitz* die Sanktion als eine Reaktionsform beschrieben, die „mit der Intention der Erkennbarkeit für den Betroffenen als negative (strafende) Antwort auf ein bestimmtes Verhalten vollzogen" wird.[72] *Röhl* schließlich definiert die Sanktion als einen Nachteil, der, „anders als die negativen Folgen bei der Verletzung eines Brauchs", nicht automatisch eintritt, sondern durch welchen „dem Abweichler von seiner Umgebung *bewusst* demonstriert wird, dass man sein Verhalten nicht hinnehmen wird".[73]

Die zuletzt genannte Begriffsbestimmung durch *Röhl* weist mit der ihr zugrunde liegenden Differenzierung zwischen den in bloßen Gewohnheiten, Sitten oder Bräuchen zum Ausdruck kommenden *allgemeinen Verhaltensregelmäßigkeiten* einer Gesellschaft auf der einen und den zu mehr oder weniger strikten *Verhaltensforderungen* verdichteten *sozialen Normen* auf der anderen Seite auf eine für die inhaltliche

---

ein erkennbarer Widerstand gegen eine Therapie spielen bei der Anordnung keine Rolle." Ähnlich auch noch Kammeier-*Kammeier*[2], Kap. A, Rn 61.

[70] Umgekehrt greift *Fabricius* 1998 in einem Beitrag zur Therapie im Strafvollzug ausdrücklich auch auf Befunde aus dem Maßregelvollzug zurück. Er begründet dies mit dem Vorhandensein eines breiten Überschneidungsbereichs bei Patienten bzw. Gefangenen mit Persönlichkeitsstörungen sowie einer wesentlichen Übereinstimmung beider Vollzugsformen in dem ihren Bemühungen zugrunde liegenden Besserungszweck (S. 47, Fn 16). Zur Prävalenz psychischer Störungen bei den im Strafvollzug Inhaftierten *Konrad* 2000a, S. 316ff.; *Konrad* 2000b, S. 559ff. In diesem Zusammenhang sei auch noch auf die Ergebnisse des Hallenser Angeklagtenprojekts hingewiesen: In einem Gruppenvergleich zwischen in der Hauptverhandlung psychiatrisch begutachteten und nicht begutachteten Angeklagten konnten kaum relevante Unterschiede im Bereich psychischer Auffälligkeiten bzw. psychischer Erkrankungen festgestellt werden. Als ausschlaggebend für die Einholung eines forensisch psychiatrischen Gutachtens erwiesen sich statt dessen vor allem Art und Schwere des Deliktes – ein Befund, der nicht nur im Hinblick auf die Beachtung des Schuldgrundsatzes, sondern auch bezüglich einer adäquaten Verteilung der Angeklagten auf die zwei Spuren des strafrechtlichen Reaktionssystems nachdenklich stimmt. Vgl. im Einzelnen *Marneros et al.* 1999 sowie *Marneros et al.* 2000.

[71] *Spittler* 1967, S. 23. Ihm folgend etwa *Kerner* 1993, S. 438; *Peuckert* 2000, S. 294.

[72] *Popitz* 1980, S. 28. Vgl. auch noch *Popitz* 1961, S. 193.

[73] *Röhl* 2001, S. 180 (Hervorhebung M. L.).

Ausfüllung des hier vertretenen Sanktionsbegriffes wesentliche Dichotomie hin. Während nämlich die Abweichung von den zuerst genannten Verhaltensgleichförmigkeiten – etwa einer gemeinhin gepflegten Gewohnheit wie dem Tragen von Schirmen bei wolkenverhangenem Himmel oder der Einhaltung allgemein üblicher Essenszeiten – in Ermangelung spezifischer Kontrollmechanismen allenfalls *faktische* Nachteile nach sich zieht (man wird nass beziehungsweise bleibt hungrig),[74] erweist sich die soziale Norm demgegenüber als sanktionsbewehrt: In Reaktion auf den Normverstoß wird ein Missbilligungsurteil ausgesprochen, und dieser Vorgang erfolgt nun keineswegs automatisch, sondern ganz bewusst und mit der Intention, dem Abweichler zu demonstrieren, dass das von ihm gezeigte Verhalten von seiner Umgebung nicht hingenommen wird. Der Unterschied der Sanktionshandlung zu den sozialen Nachteilen, die eher *gelegentlich* einer Abweichung von Sitten und Gewohnheiten entstehen, liegt demnach in der *Intentionalität*, welche der Sanktion insoweit innewohnt, als durch sie eine negative Verhaltensbewertung der Sanktionsinstanz zum Ausdruck gebracht werden soll.[75] Während man demzufolge von den allein durch tatsächliche Übung erzeugten und am Leben erhaltenen Regelmäßigkeiten sozialen Handelns, wie sie etwa Bräuche darstellen, lediglich sagen kann, sie seien *üblich*, erweisen sich soziale Normen demgegenüber als sanktionsbewehrt und in diesem Sinne mithin als *verbindlich*.[76]

Die Übergänge zwischen den vorstehend benannten Kategorien sind allerdings fließend; so haben auch *allgemeine Verhaltensmuster* „die Tendenz, verbindlich zu werden"[77] und sich zu *Konventionen* zu verdichten, deren Nichtbefolgung unter Umständen so genannte „diffuse Sanktionen" wie etwa Spott, gesellschaftliches „Schneiden" oder Boykott hervorzurufen vermag.[78] Derartige Formen diffusen

---

[74] Sehr treffend insoweit *Röhl* 2001, S. 180: „Bräuche sind sozusagen self-executing". Vgl. auch noch *Nadel* 1953, der im Zusammenhang mit nicht-sanktionierten Verhaltensmustern wie etwa tradierten Bräuchen von „self-regulation" spricht, während die mit spezifischen Kontrollen abgesicherten sozialen Normen mit dem Begriff „social control" belegt werden.

[75] *Kerner* 1993, S. 438; *Röhl* 2001, S. 180. Zum Begriff des Brauchs auch noch *Popitz* 1961, S. 193; *Spittler* 1967, S. 10; Fuchs-*Treiber*, Stichwort „Brauch". Ihre Grundlegung erfahren alle diese Differenzierungen im entsprechenden Begriffsgebrauch bei *Weber* 1964, S. 21: „Eine tatsächlich bestehende Chance einer Regelmäßigkeit der Einstellung sozialen Handelns soll heißen Brauch, wenn und so weit die Chance ihres Bestehens innerhalb eines Kreises von Menschen lediglich durch tatsächliche Übung gegeben ist".

[76] *Röhl* 2001, S. 180. *Spittler* 1967, S. 23 verdeutlicht den aufgezeigten Zusammenhang anhand des bereits angeklungenen Beispiels fester Essenszeiten: „Wenn ein Mann zu spät nach Hause kommt und seine Frau gibt ihm kein warmes Essen mehr, dann kann das zwei Gründe haben. Entweder macht es jetzt zu viel Umstände, noch ein warmes Essen zuzubereiten. Dann ist die Reaktion der Frau einfach eine negative Konsequenz des Zuspätkommens, hat aber keinen Sanktionscharakter. Will sie ihn dagegen damit strafen, weil er zu spät gekommen ist, dann sprechen wir von einer Sanktion".

[77] *Röhl* 2001, S. 180.

[78] *Kerner* 1993, S. 438. Im Gegensatz zu der hier vertretenen Differenzierung hebt *Kaiser* 1996, § 28, Rn 9, eher auf die Gemeinsamkeiten der verschiedenen Normensysteme ab; auch er nimmt jedoch eine Abstufung vor, indem er zwischen „Gewohnheiten", denen man ohne verpflichten-

sozialen Drucks sind jedoch im Einzelfall oftmals nur schwer zu beschreiben und abzugrenzen; von ihnen als *Sanktionen* im hier verstandenen Sinne zu sprechen, erscheint erst dann angebracht, wenn sie, wie oben näher ausgeführt, die deutlich identifizierbare Explikation eines Missbilligungsurteils aufweisen und sich damit letztlich doch als die Exekution einer zur verbindlichen sozialen Norm erstarkten *Verhaltensforderung* darstellen.[79]

In Abweichung von dem hier eingeführten Begriffsgebrauch findet sich in Psychologie, Sozialpsychologie und Soziologie verbreitet eine umfassendere Verwendung des Sanktionsbegriffes; dort wird üblicherweise eine Untergliederung in *positive* und *negative* Sanktionen vorgenommen: Während mit negativen Sanktionen im Allgemeinen die Bestrafung abweichenden Verhaltens durch den Entzug begehrter materieller oder immaterieller Güter bezeichnet wird (etwa durch Freiheits- oder Geldstrafen, Missbilligung, Degradierung, Ansehensverlust, sozialen Ausschluss), soll unter dem Begriff der positiven Sanktion die Belohnung konformen Verhaltens durch die Gewährung von Vorteilen, Prestige und sozialem Aufstieg zu verstehen sein.[80] Insoweit ergeben sich Überschneidungen mit dem bereits im eingangs erläuterten Hainaer Fall angesprochenen lerntheoretischen Modell, in welchem Belohnung und Bestrafung der Charakter von Stimuli, d.h. Anreizen zukommen soll, welche als „positive" beziehungsweise „negative Verstärker" ein bestimmtes Verhalten des Patienten zu ändern oder zu verfestigen bestimmt sind.[81]

Obwohl gerade die soeben aufgezeigten Bezüge, welche sich durch die Bezeichnung der im Ausgangsfall verhängten Restriktionen als lerntheoretisch fundierter „Verstärkereinsatz" ergeben, die Adaption eines differenzierten Sanktionsbegriffes

---

des Gefühl folge, sowie „Brauchtum und Sitte" als geordnetem Verhalten, dessen Gesolltheit aus Anlass von Verstößen bewusst werden könne, unterscheidet.

79 Dem Ansatz der Untersuchung folgend dürfte es sich bei den hier zu fokussierenden Kontrollprozeduren vor allem um solche der *formellen Sozialkontrolle* handeln: Schließlich ging der eingangs formulierte Verdacht dahin, in der Vollzugspraxis komme es in Anbetracht von Regelverstößen der Maßregelpatienten verbreitet zu einer Überdehnung der *gesetzlich fixierten* Eingriffstatbestände durch das Vollzugspersonal als einer eigens zur *Herstellung sozialer Konformität* vorgesehenen Instanz (vgl. insoweit *Hess* 1983, S. 13). Demgegenüber gründen sich die Mechanismen der – in den Stationsmilieus der psychiatrischen Krankenhäuser sicherlich nicht minder wirksamen – *informellen Sozialkontrolle* nicht auf gesetzliche Bestimmungen, sondern beziehen ihre Überzeugungskraft etwa aus den hierarchischen Strukturen und Wertesystemen der Insassensubkultur (und sind aufgrund dessen hier weniger von Interesse).

80 Vgl. etwa die Einträge unter dem Stichwort „Sanktion" bei Endruweit/Trommsdorff-*Lamnek*; Fuchs-*Treiber*; *Hillmann* 1994; des weiteren den Begriffsgebrauch bei *Friedman* 1981, S. 84; *Röhl* 2001, S. 187 sowie *Schumann* 1968, S. 11. Erläuternd zu den unterschiedlichen Definitionsansätzen *Peuckert* 2000, S. 294f.; *Raiser* 1995, S. 245f.

81 Zu den Berührungspunkten der mit den Begriffen der positiven und negativen Sanktion operierenden Konzepte mit dem lerntheoretischen Verstärkermodell vgl. *Kerner* 1993, S. 438f. Vgl. allerdings andererseits aus der Perspektive der Psychowissenschaften *Guss* 1979, S. 12, der für eine strikte begriffliche Trennung eintritt: „Positive und negative Verstärker dienen definitionsgemäß dazu, die Wahrscheinlichkeit des Auftretens von Verhaltensweisen zu *erhöhen*, während sie durch Bestrafung *gesenkt* wird oder doch zumindest gesenkt werden soll." (Hervorhebungen im Original).

scheinbar nahe legen, soll im Folgenden nichtsdestoweniger die Verwendung des Begriffes auf die besagte negative Komponente im Sinne des Ausspruchs eines Tadels beschränkt bleiben.[82] In dieser Hinsicht hat zunächst *Popitz* auf den Umstand hingewiesen, dass Handlungen, auf die gemeinhin mit Gratifikationen reagiert werde, nicht einfach schematisch im Sinne einer Verhaltensskala mit einem Minus- und einem Plusteil mit den insoweit von völlig anderen Voraussetzungen geleiteten, einem Missbilligungsurteil zugänglichen Akten der Non-Konformität in Beziehung gesetzt werden könnten; vielmehr sei durch eine Restriktion des Begriffsgebrauchs dem Eindruck vorzubeugen, „dass sich irgendeine Parallelität oder Komplementarität von 'negativen' und 'positiven' Sanktionen unterstellen ließe".[83] Es ist darüber hinaus ein Hinweis *Kerners* zu bedenken, der gerade für den hier behandelten Bereich staatlicher Reaktion auf das Verhalten der Bürger eine weitgehende Eingrenzung des Sanktionsbegriffes auf seine negative Komponente für angebracht hält, und zwar im Sinne der Reaktion „eines Teils der Bevölkerung oder ihrer designierten Funktionsträger auf bestimmte Verhaltensweisen, um diese für die Zukunft zu unterbinden".[84]

Bedenkt man den Umstand, dass zum Ausgangspunkt dieser Studie der Gedanke gewählt wurde, das Fehlen eines Disziplinarinstrumentariums in den einschlägigen Landesgesetzen für den Maßregelvollzug führe zu einer verbreiteten Überdehnung der existierenden Eingriffstatbestände, da sich nur auf diesem Wege das Ausagieren etwaiger Bestrafungswünsche des Vollzugspersonals in eine – zumindest äußerlich – den Anforderungen der gesetzlichen Regelwerke genügende Form gießen lasse, er-

---

[82] Anders für eine empirische Untersuchung zu verhaltenssteuernden Sanktionen im schweizerischen Strafvollzug demgegenüber *Stratenwerth/Bernoulli* 1983, S. 118f.

[83] *Popitz* 1980, S. 22. Auf eine „Ungleichgewichtigkeit der Verstärkerfunktionen" weist – für den Kontext des Jugendstrafvollzugs – auch *Claßen* 1984, S. 86f. hin: Nur mit dem Entzug positiver Verstärker beziehungsweise dem Austeilen negativer Verstärker gingen „die Situation problematisierende Episphänomene" wie etwa ein möglicher Anstieg des Vermeidungsverhaltens des Jugendlichen einher; beim Austeilen positiver und dem Entzug negativer Verstärker seien derartige Folgen nicht zu gewärtigen.

[84] *Kerner* 1993, S. 439. Vgl. auch insoweit noch einmal *Popitz* 1980, S. 22: „Wenn Abweichungen sanktioniert werden (Strafzettel), muss konformes Verhalten noch keineswegs prämiert werden (Lobzettel für richtiges Parken)." Nach *Claßen* 1984, S. 89 und *Walter* 1998a, S. 14 wird auch im Vollzug der Jugendstrafe ganz überwiegend auf negative Verstärker zurückgegriffen; für den Maßregelvollzug geht Entsprechendes zumindest indirekt aus dem Bericht eines ehemaligen Patienten (*Müller* 1984, S. 117) über die tendenzielle Überrepräsentation negativer Ereignisse in den Pflegedokumentationen hervor. Kontrastierend hierzu kann schließlich der satirische Bericht von *Swift* 1974 über die Reisen Lemuel Gullivers gelesen werden: Dieser fand in Lilliput ein Rechtssystem vor, in welchem derjenige, der „die Gesetze seines Landes dreiundsiebzig Monde lang streng befolgt hat, [...] je nach seinem Stande und seiner Lebenslage gewisse Vorrechte sowie eine im Verhältnis dazu stehende Geldsumme aus einem für diesen Zweck bestimmten Fonds beanspruchen" könne (S. 78). Aus diesem Grunde erscheine die Darstellung der Justitia dort stets „mit einem Beutel Gold, den sie offen in der rechten Hand, und einem Schwert in der Scheide, das sie in der linken Hand hält, um zu zeigen, dass sie mehr zur Belohnung als zur Strafe geneigt ist." (Ebd.).

scheint es angebracht, den Sanktionsbegriff im Sinne der eingangs zitierten Autoren auf die negative Komponente der Explikation eines Missbilligungsurteils zu begrenzen. Gerade in Anbetracht der weiter unten noch vorzunehmenden Trennung der verschiedenen Eingriffsebenen, auf denen sich Vollzugsmaßnahmen bewegen können (Aufrechterhaltung von Sicherheit und Ordnung, Ausgestaltung des Behandlungsverhältnisses sowie disziplinarische Ahndung begangener Normverstöße),[85] ist unter dem Begriff der Sanktion bereits aus Gründen der Klarstellung eine eindeutige Fokussierung repressiv motivierter Rechts*beschränkungen* geboten.[86]

Dies ergibt sich nicht zuletzt auch aus den völlig unterschiedlichen rechtlichen Bewertungszusammenhängen, in welche man für den Fall einer durch staatliche Organe ausgesprochenen Belohnung oder Bestrafung jeweils gerät: Während bei den erstgenannten Fallgestaltungen nämlich die klassische *Abwehrkomponente* der Grundrechte die Beurteilung der verhängten Maßnahme anhand der geltenden (verfassungs-)rechtlichen Vorgaben dominieren dürfte, ist davon auszugehen, dass bei dem zumindest grundsätzlich ebenso denkbaren Fall einer reinen Gratifikation für erwünschtes Verhalten vor allem der aus den in Art. 3 I GG niedergelegten Gewährleistungen erwachsende Anspruch nicht Begünstigter auf *Gleichbehandlung* zum Tragen kommt. Da es demzufolge im Hinblick auf die beiden in Bezug genommenen Sachverhalte auch in rechtlicher Hinsicht an der bereits von *Popitz* angezweifelten „Komplementarität" mangelt, wird vorliegend eine Beschränkung des Sanktionsbegriffes auf die genannte negative Komponente vorgenommen.[87]

Die Funktion einer Sanktion im hier verstandenen Sinne ist nach alledem in der Herbeiführung dauerhaft verhaltenskorrigierender Effekte zu sehen; sie dient der Erzeugung von Konformität durch Zufügung von Rechtseinbußen – die von ihr Betroffenen sollen sich dazu veranlasst sehen, bestimmte Dinge zu tun und andere nicht zu tun.[88] Es ist bereits verschiedentlich darauf hingewiesen worden, dass die

---

[85] Hierzu im Einzelnen auf S. 78ff.

[86] Vgl. insoweit noch einmal *Raiser* 1995, S. 245, welcher die Frage des Zuschnitts des von ihm verwendeten Sanktionsbegriffes „nach wissenschaftlicher Zweckmäßigkeit" entscheiden will (allerdings sodann zu einem entgegengesetzten Ergebnis – der Einbeziehung auch positiver Sanktionen – gelangt).

[87] Dies hindert selbstverständlich nicht, zur Vervollständigung des Bildes in Einzelfällen auch Maßnahmen mit Belohnungscharakter in die Betrachtung einzubeziehen. Insoweit ist im einschlägigen Schrifttum verschiedentlich darauf hingewiesen worden, dass auch über die Dosierung von Gratifikationen wie etwa Lockerungen in der Vollzugspraxis versucht wird, verhaltenssteuernd auf die Insassen einzuwirken. Vgl. hierzu die kritischen Ausführungen bei AK-*Walter*[4] vor § 102, Rn 15; *Calliess* 1970, S. 70f.; *Gretenkord* 1995, S. 129 (Prämierung anstaltsangepassten Wohlverhaltens durch Gewährung von Vergünstigungen als „Kunstfehler"); *Grosch* 1995, S. 22; *Jansen/Schreiber* 1994, S. 141f.; *Walter* 1993, S. 273; *Walter* 1998b, S. 5; *Walter* 1999, Rn 514. Den Einsatz von Lockerungen als positive Verstärker ausdrücklich befürwortend hingegen *Heinz/Jöckel* 1989, S. 89.

[88] Ähnlich Endruweit/Trommsdorff-*Lamnek*, Stichwort „Sanktion"; *Hillmann* 1994, S. 753; *Peuckert* 2000, S. 295 („Element der sozialen Kontrolle").

sanktionsbewehrte Geltung sozialer Normen letztlich als eine „anthropologische Voraussetzung von Vergesellschaftung“[89] angesehen werden könne, da der Begriff der Gesellschaft stets und geradezu unhintergehbar zumindest irgendeine Form von Verhaltensnormierung der handelnden Personen voraussetze.[90] Geht man nun davon aus, dass sich die These von der Ubiquität eines auf die jeweilige Gesellschaft zugeschnittenen, identifizierbaren Bestandes sozialer Normen (und der Sanktionierung ihrer Nicht-Einhaltung) auch auf gesellschaftliche Subsysteme wie etwa das soziale Gefüge einer Großküche, einer psychosomatischen Klinik[91] oder eben eines psychiatrischen Krankenhauses übertragen lässt,[92] so kann folgender Feststellung *von Trothas* letztlich die Leitlinie für den weiteren Gang dieser Untersuchung entnommen werden: „Jede Gesellschaft, die wir kennen, muss sich dem Problem abweichenden Verhaltens stellen und eine Antwort finden“.[93] Dies muss nach den vorangegangenen Ausführungen auch für den psychiatrischen Maßregelvollzug gelten, weshalb der Anspruch der vorliegenden Studie darin bestehen sollte, nach einer den Besonderheiten der Unterbringungssituation gerecht werdenden, aber eben auch rechtsstaatlichen Anforderungen genügenden Antwort für den benannten Bereich zu suchen.

II. Literaturstudie zu den therapeutischen und rechtlichen Rahmenbedingungen der Sanktionierung im Behandlungsvollzug

Die Themenbereiche, welche bereits in der eingangs geschilderten Kontroverse um den Fernsehempfang des Patienten R die Diskussion dominiert haben, geben auch den Rahmen für die nun folgende Erörterung der therapeutischen und rechtlichen Rahmenbedingungen der Sanktionierung im Behandlungsvollzug vor: Die dem Patienten gegenüber ausgesprochenen Restriktionen waren nach den von Seiten der Klinikleitung hierzu abgegebenen Begründungen vornehmlich als Reaktion auf dessen fehlende Kooperationsbereitschaft zu verstehen und können demzufolge, nimmt man die Verantwortlichen insoweit beim Wort, als Versuch der *Erzeugung von Therapiemotivation mittels Sanktionsdrucks* bezeichnet werden. Auf die spezifische Problematik einer derartigen Vorgehensweise wird demnach im Folgenden an

---

89 *Von Trotha* 1978, S. 306.

90 *Popitz* 1961, S. 185 (Normgebundenheit sozialen Verhaltens als „einfache, ja triviale Alltagserfahrung“). Vgl. auch noch *Popitz* 1980, S. 92 (Konstruktion eines Systems sozialer Normen als konstitutive Bedingung „für die Art und Weise, in der Menschen sich sozial selbst definieren“) sowie *Kerner* 1993, S. 437 („Regelhaftigkeit sozialen Geschehens“).

91 Diese beiden sozialen Kontexte bildeten den Gegenstand der „Untersuchungen zum Sanktionsmechanismus“ von *Spittler* 1967.

92 Vgl. noch einmal *Popitz* 1980, S. 72ff., der von einer *normativen Partikularisierung* einer jeden Gesellschaft spricht.

93 *Von Trotha* 1978, S. 305.

erster Stelle einzugehen sein (1). Auf der anderen Seite sind jedoch die häufigen unkontrollierten Übergriffe des R gegenüber Mitpatienten und Mitgliedern des Personals nicht zuletzt auch als eklatante Verstöße gegen das geordnete Zusammenleben in der Einrichtung zu werten, die nach dem weiter oben[94] hierzu Ausgeführten ebenfalls die Entscheidung für die Verhängung der bewussten Beschränkungen beeinflusst haben dürften. Diese Betrachtungsweise rückt somit eher den Aspekt einer *Ahndung vollzugsinternen Fehlverhaltens durch einrichtungsseitige Sanktionen* in den Vordergrund und wird demgemäß den Gegenstand des zweiten Teils der Literaturstudie bilden (2).

1. Techniken der „Erzeugung von Therapiemotivation"

Es soll nun zunächst der Frage nachgegangen werden, inwieweit sich in dem die verschiedenen Formen des Behandlungsvollzuges begleitenden psychowissenschaftlichen Schrifttum bestimmte professionell etablierte Techniken dokumentiert finden, die sich durch sanktionierende Momente auszeichnen. Dabei wird nach den Erfahrungen mit der Hainaer Kontroverse davon ausgegangen, dass auf der Ebene der Patient-Therapeut-Beziehung eine der Sanktionierung zugängliche Anpassungsleistung des Patienten vor allem in dem Ausmaß seiner manifestierten Therapiekooperation besteht, und dass folglich das Ziel eines insoweit lenkenden Vorgehens des Therapeuten umschrieben werden kann als „Erzeugung von Therapiemotivation".

Bei der Bearbeitung dieser Zusammenhänge soll somit ausdrücklich der im Eingangsfall aufgeworfene Verdacht ausgeblendet werden, unter den gemeinhin mit therapeutischen Belangen begründeten Rechtsbeschränkungen fände sich in der Vollzugspraxis eine bedeutende Anzahl von Sachverhalten, bei denen eigentlich eine Bestrafung des Insassen für Regelverstöße im sozialen Zusammenleben auf der Station, etwa für Insubordinationen, kleinere Diebstähle oder körperliche Aggressionen durchgeführt werde. Es soll statt dessen eine Perspektive gewählt werden, welche der therapeutischen Argumentation der im Vollzug tätigen Behandler Authentizität beimisst und sie nicht als Versuch diskriminiert, verdeckte Disziplinaraktionen zu bemänteln. Man könnte nun vielleicht versucht sein, die Relevanz des so umrissenen Untersuchungsgegenstandes für eine Studie über die „Sanktionierung unbotmäßigen Patientenverhaltens" im psychiatrischen Maßregelvollzug infrage zu stellen, da es sich bei den bewussten Verhaltensweisen eben nicht um Ordnungsverstöße im engeren Sinne handelt. Die Antwort auf diesen Einwand ergibt sich jedoch nach den einleitenden Ausführungen von selbst: Im Verhältnis zwischen dem mit einem Behandlungsauftrag ausgestatteten Therapeuten und dem nach § 63 StGB Untergebrachten ist die Kooperationsbereitschaft des Klienten tatsächlich ein wichtiger, wenn nicht sogar *der* bestimmende Faktor, so dass sich im Falle einer Verweigerung für den Therapeuten beinahe zwangsläufig die Frage stellt, ob er

[94] Vgl. hierzu die Anmerkungen im einleitenden Kapitel, S. 2f., 16.

unter dem Primat seines Behandlungsauftrages die ihm durch die spezifische Vollzugssituation eingeräumte Machtposition zu einer Zufügung von Rechtseinbußen gegen den unwilligen Patienten nutzen sollte (oder, in der Argumentation des *LG Marburg*: zur Verkürzung der Unterbringungsdauer zu entsprechenden Maßnahmen sogar *verpflichtet* ist). Werden jedoch zum Zwecke einer „Erzeugung von Therapiemotivation" entsprechende Restriktionen verhängt, so kommt diesen eindeutig sanktionierender Charakter zu, und auch die korrespondierende Verweigerungshaltung des Untergebrachten kann nach dem Gesagten ohne weiteres als eine für die am Behandlungsgedanken ausgerichteten Vollzugsformen spezifische Form der Auflehnung eingestuft werden. Die Einbeziehung derartiger Sachverhalte in die vorliegende Untersuchung ist nach alledem durchaus sachgerecht.

In seiner Begründung zu dem im Ausgangsfall verhängten partiellen Fernsehempfangsverbot hatte der Leiter der Klinik für gerichtliche Psychiatrie Haina zunächst die fehlende Bereitschaft vieler Patienten des Maßregelvollzuges zur Mitarbeit an den unterbreiteten Behandlungsangeboten konstatiert und ihnen mangelnden Leidensdruck im Hinblick auf ihre psychische Störung attestiert. Die Reaktion der Einrichtung auf die verbreitet anzutreffende Therapieverweigerung bestehe in einem abgestuften System gezielt auferlegter Deprivationen: Grundsätzlich werde bereits die von dem Freiheitsentzug an sich ausgehende sanfte Überzeugungskraft genutzt, um zu einem tragfähigen Arbeitsbündnis mit dem Untergebrachten zu gelangen. Für den Fall, dass die von der Unterbringungssituation grundsätzlich ausgehenden Deprivationen nicht ausreichten, kämen mit den so genannten „negativen Verstärkern" zusätzliche Sanktionen zur Anwendung. Die mit diesen Maßnahmen verbundene Rücknahme persönlicher Möglichkeiten und Freiheiten solle den Patienten dazu veranlassen, „seine antitherapeutische Grundhaltung neu zu überdenken, sie zu revidieren und sich so dann doch auf den Weg in die Freiheit zu begeben".[95] Die dergestalt umrissenen Abschnitte des therapeutischen Prozesses sollen im Folgenden als Ausgangspunkt dienen, von dem aus die therapeutischen und rechtlichen Rahmenbedingungen des dahinter stehenden Behandlungskonzeptes erörtert werden können.

a) Therapiemotivation und justitieller Zwangskontext

Am Anfang der Argumentationskette steht die verbreitet anzutreffende Klage über den Mangel an Therapiemotivation, durch welchen sich ein großer Teil der „zur Therapie Verurteilten"[96] auszeichnen soll. An den Anfang seiner Monographie zur Therapiemotivation inhaftierter Straftäter stellt *Dahle* denn auch folgende Feststellung:

> „Straffällige Personengruppen gelten in der klinischen und psychotherapeutischen Literatur seit jeher als 'Problempatienten'. Einen zentralen Aspekt, an dem sich Kontroversen über Therapieprobleme, Therapieindikationen bis hin zur Frage der grundsätzlichen 'Therapierbarkeit' dieser Zielgruppe regelmäßig entflammen, stellt die (häufig pauschale)

---

[95] Bei *Kreuzer* 1994, S. 62.
[96] Formulierung bei *Rasch/Kühl* 1973, S. 244; *Rasch/Sassenberg* 1983, S. 71.

Klage über mangelnde motivationale Voraussetzungen der Betroffenen für eine erfolgreiche Behandlung dar."[97]

Tatsächlich findet sich im einschlägigen Schrifttum, das die verschiedenen Formen staatlich organisierten Freiheitsentzuges zu Behandlungszwecken erörtert, zunächst ein unüberhörbarer Chor derjenigen Stimmen, welche die mangelnde Therapiekooperation der jeweils Internierten beklagen. So konstatieren *Mauch* und *Mauch* etwa für die voraussichtliche Klientel der (damals noch geplanten) Sozialtherapeutischen Anstalten nach § 65 StGB a.F., diese sehe die begangene Straftat zumeist nicht als Symptom einer zugrunde liegenden psychischen Störung an.[98] Die Probanden empfänden weder Leidensdruck noch Änderungswunsch, woran häufig nicht einmal die Verurteilung zur Strafe oder die Strafverbüßung selbst etwas zu ändern vermöge. Diese wenig positive Einschätzung führt schließlich zu der Feststellung, je „chronischer" die Kriminalität verlaufe, umso unempfindlicher sei auch der „Kriminelle" gegen jeglichen Behandlungsversuch.[99] Nach den Erfahrungen von *Freese* zeichnet sich auch die in der Forensik anzutreffende Klientel in aller Regel durch eine bereits seit vielen Jahren fehlende Krankheits- und Behandlungseinsicht aus; sie sei zudem meist chronifiziert und besonders schwer gestört, weise keine Compliance auf und sei letztlich gegen ihren Willen zur Therapie gezwungen.[100] *Hirschmann* spricht insbesondere der Mehrzahl der Sexualdelinquenten die nach seiner Auffassung für die Durchführung einer Psychotherapie erforderliche „echte Bereitschaft zur Behandlung, das notwendige Leidensbewusstsein" kategorisch ab.[101] Ebenfalls für diese Patientengruppe stellt *Bronisch* fest, sie besitze mehrheitlich nicht die für eine analytische Psychotherapie erforderliche Introspektionsfähigkeit und Motivation.[102] In einem Beitrag über Behandlungsanspruch und Behandlungsverweigerung strafrechtlich Untergebrachter weist schließlich *Bischof* vor allem für die Gruppe der Psychotiker darauf hin, bei diesen stehe einer Behandlung vielfach die primär fehlende Krankheitseinsicht entgegen; bei manchen Abhängigkeitskranken oder Persönlichkeitsgestörten sei demgegenüber vor allem eine hartnäckige Therapieunwilligkeit zu verzeichnen.[103]

---

97 *Dahle* 1995a, S. 1. Vgl. auch noch *Dahle* 1994a, S. 175; *Dahle* 1994b, S. 227; *Dahle* 1998, S. 97. Die pauschalisierende Voreingenommenheit, mit welcher dieser Vorwurf zumeist geführt wird, beklagen ebenfalls *Pfäfflin* 1997, S. 65; *Pfäfflin/Mergenthaler* 1998, S. 25; *Rasch/Kühl* 1973, S. 242; *Rauchfleisch* 1994, S. 259 und *Steller* 1974, S. 113.

98 *Mauch/Mauch* 1971, S. 17.

99 *Mauch/Mauch* 1971, aaO.

100 *Freese* 1998, S. 211. Ebenso *Kammeier* 1984, S. 196: „Als Grundvoraussetzung wirkungsvoller (Psycho-)Therapie werden gemeinhin zwei Bedingungen genannt: primärer Leidensdruck und freiwillige aktive Mitwirkung. Bei einer großen Zahl der forensischen Patienten fehlt es aber an beidem".

101 *Hirschmann* 1961, S. 79. Ähnlich *Bullens* 1991, S. 93; *Rotthaus* 1991, S. 9f.; *Rotthaus* 1998, S. 277.

102 *Bronisch* 1983, S. 76.

103 *Bischof* 1987, S. 294. Für die persönlichkeitsgestörte Klientel vgl. auch noch *Duncker* 1987, S. 131.

Die Erklärungsversuche für den verbreitet festgestellten Mangel an Therapiemotivation sind entsprechend vielgestaltig. Für den Maßregelvollzug sei beispielhaft auf die Ausführungen *Baurs* verwiesen, der insoweit die nachteiligen Auswirkungen der potentiell unbefristeten Dauer der Unterbringung auf die Kooperationsbereitschaft des Betroffenen hervorhebt.[104] Hinsichtlich der Therapie von Sexualdelinquenten wird teilweise auf die von dem Schweizer Psychoanalytiker *Morgenthaler* den Ausdrucksweisen sexueller Perversion zugeschriebene „Plombenfunktion" hingewiesen: Danach fungiere die Perversion als eine Art „Plombe", welche die Lücke des in seiner narzisstischen Entwicklung gestörten Selbst auffülle und vor Gefühlen der Leere und Sinnlosigkeit schütze.[105] Nach diesem Ansatz stößt eine Therapie vor allem deshalb bei den Betroffenen auf vehemente Ablehnung, weil sie als eine Bedrohung der durch das Ausleben der sexuellen Triebimpulse erreichbaren „Homöostase" im narzisstischen Bereich erlebt wird.[106] Einen vergleichbaren Mechanismus beschreiben *Arentewicz* und *Schorsch* als Vertreter eines verhaltenstherapeutischen Ansatzes, wenn sie die Perversion als „eine Form der Konfliktbewältigung und Angstabwehr" beschreiben, die von den Patienten für ihre Stabilität benötigt werde. Hieraus erwachse ein beträchtlicher Widerstand der Betroffenen gegen die durch die Therapie angestrebte Veränderung ihrer sexuellen Orientierung oder eine etwaige Aufgabe der perversen Formen der Triebbefriedigung.[107]

Gegen die in den obigen Aussagen zum Ausdruck kommende Tendenz, die Ursachen für die in der Straftäterbehandlung existierenden Probleme allein der ungenügenden motivationalen Basis bei den *Betroffenen* zuzuschreiben und sie so gänzlich auf der *Klientenseite* zu lokalisieren, hat sich unterdessen einiger Widerstand entwickelt.[108] Zwei Arbeiten von *Steller* und *Dahle* unternehmen den bislang umfassendsten Versuch einer Rückführung der – in ihren Grundzügen keineswegs geleugneten – Problematik auf bestimmte, dem Vollzug der Freiheitsstrafe zugrunde liegende Rahmenbedingungen.[109] Benannt werden zunächst einige institutionelle Gegebenheiten, mit denen sich ein resozialisierungs- und behandlungsorientierter Strafvollzug konfrontiert sieht: Hingewiesen wird zum einen auf das zumindest im Hintergrund stets wirksame Spannungsfeld von Straf-, Sicherungs- und Besserungszwecken, das im Haftalltag allzu oft eine Auflösung zugunsten der

---

104 *Baur* 1988, S. 210ff.; *Baur* 1990, S. 484f.

105 *Bronisch et al.* 1983, S. 84; *Fehlenberg* 1997, S. 162; *Schorsch et al.* 1996, S. 33f.

106 *Bronisch et al.* 1983, aaO.

107 *Arentewicz/Schorsch* 1980, S. 237.

108 In diesem Zusammenhang sei an ein recht provokantes Diktum *Raschs* erinnert, nach welchem der Begriff der Therapiefähigkeit weniger eine Eigenschaft des *Patienten* als vielmehr eine solche des *Behandlers* bezeichnet; *jener* sei fähig oder eben nicht fähig, eine Therapie durchzuführen (*Rasch* 1987, S. 22; *Rasch* 1999, S. 106). In eine ähnliche Richtung gehen Vorwürfe von *Kammeier* 1984, S. 207, der angesichts des verbreiteten Behandlungsdilemmas bei persönlichkeitsgestörten Straftätern von einer „Therapieverweigerung der Psychiater" spricht. Allgemein hierzu bereits *Lindemann* 2002, S. 13.

109 *Dahle* 1994a; *Steller* 1993. Vgl. auch noch *Dahle* 1995a, S. 9ff.

beiden erstgenannten Funktionen der Freiheitsentziehung erfahre.[110] Hinzu komme die immer noch in weiten Teilen ungenügende Ausbildungssituation der im Strafvollzug akademisch-therapeutisch tätigen Berufsgruppen, insbesondere im Hinblick auf das erforderliche kriminologische Basiswissen oder die klinischen Besonderheiten delinquenter Personengruppen.[111] Auf methodischer Ebene ergäben sich darüber hinaus Adaptionsprobleme für die klassischen Psychotherapieschulen:[112] Deren konzeptionelle Ausrichtung auf die Modifikation innerpsychischer Konfliktsituationen müsse im strafvollzuglichen Kontext dem external ausgerichteten, vornehmlich auf die soziale Integration des Patienten abzielenden Resozialisierungsauftrag angenähert werden, was etwa eine Ergänzung um pädagogische Hilfestellungen erforderlich mache. Zudem seien die genannten Verfahren deutlich an den Fähigkeiten und Voraussetzungen der ursprünglichen Zielgruppen ausgerichtet, welche sich durchgängig durch einen gesellschaftlich integrierten Status sowie ein zumindest mittleres Bildungsniveau auszeichneten. Die überwiegend sozial randständige Situation der Haftklientel und die daraus hervorgehende geringe Affinität der Betroffenen zu Psychotherapie als Handlungsmöglichkeit bei psychischen Problemen zwängen schließlich dazu, die existierenden therapeutischen Konzepte auch in dieser Hinsicht dem Anwendungskontext anzupassen.[113]

Unabhängig davon, ob man die Gründe für den in sämtlichen vorstehend referierten Stellungnahmen konstatierten Mangel an Therapiemotivation bei forensischen Patienten nun in den Besonderheiten der zu behandelnden Klientel oder in strukturellen Defiziten des institutionalisierten Behandlungssettings verortet, so scheint doch zumindest im Ergebnis Konsens zu bestehen: Behandlungsbemühungen im Straf- und Maßregelvollzug treffen auf Patienten, die einer Therapie überdurchschnittlich häufig eher ablehnend gegenüberstehen und sich in einer bedeutenden Zahl von Fällen durch entsprechend geringe Kooperationsbereitschaft auszeichnen.

b) Die Herbeiführung „praktischer Überzeugung" als therapeutisches Konzept

Die vor dem so umrissenen Problemhintergrund von den im Vollzug tätigen Therapeuten entwickelten und in der einschlägigen Literatur dokumentierten Lösungsstrategien lassen sich auf einige klare, bereits in der Begründung des Klinikleiters aus Haina anklingende Modelle der „Erzeugung von Therapiemotivation" zurückführen. *Fengler* und *Fengler* führen hierzu in ihrer ethnomethodologischen[114] Studie

---

110 *Dahle* 1994a, S. 177; *Dahle* 1995a, S. 9.

111 *Dahle* 1994a, S. 178.

112 *Dahle* 1994a, S. 179ff.; *Steller* 1993, S. 298f. Speziell zur Psychoanalyse auch *Lüderssen* 1995, S. 289f.: „Ebenfalls ungewohnt für die Psychoanalyse ist die Abschichtung derjenigen Probleme, die nicht allein therapeutisch angegangen werden können, sondern zunächst vielleicht ganz äußerliche Unterstützung notwendig machen (Schuldentilgung, Arbeitsplatzbeschaffung, Ausbildung, Ehescheidungsprozesse, Sorgerechtsfragen)".

113 *Dahle* 1994a, S. 181; *Steller* 1993, S. 301; *Dahle* 1995a, S. 12. Zu den Besonderheiten der therapiebezogenen Einstellungen von Strafgefangenen vgl. auch *Dahle* 1993.

114 Eine gute Definition gibt *Bergmann* 1995, S. 269: „'Ethnomethodologie' bezeichnet einen sozio-

zum „Alltag in der Anstalt“ den Begriff der „praktischen Überzeugung“ ein.[115] Ausgehend von der Annahme, dass auch in der Allgemeinpsychiatrie das fehlende Krankheitsbewusstsein vieler Patienten als eine fundamentale Gegebenheit den dort unternommenen therapeutischen Anstrengungen entgegenstehe, stellen sich die Autoren die Frage nach den etablierten Bewältigungsmustern, denen die in dieser Hinsicht entfalteten stimulierenden Aktivitäten des Behandlungspersonals folgen. Die Mehrzahl der Patienten sei auf die eine oder andere Weise gegen ihren Willen untergebracht und halte sich keineswegs für krank und behandlungsbedürftig bzw. teile die Auffassung der Therapeuten über die Ursachen ihrer Krankheit nicht.[116] Eine Reaktion auf diese Unterschiede in der Wahrnehmung des psychischen Zustandes bestehe zunächst in der weit verbreiteten Praxis des Personals, einem bestimmten, von den pathologischen Anteilen des Patienten geprägten Typus von Aussagen systematisch die Glaubwürdigkeit zu entziehen, indem diese als einer besonderen Überprüfung bedürftige „Behauptungen“ behandelt würden.[117]

Daneben sei die therapeutische Arbeit jedoch geprägt von der Anwendung einer Reihe manipulativer Techniken, die von den Autoren auch als „Praktiken der Veränderung“ bezeichnet werden.[118] Vor die Frage gestellt, wie auch der in seiner Grundhaltung ablehnende Patient dazu gebracht werden könne, Maßnahmen zu akzeptieren, die seinen Zustand der Entlassungsreife näher brächten, betreibe die Mehrzahl des behandelnden Personals eine Überzeugungsarbeit, deren Inhalte sich bestimmten, stets wiederkehrenden Argumentationsfiguren zuordnen ließen.[119] Da das Interesse der Patienten auf einer psychiatrischen Akutstation vor allem mit Aussagen über den voraussichtlichen Entlassungstermin zu gewinnen sei, werde dieser Zeitpunkt von den Ärzten im Behandlungsgespräch in einen Zusammenhang mit dem erwünschten therapiekooperativen Verhalten gestellt, wodurch dem Betroffenen mehr oder weniger explizit die negativen Folgen seiner Verweigerungshaltung vor Augen geführt würden.[120] Positiv gewendet, werde für das Eingehen auf

---

logischen Untersuchungsansatz, dessen generelles Interesse darin besteht, die formalen Prinzipien und Mechanismen zu bestimmen, mittels derer die Handelnden in ihrem Handeln die sinnhafte Strukturierung und Ordnung dessen, was um sie vorgeht und was sie in der sozialen Interaktion mit anderen selbst äußern und tun, zu erreichen suchen“. Vgl. weiterhin zum ethnomethodologischen Forschungsansatz *Arbeitsgruppe Bielefelder Soziologen* 1973; *Bergmann* 2000; *Garfinkel* 1967; *Weingarten et al.* 1979; zur teilnehmenden Beobachtung als zentraler Untersuchungsmethode *Becker/Geer* 1979; *Cicourel* 1970, S. 63ff.; *Flick* 2000a, S. 157ff.; *Lamnek* 1995b, S. 239ff.; *Zelditch* 1979.

115 *Fengler/Fengler* 1994, S. 345ff.

116 *Fengler/Fengler* 1994, S. 337.

117 *Fengler/Fengler* 1994, S. 337ff. Auch *Lamott* 1984, S. 242f. beschreibt die systematische Negation von Wirklichkeitserfahrungen psychisch kranker Straftäter durch das therapeutische Personal als Bestandteil einer professionell-therapeutischen Haltung des „gesunden Misstrauens“ gegenüber der fraglichen Klientel.

118 *Fengler/Fengler* 1994, S. 345.

119 *Fengler/Fengler* 1994, S. 348ff.

120 *Fengler/Fengler* 1994, S. 351. Der Zusammenhang von Therapiekooperation und Entlassungsmöglichkeit wird für die österreichischen Maßnahmenpatienten von *Werdenich/Wagner* 1998,

eine bestimmte Maßnahme die Verkürzung des Krankenhausaufenthaltes – wenn auch in eher unverbindlicher Form – in Aussicht gestellt.

Für den so instruierten Patienten ergebe sich nunmehr die Notwendigkeit einer Reaktion auf das ihm unterbreitete „Angebot", wobei von Seiten des Personals der zunächst nur oberflächliche Charakter der so möglicherweise erzeugten Akzeptanz bewusst in Kauf genommen werde. Die geschilderte „praktische Überzeugung" werde eben zumeist als ausreichend empfunden, da man hoffe, dass der Patient durch die Durchführung der therapeutischen Maßnahme in einen Zustand gelange, in welchem er rückblickend tatsächlich von der Notwendigkeit der bereits geschehenen Behandlung überzeugt sei und – falls erforderlich – weitere Maßnahmen akzeptiere.[121]

Betrachtet man erneut die im Ausgangsfall vom Leiter der Einrichtung in Haina getätigten Ausführungen, so offenbaren sich eindeutige Parallelen zu der von *Fengler* und *Fengler* berichteten Vorgehensweise: Die in der Begründung der temporären Fernsehsperre vom Klinikleiter eher beiläufig geäußerten Gedanken zu den von der Unterbringungssituation ausgehenden, die Patienten für gewöhnlich zur Annahme von Behandlungsangeboten drängenden Auswirkungen legen exakt jene soeben skizzierte Überzeugungskraft zugrunde, die auch für die Patienten der Allgemeinpsychiatrie für gewöhnlich aus dem Zusammenhang von Therapiekooperation und Entlassungszeitpunkt erwächst. Dabei gehen die bewussten Techniken „praktischer Überzeugung" lediglich insoweit einen Schritt weiter, als sie die bestehenden Verbindungslinien dem Patienten auch aktiv verdeutlichen; eine Methode, die in der Begründung zur Entscheidung im Ausgangsfall zwar nicht explizit erwähnt wird, deren Anwendung jedoch unzweifelhaft auch für die Behandlungsgespräche im Maßregelvollzug nahe liegt.

Von dem eher unverbindlichen Aufzeigen eines Zusammenhanges zwischen therapiekooperativem Verhalten und Entlassungsreife grenzen *Fengler* und *Fengler* sodann eine weitere manipulative Technik ab, die eine sehr viel konkretere Verbindung zwischen der Zusammenarbeit mit dem Personal und der Erlangung bestimmter Vorteile herstellt: Es handelt sich um die nach Aussage der Autoren verbreitet zu beobachtende Tendenz, vollzugsinterne Privilegien wie etwa den Ausgang oder Freizeitaktivitäten für positiv bewertete Verhaltensänderungen in Aussicht zu stellen.[122]

S. 39 in folgender, recht sarkastischer Formulierung auf den Punkt gebracht: „Auch die Insassen im Maßnahmenvollzug können das Therapiertwerden bleiben lassen und sich dafür entscheiden, lang eingesperrt zu sein".

[121] *Fengler/Fengler* 1994, S. 351 ff.

[122] *Fengler/Fengler* 1994, S. 354 ff. Vgl. hierzu auch noch *Rinke* 1988, S. 11: „Nach überwiegender Ansicht muss der Therapeut über bestimmte Freiheiten und materielle Vorteile der Insassen disponieren, um sie zu veranlassen, sich für eine angemessene Behandlung zu entscheiden. Daher erscheint es geboten, Vollzugslockerungen (z.B. Ausgang), Urlaub und sonstige Vergünstigungen auch von der Behandlungswilligkeit des Betroffenen abhängig zu machen ('praktische Überzeugung')".

Hier finden sich somit auch diejenigen strategischen Überlegungen wieder, welche in der Begründung zum Ausgangsfall zwar gegenüber den von der allgemeinen Unterbringungssituation ausgehenden unspezifischen Zwängen als subsidiär eingestuft wurden, letztlich jedoch auch in dem konkret gegenüber R verhängten Fernsehverbot zum Tragen kamen: Es handelt sich um den Versuch, durch die einrichtungsseitige Verfügung über die persönlichen Freiheiten und Möglichkeiten des Untergebrachten zur Überwindung einer etwaig bei diesem bestehenden „antitherapeutischen Grundhaltung" zu gelangen.

Nach den Beobachtungen der Autoren wird eine derartige Praxis auch von den an ihrer Umsetzung beteiligten Mitgliedern des Personals häufig als Erpressung empfunden und ruft aufgrund dessen durchaus ambivalente Gefühle hervor.[123] Das schlechte Gewissen der Bediensteten und Ärzte speise sich aus dem derartig manipulativem Verhalten innewohnenden Verstoß gegen eines der grundlegenden Prinzipien des in der Einrichtung praktizierten Behandlungssystems: dem Grundsatz vom unmittelbaren Zusammenhang zwischen dem Zustand eines Patienten und den Bedingungen seines Aufenthaltes.[124] Dieses Korrespondenzprinzip, das normalerweise eine mit den Veränderungen des *psychischen Zustandes* einher gehende schrittweise Rücknahme der bestehenden Einschränkungen vorsehe, werde nunmehr genau umgekehrt, wenn etwa Ausgang zu einem Privileg erklärt werde, das im Hinblick auf den jeweiligen Stand der individuell manifestierten *Kooperationsbereitschaft* gewährt und wieder entzogen werden könne. Gegen die geschilderte Verfahrensweise bestünden beim Personal somit zwar größtenteils die erwähnten ernsthaften moralischen Bedenken, allerdings würden diese in Fällen sich abzeichnender hartnäckiger Therapieresistenz dennoch regelmäßig zurückgestellt.[125]

Eine Sichtung des psychowissenschaftlichen Schrifttums zur Behandlung psychisch kranker Delinquenten offenbart tatsächlich eine weite Verbreitung der in den von *Fengler* und *Fengler* referierten Beobachtungen des Stationsalltages deutlich werdenden Strategien zur „Erzeugung von Therapiemotivation" auch in den Einrichtungen des Straf- und Maßregelvollzuges: So betonen etwa *Heinz* und *Jöckel*, die allmähliche Erweiterung der Freiheitsgrade im Rahmen der Einräumung von Lockerungen diene in der Praxis des Maßregelvollzuges nicht nur der Vorbeugung von Hospitalisierungsfolgen und der Hilfe zur Wiedereingliederung, sondern auch als Motivationsanreiz und positiver Verstärker für die Kooperationsbereitschaft des

---

[123] *Fengler/Fengler* 1994 geben unter anderem folgendes Beispiel: „Während des Sichtwechselgesprächs bemerkt Sozialarbeiterin Harms deprimiert über einen Patienten: ‚Was wir bei dem schon alles erpresst haben, indem wir ihm den Ausgang gestrichen haben.'" (S. 355).

[124] *Fengler/Fengler* 1994, S. 356f.

[125] Die Ratlosigkeit, die derartige Aushandlungsstrategien bisweilen beim Personal hinterlassen, erhellt ein weiteres von *Fengler/Fengler* 1994, S. 358 wiedergegebenes Beispiel: „Während des Schichtwechselgesprächs geht es um den Patienten I. Der Patient hat sich bereiterklärt, die Tische nach dem Essen zu reinigen, wenn er dafür wieder Ausgang bekommt. Der Oberpfleger zum Stationsarzt: ‚Aber da hat dann der Dr. Noll (Oberarzt) gesagt, das ist Erpressung. Sie sagen, das ist ein Lernprozess. Was ist es nun? Was sollen wir machen?'".

Patienten.[126] Für die Therapie von Drogenabhängigen weisen *Lösel* und *Bender* darauf hin, dass die Ausübung eines gewissen Zwanges sowie die Hoffnung der Patienten auf Vergünstigungen für die prätherapeutische Motivationsphase durchaus einen wichtigen Einstieg bedeuten könne.[127] *Nedopil* und *Müller-Isberner* referieren die Ergebnisse einer bundesweiten Befragung aller Einrichtungen des Maßregelvollzuges zum Stand ambulanter Behandlungsbemühungen aus dem Jahre 1993, in der von der Mehrzahl der Befragten auf die hohe Bedeutung des durch den drohenden Widerruf der Bewährung aufgebauten Drucks unter anderem für die Aufrechterhaltung der Behandlungsbereitschaft hingewiesen worden sei.[128]

Haag et al. fordern in einem Beitrag zur Psychotherapie von Patienten mit sexuellen Perversionen die Revision des klassischen Motivationskonzeptes, da dessen Unterscheidung von Patienten mit „innerer" und „äußerer", mit „echter" oder „unechter" Therapiemotivation an der Realität der Betroffenen vorbeigehe. Das Paradigma, Psychotherapie sei nur unter der Bedingung strikter Freiwilligkeit durchführbar, könne für Patienten mit einer Perversionsproblematik nicht aufrecht erhalten werden, weshalb ein gewisser Druck von außen, der die Patienten in die Therapie führe, nicht von vornherein abzulehnen sei.[129] Eine ähnliche Wertung nehmen auch *Schorsch et al.* vor, wenn sie darauf hinweisen, ein mehr oder minder starker äußerer Druck, durch welchen Patienten mit sexuellen Perversionen in die Therapie geführt würden, steigere angesichts der bei diesen häufig anzutreffenden Abwehrreaktionen die Erfolgsaussichten der Behandlung. Der Vorteil liege vor allem in der Bereitstellung eines äußeren Rahmens, der es den Betroffenen erschwere, sich dem Behandlungsversuch vorschnell wieder zu entziehen und auf die Ebene des Agierens auszuweichen.[130]

In seiner Darstellung eines psychologisch-pädagogischen Behandlungskonzeptes für den Maßregelvollzug nach § 63 StGB weist *Eickmann* darauf hin, dass auch die durchaus wünschenswerte Einübung des von Rollenvermischung, Hierarchieabbau und offener Kommunikation geprägten „sozialtherapeutischen Ungangsstils" die Beibehaltung einer möglichst konsequenten erzieherischen Haltung nicht entbehrlich mache. Eine solche beinhalte neben dem Einsatz positiver Konsequenzen für erwünschtes Verhalten auch die Rücknahme von Zugeständnissen auf unerwünschtes problematisches Verhalten hin.[131] Anpassung und Wohlverhalten auf der Station sowie die Behandlungsbereitschaft des Untergebrachten werden vom Autor auch ausdrücklich in Beziehung zur Gewährung von Lockerungen gesetzt.[132]

---

126 *Heinz/Jöckel* 1989, S. 89.
127 *Lösel/Bender* 1997, S. 177.
128 *Nedopil/Müller-Isberner* 1995a, S. 799.
129 *Haag et al.* 1985.
130 *Schorsch et al.* 1996, S. 104.
131 *Eickmann* 1984, S. 69.
132 *Eickmann* 1984, S. 60. Diesen Zusammenhang betonen auch *Gretenkord* 1994, S. 84; *Hügel/Hupe* 1984, S. 80f. Negiert wird er von *Eucker et al.* 1994, S. 157. Kritisch *Leygraf/Nowara* 1992, S. 50; *Rasch* 1985, S. 316; *Venzlaff* 1984; S. 105; *Wohlgemuth* 1984.

Eickmann schildert das im WLK Benninghausen eingeführte Punktesystem, das für die Teilnahme des Patienten an Therapie- und Freizeitaktivitäten die Dokumentation auf einer Schautafel und die Vergabe einer bestimmten Anzahl von Punkten vorsehe. Bei Erreichen eines zuvor festgelegten Punktesolls werde dem Patienten ein verlängerter Ausgang gewährt.[133]

Die Durchsicht des einschlägigen Schrifttums hat gezeigt, dass es sich bei der *Gewährung* vollzuglicher Vorteile für die Manifestation einer den unterbreiteten Behandlungsangeboten aufgeschlossenen Grundhaltung durch den Strafgefangenen bzw. Maßregelpatienten um einen festen Bestandteil im Repertoire des therapeutischen Personals handelt. Die referierten Stellungnahmen aus den verschiedenen Vollzugsbereichen sprechen darüber hinaus dafür, dass auch der *Entzug* bestimmter Privilegien aufgrund entsprechend fehlender Kooperationsbereitschaft eines Insassen – wie er nicht zuletzt in dem in der Einleitung wiedergegebenen Hainaer Fall begegnet – keineswegs als singuläre Erscheinung zu betrachten ist. Vielmehr deutet nach einem Überblick über die hierzu überwiegend von Praktikern entwickelten Ansätze vieles darauf hin, dass die benannten Instrumente in der Vollzugspraxis tatsächlich in durchaus nicht unbeträchtlichem Umfang eingesetzt werden, um verfestigte Verweigerungshaltungen aufzubrechen und zu einem Arbeitsbündnis auch im Falle eines therapeutischen Bemühungen tendenziell eher abgeneigten Patienten zu gelangen. Wie die folgenden Ausführungen zeigen werden, sind die in diesem Abschnitt beschriebenen Techniken „praktischer Überzeugung" gleichwohl in der psychowissenschaftlichen Literatur nicht unwidersprochen geblieben.

c) Kritik der arrivierten Konzepte aus psychowissenschaftlicher Perspektive: Der Begriff der Therapiemotivation „im Spannungsfeld zwischen Freiwilligkeit und Nötigung"[134]

Dahle unterzieht die dargestellten Konzepte zur Erzeugung von Therapiemotivation im Rahmen seines Entwurfs eines Motivationskonstruktes für die therapeutische Arbeit im Strafvollzug einer umfassenden kritischen Würdigung.[135] Der Autor weist auf die für die Durchführung von Psychotherapie im justitiellen Kontext hervorzuhebende Bedeutung des Begriffes der Therapiemotivation im Spannungsfeld zwischen Freiwilligkeit und Nötigung hin und skizziert zunächst die nunmehr bereits mehrfach umrissenen Varianten von Zwangsmaßnahmen zur Herstellung oder Verstärkung der Therapiekooperation des Delinquenten. Beispielhaft für eine erste Form der Beeinflussung, bei der die Aussetzung oder teilweise Rücknahme der Strafdrohung mehr oder weniger deutlich mit der Bedingung einer psychotherapeutischen Behandlung verknüpft werde, sei der Verzicht auf die Durchführung des Strafvollzuges unter der Voraussetzung einer alternativ durchgeführten

---

[133] *Eickmann* 1984, S. 73. Vergleichbare Punktesysteme finden sich ebenfalls dokumentiert bei *Binder et al.* 1981, S. 184 und *Kohl* 1983, S. 273.

[134] *Dahle* 1995a, S. 188.

[135] *Dahle* 1995a, S. 186ff. Vgl. auch *Dahle* 1997, S. 155ff; *Dahle* 1998, S. 108ff.

Entzugsbehandlung gem. §§ 35ff. BtMG zu nennen. In Abgrenzung hierzu stellt *Dahle* ein weiteres Modell vor, welches mit dem sukzessiven Entzug von Lockerungen bei unmotivierten Gefangenen zum Zwecke der Herbeiführung eines entsprechenden Einstellungswandels operiere.[136]

Der erstgenannte Ansatz erfährt bei *Dahle* eine – wenn auch vorsichtig formulierte – positive Bewertung. Die Aussetzung einer an sich ausgesprochenen Strafe bei gleichzeitiger Behandlungsverpflichtung besitze unter Umständen durchaus eine gewisse Eignung zur Kompensation motivationaler Defizite des Strafgefangenen.[137] Insbesondere in Fällen einstellungsbezogener Widerstände bzw. ausgeprägter Stigmatisierungsbefürchtungen im Hinblick auf das subkulturelle Umfeld[138] könne der externale Begründungszusammenhang die Aufnahme der Therapie für den Betroffenen erleichtern. Zwar sei nicht zu erwarten, dass durch die Ausübung von Zwang unmittelbar auch therapieerfolgsbezogene Intentionen beeinflusst würden, jedoch gehe von der im Hintergrund stehenden Strafalternative zumindest eine initialisierende Wirkung aus, die dem Gefangenen über eventuell bestehende Eingangsschwellen hinwegzuhelfen vermöge. Im Übrigen wirke sich der so umrissene Zwangskontext auch im weiteren Verlauf der Therapie hemmend im Hinblick auf etwaige Fluchttendenzen des Patienten aus.[139]

Demgegenüber fällt die Beurteilung der zweiten, mit dem Entzug von Lockerungen operierenden Zwangsalternative deutlich negativer aus. Hervorgehoben wird vom Autor vor allem eine strukturelle Schwäche dieses Ansatzes: Die gezielte Bestrafung des Gefangenen zu dem Zweck, diesen zu therapieangepasstem Verhalten im Rahmen einer bereits laufenden Behandlung zu bewegen, führe zu einer Stärkung vorhandener Vorbehalte gegenüber der behandelnden Einrichtung und letztlich zu einem Aufbau weiterer Widerstände. Zudem bestehe bei einer derartigen Form der Ausübung von Druck die Gefahr negativer Folgewirkungen, die sich zugespitzt mit dem Begriff einer „effektorientierten Anpassung an äußere Handlungserwartungen" umschreiben ließen.[140] Infolge der in der Wahrnehmung des Patienten rein externalen Verursachung oder Verstärkung der therapiebezogenen Handlungen fehle es zudem dauerhaft an einer für diesen wirksamen Selbstver-

---

136 *Dahle* 1995a, S. 189f.

137 Auch der *Strafrechtsausschuss des DeutschenAnwaltVereins* 1997, S. 7 bezeichnet derartigen, in der initialen Behandlungsphase ausgeübten Zwang als „Einstieg in die Freiwilligkeit".

138 Derartige Widerstände schildert *Rasch* 1984b, S. 38.

139 *Dahle* 1995a, S. 190ff.; *Dahle* 1998, S. 108ff. In diesem Sinne auch *Böllinger* 1982, S. 94; *Egg* 1993; *Pfäfflin* 1997, S. 66; *Pollähne* 1994, S. 41; *Rauchfleisch* 1990, S. 89; *Volckart* 1988, S. 7. Kritisch hingegen *Lempert* 2000, der in einem Beitrag zur Frage der Freiwilligkeit bei der Behandlung von Gewalttätern darauf hinweist, dass das lediglich aufgrund externen Zwanges zustande gekommene Behandlungsverhältnis den Betroffenen daran hindere, Verantwortung für seine Taten zu übernehmen.

140 *Dahle* 1995a, S. 193f. Zur Gefahr bloßer therapeutischer Scheinerfolge vgl. noch *Driebold et al.* 1984, S. 153; *Gretenkord* 1995, S. 127; *Mechler/Wilde* 1976, S. 194; *Noeres* 1993, S. 37; *Quensel* 1984, S. 119; *Schorsch et al.* 1996, S. 102, 118; *Venzlaff* 1989, S. 167. Für die Unterbringung in einer Entziehungsanstalt *Marneros et al.* 1993, S. 175.

pflichtung; ein Zustand, der in sich die Gefahr von Rückzugsverhalten bei einem Nachlassen des Druckes berge.[141]

Gegen den Einsatz von Vollzugslockerungen als Belohnung für das Anpassungsvermögen des Patienten in der Anstalt und für seine Kooperationsbereitschaft in Behandlungsfragen spricht sich auch *Leygraf* aus. Die vielfach als „Förderung" des Patienten kaschierte Praxis der Einräumung von freizügigeren Unterbringungsbedingungen zur Verbesserung der Therapiemotivation sei aus therapeutischer Sicht abzulehnen.[142] *Fabricius* zählt zu den von ihm aufgestellten „Mindestanforderungen an eine resozialisierende Sozialtherapie" unter anderem den Verzicht auf alle diejenigen Konzepte, welche Behandlungsfortschritte mit Belohnung und Rückfälle mit Bestrafung sanktionierten und somit letztlich allein auf äußeres Wohlverhalten abzielten.[143] Erneut[144] die Einbettung der Gewährung von Lockerungen für therapiekooperatives Verhalten in das im Maßregelvollzug verbreitet praktizierte Stufenkonzept kritisierend, spricht *Rasch* in seinem Lehrbuch der forensischen Psychiatrie von einer „schematischen Disziplinierungspsychologie", soweit einerseits beobachtbare Anpassung an die Anstaltsvorschriften durch eine entsprechend vorgenommene höhere Einstufung im System der Vollzugslockerungen belohnt werde, und andererseits Verstöße gegen die Vorschriften der Anstalt mit Rückstufungen bestraft würden.[145] Auch *Quensel* wendet sich dagegen, einzelne Behandlungsmaßnahmen oder das Ende der Behandlung als Vergünstigung oder Sanktion vom Wohlverhalten des im Maßregelvollzug Untergebrachten abhängig zu machen und seine Kooperation durch Drohungen zu erzwingen.[146] Hinzuweisen ist schließlich noch auf die Vorschläge der *Humanistischen Union* im Vorfeld des Erlasses der Maßregelvollzugsgesetze, die eine kategorische Absage an jegliche Form des Zwangseinsatzes als Ersatz für originäre Therapiemotivation enthalten und insbesondere den Angebotscharakter der therapeutischen Bemühungen hervorheben.[147]

Steller lehnt in seiner Arbeit zum „Leidensdruck als Indikation für Sozialtherapie" die Herbeiführung von Therapiemotivation durch justitielle Zwangsmaßnahmen kategorisch ab.[148] Eine derartige Vorgehensweise bewirke bei den Patienten vor allem eine der Therapie abträgliche generelle Unzufriedenheit, da sie zwar einen negativen emotionalen Zustand hervorrufe, es den Betroffenen jedoch gestatte, diese Befindlichkeit auf äußere, von ihrer eigenen Person unabhängige Bedingungen zurückzuführen. Anhand der Ergebnisse eigener empirischer Untersuchungen weist *Steller* nach, dass die fraglichen Maßnahmen gerade aufgrund ihrer negativen

---

141 *Dahle* 1995a, S. 194.
142 *Leygraf* 1988, S. 157.
143 *Fabricius* 1991, S. 206.
144 Vgl. bereits oben auf S. 12f.
145 *Rasch* 1999, S. 103. Zur Kritik des Autors am Stufenmodell vgl. auch noch *Rasch* 1986a.
146 *Quensel* 1984, S. 114f.
147 *Kiliali* 1982, S. 6. Diesen Angebotscharakter betont auch *Gabbert* 1987, S. 87.
148 *Steller* 1974, S. 143ff. Vgl. zum Ganzen auch noch *Steller/Hommers* 1977.

Auswirkungen auf die Patienteneinstellungen sogar äußerst ungünstige motivationale Voraussetzungen für den Erfolg psychotherapeutischer Maßnahmen schüfen.[149]

Der Autor bleibt jedoch in seinen Ausführungen nicht bei diesem Befund stehen, sondern weist mögliche Auswege aus dem Dilemma, das sich aus der Kollision zwischen der mangelnden Kooperationsbereitschaft auf Seiten der Klienten und dem ungeachtet dessen fortbestehenden Behandlungsauftrag auf Seiten des Personals ergebe. So stelle insbesondere die verstärkte Anwendung gesprächspsychotherapeutischer Techniken zur Steigerung des Ausmaßes an Selbstexploration mit dem Ziel einer Erzeugung des für die Durchführung der Behandlung wünschenswerten Maßes an Leidensdruck eine Erfolg versprechendere Alternative zu den kritisierten Zwangsmaßnahmen dar.[150] Auch die Art und Weise, wie der in seiner Grundhaltung eher ablehnende Patient an die Psychotherapie herangeführt werde, besitze über die Variable der Erfolgserwartung einen gewissen Einfluss auf den Behandlungserfolg. Aus diesem Grunde erscheine die Durchführung einer der eigentlichen Therapie vorangehenden „Psychotherapie-Vorinstruktion" bzw. eines „Psychotherapie-Vortrainings" besonders ratsam.[151] Als Maßnahme zur Bewältigung des – vor allem für die initiale Behandlungsphase durchaus nicht bestrittenen – Problems einer kontinuierlichen Mitarbeit der delinquenten Klientel an der Therapie komme im Übrigen allenfalls die Gewährung von über das in der allgemeinen Vollzugssituation Übliche hinausgehenden zusätzlichen positiven Anreizen für eine entsprechende Beteiligung in Betracht.[152]

Auch *Dahle* legt, nachdem er die in der Straftäterbehandlung praktizierten unterschiedlichen Stufen der Zwangsausübung zur Erzeugung von Therapiemotivation einer kritischen Würdigung unterzogen hat, den Schwerpunkt seiner Ausführungen auf die Entwicklung weniger drängender, vermehrt um die Wahrung der Integrität des Gefangenen bemühte Motivationsstrategien.[153] Wichtig sei bereits, derartige motivationsfördernde Behandlungsabschnitte als integralen Bestandteil der Therapie zu verstehen, anstatt den Prozess der Motivierung als eine vom Patienten zu erbringende Vorleistung dem Beginn der eigentlichen therapeutischen Arbeit gleichsam voranzustellen.[154] Im Einzelnen schlägt *Dahle* vor, eventuell in der

---

[149] *Steller* 1974, S. 146.

[150] *Steller* 1974, S. 148ff.

[151] *Steller* 1974, S. 150ff.

[152] *Steller* 1974, S. 153ff., wobei allerdings wiederum der Hinweis nicht fehlt, es bestehe „die Gefahr, dass bei Verzicht auf die Schaffung von 'Leidensdruck' und 'Änderungswunsch', deren Bedeutung für einen Therapieerfolg in empirischen Untersuchungen gezeigt wurde, die Mitarbeit delinquenter Klienten an Psychotherapie 'oberflächlich' bliebe und dass der (durch die Gewährung vollzugsinterner Vorteile herbeigeführte, M. L.) 'Freudensdruck' sich verselbständigen würde, so dass keine dauerhaften Modifikationen des Erlebens und Verhaltens des Delinquenten erreicht werden könnten, sondern lediglich ein auf unmittelbare Belohnung ausgerichtetes 'Mitmachen' bewirkt würde." (S. 158).

[153] *Dahle* 1995a, S. 196ff. Vgl. hierzu auch bereits *Dahle* 1993, S. 406.

[154] So auch *Böllinger* 1982, S. 92; *Konrad* 1998, S. 265; *Möller* 1994, S. 268. Ausführliche Hinweise

Eingangsphase der Therapie vorhandenen Bagatellisierungs-, Flucht- oder Leugnungstendenzen des Patienten dadurch entgegenzuwirken, dass dem Betroffenen ein realistisches Konzept der Hintergründe seines Verhaltens, von dessen Genese sowie der längerfristigen Konsequenzen vermittelt werde. Der Autor stellt sodann einige ihm geeignet erscheinende Strategien dar, zu denen er etwa die systematische Herstellung und Förderung von Dissonanzwahrnehmungen zwischen Selbsterleben und persönlichen Zielen und Werthaltungen oder eine forcierte Lenkung der Wahrnehmung des Klienten auf wahrscheinliche negative Langzeitfolgen seiner Verweigerungshaltung zählt.[155] Dem Umstand, dass die Teilnahme an einer Psychotherapie aus der Perspektive vieler Patienten im strafvollzuglichen Kontext mit der Überwindung hoher und zum Teil subjektiv unbeeinflussbar erscheinender Barrieren verbunden sei, will *Dahle* dadurch Rechnung tragen, dass den Betroffenen verständliche und sachgerechte Informationen sowohl über ihre Problematik und potentielle Änderungsmöglichkeiten, als auch über das Wesen psychotherapeutischen Vorgehens und die beabsichtigten Effekte zur Verfügung gestellt werden.[156]

Derartige Konzepte finden sich unter dem Stichwort der „Motivationstherapie",[157] des „Aufbaus eines Behandlungsbündnisses"[158] oder auch der „Motivationsarbeit"[159] inzwischen recht häufig im psychowissenschaftlichen Schrifttum zur Straftäterbehandlung.[160] Dieser Umstand kann als Hinweis darauf gewertet werden, dass zumindest den rigideren Formen der justitiellen Einflussnahme auf die Therapiemotivation mittlerweile verbreitet mit einiger Skepsis begegnet wird, und dass von therapeutischer Seite durchaus auch über Alternativen zur Herstellung einer ausreichenden motivationalen Basis für die Behandlung der als Problempatienten identifizierten Vollzugsklientel nachgedacht wird. Es bleibt jedoch andererseits der Befund, dass eine disziplinierende Einflussnahme auf die Kooperationsbereitschaft des Strafgefangenen bzw. Untergebrachten, welche sich im Bedarfsfalle auch eines flankierenden, mit staatlichen Machtbefugnissen ausgestatte-

---

zur initialen Behandlungsphase bei der Behandlung sexueller Perversionen geben auch *Schorsch et al.* 1996, S. 96ff.

155 *Dahle* 1995a, S. 200ff.

156 *Dahle* 1995a, S. 207: „Darüber hinaus scheint es geboten, (besonders) darauf zu achten, dem Klienten ein hohes Maß an Kontrolle über den Ablauf des Geschehens einzuräumen – zumal im Kontext einer Strafanstalt, die ihren Insassen gewöhnlich nur sehr wenig Kontrollmöglichkeiten über ihr Lebensumfeld und Lebensbezüge lässt".

157 *Bischof* 1987, S. 294.

158 *Rauchfleisch* 1990, S. 88f.: „Die Entwicklung eines eigentlichen Arbeitsbündnisses ist in diesen Fällen nicht Voraussetzung der Behandlung, sondern wird im Verlauf der Therapie erst erarbeitet. D. h., es werden in der Therapie die Voraussetzungen dafür geschaffen, dass ein Patient überhaupt fähig wird, ein stabiles Arbeitsbündnis einzugehen".

159 *Nedopil* 1996, S. 220.

160 Vgl. schließlich bereits *Brauneck* 1974, S. 133, nach der durch einen respektvollen Umgang des Personals mit dem Patienten dieser zur Teilnahme an den ihm unterbreiteten therapeutischen Angeboten „verführt" werden sollte, sowie die Ausführungen bei *Rüther* 1990, S. 70ff. zur Phase des „Ankommens im Maßregelvollzug".

ten Zwangsrepertoires bedient, durchaus noch über eine beträchtliche Zahl von Fürsprechern in Theorie und Praxis zu verfügen scheint.

d) Die Einwilligung des Unfreien – Rechtliche Beurteilung ausgeübten Behandlungszwangs

Während die vorstehenden Ausführungen einer Beurteilung von Konzepten zur Erzeugung von Therapiemotivation aus der Perspektive der Psychowissenschaften gewidmet waren, soll nunmehr eine Auseinandersetzung mit den rechtlichen Rahmenbedingungen der festgestellten therapeutischen Gepflogenheiten stattfinden. Da bei den entsprechenden Zwangskonzepten mit der Manifestation der Kooperationsbereitschaft durch den zu Behandelnden letztlich die Abgabe einer bestimmten Zustimmungserklärung im Mittelpunkt steht, liegt es insoweit nahe, das einschlägige rechtliche Pendant in der *Behandlungseinwilligung* zu sehen. Dementsprechend sollen im Folgenden zunächst die einschlägigen Ländergesetze zum Maßregelvollzug auf Vorhandensein und konkrete Ausformung entsprechender Einwilligungstatbestände hin untersucht werden. Für die diesbezüglichen Regelungen wiederum kann am ehesten mit einer Einbettung in die in sämtlichen Maßregelvollzugsgesetzen existierenden, abgestuften Instrumentarien zur Zwangsbehandlung gerechnet werden, da den dort geregelten Maßnahmen zum einen aufgrund ihrer gravierenden Bedeutung für die Rechtsposition des Untergebrachten von den zuständigen Gesetzgebern durchweg besonders große Aufmerksamkeit zuteil geworden ist, und es sich zum anderen bei der Frage der Zwangsbehandlung gewissermaßen um eine unter „negativen Vorzeichen" stattfindende Erörterung des Einwilligungspostulates handelt.

Amelung hat in einer umfassenden Arbeit zur Einwilligung unter den Bedingungen hoheitlichen Freiheitsentzuges darauf hingewiesen, dass es im Gefolge des mit der Strafgefangenenentscheidung des *Bundesverfassungsgerichts* eingeleiteten Niederganges des „besonderen Gewaltverhältnisses" zu einer durchgängigen Normierung der Rechtsstellung „eingesperrter Personen", und in deren Rahmen unter anderem zu einer breiten Einführung von Einwilligungstatbeständen in den entsprechenden Vollzugsgesetzen gekommen sei.[161] Bei der Nennung von Beispielen wird deutlich, dass der Autor den Begriff des „Eingesperrtseins" überaus weit auslegt, indem er auf der einen Seite typische Vollzugssituationen wie die von § 17 III Nr. 4 StVollzG (Unterbringung des Strafgefangenen während der Arbeit und Freizeit) oder § 3 II KastrationsG (Kastration bei Verwahrung in einer Anstalt) erfasste nennt, andererseits jedoch auch Freiheitsbeschränkungen geringerer Intensität wie etwa im Rahmen des § 163b II 2 StPO (Durchsuchung oder erkennungsdienstliche Maßnahme bei zur Indentitätsfeststellung festgehaltenen, unverdächtigen Personen) mit einbezieht. Für den vorliegenden Zusammenhang scheinen vor allem die erstgenannten, für den Kontext der totalen Institution aufgestellten Einwilligungserfordernisse von Interesse.

---

[161] *Amelung* 1981, S. 91. Vgl. auch noch *Amelung* 1983, S. 1ff.

aa) Die Behandlungseinwilligung im Maßregelvollzug

Wie bereits ausgeführt, erweist sich die Frage des Einwilligungserfordernisses im Rahmen der Behandlung ihrer Natur gemäß als untrennbar verbunden mit der Frage nach der Zulässigkeit einer Behandlung des untergebrachten Patienten *gegen seinen Willen*; Behandlungseinwilligung und Zwangsbehandlung nähern sich demselben Sachverhalt lediglich von unterschiedlichen Seiten. In dieser Hinsicht fördert der Blick in die einschlägigen landesgesetzlichen Regelwerke ein überaus vielgestaltiges Bild zu Tage, was angesichts der zwar einheitlichen, jedoch denkbar spärlichen bundesrechtlichen Vorgaben in § 136 StVollzG nicht weiter verwundert.[162]

(1) Bestimmung des Behandlungsbegriffes

Die insoweit bestehenden Differenzen beginnen bereits bei der inhaltlichen Ausfüllung des *Behandlungsbegriffes*: Sah der aus einer Arbeitsgruppe des Bundes und der Länder hervorgegangene Rahmenentwurf eines Maßregelvollzugsgesetzes[163] noch eine strikte Trennung zwischen der ärztlichen Behandlung auf der einen sowie Beschäftigungs- und Arbeitstherapie, heilpädagogischen und psychotherapeutischen Maßnahmen auf der anderen Seite vor, wird der Behandlungsbegriff in der Mehrzahl der inzwischen erlassenen Landesgesetze sehr weit verstanden und soll alle diese Maßnahmen umfassen.[164] Schließlich wird der Behandlungsbegriff teilweise auch aus dem Vollzugsziel abgeleitet und soll folglich alle zur Wiedereingliederung des Untergebrachten erforderlichen Maßnahmen bezeichnen.[165]

Angesichts der festgestellten Unterschiede in den im Einzelnen durch die Ländergesetzgeber vorgenommenen begrifflichen Konkretisierungen stellt sich zwangsläufig die Frage, ob bereits hierin eine grundlegende Weichenstellung für die sodann folgende Feinabstimmung der Regelungen zur Behandlungseinwilligung beziehungsweise zur Zulässigkeit einer Zwangsbehandlung zu sehen ist. Insoweit hat allerdings *Hartmann* in ihrer Arbeit zur Zwangsbehandlung im psychiatrischen Maßregelvollzug herausgearbeitet, dass den landesrechtlichen Regelungsmodellen trotz der zum Teil stark divergierenden Formulierungen letztlich doch ein einheitlicher Behandlungsbegriff zu Grunde liegen dürfte, welcher „die Vornahme medizinisch indizierter und wissenschaftlich anerkannter Therapieverfahren sowie diag-

---

[162] Kritisch zu der insoweit vom Bundesgesetzgeber geübten Abstinenz *Baur* 1984, S. 41f.; *Blau* 1984, S. 13ff.; zu den Folgen *Mrozynski* 1984, S. 214 („kaum noch zu übertreffende Zersplitterung der Rechtslage"); *Schwind/Böhm* § 138, Rn 2 („Rechtszersplitterung"). Vernichtend fällt schließlich auch die Kritik bei *Marschner* 1988, S. 19, aus: „Die bestehenden gesetzlichen Regelungen unterscheiden sich in den Bundesländern, sind in sich widersprüchlich und ergänzungsbedürftig und lassen in den meisten Fällen eine klare Konzeption vermissen".

[163] BT-Drs. 8/2565, S. 220. Die besagte Aufteilung fand sich bislang auch in §§ 12, 13 des Bremischen Maßregelvollzugsgesetzes; das BremMVollzG wurde allerdings mittlerweile durch ein einheitliches PsychKG ersetzt, welches auf eine entsprechende Differenzierung verzichtet (vgl. nunmehr § 22 I BremPsychKG).

[164] Vgl. § 30 I 2 BerlPsychKG, § 17 I 2 BbgPsychKG, § 8 I 2 HambgMVollzG, § 23 I 2 PsychKG M-V, § 8 I 2 Nds. MVollzG, § 17 I 1 MRVG-NW, § 21 I 2 SächsPsychKG, § 13 I 3 ThürPsychKG.

[165] § 8 I 2 UBG BW, Art. 13 I 2 BayUBG, § 5 I 1 RhPfMVollzG.

nostischer Maßnahmen umfasst."[166] Dieses begriffliche Verständnis soll auch bei der im Folgenden vorzunehmenden Diskussion des Einwilligungserfordernisses zu Grunde gelegt werden.

(2) Landesrechtliche Konzepte zur Reichweite der Behandlungseinwilligung

Selbst auf der Grundlage einer einheitlichen Bestimmung des Behandlungsbegriffes ergeben sich allerdings wiederum bedeutende Unterschiede im Hinblick auf den Zuschnitt der Regelungen zur Zwangsbehandlung (und damit zwangsläufig auch bezüglich der Reichweite der Behandlungseinwilligung).[167] Auf der einen Seite findet sich eine nicht unbeträchtliche Zahl von Ländern, die in ihren Vollzugsgesetzen ein sehr weitgehendes Zustimmungserfordernis vorsehen: Nordrhein-Westfalen (§ 17 II 1 MRVG-NW),[168] das Saarland (§ 9 II 1 SaarlMRVG), Bremen (§ 22 II 1 BremPsychKG) und Mecklenburg-Vorpommern (§ 23 II 1 PsychKG M-V) machen die Behandlung grundsätzlich von der Einwilligung des Patienten abhängig und formulieren sodann bestimmte, eng begrenzte Ausnahmefälle (schwerwiegender) Eigen- oder Fremdgefährdung, in denen auch eine zwangsweise Durchführung therapeutischer Maßnahmen gestattet sein soll. In § 8 II des Hamburgischen Maßregelvollzugsgesetzes wird eine Behandlung ohne Einwilligung des Untergebrachten demgegenüber lediglich bei schwerwiegender Gesundheits- oder Lebensgefahr für den unmittelbar von der Maßnahme Betroffenen, mithin nur bei einer gravierenden Eigengefährdung, für zulässig erklärt.

Demgegenüber soll es nach § 7 I 2 HessMRVG einer Einwilligung des Patienten zumindest in die *ärztliche* Behandlung im Regelfall gerade nicht bedürfen (anderes gilt für die Durchführung einer Psychotherapie; vgl. § 7 II 2 HessMRVG). Die Einholung einer entsprechenden zustimmenden Willenserklärung des Betroffenen (sowie seines gesetzlichen Vertreters und des Vollstreckungsleiters) ist statt dessen gem. § 7 II 1, 3 HessMRVG lediglich bei solchen Behandlungsmethoden erforderlich, die ihrerseits eine erhebliche gesundheitliche Gefährdung oder eine dauerhafte, tiefgreifende Persönlichkeitsänderung des Untergebrachten bewirken können. Andere Landesgesetze sehen ebenfalls ein Einwilligungserfordernis lediglich für bestimmte, besonders gravierende Behandlungseingriffe vor und konstatieren darüber hinaus sogar eine Mitwirkungs- bzw. Duldungspflicht des Untergebrachten hinsichtlich

---

[166] *Hartmann* 1997, S. 161ff. Vgl. zum Behandlungsbegriff auch noch Kammeier-*Wagner*², Kap. D, Rn 8ff., der allerdings danach unterscheiden will, ob die Behandlung im Kontext des durch das Sonderopfer erworbenen *Anspruchs* des Patienten gemeint sei (dann *weiter* Behandlungsbegriff), oder ob eine Behandlung *gegen den Willen* des Patienten intendiert werde (dann *enger* Behandlungsbegriff, bezogen allein auf die Behandlung von *Anlasskrankheiten*).

[167] Überblick bei *Hartmann* 1997, S. 152ff.; Kammeier-*Wagner*², Kap. D, Rn 152ff., sowie, allerdings noch ohne die Rechtslage in den neuen Bundesländern, *Marschner* 1988, S. 20f.

[168] Diesbezüglich weist *Volckart* 1999b, S. 102f. darauf hin, dass die in § 14 I 1 des neuen MRVG-NW enthaltene Formulierung einer Pflicht des Patienten zur Mitarbeit nicht etwa im Sinne einer Verpflichtung zur Teilnahme an psycho- oder verhaltenstherapeutischen Maßnahmen verstanden werden dürfe.

der für erforderlich gehaltenen therapeutischen Maßnahmen (so etwa § 8 II 2 UBG BW, Art. 13 II BayUBG sowie § 8 I 3 MVollzG LSA).[169]

Zwischen diesen Polen bewegt sich die Rechtslage in Berlin (§ 30 II, III BerlPsychKG) und Brandenburg (§ 17 II, IV BbgPsychKG). Dort wird zwar für Behandlungsmaßnahmen prinzipiell die Herstellung eines *Einvernehmens* mit dem Untergebrachten oder seinem gesetzlichen Vertreter gefordert, dieses erfährt jedoch im Folgenden eine Abgrenzung von der für bestimmte besonders gefährliche ärztliche Eingriffe und Behandlungsverfahren (Berlin) bzw. allgemein für körperliche Eingriffe (Brandenburg) erforderlichen (rechtswirksamen) *Einwilligung.*[170] § 13 II, IV ThürPsychKG differenziert insofern zwischen der *Zustimmung* des Untergebrachten (die grundsätzlich für alle Behandlungsmaßnahmen zu *suchen* ist) und seiner rechtswirksamen *Einwilligung* (die nur für bestimmte ärztliche Eingriffe und besonders eingreifende Behandlungsverfahren gefordert wird). Eine ähnliche Abstufung findet sich schließlich in Niedersachsen: § 8 I 2, II 1 Nds. MVollzG erlegt zunächst dem Untergebrachten eine Pflicht zur Duldung und Unterstützung der nach den anerkannten Regeln der ärztlichen Kunst gebotenen Behandlung auf, wobei diese ihm im Übrigen auch lediglich zu erläutern ist. Handelt es sich um einen prinzipiell einsichts- und handlungsfähigen Patienten, so fordert § 8 II 2 Nds. MVollzG darüber hinaus, die Erläuterung solle darauf *abzielen*, dass der Betroffene der Behandlung *zustimme*. Lediglich für operative Eingriffe und besonders gefährliche Behandlungsmethoden sieht § 8 III Nds. MVollzG schließlich die *Einwilligung* des Untergebrachten zwingend vor (ähnlich schließlich §§ 5 II, 6 I des Maßregelvollzugsgesetzes von Rheinland-Pfalz).[171]

Der Überblick über die verschiedenen landesgesetzlichen Regelungen zur Frage der Behandlungseinwilligung respektive der Zulässigkeit einer Zwangsbehandlung im Maßregelvollzug offenbart somit ein äußerst uneinheitliches Bild: Das Spektrum der in dieser Hinsicht existierenden normativen Konzepte reicht von der Formulierung eines prinzipiellen Einwilligungserfordernisses mit mehr oder weniger eng begrenzten Ausnahmetatbeständen über Systeme, welche für den Regelfall der Behandlung lediglich ein ernsthaftes Bemühen des therapeutischen Personals um eine insoweit abgeschwächte Form der Zustimmung – etwa in Gestalt eines rein

---

169 Es sei bereits an dieser Stelle darauf hingewiesen, dass auch die Hausordnung derjenigen Einrichtung, in welcher der empirische Teil dieser Studie durchgeführt wurde, einen in dieser Hinsicht zumindest missverständlichen Passus enthält. So wird in Abschnitt IV, Nr. 1 der Hausordnung des WZFP Lippstadt/Eickelborn festgestellt: „Die Mitarbeit an den im Therapie- und Eingliederungsplan vorgesehenen Maßnahmen ist für die Patienten/innen verpflichtend." Soweit hierdurch eine Mitwirkungs- oder Duldungspflicht der Patienten gemeint sein sollte, steht diese im eklatanten Widerspruch zu dem bereits erwähnten Einwilligungserfordernis gem. § 17 II 1 MRVG-NW.

170 Vgl. allerdings zur Rechtslage in Berlin Kammeier-*Wagner*², Kap. D, Rn 154: „Nach § 30 II ist jede Behandlung mit dem Patienten und dem gesetzlichen Vertreter abzusprechen. Gemeint ist damit, dass deren Einwilligung herbeizuführen ist".

171 Zum Ganzen *Kreuzer* 1994, S. 9. Vgl. auch noch *Bernsmann* 1984, S. 152, 156ff.

tatsächlichen Einvernehmens – fordern, bis hin zu Ansätzen, in denen das Gesetz grundsätzlich nicht einmal ein derartiges Hinarbeiten auf den Konsens mit dem Betroffenen fordert und nur für den Fall besonders gravierender Eingriffe in dessen physische oder seelische Integrität dessen rechtsverbindlich erklärte Einwilligung verlangt. Angesichts der Vielgestaltigkeit der rechtlichen Regelungen stellt sich somit – ähnlich wie bei der inhaltlichen Ausfüllung des Behandlungsbegriffes – erneut die Frage, ob nicht trotz bestehender Unterschiede in den Formulierungen die Gewinnung einheitlicher, länderübergreifender Standards für die hier behandelte Materie möglich erscheint.

(3) Einheitliche Auslegung der Landesgesetze anhand verfassungsrechtlicher Vorgaben

Während sich den lediglich rudimentären *einfachgesetzlichen* Vorgaben auf Bundesebene – wie bereits erwähnt[172] – kaum inhaltliche Leitlinien zur Reichweite der Behandlungseinwilligung sowie zu einer Vereinheitlichung des Rechts der Zwangsbehandlung entnehmen lassen, bietet es sich demgegenüber durchaus an, zur Klärung offener Fragen und Widersprüche mit *Marschner* auf maßgebliche *verfassungsrechtliche* Prinzipien wie etwa den Grundsatz der *Verhältnismäßigkeit* zurückzugreifen.[173] Eine an rechtsstaatlichen Anforderungen ausgerichtete Gesamtschau zur Zwangsbehandlung im psychiatrischen Maßregelvollzug kann überdies an den im einschlägigen Schrifttum zu dieser Frage entwickelten Stufenmodellen anknüpfen, welche die Zulässigkeit sowohl einer einvernehmlichen Behandlung als auch einer solchen gegen den Willen des Untergebrachten anhand bestimmter Ober- und Untergrenzen erläutern.[174]

Nach dem Grundsatz der Verhältnismäßigkeit darf in Grundrechte des Bürgers nur eingegriffen werden, wenn dies einem übergeordneten Zweck dient und überdies ein verhältnismäßiges, also geeignetes, erforderliches und angemessenes, insgesamt mithin auch zumutbares Mittel eingesetzt wird.[175] Aus diesem Grunde wird man eine zwangsweise Anwendung nicht-somatischer Behandlungsmethoden wie etwa psychotherapeutischer Einzel- oder Gruppengespräche von vornherein als ungeeignet und somit unverhältnismäßig ansehen müssen, da ohne eine zumindest *grundsätzliche* Bereitschaft des betreffenden Patienten zur Mitarbeit die Herstellung der erforderlichen therapeutischen Beziehung ausgeschlossen sein dürfte.[176]

---

[172] Vgl. hierzu bereits die Nachweise in Fn 162.

[173] *Marschner* 1988, S. 19; *Marschner* 1990, S. 70. Ebenso *Bernsmann* 1984, S. 157.

[174] Vgl. hierzu die detaillierten Ausführungen bei *Hartmann* 1997, S. 153ff.; Kammeier-*Wagner*[2], Kap. D, Rn 144ff.; *Marschner* 1988; *Marschner/Volckart-Volckart*, Kap. B, Rn 209f.; *Volckart* 1999a, S. 173ff.; *Wolfslast* 1987, S. 42ff.

[175] *Marschner/Volckart-Volckart*, Kap. B, Rn 209 (noch eindeutiger in der Formulierung der Vorauflage *Saage/Göppinger-Wagner/Volckart*, Kap. 4.7, Rn 319). St. Rspr. des *Bundesverfassungsgerichts*; vgl. etwa BVerfGE 68, 155 (171); 77, 308 (332); 81, 156 (188f.) sowie Dreier-*Dreier* Vorbem., Rn 91ff.; *Pieroth/Schlink* 2001, Rn 279ff.

[176] In diesem Sinne bereits *Bernsmann* 1984, S. 159: „Zumindest jede Art von Psychotherapie, die auf einer Kommunikation mit dem Kranken basiert, wird auf entscheidende Grenzen stoßen,

Insoweit schafft allerdings allein § 7 II 2 HessMRVG die wünschenswerte Klarheit, indem derartige therapeutische Maßnahmen ausnahmslos unter den Vorbehalt einer entsprechenden Zustimmungserklärung des Maßregelpatienten (und darüber hinaus auch noch des gesetzlichen Vertreters sowie des Vollstreckungsleiters) gestellt werden.[177] Die in einigen anderen Landesgesetzen enthaltenden Duldungs- und Mitwirkungsklauseln sind demgegenüber nach dem Gesagten zumindest im Hinblick auf die Teilnahme an nicht-somatischen Behandlungsangeboten als unwirksam anzusehen.

Aber auch die Anwendung pharmakologischer Behandlungsmethoden unter Zwangsbedingungen wird in der einschlägigen Literatur eingehend diskutiert und zum Teil heftig kritisiert.[178] Entsprechend führt etwa *Wagner* aus, die zwangsweise Verabreichung einer Pharmakotherapie sei oftmals nur zur Begleitung oder Vorbereitung einer Psychotherapie geeignet;[179] eine Applikation unter Anwendung von Zwang sei darüber hinaus in vielen Fällen nicht erforderlich, da weniger schädliche Therapiekonzepte zur Verfügung stünden, oder aber sie sei angesichts fragwürdiger Behandlungserfolge zum Preis schwerwiegender unerwünschter Nebenfolgen schlicht unangemessen.[180] Auf der Grundlage empirischer Untersuchungen zur

---

wenn Kommunikation erst mit Hilfe von Disziplinierungsmitteln hergestellt und aufrecht erhalten werden kann." Ebenso *Baur* 1988, S. 207; *Bischof* 1987, S. 293; *Brauneck* 1974, S. 133; *Brugger/Holzbauer* 1998, S. 19; *Försterling* 1981, S. 153ff.; *Marschner* in Jürgens et al. 1994, Rn 509; Kammeier-*Wagner*², Kap. D, Rn 36, 118, 143; *Neumann* 1993, S. 279; *Rinke* 1985, S. 35ff.; *Rotthaus* 1992, S. 157; *Saage/Göppinger-Wagner/Volckart*, Kap. 4.7, Rn 319; *Wolfslast* 1987, S. 44 sowie die „Thesen für die Psychotherapie mit Straffälligen" bei *Beier/Hinrichs* 1995, S. 160. Nach Auffassung von AK-*Volckart*⁴ §§ 136–138, Rn 17 schließlich liegt in der zwangsweisen Durchführung einer Psychotherapie sogar ein Verstoß gegen die Menschenwürde.

177 Eine Einwilligung des Patienten forderte auch § 13 BremMVollzG in Anlehnung an den Rahmenentwurf eines Maßregelvollzugsgesetzes (BT-Drs. 8/2565, S. 220); diese differenzierte Regelung wurde in das neue BremPsychKG jedoch nicht übernommen.

178 Maßgeblich insoweit die ausführliche Untersuchung von *Finzen et al.* 1993. *Schorsch et al.* 1996 sprechen im Zusammenhang mit der Behandlung von Sexualstraftätern mit Antiandrogenen von einem „theoriearmen, symptomorientierten Pragmatismus" (S. 4). Vgl. auch noch *Dörner/Plog* 1996, S. 528ff.; *Holtus* 1991, S. 94ff., 137ff.; *Stolz* 1985; *Volckart* 1999a, S. 163ff.; *Wagner* 1992a, S. 176ff.; *Wullweber* 1985.

179 Sehr bildhaft insoweit der Klappentext eines von *Wille et al.* 1990 herausgegebenen Sammelbandes zum Einsatz des triebhemmenden Medikaments Cyproteronacetat in der Therapie sexueller Devianzen: „Bei Windstille lassen sich zerrissene Segel leichter reparieren." Die sog. „Anmedikation" zur Herstellung von Krankheitseinsicht wird – zum Teil allerdings mit gewichtigen Bedenken – grundsätzlich befürwortet von *Baur* 1988, S. 209; *Janzarik* 1972, S. 642; *Marschner* in Jürgens et al. 1994, Rn 509; *Kammeier* 1984, S. 196; *Konrad* 1998, S. 268; *Müller-Isberner* 1998, S. 55; *Pfäfflin* 1997, S. 66; *Rasch* 1999, S. 383; *Rinke* 1985, S. 101ff.; *Teller* 1996, S. 82; *Ukena* 1991, S. 74; *Volckart/Grünebaum* 2003, S. 123. Ablehnend zu diesem Anwendungsfeld hingegen *Geppert* 1976, S. 28; *Wullweber* 1985, S. 126.

180 Kammeier-*Wagner*², Kap. D, Rn 34 f., 143. Eingehend bereits *Wagner* 1992a, S. 176ff. sowie *Saage/Göppinger-Wagner/Volckart*, Kap. 4.7, Rn 319. Vgl. insbesondere zur pharmakotherapeutischen Zwangsbehandlung von Schizophrenien auch noch *Leygraf* 1988, S. 163: „Wenn jedoch 92% der schizophrenen Langzeitpatienten neuroleptisch behandelt werden, dürfte

Anwendungswirklichkeit kommt *Wagner* sodann zu dem Schluss, eine Zwangsbehandlung mit Psychopharmaka sei in den meisten Fällen als ungeeignet oder nicht erforderlich und damit letzten Endes auch als unverhältnismäßig einzustufen.[181]

Vor dem Hintergrund der dargestellten Bedenken erscheint hinsichtlich einer Verabreichung von Psychopharmaka unter Anwendung von Zwang grundsätzlich Zurückhaltung angebracht. Um den durchaus berechtigten Vorbehalten Rechnung zu tragen, wird man die Zulässigkeit einer zwangsweisen pharmakologischen Behandlung folglich mit einigen Stimmen im Schrifttum zumindest an das Überschreiten einer *Untergrenze* koppeln müssen: Eine Zwangsbehandlung kommt danach auch in denjenigen Ländern, deren Gesetze eine Zustimmung des Untergebrachten in seine Behandlung prinzipiell nicht für erforderlich halten, erst beim Bestehen von Lebens- oder schwerwiegender Leibesgefahr für den Patienten oder Dritte in Betracht; unterhalb dieser Schwelle ist hingegen eine rechtswirksame Einwilligung des Betroffenen (oder zumindest seines gesetzlichen Vertreters) zu fordern.[182]

Wenngleich die Überschrift über denjenigen Titel des Strafgesetzbuches, welcher mit § 63 StGB die Anordnungsvoraussetzungen für die Unterbringung in einem psychiatrischen Krankenhaus enthält, mit der Bezeichnung „Maßregeln der *Besserung* und Sicherung" Entsprechendes zu suggerieren scheint, sieht sich der Maßregelpatient demnach keineswegs einer allgemeinen „Besserungspflicht" im Sinne einer zwangsweise durchsetzbaren Pflicht zur unterschiedslosen Duldung sämtlicher Behandlungsmaßnahmen ausgesetzt.[183] Entgegen anders lautender Stimmen im einschlägigen Schrifttum[184] gebietet es der Achtungsanspruch vor dem Selbst-

---

dieser Anteil zu hoch sein, nachdem festgestellt wurde, dass nur jeder zweite schizophrene Patient dauerhaft der Neuroleptika bedarf".

181 Kammeier-*Wagner*², Kap. D, Rn 143 unter Hinweis auf die Ergebnisse bei *Finzen et al.* 1993, S. 131ff., 158ff. Ähnlich bereits *Wagner* 1992a, S. 176ff.; *Saage/Göppinger-Wagner/Volckart*, Kap. 4.7, Rn 318. Vgl. auch noch *Bernsmann* 1984, S. 159; *Marschner* in Jürgens et al. 1994, Rn 509.

182 Für die unterschiedslose Geltung einer Untergrenze auch *Hartmann* 1997, S. 173ff.; Kammeier-*Wagner*², Kap. D, Rn 144f.; *Marschner/Volckart-Volckart*, Kap. B, Rn 209; *Volckart* 1999a, S. 175; *Wolfslast* 1987, S. 44. Sieht eine landesrechtliche Regelung wie § 8 II 1 HambgMVollzG eine Zwangsbehandlung nur bei gravierender *Eigen*gefährdung vor, so ist beim Bestehen von *Fremd*gefahren auf die allgemeinen Grundsätze des § 34 StGB zurückzugreifen (vgl. allerdings § 9 II 1 HambgMVollzG, der eine Behandlung von Krankheiten, welche nicht Anlass für die Anordnung der Maßregel waren, auch bei *Fremd*gefährdung gegen den Willen des Patienten zulassen will). Für einen generellen Rückgriff auf § 34 StGB, soweit die Länder diese Notstandssituation nicht explizit geregelt haben, Kammeier-*Wagner*², Kap. D, Rn 145.

183 Zumindest missverständlich sind die Äußerungen von *Schumann* 1995, S. 99f.: „Die Behandlung im Maßregelvollzug ist obligatorisch (Maßregeln der Besserung und Sicherung!)"; missverständlich insoweit, als *Schumann* mit dieser Feststellung im Folgenden vor allem ein *Recht* der Patienten auf die Behandlung ihres Anlassleidens begründet.

184 Vgl. etwa *Jäger* 2001, S. 31 („Besserungspflicht [...], wie sie ansonsten nur für den Maßregelbereich vorgesehen ist"). Dieser beruft sich zur Begründung seiner Auffassung unter anderem auf Schönke/Schröder-*Stree* Vorbem. §§ 61ff, Rn 2. Dort findet sich allerdings lediglich der

bestimmungsrecht auch des im Maßregelvollzug untergebrachten psychisch kranken Rechtsbrechers statt dessen, die jeweils für indiziert gehaltene Behandlung grundsätzlich von dessen Einwilligung abhängig zu machen und erst beim Eintreten der genannten Gefährdungstatbestände hierauf zu verzichten.[185]

Dies lässt sich mit *Pollähne*[186] unmittelbar aus dem Verhältnis ableiten, in welchem Unterbringungszweck und Vollzugsziel im Rahmen der Maßregel nach § 63 StGB zueinander stehen: Legitimationsfähiger *Zweck* der Maßregel ist allein der Schutz der Allgemeinheit vor weiteren erheblichen Taten des psychisch Kranken.[187] Daraus folgt unter anderem, dass eine Unterbringung nach § 63 StGB niemals allein mit Besserungsgesichtspunkten gerechtfertigt werden kann, wenn die Gefährlichkeitsprognose nicht die gesetzlich normierte Erheblichkeitsschwelle überschreitet.[188] Das *Ziel* des Vollzugs ist es demgegenüber, den soeben umrissenen Sicherungszweck möglichst effektiv zu verwirklichen, was zunächst durch den Einsatz ganz verschiedener Mittel denkbar erscheint: Der Schutz der Gesellschaft kann eben grundsätzlich sowohl durch einen auf die rein physische Sicherung angelegten *Verwahrvollzug* als auch durch einen langfristig angelegten Versuch der *Behandlung des Anlassleidens* erreicht werden.[189] Bei der Auswahl der zur Erreichung des Vollzugsziels prinzipiell tauglichen *Mittel* kommt nunmehr der im Erleiden der Unterbringung erbrachten Aufopferung des eventuell gänzlich unverschuldet, zumindest aber auf der Grundlage verminderter Schuld internierten Maßregelpatienten für die Allgemeinheit insoweit entscheidende Bedeutung zu, als dieser aufgrund des ihm abverlangten *Sonderopfers*[190] einen vorbehaltlosen *Behandlungsanspruch* gegenüber den staatlichen Organen geltend zu machen vermag.[191,192]

Passus, in den Maßregeln drücke sich die Verpflichtung aus, „besserungsfähige Täter nach Möglichkeit zu resozialisieren". Dieser Fundstelle kann indes keine Aussage über eine dem so umrissenen gesellschaftlichen *Auftrag* korrespondierende Besserungs*pflicht* des Patienten entnommen werden.

185 Aus ähnlichen Erwägungen für ein grundsätzliches Einwilligungserfordernis optierend *Bernsmann* 1984, S. 156ff.; *Bischof* 1987, S. 293f.; *Holtus* 1991, S. 132f.; *Kiliali* 1982, S. 6; *Rüping* 1988, S. 407; *Tondorf* 1983, S. 120; *Wolfslast* 1987, S. 39. Vgl. auch noch § 19 II des von *Marschner/Volckart* 1992 entwickelten Musterentwurfes eines Gesetzes für psychisch Kranke; dem zustimmend *Voelzke* 1993, S. 19.

186 *Pollähne* 1992, S. 49.

187 So auch Kammeier-*Kammeier et al.*², Kap. B, Rn 9; *Rinke* 1985, S. 85; *Stratenwerth* 1988, S. 123. Ausführlich zu den im Detail durchaus divergierenden Rechtfertigungsansätzen im einschlägigen Schrifttum *Ukena* 1991, S. 46ff.

188 LK-*Hanack* Vor § 61, Rn 25.

189 *Horn* 1983, S. 485; LK-*Hanack* Vor § 61, Rn 22.

190 Hierzu *Baur* 1990, S. 485; *Kammeier* 1993, S. 198; *Müller-Dietz* 1983a, S. 148; Kammeier-*Pollähne*², Kap. F, Rn 16; *Marschner/Volckart-Volckart*, Kap. B, Rn 168; *Wolfslast* 1987, S. 40 sowie bereits *Lindemann* 2002, S. 12. Ausführlich *Kammeier* 1987; Kammeier-*Kammeier*², Kap. A, Rn 99ff.

191 AK-*Volckart*⁴ §§ 136–138, Rn 16; Kammeier-*Kammeier*², Kap. A, Rn 109; Kammeier-*Wagner*², Kap. D, Rn 105; *Marschner/Volckart-Volckart*, Kap. B, Rn 195; *Volckart* 1999a, S. 159f. Ausführlich zum Spannungsfeld zwischen Behandlungsanspruch und Behandlungsverweigerung der Maßregelpatienten *Bischof* 1987. Vgl. auch noch *Kammeier* 1984, S. 212: „So wenig wie Bes-

Konsequenterweise wird in § 136 S. 1, 2 StVollzG ausgeführt, die Behandlung des Untergebrachten in einem psychiatrischen Krankenhaus richte sich nach ärztlichen Gesichtspunkten und solle, soweit möglich, die Heilung oder zumindest eine Zustandsverbesserung herbeiführen. Dies ist jedoch vor dem Hintergrund der obigen Ausführungen nicht etwa so zu verstehen, dass der Maßregelpatient derartige Behandlungsbemühungen passiv im Sinne einer „Pflicht zur Besserung" über sich ergehen zu lassen hätte; vielmehr wird durch die Formulierung „soweit möglich" zum Ausdruck gebracht, dass der therapeutische Impetus des zuständigen Behandlungsteams seine Grenze prinzipiell in der fehlenden Bereitschaft des Betroffenen findet, auf die ihm unterbreiteten Behandlungsangebote einzugehen.[193] Nach dem Gesagten kommt somit den nach Maßgabe des Behandlungsauftrages vorgenommenen Vollzugsmaßnahmen ein eindeutiger *Angebotscharakter* zu;[194] sie bedürfen zu ihrer Durchführung prinzipiell der Einwilligung des Untergebrachten. In denjenigen Fällen, in denen eine dauerhafte Unfähigkeit des Betroffenen eintritt, einen entsprechenden Willen zu fassen oder zu formulieren, tritt gem. § 1902 BGB die Zustimmung des gerichtlich bestellten Betreuers an die Stelle derjenigen des Rechtsgutsinhabers.[195]

---

serung erzwungen werden kann, ebenso wenig kann sie auf bloßer Zufälligkeit, Beliebigkeit oder gar Gnade beruhen".

192 Dies erkennen im Übrigen auch die meisten Landesgesetze – in mehr oder weniger eindeutigen Formulierungen – an; vgl. insoweit § 8 I 1 UBG BW; Art. 13 I BayUBG; § 30 I 1 BerlPsychKG; § 17 I 1 BbgPsychKG; § 22 I BremPsychKG; § 7 I 1 HessMRVG; § 23 I 1 PsychKG M-V; § 8 I 1 Nds. MVollzG; § 17 I 1 MRVG-NW; § 5 I 1 RhPfMVollzG; § 9 I 1 SaarlMRVG; § 21 I 1 SächsPsychKG; § 8 I 1 MVollzG LSA; § 13 I 1 ThürPsychKG. Zusf. *Hartmann* 1997, S. 152.

193 Zu diesem Schluss kommt auch *Pollähne* 1992, S. 49.

194 Kammeier-*Kammeier*², Kap. A, Rn 109. Ebenso auch noch *Kammeier* 1993, S. 198; *Kammeier* 1996, S. 227, sowie *Babatz et al.* 1985, S. 478; *Cornel* 1987, S. 190; *Gabbert* 1987, S. 87. Vgl. allerdings *Werdenich/Wagner* 1998, S. 42, die in diesem Zusammenhang vom „klassischen Dienstleistungsmodell" sprechen, dessen Anwendbarkeit im justitiellen Zwangskontext des (österreichischen) Maßnahmensektors sie gewissen Problemen ausgesetzt sehen: „Wenn hingegen grundsätzlich Psychotherapie nach dem Dienstleistungsmodell angeboten, im Bedarfsfall vom Therapeuten aber auf die institutionelle Macht zurückgegriffen wird, Sanktionen zur Verhaltenssteuerung einzusetzen, ist die Dienstleistungsakrobatik als wenig probates Mittel entlarvt." (S. 44). Die Autoren bringen sodann eine Ausrichtung der Einrichtungen der forensischen Psychiatrie am Modell der „therapeutischen Gemeinschaft" ins Gespräch, welche sich durch eine unterschiedslose Durchdringung sämtlicher Vollzugsbereiche durch den Behandlungsauftrag auszeichnen soll; sie müssen jedoch selbst konzedieren, dass ein solches Verständnis des Maßregelvollzuges wiederum „zu Interessenkollisionen mit anderen Aufträgen der Institution" führen kann (S. 46f.). Tatsächlich birgt eine derartig uferlose Ausdehnung des Behandlungsbegriffes die Gefahr in sich, in ein „ärztliches Gewaltverhältnis" umzuschlagen; hierzu soll weiter unten noch ausführlich Stellung genommen werden (vgl. S. 68ff.).

195 Zur Frage der Stellvertretung bei der Behandlungseinwilligung *Hartmann* 1997, S. 194ff.; Kammeier-*Wagner*², Kap. D, Rn 138ff.; *Marschner* 1990 (zum Vormundschaftsrecht alter Rechtslage). Kritisch allerdings *Volckart/Grünebaum* 2003, S. 170: „Die Ablehnung einer bestimmten ärztlichen Behandlung durch den Patienten durch die Einwilligung seines gesetzlichen Vertreters zu überspielen, löst die damit verbundenen Probleme nur scheinbar, außerdem schafft sie neue Schwierigkeiten".

Wenn somit eine Zwangsbehandlung grundsätzlich überhaupt erst beim Überschreiten einer bestimmten *Untergrenze* zulässig sein soll, wird man andererseits bestimmte, besonders gravierende Eingriffsformen ebenso prinzipiell aus dem Anwendungsbereich zwangsweiser Behandlung ausscheiden lassen müssen. Insoweit ist, entsprechend den Regelungen einiger Bundesländer, eine *Obergrenze* einzuziehen, ab deren Erreichen therapeutische Maßnahmen vorbehaltlos der Einwilligung des Betroffenen bedürfen.[196] Dies muss insbesondere dann gelten, wenn die Behandlung mit einer Lebensgefahr oder der Gefahr erheblicher[197] gesundheitlicher Schäden verbunden ist,[198] weshalb die Mehrzahl der in Betracht kommenden operativen Eingriffe, aber auch die Anwendung neuroelektrischer Verfahren[199] sowie nicht zuletzt – aufgrund der Gefahr zum Teil erheblicher Nebenwirkungen – die Behandlung mit bestimmten Psychopharmaka unter ein entsprechendes generelles Zustimmungserfordernis zu stellen ist.[200] Bei einer Ersetzung der Zustimmung des einsichtsunfähigen Untergebrachten durch diejenige seines Betreuers wird man darüber hinaus in den hier diskutierten Fällen besonders gravierender Behandlungseingriffe die zivilrechtlichen Vorgaben des § 1904 BGB zu berücksichtigen haben; insoweit ist – außer bei Gefahr im Verzug – zusätzlich noch die Genehmigung des Vormundschaftsgerichts einzuholen.[201]

Neben der soeben umrissenen Obergrenze der Zwangsbehandlung in denjenigen Fällen, in denen der therapeutische Eingriff mit einer Lebens- oder schwerwiegenden Leibesgefahr für den Patienten verbunden ist, sehen einige Landesgesetze ein

---

196 Wie hier Kammeier-*Wagner*², Kap. D, Rn 146; *Marschner/Volckart-Volckart*, Kap. B, Rn 210; *Volckart* 1999a, S. 175; *Wolfslast* 1987, S. 45.

197 Ausführlich zur Erheblichkeitsschwelle *Hartmann* 1997, S. 177 f. Kammeier-*Wagner*², Kap. D, Rn 148 schlägt einen Rückgriff auf die Abwägungsmethode des § 34 StGB vor (vgl. bereits *Wagner* 1990b, S. 169).

198 So bereits *Müller-Dietz* 1983a, S. 207 zur Rechtslage vor Inkrafttreten der entsprechenden Landesgesetze.

199 Ausführlich *Dörner/Plog* 1996, S. 546ff., die eine Indikation der Elektrokrampftherapie vor allem bei einer „nicht anders abwendbaren Gefahr depressiver Chronifizierung“ sowie „bei der selten gewordenen hochfieberhaften akuten katatonen Krise“ diskutieren. Für Unzulässigkeit einer Zwangsbehandlung *Baumann et al.* 1973, S. 202; *Hartmann* 1997, S. 180ff.; Kammeier-*Wagner*², Kap. D, Rn 33; *Marschner* 1985a, S. 5; *Volckart* 1999a, S. 153. Neuere Stellungnahmen im psychiatrischen Schrifttum (vgl. etwa *Klimke/Klieser* 1991) sprechen allerdings dafür, dass die Elektrokrampftherapie heute zumeist nicht mehr das Gepräge jener „zugleich hochmodern und mittelalterlich anmutenden Szenerie“ besitzt, die bei *Goetz* 1983, S. 94ff. eine so eindrucksvolle literarische Aufarbeitung gefunden hat. Differenzierende Betrachtung nunmehr auch bei *Volckart/Grünebaum* 2003, S. 166f.

200 Weitere Einzelheiten zu den verschiedenen Behandlungsmethoden bei *Hartmann* 1997, S. 178ff.; Kammeier-*Wagner*², Kap. D, Rn 30ff.

201 Vgl. hierzu *Hartmann* 1997, S. 207ff.; *Schöch* 2000, S. 338; *Volckart* 1999a, S. 171 sowie aus der Rechtsprechung etwa AG Bremen, R&P 1997, S. 84; LG Hamburg, R&P 1999, S. 42. Zu den Voraussetzungen *Winkler-Wilfurth* 1992, S. 61ff. Zur Problematik einander widersprechender Aussagen des Betreuers sowie des zwischenzeitlich – etwa aufgrund einer Änderung des Gesundheitszustandes – (wieder) einsichtsfähigen Patienten *Hartmann* 1997, S. 198ff; *Jürgens* in Jürgens et al. 1994, Rn 200; *Marschner* in Jürgens 2001, § 1904, Rn 4.

Einwilligungserfordernis auch bei Behandlungsmethoden vor, welche zu einer Veränderung der Persönlichkeit in ihrem Kernbereich (Art. 13 III BayUBG) beziehungsweise zu tiefgreifenden und dauerhaften Veränderungen (§ 7 II 3 HessMRVG, § 13 IV ThürPsychKG) führen können. Andere Länder wollen zwar – soweit die Zustimmung des Betroffenen vorliegt – eine Behandlung zulassen, welche dessen Persönlichkeit wesentlich oder auf Dauer nachhaltig verändert, sehen jedoch eine absolute Behandlungsgrenze bei denjenigen Eingriffen, welche die Persönlichkeit des Untergebrachten in ihrem *Kernbereich* tangieren (§ 8 III, IV Nds. MVollzG, § 8 IV, V MVollzG LSA). Ohne die vorgenannte Differenzierung vorzunehmen, erklärt schließlich eine große Zahl landesrechtlicher Regelungen Eingriffe in den Kernbereich der Persönlichkeit *ausnahmslos* für verboten (§ 30 IV BerlPsychKG, § 17 V BbgPsychKG, § 22 V 1 BremPsychKG, § 8 IV 1 HambgMVollzG, § 23 III PsychKG M-V).

Es ist bereits verschiedentlich auf die Problematik hingewiesen worden, welche der Normierung derartiger Behandlungsgrenzen unter dem Schlagwort einer nachhaltigen beziehungsweise schwerwiegenden Veränderung der Persönlichkeit in ihrem Kernbereich innewohnt: Schließlich ist das Wesen psychiatrischer Therapieverfahren vielfach gerade in einer mehr oder weniger ausgeprägten persönlichkeitsverändernden Wirkung zu sehen.[202] In einigen Fällen, wenn etwa aufgrund einer Psychose aus dem schizophrenen Formenkreis die Krankheit selbst eine nachhaltige Persönlichkeitsveränderung bewirkt hat, wird es sogar ausdrückliches Ziel etwaiger therapeutischer Bemühungen sein, diese krankhafte Veränderung wieder rückgängig zu machen.[203] Darüber hinaus wird man letztlich auch den gängigen psychotherapeutischen Verfahren ein Bemühen gerade um die Modifikation von Persönlichkeitsmerkmalen zuschreiben müssen.[204]

Da es sich nach dem Gesagten bei dem Begriff der Persönlichkeitsveränderung in der Tat um ein „höchst problematisches und in der Praxis schwer einzugrenzendes Kriterium“[205] handelt, ist denjenigen Stimmen in der Literatur beizupflichten, die einen Verzicht der Gesetzgeber auf seine Verwendung einfordern und im Rahmen der Bestimmung einer Obergrenze für die Zwangsbehandlung statt dessen für eine Beschränkung auf das Begriffspaar der Lebens- und erheblichen Leibesgefahr eintreten.[206] Soweit mit der Formulierung einer absoluten Behandlungsgrenze – wie dies die ausdrückliche Erwähnung in § 23 III PsychKG M-V sowie in der

---

[202] *Hartmann* 1997 kommt aus diesem Grunde zu dem Schluss, es handele sich um ein „höchst problematisches und in der Praxis schwer einzugrenzendes Kriterium“ (S. 193); nach *Sütfels* 1985, S. 51 handelt es sich um eine „praxisferne Einschränkung“. Auf die genannten Probleme weisen auch *Erhardt* 1986, S. 72f.; *Tondorf* 1982, S. 374; *Wolfslast* 1987, S. 49ff. hin.

[203] *Hartmann* 1997, S. 190, 192f.

[204] *Wolfslast* 1987, S. 50: „Die tief greifenden Persönlichkeitsveränderungen, die die Psychochirurgie bewirkt und die hier unerwünscht sind, werden doch angestrebt, wenn ein Patient sich in Psychotherapie begibt.“ Vgl. schließlich zur Pharmakotherapie noch *Nedopil* 1993, S. 25.

[205] So *Hartmann* 1997, S. 193.

[206] *Hartmann* 1997, S. 191; *Erhardt* 1986, S. 73.

Begründung des Rahmenentwurfs eines Maßregelvollzugsgesetzes[207] nahe legt – vor allem die Anwendung stereotaktischer Hirnoperationen untersagt werden sollte, ist mit *Volckart* und *Grünebaum* darauf hinzuweisen, dass eine derartig kategorische Ablehnung dieser sicherlich nicht unproblematischen Behandlungsmethode[208] ihrerseits zu Problemen führt: Insoweit müssen Operationen, welche nicht primär das Ziel einer Verhaltensänderung anvisieren, wie etwa die operative Behandlung eines Hirntumors, bei entsprechender Einwilligung des Betroffenen weiterhin zulässig bleiben.[209] Aus den genannten Gründen wäre eine flexiblere Regelung wünschenswert, wobei sich Einbußen im Niveau des Rechtsschutzes unproblematisch durch den im Schrifttum bereits früher verschiedentlich befürworteten Rückgriff auf die allgemeine Wesensgehaltsgarantie des Art. 19 II GG[210] vermeiden ließen.[211]

(4) Zwischenergebnis

Nach dem Gesagten hat in der Frage der Behandlungseinwilligung respektive der Zwangsbehandlung im psychiatrischen Maßregelvollzug ungeachtet der zum Teil beträchtlich divergierenden landesgesetzlichen Regelungen bundeseinheitlich das Folgende zu gelten: Nicht-somatische Behandlungsmethoden wie die Teilnahme an psychotherapeutischen Einzel- oder Gruppengesprächen sind einer Zwangsbehandlung generell nicht zugänglich; insoweit besteht keine Mitwirkungs- oder Duldungspflicht, und es gilt ein uneingeschränktes Einwilligungserfordernis. Bei den anderen im Kontext des psychiatrischen Krankenhauses für eine Behandlung der Anlasskrankheit in Betracht kommenden therapeutischen Methoden – wichtigster

---

207 BT-Drs. 8/2565, S. 232. Vgl. auch noch die Rechtslage in Hessen; dort sieht die auf der Grundlage des § 7 III Nr. 2 HessMRVG erlassene Rechtsverordnung den Kernbereich der Persönlichkeit ausschließlich durch psychochirurgische Eingriffe tangiert (Verordnung v. 29.09.1982, GVBl. Hessen 1982, S. 233).

208 Kritisch aus dem neueren Schrifttum etwa *Dörner/Plog* 1996, S. 550f.; *Rasch* 1999, S. 383; *Schorsch et al.* 1996, S. 3f. Vgl. jedoch bereits *Fülgraff/Barbey* 1978; *Geppert* 1976, S. 26f.; *Marschner* 1985a, S. 5; *Schorsch/Schmidt* 1979; *Sigusch* 1977; *Wolfslast* 1987, S. 49. Zur (mittlerweile) überaus geringen Bedeutung derartiger Behandlungsformen in der Vollzugswirklichkeit Kammeier-*Wagner*², Kap. D, Rn 32; *Schumann* 1987, S. 100f.

209 *Volckart* 1999a, S. 174. Ihnen folgend *Hartmann* 1997, S. 193.

210 Kammeier-*Wagner*², Kap. D, Rn 123; *Marschner* 1985a, S. 5; *Marschner* 1988, S. 22.

211 Ordnet man darüber hinaus mit einigen neueren Stimmen in der Literatur (*Schöch* 1995, S. 97; *Wolfslast* 1985, S. 21) die Psyche als Schutzgut dem Tatbestand des § 223 StGB zu, so gilt im Übrigen die Disponibilitätsschranke des § 228 StGB: Danach hindert die Einwilligung des Betroffenen in die Vornahme einer Körperverletzung die Rechtswidrigkeit des Eingriffes immer dann nicht, wenn die Tat „gegen die guten Sitten verstößt". Es dürfte jedoch zumindest unter Berücksichtigung des neueren wissenschaftlichen Erkenntnisstandes zu den angesprochenen Verfahren der Psychochirurgie gegen das „Anstandsgefühl aller billig und gerecht Denkenden" (BGHSt 4, 32, 91) verstoßen, derartig gefährliche und umstrittene Behandlungsmethoden in der von Zwängen und spezifischen persönlichen Deprivationserfahrungen geprägten Unterbringungssituation des Maßregelvollzuges anzuwenden, soweit es sich nicht um einen der von *Volckart* genannten Ausnahmefälle handelt.

praktischer Anwendungsfall ist insoweit die Pharmakotherapie[212] – ist ebenfalls von einem Vorrang der konsentierten vor der Zwangsbehandlung auszugehen;[213] letztere ist jedoch in bestimmten Akutsituationen für zulässig zu halten. Die Anwendung von Zwang im Rahmen des Behandlungsverhältnisses ist jedoch an die Obergrenze durch den Eingriff bewirkter erheblicher Leibes- oder Lebensgefahr gebunden; ab Erreichen dieser Schwelle ist wiederum zwingend die Einwilligung des betroffenen Patienten einzuholen. Die Fixierung einer absoluten Behandlungsgrenze im Sinne eines vollständigen Verbots bestimmter Therapiemethoden ist nicht praktikabel, jedoch wird man stets die allgemeine Wesensgehaltsgarantie aus Art. 19 II GG zu beachten haben.

bb) Zur Wirksamkeit der Behandlungseinwilligung – Die Konzeption *Amelungs*

Die vorstehenden, sehr ausführlichen Erläuterungen zum Gefüge der Regelungen zur Zwangsbehandlung waren erforderlich, um denjenigen Bereich zu identifizieren, in welchem mit der Zustimmungserklärung des Patienten eine der Sanktionierung durch das Vollzugspersonal zugängliche Manifestation der Kooperationsbereitschaft gesetzlich vorgesehen ist. Bei der Beurteilung der Wirksamkeitsvoraussetzungen, denen die nach den vorangegangenen Ausführungen im Normalfall erforderliche Behandlungseinwilligung des Patienten unterliegt, sollen nunmehr auch die oben geschilderten Techniken zur Herbeiführung „praktischer Überzeugung" in einem veränderten Kontext wieder aufgegriffen werden. Prüft man nämlich die rechtliche Wirksamkeit der dem jeweiligen Eingriff zustimmenden Willenserklärung, so stellt sich nach herrschender Einwilligungsdogmatik unter anderem die Frage, ob die betreffende Erklärung von dem Inhaber der beeinträchtigten Rechtsposition *freiwillig* abgegeben wurde; im Einzelnen umstritten ist lediglich, ab welchem Grad äußerer Einflussnahme die Einwilligung des Betroffenen als unwirksam zu behandeln ist.[214] An dieser Stelle berühren sich rechts- und psychowissenschaftliche Konzeption: Während die Hintergründe und Voraussetzungen der inneren Bereitschaft des Untergebrachten zur Teilnahme an den ihm unterbreiteten Behandlungsangeboten aus der Perspektive der Psychowissenschaften unter dem Gesichtspunkt einer möglichst authentischen *Therapiemotivation* behandelt werden, erfährt die Frage nach den insoweit in der Psyche des Betroffenen wirkenden Kräften im rechtswissenschaftlichen Diskurs eine Einordnung unter dem Begriff der *Freiwilligkeit*.[215]

Amelung kommt in seiner bereits mehrfach erwähnten Studie zur „Einwilligung des Unfreien" zu dem Schluss, dass ein großer Teil der Einwilligungen *Gefangener*

---

212 Vgl. auch *Hartmann* 1997, S. 231: „immerhin die wesentliche Behandlungsmethode im Maßregelvollzug".

213 So noch einmal ausdrücklich Kammeier-*Wagner*², Kap. D, Rn 122.

214 Einen Überblick über die in dieser Hinsicht bestehenden unterschiedlichen Ansätze gewähren *Kühl* 2002, § 9, Rn 36; Schönke/Schröder-*Lenckner* Vorbem. §§ 32ff., Rn 45, 48.

215 Auf diesen Zusammenhang ist bereits von *Dahle* 1995a, S. 188f. hingewiesen worden.

unfreiwillig erfolge.[216] Seine Überlegungen nehmen ihren Ausgangspunkt bei der Frage, welchen Anforderungen die Einwilligungen eines Gewaltunterworfenen – insbesondere unter dem Gesichtspunkt ihrer Freiwilligkeit – genügen müsste, damit staatliche Organe auch ohne das Bestehen einer entsprechenden direkten gesetzlichen Eingriffsgrundlage die Rechtssphäre des Betroffenen antasten dürften.[217] In diesem Zusammenhang stellt er zunächst fest, Voraussetzung für die *Freiwilligkeit* der fraglichen Erklärung sei die Freiheit des Insassen von jeglichem auf seine Entscheidung einwirkenden „eingriffsgleichen Zwang"; für den Vollzugskontext bedeute dies, dass dem Erklärenden von staatlicher Seite nicht für den Weigerungsfall der Verlust einer Rechtsposition angedroht werden dürfe, der seinerseits als Eingriff in die Rechtssphäre des Betroffenen gewertet werden könnte. Diesen Anforderungen genügten jedoch gerade diejenigen von den Insassen totaler Institutionen abgegebenen Einwilligungen regelmäßig nicht, welche auf eine Beschleunigung der Entlassung oder die Minderung sonst bestehender haftbedingter Handlungsbeschränkungen abzielten, da die fraglichen Willenserklärungen eben lediglich unter dem Druck der ansonsten weiterhin aufrechterhaltenen Beschneidungen von Freiheitsrechten zustande kämen.[218]

Mit der Feststellung fehlender *Freiwilligkeit* der bewussten Einwilligungen geht nach Auffassung *Amelungs* jedoch keineswegs zwangsläufig deren *Unwirksamkeit* einher: Einer differenzierten Betrachtung bedürften insoweit vor allem Situationen, in denen die Zustimmung zu einer Rechtsbeschränkung dem Gefangenen dazu diene, sein Los zu mildern. Für derartig gelagerte Fälle entwickelt der Autor sodann die Figur der „eingriffsmildernden Einwilligung".[219] Aufgrund der Tatsache, dass dem Betroffenen in den in Rede stehenden Konstellationen die Möglichkeit eingeräumt werde, zwischen zwei Übeln das für ihn subjektiv geringere zu wählen, könne man insoweit von einer Konkretisierung des *Übermaßverbotes* sprechen. Diese Erkenntnis bewegt *Amelung* nun dazu, anstelle der völligen Freiheit von Zwang als Wirksamkeitsvoraussetzung der Einwilligung das Vorhandensein eines „legitimationsfähigen Zweckzusammenhanges" zu fordern: Für die Ersatzmaßnahme, in deren Erduldung der Eingriffsunterworfene einwillige, fehle es immer dann an dem besagten Zusammenhang, wenn die Maßnahme keinen adäquaten Beitrag zur Förderung des der Freiheitsentziehung zugrunde liegenden Zweckes darstelle.[220] Am

---

216 *Amelung* 1983, S. 11. Weniger eindeutig noch *Amelung* 1981, S. 91ff., 112.

217 *Amelung* 1983, S 11; vgl. auch *Amelung* 1981, S. 82ff.

218 *Amelung* 1983, S. 11. Problematisiert wird die Freiwilligkeitsfrage in dieser Hinsicht auch von *Albrecht* 1993, S. 192; *Bernsmann* 1984, S. 160f.; *Kaiser* 1984, S. 312; *Kunz* 1989, S. 87ff. (mit Abschwächungen seiner Position allerdings für die Behandlung „psychisch kranker Rechtsbrecher", vgl. etwa S. 92, Fn 52); *Legemaate* 1998, S. 82 (Wert des Einwilligungserfordernisses hauptsächlich darin, „dass es dem Patienten eine Verhandlungsposition einräumt"); *Marschner* 1985b, S. 164ff.; *Pollähne* 1994, S. 39; *Schumann* 1995, S. 100f.; *von Trotha* 1984, S. 101. *Calliess/Müller-Dietz* § 4, Rn 5 sprechen demgegenüber zumindest für den Strafvollzug von „Frontstellungen von hohem ideologischen, jedoch geringem praktisch-empirischem Gehalt".

219 *Amelung* 1983, S. 13ff. Vgl. hierzu auch noch Kammeier-*Wagner*[2], Kap. D, Rn 124.

220 *Amelung* 1983, S. 15. Vgl. hierzu bereits *Lindemann* 2002, S. 15.

Ende seiner Ausführungen zeigt *Amelung* schließlich die speziellen Wirksamkeitsgrenzen der besagten Einwilligungsform auf: Neben dem bereits erwähnten Erfordernis eines legitimationsfähigen Zweckzusammenhangs sei darüber hinaus als Negativvoraussetzung zu beachten, dass die eingriffsmildernde Einwilligung des Gefangenen nicht durch zusätzlichen Zwang bewirkt worden sei.[221] An anderer Stelle hat er dies so ausgedrückt, dass die Einwilligung zwar *unter Zwang* erfolge, jedoch nicht *erzwungen* werden dürfe.[222]

Überträgt man diese Ausführungen auf die im vorangegangenen Abschnitt geschilderten Konzepte „praktischer Überzeugung", so würden die dort umrissenen Sachverhalte durch *Amelung* wohl folgende Bewertung erfahren: Das unmittelbar aus dem Zusammenhang von Entlassungsentscheidung und Legalprognose erwachsende, in Richtung einer Teilnahme an den unterbreiteten Behandlungsangeboten wirkende Zwangsmoment der Unterbringungssituation beeinträchtigt – auch im Falle eines entsprechenden expliziten Hinweises durch den Therapeuten zum Zwecke der Motivationssteigerung – die Wirksamkeit der Einwilligung des Untergebrachten nicht. Insofern handelt es sich um den zuerst angeführten, zulässigen Typus der „eingriffsmildernden Einwilligung". Werden jedoch, wie bei der zweiten von *Fengler* und *Fengler* geschilderten Manipulationstechnik, bestimmte Lockerungsentscheidungen gezielt in einen Zusammenhang mit therapiekooperativem Verhalten gestellt, so entspricht dies in der Diktion *Amelungs* einer Ausübung zusätzlichen Zwanges auf die Entscheidungsfreiheit des Betroffenen, für die es an einem „legitimationsfähigen Zweckzusammenhang" fehlt.[223] Eine in den fraglichen Fällen erklärte Behandlungseinwilligung wäre demgemäß unwirksam.[224]

---

221 *Amelung* 1983, aaO. Ähnlich Kammeier-*Wagner*[2], Kap. D, Rn 124: „Dagegen macht die Drohung mit Zwangsbehandlung eine daraufhin abgegebene Einwilligung unwirksam, weil der Patient sich nicht *entscheidet* sondern *fügt*." (Hervorhebungen M. L.).

222 *Amelung* 1981, S. 112. Ihm im Ergebnis zustimmend Schönke/Schröder-*Lenckner* Vorbem. §§ 32ff., Rn 48; ähnlich auch BGHSt 19, 201 (206).

223 Vgl. insoweit auch *Kunz* 1989, S. 88, nach dem die Aushandlung von Therapiekooperation gegen Gewährung bestimmter Vorteile im Anstaltsalltag „das Freiwilligkeitsprinzip zur Farce" macht.

224 Gleiches muss dann jedoch auch für den vom *Bundesgerichtshof* in früheren Entscheidungen für zulässig erachteten Vorwegvollzug der Strafe gem. § 67 II StGB zum Zwecke der Erzeugung von Leidensdruck gelten. Während etwa von BGHSt 33, 285 (286); StV 1986, S. 17 eine solche Vorgehensweise für opportun gehalten wurde, äußern sich neuere Entscheidungen des Gerichts durchaus kritisch, da „die Stärkung der Therapiemotivation [...] der Sache nach zu den Aufgaben (gehört), die gerade innerhalb des Maßregelvollzuges selbst zu lösen sind" (23.04.1991, 4 StR 121/91); vgl. insoweit auch noch BGH, NStZ 1984, S. 428; 1985, S. 91f.; 28.11.1989, 1 StR 651/89; NStZ 1999, S. 10f. Kritisch aus dem Schrifttum zum Vorwegvollzug wegen mangelnder Therapiemotivation *Fischer* 1991 (äußert den „Verdacht, dass allzu oft in die Begründung für die Dauer des vorweg zu vollziehenden Strafteils resozialisierungsfremde Elemente, insbesondere solche der Vergeltung, einfließen", S. 325); *Hanack* 1988, S. 380 („nicht bewiesene und verifizierbare Alltagstheorie"); Kammeier-*Kammeier*[2], Kap. A, Rn 71ff.; LK-*Hanack* § 67, Rn 49ff. (bezeichnet den hinter der Konzeption stehenden Gedanken als „so fragwürdig und systemfremd, dass die Rechtsprechung auf seine Heranziehung verzichten sollte", Rn 50); *Rasch* 1986b, S. 76 (Vorauflage); *Rüping* 1988, S. 410; *Schüler-Springorum* 1986, S. 480; *Streng*

Unter ausdrücklichem Rekurs auf die Figur der „praktischen Überzeugung" nimmt auch *Rinke* eine ähnliche Differenzierung vor: Nach seiner Auffassung wird eine Behandlungseinwilligung nicht dadurch unwirksam, dass dem Patienten von Seiten der Einrichtung neben den Vorteilen und Risiken der Behandlung auch die rechtlich zulässigen Konsequenzen seiner Entscheidung für den weiteren Vollzug der Maßregel aufgezeigt werden. Dem auf diese Weise „motivierten" Kranken verbleibe immer noch die Freiheit, sich aufgrund der ihm erteilten zutreffenden Informationen für oder gegen das konkret unterbreitete Therapieangebot zu entscheiden. Anders verhalte es sich hingegen, wenn der Arzt die Entscheidung des Kranken dadurch beeinflusse, dass er ein darüber hinausgehendes, als rechtswidrig einzustufendes Übel in Aussicht stelle oder für die Zeit der Therapieverweigerung herbeiführe. Eine unter derartigen Umständen zustande gekommene Einwilligung könne nicht mehr als Ausdruck der freien Selbstbestimmung des Betroffenen angesehen werden und sei als geschäftsähnliche Handlung von Anfang an unwirksam.[225]

cc) Die Kritik der Konzeption *Amelungs* durch *Teller*

Die von *Amelung* entwickelte Konzeption der „eingriffsmildernden Einwilligung" ist vor allem von *Teller* kritisiert worden. Dieser weist zunächst darauf hin, die Verwendung des Übermaßverbotes im Rahmen eines Ansatzes, der es dem Staat gestatte, auch ohne explizite Eingriffsgrundlage eine Beeinträchtigung der Rechtssphäre des Bürgers herbeizuführen, widerspreche der ursprünglich gerade auf eine *Begrenzung* der Handlungsmöglichkeiten des Staates abzielenden Grundkonzeption des angeführten Prinzips.[226]

Diese Kritik *Tellers* greift jedoch zu kurz und wird den Überlegungen *Amelungs* nicht gerecht: Der Autor sieht ja in den Konstellationen einer „eingriffsmildernden Einwilligung" nicht allein das Übermaßverbot verwirklicht, sondern weist darüber hinaus gerade auf dessen subjektive Durchdringung durch das Autonomieprinzip hin. Wichtig ist somit in diesem Zusammenhang vor allem, dass die Abwägung, welche Rechtsgutsbeeinträchtigung als die schonendste im Umgang mit den Rechtsgütern des Betroffenen zu gelten hat, nicht paternalistisch durch den Gesetzgeber vorweggenommen, sondern in die Hände des von der Beeinträchtigung seines Rechtskreises Betroffenen gelegt wird. Betont man dieses Ergebnis des Zusammenwirkens von Autonomieprinzip und Übermaßverbot, so ergibt sich durch die Berücksichtigung „eingriffsmildernder Einwilligungen" gegenüber der Verwendung klassischer Eingriffstatbestände tatsächlich eine – wenn auch bescheidene – Aufwertung der Rechtsposition des Betroffenen.[227]

1987 (sieht „besondere Strafbedürfnisse gegenüber Tätern mit mangelnder Unrechtseinsicht oder mangelnder Kooperationsbereitschaft bzw. Therapiewilligkeit" am Werk, S. 41); *Tröndle/Fischer* § 67, Rn 5; *Volckart* 1988, S. 6f.

225 *Rinke* 1985, S. 32f.

226 *Teller* 1996, S. 24.

227 Vgl. hierzu *Amelung* 1981, S. 109: „Dieser 'subjektive' Einschlag hat zur Folge, dass das Über-

Wesentlich weiter reicht ein anderer Vorwurf *Tellers*, der sich gegen die explizit so nur bei *Amelung* zu findende (implizit jedoch auch in den Ausführungen *Rinkes* zum Ausdruck kommende) unhinterfragte Annahme eines legitimationsfähigen Zweckzusammenhanges richtet, soweit es sich bei der zu beurteilenden Willenserklärung um eine Behandlungseinwilligung zur Verkürzung des Freiheitsentzuges handelt. Als Beispiel führt *Teller* ausdrücklich den Fall des Patienten im Maßregelvollzug an, der laut Gesetz Vollzugslockerungen nur erreichen könne, wenn seine Gefährlichkeit gemindert sei, was eben wiederum häufig die Einwilligung in eine Behandlung des Anlassleidens voraussetze.[228] Ein grundlegender Mangel in der Argumentation sowohl *Amelungs* als auch *Rinkes* liege nun darin, dass an dieser Stelle die grundlegende, aus der Unterbringung erwachsende Zwangssituation, in der sich der Einwilligende befinde, nicht hinterfragt, sondern statt dessen unkritisch als zulässig vorausgesetzt werde. So reiche es nicht etwa aus, gleichsam apodiktisch festzustellen, dass eine rechtswirksame Einwilligung in die Behandlung vorliege, wenn der Patient lediglich über die rechtlich zulässigen Konsequenzen einer möglichen ablehnenden Entscheidung aufgeklärt werde; vielmehr müsse vorab erst einmal die Frage geklärt werden, ob die Verhängung der fraglichen Konsequenzen denn tatsächlich zulässig sei.[229]

Die Feststellung dieses Begründungsmangels führt *Teller* zur Kernfrage seiner Studie, ob nämlich die Vorschrift des § 67d II StGB, welche die Aussetzung der Unterbringung im Maßregelvollzug von einer positiven Legalprognose abhängig macht, sowie die Ländervorschriften zu den Vollzugslockerungen vor dem soeben aufgezeigten Zusammenhang mit dem geltenden Verfassungsrecht vereinbar seien. Der Autor bejaht zunächst aufgrund des von den genannten Normen ausgehenden Behandlungszwanges für den Untergebrachten einen Eingriff in dessen grundrechtlich geschützte Positionen aus Art. 2 II 1 GG (Recht auf körperliche Unversehrtheit) und Art. 2 I iVm 1 I GG (Allgemeines Persönlichkeitsrecht): Soweit die genannten bundes- und landesrechtlichen Vorschriften die Gewährung von Freiheiten von der Gefährlichkeit des Untergebrachten abhängig machten, stelle dies einen ebensolchen Eingriff in dessen Grundrechte dar, als wenn Vollzugslockerungen explizit von der Teilnahme an Behandlungsmaßnahmen abhängig gemacht würden; eine Vorgehensweise, die ihrerseits wiederum vergleichbar sei mit der direkten Erzwingung der fraglichen Behandlung.[230]

Unter dem Gesichtspunkt einer verfassungsmäßigen Rechtfertigung der festgestellten Schutzbereichsverletzungen wird sodann erörtert, ob die fraglichen Grundrechtspositionen durch das Prinzip des Behandlungszwanges in ihrem Wesens- bzw. Menschenwürdegehalt verletzt werden, so dass der fragliche Eingriff von vorn-

---

maßverbot von den Staatsorganen selbst dort beachtet werden muss, wo 'objektiv' unsicher ist, ob der Grundrechtsträger mit der Einwilligung nicht das wertvollere Gut preisgibt".

228 *Teller* 1996, S. 27.

229 *Teller* 1996, S. 27ff.

230 *Teller* 1996, S. 34f.

herein keinerlei Rechtfertigung zugänglich wäre. Nach Auffassung *Tellers* liegt eine Verletzung dieses unantastbaren Kernbereichs jedoch lediglich bei besonders schwerwiegenden Eingriffen vor, die allein im Interesse Dritter vorgenommen werden und dem betroffenen Patienten ausschließlich schaden.[231] Klarstellend weist der Autor allerdings darauf hin, dass die Unzulässigkeit eines entsprechenden Behandlungszwanges nicht unbedingt auf die drohende Sanktionierung ausstrahle; so sei es durchaus zulässig, auf die Ablehnung der in den Kernbereich der Persönlichkeit eingreifenden, jedoch für die Herstellung der Entlassungsreife zwingend gebotenen Kastration durch einen Sexualdelinquenten dessen weitere, unter Umständen lebenslange Unterbringung im Maßregelvollzug folgen zu lassen, wenn seine Gefährlichkeit diese erfordere.[232]

Es folgt eine Beurteilung der Verhältnismäßigkeit der festgestellten Grundrechtseingriffe, die *Teller* nach einzelnen Behandlungsmethoden getrennt vornimmt: Einen zulässigen Anwendungsbereich für die Pharmakotherapie (etwa mit Antiandrogenen und Neuroleptika) sieht er vor allem in der bereits erwähnten *Anmedikation,*[233] d.h. in einer Medikamentengabe noch im Vorfeld der eigentlichen Behandlung, die den jeweiligen Patienten insbesondere für die dann folgende Psychotherapie ansprechbar machen soll.[234] Analytische Psychotherapie und Verhaltenstherapie werden daraufhin untersucht, ob ihre Durchführung unter den Bedingungen des Behandlungszwanges überhaupt Erfolg versprechend ist.[235] Nach einer Auseinandersetzung mit einigen der oben aufgeführten Stellungnahmen aus dem psychowissenschaftlichen Schrifttum hält *Teller* diese Therapieformen – mit Ausnahme besonders rigider verhaltenstherapeutischer Konzepte wie der Aversionstherapie – auch unter den Bedingungen des vollzuglichen Zwangskontextes durchaus noch für mit der Verfassung vereinbar. Um zumindest den Inhalt der Behandlungsgespräche von den Zwängen der Unterbringungssituation freizuhalten, müsse jedoch gewährleistet sein, dass der Therapeut nicht an Entscheidungen über die Gewährung von Vollzugslockerungen oder Vergünstigungen teilnehme.[236]

Nach dem Gesagten lässt sich feststellen, dass die Ausführungen *Tellers* zur Frage des Behandlungszwanges im Maßregelvollzug trotz des sehr kritischen Impetus, mit dem sie zum Teil vorgetragen werden, letztlich doch in eine weitreichende Bestätigung des von *Amelung* und *Rinke* in ihrer Beurteilung der Einwilligungsfrage zugrunde gelegten Rechtmäßigkeitszusammenhanges münden: Danach ist der die Unterbringungssituation nach geltendem Bundes- sowie Landesrecht prägende Zusammenhang zwischen Lockerungsentscheidung und positiver Legalprognose auch in Anbetracht der von dieser Zwangskonstellation auf die Entscheidungsfreiheit

---

[231] *Teller* 1996, S. 52, 58.
[232] *Teller* 1996, S. 64f.
[233] Vgl. hierzu die Nachweise in Fn 179.
[234] *Teller* 1996, S. 79ff.
[235] *Teller* 1996, S. 87ff.
[236] *Teller* 1996, S. 104f., 113f. Ausführlich zu den angesprochenen Interessenkonflikten bereits *Gretenkord* 1995.

des Untergebrachten ausgehenden Wirkungen aus verfassungsrechtlicher Sicht nicht zu beanstanden. Insbesondere das Bestehen des von den letztgenannten Autoren bereits a priori unterstellten „legitimationsfähigen Zweckzusammenhanges" wird durch die Untersuchung *Tellers* zwar einer eingehenden Erörterung unterzogen, im Ergebnis jedoch vollumfänglich bestätigt.

e) Zusammenfassende Würdigung

Nach alledem scheint eine zufriedenstellende Bearbeitung derjenigen Fälle, in denen der Untergebrachte den ihm unterbreiteten Behandlungsangeboten zunächst ablehnend gegenübersteht, bei einer konsequenten Anwendung der allgemeinen Einwilligungsdogmatik durchaus erreichbar. Die jeweiligen für die Durchführung der Therapie Verantwortlichen stehen einer derartigen Patienteneinstellung keineswegs hilflos gegenüber, sondern sind auch angesichts des Erfordernisses einer rechtswirksam erklärten Behandlungseinwilligung zu einer maßvollen Einflussnahme auf die Entscheidung des Betroffenen befugt. Sie sind jedoch gehalten, neben der in diesem Zusammenhang für zulässig erklärten Verdeutlichung des Zusammenhanges zwischen Behandlungsfortschritten und Entlassungszeitpunkt auf die im Rahmen der Sichtung des psychowissenschaftlichen Schrifttums erörterten, auf eine Zwangseinwirkung verzichtenden Ansätze einer dem Beginn der eigentlichen Therapie vorangestellten „Motivationsarbeit" zurückzugreifen. Eine darüber hinaus gehende Anwendung manipulativer Techniken, etwa des Einsatzes von Vollzugslockerungen zur Sanktionierung der Behandlungsbereitschaft des Untergebrachten, hat demgegenüber auszuscheiden, da es sich hierbei um eine zur bloßen Unterbringungssituation hinzutretende und insoweit nicht legitimationsfähige Zwangsausübung handelt. Unter derartigen Umständen zustande gekommene Einwilligungserklärungen sind demgemäß als unwirksam zu betrachten.[237]

Die Durchsicht der praxisbegleitenden psychowissenschaftlichen Literatur hat gleichwohl ergeben, dass eine entsprechende Vorgehensweise verhältnismäßig weit verbreitet ist. Die referierten, eher um eine nachhaltige Überzeugung des Betroffenen von Nutzen und Notwendigkeit einer Therapie bemühten Stimmen geben allerdings angesichts ihrer zunehmenden Verbreitung Anlass zu einigem Optimismus.

---

237 Zur Vermeidung von Missverständnissen sei an dieser Stelle kurz darauf hingewiesen, dass die Herbeiführung einer Zustimmungserklärung durch Androhung vollzugsinterner Nachteile selbstverständlich auch in demjenigen Bereich auszuscheiden hat, der obenstehend prinzipiell einer *Zwangsbehandlung* für zugänglich erklärt wurde. Insoweit ist die „praktische Überzeugung" durch einrichtungsseitige Verfügung über Freiheiten und Möglichkeiten des Untergebrachten nicht etwa als das „mildere Mittel" im Vergleich zur physischen Überwindung des geleisteten Widerstandes in Betracht zu ziehen, da sich die zuständigen Gesetzgeber mit der Normierung des Rechts der Zwangsbehandlung eindeutig für den letztgenannten Weg entschieden haben. Ähnlich zur Umgehung der Zwangsanwendung durch eine *heimliche* Verabreichung von Psychopharmaka *Geppert* 1976, S. 33f. („dem therapeutischen Milieu und dem Klima notwendigen Vertrauens abträglicher Kompromiss"); *Hartmann* 1997, S. 231f. (vor allem unter Rechtsschutzgesichtspunkten sowie im Hinblick auf den Menschenwürdeschutz des Grundgesetzes); *Volckart* 1999a, S. 170; anders wohl *Baur* 1983, S. 159, Fn 11.

Gerade auch vor dem Hintergrund der im Eingangsfall aufgezeigten Gefahr einer übermäßigen Durchdringung des Vollzugskontextes durch einen paternalistisch interpretierten Behandlungsauftrag scheinen diese Autoren einen gangbaren Mittelweg zu beschreiten, der sich auf der einen Seite durch das Bemühen um eine Achtung des autonomen Subjektstatus des Betroffenen auszeichnet, ohne doch auf der anderen Seite das Fernziel einer möglichst nachhaltigen Besserung des Anlassleidens aus den Augen zu verlieren. Auf eine weitere Verbreitung der hier bevorzugten Ansätze wäre aus diesem Grunde unter Umständen durch entsprechende Fortbildungsangebote sowie durch die Publikation von Erfahrungsberichten hinzuwirken.

2. Die Ahndung vollzugsinternen Fehlverhaltens

Nachdem sich die Untersuchung bislang im Nahbereich der Beziehung zwischen Patient und Therapeut bewegt und dort vor allem die Frage der Sanktionierung fehlender Therapiekooperation in den Blick genommen hat, soll nunmehr der Alltag auf den Stationen der mit dem Maßregelvollzug befassten psychiatrischen Krankenhäuser mit seinen spezifischen Anforderungen im Hinblick auf ein geordnetes Zusammenleben sowie die Sicherheitsbelange der Einrichtung und der in ihr zusammenkommenden Personen Gegenstand der Betrachtung sein. Vollzugsinternes Fehlverhalten der bereits weiter oben als „gemeinschaftsschwierig“[238] charakterisierten Patienten kann vielerlei Formen annehmen, und nach den im Rahmen der Auseinandersetzung mit dem Ausgangsfall angestellten Überlegungen ist anzunehmen, dass sich das Personal der Klinik in der Mehrzahl der Fälle zu einer irgendwie gearteten Reaktion auf Normverstöße des Untergebrachten genötigt sehen dürfte. Da weiterhin davon ausgegangen werden kann, dass aufgrund des das gesamte Vollzugsgeschehen überformenden Behandlungsauftrages auch Regelverstöße der Untergebrachten zumindest teilweise unter Behandlungsgesichtspunkten aufgearbeitet werden, beschäftigt sich der folgende Teil der Arbeit demgemäß mit den therapeutischen und rechtlichen Rahmenbedingungen, denen die Reaktionen des Vollzugspersonals auf derartige Vorkommnisse unterliegen.

In diesem Abschnitt wird, wie bereits in der Einleitung angedeutet, die Auseinandersetzung mit Zuschnitt und Reichweite der in den einschlägigen, den Vollzug der Maßregel nach § 63 StGB normierenden Regelwerken enthaltenen Eingriffstatbestände im Vordergrund stehen. Insofern ist jedoch die Frage, ob eine bestimmte, dem Maßregelpatienten für sein individuelles Fehlverhalten auferlegte Restriktion von den geltenden gesetzlichen Grundlagen gedeckt ist, keineswegs seit jeher mit derselben Selbstverständlichkeit vorgetragen worden, mit der sie in dieser Arbeit gleichsam an den Beginn der gesamten Ausführungen gestellt wurde. Ein Blick zurück in die Geschichte der forensischen Psychiatrie zeigt vielmehr, dass die heute in sämtlichen Bundesländern existierenden vollzugsgesetzlichen Regelwerke fast

[238] Diese begriffliche Prägung *Volckarts* und *Grünebaums* wurde bereits auf S. 2 wiedergegeben.

durchweg erst in den achtziger Jahren entstanden sind;[239] das Phänomen der zunehmenden Verrechtlichung, genauer: der *Vergesetzlichung*[240] des Maßregelvollzuges ist demzufolge durchaus neueren Datums. Als Grund für diese Entwicklung wird man vor allem den historischen Prozess einer zunehmenden Sensibilisierung für die Geltung grundrechtlicher Standards auch im Rahmen der durch die Aufnahme in die hier behandelten *totalen Institutionen* konstituierten Rechtsverhältnisse angeben können.[241] Die Darstellung wird daher ihren Ausgangspunkt bei einer historischen Betrachtung der Gesetzgebung im Bereich der forensischen Psychiatrie nehmen, um diesen Wandlungsprozess nachzuvollziehen.

a) Der Prozess der Vergesetzlichung in der forensischen Psychiatrie

Das Fehlen einer spezialgesetzlichen Regelung für den Vollzug freiheitsentziehender Maßregeln wurde lange Zeit nicht als Problem gesehen; verfügte man doch mit dem *besonderen Gewaltverhältnis* über eine Rechtsfigur, welche nach allgemeiner Auffassung umfassende exekutivische Eingriffe in die Rechte des Untergebrachten legitimierte und differenzierte gesetzliche Regelwerke obsolet zu machen schien.[242] Dabei wurden mit dem Begriff des besonderen Gewaltverhältnisses üblicherweise diejenigen Verhältnisse bezeichnet, die eine engere Beziehung des Einzelnen zum Staat begründen und besondere, über die allgemeine Rechtsposition des Staatsbürgers hinausgehende Pflichten, zum Teil auch besondere Rechte entstehen lassen, also etwa die Verhältnisse des Beamten, des Soldaten, des Schülers oder des Strafgefangenen.[243] Nach der überkommenen, noch bis in die Zeit der Weimarer Reichsverfassung hinein herrschenden Lehre besaßen die Grundrechte in diesen Sonderverhältnissen keine Wirksamkeit, so dass es für die Begründung und Ausgestaltung des besonderen Gewaltverhältnisses mangels Grundrechtseingriffes keines Gesetzes bedurfte.[244] Infolge der Annahme, dass es bei Eingriffen in die Interessen der gewaltunterworfenen Bürger an einer Rechtsverletzung fehle, sollte im Übrigen auch die Klagebefugnis zu den Verwaltungsgerichten nicht gegeben sein.[245]

---

[239] Eine Ausnahme bildete Schleswig-Holstein mit den §§ 33–35 des PsychKG vom 26.03.1979 (GVBl. 1979, S. 251 ff.), welche allerdings weitgehend durch Verweisungen auf das allgemeine Unterbringungsrecht geprägt waren. Kritisch hierzu *Baur* 1982b, S. 34. Das erste eigenständige Maßregelvollzugsgesetz wurde am 03.12.1981 in Hessen verabschiedet (GVBl. 1981, S. 414 ff.). Vgl. im Übrigen die Übersicht bei *Pollähne* 2000, S. 67.

[240] Zur Einordnung dieses Begriffes in die Phänomenologie der *Verrechtlichung* vgl. *Pollähne* 1994, S. 4. Vgl. auch noch *Walter* 1999, Rn 374 ff. („Vergesetzlichung des Strafvollzuges").

[241] Die Entwicklungslinien dieses Prozesses werden für den Maßregelvollzug ausführlich von *Blau* 1985, S. 1016 ff. nachgezeichnet.

[242] Kammeier-*Kammeier*², Kap. A, Rn 112; *Pollähne* 1994, S. 15 f.; *Tondorf* 1980, S. 114 f.

[243] *Hesse* 1995, Rn 322. Zur Begriffsbestimmung vgl. auch noch *Bleckmann* 1997, § 12, Rn 94; *Hecker* 1972, S. 43 ff.; *Stern* 1988, S. 1377 f.; von Münch-*von Münch* Vorbem. Art. 1–19, Rn 59.

[244] *Bleckmann* 1997, § 12, Rn 95; *Hoffmeyer* 1979, S. 101 f.; Kammeier-*Kammeier*², Kap. A, Rn 112; *Loschelder* 1992, Rn 2; von Münch-*von Münch* Vorbem. Art. 1–19, Rn 59.

[245] *Bleckmann* 1997, § 12, Rn 95.

Bereits seit dem ausgehenden 19. Jahrhundert gab es jedoch erste Ansätze, die geschilderten Beziehungen besonderer Nähe zwischen Staat und Bürger zumindest in Teilbereichen mit einer gesetzlichen Grundlage zu versehen: Exemplarisch sei hier der Entwurf eines „Gesetzes über die Vollstreckung der Freiheitsstrafe" von 1879 erwähnt, der eine einheitliche Vollzugsgestaltung im Reichsgebiet anstrebte, jedoch wegen der finanziellen Belastungen durch das beabsichtigte Einzelhaftsystem am Widerstand des Bundesrates scheiterte.[246] Weitere legislatorische Bestrebungen blieben erfolglos, und so kam letztlich auch den im Jahre 1897 vom Bundesrat verabschiedeten „Grundsätzen, welche bei dem Vollzuge gerichtlich erkannter Freiheitsstrafen bis zu weiterer gemeinsamer Regelung zur Anwendung kommen" weder Gesetzes- noch Verordnungskraft zu, was zur Folge hatte, dass die von dieser noch bis zum Ende des Kaiserreichs gültigen Ländervereinbarung ausgehende Vereinheitlichungswirkung eher gering ausfiel.[247] Ausdruck der unter dem Reichsjustizminister *Radbruch* forcierten kriminalpolitischen Reformbestrebungen waren schließlich die „Grundsätze für den Vollzug von Freiheitsstrafen", welche 1923 von den Ländern im Vorgriff auf ein geplantes Strafvollzugsgesetz vereinbart wurden und vor allem vom Vollzugsziel der erzieherischen Einwirkung auf den Inhaftierten zum Zwecke der Rückfallverhütung geprägt waren.[248]

Inhaltlich im Wesentlichen auf den Grundsätzen von 1923 aufbauend,[249] enthielt der „Entwurf eines Strafvollzugsgesetzes" aus dem Jahre 1927 in seinen §§ 273, 274 erstmals auch Vorschriften, welche die im gleichzeitig eingebrachten Entwurf eines StGB vorgesehene „Unterbringung in einer öffentlichen Heil- oder Pflegeanstalt" betrafen.[250] Die den Vollzug der zukünftigen Sicherungsmaßregel betreffenden Passagen enthielten allerdings unter Hinweis auf den in diesem Bereich noch ungenügenden Erfahrungs- und Erkenntnisstand lediglich bestimmte Grundzüge und Rahmenbedingungen; ansonsten sollte es mit der für die jeweilige Anstalt bestehenden Hausordnung und den Anordnungen des ärztlichen Leiters sein Bewenden haben, um für die Praxis zunächst einen möglichst weiten Spielraum für die Behandlung der Untergebrachten zuzulassen.[251] Der Umstand, dass der bewusste

---

246 BR-Drs. 1878, 56. Hierzu im Einzelnen *Calliess/Müller-Dietz* Einl., Rn 2; Kaiser/Kerner/Schöch-*Kaiser* § 2, Rn 20f.; Kammeier-*Kammeier*², Kap. A, Rn 112; *Laubenthal* 1998, Rn 112; *Müller-Dietz* 1972, S. 113; *Müller-Dietz* 1978, S. 43.

247 *Calliess/Müller-Dietz* Einl., Rn 3; Kaiser/Kerner/Schöch-*Kaiser* § 2, Rn 21; *Laubenthal* 1998, Rn 113; *Müller-Dietz* 1978, S. 43f.

248 *Calliess/Müller-Dietz* Einl., Rn 5; *Laubenthal* 1998, Rn 118; *Müller-Dietz* 1972, S. 114; *Müller-Dietz* 1978, S. 44f.

249 Entwurf eines Strafvollzugsgesetzes mit amtlicher Begründung, 1927, S. 39. Vgl. hierzu *Hartmann* 1997, S. 60; *Laubenthal* 1998, Rn 119.

250 Kammeier-*Kammeier*², Kap. A, Rn 113; *Pollähne* 1994, S. 15.

251 Entwurf eines Strafvollzugsgesetzes mit amtlicher Begründung, 1927, S. 39: „Eine besondere Zurückhaltung ist auch auf dem Gebiete der mit einer Freiheitsentziehung verbundenen Maßregeln der Besserung und Sicherung notwendig; hier wird neues Land betreten, und erst die Erfahrung kann zeigen, wie diese Maßnahmen im einzelnen zweckmäßig auszugestalten sein werden." Vgl. hierzu auch noch *Baur* 1988, S. 26; *Hartmann* 1997, S. 60; *Wagner* 1992a, S. 19.

Gesetzgebungsvorschlag für den Strafvollzug inhaltlich an die Reform des Sanktionensystems anknüpfte, besiegelte jedoch insofern sein Schicksal, als mit dem Scheitern des Entwurfes zum StGB aufgrund von Änderungen in den damaligen politischen Verhältnissen auch das StVollzG vorerst nicht zustande kam.[252]

Die am 14.05.1934 vom Reichsjustizminister erlassene „Verordnung über den Vollzug von Freiheitsstrafen und von Maßregeln der Sicherung und Besserung, die mit Freiheitsentzug verbunden sind"[253] lehnte sich zwar inhaltlich ebenfalls an die Reichsratsgrundsätze von 1923 an, war jedoch, dem „Geist der neuen Zeit" entsprechend, vom Bestreben um eine Abkehr von dem an Humanität und Besserungsgedanken orientierten Projekt des Erziehungsvollzuges und der Hinwendung zu einem rigiden Vergeltungs- und Sicherungsvollzug getragen.[254] Die Vollzugsverordnung von 1934, die nach allgemeiner Auffassung gesetzesvertretenden Charakter aufwies und demgemäß mit Gesetzeskraft wirksam geworden war,[255] befasste sich entsprechend ihrem Titel auch mit einer zumindest grundlegenden Regelung der durch das Gewohnheitsverbrechergesetz vom 24.11.1933[256] eingeführten Maßregeln. Abgesehen von der Bestimmung eines Vollzugsrahmens, der dem Sicherungszweck oberste Priorität einräumte, wurde die genauere Ausgestaltung mit dem Verweis auf Hausordnungen und sonstige Vorschriften jedoch erneut der Exekutive überlassen.[257] Dieser Zustand, der seine Legitimation nicht zuletzt einem erneuten Rückgriff auf die überkommene Rechtsfigur des besonderen Gewaltverhältnisses verdankte,[258] veranlasst *Baur* zu der Feststellung, die rechtlichen Bedingungen der Unterbringung seien „trotz der formell in sich geschlossenen Regelungssystematik alles andere als fest umrissen" gewesen.[259]

Nach 1945 kam es zunächst in einigen Bundesländern zum Erlass von Verwaltungsvorschriften für den Strafvollzug, die den Maßregelvollzug jeweils nur in einigen wenigen verweisenden Paragraphen regelten.[260] Während sich darüber hinaus mit Inkrafttreten des Grundgesetzes am 24.05.1945 die Frage nach der Fortgeltung der inhaltlich deutlich an nationalsozialistische Vorstellungen angelehnten Vollzugsverordnung von 1934 stellte,[261] bildeten in der Praxis nach wie vor die bereits

---

[252] *Calliess/Müller-Dietz* Einl., Rn 6; *Hartmann* 1997, S. 60; *Laubenthal* 1998, Rn 119; *Müller-Dietz* 1972, S. 114; *Müller-Dietz* 1978, S. 46.

[253] RGBl. 1934, S. 383ff.

[254] Kaiser/Kerner/Schöch-*Kaiser* § 2, Rn 26; *Laubenthal* 1998, Rn 121; *Müller-Dietz* 1978, S. 47.

[255] *Calliess/Müller-Dietz* Einl., Rn 7; *Müller-Dietz* 1978, S. 47; *Pollähne* 1994, S. 15.

[256] RGBl. 1933, S. 995ff. Ausführlich hierzu Kammeier-*Kammeier*², Kap. A, Rn 16ff. mwN.

[257] *Baur* 1988, S. 25; *Hartmann* 1997, S. 60f.; *Pollähne* 1994, S. 15.

[258] *Hartmann* 1997, S. 61. Nach *Pollähne* 1994, S. 15f., korrespondierte der weitgehenden Rechtlosigkeit der Untergebrachten die damals weit verbreitete Auffassung, nach welcher die Sicherungsmaßregeln schon deshalb gerechtfertigt seien, weil die Untergebrachten ihre Freiheitsrechte „verwirkt" hätten.

[259] *Baur* 1988, S. 27.

[260] *Baur* 1988, S. 29; *Hartmann* 1997, S. 61; *Pollähne* 1994, S. 16; *Wagner* 1992a, S. 19f.

[261] Der diesbezügliche Streit ist unter anderem bei *Calliess/Müller-Dietz* Einl., Rn 10; *Müller-Dietz* 1978, S. 48f. dokumentiert.

mehrfach erwähnten Anstalts- und Hausordnungen die primäre Rechtsquelle.[262] Allerdings schufen die mit dem Inkrafttreten der VwGO im Jahre 1960[263] eingeführten §§ 23ff. EGGVG erstmals eine Rechtsschutzmöglichkeit gegen Maßnahmen der Vollzugsbehörden, die unter anderem auch den auf der Grundlage des damaligen § 42b StGB in einer Heil- oder Pflegeanstalt Untergebrachten zugute kam.[264]

In die zu Beginn der siebziger Jahre einsetzende Sensibilisierung sowohl der Psychiater als auch der mit dem Bereich des Maßregelvollzuges befassten Juristen für die „desparate Lage der Untergebrachten"[265] fällt die bereits erwähnte wegweisende Entscheidung des *Bundesverfassungsgerichts* zum Strafvollzug aus dem Jahre 1972, die den endgültigen Abschied von der Rechtsfigur des besonderen Gewaltverhältnisses einleitete. Im Tenor findet sich die denkbar eindeutige Feststellung, auch die Grundrechte von Strafgefangenen könnten „nur durch Gesetz oder aufgrund eines Gesetzes eingeschränkt werden".[266] *Kammeier* hat hierzu ausgeführt, durch diese Entscheidung seien die Betroffenen „endlich aus der faktischen Stellung eines bloßen Objekts staatlichen Handelns, das sich nicht selten als Willkür von Bediensteten und Anstaltsleitern realisierte, herausgenommen" worden.[267] Der besagte Beschluss habe „die volle Teilhabe von Strafgefangenen, im Maßregelvollzug Untergebrachten und anderen, in Sonderstatusverhältnissen stehenden Personen, an den Grundrechten der Verfassung" bestätigt.[268]

Allerdings hat das *Bundesverfassungsgericht*, ebenfalls bereits im Tenor seiner Entscheidung, das getroffene Verdikt sogleich mit einer bedeutenden Einschränkung versehen, die sich insbesondere für den Bereich des Maßregelvollzuges fatal auswirken sollte: Nach Auffassung des Gerichts müssten Eingriffe in die Grund-

---

262 *Baur* 1988, S. 28f.; *Pollähne* 1994, S. 16. Die unklare Rechtslage wird unter anderem beklagt von *Blau* 1959, 145ff.; *Venzlaff/Schreiber* 1981, S. 194ff.

263 BGBl. I, S. 17ff.

264 Kaiser/Kerner/Schöch-*Kaiser* § 2, Rn 30; Kammeier-*Kammeier*², Kap. A, Rn 114; *Kammeier* 1996, S. 182.

265 *Blau* 1985, S. 1018. Diese Entwicklung fand ihren Ausdruck unter anderem in der Einrichtung einer Sachverständigenkommission, welche mit Beginn des Jahres 1971 im Auftrage der Bundesregierung eine „Enquête zur Lage der Psychiatrie in der Bundesrepublik Deutschland" erarbeitete. Dem Abschlussbericht dieser Kommission entstammt das bekannt gewordene Diktum von der „Schlusslichtposition" psychisch kranker Straftäter innerhalb des psychiatrischen und psychotherapeutischen Versorgungsbereiches (vgl. BT-Drs. 7/4200, S. 281). Hierzu im Einzelnen *Baars/Van den Bergh* 1992, S. 13; *Böllinger* 1994, S. 95; *Kammeier/Tondorf* 1981, S. 137; *Kammeier* 1984, S. 193; *Leygraf* 1988, S. 183 („Gesamteindruck des Maßregelvollzugs ist deprimierend"); *Rasch* 1984b, S. 15; *Schumann* 1987, S. 1; *Tondorf* 1980, S. 114; *Tondorf* 1983, S. 118; *Trampe* 1987, S. 154 sowie aus neuerer Zeit noch *Maier et al.* 2000, S. 71.

266 BVerfGE 33, 1. Anders im Übrigen das schweizerische Bundesgericht, welches an der Konstruktion des besonderen Gewaltverhältnisses festhalten wollte, sich jedoch darum bemüht zeigte, dieses „in die rechtsstaatliche Ordnung zu integrieren", indem es unter anderem forderte, die wichtigsten mit der Untersuchungshaft und dem Strafvollzug verbundenen Freiheitsbeschränkungen müssten in einem allgemeinen Erlass geregelt werden. Vgl. hierzu im Einzelnen *Huber* 1995, S. 31.

267 *Kammeier* 1996, S. 182.

268 *Kammeier* 1996, aaO.

rechte von Strafgefangenen auch ohne gesetzliche Grundlage noch für eine gewisse Übergangsfrist hingenommen werden, um dem Gesetzgeber hinreichend Gelegenheit zu geben, auf der Grundlage des gewandelten Grundrechtsverständnisses „ein Strafvollzugsgesetz mit fest umrissenen Eingriffstatbeständen zu erlassen“;[269] als sachgerechter Anknüpfungspunkt für den Zeitraum, in welchem der Strafvollzug einer gesetzlichen Regelung zuzuführen sei, könne das Ende der zum Zeitpunkt der Entscheidung laufenden Legislaturperiode, mithin der Herbst 1973 angesehen werden.[270] Obwohl relativ schnell allgemein anerkannt war, dass die Aussagen des *Bundesverfassungsgerichts* auch für den Bereich des Maßregelvollzuges Geltung beanspruchen,[271] vertrat die *Bundesregierung* im Zuge der Beratungen zur Schaffung eines Strafvollzugsgesetzes die Auffassung, die Regelung der fraglichen Materie falle in den Aufgabenbereich der Landesgesetzgeber,[272] welche ihrerseits wiederum die letztlich wohl „aus Opportunitätsgründen“[273] erfolgte Kompetenzzuweisung durch den Bund (§ 138 I StVollzG) in der Folgezeit beharrlich ignorierten.[274]

Detailliertere (bundes-)gesetzliche Regelungen zum Maßregelvollzug hatte demgegenüber der von *Baumann et al.* erarbeitete AE-StVollzG vorgesehen, welcher aufgrund seiner durchgängigen Ausrichtung am Behandlungsgedanken von einer weitgehenden rechtlichen Gleichstellung zwischen Straf- und Maßregelvollzug ausging und entsprechend umfassende Übereinstimmungen sowohl im Vollzugsziel als auch in den zu dessen Erreichung aufzuwendenden Methoden annahm.[275] Wie bereits ausgeführt, hat der Bundesgesetzgeber diese Konzeption jedoch nicht aufgegriffen, und so stand etwa der von der *Arbeitsgemeinschaft sozialdemokratischer Juristen* verantwortete Entwurf für ein reines Maßregelvollzugsgesetz[276] bereits explizit im Zeichen künftiger landesgesetzlicher Regelungen.

Im Jahre 1976 wurde vom Ständigen Arbeitskreis der für die Psychiatrie zuständigen Referenten des Bundes und der Länder eine Arbeitsgruppe mit dem Auftrag eingerichtet, „auf der Grundlage der §§ 136, 137, 138 des Strafvollzugsgesetzes die

---

269 BVerfGE 33, 1 (13).

270 BVerfGE aaO.

271 Vgl. bereits *Baumann* 1980, S. 1874; *Baur* 1981, S. 804; *Bernsmann* 1984, S. 142; *Blau* 1984, S. 13; *Müller-Dietz* 1983a, S. 147; *Müller-Dietz* 1983b, S. 125; *Stolz* 1984, S. 53; *Tondorf* 1983, S. 119 sowie später noch AK-*Volckart*[4] §§ 136–138, Rn 9; *Hartmann* 1997, S. 74; *Pollähne* 1994, S. 16; *Volckart/Grünebaum* 2003, S. 39.

272 Entwurf eines Gesetzes über den Vollzug der Freiheitsstrafe und der freiheitsentziehenden Maßregeln der Besserung und Sicherung, BT-Drs. 7/918, S. 90f.

273 *Blau* 1985, S. 1018.

274 Die Untätigkeit der Länder – aus zeitgenössischer Perspektive und entsprechend pointiert – beklagend etwa *Baur* 1980 („weitgehend gesetzloser Zustand“); *Geppert* 1976, S. 6f. (Rechtsstellung des Untergebrachten „weitgehendst Niemandsland“); *Tondorf* 1980. Vgl. auch noch *Hartmann* 1997, S. 67; Kammeier-*Kammeier*[2], Kap. A, Rn 122; *Pollähne* 2000, S. 65.

275 *Baumann et al.* 1973 Vorbem. zum 1. Titel des 7. Abschnitts, S. 225. Vgl. zum Ganzen die Darstellung bei *Blau* 1985, S. 1019f.; *Hartmann* 1997, S. 65f.; *Wagner* 1992a, S. 21.

276 Veröffentlicht in der Frankfurter Rundschau v. 11.03.1981; Zusammenfassung bei *Kammeier/Tondorf* 1981, S. 138.

entsprechenden Bestimmungen für den Maßregelvollzug zu erarbeiten".[277] Aus der Arbeit dieses Gremiums ist unter Federführung des niedersächsischen Sozialministeriums der 1978 vorgelegte „Rahmenentwurf zu einem Maßregelvollzugsgesetz"[278] hervorgegangen. Obwohl der „in seinem Aufbau dem StVollzG vergleichbare Entwurf"[279] sich durch eine durchaus zufriedenstellende Regelungsdichte auszeichnete und ausdrücklich als Musterentwurf für das Landesrecht vorgesehen war, haben die (alten) Bundesländer[280] in ihren in der Folgezeit nach und nach verabschiedeten Regelwerken teilweise sehr voneinander abweichende Wege eingeschlagen.[281]

Insoweit können im wesentlichen zwei Regelungsmodelle[282] unterschieden werden, die bis zum heutigen Tage nebeneinander existieren: Während ein Teil der Länder sich mit der Schaffung eigener Maßregelvollzugsgesetze mehr oder weniger deutlich an den Rahmenentwurf anlehnte,[283] entschied sich ein anderer Teil für die Ergänzung der bereits existierenden Landesunterbringungsgesetze (PsychKG) durch entsprechende Vorschriften über den Vollzug der Maßregeln nach §§ 63, 64 StGB.[284] Eine mögliche Erklärung für diese disparate Entwicklung besteht nach *Pollähne* darin, dass innerhalb des Arbeitskreises selbst hinsichtlich der den schlussendlichen Rahmenentwurf tragenden Grundsätze lediglich „mehrheitlich(e) Übereinstimmung" erzielt werden konnte;[285] letztlich dürften hierbei wohl auch Unter-

---

[277] Vgl. BT-Drs. 8/2565, S. 216.

[278] BT-Drs. 8/2565, S. 216ff. Erläutert wird dieser Entwurf von *Heinze* 1981.

[279] Kammeier-*Kammeier*², Kap. A, Rn 117.

[280] Zur Entwicklung in der ehemaligen DDR bzw. den neuen Bundesländern *Dahle* 1995b, S. 118ff.; *Hartmann* 1997, S. 68f.; insbesondere zur Rechtslage vor Inkrafttreten der dortigen Vollzugsgesetze *Wagner* 1992a, S. 24f.

[281] Nach Auffassung von Kammeier-*Kammeier*², Kap. A, Rn 118, ist von einem „verfassungsrechtlich bedenklich(en)" Divergieren der einzelnen Gesetze auszugehen. Kritisch auch noch *Eisel* 1992, S. 177 („spöttisch betrachtet" kann „von echtem Föderalismus die Rede sein"); *Mrozynski* 1984, S. 214 („kaum noch zu übertreffende Zersplitterung der Rechtslage"); *Pollähne* 2000, S. 65 („ungeahntes Maß an Regelungsphantasie und Rechtssetzungs-Originalität"); *Rotthaus* 1985, S. 441 („bunter Teppich unterschiedlicher Lösungen") sowie *Kaiser* 1990, S. 38.

[282] Vgl. im Einzelnen die Übersichten bei Kammeier-*Kammeier*², Kap. A, Rn 124 f.; *Pollähne* 1994, S. 18 (Fn 139–142); *Pollähne* 2000, S, 66f.; *Wagner* 1992a, S. 23f.

[283] Entsprechende Gesetze existieren mittlerweile in Hamburg, Hessen, Niedersachsen, Nordrhein-Westfalen, Rheinland-Pfalz, dem Saarland, sowie seit 1992 auch in Sachsen-Anhalt.

[284] Hierbei handelte es sich ursprünglich um die Länder Baden-Württemberg, Bayern, Berlin und Schleswig-Holstein; nach der Wiedervereinigung wählten noch Brandenburg (1996), Mecklenburg-Vorpommern (1993), Sachsen (1994) und Thüringen (1994) diesen Weg. Kritisch zur – oftmals durch rudimentäre Verweisungsnormen gekennzeichneten – Lösung innerhalb der Unterbringungsgesetze *Baur* 1982b, S. 39; *Bernsmann* 1984, S. 144; *Blau* 1985, S. 1020f.; *Müller-Dietz* 1983b, S. 127ff.; *Rüping* 1983. Die Rechtslage in Bremen stellt insoweit einen Sonderfall dar, als dort zunächst ebenfalls ein Maßregelvollzugsgesetz geschaffen wurde, welches mittlerweile allerdings durch ein einheitliches PsychKG ersetzt wurde. Der Vorwurf lediglich unzulänglicher Regelung des Bereichs der Maßregeln kann diesem Gesetz neueren Datums jedoch nicht mehr gemacht werden.

[285] *Pollähne* 1994, S. 18. Tatsächlich hatte sich „eine Minderheit der im Arbeitskreis vertretenen Ländervertreter [...] dafür ausgesprochen, den Rahmenentwurf auf die gesetzliche Festlegung der Eingriffsgrundlagen für die Beschränkung von Grundrechten zu begrenzen. Auf weitere

schiede in der Hervorhebung eher der therapeutischen Anteile oder eben des strafgerichtlichen Anknüpfungspunktes dieses „in das Strafgesetzbuch inkorporierten oder implementierten Segments des Polizeirechts"[286] den Ausschlag gegeben haben.

Als Ergebnis des dargestellten Entwicklungsprozesses kann somit für die Beurteilung des rechtlichen *status quo* des Vollzugs der Maßregel nach § 63 StGB festgehalten werden: Seit der Strafgefangenenentscheidung des *Bundesverfassungsgerichts* existiert eine gefestigte Rechtsprechung,[287] der zufolge die Grundrechte des Einzelnen auch in denjenigen Rechtsverhältnissen Geltung beanspruchen, in welchen „eine Person für eine gewisse Dauer mit oder ohne räumliche Abgeschlossenheit intensiv in den Organismus eines öffentlichen Verwaltungsträgers eingegliedert ist";[288] die Grundrechte gelten mithin auch in den Institutionen des Maßregelvollzuges. Für Eingriffe in die Rechtspositionen der Untergebrachten bedarf es aufgrund dieser Tatsache jeweils einer in formeller sowie materieller Hinsicht verfassungsmäßigen Rechtsgrundlage.[289]

b) Das Modell des Behandlungsvollzuges als „grundrechtsvernichtendes ärztliches Gewaltverhältnis" – Behandlung als Repression

Die Feststellung, dass sich die im Zuge des referierten Prozesses der *Vergesetzlichung* für den Vollzug der Maßregel nach § 63 StGB entstandenen Regelwerke durchweg durch eine deutliche Orientierung am Behandlungsgedanken auszeichnen, hat *Wagner* zu der Bemerkung veranlasst, diese Ausrichtung verführe in der Praxis der Gesetzanwendung insoweit zu einem Etikettenschwindel, als man durch eine Betrachtung des gesamten Vollzuges als ärztliche Maßnahme „anstelle des abgeschafften besonderen Gewaltverhältnisses" leicht „ein ebenso *grundrechtsvernichtendes ärztliches Gewaltverhältnis*" implementiere.[290] Soweit die Vollzugspraxis dazu

---

Detailregelungen sollte verzichtet werden." Letztlich durchgesetzt hat sich jedoch die Mehrheitsmeinung, welche „die Aufnahme von ausführlichen Bestimmungen für erforderlich und für unverzichtbar" hielt; vgl. BT-Drs. 8/2565, S. 216.

[286] Kammeier-*Kammeier*², Kap. A, Rn 124. Darüber hinaus ergibt nach *Pollähne* 2000, S. 67 (Fn 10) eine Untersuchung der parteipolitischen Provenienz der Landesgesetze, dass sich die Inkorporation des Maßregelvollzugsrechts in die Unterbringungsgesetze eher als „christdemokratische", das MRVG-Modell demgegenüber eher als „sozialdemokratische" Lösung erweise, was der Autor als „spannendes Thema kriminalpolitologischer Normgenese-Forschung" bewertet.

[287] Vgl. etwa BVerfGE 58, 358 (367). Ausführlich von Münch-*von Münch* Vorbem. Art. 1–19, Rn 60.

[288] *Hecker* 1972, S. 46.

[289] *Bernsmann* 1984, S. 151 stellt insoweit fest, es sei eine „detaillierte, die gemeinschaftsbezogenen Zwecke des Vollzuges mit den Grundrechten der Untergebrachten abwägende und ausbalancierende Normierung" erforderlich.

[290] Kammeier-*Wagner*², Kap. D, Rn 17 (Hervorhebungen M. L.). Ähnlich *Kammeier* 1984, S. 203 („Gefahr einer Renaissance dieser Rechtsfigur gleichsam durch die Hintertür"); *Marschner/Volckart-Volckart*, Kap. B, Rn 165 („therapeutisches Gewaltverhältnis"), Rn 250 („besonderes Gewaltverhältnis im weißen Kittel") sowie schließlich *Volckart* 1999a, S. 39: „Die sich hartnäckig haltende Vorstellung, Zwangsmaßnahmen seien allein dadurch rechtlich in Ordnung,

neige, jedwede gegenüber dem Untergebrachten verhängte Maßnahme als Behandlung zu bezeichnen, bestehe insbesondere die Gefahr, „daß Besserungs-, Sicherungs-, Ordnungs- und Strafgesichtspunkte vermischt, versteckt und vertauscht" würden.[291]

Nimmt man diese Mahnung ernst – und dies lässt nicht zuletzt die Selbstverständlichkeit angeraten erscheinen, mit welcher auch im Ausgangsfall für die Begründung der dem R auferlegten Beschränkungen gerade auf therapeutische Belange zurückgegriffen wurde –, so schließt sich geradezu zwangsläufig die Frage an, ob denn der referierte Prozess einer durchgängigen Normierung des Maßregelvollzuges in sämtlichen Bundesländern überhaupt zu der vom *Bundesverfassungsgericht* in der Strafgefangenenentscheidung letztlich angestrebten effektiven Besserstellung der Insassen totaler Institutionen im Hinblick auf die Sicherung ihrer Rechtspositionen gegen übermäßige hoheitliche Eingriffe geführt hat. Etwas überspitzt könnte man auch formulieren: An dieser Stelle drängt sich die Frage auf, inwieweit das in den Vollzugsgesetzen verankerte ambitionierte Reformmodell des Behandlungsvollzuges für die Gültigkeit grundrechtlicher Standards in den Kliniken des Maßregelsektors vielleicht doch lediglich „alten Wein in neuen Schläuchen" bietet.[292]

Bereits in der Einleitung ist darüber hinaus die grundsätzliche Gefahr deutlich geworden, in der durchaus auch diejenigen Formen staatlichen Freiheitsentzuges schweben, welche vornehmlich von dem Bemühen um eine effektive Verbesserung der Situation ihrer Insassen getragen sind: Die Orientierung von Behandlungsbemühungen am „wohlverstandenen Interesse" der Strafgefangenen oder Untergebrachten kann leicht umschlagen in den Versuch einer paternalistischen Gängelung und Konditionierung der Betroffenen. Sie ist anfällig für eine Ausrichtung des Resozialisierungsprogrammes ausschließlich an den Anpassungswünschen, welche die gesellschaftliche Mehrheit an den durch delinquentes Verhalten (und in den hier vornehmlich interessierenden Fällen zumeist zusätzlich durch die Symptome seiner

---

dass es sich um psychiatrische, ärztliche Behandlung handele – etwa, weil ‚Fixierung schon von jeher eine ärztliche Behandlungsmaßnahme' sei – ist nichts anderes als das besondere Gewaltverhältnis im weißen Kittel. Ein Arztgewaltverhältnis, also die repressive Tradition der Anstaltspsychiatrie, vermag nichts zu rechtfertigen." Vgl. für die Entwicklung im Strafvollzug auch noch *Albrecht* 1985, S. 847ff. (Behandlungsvollzug als „Neuauflage des vermeintlich mit dem Strafvollzugsgesetz abgeschafften besonderen Gewaltverhältnisses", S. 848) und *Schüler-Springorum* 1977, S. 434 („Gefahr, das ausgetriebene 'besondere Gewaltverhältnis' ingestalt vieler kleiner Behandlungsteufelchen durch die Hintertür wieder einzulassen").

291 *Wagner* 1992a, S. 148; Kammeier-*Wagner*², Kap. D, Rn 17. Vgl. auch noch Kammeier-*Kammeier*², Kap. A, Rn 119; AK-*Volckart*⁴ §§ 136–138, Rn 11 sowie *Volckart* 1999a, S. 50, die in diesem Zusammenhang von einer „Hypertrophie des Behandlungsbegriffs" sprechen. Besonders deutlich zur Situation in den Niederlanden vor Inkrafttreten des Disziplinarrechts *Koenraadt/Drost* 1985, S. 21: „Hinter der Bezeichnung 'Therapie' können sich also bisweilen Strafen versteckt halten".

292 Ähnlich *Wagner* 1989, S. 50, der unter dem Gesichtspunkt eines effektiven Rechtsschutzes im Maßregelvollzug die Frage aufwirft, ob mit der Ablösung des „juristischen" durch ein „möglicherweise vollzugstaugliches medizinisches" Modell unter Umständen „der Teufel mit dem Beelzebub ausgetrieben" worden sei.

psychischen Erkrankung) auffällig Gewordenen richtet. Auch insoweit liegt der Gedanke somit durchaus nahe, die mit dem endgültigen Wegfall des besonderen Gewaltverhältnisses als Legitimationsgrundlage für restriktive Maßnahmen entstandene Lücke durch eine Bezugnahme auf Behandlungserwägungen im Sinne eines umfassenden „ärztlichen Gewaltverhältnisses" zu füllen.

Aus den genannten Gründen soll nunmehr einem Vorwurf nachgegangen werden, den kritische Stimmen immer wieder gegen diejenigen stationären Behandlungsformen erhoben haben, denen ihre Klientel im Zuge eines strafgerichtlichen Rechtsfolgenausspruches zugeführt wird: Es handelt sich hierbei um den vor allem gegenüber dem Reformentwurf eines sozialtherapeutisch ausgerichteten Strafvollzuges[293] vorgebrachten, letztlich jedoch auch auf den von seinem gesetzlich verankerten Behandlungsauftrag durchdrungenen Maßregelvollzug übertragbaren Verdacht, die genannten Vollzugsformen würden gerade mit dem besonders fortschrittlich wirkenden Etikett des Behandlungsgedankens die Ausübung sublimer Zwänge und Rechtsbeeinträchtigungen kaschieren, welche letztlich doch nur auf eine Anpassung widerspenstiger Insassen an die überkommenen Ordnungsvorstellungen einer durch die Vollzugsbediensteten repräsentierten Allgemeinheit abzielten.[294] Der in den entsprechenden Stellungnahmen anklingenden generellen Kritik einer expliziten Orientierung des staatlichen Freiheitsentzuges an Behandlungsbelangen als bloße Restauration disziplinarischer Gängelung „unter therapeutischen Vorzeichen" soll demgemäß im Folgenden unter dem Blickwinkel der *Behandlung als Repression* nachgegangen werden.

aa) Der „Einzug helfender Professionen in das Gefängnis" (*Lamott*)

In einer umfassenden soziologischen Studie äußert *Lamott* grundlegende Bedenken gegen das Reformmodell eines sozialtherapeutisch orientierten Strafvollzuges.[295] Die Autorin stellt fest, dass auch der „Einzug helfender Professionen in das Gefängnis"[296] letztlich nur zu einer therapeutischen Verschleierung der tatsächlichen

[293] Zur aktuellen Bedeutung sozialtherapeutischen Ansätzen im Strafvollzug *Egg* 1996; *Egg/Schmidt* 1998; *Lohse* 1993; *Müller-Dietz* 1996; *Specht* 1993.

[294] Vgl. etwa *Böllinger* 1994, S. 100, der zu dem Schluss gelangt, dass „auch die humanitär und zweckrational gemeinten Behandlungsideen kaum je wirklich umgesetzt werden, sondern unter der Hand sogar zu einer Intensivierung der sozialen Kontrolle führen". *Strasser* 1978, S. 53 spricht insoweit von einer „gezielte(n) Umerziehung im Sinne der kognitiven und praxisorientierten Anpassung an bürgerliche Wertstandards".

[295] *Lamott* 1984. Vgl. auch bereits *Lamott* 1982; kritische Anmerkungen hierzu finden sich in einer Replik von *Böllinger* 1982.

[296] *Lamott* 1982, S. 73. Von *Blau* 1988, S. 22ff. wird dieser Prozess als Teil einer allgemeinen „Verwissenschaftlichung des Strafvollzuges" beschrieben, welche daneben auch in einer verstärkten Hinwendung zu sozialempirischen Analysen des Vollzugsgeschehens, der Subkultur der Gefängnisse sowie der Interaktion zwischen Stab und Insassen bestehe. Vgl. auch noch *von Trotha* 1979, S. 132ff., der vor allem das Beharrungsvermögen einmal etablierter berufsständischer Interessen der genannten „helfenden Professionen" angesichts externer Nachfrage nach

Machtstrukturen und zu einer Verleugnung der strukturellen Gewalt im Strafvollzug geführt habe.[297] Die im Vollzugskontext vermehrt zur Anwendung kommenden psycho- und soziotherapeutischen Methoden erwiesen sich gegenüber den Disziplinierungsmechanismen des Normalvollzuges überkommener Prägung lediglich als subtileres und zugleich flexibleres Kontrollsystem, indem sie den Gefangenen nunmehr vor allem der Optik des ärztlichen Blickes auslieferten. Der mit der Durchsetzung des medizinischen Krankheitsmodells eingeleitete Perspektivenwechsel vom „bösen" zum „kranken" Rechtsbrecher[298] habe nur scheinbar objektive, naturwissenschaftlich ableitbare Maßstäbe für die Zuordnung zu den Kategorien „gesund" und „krank" eingeführt, während sich die Normalitätsstandards in der Praxis des Strafvollzuges vor allem an den Erfordernissen der Administration und eines reibungslosen Ablaufs des Vollzugsalltages ausrichteten. Auf diesem Wege sei an die Stelle der Hausstrafen in der sozialtherapeutischen Anstalt die therapeutisch indizierte Verhaltensmodifikation getreten.[299]

Kennzeichnend für die repressive Tendenz des Behandlungsvollzuges sei der eigentümliche Umgang mit der therapeutischen Doktrin, der zufolge das Vorhandensein von Leidensdruck unumgängliche Voraussetzung für die Durchführung einer Therapie sei.[300] Indem das Scheitern des Betroffenen an den gesellschaftlichen Verhältnissen pathologisiert werde und gerade seine Uneinsichtigkeit den Grund für die Verhängung von restriktiven Maßnahmen forme, werde es faktisch unwichtig, inwieweit diese Bemühungen von einem originären, dem Leiden an deviantem Verhalten entspringenden Änderungswunsch getragen würden. Stattdessen erscheine es im Rahmen der besagten Konzeption vielmehr folgerichtig, die fehlende Motivation zur Mitarbeit an der Therapie durch eine Zufügung von Rechtseinbußen, etwa die Einschränkung der Bewegungsfreiheit, künstlich zu erzeugen. Von einer freien Entscheidung des Klienten für die Durchführung der Therapie könne unter diesen Umständen keine Rede mehr sein.[301]

Wirksamkeitsnachweisen der verfolgten Behandlungskonzepte herausstellt und in diesem Zusammenhang gar eine „therapeutische Verschwörung" (S. 132) ausmachen zu können glaubt.

297 *Hassemer* 1982 hält in diesem Zusammenhang die Befürchtung für gerechtfertigt, das Resozialisierungskonzept im Strafvollzug tendiere dazu, „dem strafenden Staat das gute Gewissen zu verschaffen, das er nicht verdient." (S. 163).

298 Zu dieser Entwicklung bereits *Hakeem* 1968; *Kunz* 1989, S. 83 („pseudo-medizinische(s) Behandlungsmodell") sowie *Strasser* 1978, S. 42 („Pathologisierung von Kriminalität"). Allgemein zu denjenigen individualisierenden Ansätzen in der Kriminologie, welche den Straftäter vor allem als „Defektpersönlichkeit" sehen *Eisenberg* 1995, § 4, Rn 4ff. Den „so genannte(n) medizinische(n) Krankheitsbegriff und seine Funktion in der Kriminalpsychiatrie" beleuchtet bereits *Moser* 1971, S. 68ff.

299 *Lamott* 1984, S. 88ff. Ähnlich für den Vollzug der Jugendstrafe *Mrozynski* 1984, S. 139 unter Bezugnahme auf *Pielmaier* 1979, S. 74: „So werden im Jugendstrafvollzug das pünktliche Erscheinen zum Abendessen, Hausaufgaben erledigen, Zimmer aufräumen oder Wutausbrüche vermeiden, zum Gegenstand ‚therapeutisch induzierter Veränderung der Auftretenswahrscheinlichkeit'".

300 Zum Leidensdruck als sozialtherapeutisches Behandlungskriterium vgl. *Rasch/Kühl* 1973.

301 *Lamott* 1984, S. 92f.

Als weitere Folge eines derartig engmaschig gesponnenen therapeutischen Netzes[302] ergibt sich nach Darstellung *Lamotts* für den Gefangenen ein massiver Verlust an Rückzugsmöglichkeiten: Unter den Bedingungen des sozialtherapeutischen Behandlungsvollzuges, in dem Eigenständigkeit, Widerspruch und Kritik zur Projektion oder zu einem psychopathologischen Syndrom umgedeutet würden, ließen sich selbst die Distanzierungsversuche des Gefangenen als Indizien für das Vorliegen einer Störung und mithin als Grund für weitere und noch subtilere Kontrollen anführen.[303] Die möglichst überzeugende Übernahme der Patientenrolle im Sinne einer Scheinanpassung werde somit notgedrungen zur Überlebensstrategie des Gewaltunterworfenen.[304]

bb) Elementare Rechtsbeschränkungen „aus Gründen der Behandlung" (*Feest/Lesting*)

Eine Warnung vor den repressiven Strukturelementen des Behandlungsmodells findet sich auch in der Kommentierung zum StVollzG von *Feest/Lesting.*[305] Die Autoren kritisieren zunächst die dem besagten System immanente Koppelung der Entlassungsentscheidung an den individuellen Heilungserfolg, wie sie für alle Formen der Freiheitsentziehung von prinzipiell unbestimmter Dauer kennzeichnend sei, sich aber letztlich auch für den zeitlich begrenzten Erwachsenenstrafvollzug in den Voraussetzungen einer Strafaussetzung gem. § 57 StGB manifestiere. Vor dem Hintergrund dieser Drohkulisse sei die vom Gesetz grundsätzlich geforderte Einwilligung des Betroffenen in die Durchführung von Behandlungsprogrammen wenig wert; dieser werde eben vernünftigerweise „auf Therapie machen".[306] Darüber hinaus eröffne die gesetzgeberische Grundentscheidung für eine Ausrichtung des Voll-

---

302 *Strasser* 1978, S. 50 spricht in diesem Zusammenhang von einer „Totalisierung der Kontrolle".

303 Nach *Strasser* 1978, S. 52 entsteht so die paradoxe Situation, dass sich die Patienten mit der widersprüchlichen Aufgabe konfrontiert sähen, „fremdbestimmt und autonom gleichzeitig zu sein", da ja das letztendliche Ziel des Vollzuges in der Einübung der Rolle als selbstverantwortlicher und regelkonformer Bürger bestehe. Auf den inneren Widerspruch, welcher der für die emanzipatorischen Ansätze der Sozialtherapie kennzeichnenden Aussage „Erziehung zur Selbstbestimmung" innewohne, wird ebenfalls von *Haffke* 1976, S. 292f. hingewiesen. Kritisch zu den Chancen einer „emanzipierenden Sozialtherapie" im Strafvollzug auch noch *Hassemer* 1990, S. 294ff.

304 *Lamott* 1984, S. 94f., 254ff. Unter dem Begriff der „Über-Ich-Erziehung und Dressur" behandelt auch *Reinke-Köberer* 1984, S. 187ff. die von repressiven Resozialisierungsmaßnahmen ausgehenden Restriktionen für die Selbstbestimmung des Inhaftierten. Eine weitere Gefahr für die Entscheidungsautonomie des Insassen dürfte aus der von *Hassemer* 1993, S. 241f. herausgearbeiteten allgemeinen Tendenz erwachsen, belastende Momente des therapeutischen Strafvollzuges angesichts der insgesamt guten Zielsetzung herunterzuspielen. Wie hier *Walter* 1999, Rn 299.

305 AK-*Feest/Lesting*[4] Vor § 2, Rn 13ff. unter Bezugnahme auf *Albrecht* 1985, S. 850, der den Behandlungsbegriff als „modernes Repressionsinstrument [...] mit den Weihen rechtsstaatlicher Legitimation" bezeichnet.

306 AK-*Feest/Lesting*[4] Vor § 2, Rn 15.

zuges am Behandlungsgedanken weit reichende Möglichkeiten, elementare Rechte des Gefangenen aus Gründen der Behandlung einzuschränken.[307]

cc) Diffusion von Straf- und Heilbehandlungsmaßnahmen (*Quensel*)
Auf die disziplinierenden Aspekte der im Strafvollzug praktizierten sozialtherapeutischen Konzepte weist auch *Quensel* hin.[308] Die mit der konsequenten Übernahme des medizinischen Behandlungsmodells in die Strafrechtsdogmatik einher gehende Überantwortung des Gefangenen an die Psychiatrie liefere diesen einem undurchschaubaren System aus, in welchem Straf- und Heilbehandlungsmaßnahmen nicht voneinander abgrenzbar seien und jede rechtsbeschränkende Entscheidung prinzipiell als Behandlungsnotwendigkeit legitimierbar sei.[309] Ziel eines in dieser Form etablierten Behandlungsvollzuges sei es, durch die Zwangsbehandlung des Betroffenen Veränderungen in seiner Persönlichkeit, seinen Einstellungen, Werthaltungen und Verhaltensdispositionen zu erreichen, ohne diesem hierzu die Möglichkeit einer Stellungnahme oder gar der Kontrolle des fraglichen Prozesses einzuräumen.[310]

dd) „Therapeutisch angestrichener Sicherungsvollzug" (*Lüdemann*)
Eine ähnliche Einschätzung findet sich bei *Lüdemann:* Der Autor erörtert vor dem Hintergrund seiner Erfahrungen als Seelsorger in einer Jugendstrafanstalt in einem „Therapie als Gewaltverhältnis" überschriebenen Beitrag die nach seiner Auffassung dem bundesrepublikanischen Strafvollzug moderner Prägung innewohnende subtile Form der „Gewaltsamkeit".[311] Der praktizierte Behandlungsvollzug zeichne sich durch die Intensivierung sozialer Kontrolle im Zuge universeller therapeutischer Vereinnahmung sowie durch die „Verwischung bislang klarer Grenzen zwischen Unterdrückung und Freiheit, zwischen Kontrolle und Autonomie" aus.[312] Die Aufforderung, sich unter den Bedingungen des Gefängnisses zwanglos auf die unterbreiteten Behandlungsangebote einzulassen, könne nur als paradox bezeich-

---

307 AK-*Feest/Lesting*[4] Vor § 2, Rn 16. Die weit greifende Einräumung von Eingriffstatbeständen auf Grund von Resozialisierungsaspekten heben auch *Scheerer* 1985, S. 1f. und *Walter* 1999, Rn 361 hervor. *Calliess/Müller-Dietz* § 4, Rn 3 sprechen insoweit von einer Gefahr des Umschlagens in eine „sozialautoritäre Leistungsverwaltung".

308 *Quensel* 1984.

309 Auch *Mrozynski* 1984 weist darauf hin, dass aufgrund der prinzipiellen Austauschbarkeit der Begründungen häufig nicht mehr zu unterscheiden sei, „wann eine Maßnahme therapeutischen und wann sie anderen Zwecken dient". (S. 140).

310 *Quensel* 1984, S. 105. Vgl. auch noch *Reinke-Köberer* 1984, S. 182: „Unter einem besonderen Gesichtspunkt könnte man sogar die These vertreten, dass Therapie die Möglichkeit der Subjekte, sich dem vorgegebenen gesellschaftlichen Angebot zur Darstellung von Konflikten zu entziehen, noch mehr verstellt. Dies ist dann der Fall, wenn man davon ausgeht, dass durch Therapie tatsächlich die Kolonialisierung innerer Natur des Menschen betrieben werden kann, dass also Verinnerlichung gesellschaftlich wünschenswerter Gebote und Verbote in einem verhaltensrelevanten Maße erreicht werden kann".

311 Im Gegensatz zu der eher vordergründigen „Gewalttätigkeit" früherer Zeiten; vgl. *Lüdemann* 1990, S. 231.

312 *Lüdemann* 1990, S. 231.

net werden, da den Insassen im Falle einer Verweigerung nach wie vor Sanktionen drohten. Durch die gleichzeitige Rückkehr traditionell bürokratischer Umgangsformen im Rahmen einer „nachrüstenden" Reaktion auf „Störfälle" entstehe so eine Art „therapeutisch angestrichener Sicherungsvollzug".[313]

ee) „Behandlung im Strafvollzug – repressive Maßnahmen mit anderem Namen?" (*Volckart*)

Volckart weist in einem Beitrag zur Behandlung im Strafvollzug ebenfalls auf die Gefahren hin, die für die Menschenwürde des Gefangenen von einer Überdehnung des Resozialisierungsauftrages zum Zwecke der Legitimation von Rechtsbeschränkungen ausgehen. Die Verpflichtung zu einer Förderung der Wiedereingliederung des Inhaftierten werde zwar aus dem Sozialstaatsprinzip abgeleitet und schlage sich aus diesem Grunde prinzipiell zu dessen Gunsten nieder. Die Ausrichtung des Strafvollzuges am Behandlungsgedanken habe jedoch daneben auch eine repressive Kehrseite, getreu dem verbreiteten Gedanken, nach welchem „Arznei bitter sein müsse, um zu wirken":[314] Zur Abwendung von Gefahren für die Resozialisierung des Betroffenen gestehe das Gesetz infolgedessen Eingriffe in die Grundrechte des Strafgefangenen zu, indem es zu diesem Zweck etwa Verbote, Zurückverlegungen vom offenen in den geschlossenen Vollzug oder Kontrollmaßnahmen zulasse.[315]

Neben diesen eindeutig repressiv ausgestalteten Eingriffsmöglichkeiten existiere eine große Zahl von Maßnahmen, die aufgrund ihres Angebotscharakters einer Disziplinierung des Gefangenen zunächst eher unverdächtig erschienen. Als Beispiele nennt *Volckart* die Verlegung in eine sozialtherapeutische Anstalt, das Angebot von Gefangenenarbeit oder eine ärztliche Behandlung zur sozialen Eingliederung.[316] Obwohl der Gesetzgeber eine durchsetzbare Pflicht des Gefangenen zur Mitarbeit an eingliederungsfördernden Angeboten bewusst vermieden habe, bestünden für die Anstalten durchaus Möglichkeiten, die Verweigerungshaltung des Inhaftierten zu sanktionieren: „Verstockten" Gefangenen drohe der Verlust oder die Nichtgewährung von Urlaub und Vollzugslockerungen; die aus dem ablehnenden Verhalten abzuleitende negative Kriminalprognose könne dazu führen, dass die Strafvollstreckungskammer die Aussetzung des Strafrestes nach § 57 StGB ablehne. Es sei deshalb bei einem Großteil der Gefangenen wohl eher der Druck der Verhältnisse, der sie die angebotenen Förderungsmaßnahmen wahrnehmen lasse. Während gegen eine solche Sekundärmotivation bei Maßnahmen der Chancenverbesserung auch nichts einzuwenden sei, bestünden diesbezüglich bei therapeutischen Maßnahmen, die das Ziel einer Persönlichkeitsveränderung verfolgten, tief-

---

[313] *Lüdemann* 1990, S. 235. Auf die Entlastungsfunktion dieses therapeutischen „Anstrichs" für die mit der Durchführung der Strafe Befassten weist unter anderem auch *Kunz* 1989, S. 84 hin: Danach „nimmt dieses Behandlungsmodell dem Therapeuten die Scheu vor hartem Zugriff im wohlmeinenden Interesse".

[314] *Volckart* 1985a, S. 25.

[315] *Volckart* 1985a, S. 25ff.

[316] *Volckart* 1985a, S. 30ff.

greifende Bedenken: Übergroßer Druck führe hier lediglich zu den verbreitet anzutreffenden Formen der Scheinanpassung.[317] Zudem verstoße eine auf diese Weise herbeigeführte „Zwangsoffenbarung" des innersten Bereiches der Persönlichkeit etwa in Gruppengesprächen gegen das Recht eines jeden Menschen auf einen unantastbaren Geheimbereich.[318]

ff) „Pervertierung des Behandlungsanspruchs" (*Kaiser*)

Auch *Kaiser* weist auf die Gefahr eines Umschlagens der Behandlungsbemühungen in eine schlichte Disziplinierung des Insassen hin: Dadurch, dass die Hilfs- und Behandlungsmaßnahmen im Sinne des § 7 II StVollzG lediglich unter der Voraussetzung Anwendung fänden, dass sie der Erreichung des Vollzugszieles dienlich seien, erscheine die konkrete Vorenthaltung von Freigang oder Urlaub für den änderungsunwilligen Gefangenen (der naturgemäß der angesprochenen immanenten Zielsetzung ablehnend gegenüberstehe) gleichsam inhaltsleer; für ihn stelle sich die Gewährung bzw. der Entzug von Vollzugslockerungen ausschließlich als ein Akt positiver oder negativer Sanktionierung dar. Um einer „Pervertierung des Behandlungsanspruches" vorzubeugen, zieht der Autor – nicht zuletzt aus Gründen der Ehrlichkeit – zumindest für die so gelagerten Fälle ernsthaft einen Abschied vom Projekt des Behandlungsvollzuges in Betracht.[319]

gg) Maßregelvollzug im Kontext von „Therapie und Terror" (*Duncker*)

Den Begriff der totalen Institution aufgreifend, fragt schließlich *Duncker* nach den Grenzen therapeutischer Arbeit im Behandlungsvollzug und stellt dabei insbesondere den Maßregelvollzug provokativ in den Kontext von „Therapie und Terror".[320] Den Einrichtungen des Maßregelsektors werde in den einschlägigen Normenkatalogen vor allem „aus Gründen der Behandlung" ein erheblicher Zugriff auf die Rechte persönlicher Entfaltung der in ihnen untergebrachten Patienten eingeräumt.[321] Die so eröffneten Eingriffsmöglichkeiten führten zu einer inflationisti-

---

317 Zur Gefahr, dass der Erfolg therapeutischer Ansätze in einem Zwangskontext wie dem Straf- oder Maßregelvollzug in der Mehrzahl der Fälle über eine reine Scheinanpassung der Insassen nicht hinausgeht, anstatt dass diese zu einer nachhaltigen Änderungen des psychischen Ausgangsleidens führten vgl. *Baur* 1988, S. 208; *Dahle* 1994a, S. 181; *Driebold et al.* 1984, S. 153; *Fabricius* 1991; *Haag et al.* 1985, S. 13; *Hirschmann* 1961, S. 77; *Hohlfeld et al.* 1985, S. 90; *Lüdemann* 1990, S. 233; *Marneros et al.* 1993, S. 175; *Mauch/Mauch* 1971, S. 19; *Mechler/Wilde* 1976, S. 194; *Müller-Isberner* 1990, S. 51; *Pollähne* 1994, S. 40f.; *Rasch* 1985, S. 316; *Rasch* 1984a; *Streng* 1987, S. 42; *Venzlaff* 1989, S. 167; *Volckart* 1985a, S. 31f.; *Walkenhorst* 1999, S. 253; *Wohlgemuth* 1984, S. 375.

318 *Volckart* 1985a, S. 32, unter Bezugnahme auf BVerfGE 35, 202 (220); BGH, NJW 1981, S. 1366.

319 *Kaiser* 1981, S. 650.

320 *Duncker* 1987. Vgl. auch *Rotter* 1983, S. 104, der dem Entzug von Privilegien in psychiatrischen Krisensituationen zumindest Elemente von „Psychoterror" zuschreibt.

321 *Duncker* 1987, S. 126f. unter Bezugnahme auf *Duncker* 1986; *Gabriel* 1986. Zu den Nachteilen der allfälligen Verwendung unbestimmter Rechtsbegriffe für die Rechtsposition des Untergebrachten auch noch *Schöch* 2000, S. 336.

schen Benutzung des Suffix Therapie und entwerteten letztlich diesen Begriff insgesamt.[322] Da der Gesetzgeber darüber hinaus von der Einführung eines Disziplinarinstrumentariums abgesehen habe, bestehe eine zusätzliche Neigung der Einrichtungen zur therapeutischen Verbrämung disziplinarisch motivierter Rechtsbeschränkungen.[323]

hh) Zusammenfassende Würdigung

Die vorstehend referierten kritischen Stimmen zum Projekt eines Behandlungsvollzuges unter den Bedingungen physischer Unfreiheit lassen sich wie folgt zusammenfassen: Bedenken erzeugt zunächst vor allem die mit der umfassenden Orientierung an Resozialisierungs- bzw. Rehabilitationsbelangen einher gehende Schaffung weitreichender Eingriffstatbestände „aus Gründen der Behandlung“ (*Feest/Lesting; Volckart; Duncker*). Es wird die Befürchtung geäußert, auf diesem Wege entstehe ein sowohl für den jeweiligen Insassen als auch für externe Überprüfungsinstanzen undurchschaubares System der Verhaltenskontrolle, in welchem Straf- und Behandlungsmaßnahmen prinzipiell nicht mehr voneinander abgrenzbar seien (*Quensel*). Dies führe wiederum zu einer Verschleierung der tatsächlich existierenden Machtstrukturen (*Lamott*) und leiste nicht zuletzt einer umfangreichen Verbrämung disziplinarisch motivierter Rechtsbeschränkungen als Therapiemaßnahmen Vorschub (*Duncker*). Darüber hinaus werde die erforderliche Bereitschaft der Insassen zur Beteiligung an den angebotenen Behandlungsprogrammen zumeist lediglich künstlich durch die Zufügung von Rechtseinbußen erzeugt (*Lamott; Lüdemann*), was das Bemühen um eine möglichst überzeugend simulierte Scheinanpassung zur bevorzugten Überlegensstrategie der Betroffenen mache (*Feest/Lesting; Lamott; Volckart*).

Obwohl diese Beiträge über das Behandlungsmodell fast sämtlich auf einem beträchtlichen Abstraktionsniveau formuliert sind und zudem vorrangig den sozialtherapeutisch ausgerichteten Strafvollzug ins Visier nehmen, erinnern sie in ihren im Einzelnen ausgeführten Monita doch fatal an die bereits im Rahmen der Diskussion des Ausgangsfalles gegen die dort konkret verhängte Maßnahme der Fernsehsperre vorgebrachten Einwände. Man könnte demgemäß versucht sein, die Ausführungen dieses Abschnitts angesichts der bereits in der Einleitung erfolgten ausführlichen Darstellung für redundant zu halten und einer erneuten Befassung einen eigenständigen Erkenntnisgewinn abzusprechen. Durch die in sämtlichen referierten Arbeiten anklingende Rückführung der angesprochenen Mängel auf

---

322 Vgl. für die Situation in der österreichischen Allgemeinpsychiatrie noch *Forster* 1984, S. 65: „[...] gehört es zum psychiatrischen Anstaltsalltag, dass eine Reihe von Grundrechtseinschränkungen im Namen eines ausufernden Therapiebegriffs erfolgt, tatsächlich aber – ohne Wissen oder mit stillschweigendem Einverständnis des ärztlichen Personals – vom nicht-therapeutischen Personal zur Aufrechterhaltung von Kontrolle über die Patienten gesteuert wird“.

323 *Duncker* 1987, S. 134ff. *Kohl* 1983, S. 271 spricht in diesem Zusammenhang von einem „geheime(n) Behandlungsprogramm“; *Hohlfeld et al.* 1985, S. 90 wollen insoweit gar ein „*offizielles* Behandlungsprogramm“ (Hervorhebung im Original) ausgemacht haben.

strukturell angelegte Besonderheiten der mit dem Vollzug behandlungsorientierter Formen des Freiheitsentzuges befassten Institutionen gewinnen die Ausführungen jedoch einen über den Ertrag des in der Einleitung diskutierten Einzelfalles hinausgehenden Aussagewert.

So hat *Goffman* am Schluss seiner Studie zu den Merkmalen totaler Institutionen darauf hingewiesen, die festgestellten Ähnlichkeiten der von ihm untersuchten Einrichtungen seien „so augenfällig und dauerhaft“, dass sie zu der Annahme berechtigten, es gebe „gute funktionale Gründe“ für das Vorhandensein derartiger grundlegender Strukturmerkmale und es sei gerade aus diesem Grunde auch möglich, diese „zusammenzufügen und durch eine funktionale Erklärung zu erfassen“.[324] Für den vorliegenden Zusammenhang wird diese Feststellung durch die daraus von *Goffman* gezogene Schlussfolgerung interessant: Am Ende der Beschäftigung mit Anatomie und Funktionsweise der totalen Institution stehe die Einsicht, dass wir für die dort vorgefundenen Zustände „kaum noch den einzelnen Chefarzt, Kommandanten, Wärter oder Abt“ zu tadeln hätten, sondern „vielmehr – unter Berufung auf die für sie alle verbindlichen Strukturen – zu einem Verständnis der in der totalen Institutionen auftauchenden Probleme und Fragen“ befähigt würden.[325]

Der Hinweis auf bestimmte, einer vorsichtigen Verallgemeinerung zugängliche Regelstrukturen, denen die Interaktionen in sämtlichen unter den Begriff der totalen Institution zu subsumierenden Einrichtungen zu folgen scheinen, kann für den weiteren Gang der vorliegenden Untersuchung mithin als eine Aufforderung einerseits zur Zurückhaltung in der Kritik des jeweiligen Einzelfalles, andererseits jedoch auch zur vorsichtigen Ableitung allgemeiner gehaltener Schlussfolgerungen aufgefasst werden: Soweit im rechtstatsächlichen Teil der Studie bestimmte Restriktionsentscheidungen einzelner Mitarbeiter der untersuchten Einrichtung aus dem Vollzugsalltag herausgegriffen und zum Gegenstand eingehender rechtlicher Erörterung und Bewertung gemacht werden, soll es dabei nach dem soeben Ausgeführten nicht in erster Linie um die Begründung eines Vorwurfs des Inhalts gehen, das individuelle Vorgehen des Bediensteten gehe mit den einschlägigen gesetzlichen Grundlagen nicht konform; insoweit sollte – in Anlehnung an eine Selbstbeschreibung von *Lau* und *Wolff* – der Versuch unternommen werden, gewissermaßen „solidarische Forschung“ zu betreiben.[326] Statt dessen ist von der konkret vorgefundenen Interaktion zu abstrahieren und die Untersuchungsperspektive auf die gesamte Institution als sozialen Organismus auszuweiten: Aussagen über problematische Begründungsmuster und kritische Disziplinarpraxen betreffen demnach den *Ge-*

---

324 *Goffman* 1971, S. 123.

325 *Goffman* 1971, aaO.

326 *Lau/Wolff* 1983, S. 427 verstehen diesen Begriff so, dass sie keine „Entlarvungsforschung“ betreiben wollen. Zur Klarstellung sei allerdings gesagt, dass es sich bei dem Verstoß gegen gesetzliche Vorgaben selbstverständlich um eine vorwerfbare Dienstpflichtverletzung handelt. Diese steht jedoch nicht *als solche* im Mittelpunkt des Interesses der vorliegenden Untersuchung, sondern eben nur, soweit sich aus ihr Folgerungen für die Formulierung eines *allgemeinen* Problems des untersuchten Einrichtungstypus ergeben.

samtkorpus der Einrichtung und weisen aus diesem Grunde als Formulierung allgemeiner, letztlich dem gesamten Vollzugsprojekt immanenter Probleme über ihren konkreten Anlass hinaus.[327]

Nach dem Gesagten dürfte klar geworden sein, dass die etwas einseitige Hervorhebung vor allem der kritischen Aspekte einer Implementierung des Behandlungsmodells im Kontext staatlichen Freiheitsentzuges respektive einer bewusst vorgenommenen Ausblendung der zu diesem Komplex durchaus auch vorhandenen vermittelnden Positionen keineswegs in der Absicht erfolgte, bestimmte Radikalpositionen[328] zur Frage der (Un-)Möglichkeit einer Therapie unter Zwangsbedingungen zu transportieren.[329] Vielmehr sollten anhand der – insoweit ganz bewusst in kräftigen Tönen gehaltenen – Darstellung der *Behandlung als Repression* noch einmal die Gefahren eines Umschlagens therapeutischer Aktivitäten in eine Disziplinierung und paternalistische Gängelung der Insassen von Behandlungsinstitutionen „aus wohlverstandenem Interesse" vertieft deutlich gemacht werden. Die vorstehenden Ausführungen sollten somit vor allem als Versuch einer Illustration der eingangs referierten Warnung *Wagners* vor einer Tendenz zur Ersetzung der Legitimationsfigur des besonderen Gewaltverhältnisses durch ein ebenso konturloses „ärztliches Gewaltverhältnis" gelesen werden.

c) Ansätze zu einer Trennung der verschiedenen Eingriffsebenen von Vollzugsmaßnahmen

Die zu Beginn des vorangegangenen Abschnitts referierten Anmerkungen *Wagners* sind einer Arbeit entnommen, welche sich mit den *Bedingungen effektiven Rechtsschutzes* im Vollzug der Unterbringung nach § 63 StGB beschäftigt.[330] In diesem Zusammenhang begibt sich der Autor auf die Suche nach „Einfallstore(n) für juristische Kategorien bei der Überprüfung psychiatrischer Maßnahmen".[331] Ein derartiges „Einfallstor" für Bemühungen um die Gestaltung „gerechter"[332] Zustände

---

[327] Ähnlich *Rasch* 1984b, S. 44 für die von ihm referierten therapiefeindlichen Äußerungen von Angehörigen des therapeutischen Personals, mit deren Wiedergabe er nicht eine Auseinandersetzung mit einzelnen Persönlichkeiten betreiben, sondern den institutionsspezifischen Wandel „von therapeutischen Funktionen in kustodiale" herausarbeiten wolle.

[328] Zu den jede Mitarbeit an einer inneren Reform des Strafvollzuges ablehnenden und statt dessen für seine radikale Abschaffung plädierenden *abolitionistischen* Positionen *Göppinger* 1997, S. 178f.; *Kaiser* 1996, § 32, Rn 29ff.; *Scheerer* 1984; zu bestimmten Extrempositionen *neoklassizistischer* Ansätze vor allem amerikanischer Provenienz, welche die Behandlungsbemühungen im Strafvollzug aus der Perspektive einer konsequenten Rückbesinnung auf dessen tatvergeltende und sichernde Funktionen kritisieren vgl. *Göppinger* 1997, S. 175f.; *Weigend* 1982. Eine Übersicht findet sich schließlich bei *Kreuzer* 1994, S. 16ff.

[329] Den zwar kritischen, jedoch stets konstruktiven Ausführungen von *Rehn* 1995 kann insoweit nur beigepflichtet werden; vgl. auch noch Kaiser/Kerner/Schöch-*Schöch* § 4, Rn 18; *Schwind/Böhm-Böhm* § 2, Rn 12. Eine sehr gute Übersicht über die Diskussion findet sich bei *Walter* 1999, Rn 296ff.

[330] *Wagner* 1992a. Vgl. bereits früher *Wagner* 1989; *Wagner* 1990a.

[331] *Wagner* 1992a, S. 144ff.

[332] Vgl. *Wagner* 1992a, S. 144. In diesem Sinne geht *Wagner* an anderer Stelle der Frage nach, ob

in der forensischen Psychiatrie besteht nach Auffassung *Wagners* in der „Januskөpfigkeit",[333] welche die Position des Anstaltsarztes im Maßregelvollzug präge: Dieser habe nicht nur diejenigen Maßnahmen zu verantworten, welche sich aus dem der Unterbringung zugrunde liegenden Heilauftrag ableiten ließen, sondern müsse überdies auch sichernde, ordnende und verwaltende Aufgaben wahrnehmen.[334] Aus dem von ihm entwickelten Gedanken leitet *Wagner* sodann als Aufgabe richterlicher Kontrolle ab, sich ein differenziertes Instrumentarium zuzulegen, mit dessen Hilfe die verschiedenen Eingriffsebenen der Sicherungs-, Ordnungs- und Behandlungsmaßnahmen voneinander unterschieden und einer Überprüfung anhand ihrer spezifischen Voraussetzungen, Abhängigkeiten und Grenzen zugeführt werden könnten.[335]

Ausschlaggebendes Kriterium für die Bestimmung des Eingriffskontextes einer Vollzugsmaßnahme soll nach Auffassung *Wagners* die *Interessenausrichtung* sein, welche dem Tätigwerden des Personals der Einrichtung im konkreten Einzelfall zugrunde liegt: Werde im Interesse der Umgebung des Patienten gehandelt, so sei vom Vorliegen einer Sicherungsmaßnahme auszugehen. Ein Vorgehen im Interesse der

---

psychiatrische Therapiemethoden „gerecht" seien (vgl. *Wagner* 1989, S. 49). Auch *Dörner/Plog* 1996, S. 486 erwarten sich im Übrigen gerade von der rechtswissenschaftlichen Disziplin „wichtige Hinweise darauf, wie eine Psychiatrie mit 'menschenwürdigem Antlitz' aussehen muss".

333 *Wagner* 1992a, S. 146. Die Schwierigkeiten, welche die mit diesem Begriff bezeichnete Doppelbelastung in der Praxis mit sich bringt, werden unter anderem beschrieben von *Kammeier* 1984, S. 200f.; *Venzlaff/Schreiber* 1981, S. 198. Vgl. auch noch *Peters* 1985, S. 343 („Der Arzt sieht sich Menschen gegenüber, die ohne Strafverfahren niemals Patienten eines psychiatrischen Krankenhauses werden würden, die zugleich eine erhebliche Belastung des Krankenhauses und damit des ärztlichen Dienstes darstellen. Das bedeutet, dass er mit arztfremden Aufgaben überlastet wird, die er mit ärztlichen Mitteln nicht erfüllen kann.") sowie *Spittler* 1967, S. 62 („Das Bestehen einer Klinikhierarchie und die disziplinaren Funktionen des Therapeuten in vielen Kliniken stellen ein wesentliches Problem für die Psychotherapie dar. Der Arzt kann nicht Analytiker und Disziplinarvorgesetzter in einem sein.") Nach *Rasch* 1984b, S. 27 sehen sich die im Maßregelvollzug tätigen therapeutischen Berufsgruppen über kurz oder lang stets vor folgende Alternativen gestellt: Entweder, „man passt sich an und ist bereit, kustodiale Funktionen zu übernehmen", oder man verlässt den Maßregelsektor „nach zwei bis drei Jahren" wieder.

334 *Wagner* 1992a, S. 144. Vgl. bereits *Wagner* 1989, S. 49: „Bei allen Berührungsschwierigkeiten zwischen Recht und Psychiatrie ist das Aufeinander treffen beider Disziplinen sozusagen institutionalisiert, wenn es um die Psychiatrie der Landeskrankenhäuser geht. Die janusgesichtige Anstaltspsychiatrie verkörpert beides, indem sie Psychowissenschaften in den Dienst polizeilicher Aufgaben stellt." Ähnlich auch noch *Volckart* 1985b, S. 36; *Volckart* 1999a, S. 49. Einen interessanten, hier allerdings nicht näher zu diskutierenden Ansatz zur Lösung dieses Dilemmas enthielt im Übrigen der von *Baumann et al.* 1973 verfasste AE-StVollzG, der in seinen §§ 166, 184 III für die sozialtherapeutischen und größere psychiatrische Sonderanstalten eine paritätische Besetzung der Anstaltsleitung mit je einem psychotherapeutisch ausgebildeten Psychiater, einem Juristen mit Befähigung zum Richteramt sowie einem Sozialwissenschaftler vorsah. In Anlehnung an diesen Vorschlag fordert *Baur* 1984, S. 36 gar eine juristische und psychiatrische Doppelbesetzung einer jeden *Abteilungsleitung*.

335 Hierzu im Einzelnen *Wagner* 1992a, S. 148f., 156ff. sowie *Wagner* 1990a, S. 58f. Für eine deutliche Trennung der Bezugsebenen auch noch *Schwind/Böhm-Rotthaus* § 136, Rn 4. Vgl. schließlich zu einer ähnlichen Abgrenzung für den Strafvollzug *Geppert* 1976, S. 9ff.

Institution spreche demgegenüber für die Annahme einer Ordnungsmaßnahme. Handlungen im Interesse der Eingliederung des Patienten seien schließlich dem therapeutischen, rehabilitativen Bereich zuzurechnen.[336]

An dieser Stelle verweist *Wagner* auf Ausführungen *Volckarts*, die ebenfalls von dem Bemühen um eine praktikable Unterscheidung der unterschiedlichen Ebenen von Therapie, Sicherung und Ordnung getragen sind.[337] Um die vom Behandlungsgedanken dominierten Maßnahmen des Krankenhauses von solchen in anderen Verwaltungsbereichen – etwa der Seelsorge, der Pädagogik, der Sozialarbeit, des Strafvollzuges oder des Militärs – sinnvoll abgrenzen und so die Konturen eines dem öffentlichen Arztrecht verhafteten Behandlungsbegriffes trennscharf nachzeichnen zu können, schlägt *Volckart* folgende Kontrollfrage vor: Es sei danach zu fragen, welche Aufgaben des Krankenhauses auch durch Bedienstete ohne psychiatrische beziehungsweise psychotherapeutische Ausbildung erledigt werden könnten.[338] Derartige Überlegungen ermöglichten es, den gesamten Bereich der Sicherungs- und Ordnungsmaßnahmen sowie eine Vielzahl derjenigen Maßnahmen auszusondern, welche vornehmlich an der Gewährleistung eines menschenwürdigen Lebensspielraumes für den Patienten ausgerichtet seien. Behandlung sei danach im öffentlichen Arztrecht im Wesentlichen dasselbe wie nach bürgerlichem Recht aufgrund eines Vertrages mit dem Patienten, so dass sich unter Zugrundelegung des beschrieben, eng umrissenen Behandlungsbegriffes aus der Unterbringungssituation nur wenige Behandlungsmaßnahmen ergäben, welche über dasjenige hinausreichten, was auch im Rahmen eines in einem freien Therapieverhältnis abgeschlossenen Vertrages vorkomme.[339]

---

[336] Kammeier-*Wagner*², Kap. D, Rn 17. Ähnlich *Wagner* 1990a, S. 59 sowie *Marschner/Volckart-Volckart*, Kap. B, Rn 164.

[337] Kammeier-*Wagner*², Kap. D, Rn 17 unter Hinweis auf AK-*Volckart*⁴ §§ 136–138, Rn 11. Vgl. auch bereits *Volckart* 1985b, S. 36.

[338] AK-*Volckart*⁴ §§ 136–138, Rn 11. Ähnlich schon *Volckart* 1985b, S. 36.

[339] AK-*Volckart*⁴ §§ 136–138, Rn 11. Vgl. auch noch *Volckart/Grünebaum* 2003, S. 49f. Die von *Volckart* aufgeworfene Kontrollfrage erhält zusätzliche Plausibilität, wenn man sich eine Aussage von *Rasch* 1984b zur Ausbildung des pflegerischen Personals vergegenwärtigt: Insoweit verleiht er dem Wunsch Ausdruck, die Ausbildung möge stärker als bislang „darauf gerichtet sein, im unmittelbaren Zusammenleben mit den Patienten *therapeutisch* zu wirken" (S. 72; Hervorhebung M. L.). Diese Forderung wurde von der Klinikleitung in Lippstadt-Eickelborn im Jahre 1988 zum Anlass genommen, einen eigenen sozialtherapeutischen Fortbildungslehrgang für Mitarbeiter des Pflegedienstes einzurichten. Hierzu *Trampe* 1987, S. 161ff.; *Streitbürger* 1992 sowie *Streitbürger/Trampe* 1990, S. 121: „Um dem Pflegepersonal das hier abgesteckte Aufgabengebiet zuweisen zu können, war es notwendig, ihm eine neue Ausbildung zu vermitteln." Man wird jedoch auch vor dem Hintergrund dieser Stellungnahmen nach wie vor davon ausgehen können, dass das *Gros* der im Pflegedienst Tätigen *nicht* über entsprechende psychiatrische, psycho- und soziotherapeutische Zusatzqualifikationen verfügt.

aa) Ausgliederung der Reaktionen auf Ordnungsverstöße des Untergebrachten aus dem Kernbereich ärztlichen Handelns

Für den vorliegend erörterten Zusammenhang der Ahndung vollzugsinternen Fehlverhaltens der Maßregelpatienten lassen sich die referierten Ansätze zu einer Trennung der verschiedenen Eingriffsebenen wie folgt urbar machen: Für den Erlass einer Vollzugsmaßnahme, durch die dem Untergebrachten in Reaktion auf einen individuellen Regelverstoß bestimmte Restriktionen seiner Rechtsposition auferlegt werden, durch welche somit vorrangig soziale Einordnungsschwierigkeiten des Betroffenen sanktioniert werden, bedarf es nicht zwingend einer spezifisch ärztlichen Ausbildung. Eine solche Maßnahme ist nicht dem Kern des therapeutischen Aufgabenbereiches zuzuordnen und fällt stattdessen in den Zusammenhang der in der Praxis vor allem durch das Pflegepersonal geleisteten administrativen Bewältigung des Zusammenlebens unter den Bedingungen einer totalen Institution.[340] Körperliche Aggressionen, der Besitz verbotener Gegenstände, Drogenmissbrauch oder unerlaubtes Glücksspiel auf den Stationen tangieren zuallererst die Sicherheit und Ordnung der Einrichtung. Es mag daher zwar Sinn ergeben, derartige Verhaltensweisen (zusätzlich) in den Behandlungsgesprächen zu thematisieren; dies erscheint sogar geboten, wenn sie sich als Ausdruck der grundlegenden psychischen Problematik des Patienten darstellen.[341] Jegliche Form der daneben für erforderlich gehaltenen Verarbeitung in Wege einer handfesten Begrenzung des Betroffenen fällt jedoch nicht mehr in den engeren Kreis therapeutischen Handelns; sie ist schlichte Verwaltungsaufgabe.

Die hier getroffene Zuordnung kann im Übrigen auch nicht durch das naheliegende Argument in Frage gestellt werden, zwar sei *Anlass* der im konkreten Fall verhängten Rechtsbeschränkung unzweifelhaft ein Ordnungsverstoß des Patienten gewesen; *Auswahl und Bemessung* der in Rede stehenden Maßnahme seien jedoch maßgeblich gerade von therapeutischen Gesichtspunkten beeinflusst worden, weshalb ihre Durchführung letztlich doch als Behandlungsmaßnahme einzustufen sei. In ihrer Grundannahme verdient diese Feststellung zwar insoweit Zustimmung, als selbstverständlich sämtliche Vollzugsmaßnahmen, die in einem psychiatrischen Krankenhaus gegenüber dem nach § 63 StGB Untergebrachten ergriffen werden,

---

340 Erneut sei insoweit auf die Ausführungen von *Volckart/Grünebaum* 2003, S. 89ff. verwiesen. Zu den kustodialen Funktionen pflegerischer Tätigkeit im Maßregelvollzug vgl. *Horn* 1983, S. 487f.; Kammeier-*Baur*², Kap. C, Rn 22; *Rasch* 1984b, S. 28ff.; *Trampe* 1987, S. 155f. Dass sich das Pflegepersonal insoweit bisweilen sogar in Opposition zu den Ansichten der Therapeuten bewegt, macht die von *Rasch* 1991a, S. 21 wiedergegebene Selbsteinschätzung einer Pflegekraft der Klinik in Haina deutlich: „Was wir für richtig halten, ist die Disziplin im Maßregelvollzug. Es gibt ungeschriebene Gesetze im Maßregelvollzug. Die Psychologen wollen das durchbrechen und stoßen auf Widerstände".

341 Etwa in dem Sinne, dass „die Bewohner, indem sie Konflikte machen oder Konflikte ihnen geschehen, gewollt oder nicht gewollt gewissermaßen Fenster und Türen zu ihrer Seele öffnen." Vgl. *Lohse* 1993, S. 14.

dem während des gesamten Unterbringungsverlaufs fortbestehenden Behandlungsauftrag Rechnung tragen sollten.[342]

Die hier angesprochene Verpflichtung zur vorrangigen Orientierung sämtlicher Vollzugsmaßnahmen am Besserungsziel ergibt sich unmittelbar aus dem der Unterbringung nach § 63 StGB zugrunde liegenden Rechtfertigungszusammenhang: Eine tragfähige Legitimationsgrundlage für den in der Unterbringung in einem psychiatrischen Krankenhaus liegenden Freiheitsentzug wird – in Ermangelung hinreichender Anknüpfungspunkte in der *Tatschuld* – gemeinhin in dem die individuellen Belange des Betroffenen überwiegenden *öffentlichen Interesse* gesehen, vor weiteren Straftaten des als gefährlich eingestuften psychisch kranken Rechtsbrechers geschützt zu werden.[343] Eine Gesellschaft jedoch, die einige ihrer Mitglieder einem grundsätzlich unbefristeten Freiheitsentzug mit der Begründung zuführt, die von ihnen aufgrund ihres psychischen Zustandes ausgehenden Gefahren überschritten das von der Allgemeinheit noch hinzunehmende Maß, die also ihre Sicherheitsbelange dauerhaft über das Freiheitsinteresse des Einzelnen stellt, steht aufgrund des dem Betroffenen abverlangten *Sonderopfers* ihrerseits in der Pflicht.[344]

Diese Verpflichtung begründet nun vor allem den Auftrag, den Gewaltunterworfenen bei den Bemühungen um die Wiedererlangung seiner Freiheit nach Kräften zu unterstützen. Da die Gefährlichkeit des Untergebrachten in unmittelbarem Zusammenhang mit der bei diesem diagnostizierten psychischen Beeinträchtigung steht, ist die umrissene Fürsorgepflicht somit vorrangig durch das Unterbreiten eines ernsthaften, die individuellen Bedürfnisse des Betroffenen berücksichtigenden *Behandlungsangebotes* auszufüllen.[345] Es versteht sich nach dem Gesagten jedoch von selbst, dass die therapeutischen Bemühungen auch ansonsten nicht etwa durch ein unsensibles Vorgehen im Bereich der reinen Verwaltungsaufgaben konterkariert werden dürfen; insoweit kommt dem Behandlungsauftrag auch bei der Auswahl von Maßnahmen im Zusammenhang von Sicherheit und Ordnung ermessenslenkende Funktion zu.[346]

Aus der ausschlaggebenden Bedeutung, welche demnach der therapeutischen Maxime in der Vollzugspraxis durchweg zukommen sollte, lässt sich nach dem Gesagten jedoch keineswegs im Umkehrschluss ableiten, dass alles Handeln, welches

---

[342] AK-*Volckart*[4] §§ 136–138, Rn 11; *Marschner/Volckart-Volckart*, Kap. B, Rn 250; *Volckart* 1999a, S. 197. Auf die Durchdringung des Vollzugsgeschehens durch den Behandlungsgedanken weisen auch *Baur* 1984, S. 40f.; *Bernsmann* 1984, S. 146; *Kammeier* 1984, S. 194; LK-*Hanack* Vor § 61, Rn 22; *Wagner* 1992a, S. 158f. hin.

[343] Kammeier-*Kammeier et al.*[2], Kap. B, Rn 9; *Stratenwerth* 1988, S. 123. Ausführlich zu den im Detail durchaus divergierenden Rechtfertigungsansätzen des einschlägigen Schrifttums *Ukena* 1991, S. 46ff.

[344] Kammeier-*Kammeier*[2], Kap. A, Rn 108f.; *Lindemann* 2002, S. 12; *Volckart* 1999a, S. 159f.

[345] Hierzu *Bischof* 1987; *Volckart* 1999a, S. 160.

[346] Allgemein zu den Ermessensdirektiven, welche sich für die Verwaltung der grundlegenden Zielsetzung des ihrem Handeln zugrunde liegenden Gesetzes entnehmen lassen *Erichsen* § 10, Rn 13f.; *Maurer* 2000, § 7, Rn 17f.; *Wolff et al.* 1999, § 31, Rn 39ff.

sich *auch* als von Behandlungserwägungen beeinflusst erweist, im Ergebnis tatsächlich als *Behandlungsmaßnahme* einzustufen ist. Diese Überlegung gewinnt zusätzlich an Plausibilität, wenn man sich vergegenwärtigt, dass ja umgekehrt eine therapeutische Maßnahme wie etwa die Durchführung eines Einzelgesprächs oder einer Depotmedikation auch nicht etwa deshalb als Sicherungsmaßnahme zu qualifizieren ist, weil sich der Therapeut von ihr langfristig neben der Besserung des Anlassleidens auch eine Verringerung der von dem Patienten vermeintlich ausgehenden Gefahren für die Allgemeinheit verspricht. Die Einordnung erfolgt auch in derartigen Fällen ganz zwanglos nach dem *aktuellen* Schwerpunkt des einrichtungsseitigen Vorgehens und lässt etwaige *Fernziele* außer Acht; dann kann allerdings für Maßnahmen, welche Verstöße gegen die Sicherheit oder Ordnung der Einrichtung zum Gegenstand haben, nichts anderes gelten.

Problematisch wird allerdings die Beurteilung ärztlicher Maßnahmen, die mit einem Eingriff in die Rechtssphäre des Untergebrachten einher gehen, wenn sich diese – wie bereits im Ausgangsfall geschehen – eingebettet in ein verhaltenstherapeutisches Konzept präsentieren, welches mit dem Einsatz *negativer Verstärker* operiert. Unter dem Gesichtspunkt der Methodenkritik ist hierzu zunächst festzustellen, dass sich diese so genannten *operanten Verfahren* – abgesehen von einigen besonders rigiden Spielarten wie etwa der inzwischen fast einhellig abgelehnten Aversionstherapie[347] – durchaus im Einklang mit der herrschenden psychowissenschaftlichen Doktrin bewegen, mithin auch in freien, vertraglich geregelten Behandlungsverhältnissen zur Anwendung gelangen.[348] Aus diesem Grunde wird auch nichts dagegen einzuwenden sein, in den Therapie- und Eingliederungsplan verhaltenstherapeutische Elemente aufzunehmen, soweit sich der Maßregelpatient entsprechend den weiter oben erläuterten Grundsätzen der Einwilligungsdogmatik[349] verantwortlich auf ihre Durchführung einlässt. Liegt eine wirksame Einwilligung des Untergebrachten vor, und stehen auch keine indikatorischen Erwägungen entgegen, so begegnet die Anwendung mit negativen Verstärkern arbeitender Therapiemethoden demgemäß keinen durchgreifenden Bedenken.[350]

Anders verhält es sich jedoch, wenn die fraglichen therapeutischen Techniken zur Anwendung gelangen, *ohne* dass die Zustimmung des Betroffenen eingeholt wurde. Nach Auffassung von *Volckart* und *Grünebaum* kommt in diesem Zusammenhang dem Umstand maßgebliche Bedeutung zu, dass mit einer derartigen Praxis vornehmlich diejenigen gewohnheitsmäßigen Fehlhaltungen abtrainiert werden sollen, welche bereits den Hintergrund für die Anlasstat der Unterbringung bildeten.[351]

---

347 Zusammenfassung der Kritik bei *Arentewicz/Schorsch* 1980, S. 228f.; *Hautzinger* 1996, S. 234; *Schorsch et al.* 1996, S. 12f.

348 *Hautzinger* 1996, S. 232ff.; *Kriz* 2001, S. 125ff.; *Maercker* 2000; *Parfy* 1999, S. 156f.; *Reinecker* 1996, S. 209ff.; *Reinecker* 1999, S. 210ff.

349 Vgl. hierzu die Ausführungen auf S. 42ff. (Zusammenfassung auf S. 60f.).

350 Speziell zur Bedeutung der Verhaltenstherapie bei der Behandlung sexueller Deviationen *Arentewicz/Schorsch* 1980; *Kokott* 1983; *Lehmann* 1994, S. 67f.; *Rasch* 1999, S. 385f.

351 *Volckart* 1999a, S. 172f.

Die verhängten Restriktionen seien nun weder vom erkennenden Gericht in seinen Rechtsfolgenausspruch aufgenommen worden, noch fänden sie sich überhaupt im abschließenden Katalog der Kriminalstrafen nach §§ 38–45b StGB. Der Maßregelvollzug dürfe jedoch nicht als Feld für ein „apokryphes Nebenstrafrecht" herhalten; darüber hinaus müsse ein Strafen völlig ohne Rechtsgrundlage ohnehin kategorisch abgelehnt werden, so dass aus den genannten Gründen dem Gedanken einer durch Zwangsmomente gekennzeichneten „Behandlung durch repressive Maßnahmen" eine deutliche Absage zu erteilen sei.[352] Abgesehen von den vorstehenden strafrechtsdogmatischen Bedenken, in denen *Volckart* und *Grünebaum* vorsichtig zuzustimmen ist, wird man eine zwangsweise Anwendung von Verstärkerprogrammen unter den Bedingungen physischer Unfreiheit allerdings wohl auch schlicht als *ungeeignet* einstufen müssen, da in derartigen Fällen die erforderliche therapeutische Beziehung zwischen Patient und Therapeut erst gar nicht zustande kommen dürfte.[353]

Nach den bisherigen Ausführungen ist festzuhalten, dass der gesamte Bereich der Reaktionen auf vollzugsinterne Regelverletzungen des Untergebrachten aus dem Kernbereich ärztlichen Handelns auszugliedern ist. Die mit Behandlungsgründen operierenden Eingriffstatbestände der Ländergesetze haben mithin als Ermächtigungsgrundlage für die Verhängung entsprechender Sanktionen außer Betracht zu bleiben.

bb) Unterscheidung präventiver und repressiver Eingriffsrichtung

Wenn somit die Bezugnahme auf therapeutische Belange keine hinreichende Rechtsgrundlage für die Ahndung vollzugsinternen Fehlverhaltens der Untergebrachten zu bieten vermag, schließt sich zwangsläufig die Frage an, ob für die Rechtfertigung entsprechender Restriktionen statt dessen auf die *präventiv* ausgerichteten Eingriffstatbestände der einschlägigen Gesetzeswerke für den Maßregelvollzug zurückgegriffen werden kann. Schließlich war bereits im vorangegangenen Teilabschnitt festgestellt worden, dass die in diesem Zusammenhang zu beurteilenden Verhaltensweisen – körperliche Aggressionen, Alkoholkonsum, Glücksspiel – vornehmlich *Sicherungs- und Ordnungsinteressen* der Einrichtung tangieren; sie werden mit-

---

352 *Volckart/Grünebaum* 2003, aaO.

353 Ebenso *Baur* 1988, S. 208: „Eine kunstgerecht durchgeführte Verhaltenstherapie setzt nämlich Einvernehmen zwischen Patient und Therapeut insoweit voraus, wie der Eintritt gewisser Konsequenzen bei genau definiertem Verhalten in nachvollziehbarer Weise vermittelt werden muss. Zwischen Patient und Therapeut muss also Einvernehmen über die Angemessenheit der einzelnen Konsequenzen in positiver und negativer Hinsicht bestehen. Ansonsten werden die Konsequenzen vom Patienten als ungerecht empfunden, die er deshalb nicht innerlich akzeptieren wird. Unter solchen Bedingungen lässt sich erwünschtes Verhalten kaum erlernen." Anders aber wohl *Binder et al.* 1981, S. 184f. sowie *Stephan* 1987, der sich vom Einsatz verhaltenstherapeutischer Techniken im Maßregelvollzug sogar explizit die Wahrung der notwendigen Anstaltsdisziplin „mit vergleichsweise geringem Sanktionsaufwand" verspricht (S. 119).

hin ihrem Gegenstand nach zumindest prinzipiell vom *Recht der Gefahrenabwehr* erfasst.[354]

Es sei an dieser Stelle noch einmal kurz in Erinnerung gerufen, dass die den Vollzug der Unterbringung nach § 63 StGB regelnden Ländergesetze für eine Legitimation präventiv motivierter Rechtsbeschränkungen grundsätzlich zwei verschiedene Tatbestandsalternativen vorsehen: Restriktionen können demnach einerseits mit *Sicherheitsbelangen*, andererseits mit dem Interesse an einem *geordneten Zusammenleben* in der Einrichtung gerechtfertigt werden.

Das Begriffspaar *Sicherheit und Ordnung* ist, wie bereits angedeutet, dem Recht der Gefahrenabwehr entlehnt; es erscheint etwa in § 14 I OBG NW in Gestalt der „öffentlichen Sicherheit oder Ordnung“; demgegenüber soll nach § 8 I PolG NRW der Aufgabenbereich der Polizeibehörden lediglich bei Gefahren für die „öffentliche Sicherheit“ eröffnet sein. Unter der *öffentlichen Sicherheit* wird von der herrschenden Auffassung „die Unverletzlichkeit der Rechtsordnung, der subjektiven Rechte und Rechtsgüter des Einzelnen sowie der Einrichtungen und Veranstaltungen des Staates und sonstiger Träger der Hoheitsgewalt“ verstanden.[355] Der – wegen seiner Unbestimmtheit im polizeirechtlichen Schrifttum kontrovers diskutierte[356] – Begriff der *öffentlichen Ordnung* soll demgegenüber „die Gesamtheit der im Rahmen der verfassungsmäßigen Ordnung liegenden ungeschriebenen Regeln für das Verhalten des Einzelnen in der Öffentlichkeit“ umfassen, „deren Beachtung nach den jeweils herrschenden Anschauungen als unerläßliche Voraussetzung eines geordneten staatsbürgerlichen Gemeinschaftslebens betrachtet wird“.[357]

Zu Recht haben *Kammeier et al.* darauf hingewiesen, dass im Hinblick auf die Belange der Sicherheit und Ordnung im Zusammenhang ihrer Erwähnung in den Gesetzen über den Vollzug der Maßregeln nach §§ 63, 64 StGB eine deutliche Verengung des Anwendungskorridores „auf die *Vollzugsebene*, also auf die praktische, institutionelle Ausführung der Vollstreckung in einem psychiatrischen Krankenhaus und in einer Entziehungsanstalt“ vorzunehmen ist;[358] eine restriktive Auslegung dieser Eingriffskriterien ist demnach geboten. So kann es etwa nicht Aufgabe der Vollzugseinrichtung sein, über die anerkannten Mittel der Sicherung und Besserung des Untergebrachten hinaus diesen unter dem Signet von Ordnungsmaßnahmen „zur Aneignung von Ideen eines guten Lebens oder eines ordentlichen Lebenswandels zu bewegen“.[359] Unter dem Begriff der Ordnung wird man demnach

---

354 Zum historischen Wandel, den dieser Rechtsbegriff durchlaufen hat, sowie zu seinem heutigen inhaltlichen Zuschnitt *Gusy* 2000, Rn 1ff.; *Knemeyer* 1995, Rn 1ff.; Lisken/Denninger-*Boldt*, Kap. A, Rn 20ff.

355 So die Legaldefinition in § 2 Nr. 2 BremPolG. Diese wird aufgegriffen von *Götz* 1995, Rn 89; *Gusy* 2000, Rn 83; *Knemeyer* 1995, Rn 74; Lisken/Denninger-*Denninger*, Kap. E, Rn 6.

356 Zusammenfassend zur Kritik *Gusy* 2000, Rn 101ff.; Lisken/Denninger-*Denninger*, Kap. E, Rn 26ff.

357 Eine erstmalige Legaldefinition dieses Inhalts findet sich in § 3 Nr. 2 SOGLSA; sie wird zitiert von *Götz* 1995, Rn 122; *Knemeyer* 1995, Rn 75.

358 Kammeier-*Kammeier et al.*², Kap. B, Rn 27 (Hervorhebung im Original).

359 Kammeier-*Kammeier et al.*², Kap. B, Rn 33, 37.

– in Anlehnung an den Gebrauch im strafvollzugsrechtlichen Schrifttum – lediglich dasjenige Mindestmaß an Verhaltensregeln verstehen dürfen, welches „für ein menschenwürdiges Zusammenleben unter den Verhältnissen der jeweiligen Anstalt unabdingbar ist".[360]

Ungeachtet der dargelegten Restriktionsnotwendigkeiten ließe sich nun für die Ahndung vollzugsinternen Fehlverhaltens argumentieren, dass mit den als Reaktion auf eine Übertretung des Untergebrachten zugefügten Einbußen gerade eine möglichst nachhaltige Verhaltensmodifikation bei dem Betroffenen bezweckt werden sollte; die Rechtsbeschränkung mithin im Grunde unter dem Gesichtspunkt der Vorbeugung weiterer, von dem Betroffenen ausgehender Gefährdungen von Sicherheit und Ordnung erfolgt sei. Darüber hinaus könnten auch noch Aspekte des geordneten Zusammenlebens auf der Station ins Feld geführt werden, da dem Regelverstoß des Untergebrachten ohne entsprechende Reaktion des Vollzugspersonals eine negative Ausstrahlungswirkung im Hinblick auf zukünftige Normübertretungen seiner Mitpatienten zukommen könnte.

Hierzu ist Folgendes zu sagen: Die soeben aufgezeigten Erklärungsansätze werden im Kanon der klassischen Strafzwecktheorien traditionell unter den Schlagworten einer *spezial- oder generalpräventiven* Ausrichtung der (ihrem Grundgedanken nach eben doch: *repressiven*[361]) Kriminalstrafe diskutiert: Während dem Konzept der Spezialprävention der Gedanke zugrunde liegt, durch die Bestrafung solle vor allem der *Täter* von der Begehung weiterer Straftaten abgehalten werden,[362] berücksichtigen die generalpräventiv ausgerichteten Ansätze demgegenüber die Wirkungen, welche die Strafe in die *Gesellschaft* hinein entfaltet, wobei sie ihr zum Teil eher eine abschreckende, zum Teil vornehmlich normbekräftigende Funktion zuschreiben.[363] Nach dem Gesagten können die dargelegten Argumente also keineswegs den Ausschlag dafür geben, die Ahndung vollzugsinternen Fehlverhaltens eines Untergebrachten unter die existierenden *präventiv* ausgerichteten Eingriffstatbestände zu subsumieren.[364]

---

360 AK-*Feest/Lesting*[4] § 4, Rn 14.; ähnlich restriktiver Begriffsgebrauch auch bei *Calliess/Müller-Dietz* § 4, Rn 19. Vgl. schließlich *Volckart* 1999a, S. 50: „Eingriffe, die nicht wirklich notwendig sind, wirken bedrückend und schädigen das therapeutische Klima. Sie sind Ordnungsstörungen 'von oben'".

361 Mit *Noll* 1962, S. 18f. soll der *repressive* Charakter staatlichen Strafens hier in der Explikation eines Missbilligungsurteils gesehen werden; demjenigen Wesenszug der Strafe also, welcher sämtlichen anderen Formen hoheitlichen Zwanges – wie auch den Maßnahmen der Gefahrenabwehr – fehlt. Dazu, dass es sich auch bei der Disziplinarmaßnahme im Strafvollzug trotz der spezial- und generalpräventiven Zwecke, die mit ihr verfolgt werden, um ein begriffsmäßig *repressives* Instrument handelt vgl. BVerfG, NStZ 1994, 300 (301); 357 (358); AK-*Walter*[4] Vor § 102, Rn 5ff.; *Laubenthal* 1998, Rn 727; Schwind/Böhm-*Böhm* § 102, Rn 1.

362 Zur Theorie der Spezialprävention vgl. *Hassemer* 1990, S. 285ff.; *Roxin* 1997, § 3, Rn 11ff.; *Stratenwerth* 2000, § 1, Rn 17ff.

363 Vgl. im Einzelnen erneut *Hassemer* 1990, S. 309ff.; *Roxin* 1997, § 3, Rn 21ff.; *Stratenwerth* 2000, § 1, Rn 22ff.

364 Ebenso zumindest für die spezialpräventiven Momente derartiger Maßnahmen *Volckart* 1999a,

Richtigerweise wird man demgegenüber wie folgt differenzieren müssen: Bei einer Maßnahme mit *präventiver* Eingriffsrichtung steht stets der Aspekt der Reaktion auf eine unmittelbar bestehende *Schadenswahrscheinlichkeit* im Vordergrund. Der von einer solchen Maßnahme Betroffene wird ausschließlich als „Störer“ angesprochen; er ist als Person, als moralisches Wesen völlig uninteressant und kann – nach einem von *Denninger* in die Diskussion eingeführten Begriff – letztlich als „black box“ behandelt werden.[365] Gibt demnach in den hier interessierenden Fällen der Gesichtspunkt der unmittelbaren physischen Sicherung der Allgemeinheit vor weiteren, von dem Untergebrachten ausgehenden Gefährdungen der im Einzelfall verhängten Maßnahme ihr spezifisches Gepräge, so kann durchaus auf die präventiv ausgerichteten Eingriffstatbestände zurückgegriffen werden, um etwa ein Arbeitsverbot, eine Besuchssperre oder eine Absonderung anzuordnen. Dem Eingriffszweck entsprechend ist die jeweilige Maßnahme jedoch immer dann unverzüglich wieder zu beenden, wenn die zugrunde liegende Gefährdung nachlässt.[366]

Knüpft eine Maßnahme hingegen an einem in der Vergangenheit liegenden Fehlverhalten des Patienten an, ohne dass Anhaltspunkte für eine unmittelbare Wiederholungsgefahr bestünden, so handelt es sich stets um ein *repressives* Instrument, welches seine Legitimation – in Ermangelung einer aktuell bestehenden Schadenswahrscheinlichkeit – letztlich nur aus der Verantwortlichkeit des Betroffenen für die von ihm begangene Verfehlung ableiten kann.[367] In den Vordergrund tritt demnach die Persönlichkeit des Untergebrachten; für die Ausgestaltung der Maßnahme gewinnen die konkreten Umstände des Einzelfalles, wie etwa be- oder entlastende situative oder personale Faktoren sowie mögliche Anteile Dritter an dem in Bezug genommenen Vorkommnis an Bedeutung.[368] Es handelt sich dann jedoch um einen Akt der *Zuschreibung von Verantwortung* und nicht mehr um Gefahrenabwehr im soeben umrissenen Sinne, weshalb die Eingriffstatbestände der Vollzugsgesetze

---

S. 173. Zur Bedeutung spezial- und generalpräventiver Gesichtspunkte bei der Verhängung von Disziplinarmaßnahmen im Strafvollzug *Laubenthal* 1998, Rn 727; Schwind/Böhm-*Böhm* § 102, Rn 1. Vgl. auch noch *Walter* 1999, Rn 498: „Natürlich bezweckt auch diese Ahndung (gemeint ist eine solche durch Disziplinarmaßnahmen; M. L.) Prävention, doch nicht direkt-instrumental, sondern in den Köpfen der Betroffenen und der Beobachter“.

365 Lisken/Denninger-*Denninger*, Kap. E, Rn 140.

366 Vgl. insoweit auch § 81 II StVollzG, nach welchem Maßnahmen zur Aufrechterhaltung von Sicherheit und Ordnung „den Gefangenen nicht mehr und nicht länger als notwendig beeinträchtigen“ dürfen. Hierzu AK-*Brühl*[3] § 81, Rn 6; *Müller-Dietz* 1978, S. 189f.; zur Geltung dieses Grundsatzes im Maßregelvollzug Kammeier-*Kniep*, Kap. H, Rn 3.

367 Ebenso für Regelverletzungen im Strafvollzug AK-*Brühl*[3] Vor § 81, Rn 12; *Breiholdt* 1963, S. 5; *Calliess/Müller-Dietz* § 102, Rn 1; *Laubenthal* 1998, Rn 727; Schwind/Böhm-*Böhm* § 102, Rn 1; *Walter* 1999, Rn 498.

368 Erneut sei auch auf die Ausführungen bei Lisken/Denninger-*Denninger*, Kap. E, Rn 140 verwiesen, die sich sinngemäß auf den vorliegenden Zusammenhang übertragen lassen; danach stellt sich repressive Tätigkeit der staatlichen Organe stets „als Bestandteil eines tat- und täterbezogenen, vergangenheitsfundierten, an der Einzelfallgerechtigkeit orientierten Verfahrens“ dar.

unter diesem Gesichtspunkt auch keine hinreichende Ermächtigungsgrundlage für die Durchführung von Rechtsbeschränkungen zur Verfügung stellen.[369]

Für den Vollzugsalltag lassen sich nun sicherlich Konstellationen denken, in welchen neben einem akuten Sicherungsbedürfnis, das eine Krisenintervention im Sinne unmittelbarer physischer Begrenzung erforderlich erscheinen lässt, gleichzeitig ein gewisses Interesse daran besteht, die Verantwortlichkeit des Patienten für die von ihm begangene Verfehlung hervorzuheben. Bei derartigen „Gemengelagen" sowohl präventiver als auch repressiver Eingriffsrichtung[370] wird in Rechtsprechung und Schrifttum zum Polizei- und Ordnungsrecht zum Teil vorgeschlagen, nach dem *schwerpunktmäßigen* Anknüpfungspunkt der zu beurteilenden Maßnahme zu differenzieren: Um den für die Bewertung des Eingriffskontextes maßgeblichen Gesamteindruck zu eruieren, ist danach auf den *vorrangigen* Zweck abzustellen, der nach den Intentionen des Rechtsanwenders mit der jeweiligen Maßnahme verfolgt werden soll.[371] Teilweise wird in Ergänzung hierzu ausgeführt, es sei danach zu fragen, wie sich der konkrete Sachverhalt einem verständigen Bürger in der Lage des Betroffenen bei natürlicher Betrachtungsweise darstelle.[372]

Man wird jedoch berücksichtigen müssen, dass die Polizei, selbst wenn sie in den geschilderten Konstellationen im Grenzbereich von Gefahrenabwehr und Strafverfolgung agiert, niemals eine endgültige Festschreibung ihrer Bewertung des Sachverhalts im Sinne eines Ausspruchs des mit einer Sanktionierung verbundenen Missbilligungsurteils vornimmt; sie hat gerade im Bereich der Strafverfolgung der eigentlichen Ahndung lediglich vorzuarbeiten (§ 163 StPO). Dann erscheint es jedoch in Abgrenzung von den vorstehend referierten Ansätzen angebracht, die Rechtmäßigkeit einer mehrdeutigen Maßnahme für den vorliegenden Zusammenhang nach jeder einzelnen der kumulierten Eingriffsrichtungen, also sowohl unter dem Gesichtspunkt der Gefahrenabwehr als auch unter demjenigen der disziplina-

---

[369] Eine ähnliche Unterscheidung präventiver und repressiver Eingriffsrichtung nehmen für den Strafvollzug etwa Schwind/Böhm-*Böhm* § 102, Rn 1 oder *Walter* 1999, Rn 498 vor. Vgl. auch noch *Huber* 1995, S. 20: „Im Gegensatz zu den Disziplinarmaßnahmen, die erst nach bereits erfolgtem Angriff auf Sicherheit und Ordnung zur Anwendung gelangen, werden mit den unmittelbaren Zwangsmaßnahmen momentan und *unmittelbar bestehende Gefahren* und *Ordnungsstörungen* bekämpft." (Hervorhebungen im Original).

[370] Für den Strafvollzug spricht *Calliess* 1970, S. 69 insoweit von der „fließenden Grenze zwischen den negativen Sanktionen der Hausstrafe und den Sicherungsmaßnahmen"; nach *Schüler-Springorum* 1969, S. 91 stehen beide Arten von Maßnahmen gleichsam in „Idealkonkurrenz".

[371] So etwa OVG Berlin, NJW 1971, S. 637; OVG Münster, NJW 1980, S. 855; VGH München, NJW 1984, S. 2235; BayVGH, BayVBl 1986, S. 337; sowie in der Literatur *Knemeyer* 1995, Rn 88.

[372] BVerwGE 47, 255 (265); VGH Mannheim, NVwZ-RR 1989, S. 413. Zur Kritik an diesem Vorschlag *Ahlers* 1998, S. 78f.; allgemein zur Schwerpunkttheorie *dorts.*, S. 80ff. *Ahlers* will bei ambivalenten Maßnahmen die Rechtmäßigkeit in nur einem Rechtsgebiet ausreichen lassen: „Die Besonderheit der doppelfunktionellen Maßnahme ist darin zu sehen, dass sie ihre Rechtmäßigkeit auf zwei Beine zu stützen vermag, wobei es genügt, dass sich eines der beiden Beine als tragfähig erweist." (S. 133).

rischen Sanktion zu prüfen. Erst wenn einer der beiden parallel verfolgten Zwecke fortfällt (etwa eine Sicherung des Patienten wegen geminderter Gefährlichkeit nicht mehr erforderlich erscheint), ist die Rechtmäßigkeit allein anhand der verbleibenden Eingriffsgrundlage zu bestimmen.[373]

d) Zusammenfassende Würdigung

Als Zwischenergebnis der vorangegangenen Ausführungen kann demnach festgehalten werden: Die existierenden Gesetzeswerke zum Vollzug der Maßregel nach § 63 StGB enthalten keine hinreichende Ermächtigungsgrundlage für die Ahndung von vollzugsinternem Fehlverhalten der Untergebrachten. Sowohl diejenigen Eingriffstatbestände, welche Beschränkungen der Rechtsposition aus Gründen der Therapie zulassen, als auch die auf das Begriffspaar der Sicherung und Ordnung in der Einrichtung abstellenden Normen haben sich insoweit als nicht tragfähig erwiesen. Die Notwendigkeit, über die Schaffung eines eigenen Disziplinarinstrumentariums als einer dritten Eingriffsschiene für den Maßregelvollzug nachzudenken, ergibt sich unter Berücksichtigung dieses Befundes jedoch nur dann, wenn sich zusätzlich zu den bisherigen Erkenntnissen im nun folgenden empirischen Teil der Arbeit die eingangs aufgestellte These erhärten lässt, in der Vollzugswirklichkeit werde der soeben umrissene „rechtsfreie Raum" verbreitet durch einen rechtswidrigen Rückgriff auf die gesetzlich vorgehaltenen Zwangsmechanismen ausgefüllt.

---

[373] Ebenso für die Trennung von Behandlungs- und Sicherungsmaßnahmen Marschner/Volckart-*Volckart*, Kap. B, Rn 164; *Wagner* 1992a, S. 157f.; etwa bei einer Verlegung aus Behandlungsgründen: In diesem Fall treffe die Ordnungsmaßnahme der Verlegung mit der eigentlichen Therapieanordnung zusammen: Beide Aspekte folgten eigenen Voraussetzungen, und so könne im Einzelfall die Therapieanordnung rechtmäßig, die Ordnungsmaßnahme jedoch unrechtmäßig sein, da die fragliche Behandlung auch in der ursprünglichen Abteilung durchgeführt werden könne.

3. Kapitel: Vorstellung des Forschungsdesigns

Bevor die Ergebnisse der empirischen Untersuchung zur Sanktionierung unbotmäßigen Patientenverhaltens im Vollzug der Maßregel nach § 63 StGB referiert werden, erscheint es zunächst geboten, die Entwicklung des zur Anwendung gelangenden Forschungsdesigns nachzuzeichnen. Am Anfang müssen insoweit zwangsläufig einige Anmerkungen zur generellen Zielsetzung und zum methodischen Ansatz der Untersuchung stehen (I). Im Anschluss daran soll das Westfälische Zentrum für Forensische Psychiatrie in Lippstadt-Eickelborn (WZFP) als der Ort, an dem die Untersuchung durchgeführt wurde, kurz vorgestellt werden (II). Weiterhin sind einige Ausführungen zur konkreten Konzeption und Vorgehensweise der Studie anzubringen (III). Da der hier gewählte, qualitativ-inhaltsanalytische Ansatz zudem verlangt, bereits vor dem Erstzugriff auf das erhobene Material ein vorläufiges Kategoriensystem aufzustellen, soll im weiteren auch dessen Entstehungsprozess referiert werden (IV). Abschließend ist noch auf einige Rahmendaten der Untersuchungspopulation einzugehen (V).

I. Zielsetzung und methodischer Ansatz

Die in der Einleitung erfolgte Auseinandersetzung mit der Kontroverse um das Fernsehempfangsrecht in Haina hat bereits die zentralen Gesichtspunkte deutlich gemacht, welche im Rahmen der hier unternommenen Untersuchung der Rechtswirklichkeit des psychiatrischen Maßregelvollzuges Berücksichtigung finden müssen: Es geht letztlich um eine Darstellung von Lebenssachverhalten, in denen einem Patienten Rechtsbeschränkungen aufgrund von ihm gezeigten Fehlverhaltens auferlegt werden. Nach den Feststellungen des Eingangskapitels besteht die begründete Annahme, dass in der Mehrzahl der so gelagerten Fälle die geltende Gesetzeslage den getroffenen Maßnahmen keinen einschlägigen Eingriffstatbestand zur Seite zu stellen vermag.

Es stellt sich nunmehr die Frage, welche Art von Forschungsdesign am ehesten zu einer Identifikation der soeben beschriebenen Interaktionsmuster auf breiterer Basis sowie zu ihrer Erfassung und Aufbereitung für eine spätere inhaltliche Auseinandersetzung geeignet scheint. Insbesondere bei Berücksichtigung des spezifisch juristischen Erkenntnisinteresses erscheint eine qualitativ-inhaltsanalytische Untersuchung der Krankenakten bestimmter, besonders disziplinschwieriger Patienten als das Mittel der Wahl.

Zum Aufbau dieser Akten und zur Entstehung ihrer einzelnen Bestandteile[374] ist Folgendes zu sagen: Die größte Nähe zu den geschilderten Sachverhalten weisen die Einträge in den *Pflegedokumentationen* auf; in ihnen werden von den Mitarbeitern des Pflegedienstes zeitnah und – wenn nötig – mehrmals täglich sämtliche Aktivitäten und besonderen Vorkommnisse den jeweiligen Patienten betreffend niedergeschrieben. Den jeweils mit Datum und Uhrzeit versehenen Ausführungen merkt man bisweilen noch die unmittelbare Betroffenheit des Referenten von einem konflikthaften Ereignis an, was dann oftmals zu einer besonders bildhaften und aussagekräftigen Schilderung der Vorkommnisse führt.[375] Die eventuell erforderliche Absonderung eines Patienten wird darüber hinaus in einem der Pflegedokumentation nachgehefteten *Anordnungsblatt für Absonderungen* gesondert dokumentiert; aufgrund der zumeist recht kleinschrittigen Beobachtungsintervalle finden sich in derartigen Fällen zudem umfangreiche *Absonderungsprotokolle.*[376] Größere Zeiträume von einer Woche bis zu einem oder gar mehreren Monaten werden in der von dem zuständigen Therapeuten zu führenden *Krankengeschichte* rekapituliert; die

---

374 Allgemein zum Umfang der Dokumentation in den Krankenakten der forensischen Psychiatrie Kammeier-*Wagner*[2], Kap. D, Rn 169ff.; *Volckart* 1999a, S. 177ff. Vgl. auch noch *Volckart* 1994, der in diesem Zusammenhang von „Sammelakten" spricht: „Es werden sämtliche Schriftstücke gesammelt, die in dem individuellen Abhängigkeits- und Pflichtenverhältnis zusammenkommen, in dem Patient und Krankenhaus zueinander stehen." (S. 819). Nach *Goffman* 1971 schließlich wird „ein menschliches Objekt auf seinem Weg durch das System einer Heilanstalt von einer Kette von Informationsbelegen begleitet, die genau Auskunft geben, was für den Patienten getan wurde, was der Patient getan hat und wer zuletzt die Verantwortung für ihn trug." (S. 78f.).

375 Insoweit gereicht der Untersuchung gewissermaßen ein Umstand zum Vorteil, welchen *Rasch* 1991a in seinem Gutachten zur Klinik für Gerichtliche Psychiatrie *Haina* – aus durchaus nachvollziehbaren Gründen – eher negativ bewertet: „Die bislang entwickelte Pflegedokumentation sollte überdacht werden. Sie erschien mir z.T. überdetailliert und bürokratisch. Hierdurch besteht das Risiko, dass das Personal für Schreibarbeiten Zeit aufwendet, die besser für Kontakte mit den Patienten genutzt werden könnte." (S. 32; am Rande sei allerdings angemerkt, dass nach *Garfinkel* 1967, S. 192, gerade die Frage „How much of the nurse's time will it take?", mit der von Seiten fiskalischer Instanzen häufig auf – unter Umständen durchaus sinnvolle – Pläne einer Ausweitung des Dokumentationsaufwandes im Klinikbereich reagiert werde, zu den „'good' organizational reasons for 'bad' clinical records" zählt und insofern durchaus kritikwürdig erscheint). Die beim Personal des WZFP beobachtete, relativ umfangreiche Dokumentationstätigkeit steht im Übrigen (erfreulicherweise) im Widerspruch zu den von *Wolff* 2000a, S. 506 geäußerten Erwartungen: „Eine unter dem Gesichtspunkt des Klinikbetriebs vorgenommene Informationssammlung erweist sich dann als vernünftig, wenn sie die hierfür zur Verfügung stehende Zeit in Rechnung stellt, was in der Regel bedeutet, dass man es soweit wie möglich bei knappen Angaben bewenden lässt".

376 Gem. § 21 III MRVG-NW sind die besonderen Sicherungsmaßnahmen, zu denen unter anderem auch die Absonderung zählt, der Verteidigung, der Rechtsanwältin oder dem Rechtsanwalt oder der gesetzlichen Vertretung der Betroffenen unverzüglich mitzuteilen, was in der Praxis unter Verwendung eines Vordruckes geschieht. § 21 II 2 MRVG-NW fordert darüber hinaus bei Absonderungen, die länger als einen Monat dauern, die Erlaubnis des Trägers, was ebenfalls entsprechenden Schriftverkehr erforderlich macht. Die besagten Dokumente finden sich in demjenigen Teil der Patientenakten, welcher den rechtlichen Angelegenheiten vorbehalten ist.

dort niedergelegten Berichte weisen zumeist eine gewisse zeitliche Distanz zu den zugrunde liegenden Vorkommnissen auf und sind aufgrund dessen – in weitaus stärkerem Maße, als dies für die zeitnahe Pflegedokumentation gilt – das Ergebnis eines Prozesses der Verarbeitung und Bewertung. Der für jeden Patienten zu erstellende *Therapie- und Eingliederungsplan* ist schließlich gemäß § 16 II 2 MRVG-NW jeweils im Abstand von höchstens sechs Monaten zu aktualisieren und zeichnet insofern die langfristigeren Entwicklungen in der Unterbringungsbiographie des Betroffenen nach. Soweit auch derartige Dokumente einzelne besondere Vorkommnisse aufgreifen und sich mit diesen auseinandersetzen, ist der zeitliche Abstand mithin noch größer und der Verarbeitungsgrad noch höher.

Dabei bieten sich die besagten Akten insbesondere aufgrund einer ihnen zukommenden zweifachen Dokumentations- und Informationsfunktion als Untersuchungsgegenstand an: Zum einen fungieren sie als Informationsträger innerhalb der Einrichtung, indem die in ihnen niedergelegten Aussagen über den jeweiligen Patienten mit der schriftlichen Fixierung auch sämtlichen anderen an dessen Behandlung mitwirkenden Mitgliedern des Personals zur Verfügung gestellt werden. Die Krankenakten ermöglichen demgemäß in einer Institution, in der verschiedene, teilweise räumlich voneinander getrennt untergebrachte Berufsgruppen tätig sind, und die zudem vom Schichtbetrieb geprägt ist, eine unkomplizierte Form der Kommunikation über aktuelle Ereignisse im Zusammenhang mit dem Probanden.[377] Zum anderen bewirkt der Faktor der zunehmenden Vergesetzlichung und Rechtskontrolle des Vollzugsalltages, dass die Aufzeichnungen des Personals immer auch am Erwartungshorizont externer, vornehmlich juristisch geschulter Instanzen ausgerichtet sind. Der Bericht über eine begrenzende Maßnahme wird insofern immer auch versuchen, mögliche gesetzliche Eingriffstatbestände zu reflektieren und die Wiedergabe der Informationen zum Sachverhalt hieran auszurichten, um so zu einer Absicherung gegenüber den Kontrollorganen zu gelangen.[378]

---

[377] Insoweit kann in Anlehnung an *Bateson* 1983, S. 524 et passim von Kommunikation – im hier behandelten Zusammenhang genauer: von *aktenförmiger* Kommunikation – als der *„Erzeugung von (sozialer) Redundanz"* gesprochen werden: Die Dokumentation bestimmter Inhalte in Akten „erhöht [...] die Reichweite der Kommunikation, indem sie diese unabhängig macht von Zeit und Ort der Mitteilung" (*Wolff* 2000a, S. 502). Aus systemtheoretischer Perspektive wird dieser Gedanke von *Kieserling* 1999, S. 48 beleuchtet: „Wenn eine Information mitgeteilt und verstanden wurde, dann können Dritte sowohl den Sender als auch den Empfänger danach fragen. So entsteht ein Überschuss an Trägern für dieselbe Information, und das Gesamtsystem kann den Verlust oder die erschwerte Erreichbarkeit einzelner Träger leichter verschmerzen." Was *Kieserling* für die „Kommunikation unter Anwesenden" formuliert, muss nach dem Gesagten um so mehr für die „Zwischenlagerung" von Informationen in Akten gelten. Dazu, dass die hier beschriebene „Offenbarung innerhalb des therapeutischen Teams" im Übrigen durchaus auch Probleme und Loyalitätskonflikte für die Beteiligten birgt, vgl. *Volckart* 1994, S. 822f.

[378] In Anlehnung an die Unterscheidung bei *Luhmann* 1966, S. 51 sollte man sich demzufolge vergegenwärtigen, dass die Krankenakte jeweils lediglich eine *Darstellung* des Entscheidungsergebnisses beinhaltet, welche nur bedingt Rückschlüsse auf die Umstände der *Herstellung* dieser Entscheidung, etwa die bei der Entscheidungsfindung wirksamen Beweggründe, zulässt. Zur

Aufgrund der ihnen zukommenden Funktion, gefilterte Informationen zu speichern, um zukünftiges Entscheidungshandeln zu ermöglichen sowie vergangenes zu überprüfen und kontrollierbar zu machen, sind die Akten von *Lamott* auch als das „Gedächtnis" der Verwaltung bezeichnet worden.[379] Auswahl, Struktur, Qualität und Quantität der in diesem „Gedächtnis" gespeicherten Informationen unterliegen bestimmten, intern determinierten Selektionsprozessen; diese werden gesteuert durch die institutionsspezifischen formalen Verwaltungsanordnungen und nicht zuletzt auch durch die innerhalb der Institution gültigen informellen Regeln. Dabei kann insbesondere die bereits erwähnte Legitimationsfunktion der Akte gegenüber etwaigen internen oder externen Kontrollinstanzen ein Phänomen erzeugen, das – in anderem, auf die Dokumentationsarbeit der Polizei bezogenem Zusammenhang – von *Feest* in Anlehnung an Überlegungen *Sacks* als „legalistische Rekonstruktion" bezeichnet worden ist:[380] Die in den Akten enthaltenen Informationen sind danach nicht – oder doch zumindest nicht ausschließlich – dem Bemühen um eine möglichst spiegelbildliche Wiedergabe der ihnen zugrunde liegenden Interaktionen geschuldet, sondern statt dessen als Versuch der professionell-pragmatischen Darstellung eines Falles zu verstehen, dessen aktenförmig dokumentierte Behandlung vor allem den gesetzlich formulierten Anforderungen genügen soll.[381] *Luhmann* spricht insoweit von einem „Prozess der kritischen Überlegung, des Glättens, Polierens und Verpackens", dessen Resultat „den Eindruck selbstverständlicher Richtigkeit, Vollkommenheit und Allgemeingültigkeit" erwecken solle.[382]

Für den Kontext des Maßregelvollzuges ist demnach die Annahme nicht völlig abwegig, dass das Personal für den Fall, dass es Zweifel im Hinblick auf die Vereinbarkeit einer bestimmten rechtsbeschränkenden Maßnahme mit den geltenden gesetzlichen Vorgaben hegt, versucht sein wird, den betreffenden Lebenssachverhalt für die Dokumentation so „aufzubereiten", dass eine ordnungsgemäße Subsumtion unter das geltende Recht gewährleistet erscheint. Während im einschlägigen Schrifttum verschiedentlich auf die Problematik hingewiesen worden ist, die im

---

(eingeschränkten) Möglichkeit, aus dem Darstellungsbereich einer Entscheidung Rückschlüsse auf die bei der Produktion des Entscheidungsergebnisses angewandten Grundsätze zu ziehen, vgl. *Hassemer* 1990, S. 116ff. Während *Hassemer* der Hoffnung Ausdruck verleiht, dass die Entscheidungsgründe in dieser Frage „ehrlich" seien mögen (daneben allerdings auch auf die ergänzende Befragung der Entscheidungsträger als Möglichkeit einer vorsichtigen Verifizierung hinweist, S. 118), beginnt nach *Rottleuthner* 1973 die wissenschaftliche Analyse von Handlungen gerade „mit der Aufkündigung dieses Vertrauens" (S. 63).

379 *Lamott* 1984, S. 99. Ebenso *Dölling* 1984, S. 271 unter Bezugnahme auf *Thieme* 1977, Rn 799.

380 *Feest* 1971, S. 87; *Sack* 1968, S. 464f. Zu den Implikationen der „Konstruktion von Wahrheit in professionellen Entscheidungsvorgängen" für die soziologische Analyse der besagten Prozesse auch noch *Lautmann* 1972, S. 21ff.

381 Vgl. *Laul Wolff* 1981, S. 211 (Verwendung zur „Außendarstellung" statt des „Bemühen(s) um eine wirklichkeitsgerechte Darstellung").

382 *Luhmann* 1964, S. 113. Für die staatsanwaltschaftliche Aktenführung hat *Barton* 1980, S. 211ff. auf diese Zusammenhänge hingewiesen; im Kontext der richterlichen Entscheidungsfindung verzeichnet schließlich *Rottleuthner* 1973 „Techniken der Fassadenarbeit" (S. 61).

Rahmen einer empirischen Untersuchung einer derartigen – auch nur vermuteten – Tendenz zur Umformung der Wirklichkeit im Hinblick auf die Aussagekraft des erhobenen Aktenmaterials zukommen kann,[383] dürfte derartigen Bedenken für den vorliegenden Zusammenhang lediglich eingeschränkte Bedeutung zukommen: Liegt doch der hier unternommenen Studie die Annahme zu Grunde, dass es in der Vollzugswirklichkeit verbreitet vor allem zu einer *unbewussten* Überdehnung der existierenden Rechtfertigungstatbestände (in juristischer Terminologie ausgedrückt: zu einem *Subsumtionsirrtum* der jeweiligen Rechtsanwender) kommt. Mit einer *bewussten* Manipulation der für die Krankenakten aufbereiteten einschlägigen Ausschnitte aus dem Vollzugsalltag ist aufgrund des zumindest in der *hier* behandelten Frage zumeist fehlenden entsprechenden Problembewusstseins der Akteure demzufolge eher selten zu rechnen, so dass das vorgefundene Material unter diesem Gesichtspunkt weniger kritisch zu sehen ist. Festzuhalten bleibt gleichwohl die Erkenntnis, dass es sich bei den in den Akten vorgefundenen Sachverhalten stets um „konstruierte Realität" handelt.[384]

Damit wird zwangsläufig auch die von den Erfahrungswissenschaften kontrovers diskutierte Frage tangiert, inwieweit überhaupt „von einer Realität ausgegangen werden kann, die außerhalb subjektiver und sozial geteilter Sichtweisen existiert und an der dann deren 'Abbildung' in Texte (oder andere Forschungsprodukte) überprüft werden kann".[385] Geht man, wie dies die Vertreter des sozialen Konstruktivismus tun, davon aus, dass die Wirklichkeit von den an einer Interaktion Beteiligten jeweils über diejenigen Bedeutungen hergestellt wird, die durch sie bestimmten Ereignissen und Gegenständen beigemessen werden,[386] so ergibt sich für die sozialwissenschaftliche Forschung folgendes Dilemma: Sie trifft zum einen „die Welt, die sie untersuchen will, immer nur in denjenigen Versionen an, die von dieser Welt im jeweiligen Feld existieren bzw. von den interagierenden Subjekten (gemeinsam oder konkurrierend) konstruiert werden",[387] und sie fügt zum anderen durch die Auseinandersetzung mit den von ihr empirisch erhobenen Daten diesen Versionen letztlich lediglich eine weitere, ihren eigenen Deutungen folgende Version hinzu. Erforderlich wird danach für den Forschenden in jedem Fall eine gründliche Reflektion sowohl der alltäglichen Konstruktionsleistung der beforschten Interak-

---

[383] Hierzu *Barton* 1980, S. 213ff.; *Dölling* 1984, S. 269ff.; *Eisenberg* 1995, § 13, Rn 28; *Göppinger* 1997, S. 77f.; *Schneider* 1973, S. 574; *Steffen* 1977; *Wolff* 2000a, S. 511.

[384] Vgl. erneut *Barton* 1980, S. 213: „Akten schaffen so eine eigene, neue Realität." Ähnlich bereits *Blankenburg* 1975, S. 195, nach dem Akten eine „Realität eigener Art" enthalten, nämlich „die zum Zwecke der Rechtfertigung von Entscheidungen und ihrer rechtlichen Absicherung produzierte Version eines Entscheidungsablaufs".

[385] *Flick* 2000a, S. 45.

[386] So etwa *Berger/Luckmann* 1969, S. 31ff. für die Konstruktion alltagsweltlicher „Vis-á-vis-Situationen", den „Prototyp aller gesellschaftlichen Interaktion". Vgl. weiterhin *Gergen* 1985; *Gergen* 1999; *Schütz* 1971. Zu den verschiedenen „Spielarten des Konstruktivismus" finden sich gute Übersichten bei *Flick* 2000b, S. 151f.; *Knorr-Cetina* 1989 sowie bei *Strauch* 2000.

[387] *Flick* 2000a, S. 46.

tionsteilnehmer als auch der Konstruiertheit der eigenen Version vom Untersuchungsgegenstand.[388]

Für die im Folgenden durchzuführende Aktenanalyse soll auf die Arbeiten *Mayrings* zur qualitativen Inhaltsanalyse zurückgegriffen werden.[389] Die von ihm entwickelten Techniken eignen sich insbesondere zur systematischen und theoriegeleiteten Bearbeitung auch größerer Mengen vorgefundenen oder eigens erzeugten Textmaterials und sind demzufolge als ein adäquates Instrument zur Auseinandersetzung mit den größtenteils über einen Unterbringungszeitraum von mehreren Jahren geführten und entsprechend umfangreichen Krankenakten zu betrachten.

Gemeinsames Kennzeichen sämtlicher von *Mayring* vorgeschlagener inhaltsanalytischer Verfahren ist zum einen, dass die untersuchten Quellen in Einheiten zergliedert und sodann schrittweise bearbeitet werden, zum anderen die sukzessive Entwicklung eines Kategoriensystems am erhobenen sprachlichen Material. Bei der als *strukturierende qualitative Inhaltsanalyse* bezeichneten Methode geht es insbesondere darum, eine bestimmte Struktur aus dem Untersuchungsmaterial herauszufiltern. Diese Struktur wird in Form eines vorab entwickelten Kategoriensystems an das Material herangetragen. Schließlich werden diejenigen Textbestandteile, die durch die Kategorien angesprochen werden, aus dem Material systematisch extrahiert.[390]

Im Einzelnen gliedert sich dieser Prozess in folgende Schritte: Zunächst werden die Strukturierungsdimensionen aus der dem Vorhaben zugrunde liegenden Fragestellung abgeleitet und theoretisch begründet. Im vorliegenden Zusammenhang soll die empirische Arbeit vor allem dazu dienen, Daten zu bestimmten inhaltlichen Dimensionen, nämlich der Sanktionierung von Fehlverhaltensweisen, aus den Krankenakten zu extrahieren und aufzubereiten; im Vordergrund steht mithin eine entsprechende inhaltliche Strukturierung des erhobenen sprachlichen Materials. Als nächster Arbeitsschritt folgt eine weitere Differenzierung der so festgelegten grundlegenden Dimensionen, indem diese in einzelne Ausprägungen aufgespalten werden. Auf der Grundlage dieser ausdifferenzierten Strukturierungsdimensionen ist sodann die vorläufige Zusammenstellung des Kategoriensystems vorzunehmen. Hierzu wird genau definiert, welche Textbestandteile unter die jeweilige Kategorie

---

388 Mit *Schütz* 1971 kann in diesem Zusammenhang von „Konstruktionen zweiten Grades" gesprochen werden, nämlich von „Konstruktionen von Konstruktionen jener Handelnden im Sozialfeld, deren Verhalten der Sozialwissenschaftler beobachten und erklären muss, und zwar in Übereinstimmung mit den Verfahrensregeln seiner Wissenschaft." (S. 68). Den einzelnen „Konstruktionsphasen" entlang des Forschungsprozesses ist *Steinke* 1999, S. 110ff. nachgegangen und zu der Schlussfolgerung gelangt: „Reflexionen des Forschers über die konstitutive Funktion seiner Subjektivität für die verschiedensten Entscheidungen und methodische Schritte im Forschungsprozess sind ein zentrales Instrument im Umgang mit der Subjektivität des Forschers im Forschungsprozess." (S. 118).

389 *Mayring* 1985; *Mayring* 1995; *Mayring* 1999, S. 91ff.; *Mayring* 2000. Zusammenfassung bei *Lamnek* 1995b, S. 207 ff.

390 Detailliert hierzu *Mayring* 1985, S. 197; *Mayring* 1995, S. 213; *Mayring* 2000, S. 82f.

fallen sollen, wobei eine Konkretisierung anhand der Aufstellung von Ankerbeispielen (prototypische Textstellen, die einer Kategorie unterfallen und als Beispiel gelten sollen) und Kodierregeln (Regeln zur Klärung von Abgrenzungsproblemen) erfolgt. Im Rahmen eines ersten, zumindest ausschnittweisen Materialdurchlaufs wird sodann erprobt, ob die zuvor entwickelten Kategorien überhaupt greifen und ob die zugehörigen Definitionen, Ankerbeispiele und Kodierregeln eine eindeutige Zuordnung ermöglichen. Wird hierbei ein Bedarf an Überarbeitung festgestellt, so erfolgt gegebenenfalls die Revision und Modifikation des Kategoriensystems und seiner Definitionen. Dieser Vorgang wird notfalls so oft wiederholt, bis der Bearbeiter über ein Set von Kategorien verfügt, welches eine eindeutige Zuordnung sämtlicher zu analysierenden Textstellen erwarten lässt.[391] Nunmehr kann mit dem Hauptmaterialdurchlauf begonnen werden, in dem endgültig diejenigen Textstellen im Material bezeichnet werden, in denen eine bestimmte Kategorie angesprochen wird. Das so gekennzeichnete Material wird schließlich extrahiert und einer weiteren Bearbeitung zugeführt.[392] Zur Verdeutlichung mag das auf S. 97 abgebildete Ablaufmodell dienen.

Eine derartige Technik dürfte sich besonders gut zur Erhebung, Strukturierung und Kategorisierung aktenförmig dokumentierter konflikthafter Sachverhalte eignen, wie sie im Rahmen der vorliegenden Untersuchung zu erbringen ist. Dabei liegt der Vorteil einer Verwendung qualitativer Techniken gegenüber quantitativ ausgerichteten Untersuchungsmethoden für den hier zu behandelnden Kontext in Folgendem: Aufgrund der Tatsache, dass es sich bei dem zu untersuchenden Phänomen, der Sanktionierung unerwünschten Patientenverhaltens, um ein Verhalten handelt, welches in den für den Maßregelvollzug geltenden Regelwerken bislang schlichtweg keine Berücksichtigung erfahren hat,[393] muss der Ansatz einer ersten Untersuchung zu diesem Gegenstand in seiner Anlage naturgemäß sehr offen sein. Zu spärlich sind nach den vorangegangenen Ausführungen die bislang im einschlägigen Schrifttum zur Frage der Disziplinarmaßnahmen im Maßregelvollzug angestellten Überlegungen, als dass in ihnen bereits eine hinreichende Grundlage für die Entwicklung differenzierter Hypothesen zum Untersuchungsgegenstand gefunden werden könnte, welche dann nur noch einer an statistischen Verfahren orientierten Überprüfung am Fallmaterial zugeführt werden müssten. Eine Hypothesenbildung

---

[391] Dieser Aspekt des vorgestellten methodischen Ansatzes – das Wechselspiel zwischen Vorverständnis, Erprobung am Datenmaterial und Modifikation des Vorverständnisses – kann mit *Mayring* 1999, S. 18 als „hermeneutischer Zirkel" oder „hermeneutische Spirale" charakterisiert werden. Ausführlich hierzu *Lamnek* 1995a, S. 74ff.; vgl. allerdings auch noch *Steinke* 1999, welche der qualitativen Inhaltsanalyse nach *Mayring* lediglich bedingt zirkulären Charakter zubilligt (S. 41).

[392] Ausführlich *Mayring* 1985, S. 197ff.; *Mayring* 2000, S. 82ff.

[393] Erneut ist in diesem Zusammenhang allerdings auf die – nur scheinbare – Ausnahme der in § 27 II BbgPsychKG getroffenen Regelung zu verweisen, welche jedoch für die Regelung eines Disziplinarrechts auf die von den Einrichtungen zu erlassenden Hausordnungen verweist, mithin gerade keine eigene *gesetzliche* Grundlage schafft.

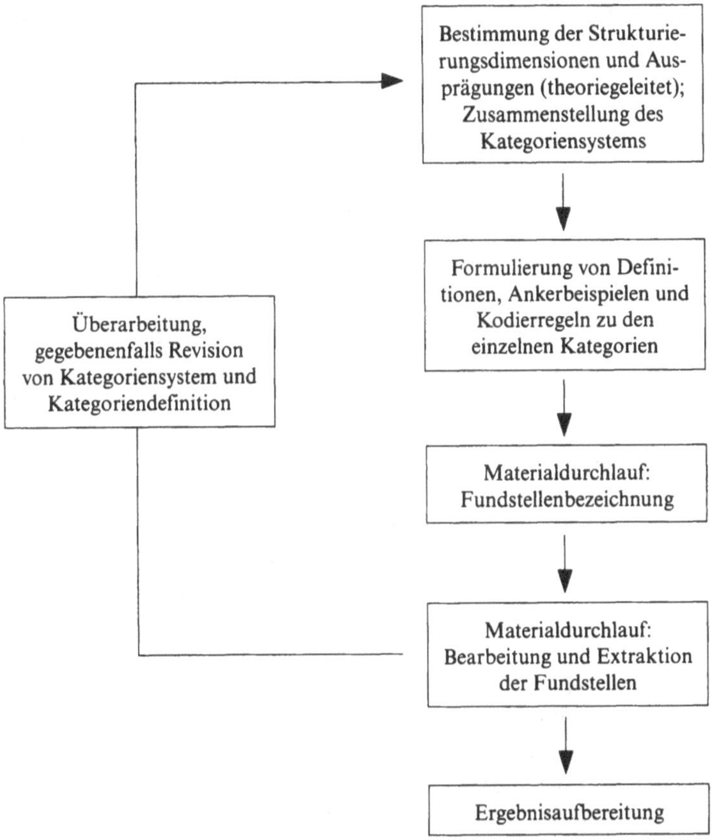

Abb.: Ablaufmodell strukturierender qualitativer Inhaltsanalyse nach *Mayring*[394]

kann aus diesem Grunde nur sukzessive im Zuge einer wiederholten Durchsicht der vorgefundenen Textquellen erfolgen; die Vorgehensweise muss dann jedoch zwangsläufig eine induktive, sich schrittweise vortastende und um das Ergründen und Verstehen bislang unbekannter Zusammenhänge bemühte sein, wie sie gerade für das qualitative Paradigma kennzeichnend ist.[395]

---

394 Entnommen aus *Mayring* 1999, S. 96.

395 Vgl. etwa *Brüsemeister* 2000, S. 21, der den Hauptunterschied zwischen qualitativen und quantitativen Untersuchungsmethoden durch die Begriffe „Überprüfung" (für quantitative Verfahren) und „Entdeckung" (für qualitative Verfahren) bezeichnet sieht. Ausführlich zur Unterscheidung von qualitativem und quantitativem Paradigma auch noch *Hopf* 1979, S. 13ff.; *Lamnek* 1995a, S. 218ff. Möglichkeiten des Erkenntnisgewinns durch das Zusammenspiel der beiden verschiedenen Ansätze (sinnfällig ausgedrückt in der „Triangulationsmetapher" bei *Kelle/Erzberger* 2000, S. 302ff.) werden unter anderem beleuchtet von *Brüsemeister* 2000, S. 41ff.; *Erzberger/Kelle* 1998; *Wilson* 1982.

Um es plastisch auszudrücken: Wenn man die weiter oben wiedergegebenen Ausführungen *Volckarts* und *Grünebaums*[396] als die Formulierung eines „Anfangsverdachts" im Hinblick auf die verbreitete Überdehnung existierender Eingriffstatbestände durch die Vollzugswirklichkeit verstehen will, so kann es nicht der Anspruch der vorliegenden empirischen Arbeit sein, diesen Verdacht regelgerecht im Sinne quanitativ-statistischer Methodik zu verifizieren oder zu falsifizieren. Statt dessen erscheint es weitaus sachgerechter, sich von einer Untersuchung, die sich auf derartig wenig vermessenem Terrain bewegt, allenfalls eine qualitative Steigerung des „Verdachtsgrades" zu versprechen: An die Stelle des „Anfangsverdachts" würde dann am Ende der Studie unter Umständen ein nunmehr bereits empirisch „begründeter Verdacht" treten.[397] Insoweit könnte in Anlehnung an *Gessner* das hier verfolgte Vorhaben auch als „Orientierungsforschung" charakterisiert werden, welche sich – im Bewusstsein der ihr eigenen, spezifischen Limitationen – darum bemüht, dennoch „eine möglichst umfassende und komplexe Information über einen Ausschnitt sozialer Wirklichkeit" zu gewinnen.[398]

Während die Stärken des gewählten Ansatzes somit vor allem in einer theoriegeleiteten Exploration und Feinanalyse bislang wenig erschlossener sozialer Phänomene zu sehen sein dürften,[399] liegt seine Schwäche im Vergleich zu den mit statistischen Samples operierenden quantitativen Verfahren eindeutig darin, dass die mit seiner Hilfe gewonnenen Erkenntnisse nur von begrenzter Repräsentativität sind. Wenn also den Ergebnissen qualitativer Sozialforschung prinzipiell eine größere „Lebensnähe, Detailkenntnis und Authentizität"[400] zugebilligt wird, so kann ihnen andererseits gerade aufgrund ihrer Gewinnung am möglichst aussagestarken Einzelfall der Vorhalt einer gewissen Subjektivität und mangelnden Verallgemeinerbarkeit nicht erspart werden.[401] Einen Teil dieses strukturell angelegten Nachteils versucht der Ansatz *Mayrings* durch die Betonung eines streng methodisch kontrollierten Vorgehens bei der Auswertung des vorgefundenen Materials auszugleichen.[402] Gleichwohl wird man mit den Ergebnissen dieser Untersuchung zumindest im Hinblick auf ihre Generalisierbarkeit naturgemäß vorsichtiger argumentieren müssen, als wenn es sich um die Resultate einer quantitativ angelegten Studie handelte.[403]

---

396 Vgl. weiter oben S. 6ff.

397 Im Disput zwischen den Vertretern qualitativer und quantitativer Ansätze der Sozialforschung begegnet die hier zugrunde liegende Differenzierung in der Unterscheidung zwischen hypothesen*prüfenden* (quantitativen) von hypothesen*generierenden* (qualitativen) Verfahren. Zusammenfassend hierzu *Lamnek* 1995a, S. 223ff.; *Meinefeld* 2000, S. 266f.

398 *Gessner* 1984, S. 483.

399 *Hopf* 1979, S. 18.

400 *Göppinger* 1997, S. 57.

401 Eine umfangreiche Verteidigungsrede zur Repräsentativität und Generalisierbarkeit qualitativer Forschungsergebnisse wird allerdings von *Lamnek* 1995a, S. 187ff. geführt. Vgl. hierzu auch noch *Brüsemeister* 2000, S. 35ff.; *Mayring* 1999, S. 12f.

402 Von *Lamnek* 1995b, S. 197, 207 sind denn auch Berührungspunkte zu quantitativen Verfahren aufgezeigt worden.

403 Ermutigung ist allerdings bei *Bargfrede* 1999 zu erhalten, der sein Vorgehen in einer (qualitativ

II. Das WZFP als Untersuchungsort

Die im Mittelpunkt dieser Arbeit stehende Aktenanalyse wurde im Westfälischen Zentrum für Forensische Psychiatrie in Lippstadt-Eickelborn (WZFP) durchgeführt. Im Folgenden soll die Klinik als Ort der Untersuchung kurz dargestellt werden.[404]

Das WZFP ist zum Zeitpunkt der Untersuchung als zentrale Maßregelklinik mit 305 Behandlungsplätzen und einer Ist-Belegung von 360 Patienten[405] eine der größten Einrichtungen dieser Art in Deutschland.[406] Es ist unter seiner derzeitigen Bezeichnung im Jahre 1984 aus dem damaligen „Rottland-Bereich" des Westfälischen Landeskrankenhauses Eickelborn hervorgegangen;[407] eine erste Unterbringung nach strafrechtlichen Bestimmungen eingewiesener Patienten geht jedoch bereits zurück auf das Jahr 1934.[408] Nach dem Organisationsplan des Landes NRW[409] ist das WZFP zuständig für die Aufnahme und Behandlung des Großteils der im Bezirk des Oberlandesgerichtes Hamm zum Vollzug einer Maßregel der Besserung und Sicherung nach § 63 StGB abgeurteilten psychisch kranken Erwachsenen sowie für erwachsene Drogenabhängige, deren Unterbringung gemäß § 64 StGB angeordnet wurde. Danach umfasst das Einzugsgebiet der Klinik die gesamten Regierungsbezirke Arnsberg, Detmold und Münster sowie einen Teil des Landgerichtsbezirkes Essen.

Im WZFP werden alle psychisch kranken und ein kleinerer Teil der nach § 64 StGB untergebrachten suchtkranken Straftäter der besagten Region aufgenommen

---

angelegten) Studie zur Enthospitalisierung forensischer Langzeitpatienten, welche sich zudem gleichfalls durch eine gewisse „Erstmaligkeit" des Zugangs zum Untersuchungsgegenstand auszeichnet, wie folgt beschreibt: „Immer wieder begrenzt, durch das beschränkende Gesetz der kleinen (An-)Zahl, was, positiv gewendet, hier zur Suche nach 'Tiefe' in Ermangelung verfügbarer 'Breite' führte." (S. 389).

404 Soweit nicht gesondert belegt, ist Quelle für die folgenden Ausführungen durch das WZFP herausgegebenes Informationsmaterial, das sich unter anderem auch auf der Homepage http://www.wzfp.de dokumentiert findet.

405 Zur Kapazitätsproblematik vgl. den Bericht in der *Süddeutschen Zeitung* v. 23.01.2002, S. 51 unter dem Titel „Auf dem Weg zur Verwahranstalt". Zu „Bettenmangel und Überbelegung" in der forensischen Psychiatrie vgl. auch noch *Hilgers* 1999, S. 31 (These 13).

406 Nach *Dimmek* 1992, S. 142 macht die schiere Größe des WZFP „Untersuchungen über die Institution des Maßregelvollzuges als Ganzes oder über Teilabläufe in ihr erst möglich; forensische Abteilungen, die nur aus 1 oder 2 Stationen in Angliederung an eine Klinik der Allgemeinpsychiatrie bestehen, erlauben dies nicht".

407 Ein prägnanter Bericht über die Umstellungsphase findet sich bei *Schumann* 1989, S. 5f.

408 Schlussbericht des Parlamentarischen Untersuchungsausschusses I, LT-Drs. 12/4747, S. 266. Ein Überblick über die jüngere Vergangenheit des Zentrums findet sich bei *Baars/Van den Bergh* 1992; *Rasch* 1984b, S. 21ff. sowie in den Untersuchungen von *Bargfrede* 1999, S. 47ff. und *Polländne* 1994, S. 118f.

409 Organisationsplan zu § 12 der Durchführungsverordnung zum Maßregelvollzugsgesetz vom 18.12.1984 (DV MVollzG NRW), deren Fortgeltung bis auf weiteres § 36 MRVG-NW bestimmt. Der Organisationsplan ist abgedruckt im GV NRW 1988, S. 56.

und behandelt; die Behandlung der letztgenannten Patientengruppe wurde in den vergangenen Jahren allerdings weitgehend auf zwei eigenständige Standorte, die Westfälische Klinik Schloss Haldem sowie das Westfälische Therapiezentrum Marsberg „Bilstein", verlagert. Durchschnittlich erfolgen ca. 120 Aufnahmen pro Jahr. Der Anteil der Frauen liegt bei 5%; die durchschnittliche Dauer der Behandlung bei 5 Jahren. Lässt man die suchtkranken Patienten außer Betracht, dann entfallen von den Krankheitsbildern rund 50% auf Diagnosen, wie sie auch in jedem anderen psychiatrischen Krankenhaus anzutreffen sind: Es sind dies im Einzelnen Schizophrenien, affektive Psychosen, hirnorganische Störungen, Epilepsien und Oligophrenien. Die restlichen 50% stellen Patienten mit schweren Persönlichkeitsstörungen, Borderline-Störungen und anderen frühen Störungen. Etwa 30% der Patienten wurden wegen Gewaltdelikten (Mord, versuchter Mord, Totschlag, gefährliche Körperverletzung) untergebracht, 30% wegen Eigentumsdelikten (Raub, schwerer Diebstahl) und weitere 30% wegen Sexualdelikten. Rund 10% der Unterbringungen erfolgten wegen Brandstiftungen.

Die stationäre Behandlung und Unterbringung der im Mittelpunkt der vorliegenden Studie stehenden, gemäß § 63 StGB untergebrachten Patienten erfolgt nach einer umfangreichen Neustrukturierung im Jahre 1998 in vier eigenständigen Abteilungen mit einer Kapazität von 50 bis 100 Patienten. Nach der Aufnahme durchlaufen zunächst nahezu alle Patienten die Abteilung I für Aufnahme und Diagnostik, bevor sie je nach Krankheitsbild in eine der drei Behandlungsabteilungen verlegt werden. Während in der Abteilung II für Klinische Psychiatrie vor allem Patienten mit Psychosen und ähnlichen psychischen Erkrankungen sowie der verhältnismäßig geringe Anteil an Patientinnen aufgenommen werden, ist die Abteilung III spezialisiert auf die Psycho- und Soziotherapie insbesondere persönlichkeitsgestörter Patienten. Schließlich steht für intelligenzgeminderte psychisch Kranke die Abteilung IV zur Verfügung, welche den Strukturen und Ressourcen des forensischen Bereiches der bis vor kurzem eigenständigen Westfälischen Klinik im benachbarten Lippstadt-Benninghausen entspricht, die mittlerweile in den Komplex des WZFP überführt worden ist.[410]

III. Konzeption der Studie

Tritt man als Außenstehender mit einem bestimmten Forschungsinteresse an eine Institution von der Größe und Binnendifferenziertheit des WZFP heran, so erscheint es sinnvoll, sich zunächst einen Überblick über die Strukturen und einrichtungsspezifischen Arbeitsabläufe zu verschaffen. Zu diesem Zweck diente ein in Absprache mit der Abteilung für Grundsatz-, Planungs- und Sicherungsaufgaben des WZFP (Abt. GPS)[411] durchgeführtes einwöchiges Kurzpraktikum im Herbst

---

[410] Zu diesem Prozess der Umstrukturierung vgl. *Bargfrede* 1999, S. 48.

[411] Diese Abteilung fungiert innerhalb des WZFP unter anderem als „gatekeeper" (*Wolff* 2000b,

2000. Im Rahmen dieses Praktikums erfolgten eine Vorstellung und entsprechende Informationsgespräche in den vier Behandlungsabteilungen der Klinik, und auch ein erster Zugang zu den Krankenakten als dem zukünftig zu erhebenden Material fand statt.

Auf der Basis dieser Vorarbeiten wurde sodann der Feldzugang organisiert. Insoweit stellte sich vor allem die Frage nach einer möglichen Eingrenzung des zu bearbeitenden Aktenmaterials. Angesichts der großen Zahl der im WZFP nach § 63 StGB untergebrachten Patienten kam eine Vollerhebung aufgrund der nur begrenzt zur Verfügung stehenden zeitlichen und personellen Ressourcen von vornherein nicht in Betracht. Da aufgrund der qualitativen Ausrichtung des Vorhabens die Gewinnung einer reinen Zufallsstichprobe nicht zwingend geboten erschien, konnte bei der Bestimmung eines Auswahlkriteriums das der Studie zugrunde liegende Erkenntnisinteresse durchaus besondere Berücksichtigung finden: Insbesondere Patienten, die durch häufiges störendes und normverletzendes Verhalten eine kontinuierliche Belastung für den Stationsalltag darstellen (also eine Gruppe, auf die in gesteigertem Maße das Verdikt der „Gemeinschaftsschwierigkeit"[412] zutrifft), rückten so in den Fokus, da in den zugehörigen Krankenakten naturgemäß mit einer besonders hohen Frequenz der hier interessierenden Schilderungen konflikthafter Interaktionen gerechnet werden konnte. Gleichzeitig sollte durch eine Streuung der Erhebung über die gesamte Einrichtung zumindest eine gewisse Abstraktion der Ergebnisse von den Besonderheiten des jeweiligen Abteilungs- bzw. Stationssettings ermöglicht werden.

Aus diesem Grunde wurde im Dezember 2000 ein Anschreiben an die Leiterinnen und Leiter der vier Behandlungsabteilungen des WZFP gerichtet, in welchem diese noch einmal kurz über Zielsetzung und Konzeption der vorliegenden Arbeit unterrichtet wurden. Diese Erläuterungen wurden verbunden mit der Bitte, die Namen einiger Untergebrachter zusammenzustellen, die in der jeweiligen Abteilung durch entsprechendes konflikthaftes Verhalten besonders aufgefallen seien. Es wurde ausdrücklich darauf hingewiesen, dass die Zahl der erfassten Fälle für die Untersuchung nicht besonders groß sein müsse, da das Interesse eher auf eine aus-

---

S. 342) für die Zulassung externer Forschungsvorhaben; das bedeutet, dass für den interessierten Forscher der Zugang zu besagtem Untersuchungsfeld – neben der eher formalen Genehmigung durch die Klinikleitung – vor allem die Zustimmung der Konferenz der Abteilung GPS voraussetzt. Bereits im Umgang mit diesem Gremium, jedoch auch im späteren Kontakt mit den Behandlungsabteilungen wurde eine größere Zahl der von *Lau/Wolff* 1983, S. 420 geschilderten „Darstellungsauftritte" sowie das Einreichen einiger „Darstellungspapiere" erforderlich. Allgemein wird man *Flick* 2000a zustimmen können, wenn dieser die mit dem Zugang zu einer Institution beinahe zwangsläufig verbundenen Aushandlungsprozesse weniger als Bewältigung eines Informationsproblems denn als Versuch der Herstellung einer Beziehung ansieht, in welcher „so viel Vertrauen in die Person der Forscher und ihre Anliegen entsteht, dass sich die Institution – trotz allem, was dagegen sprechen könnte – auf die Forschung einlässt." (S. 74).

[412] Vgl. *Volckart* 1999a, S. 89.

führliche Auseinandersetzung mit besonders aussagekräftigen Einzelfällen denn auf die Gewinnung einer möglichst vielschichtigen Grundgesamtheit gerichtet sei. Aus diesem Grunde sei die Nennung von etwa fünf bis zehn besonders auffälligen Patienten je Abteilung durchaus ausreichend. Auch müssten die Vorgänge keineswegs einem bestimmten Zeitraum entstammen, sondern könnten auch Patienten betreffen, welche die Einrichtung bereits wieder verlassen hätten. Wichtiger als eine zu eng verstandene Forderung nach Aktualität der Fälle sei insoweit ihre besondere Eignung zur Exemplifizierung der Konfliktbelastung der Vollzugswirklichkeit.

Der Rücklauf auf diese Anfrage erbrachte die Namen von insgesamt 25 Patienten, bei denen die Abteilungsleiter von einer gesteigerten Konfliktbelastung ausgingen. Eine Liste dieser Namen wurde in der Abteilung GPS zentral zusammengestellt und auch später verwaltet; im Zuge des Fortschreitens der Untersuchung konnten diese Unterlagen dann jeweils eingesehen werden. Die entsprechenden Krankenakten wurden sodann in einem Durchlauf durch sämtliche Behandlungsabteilungen nach und nach gesichtet und in ihren für die Forschungsfrage relevant erscheinenden Bestandteilen zum Zwecke einer späteren Bearbeitung extrahiert. Nach dem Abschluss der Erhebungs- und Auswertungsphase im Juli 2001 wurden zur Gewinnung von Hintergrundinformationen sowie zur Klärung einiger Verständnisfragen in der zweiten Hälfte des Jahres 2001 ausführliche, jedoch unstandardisierte Interviews mit vier Therapeuten des WZFP durchgeführt, die jeweils für die Behandlung einzelner Patienten aus der Untersuchungspopulation zuständig waren.

IV. Entwicklung eines Kategoriensystems für den Erstzugriff auf das Material

Vor dem Erstzugriff auf das durch die soeben geschilderte Auswahlleistung eingegrenzte textliche Material ist nunmehr aus den bereits angedeuteten Strukturierungsdimensionen der Untersuchung ein noch vorläufiges Kategoriensystem zu entwickeln, das dann im Zuge mehrerer Durchsichten der fraglichen Krankenakten bei Bedarf zu revidieren und weiter auszudifferenzieren ist.[413]

[413] An dieser Stelle zeigt sich mithin, dass qualitative Forschung keineswegs bedeuten muss, sich dem Untersuchungsfeld „mit ganz leeren Händen" zu nähern (*Brüsemeister* 2000, S. 28); vielmehr erscheint es auch im Rahmen qualitativ ausgerichteter Untersuchungsansätze durchaus sinnvoll, gegenstandsbezogenes Vorwissen und Vorannahmen systematisch in den Beginn eines neuen Forschungsvorhabens einzubeziehen, indem etwa bereits zu Beginn bestehende Hypothesen expliziert und dokumentiert werden. Wie hier *Hopf* 1996; *Kelle* 1996, S. 32; *Kelle/Kluge* 1999, S. 16ff.; *Mayring* 1999, S. 18; *Meinefeld* 1997, S. 30 (unvermeidliche „Theorieladung jeder Wahrnehmung"); *Meinefeld* 2000, S. 269 („Erkenntnisse über soziale Phänomene 'emergieren' nicht aus eigener Kraft, sie sind Konstruktionen des Forschers von Anfang an."); *Steinke* 1999, S. 36, 125; zur Gegenposition, die eine möglichst weitgehende Lösung des Forschers von seinen persönlichen und wissenschaftlichen Vorannahmen fordert vgl. etwa *Glaser/*

Im Zentrum der Aktenanalyse stehen naturgemäß vor allem diejenigen Textpassagen, in denen sich Berichte über bestimmte konflikthafte Interaktionen und deren weitere Verarbeitung im Stationsalltag finden. Derartige Schilderungen sind für den vorliegenden Zusammenhang immer dann von Interesse, wenn sie mindestens zwei Bestandteile aufweisen: Zunächst bedarf es der aktenförmigen Rekonstruktion eines gegen bestimmte Normen oder institutionsspezifische Gebräuche verstoßenden Patientenverhaltens, also der Feststellung eines *Regelverstoßes*. Hinzukommen muss sodann die Dokumentation einer diesem Verhalten zuzuordnenden Entscheidung über *rechtsbeschränkende Reaktionen der Einrichtung*, die, um eine inhaltliche Auseinandersetzung mit der fraglichen Passage zu ermöglichen, möglichst auch die hinter der verhängten Maßnahme stehenden *Gründe* wiedergeben sollte. Nach dem Gesagten erscheint es ratsam, bei der Festlegung der Erhebungsdimensionen zunächst zwischen der Wiedergabe bestimmter Fehlverhaltensweisen der Untergebrachten und der daraufhin jeweils erfolgenden Ahndung zu unterscheiden.

1. Beschreibung konflikthafter Verhaltensweisen des Untergebrachten

Für die im vorliegenden Zusammenhang relevanten Lebenssachverhalte, in denen auf regelverletzende Verhaltensweisen der Untergebrachten von Seiten des Personals einer totalen Institution mit einer Sanktion reagiert wird, hat *Goffman* den Begriff der *„Unbotmäßigkeit"* geprägt. Hierunter verstehe man im Sprachgebrauch der betreffenden Institutionen einen „komplexen Vorgang, der sich aus dem Begehen einer verbotenen Handlung (manchmal bis hin zum Fluchtversuch), dem Erwischtwerden und einer darauf folgenden 'angemessenen' Bestrafung" [414] zusammensetze. *Goffman* stellt in der Folge eine – von ihm selbst als unvollständig bezeichnete – Liste von denkbaren Verstößen auf, wie sie für den Alltag in der totalen Institution typisch seien, und wie sie vor allem vom dort beschäftigten Personal und den Insassen auch unzweifelhaft den angesprochenen „Unbotmäßigkeiten" zugeordnet würden. Die hierbei verwendeten Termini muten zum Teil bereits recht antiquiert an, teilweise sind sie auch aufgrund des verhältnismäßig weiten Zuschnitts der Untersuchung *Goffmans* (dieser bezieht ja grundsätzlich etwa auch Armenasyle, Kasernen, Klöster oder Kriegsschiffe mit ein[415]) für den vorliegend behandelten Kontext des Maßregelvollzuges in einem psychiatrischen Krankenhaus nicht sonderlich passend. Mit entsprechenden Modifikationen versehen, dürften sie jedoch durchaus einen brauchbaren Grundbestand an Kategorien für die zu erfassenden konflikthaften Verhaltensweisen der Maßregelpatienten abgeben. Im Fol-

---

Strauss 1999, S. 37 et passim (dezidiert kritisch hierzu *Kelle* 1994, S. 341 ff.; *Kelle* 1996, S. 44: „Pseudomethodologie"; *Kelle/Kluge* 1999, S. 16: „induktivistische(s) Selbstmissverständnis"); *Hoffmann-Riem* 1980, S. 346; *Kleining* 1982, S. 231 ff.; *Lamnek* 1995a, S. 22f.

[414] *Goffman* 1971, S. 59.

[415] *Goffman* 1971, S. 16.

genden soll daher der Versuch unternommen werden, von dem durch *Goffman* entworfenen Katalog ausgehend ein eigenes, im Zuge der weiteren Untersuchung sukzessive ausbaufähiges Kategoriensystem für die Arbeit an dem erhobenen Datenmaterial zu entwickeln. Die Liste der von *Goffman* aufgezählten Regelverstöße umfasst folgende Verhaltensweisen:

- Schlägereien
- Durchfallen bei Prüfungen
- Homosexualität
- Trunkenheit
- Glücksspiel
- Unerlaubte Entfernung aus der Anstalt
- Selbstmordversuch
- Insubordination
- Teilnahme an kollektiven Aufständen

Vor einer Dienstbarmachung dieser Aufstellung für eine Untersuchung über den Maßregelvollzug erscheinen die nachfolgend vorgenommenen Modifikationen erforderlich:

Der Begriff der *Schlägereien* ist durch den umfassenderen der *physischen Aggression* zu ersetzen, wodurch auch einseitig vom Patienten ausgehende gewaltsame Handlungen erfasst werden. Weiterhin erscheint bereits jetzt eine Bildung von Unterkategorien ratsam: Aggressionshandlungen des Untergebrachten können sich zum einen gegen Mitpatienten, zum anderen jedoch auch gegen Mitarbeiter der Institution richten; eine Differenzierung, die unter Umständen eine Entsprechung auch in qualitativen Unterschieden auf der Ebene der einrichtungsseitig hierauf erfolgenden Reaktionen findet.[416]

Dem Konsum verschiedenster Suchtmittel kommt auch bei der Klientel der psychiatrischen Krankenhäuser einige Bedeutung zu.[417] Wenngleich in dieser Hinsicht nach wie vor zumeist eine Alkoholproblematik im Vordergrund steht, so finden inzwischen doch auch Rauschmittel wie Haschisch oder Heroin eine gewisse Verbreitung.[418] Aus diesem Grunde ist der Begriff der *Trunkenheit* durch die allgemeiner gehaltene Kategorie des *Missbrauchs verbotener Substanzen* zu ersetzen. Die von *Goffman* ebenfalls zu den möglichen Übertretungen gezählten *Selbstmordversuche* sollten in dem umfassenderen Begriff des *autoaggressiven Verhaltens* aufgehen, um auch lediglich selbstgefährdende Verhaltensweisen wie etwa das

---

416 Derartige Unterschiede im Reaktionsniveau werden für den Strafvollzug etwa von *Nährich* 1974, S. 107 beschrieben.

417 Zur Bedeutung entsprechender Zwischenfälle in der Vollzugswirklichkeit bereits *Dessecker* 1997, S. 105: Demnach war in den von ihm untersuchten Jahren 1980 und 1986 im Zuge des individuellen Unterbringungsverlaufs bei 18,4% beziehungsweise 20,9% aller nach § 63 StGB Untergebrachten unerlaubter Alkoholkonsum, bei 6,4% beziehungsweise 6,1% Drogenmissbrauch nachzuweisen.

418 Zahlen zur Verbreitung einer Suchtproblematik unter den nach § 63 StGB Untergebrachten finden sich bei *Dessecker* 1997, S. 53 (Tab. 5), 55 (Tab. 6); *Leygraf* 1988, S. 54ff.; *Schumann* 1987, S. 40 (Tab. 18), 43. Vgl. hierzu auch noch *Nedopil/Müller-Isberner* 1995b, S. 237f.; *Nedopil* 1996, S. 218f. sowie insbesondere zur Gruppe der intelligenzgeminderten Rechtsbrecher *Knapheide* 2002, S. 130, Fn 3. Zur diesbezüglichen Situation in den Niederlanden *Blankstein* 1999, S. 9; *Centrale Directie Wetenschapsbeleid en Ontwikkeling* 1995, S. 71; *Raes* 1999, S. 33; *Van Emmerik* 1999, S. 13.

Schlucken von scharfkantigen Gegenständen einzubeziehen, denen zumeist ein eindeutig appellativer Charakter zukommt und die in ihrer Mehrzahl nicht unbedingt eine Selbsttötung zum Ziel haben.[419]

Jegliche Form des *Glücksspiels* muss vom Personal naturgemäß bereits aufgrund der diesem innewohnenden Gefahr des Entstehens von Abhängigkeiten durch Spielschulden unterbunden werden; hinzu kommt bei einigen Patienten die Deliktrelevanz dieses Verhaltens.[420] Aus den besagten Gründen ist eine entsprechende Kategorie auch für den vorliegenden Untersuchungszusammenhang vorzusehen. Verhaltensweisen, welche von den Bediensteten als Akt der *Insubordination* und aus diesem Grunde als sanktionswürdig empfunden werden könnten, scheint grundsätzlich in jeder totalen Institution ein weites Feld eröffnet, weshalb auch für die hier untersuchten Einrichtungen des psychiatrischen Maßregelvollzuges an dieser Formulierung festgehalten werden soll. Gemeint sind damit etwa die Nichtbefolgung von Anweisungen oder Verstöße gegen die Haus- bzw. Stationsordnung.

Es erscheint weiterhin nicht von vornherein abwegig, auch *unerwünschte Sexualkontakte* als ein gegen den Kodex der jeweiligen Station verstoßendes und somit einer Sanktionierung prinzipiell zugängliches Verhalten zu werten, weshalb dieser Begriff an die Stelle der – insoweit zu eng gefassten – *Homosexualität* treten und vorerst in das Kategoriensystem übernommen werden soll.

An dem Begriff der *unerlaubten Entfernung aus der Anstalt* kann im Prinzip festgehalten werden; allerdings sollten die hier erfassten Sachverhalte um die Konstellation der *Nichtrückkehr von gewährten Lockerungen* ergänzt werden. Ebenfalls als sanktionsrelevant könnten sich weiterhin gewisse *„besondere Zwischenfälle"*[421] im Rahmen der Lockerungsdurchführung erweisen; hierzu sind während des Verbleibes außerhalb der Einrichtung begangene Straftaten, aber auch die Nichtbefolgung

---

419 Zum motivationalen Hintergrund von Selbstschädigungen im Strafvollzug, etwa durch Schlucken von Fremdkörpern, vgl. Kaiser/Kerner/Schöch-*Kerner* § 16, Rn 30ff.; *Konrad* 2000b, S. 571; *Konrad* 2000a, S. 319; *Langelüddeke/Bresser* 1976, S. 246; *Laubenthal* 1998, Rn 230; *Mechler* 1981, S. 17; *Tacke et al.* 1975; *Walter* 1999, Rn 269. „Offene Selbstbeschädigungen" allgemeinpsychiatrischer Patienten werden von *Herpertz/Saß* 1994 unter anderem aus lerntheoretischer Perspektive (und hier vor allem unter dem Gesichtspunkt positiver Verstärkung) erörtert: „Eine offene Selbstbeschädigung stößt auf Angst, Besorgnis, Mitleid und Zuwendung insbesondere bei Bezugspersonen und medizinischem Personal, und der Betroffene wird als Opfer gesehen. Auf diese Weise werden Wünsche des Selbstverletzers nach Versorgung und Nähe erfüllt." (S. 302).

420 Hiervon ist trotz der Zurückhaltung auszugehen, welche die Strafgerichte nach wie vor hinsichtlich der Annahme einer Schuldminderung bei Straftaten zeigen, welche im Zusammenhang mit exzessivem Glücksspiel stehen; diesen Umstand erklärt *Rasch* 1991b, S. 129 damit, dass „die Nähe zu normalem Verhalten die Frage aufdrängt, ob sich der Betreffende nicht bloß gehen ließ, ob er sich nicht nur eine zusätzliche, von ihm als besonders schön erlebte Befriedigung verschaffte." Exemplarisch in diesem Sinne etwa die Entscheidung BGH, JR 1989, S. 379f.; vgl. zur Diskussion auch noch *Foerster* 2000, S. 269ff.; *Kröber* 1985; *Kröber* 1987; *Kröber* 1989; LK-*Jähnke* § 20, Rn 66; *Meyer* 1988; *Nedopil* 1996, S. 136f.; *Schumacher* 1981.

421 Begriff nach *Heinz/Jöckel* 1989, S. 94; Kammeier-*Pollähne*[2], Kap. F, Rn 24; *Pollähne* 1994, S. 52.

erteilter Weisungen zu rechnen. Insgesamt handelt es sich bei den in diesem Zusammenhang erfassten Regelverletzungen sämtlich um *Verhalten mit* starkem *Außenbezug*, was durch die Bildung einer entsprechenden Oberkategorie verdeutlicht werden sollte.

Die Begriffe des *Durchfallens bei Prüfungen* sowie der *Teilnahme an Aufständen* erscheinen demgegenüber eher wenig einschlägig: Während der erstgenannte Tatbestand in einer am Behandlungsgedanken ausgerichteten Institution vor allem stützende und helfende Reaktionen des Personals auslösen sollte,[422] sind organisierte Meutereien aus den hiesigen Einrichtungen des psychiatrischen Maßregelvollzuges bislang schlicht nicht bekannt; leichtere Äußerungen des Widerstandes auch durch Patientengruppen lassen sich zudem unproblematisch den *Insubordinationen* zuschlagen. Aus den genannten Gründen kann auf die Aufnahme entsprechender Kategorien verzichtet werden.

2. Entwicklung von Kategorien der Verdachtsgewinnung und Überführung

Bei näherer Betrachtung verbergen sich hinter dem von *Goffman* verwendeten Begriff des „Erwischtwerdens" – in der Terminologie des Strafprozesses ausgedrückt – Fragen des *Erkenntnisverfahrens.* Der Autor widmet derartigen Gesichtspunkten keine besondere Aufmerksamkeit und entwirft infolgedessen auch keine Aufstellung möglicher Ermittlungshandlungen des Personals, an die für den vorliegenden Zusammenhang der Kategorienbildung angeknüpft werden könnte.

Die Rechtsstellung des Untergebrachten gerade im Hinblick auf seine Verteidigung gegen Vorwürfe, die potentiell nicht unbedeutende Rechtsbeschränkungen nach sich ziehen können, ist allerdings im Rahmen der vorliegenden Untersuchung durchaus von einigem Interesse: Geht man einmal davon aus, dass ein Teil der im Stationsalltag vorgenommenen Restriktionen der Sanktionierung unbotmäßigen Verhaltens der Patienten dient, so ist die Erwartung nicht völlig abwegig, dass sich für derartige Vorgänge in der Vollzugspraxis auch gewisse Routinen beispielsweise der Sachverhaltserforschung oder etwa im Hinblick auf zugehörige Anhörungsprozeduren gebildet haben. Insoweit könnte nun allerdings von der im Theorieteil der Arbeit angesprochenen Ersetzung der Rechtsfigur des „besonderen Gewaltverhältnisses" durch ein tendenziell ebenso „grundrechtsvernichtendes ärztliches Gewaltverhältnis" neben den aufgezeigten *materiellen* Einbußen der betroffenen Patienten durchaus auch eine Beeinträchtigung elementarer *formaler* Interessenpositionen ausgehen – zu denken wäre hier etwa an eine mit Behandlungsbelangen gerechtfertigte Beschneidung des Rechts, zu den erhobenen Vorwürfen Stellung nehmen zu können oder an die ebenfalls mit dem Primat des Behandlungsgedankens begründete Ablehnung der korrespondierenden Befugnis, gänzlich zu schweigen und ge-

---

[422] Allgemein zur Bedeutung von Unterricht und schulischer Förderung für die – auch in dieser Hinsicht nicht selten randständige – Klientel der forensischen Psychiatrie Kammeier-*Gabriel*^{2}, Kap. E, Rn 26; *Burkhard* 1997, S. 92f.; *Linpinsel* 1992.

rade nichts aussagen zu müssen. Um eine adäquate Berücksichtigung derartiger Belange der Untergebrachten im Rahmen eines eigenen Regelungsvorschlages zu gewährleisten, erscheint jedenfalls die Auseinandersetzung mit der derzeitigen Rechtswirklichkeit auch unter dem hier angesprochenen Blickwinkel geboten.

Da es jedoch in Anbetracht der insoweit bislang fehlenden gesetzlichen Vorgaben als noch völlig offen bezeichnet werden muss, welche Ausgestaltung die in Rede stehenden Vorgänge der Verdachtsgewinnung und Überführung – etwa „Vernehmungen" oder „Beweisaufnahmen" – in der vollzuglichen Wirklichkeit eventuell annehmen, soll es für den ersten Zugriff auf das Datenmaterial zunächst mit der Bildung einer entsprechenden Oberkategorie sein Bewenden haben. Deren weitere Ausdifferenzierung wird dann gegebenenfalls im Wege induktiver Kategorienbildung aus dem erhobenen Fallmaterial heraus erfolgen können.

3. Systematik des angewandten Sanktionsarsenals

Für die Erfassung des in der Praxis Verwendung findenden Sanktionsarsenals kann wiederum auf diesbezügliche Vorarbeiten *Goffmans* zurückgegriffen werden. Dieser zählt folgende, in einer psychiatrischen Klinik von den Stationswärtern verhängte Strafen auf:[423]

- Entzug von Privilegien
- Einsperrung in das Isolierzimmer
- Indikation von Elektroschocktherapie
- Psychische Misshandlung / Hänseleien
- Kontakt mit akademischem Personal wird unterbrochen oder gestört
- Verlegung auf unbeliebte Stationen
- körperliche Strafen
- Zuweisung unbeliebter Arbeit

Für die Arbeit mit den im Maßregelvollzug geführten Krankenakten erscheinen die nachfolgenden Änderungen angebracht:

Mit einer gewissen Verbreitung des *Entzuges* der dem Patienten gewährten *Annehmlichkeiten* zu Strafzwecken ist – nicht zuletzt angesichts der bereits im Ausgangsfall geschilderten Restriktionen des Fernsehempfanges in Haina – durchaus auch im Vollzug der Maßregel gem. § 63 StGB zu rechnen. Allerdings sollten bereits vorab eine Reihe von Unterkategorien gebildet werden, um der erwarteten Vielgestaltigkeit derartiger Sanktionen möglichst frühzeitig einen Versuch der Systematisierung entgegenzusetzen: So lassen sich etwa mit den Schlagworten der *Besuchsregelung*, der *Lockerungsentscheidungen* sowie des Zugangs zu *Freizeitaktivitäten* oder eben auch der Nutzung von *Unterhaltungselektronik* abgrenzbare Bereiche des Stationsalltages bezeichnen, in denen das Personal als Reaktion auf Fehlverhalten des Patienten diesem Beschränkungen auferlegen könnte. Selbstverständlich ist die Erstellung weiterer Subkategorien wiederum sukzessive im Rahmen der Sichtung des erhobenen Datenmaterials möglich.

---

[423] *Goffman* 1971, S. 58.

Die von *Goffman* ebenfalls angesprochenen *psychischen Misshandlungen* und *Hänseleien* durch das Personal scheinen zumindest der hier vorrangig verfolgten Aktenanalyse nur schwer zugänglich. Derartige rein faktische Herabsetzungen werden kaum je einen Niederschlag in den für die vorliegende Studie herangezogenen Datenquellen finden. Ihrer Verwendung zum Zwecke der Disziplinierung wird man allenfalls im Rahmen teilnehmender Beobachtung nachgehen können; sie weisen jedoch ohnehin nicht die für eine Disziplinarmaßnahme im engeren Sinne charakteristische Verdichtung und Fassbarkeit auf, weshalb ihnen im vorliegenden, auf die Evaluation eines eventuellen Bedarfs an rechtlichen Strukturen für die existierenden Disziplinierungsstrategien des Vollzugspersonals kaum Bedeutung zukommt. Grober Spott, Häme und Beleidigung kämen für die Normierung eines zukünftigen Sanktionsarsenals schlicht nicht in Betracht.

Damit soll keineswegs bestritten werden, dass gerade derartige Zurücksetzungen für den Betroffenen mit besonders gravierend empfundenen Beeinträchtigungen verbunden sein können; es handelt sich somit durchaus um eine äußerst effektive Möglichkeit, den Patienten für unerwünschtes Verhalten zu bestrafen.[424] Dem eher prinzipiellen Einwand, das Personal werde auch für den Fall der im Rahmen dieser Arbeit erwogenen Einführung eines Disziplinarrechts neben den neu zur Verfügung stehenden Sanktionsmöglichkeiten weiterhin auf derartige informellere Formen der Sozialkontrolle Zugriff nehmen, sollen denn auch weiter unten noch einige Ausführungen gewidmet werden.[425]

Die *Einsperrung in das Isolierzimmer* lässt sich in der Terminologie moderner Maßregelvollzugsgesetzgebung der *Absonderung* als „besonderer Sicherungsmaßnahme" zuordnen,[426] weshalb eine Kategorie gleichen Namens vorzusehen ist. Für die *Verlegung auf unbeliebte Stationen* lässt sich erneut der bereits in der Einleitung diskutierte Hainaer Fall als Beispiel heranziehen. Sämtliche Formen der einrichtungsinternen Verlegung, die sich als Reaktion einem konflikthaften Verhalten des Untergebrachten unmittelbar zuordnen lassen, sollten in diesem Zusammenhang

---

[424] Dies nicht zuletzt angesichts des ohnehin recht prekären Zustands, in welchem sich das Selbstbild der Mehrzahl der Patienten nach den mit der Unterbringung in einer Einrichtung des Maßregelvollzugs verbundenen „doppelte(n) Stigmatisierung als Kranke und Kriminelle" befinden dürfte (*Rasch* 1991a, S. 129; ähnlich *Eickmann* 1984, S. 59; *Heinz* 1986, S. 150; *Kammeier* 1984, S. 198; *Lietz/Gretenkord* 1985, S. 229; *Rüther* 1990, S. 69; *Schanda/Knecht* 1998, S. 109; *Schumann* 1987, S. 118; *Trampe* 1987, S. 154; vgl. schließlich den Titel des Gutachtens von *Rasch* 1984b: „Krank und/oder kriminell?"). Hinzu kommen offensichtliche Unterschiede im sozialen Rang, die es dem Personal erleichtern dürften, missliebige Patienten im Sinne *Goffman* 1985 als „Unperson" (S. 138) zu behandeln, indem diese etwa in Anwesenheit Dritter abqualifiziert werden, als seien sie gar nicht anwesend (vgl. *Spittler* 1967, S. 82).

[425] Vgl. hierzu unten S. 328ff.

[426] Vgl. insoweit § 29a II Nr. 3 BerlPsychKG; § 20 II Nr. 3 BbgPsychKG; § 36 II Nr. 1 HessMRVG; § 22 II Nr. 3 PsychKG M-V; § 23 I 2 Nr. 3 Nds. MVollzG; § 21 I MRVG-NW; § 21 I 2 Nr. 3 RhPfMVollzG; § 19 II Nr. 2 SaarlMRVG; § 31 I 2 Nr. 3 SächsPsychKG; § 18 I Nr. 3 MVollzG LSA; § 12 II Nr. 3 ThürPsychKG.

auf ihren Sanktionscharakter hin untersucht werden und gegebenenfalls der hierfür vorgehaltenen Kategorie zugeordnet werden. Schließlich ist auch der *Zuweisung unbeliebter Arbeiten* als denkbare Sanktionsalternative eine gewisse Plausibilität nicht abzusprechen. Im mittlerweile von diversen Elementen der Selbstverwaltung und -versorgung durchdrungenen Vollzugsalltag moderner Prägung dürften sich eine Vielzahl von „Strafarbeiten" anbieten, die dem disziplinschwierigen Patienten zusätzlich zu seinem ohnehin im Rahmen gängiger Gemeinschaftsaufgaben zu erbringenden Pensum auferlegt werden können.

Hinsichtlich der Durchführung *körperlicher Züchtigungen*, der *Indikation einer Elektroschocktherapie* beziehungsweise der *Störung des Kontaktes zu akademischem Personal* kann hingegen davon ausgegangen werden, dass derartige Maßnahmen – auch als Akt der Disziplinierung – im heutigen Maßregelvollzug kaum mehr eine Rolle spielen dürften. Von der Bildung entsprechender Kategorien wird aus diesem Grunde zunächst abgesehen.

4. Zwischenergebnis

Die vorstehend vorgenommene Ausdifferenzierung der grundlegenden Strukturierungsdimensionen dieser Untersuchung hat somit folgendes Kategoriensystem für den ersten Zugriff auf die zur Verfügung stehenden Krankenakten entstehen lassen:

- Konflikthaftes Verhalten
    - Autoaggression
    - Glücksspiel
    - Insubordination
    - Physische Aggression
        - gegen Mitpatienten
        - gegen Personal
    - Substanzmissbrauch
    - Unerwünschte Sexualkontakte
    - Verhalten mit Außenbezug
        - Besondere Zwischenfälle
        - Nichtrückkehr von Lockerung
        - Unerlaubte Entfernung
- Handlungen zur Verdachtsgewinnung und Überführung
- Sanktionsarsenal
    - Absonderung
    - Zuweisung unbeliebter Arbeiten
    - Entzug von Annehmlichkeiten
        - Besuchsregelung
        - Freizeitaktivitäten
        - Lockerungsentscheidung
        - Unterhaltungselektronik
    - Stationswechsel

Abb.: Kategoriensystem für den Erstzugriff auf das empirische Material

V. Rahmendaten der untersuchten Patientenpopulation

Bevor nunmehr die Ergebnisse der Bearbeitung des erhobenen Textmaterials mit dem vorab entwickelten Kategoriensystem referiert werden, soll noch kurz auf einige Rahmendaten der durch den oben geschilderten Selektionsprozess eingegrenzten Untersuchungspopulation eingegangen werden.

In die Untersuchung wurden die Akten von insgesamt 25 männlichen Patienten einbezogen. Bis auf eine Ausnahme befanden sich sämtliche der Genannten am 01.01.2001, der als Stichtag für den Beginn der Untersuchung ausgewählt wurde, noch auf der Basis des § 63 StGB im WZFP; lediglich ein Patient war mittlerweile in eine Spezialklinik für Suchtbehandlung verlegt worden. Eine Aufschlüsselung nach Abteilungen ergibt folgendes Bild:

Abteilung I	(Aufnahme und Diagnostik)	3 Patienten
Abteilung II	(Klinische Psychiatrie)	4 Patienten
Abteilung III	(Psycho- und Soziotherapie)	13 Patienten
Abteilung IV	(Intelligenzgeminderte psychisch Kranke)	5 Patienten

Das Durchschnittsalter der Probanden betrug zu diesem Zeitpunkt 37 Jahre und drei Monate; die Altersverteilung ist im Einzelnen aus der nebenstehend abgedruckten *Grafik 1* ersichtlich. Der ebenfalls beigefügten *Grafik 2* ist zu entnehmen, dass bei den Anlasstaten Delikte gegen die sexuelle Selbstbestimmung sowie gegen Leib und Leben überwogen; weniger häufig kamen Brandstiftungsdelikte bzw. Eigentums- und Vermögensdelikte vor. Hierbei handelt es sich zumindest insoweit um die „klassischen" Unterbringungsdelikte, als diese bereits in früheren empirischen Arbeiten zur Gesamtpopulation des Maßregelvollzuges als für die übergroße Mehrzahl der Patienten einschlägig festgestellt wurden.[427] Etwaige Abweichungen lassen sich mit der geringen Größe der vorliegend herangezogenen Gruppe sowie mit deren ungleicher Verteilung auf die vorhandenen Behandlungsabteilungen des WZFP erklären. Die in *Grafik 3* dargestellten psychiatrischen Diagnosen aus den gerichtlichen Entscheidungen über die Unterbringungsanordnung ergeben für die hier in Rede stehende Population folgendes Bild: Aufgrund des Überhanges an Patienten der Abteilung III, die auf Psycho- und Soziotherapie spezialisiert ist, sind Persönlichkeitsstörungen bzw. sexuelle Deviationen verhältnismäßig stark vertreten. Psychosen aus dem schizophrenen Formenkreis, die im WZFP vor allem auf der Abteilung II (Klinische Psychiatrie), aber auch auf in der Abteilung I für Aufnahme und Diagnostik behandelt werden, erscheinen demgegenüber im Vergleich zu ihrer Rolle in der Gesamtklientel des Maßregelvollzuges deutlich unterrepräsentiert.[428]

---

[427] Vgl. die Ergebnisse bei *Dessecker* 1997, S. 65 (Tab. 9); *Leygraf* 1988, S. 67ff.; *Schumann* 1987, S. 60 (Tab. 31).

[428] *Dessecker* 1997, S. 55 hat in einer bundesweit angelegten Stichprobenanalyse für das Jahr 1986

Grafik 1: Alter der Probanden zum 1.1.2001

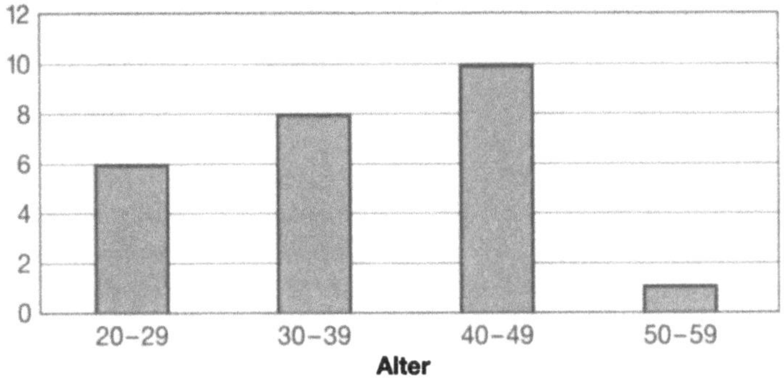

Grafik 2: Verteilung der Anlassdelikte (Mehrfachnennungen)

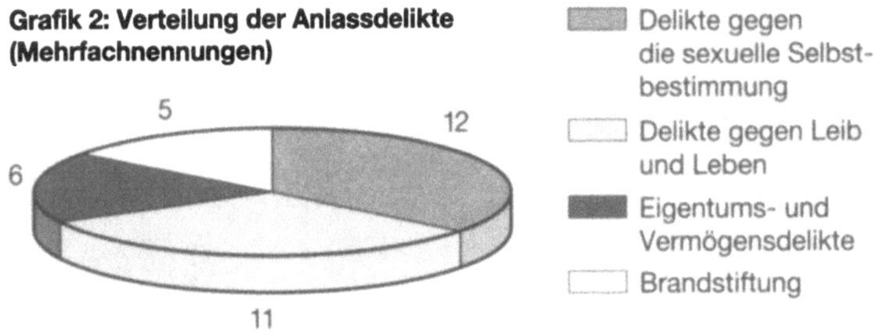

Grafik 3: Psychiatrische Diagnosen bei erster Unterbringungsentscheidung (Mehrfachnennungen)

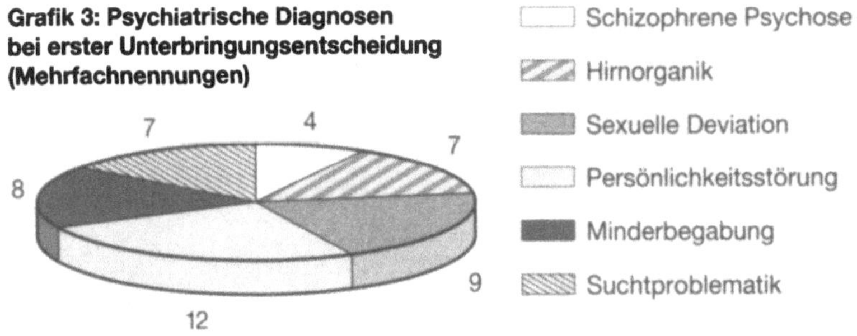

Grafik 4: Unterbringungsdauer am 1.1.2001

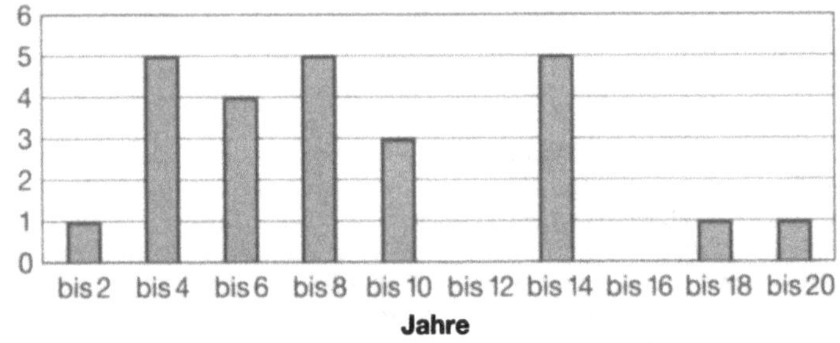

Schließlich ist auf die durchschnittliche Unterbringungsdauer der Probanden nach § 63 StGB einzugehen, die am 01.01.2001 acht Jahre und elf Monate betrug. *Grafik 4* macht deutlich, dass in dieser Hinsicht der Maximalwert bei über 19 Jahren lag.

---

bei 43,5% der Probanden eine entsprechende Diagnose festgestellt, wobei die Tendenz im Vergleich zum ebenfalls erhobenen Jahrgang 1980 (33,1%) sogar noch deutlich steigend war. Für die damals noch als Westfälisches Landeskrankenhaus Eickelborn firmierende, hier untersuchte Einrichtung hat *Schumann* 1987, S. 40 (Tab. 18) in einer Stichtagsuntersuchung zum 01.07.1979 einen Wert von 28,8% für die Erstdiagnose einer Psychose festgestellt. Vgl. auch noch *Leygraf* 1988, S. 47 (Tab. 10): Erstdiagnose einer schizophrenen Psychose bei 35,4%.

4. Kapitel: Aktenanalyse zur Sanktionierung unbotmäßigen Patientenverhaltens im psychiatrischen Maßregelvollzug

I. Indikatoren für das Vorliegen einer Sanktionierung

Im vorangehenden Abschnitt wurde versucht, unter Hinzuziehung einiger Überlegungen *Goffmans* zur Behandlung der von ihm so genannten „Unbotmäßigkeiten" in der totalen Institution ein Kategoriensystem zu entwickeln, welches sich für einen ersten Zugriff auf das vorliegend erhobene textliche Material eignet. Soweit von vornherein ersichtlich war, dass Modifikationen am begrifflichen Inventar *Goffmans* für eine Untersuchung im Kontext des heutigen Maßregelvollzuges erforderlich sein würden, wurden diese vorgenommen. Nach und nach wurde auf diesem Wege ein Set von Kategorien gewonnen, das bereits vor seiner Heranführung an die Krankenakten der 25 einbezogenen Patienten eine gewisse – wenngleich vorläufige und im Fortgang der Untersuchung noch vielfachen Modifikationen unterworfene – Kontur erhalten hat. Es handelt sich hierbei allerdings um Vorüberlegungen, die mit der Sammlung und Strukturierung des Aktenmaterials nach bestimmten, jeweils bereits unmittelbar diesem Material zu entnehmenden Gesichtspunkten eher einen deskriptiven Aspekt der Studie betreffen.

Bislang ausgespart wurde demgegenüber die Frage, welchen Leitlinien die interpretative Auseinandersetzung mit den Texten als zweiter, der reinen Inventarisierung nachgeordneter Arbeitsschritt im Einzelnen zu folgen hat. Ein regelverletzendes Verhalten des Patienten und eine diesem zuzuordnende rechtsbeschränkende Reaktion des Personals werden verhältnismäßig leicht zu identifizieren sein, und gerade die Vorauswahl des erhobenen Materials dürfte zudem sicherstellen, dass derartige Schilderungen auch in hinreichend großer Zahl vorkommen. Hat man besagte Einzelbestandteile jedoch aus dem Textmaterial isoliert, so bedarf es als nächsten Untersuchungsschrittes einer Bewertungsleistung des Betrachters: Dieser hat den fraglichen Ausschnitt anhand der im Theorieteil der Untersuchung ausführlich erörterten begrifflichen Trias aus Prävention, Therapie und Sanktion zu analysieren und eine eindeutige Zuordnung vorzunehmen. Nur wenn sich die jeweils auferlegte Restriktion *eindeutig* als Sanktionierung eines Fehlverhaltens des Patienten einstufen lässt und somit eine Rechtfertigung anhand der existierenden gesetzlichen Eingriffstatbestände nach dem hier vertretenen Ansatz ausscheidet, ist eine Extraktion der Fundstelle zur weiteren Bearbeitung überhaupt geboten.

Soweit ersichtlich, lassen sich zwei verschiedene Arten von Indikatoren unterscheiden, die für den so umrissenen Bewertungsvorgang auf das Vorliegen einer Sanktionierung hinweisen. Der erste Indikator ist rein terminologischer Natur; so kann der Verfasser des jeweiligen Aktenbestandteils die hinter der ergriffenen Maßnahme stehenden punitiven Beweggründe offen legen, indem er die erfolgte Rechtsbeschränkung als „Sanktion“, „Strafe“ oder „Konsequenz“ für ein bestimmtes Fehlverhalten des betroffenen Patienten bezeichnet. Daneben kann er den Sanktionszusammenhang jedoch auch durch die Verwendung bestimmter Argumentationsfiguren verdeutlichen, etwa indem er zur Legitimation der dem Patienten auferlegten Restriktion angibt, diese erfolge „wegen Verstoßes gegen“ bestimmte Verhaltensanforderungen, und nicht „zur Abwendung“ einer bestimmten Gefahr oder „zur Wiederherstellung“ des geordneten Zusammenlebens. Im Folgenden soll anhand einiger Beispiele aus dem erhobenen Material der Frage nachgegangen werden, welcher Aussagegehalt den genannten Indikatoren im Rahmen der vorliegenden Untersuchung im Einzelnen zukommen kann.

1. Terminologische Indikatoren

a) Bestrafung

Denkbar eindeutig scheinen die Dinge zu liegen, wenn bereits von Seiten des Personals von einer bestimmten, dem Patienten auferlegten Beschränkung als einer *Bestrafung* gesprochen wird. So heißt es in einer Stellungnahme der Einrichtung zu der gem. § 67e II StGB jährlich zu erörternden Frage einer Fortdauer der Unterbringung unter dem Punkt „Formale und inhaltliche Teilnahme“:

> *„Zwar zeigte sich Herr Z kurzfristig bemüht, regelhaftes Verhalten zu zeigen, jedoch ist er nicht fähig, aus Erfahrungen zu lernen bzw. führen Verhaltenskonsequenzen (Wegfall von Verstärkung, Bestrafung) nicht zu einer dauerhaften intrapsychischen Veränderung.“ (QUELLE: Patient Z, Gutachten 3/8)*[429]

Im begrifflichen Umfeld der *Bestrafung* findet sich mit der *Ahndung* ein ebenfalls gelegentlich in den Krankenakten verwendeter Terminus, der durchaus als Indikator für das Vorliegen einer Sanktionierung gewertet werden kann. Nachdem ein Patient an einem Wochenende verschiedene Akte der Insubordination begangen hat, stellt seine Therapeutin im Gespräch mit einem Mitarbeiter des Pflegedienstes die im Folgenden wiedergegebenen Überlegungen an:

> *„Zuständige Therapeutin Frau I wird über die Ereignisse des Wochenendes informiert. Besonders die absprachewidrige Einladung von einigen Mitpatienten zum Abendessen müsse als Regelverstoss geahndet werden.“ (QUELLE: Patient U, Pflegedokumentation 45/48)*

---

[429] Die am Ende angegebenen Ziffern bezeichnen die Zeilennummern, mit denen die fragliche Quelle in der internen Dokumentation des Materials zu diesem Patienten beginnt und endet. Die Originalschreibweise der Aktenauszüge wurde beibehalten. Das Datum sowie gegebenenfalls die Uhrzeit der Eintragung wurden nur bei Aneinanderreihung mehrerer Einzeleinträge in die Darstellung übernommen.

Teilweise erfolgt jedoch durch das Hinzufügen von relativierenden Attributen wie Anführungszeichen wiederum eine Distanzierung von dem in der Begriffsverwendung anklingenden disziplinarischen Zusammenhang. In der Krankengeschichte eines Patienten, bei dem aufgrund eines ausgeprägten hyperkinetischen Syndroms und vermehrt dissozialen Agierens auf der Station deutlich strukturierende Maßnahmen für erforderlich gehalten wurden, heißt es insoweit:

> *„Für Herrn F wurde inzwischen ein ausführlicher Pflegeplan aufgestellt, der ein verhaltenstherapeutisches Setting beinhaltet, nachdem Herr F aufgrund seines Verhaltens belohnt oder negativ sanktioniert wird. Alle Mitarbeiter des Pflegeteams, des ärztlichen und psychologischen Personals sollen sich möglichst an der Einhaltung dieses Planes orientieren. Herrn F selbst ist dieser Pflegeplan bekannt und es ist für ihn jederzeit nachvollziehbar, warum Belohnungen, wie Aufenthalt auf der Seite, Rauchen oder „Bestrafungen", Aufenthalt im Zimmer oder Fixierung notwendig sind." (QUELLE: Patient F, Krankengeschichte 33/43)*

Das in der Fundstelle anklingende verhaltenstherapeutische Konzept hat bereits im Rahmen der Auseinandersetzung mit dem im Hainaer Ausgangsfall verhängten Fernsehverbot eine erste Würdigung erfahren;[430] durch die Bezeichnung des Einsatzes negativer Verstärker als „Bestrafung" offenbaren sich erneut die repressiven Züge dieses therapeutischen Ansatzes. Die vorstehend referierte Quelle ist zudem insoweit von zusätzlichem Interesse, als sich aus ihr gewisse Berührungsängste ablesen lassen, die vor allem bei den Mitgliedern des therapeutischen Personals im Hinblick auf eine deutliche Benennung durchaus vorhandener punitiver Anteile ihrer Vorgehensweise im Vollzugsalltag zu bestehen scheinen.

b) Disziplinarische Maßnahme

Bisweilen spricht auch die Erwähnung einer anstehenden oder zumindest wünschenswerten *disziplinarischen Maßnahme* eine deutliche Sprache, soweit diese eindeutig zu lästigen Regelverstößen des Patienten in Beziehung gesetzt wird. Zur Verdeutlichung möge folgendes, einer Pflegedokumentation entnommenes Beispiel dienen:

> *„O ruft aus L an und gibt bekannt erst mit dem Bus um 18.30 Uhr nach Eickelborn zurückfahren zu können, er habe sich bzgl. der Abfahrtszeiten vertan. PDL Hr. T wurde informiert. Es hat bereits bei der Rückkehr aus der letzten Beurlaubung Unregelmäßigkeiten (zu spät zurück gekommen) gegeben. Ref. schlägt vor, bei den nächsten geplanten Beurlaubungen genaue Zeiten festzuhalten, wann Pat. hier wieder zu erscheinen hat.*
> *Anm. des Ref.: Solange eine disziplinarische Maßnahme nicht von allen Berufsgruppen getragen werden kann, ist es belanglos, darüber zu diskutieren." (QUELLE: Patient O, Pflegedokumentation 65/75)*

Sehr deutlich bringt der den Vorgang dokumentierende Mitarbeiter des Pflegedienstes das im praktischen Umgang mit dem fraglichen Patienten nach seiner Auffassung bestehende Sanktionsbedürfnis zum Ausdruck, das gleichwohl nicht von

[430] Ausführlich hierzu die Erläuterungen auf S. 11ff.

allen mit der Behandlung Befassten in gleichem Maße geteilt zu werden scheint. Bemerkenswert ist der geradezu defaitistische Ton, in dem die Anmerkung vorgetragen wird; ihn als Hinweis auf verfestigte Frustrationen zumindest im Zusammenhang mit dem in Rede stehenden Einzelfall zu interpretieren, erscheint vorerst nicht zu weit gegriffen. Die Frage nach dem Bestehen berufsgruppenspezifischer Unterschiede in der Einschätzung von Sanktionierungsnotwendigkeiten lässt sich jedoch mit den limitierten Erkenntnismöglichkeiten einer reinen Aktenanalyse nicht mit hinreichender Verlässlichkeit beantworten; ihr nachzugehen wäre die lohnende Aufgabe eines weiteren Forschungsprojektes.

c) Maßregelung

Im allgemeinen Sprachgebrauch steht auch der Begriff der *Maßregelung* als Synonym für die Auferlegung von Sanktionen,[431] wie der folgende Ausschnitt aus einer Pflegedokumentation deutlich macht:

> *„Hr. T bat die Ref. mit ihm ein Gespräch zu führen. Diesem wurde stattgegeben. Inhaltlich erklärte Herr T, sich von der Ref. zu oft maßgeregelt zu fühlen. Aus diesem Grunde hätte er im Stationsplenum geäußert, daß er sich mit dem Personal nicht mehr an einen Tisch setzen wolle. Hr. T wurde erklärt, daß es müßig ist ihn oft maßregeln zu müssen und er selbst daran Schuld ist, da Hr. T die Situationen selbst herforruft in denen er gemaßregelt wird z.b. bei regelverstößen, verbalen Ausbrüchen. Hr. T wurde nochmals an's Herz gelegt, daß er sich an Regeln hält und seine Pflichten ordnungsgemäß erfüllt." (QUELLE: Patient T, Pflegedokumentation 221/231)*

d) Sanktionierung

Wenngleich natürlich auch die Verwendung des *Sanktionsbegriffes* selbst als denkbarer Indikator in Betracht zu ziehen ist, so hat doch die Beschäftigung mit dem erhobenen Material gezeigt, dass insoweit eine gewisse Vorsicht angebracht ist. Dem Begriff scheint zumindest in der fachspezifischen Terminologie der am Behandlungsvorgang beteiligten Berufsgruppen ein vom hier zugrunde gelegten Sprachgebrauch zum Teil abweichender Bedeutungsgehalt zuzukommen.[432] Für eine abschließende Bewertung auferlegter Rechtsbeschränkungen erscheint die ergänzende Einbeziehung des jeweiligen Entscheidungskontextes jedenfalls unumgänglich. Zur Erläuterung sollen folgende Textpassagen nebeneinandergestellt werden:

> *„Drogensreening des Pat. deutlich positiv, auch qualitativ nachweisbar. Pat. muß somit erneut geraucht haben. Bei der Durchsuchung der Kleidung wurden Marihuanareste gefunden. Folgende Sanktionen wurden festgelegt: 3x wöchentlich Drogenscreening. Besuchssperre bis negativer Befund. Zimmerdurchsuchung, zur besseren Beobachtung Verlegung in ein Drei-*

---

[431] Nach dem *Duden* 2001 etwa in dem Sinne, dass „maßregeln" bedeutet, jemandem „eine offizielle Rüge (zu) erteilen, ihn durch bestimmte Maßnahmen (zu) bestrafen"; nach dem *Wahrig* 2000 steht der Begriff für „tadeln, zurechtweisen, durch bestimmte Handlungen strafen".

[432] Zur Mehrdeutigkeit des Sanktionsbegriffes unter anderem in der Psychologie *Kerner* 1993, S. 438. Vgl. auch bereits die Überlegungen oben S. 24ff.

bettzimmer. Pat. wurde über die Sanktionen unterrichtet und wurde auf ein Dreibettzimmer verlegt." (QUELLE: Patient A, Pflegedokumentation 127/136)

„Herr L gab seinen Schlüssel nach dem Plenum ab. Herr L wollte eine klare Regelung, eine Bestrafung für denjenigen Pat. der einen vom Personal im Zimmer einschließt. Wir haben ihm mitgeteilt, daß wir dieses selber bestimmen können und auch Sanktionen aussprechen können." (QUELLE: Patient L, Pflegedokumentation 3/7)

„Tagesverlauf: Herr X wurde von einem Mitpat. beschuldigt Flüssigseife in dessen Kaffeetasse gegeben zu haben. Da er diesem Vorwurf nicht widersprach stellt sich dieser Vorgang als sehr wahrscheinlich dar. Herr X wurde mit der Nichtteilnahme an der Musikgruppe sowie mit nur geringem Aufenthalt in der Gemeinschaft sanktioniert. Herr X reagierte im Tagesverlauf mit lautstarkem Gebrüll. Das Abendbrot wurde im EBZ eingenommen." (QUELLE: Patient X, Pflegedokumentation 205/212)

Die vorstehend wiedergegebenen Extrakte aus verschiedenen Pflegedokumentationen machen die Unterschiede in der jeweils zugrunde gelegten Wortbedeutung deutlich, mit denen beim Gebrauch des Begriffes *Sanktion* im vorliegend erhobenen Aktenmaterial gerechnet werden muss. In der ersten aufgeführten Fundstelle werden dem Patienten angesichts seines wiederholten Substanzmissbrauchs keine eigentlichen Sanktionen im Sinne des weiter oben entwickelten Bedeutungsgehalts auferlegt: In Anlehnung an *Spittler* sollten im Rahmen dieser Studie mit dem Begriff der Sanktion lediglich „Reaktionen auf Abweichungen von Verhaltensregelmäßigkeiten" bezeichnet werden, durch welche „demonstriert wird, dass das abweichende Verhalten nicht hingenommen wird".[433] Die ergriffenen Maßnahmen wie die Anordnung eines verstärkten Drogenscreenings oder häufigerer Zimmerkontrollen sind nun statt dessen erkennbar auf eine Bekämpfung der Gefahr eines erneuten Drogenkonsums des Betroffenen gerichtet; der – unter Umständen durchaus *auch* intendierte – Ausspruch eines Missbilligungsurteils im Hinblick auf das bereits begangene Fehlverhalten tritt demgegenüber eindeutig in den Hintergrund; er erweist sich nicht als das *tragende Element* der Argumentation. Entgegen dem Wortlaut handelt es sich mithin um eine Maßnahme mit präventivem Hintergrund und nicht um eine Sanktion.

Demgegenüber erfolgt die Verwendung des Sanktionsbegriffes in den beiden anderen referierten Quellen mit dem auch im vorliegenden Zusammenhang unterlegten semantischen Gehalt: Im ersten der beiden Auszüge wird dieses vor allem durch seine Erwähnung im unmittelbaren Zusammenhang mit dem Bestrafungswunsch des Patienten erkennbar. Für die Einordnung der zweiten Textstelle müssen wiederum die auferlegten Beschränkungen in Beziehung zu der genannten Übertretung des Patienten gesetzt werden. Diese Betrachtung ergibt, dass vor allem der Ausschluss von der Musikgruppe eher als temporärer Entzug einer vom Patienten als angenehm empfundenen Freizeitaktivität zu verstehen sein dürfte und weniger der Verhinderung weiteren von ihm ausgehenden Ungemachs dienen soll; dem Patien-

433 *Spittler* 1967, S. 23. Vgl. im Einzelnen die Ausführungen zum Sanktionsbegriff auf S. 22ff.

ten soll eben tatsächlich „demonstriert werden, dass sein abweichendes Verhalten nicht hingenommen wird". Auch dieser Vollzugsmaßnahme kommt mithin Sanktionsqualität im hier verstandenen Sinne zu.

Die kurze Textstelle aus der Pflegedokumentation des Patienten L ist noch aus einem anderen Grunde interessant: Bei dem referierenden Mitarbeiter trifft der Wunsch des Patienten nach Bestrafung seines Mitpatienten zumindest insoweit auf Zustimmung, als dieser eine entsprechende Sanktionierungskompetenz des Personals unproblematisch anzunehmen scheint. Diese Überzeugung klingt im untersuchten Material noch häufiger an, etwa wenn ein mit dem Fehlverhalten eines bestimmten Patienten konfrontierter Mitarbeiter in der zugehörigen Dokumentation die Sanktionserwartung des anwesenden Pflegepersonals wie folgt unmissverständlich zum Ausdruck bringt:

> *„Hr. B wurde dabei angetroffen als er eine Pizzabestellung aufgeben wollte. Er wurde darauf hingewiesen dies zu unterlassen, da er keine Bestellung aufgeben darf. Wie sich nachher herausstellte, hatte er doch eine Bestellung aufgegeben. Vom anwesenden Personal würde es befürwortet, wenn Hr. B in Zukunft zunächst weder eine Cafeteria oder eine Pizzeriabestellung erhält." (QUELLE: Patient B, Pflegedokumentation 564/570)*

e) Konsequenz

In einer Arbeit, welche die Anpassungsleistungen inhaftierter Rechtsbrecher innerhalb des Behandlungsvollzuges und die Auswirkungen derartiger Strategien auf den therapeutischen Ansatz reflektiert, hat *Warta* in einem Nebensatz festgestellt, *Konsequenzen* seien „eine gebräuchliche, etwas euphemistische Bezeichnung für Sanktionen".[434] Tatsächlich liegt es gerade auch für die Angehörigen der im Maßregelvollzug tätigen, sich vorwiegend als „helfend" definierenden Berufsgruppen nahe, angesichts der bereits festgestellten Berührungsängste im Hinblick auf den Gebrauch eines zu repressiv gefärbten Vokabulares[435] auf Termini zurückzugreifen, die derartig negativer Konnotationen zumindest vordergründig entbehren.[436] Der

---

[434] *Warta* 1998, S. 123. Ähnlich *Rasch* 1986a, S. 101f.: „Da man nicht strafen möchte, ist man in manchen Einrichtungen dazu übergegangen, einen Katalog von euphemistisch als Konsequenzen bezeichneten Sanktionen zu entwickeln, der dem Grundsatz der Gleichbehandlung Rechnung trägt und von dem entsprechend eine generalpräventive Wirkung erwartet wird"; vgl. auch noch *Rasch* 1984b, S. 64; *Rasch* 1987, S. 34. Demgegenüber bemüht sich *Rehn* 1993, 37f. in einer Arbeit zum sozialtherapeutischen Vollzug um eine saubere Trennung der unterschiedlichen Begriffsebenen, indem er mit dem *Konsequenzbegriff* das übergeordnete Prinzip bezeichnet, durch dessen Beachtung ein verlässlicher Handlungsrahmen für Insassen und Mitarbeiter entstehen soll, während er unter dem Begriff der *Sanktion* alle diejenigen Maßnahmen versteht, „mit denen Gefangene an ihre Verantwortung erinnert werden".

[435] Vgl. insoweit bereits S. 115.

[436] Die von bemerkenswerter Offenheit getragene Äußerung von *Noeres* 1993, S. 36f. („Ich fand und finde es auch richtig, von 'Sanktionen' zu reden. Alle euphemistischen Umschreibungen dienen schließlich nur unserer Gewissensberuhigung und werden von unseren Patienten sowieso durchschaut. Was sie als Strafe empfinden, ist auch eine Strafe."), stellt insoweit eine Ausnahme dar, welche allerdings durch die bewusst vorgenommene Abgrenzung vom *allgemeinen* Sprach-

Begriff der *Konsequenz* bietet sich insoweit als neutraler gehaltene Alternative an, da er – im Gegensatz zu Formulierungen wie „Sanktionierung" oder „Bestrafung" – Anlehnungen an den Sprachgebrauch der Strafrechtspflege vermeidet, ohne jedoch in der Sache etwas wesentlich Anderes auszusagen.[437]

Bei den Sachverhalten, in denen mit dieser Bezeichnung operiert wird, handelt es sich zumeist um Situationen, in denen der Patient für ein festgestelltes Fehlverhalten noch ein letztes Mal verwarnt werden und eine empfindliche Sanktion dementsprechend vorerst nur angedroht werden soll. Es werden ihm dann für den Fall eines erneuten Zuwiderhandelns „Konsequenzen" angedroht:

> *„Herr M meldete sich per Rufanlage. Als der Ref. die Tür aufschloß, stand er in der Tür und sagte: ‚Ich will jetzt duschen, aber zackig.' Der Ref. erklärte H. M, daß ihm sein Umgangston nicht gefalle und das er noch am Vormittag duschen könne, er aber so lange noch warten müsse. H. M reagierte verärgert, wurde unterschwellig aggressiv. Er äußerte, daß wenn es ihm zu lange dauern würde, ginge er ohne Begleitung. Der Ref. antwortete, daß H. M dann evtl. mit Konsequenzen zu rechnen habe. Dies sei ihm egal, er sei sowieso auf dem Nullpunkt." (QUELLE: Patient M, Pflegedokumentation 90/99)*

> *„Hr. B versuchte in der Freistunde 5 CD's zu verkaufen. Hr. B wurde daran erinnert, daß Geschäfte verboten sind. Ihm wurde gesagt, wenn die CD's verkaufen sollte werde dieses für ihn Konsequenzen haben." (QUELLE: Patient B, Pflegedokumentation 294/297)*

> *„Herr T saß im Fernsehraum der WG 31/1 B. Dabei hatte Herr T seine Füße samt Turnschuhe über der Armlehne. Herr T wurde aufgefordert die Füße von der Armlehne zu nehmen und dies zukünftig zu unterlassen. Dieser Aufforderung kam Herr T nur widerwillig nach. Herrn T wurde mitgeteilt, daß er bei Zuwiderhandlung mit Konsequenzen zu rechnen hätte." (QUELLE: Patient T, Pflegedokumentation 51/56)*

Gemeinsam ist den besagten Quellen, dass die in Aussicht gestellten Restriktionen im Sinne einer konkretisierten Strafdrohung verhaltensmodifizierenden Einfluss auf den Untergebrachten ausüben sollen. Dabei knüpfen die angedrohten *Konsequenzen* an eine zwar noch in der Zukunft liegende, jedoch bereits jetzt eindeutig bezeichnete Verfehlung des Patienten an und thematisieren seine individuelle Verantwortlichkeit für diesen zukünftigen Regelverstoß und dessen rechtsbeschränkende Folgen, weshalb dem dergestalt projizierten Vorgang der Charakter einer Sanktionierung zukommt.

Unter Umständen kann es sich als sinnvoll erweisen, dem Patienten die an ihn gerichteten Verhaltenserwartungen bereits beim Eintritt in die Einrichtung vor Augen

---

gebrauch in der beschriebenen Einrichtung ihrerseits wiederum die obenstehend formulierte Regel bestätigt.

[437] Derartige Übersetzungsleistungen, bei denen vom Personal verhängte repressive Maßnahmen in eine sprachliche Form gebracht werden, „welche die legitimierten Ziele der Einrichtung widerspiegelt", schildert auch *Goffman* 1971; er spricht insoweit von „ideologischen Sprachregelungen" (S. 88). Ähnlich *Lau/Wolff* 1981, S. 203f. für die „moderne Terminologie", welche von Sozialarbeitern zur aktenförmigen, an den administrativen und rechtlichen Vorgaben ausgerichteten Dokumentation ihrer „Fälle" verwandt wird.

zu führen. *Goffman* hat in dieser Hinsicht die Verbreitung gewisser Aufnahmeprozeduren in den von ihm untersuchten totalen Institutionen herausgearbeitet, mit denen unter anderem der Zweck verfolgt wird, den Neuling vom Beginn seiner Internierung an zu einer verlässlichen Kooperation mit dem Personal zu veranlassen.[438] In der Pflegedokumentation eines Patienten, der nach einer längerfristig angelegten Beurlaubung aufgrund erneuter Straffälligkeit in das WZFP zurück verlegt wurde, wird am ersten Tag der Wiederaufnahme zunächst vermerkt, dass dem Patienten – in Entsprechung der aus § 6 I 1 MRVG-NW erwachsenden Verpflichtung – je ein Exemplar des Maßregelvollzugsgesetzes, der zugehörigen Durchführungsverordnung, der Hausordnung sowie der Besuchsregelung ausgehändigt worden sei. Im Anschluss hieran findet sich dann folgender Eintrag:

> *„Es wurde ein Gespräch mit Hrn. Z geführt, ihm scheint klar zu sein, daß er sich hier ordentlich zu verhalten hat. Er wurde auf Regelverstöße und deren Konsequenzen hingewiesen." (QUELLE: Patient Z, Pflegedokumentation 45/47)*

Soweit sie tatsächlich mit dem In-Aussicht-Stellen empfindlicher Eingriffe in die Rechtssphäre des betroffenen Patienten operiert, erweist sich die vorstehend wiedergegebene Praxis der Androhung von „Konsequenzen" nach Durchsicht des Materials in der Mehrzahl ihrer Anwendungsfälle als zumindest kurzfristig sehr effektive Strategie zur Abwendung weiterer Regelübertretungen. Problematischer erscheint schon eher die Herbeiführung einer dauerhaften Verhaltensmodifikation im Sinne eines verlässlichen Verzichts auf einschlägiges Fehlverhalten. Als Beleg für die Änderungsresistenz einiger Patienten können folgende, im Rahmen eines Pflegeberichtes zur halbjährlich stattfindenden Behandlungsplankonferenz[439] angestellte Überlegungen herangezogen werden:

> *„Zusammenfassung: Insgesamt zeigte sich im letzten Berichtszeitraum oberflächlich eine Angepasstheit im Stationsalltag. Allerdings sind vier schwere Regelverstöße aufgefallen. Trotz jeweiliger direkter Vorgehensweise führten diese nicht zur Aufgabe von Regelverstößen. Als weitere pflegerische Behandlungsziele schlagen wir folgendes vor:*
> *1. Beibehaltung der bestehenden Pflegeplanung*
> *2. Weitere Problematisierung seiner Regelverstöße mit direkt folgenden Konsequenzen." (QUELLE: Patient Q, Behandlungsplan 21/30)*

Es liegt nicht in der Absicht des Verfassers, den hier vom pflegerischen Personal vorgeschlagenen Weg eines rigiden „More of the same" als unbeirrte Fortschreibung arrivierter Reaktionsmuster im Sinne jeweils erneuter unmittelbarer Konsequenzbetonung beim Auftreten bereits sattsam bekannter Regelverstöße zu skandalisieren. Hierzu bedürfte es einer sehr viel intensiveren Auseinandersetzung mit

---

[438] *Goffman* 1971, S. 26ff.

[439] Die gesetzliche Pflicht zur halbjährlichen Aktualisierung des Therapie- und Eingliederungsplanes normiert § 16 II 2 MRVG-NW. Nach Kammeier-*Wagner*², Kap. D, Rn 75ff. verpflichten sowohl rechtsstaatliche Erwägungen als auch solche der Qualitätssicherung und Transparenz der Behandlung zu einer „detaillierten Behandlungs- und Vollzugsplanung".

den Besonderheiten des in Rede stehenden Einzelfalles, als sie die vorliegende Untersuchung mit ihrer Beschränkung auf eine rein nach Aktenlage erfolgende Bewertung überhaupt zu leisten vermag. Die referierte Quelle mag statt dessen zunächst als erneute Bekräftigung der eingangs aufgestellten These vom Verharren bestimmter Teile der Maßregelklientel in einem Zustand gesteigerter „Gemeinschaftsschwierigkeit" zur Kenntnis genommen werden.

f) Umschreibung des Patientenverhaltens

Bislang wurde ausschließlich untersucht, inwieweit sich aus der Bezeichnung der im jeweiligen Einzelfall ergriffenen restriktiven Maßnahme Rückschlüsse auf ihren rechtlichen Charakter ziehen lassen. Unter Umständen kann jedoch die Formulierung, die im Rahmen der aktenförmigen Dokumentation für das zugrunde liegende regelverletzende Patientenverhalten gewählt wird, ähnlich aufschlussreich sein. Hält das Personal ein bestimmtes Verhalten für sanktionswürdig, so kann es diesem Umstand etwa dadurch Rechnung tragen, dass insoweit von einer *Verfehlung* oder einem *Vergehen* gesprochen wird. Zur Verdeutlichung sei folgende Textstelle wiedergegeben:

> *„Hr. B wird vom Personal im Tagesraum angetroffen, wobei er mit der Pat. D Zärtlichkeiten austauschte – (im Arm halten wobei die Pat. auf seinem Schoß saß) – da dies einen wiederholten Verstoss gegen die Stationsordnung und den Vertrag der zwischen Hr. B und dem Behandlungsteam besteht, darstellt, wird Hr. B bis morgen Mittag lt. Teambeschluß in seinem Zimmer eingeschlossen. Hr. B nahm dies zur Kenntniss. War aber gegenüber seinem Vergehen völlig uneinsichtig." (QUELLE: Patient B, Pflegedokumentation 389/396)*

In der Feststellung, dass das als *Vergehen* qualifizierte Verhalten des Patienten unter anderem auch einen „wiederholten Verstoß gegen die Stationsordnung" darstelle, klingt im Übrigen noch eine andere, in dem erhobenen Material nicht minder häufig verwendete Formulierung an: die Umschreibung eines opponierenden Patientenverhaltens als *Regelverstoß*. Die Betonung des Umstandes, dass der Patient mit seinem Verhalten den Bestand innerinstitutioneller Normen negiert habe, weist ihrerseits gewissermaßen auf das Erfordernis einer „Negation dieser Negation"[440] hin: Zu einer effektiven Wiederherstellung der Ordnung bedarf es in den Augen des so Formulierenden zumeist einer konsequenten Ahndung des in Rede stehenden Regelverstoßes. Angesprochen ist mit der Verwendung dieses Begriffes folglich erneut ein Sanktionsbedürfnis, was durch zwei weitere Beispiele deutlich gemacht werden soll:

> *„Ressourcen: Herr T zeigte im o.g. Behandlungszeitraum, daß er sich an Absprachen halten kann, wenn auch oft nur unter der Maßgabe einer drohenden Sanktion bei wiederholten Regelverstössen." (QUELLE: Patient T, Behandlungsplan 21/24)*

---

[440] An dieser Stelle sei nur beiläufig auf Berührungspunkte zu der von *Hegel* 1833 in den „Grundlinien der Philosophie des Rechts" entwickelten straftheoretischen Konzeption hingewiesen (zur – nicht eindeutig belegten – Urheberschaft *Hegels* hinsichtlich der „schlagwortartigen Formel" von der „Negation der Negation" vgl. *Roxin* 1997, § 3, Rn 4, Fn 6).

„In der Beziehung zum Pflegepersonal wurde Herr N einerseits übertrieben freundlich erlebt, andererseits war sie weiterhin gekennzeichnet durch fehlende Akzeptanz und ständigen Regelüberschreitungen. Diese Regelüberschreitungen (wie z.B. Nichtreinigen des Essenwagens; Androhung eines Richters mit Gewalt, falls er 100 000 DM Bestechungsgeld nicht annimmt; Umgehen des Telefonverbotes, etc.) hatten meist zur Folge, daß Herr N 'Zimmerstatus' erhielt. Herr N fühlte sich mißverstanden und zu unrecht bestraft." (QUELLE: Patient N, Behandlungsplan 3/11)

2. Verwendung bestimmter Argumentationsfiguren

Das Herausfiltern bestimmter, im untersuchten Material immer wiederkehrender Argumentationsfiguren vermag einen ebenso wertvollen Beitrag zur inhaltlichen Bewertung der vorgefundenen Textstellen zu erbringen wie die Identifikation von Schlüsselbegriffen, mit denen im Sprachgebrauch der Einrichtung üblicherweise die Sanktionierung von Unbotmäßigkeiten der Patienten benannt wird. Dabei ist, wie bereits kurz angedeutet wurde, für den hier interessierenden Zusammenhang vor allem die innere Perspektive der jeweiligen Fundstelle von Belang: Erscheint die Argumentation in die Vergangenheit gerichtet, weil sie einzig eine bereits begangene Verfehlung des Patienten thematisiert und diesem hierfür die Verantwortung zuschreibt, so spricht dies für das Vorliegen einer Sanktionierung. Wird hingegen die Zukunft in den Blick genommen, indem die ergriffene Maßnahme mit den Erfordernissen der Gefahrenabwehr oder der Ordnung in der Einrichtung begründet wird, so sind die präventiv ausgerichteten Eingriffstatbestände der Maßregelvollzugsgesetze einschlägig. Indem auf die innere Ausrichtung des vom Autor der jeweiligen Textstelle gewählten Ansatzes abgestellt wird, sollen nicht zuletzt vorschnelle Rückschlüsse aus dem bloßen Wortlaut der fraglichen Quelle vermieden werden. Was hiermit gemeint ist, lässt sich sehr gut anhand folgender Beispiele verdeutlichen:

„Am 31. 03. 94 wurde im Zimmer ein 5 l Eimer mit angesetztem Alkohol gefunden. Herr N selbst gab zu, diesen für sich selbst angesetzt zu haben. Im Vorfeld war während einer Sportstunde beobachtet worden, wie sich Herr N mit einem Mitpatienten von 15/2 unterhielt und es sich dabei offensichtlich in der Unterhaltung um die Beschaffung von Drogen handelte. Eine Zimmerkontrolle wurde durchgeführt. Bis auf oben beschriebenen Eimer mit Alkohol wurden keine weiteren Drogen bzw. Gegenstände, die gegen die Stationsordnung sprechen, gefunden. Aufgrund des Alkoholfundes wurde Herr N wegen Verstoßes gegen das geordnete Zusammenleben auf Station im EBZ mit Tisch, Bett und Stuhl untergebracht." (QUELLE: Patient N, Krankengeschichte 3/15)

„Wurde in seinem Zimmer aufgesucht. Hr. B schien sichtlich überrascht und nervös. Eine nach Zigarettenrauch riechende Qualmwolke schwebte über seinem Bett in dem er lag. Eine brennende Zigarette lag draußen vor seinem Fenster. Ein Feuerzeug wurde eingezogen und sein Fenster geschlossen. Hr. B bleibt wegen diesem Verstoß gegen die Stat. Ordnung auf seinem Zimmer bis zum nächsten Tag." (QUELLE: Patient B, Pflegedokumentation 449/455)

Beide Fundstellen nehmen mit der Stationsordnung bzw. dem geordneten Zusammenleben einen in § 21 I MRVG-NW enthaltenen Rechtfertigungstatbestand für die

Anordnung von Absonderungen in Bezug, was bei vordergründiger Betrachtung für eine Rechtmäßigkeit der verhängten Maßnahmen sprechen könnte. Gleichwohl ist der Aufbau der im jeweiligen Einzelfall entworfenen Argumentationsstruktur genauer zu betrachten: Es ist nicht, wie dies der Gesetzeswortlaut fordern würde, die Rede von einer „erheblichen *Gefahr* für das geordnete Zusammenleben in der Einrichtung“,[441] sondern es wird allein auf die von den beiden Patienten verwirklichten *Verstöße* gegen die Stationsordnung abgehoben. Hierbei handelt es sich jedoch genau um jene Art der Orientierung an individualisierten, in der Vergangenheit liegenden Normbrüchen, wie sie nach den diesbezüglichen Ausführungen im Theorieteil der Untersuchung für das Vorliegen einer Sanktionierung charakteristisch ist. Eine Rechtfertigung der ergriffenen Maßnahmen aufgrund von Präventionserwägungen trägt eine solche Argumentation demzufolge nicht. Für die hier dargelegte Tendenz der Vollzugspraxis, bei der Beurteilung der Notwendigkeit einer rechtsbeschränkenden Reaktion auf Regelverstöße gleichsam zu kurz zu greifen und die erforderlichen Darlegungen im Hinblick auf die vom betroffenen Patienten *zukünftig* ausgehenden Gefahren gänzlich zu vernachlässigen, lassen sich noch weitere Belege anführen:

„Pat. zerriss den Kaltverpflegungsplan und warf ihn in die Toilette. Die Mitpat. hatten die Kaltverpflegung bereits aufgeschrieben. Das Radio das dem Pat. stundenweise in das Zwischengitter gestellt wurde, wurde dem Pat. entzogen aufgrund seines provokanten Verhaltens.“ (QUELLE: Patient A, Pflegedokumentation 28/32)

„04. 01. 90, 14.00 Uhr
Bei der Körperkontrolle des Pat. wurde ein Walkman gefunden welcher am Vormittag bei einem anderen Pat. der Station abhanden gekommen war. Das Gerät wurde dem Besitzer zurückgegeben. Nach Rücksprache mit Fr. D bleibt Pat. auf der Station und semtliche Verg. (Vergünstigungen, M.L.) wurden zurückgenommen.
05. 01. 90
Herr B bekommt laut Stationsteam Ausgangssperre bis zum 01. 03. wegen des Diebstahls.“
(QUELLE: Patient B, Pflegedokumentation 42/50)

Die referierten Fundstellen machen nicht zuletzt deutlich, weshalb in den fraglichen Fällen auf Ausführungen im Hinblick auf die vom Patienten ausgehenden Gefahren für das geordnete Zusammenleben verzichtet wurde: Die zugrunde liegenden Sachverhalte geben das Abwägungsmaterial für derartige Überlegungen schlicht nicht her. Eine Restriktion wird gerade nicht für erforderlich gehalten, *um* akut von dem Patienten ausgehende Gefahren abzuwenden, sondern sie wird diesem als Sanktion *für* ein begangenes Vergehen auferlegt, wie auch die in einer letzten in diesem Zusammenhang anzuführenden Textstelle gewählte Formulierung anschaulich macht:

„02. 01. 98, 19.00 Uhr
Pat. sollte am Nachmittag in die Gemeinschaft gehen, nachdem er aber schon im Flur eine Kaffeetasse an sich genommen hatte, wurde er wieder in sein EBZ gebracht. Pat. konnte um

[441] Hervorhebung M. L.

18.00 h mit in den Sportkeller, hier verhielt er sich sehr unruhig, wollte unbedingt mit seinen Mitpatienten Tischtennis spielen. Da Pat. nicht sofort mitspielen konnte, schimpfte er laut mit seinen Mitpatienten und ging im Sportkeller auf und ab, schlug mehrmals gegen den Sandsack und verhielt sich weiterhin recht unruhig.
02. 01. 98, 19.10 Uhr
Pat. meldet sich und möchte in die Gemeinschaft. Ihm wurde mitgeteilt, das er morgen einen neuen Versuch starten kann, da er für sein heutiges Verhalten nicht mehr auf die Seite darf."
(QUELLE: Patient F, Pflegedokumentation 217/231)

Der vorstehend illustrierte Umstand, dass sich die Unterscheidung zwischen präventiver und repressiver Eingriffsrichtung auch in der Wahl der jeweils zur Begründung herangezogenen Argumentationsfigur abbildet, findet im Übrigen in den Sozialwissenschaften eine gewisse Parallele in den von *Schütz* im Rahmen seiner Ausführungen zu den Motivationszusammenhängen menschlichen Handelns entwickelten Relevanzkategorien. Als fruchtbar erweist sich insoweit vor allem eine Auseinandersetzung mit der von ihm vorgenommenen Differenzierung zwischen *Um-zu-Motiven* und *Weil-Motiven.*[442]

Zur Erläuterung des mit dem Begriff der *Um-zu-Motive* Gemeinten zeichnet *Schütz* die einem konkreten Handlungsentwurf für gewöhnlich vorangehende gedankliche Operation nach, in deren Verlauf zunächst das im Ergebnis angestrebte Handlungsziel formuliert und sodann von diesem imaginierten Ziel aus eine rückwärts gerichtete Kette der zu dessen Erreichung erforderlichen Zwischenstufen bis hin zu dem unmittelbar zu ergreifenden Handlungsansatz gezogen wird.[443] Aus der Ex-ante-Perspektive des Entscheidungsträgers lässt sich dieser Gedankengang nunmehr auf folgende, der fraglichen Motivkategorie ihren Namen gebende Formulierung bringen: *Um* das bewusste Ziel *zu* erreichen, ist eine bestimmte Handlung erforderlich, die ihrerseits die Voraussetzung für die Durchführbarkeit eines weiteren zwingend gebotenen Zwischenaktes bildet usw. – auf diese Weise entsteht eine lückenlose Kette von aufeinander bezogenen Einzelschritten, die sich kontinuierlich bis zu der gedanklich bereits antizipierten Erreichung des eigentlichen Handlungszieles fortsetzen lässt.[444] Der Autor verdeutlicht den aufgezeigten Zusammenhang unter anderem am Beispiel des Mordes aus Habgier, bei dem der Täter handelt, *um* sich in den Besitz von Vermögensgegenständen des Opfers *zu* bringen, wobei dann eben auch sämtliche hierzu erforderlichen Zwischenschritte ihren subjektiven Sinn für den Täter gerade durch die innere Ausrichtung auf das letztendlich angestrebte Ziel des Vermögenszuwachses erhalten.[445]

Von dem soeben erörterten Motivtypus sind nach *Schütz* die *echten Weil-Motive* zu unterscheiden, anhand derer sich die Genese des konkreten Handlungsentwurfes

---

[442] Vgl. hierzu *Schütz* 1971, S. 80ff.; *Schütz* 1974, S. 115ff.; *Schütz/Luckmann* 1975, S. 209ff.; *Schütz* 1982, S. 78ff.; *Schütz/Luckmann* 1984, S. 33ff.

[443] *Schütz* 1971, S. 80; *Schütz* 1974, S. 116ff.; *Schütz/Luckmann* 1975, S. 213; *Schütz/Luckmann* 1984, S. 34.

[444] *Schütz/Luckmann* 1975, S. 213; *Schütz/Luckmann* 1984, S. 34.

[445] Vgl. *Schütz* 1971, S. 80; *Schütz* 1974, S. 122.

nachzeichnen lässt.[446] Diese Motivkategorie speise sich aus den zu Einstellungen verdichteten Erlebnissen und Erfahrungen des Handelnden und bilde den Hintergrund für dessen Neigung, in der konkreten Situation so und nicht anders tätig zu werden.[447] Während somit das *Um-zu-Motiv* auf das in der Zukunft liegende Ziel des jeweiligen Handelns bezogen sei, fokussierten die *Weil-Motive* bestimmte „Sedimentierungen vergangener Erfahrungen“[448] und erhellten so, welche lebensgeschichtlichen, sozialen und kulturellen Faktoren als Ursache der bewussten Handlung angesehen werden könnten.[449] Zur Verdeutlichung sei erneut auf das bereits erwähnte Beispiel des Mörders aus Habgier verwiesen: Dieser „wurde zur Ausführung seiner Handlungen motiviert, weil er in dieser oder jener Umgebung aufgewachsen ist, weil er, wie uns die Psychoanalyse lehrt, in seiner Kindheit bestimmte Erfahrungen hatte, etc.“.[450]

Die Verbindungslinien zwischen der von *Schütz* vorgenommenen Differenzierung und der in diesem Abschnitt thematisierten Unterscheidung zwischen präventiv und repressiv ausgerichteten Argumentationsstrukturen liegen nach dem Gesagten auf der Hand: Maßnahmen der Gefahrenabwehr, welche die Abwendung eines zukünftig drohenden Schadens zum Gegenstand haben, finden ihre Entsprechung in den *Um-zu-Sätzen Schützscher* Diktion: *Um* das bedrohte Rechtsgut, etwa die körperliche Integrität eines Mitglieds des Personals, vor der von einem Patienten ausgehenden Gefährdung *zu* schützen, wird letzterem eine bestimmte Restriktion auferlegt. Demgegenüber lassen sich Rechtsbeschränkungen mit repressivem Hintergrund aufgrund der Tatsache, dass sie ein in der Vergangenheit liegendes Fehlverhalten des Betroffenen thematisieren, in adäquater Form lediglich durch die von *Schütz* vorgestellten *Weil-Konstruktionen* ausdrücken: *Weil* der Untergebrachte gegen eine bestimmte, für das gemeinsame Zusammenleben verbindliche Norm verstoßen hat, wird er in seinen Rechten beschränkt.

Für den vorliegenden Untersuchungszusammenhang gewinnt das Modell von *Schütz* seinen spezifischen Erklärungswert vor allem durch einige eher beiläufig, zur Abgrenzung der beiden vorgenannten Motivkategorien getätigte Ausführungen: So verweist der Autor auf die prinzipiell gegebene sprachliche Möglichkeit, zumindest aus der Ex-post-Perspektive die erwähnten *Um-zu-Relevanzen* jeweils auch durch entsprechende *Weil-Konstruktionen* auszudrücken.[451] Im Nachhinein befragt, warum er sein Opfer getötet habe, könne etwa der Mörder aus Habgier eben auch antworten: „*Weil* ich an sein Geld gelangen wollte“.[452] Aufgrund der Tatsache, dass

---

446 *Schütz* 1974, S. 122ff.; *Schütz* 1982, S. 83f.

447 *Schütz* 1971, S. 80; *Schütz/Luckmann* 1984, S. 35.

448 *Schütz/Luckmann* 1975, S. 217.

449 Bei *Schütz/Luckmann* 1975, S. 216 wird dies die „biographische Bedingtheit der Einstellung“ genannt. Dort findet sich auch ein Beispiel für den Versuch einer Rekonstruktion des lebensgeschichtlichen Hintergrundes einer Handlungsentscheidung; vgl. *Schütz/Luckmann* 1975, S. 222.

450 Vgl. *Schütz* 1971, S. 80 sowie ergänzend *Schütz* 1974, S. 122f.

451 *Schütz/Luckmann* 1975, S. 214; *Schütz* 1982, S. 82; *Schütz/Luckmann* 1984, S. 35.

452 *Schütz* 1971, S. 81.

derartige Konstrukte ein logisches Äquivalent zu den bereits behandelten *Um-zu-Sätzen* darstellen, werden sie von *Schütz* auch als *unechte Weil-Sätze* bezeichnet.[453] Die damit aufgezeigte doppelte sprachliche Ausdrucksmöglichkeit ist nun zu berücksichtigen, wenn wie hier den in bestimmten textlichen Zusammenhängen verwendeten Argumentationsfiguren Indizwirkung für die rechtliche Einordnung der von ihnen erfassten Lebenssachverhalte zugeschrieben wird. Die von *Schütz* formulierte Erkenntnis, dass gerade in der Umgangssprache häufig nicht sauber zwischen *Um-zu-Motiven* und *Weil-Motiven* unterschieden werde,[454] sollte demnach zumindest in deutliche Vorsicht bei der Analyse der im erhobenen Textmaterial vorgefundenen Argumentationsfiguren umgesetzt werden.

3. Zwischenergebnis

Als Ergebnis der vorstehenden Ausführungen kann festgehalten werden, dass eine Einschätzung des sprachlichen Materials der Krankenakten im Hinblick auf das Vorliegen einer Sanktionierung auch auf der verhältnismäßig schmalen Informationsgrundlage reiner Akteneinträge, d. h. ohne die Hinzuziehung weiterer Quellen wie etwa ausgedehnter einzelfallbezogener Interviews oder teilnehmender Beobachtung, zumeist möglich sein dürfte. Dies sollte zumindest dann gelten, wenn die Beurteilung des jeweiligen Falles nicht bei den vom Autor der Textstelle verwendeten Formulierungen stehen bleibt, sondern, ausgehend von diesen, auch nach den im Hintergrund wirksamen Argumentationsmustern forscht. Unter Berücksichtigung dieser Prinzipien soll im Folgenden eine systematische Darstellung der verschiedenen Patientenverfehlungen und ihrer Sanktionierung von Seiten des Personals der Einrichtung erfolgen.

II. Kategorien unbotmäßigen Patientenverhaltens

Da die Ergebnisse dieser Studie der Bearbeitung des Aktenmaterials mit einem Kategoriensystem entstammen, bietet es sich an, die folgende Darstellung ebenfalls an die diesem System zugrunde liegende Struktur anzulehnen. Wie bereits früher ausgeführt,[455] lässt sich die aktenförmige Aufbereitung konflikthafter Sachverhalte durch die dokumentationspflichtigen Mitarbeiter am besten mit zwei verschiedenen Dachkategorien erfassen: Während die erste dazu dient, bestimmte prototypische Beschreibungen besonders sanktionsrelevanten *Patientenverhaltens* zu erfassen, verfolgt die andere das Ziel einer Strukturierung des daraufhin von Seiten des Personals zur Anwendung gebrachten *Sanktionsarsenals*. Im Folgenden sollen

---

[453] *Schütz* 1974, S. 120; *Schütz/Luckmann* 1984, S. 35.
[454] *Schütz* 1971, S. 81.
[455] Hierzu bereits oben auf S. 102f.

zunächst die der zuerst genannten Oberkategorie zuzuweisenden verschiedenen Spielarten unbotmäßigen Patientenverhaltens genauer behandelt werden.

Es sei an dieser Stelle noch einmal die bereits kurz erwähnte Formulierung *Gessners* von der „Orientierungsforschung"[456] in Erinnerung gerufen: Danach sollte es im Folgenden zunächst einmal lediglich darum gehen, „eine möglichst umfassende und komplexe Information über einen Ausschnitt sozialer Wirklichkeit" – eben den Umgang mit alltäglichen Konflikten auf den Stationen des psychiatrischen Maßregelvollzuges – zu gewinnen;[457] die zu bewältigende Aufgabe ist mithin eindeutig *deskriptiver* Art. Demgegenüber spielen *rechtliche* Betrachtungen hier grundsätzlich nur insoweit hinein, als eine Abgrenzung der Sanktionierung unbotmäßigen Patientenverhaltens zu den Eingriffsebenen der Prävention und der Therapie vorzunehmen ist. Eine umfassende kritische Würdigung der vorgefundenen Rechtswirklichkeit anhand des für den Vollzug der Maßregel nach § 63 StGB geltenden normativen Programms – die Frage der *Zulässigkeit* der verhängten Restriktionen betreffend – bleibt demgegenüber der Schlussbemerkung dieses Kapitels vorbehalten. Dies sollte gleichwohl nicht daran hindern, im Einzelfall die Einordnung einer im Aktenmaterial geschilderten Maßnahme innerhalb der begrifflichen Trias von Behandlung, Gefahrenabwehr und Sanktionierung dadurch zu erleichtern, dass die für ihre Rechtfertigung prinzipiell in Betracht kommenden präventiven und therapeutischen Eingriffstatbestände des MRVG-NW benannt werden und deren Anwendung auf die in Rede stehende Konstellation diskutiert wird.

1. Physische Aggressionen

Im Zuge der Sichtung des Textmaterials hat sich die bereits bei der Entwicklung des Kategoriensystems zugrunde gelegte Differenzierung der von den Patienten ausgehenden physischen Aggressionen nach ihrem Adressatenkreis bewährt. Unterscheidet man danach, ob Mitpatienten oder Mitarbeiter der Einrichtung Ziel des konkreten körperlichen Angriffs geworden sind, so lassen sich etwaige qualitative Abweichungen im Reaktionsstil leichter identifizieren. Es wurde darüber hinaus festgestellt, dass sich aufgestaute Aggressionen der Untergebrachten nicht weniger häufig auch in Gewalt gegen eigene und fremde Sachen oder in lautem Randalieren und Lärmen entladen, weshalb entsprechende Kategorien nachträglich hinzugefügt wurden.

a) Physische Aggressionen gegen Mitpatienten

Entfaltet ein Patient körperliche Aggressivität gegen seine Mitpatienten, so ist bei den daraufhin vom Personal der Einrichtung erfolgenden Reaktionen stets besonders genau zu prüfen, inwieweit aufgrund einer akuten Gefährdungslage vielleicht

---

[456] Vgl. oben S. 98.
[457] *Gessner* 1984, S. 483.

doch präventive Erwägungen im Vordergrund stehen. Gleichwohl lassen sich auch hier Fallkonstellationen identifizieren, in denen den auferlegten Restriktionen eindeutig sanktionierender Charakter zukommt. Die folgenden Ausschnitte beziehen sich auf einen aus den ehemaligen Ostblockstaaten stammenden Spätaussiedler, bei dem vor allem die Kommunikation in deutscher Sprache auf einige Probleme stößt. Obwohl der intelligenzgeminderte Patient trotz seiner nur rudimentären Sprachkenntnisse von Anfang an durchaus um eine Integration in die Patientengemeinschaft und um eine zumindest formale Teilnahme an den ihm unterbreiteten Behandlungsangeboten bemüht ist, ereignen sich neben einer demonstrativen öffentlichen Vornahme sexueller Handlungen (Onanieren, obszöne Gesten) immer wieder auch aggressive Impulsdurchbrüche gegen Mitpatienten:

„In den Einzelgesprächen wird Herr W etwas aktiver, wobei er durchaus zusammenhängend in deutscher Sprache berichten kann. In diesem Punkt erweckte Herr W in der Vergangenheit immer wieder den Eindruck, daß er nichts verstehe. Er schaffte es sogar in der Gruppe, sich mehrmals über einen Mitpatienten zu beschweren, der im Zimmer rauche. Hier konnte er sich durchaus verbal adäquat äußern. Die Situation eskalierte jedoch, so daß Herr W den Mitpatienten, als er wieder im Zimmer rauchte, mehrmals schlug. Hierfür war Herr W für einige Tage im EBZ untergebracht. Er war jedoch einsichtig, daß er nicht schlagen dürfe." (QUELLE: Patient W, Krankengeschichte 3/13)

„Patient hat an der Musik im Keller teilgenommen für ca. 20 Min. H. W wurde dabei immer ausfallender, faßte dabei die Mitpatienten von Stat. 15/2 an den Beinen und Armen, daraufhin wurde H. W zurück in sein EBZ gebracht. Auf Grund des Vorfalls verbleibt Pat. für heute im EBZ." (QUELLE: Patient W, Pflegedokumentation 26/30)

Der Sanktionscharakter ergibt sich bei den referierten Textstellen vor allem aus der verwendeten Argumentationsstruktur: Obwohl der Patient aufgrund seiner Defizite in der Impulskontrolle unter Umständen auch weiterhin eine Gefahr für seine Mitpatienten darstellt, erfolgen die im konkreten Fall vorgenommenen Rechtsbeschränkungen doch erklärtermaßen *für* das gezeigte Fehlverhalten und *aufgrund* der geäußerten Aggressionen. Anknüpfungspunkt ist somit wiederum der individualisierbare Regelverstoß und nicht eine durch den Patienten begründete akute Gefahrenlage.

Die in der Mehrzahl der Fälle als Sanktion verhängte kurzfristige physische Absonderung kann unter Umständen auf organisatorische Probleme stoßen, wie der folgende Extrakt aus einer Krankengeschichte verdeutlicht:

„Später schlug Herr X Herrn U leicht vor den Kopf. Herr X gab dies auch zu. Da kein IBR frei war, wurde vereinbart, dass Herr X seinen Schlüssel vom Zimmer sowie seine Musikanlage abgeben sollte. Herr X durfte sein Zimmer nicht verlassen, nur zum Toilettengang nach Absprache." (QUELLE: Patient X, Krankengeschichte 74/78)

Während aufgrund von Kapazitätsproblemen die eigentlich vorgesehene Maßnahme der Absonderung unterbleibt, wird mit dem Patienten eine „Ersatzvereinbarung" getroffen, in welcher dieser sich zu einem im Umfang annähernd vergleichbaren Verzicht auf bestimmte Annehmlichkeiten bereit erklärt. Vor allem der

Entzug der Musikanlage bedeutet in diesem Zusammenhang erkennbar die Auferlegung einer über die reine Einschränkung der physischen Bewegungsfreiheit hinausgehenden Sanktion, welche geeignet erscheint, dem betroffenen Patienten die Unerwünschtheit der begangenen physischen Grenzüberschreitung spürbar vor Augen zu führen.[458]

Finden physische Aggressionen gegen Mitpatienten im Rahmen der Beschäftigungstherapie oder der Arbeitsbetriebe des WZFP statt, so werden sie häufig zum Anlass genommen, zeitlich befristete Sperren für die Teilnahme an den fraglichen Aktivitäten aufzuerlegen:

> *„Herr I arbeitet in der Hella, wo er am 20.07.92 eine Schlägerei mit einem Mitpatienten hatte. Grund dieser Auseinandersetzung war, daß dieser Mitpatient die Klebemaschine von Herrn I benutzt hatte und diese nicht ordnungsgemäß zurückstellte. Aufgrund dieses Vorfalls wurde Herr I für 14 Tage aus der AT ausgesperrt." (QUELLE: Patient I, Krankengeschichte 27/32)*

Die mit derartigen Maßnahmen zwangsläufig verbundene Beschränkung des individuellen Aktionsradius auf die unmittelbare Stationsumgebung bedeutet zunächst einen nicht zu unterschätzenden Verlust an Abwechslung. Der temporäre Ausschluss von Arbeitsaktivitäten führt darüber hinaus jedoch zu unter Umständen besonders schmerzlich empfundenen finanziellen Einbußen: Für den Zeitraum der Sperre entfällt der ansonsten gem. § 14 I 2, 3 MRVG-NW begründete Anspruch auf Zahlung einer Arbeitsbelohnung bzw. eines Arbeitsentgelts, so dass der Patient lediglich über das in der Einrichtung übliche, zum Teil deutlich geringere Taschengeld verfügen kann.[459]

b) Physische Aggressionen gegen Personal

Körperliche Aggressionen gegen Mitarbeiter der Einrichtung unterscheiden sich von solchen gegen Mitpatienten darin, dass sie neben einer bloßen Verletzung der Grenzen individueller physischer Integrität zugleich eine Negation der institutionellen Hierarchien darstellen: Der gewalttätige Patient greift in eine Sphäre ein, aus welcher er aufgrund seines Status für gewöhnlich Weisungen entgegenzunehmen

---

[458] Dies bestätigt auch der für die Behandlung des X zuständige Therapeut im Interview: Zum fraglichen Zeitpunkt sei bei dem Patienten versucht worden, diesen durch Verlegung aus dem IBR in ein Einzelzimmer auf seine „Gemeinschaftsfähigkeit" hin zu erproben, um eine etwaige Verlegung in ein Behindertenwohnheim befürworten zu können. Dieser Versuch habe jedoch nach drei Wochen (einen Tag nach dem hier präsentierten Eintrag) wieder abgebrochen werden müssen, da der Patient offensichtlich mit der Situation überfordert gewesen sei. In der konkreten Situation hätten sicherlich Gesichtspunkte der Deeskalation im Vordergrund gestanden; man habe den Betroffenen wohl „aus der Situation herausnehmen" müssen. Der Entzug der Musikanlage sei hingegen durchaus als zusätzliche Konsequenz zu verstehen, da zuvor bereits mehrmalige „einfache" Zimmeraufenthalte erfolgt seien, die augenscheinlich keinen Eindruck gemacht hätten.

[459] Allgemein zum öffentlich-rechtlichen Anspruch auf Arbeitsentgelt im Rahmen von vollzuglichen Arbeitsverhältnissen Kammeier-*Gabriel*^{2}, Kap. E, Rn 45ff.; *Volckart* 1999a, S. 82f.

und der er sich im Sinne einer umfassenden, zumindest faktisch bestehenden Gewaltunterworfenheit grundsätzlich unterzuordnen hat. Eine derartig gravierende In-Frage-Stellung des einrichtungsinternen Ordnungsgefüges dürfte den Apparat zu einer entsprechend harschen Reaktion herausfordern, will dieser das herkömmliche Subordinationsverhältnis bekräftigen und vor einer möglichen Erosion schützen.[460]

Innerhalb des erhobenen Textmaterials ist in diesem Zusammenhang die Krankenakte eines hochgradig dissozial agierenden Patienten hervorzuheben, der aufgrund eines hyperkinetischen Syndroms eine beständige Belastung für den Stationsalltag darstellt und in hohem Maße Aktivitäten des Personals bindet. In der Pflegeplanung werden im Sinne eines Tatbestandskataloges sämtliche von besagtem Patienten häufiger gezeigten störenden Verhaltensweisen wie Beschimpfungen, lautes Schreien, Einnässen oder Einkoten abgearbeitet und jeweils mit einer spezifischen Sanktionsdrohung, etwa dem zeitweisen Entzug von Genussmitteln, verknüpft. Dieser Katalog kulminiert gleichsam in demjenigen Punkt, welcher die Vorgehensweise beim Auftreten physischer Aggressionen gegen das Personal beschreibt:

> *„Bespucken des Personals, Schlagen des Personals, bzw. der Versuch dazu: Bespuckt Pat. das Personal, oder schlägt Pat. das Personal, bzw. zeigt den Versuch zu spucken oder zu schlagen, so erhält er am gleichen Tag und auch am folgenden Tag keinen Bohnenkaffee und keine Rauchwaren, keine Freistunde, keinen Aufenthalt in der Gemeinschaft, keine Musik."* *(QUELLE: Patient F, Pflegedokumentation 716/722)*

Die vorgesehene Sanktion stellt eine Kombination aus beinahe sämtlichen bislang für andere Vergehen einzeln festgesetzten Restriktionen dar und bringt so sehr gut zum Ausdruck, dass es sich bei dem in Rede stehenden Fehlverhalten tatsächlich um den denkbar ernsthaftesten Angriff auf die in der Einrichtung geltenden Machtverhältnisse handelt. Bei dem im Folgenden in zwei Ausschnitten aus der Pflegedokumentation vorgestellten Patienten haben vergleichbare Provokationen regelmäßig die Verhängung eines befristeten „Zimmerarrestes" zur Folge, d.h. der Patient darf erst am darauffolgenden Tag sein Zimmer wieder verlassen, um am Gemeinschaftsleben teilzunehmen:

> *„Der Pat. war am Morgen zeitweise in Gemeinschaft, hat ferngesehen, als ihm langweilig wurde lief Pat. von einem Mitpat. zum anderen als dann keiner der Mitpat. bereit war sich mit ihm zu beschäftigen und er das ihm vom Personal angebotene Mensch ärgere dich Spiel nicht wollte, schlug er mit der flachen Hand einen Mitarbeiter auf den Hinterkopf. Der Aufforderung das zu unterlassen kam der Pat. nicht nach er versuchte jetzt den Mitarbeiter am Ohr zu ziehen. Darauf hin wurde der Pat. von der Stat. in sein Einbettzimmer gebracht. Der Pat. bleibt wegen des obigen Vorfalls heute in seinem EBZ."* *(QUELLE: Patient X, Pflegedokumentation 10/21)*

---

[460] Vgl. für den Strafvollzug *Huber* 1995, S. 77: „Zum Schutze der körperlichen Integrität und Autorität des Personals werden Ausfälligkeiten der Insassen gegenüber Vollzugsangestellten in der Regel mit sehr hohen Disziplinarmaßnahmen geahndet".

„Pat. ruft und klopft. Als der unterzeichnende Pfleger die Tür öffnete und ihm nach seiner Frage nach einer Zigarette sagte das er jetzt keine bekomme, spuckte er in meine Richtung. Ihm wurde gesagt das er dies nicht machen solle, worauf er sagte 'Doch' und wieder in meine Richtung spuckte. Pat. wurde daraufhin mitgeteilt das er für heute im Zimmer verbleiben muß." (QUELLE: Patient X, Pflegedokumentation 153/159)

Gegen eine Einstufung der in beiden Quellen auferlegten Zimmeraufenthalte als Sanktionierung könnte eingewandt werden, dass der Patient durch das gezeigte aggressive Auftreten seine fehlende Gemeinschaftsfähigkeit hinreichend unter Beweis gestellt habe, weshalb seine mittelfristige Absonderung zur Aufrechterhaltung des geordneten Zusammenlebens unerlässlich sei. Hielte man diese Argumentation für stichhaltig, so wäre mit § 21 I MRVG-NW der Anwendungsbereich eines Rechtfertigungstatbestandes für die fraglichen Restriktionen eröffnet. In den wiedergegebenen Textstellen scheint jedoch eine denkbar weitgehende Uniformität der jeweiligen Reaktionen durch (auferlegt wird *stets* ein Zimmerarrest für den Rest des Tages), für die sich im Übrigen noch eine größere Zahl weiterer Beispiele aus der Pflegedokumentation des fraglichen Patienten anführen ließen. Dieser Umstand macht deutlich, dass keineswegs eine individuelle Prognose der im jeweiligen Einzelfall von dem Patienten ausgehenden Gefährlichkeit bei der Bemessung des Zimmerstatus zugrunde gelegt wurde, sondern dass die besagte Maßnahme statt dessen durch die Zufügung einer empfindlichen Einbuße in der Bewegungsfreiheit eine nachhaltige Verhaltensmodifikation herbeiführen sollte. Eine derartige Konzentration auf Abschreckungsaspekte zugrunde gelegt, ist sie jedoch als Sanktion zu verstehen.

Der Vollständigkeit halber sei noch darauf hingewiesen, dass selbstverständlich physische Aggressionen gegen das in der Beschäftigungstherapie und den Arbeitsbetrieben des WZFP tätige Personal ebenso wie die dort stattfindenden Übergriffe gegen Mitpatienten Anlass für die bereits erwähnten Arbeitssperren sein können. Dies mag die folgende Fundstelle verdeutlichen:

„... mußte Herr I am 21. 12. 94 aufgrund eines Vorfalles in der WMI vorzeitig auf die Station 44/1 zurückgeholt werden, weil er sich gegenüber einem relativ neuen Mitarbeiter der WMI aggressiv zeigte, ihn mit „Spinner, Wichser etc." beschimpfe und über seinen Fuß mit voll beladenem Hubwagen, den er im Rahmen seiner Auftragstätigkeit (Beladen von LKWs in der Schleuse seit August 1994) führte, fuhr. Lediglich das Sicherheitsschuhwerk schützte den Fuß des Mitarbeiters, so daß es zu keinen Verletzungen kam. Die Sicherheitsschuhe wurden jedoch dadurch erheblich beschädigt. Herr I bekam eine vierwöchige Arbeitssperre ..." (QUELLE: Patient I, Krankengeschichte 36/47)

c) Sachbeschädigung

In Anlehnung an den strafrechtlichen Begriff der Sachbeschädigung[461] soll in dieser Arbeit von der gleichnamigen Kategorie sowohl ein Einwirken auf die Sachsubstanz als auch eine Beeinträchtigung der bestimmungsgemäßen Brauchbarkeit – letzteres

---

[461] Vgl. etwa die Definitionen bei Schönke/Schröder-*Stree* § 303, Rn 8ff.; *Tröndle/Fischer* § 303, Rn 6ff.

etwa im Rahmen einer bisweilen anzutreffenden ausgreifenden Neigung bestimmter Patienten zu Streichen und Schabernack – erfasst sein. Einer Sanktionierung zugänglich erscheint dabei sowohl die Beschädigung von Gegenständen, die im Eigentum der Klinik oder von Mitpatienten stehen, als auch von solchen Sachen, die dem Patienten selbst gehören, wie aus den folgenden Beispielen hervorgeht:

„Herr X hat ein Schlüsselloch des Wertfaches eines Mitpatienten mit einer Zigarettenkippe verstopft. Daraufhin musste Herr X sein Mittagessen im IBR einnehmen." (QUELLE: Patient X, Krankengeschichte 31/33)

„Pat. wurde aus der Fixierung gelöst und ins Badezimmer begleitet. Dort hat Hr. F geduscht. Anschließend hat Pat. sein Bett neu bezogen. Beim abziehen des alten Lakens stellte Ref. fest, das am Kopfende ca. 5 DM-Stück große Brandflecken im Bettlaken waren. Auf die Frage, warum er diese Löcher eingebrannt hat, meinte er das er nichts dafür könne. Er habe in Fixierung rauchen dürfen und dabei sei es passiert. Durch die Lage der Brandflecken war es Herrn F trotz Fixierung nicht möglich dort Löcher einzubrennen. Dies wurde Pat. vorgehalten. Als Antwort kam das übliche 'Leck mich'. Hr. F bekommt heute vormittag nichts zu rauchen." (QUELLE: Patient F, Pflegedokumentation 27/37)

„Herr N hatte eingestanden, zusammen mit Mitpatienten an der Sicherungsanlage auf der Station manipuliert zu haben, und erhielt deswegen die Auflage, sich bis auf weiteres in seinem Zimmer aufzuhalten ('Stubenarrest')." (QUELLE: Patient N, Krankengeschichte 17/20)

„Herr F wurde seine 20.00 Uhr Zigarette gestrichen, weil er seine Jeanshose zerrissen hat. Nachdem ihm mitgeteilt wurde, daß er vor 21.00 Uhr keine Zigarette bekommen würde, fing der Pat. an gegen die Holztür zu schlagen. Da der Pat. das Zusammenleben auf der Station erheblich stört wurde er fixiert." (QUELLE: Patient F, Pflegedokumentation 342/347)

„Pat. wird aus der Fixierung genommen. Pat. hat geduscht, gefrühstückt und danach ein neues festes Hemd erhalten. Im EBZ hat Hr. F das feste Hemd zerrissen. Daraufhin erhält der Pat. bis 11.00 keine Zigarette und für den Rest des Tages kein Kaffee und keine Musik. Demnächst wird der Pat. für 5 Std. fixiert sollte er sein festes Hemd zerreißen." (QUELLE: Patient F, Pflegedokumentation 496/501)

Neben den relativ häufig anzutreffenden Einschränkungen im Konsum von Genussmitteln oder im Hinblick auf die körperliche Bewegungsfreiheit kommt es bei Sachbeschädigungen kleineren Umfangs durchaus vor, dass dem Patienten (zusätzlich) die umgehende Beseitigung des angerichteten Schadens auferlegt wird. Die Heranziehung des Patienten zu einer zumindest beschränkten Wiedergutmachung im Wege des finanziellen Ausgleichs ist von *Volckart* und *Grünebaum* als „uneigentliche Disziplinarmaßnahme" bezeichnet worden,[462] begegnet jedoch für den Fall, dass der Patient den Schaden zu vertreten hat, aufgrund ihrer gesetzlichen Verankerung in § 25 I MRVG-NW keinen rechtlichen Bedenken. Während somit die im folgenden Beispiel verhängte befristete Ausgangssperre im Hinblick auf ihre Rechtmäßigkeit durchaus Zweifel weckt, ist zumindest die daneben ausgesprochene Verpflichtung zum Ersatz des zerstörten Blumentopfes als rechtmäßig anzusehen:

---

462 *Volckart* 1999a, S. 94.

„Am Samstag, 01. 04. 95, verschlief Herr B den für 10.00 h geplanten Coop-Einkauf. Als er sich um 10.45 h beim Pflegepersonal meldete, um den Einkauf zu tätigen, war dieser schon beendet. Daraufhin wurde Herr B dem Pflegepersonal gegenüber verbal ausfallend und warf in einem unbeobachteten Augenblick einen Blumentopf durch den Tagesraum, der an einer Wand zerschellte. Die Aggression war nicht patientenbezogen. Es kam niemand dabei zu Schaden. Herr B erhielt daraufhin eine Ausgangssperre bis zum 05.04.94. Es wurde mit ihm vereinbart, daß er am 06. 04. 95 seinen Ausgang u.a. dazu nutzt, einen neuen Blumentopf für die Station zu kaufen." (QUELLE: Patient B, Krankengeschichte 256/267)

Problematischer als eine durch geringe, den individuellen Verhältnissen des Patienten angepasste finanzielle Aufwendungen zu erfüllende Schadensersatzforderung dürfte ein eher wörtliches Verständnis der Verpflichtung zur Naturalrestitution sein, wie es in folgender Textstelle zum Ausdruck kommt:

„Pat. hatte die rechte Wand in seinem Zimmer mit Stuhl beschmiert. Das Bett wurde laut AvD Dr. F aus dem Zimmer genommen. Das Mittagessen warm gehalten. Wenn Pat. Zimmer u. Wand sauber hat, bekommt er das Mittagessen." (QUELLE: Patient C, Pflegedokumentation 10/13)

Zwar sind die Patientinnen und Patienten gemäß § 14 I 1 MRVG-NW grundsätzlich gehalten, entsprechend dem Fortschritt ihrer Behandlung und ihren Fähigkeiten unter anderem auch zur Reinigung ihrer Unterkunftsräume beizutragen. Nach den im vorangegangenen Abschnitt entwickelten Grundsätzen ist die Weigerung, dieser Verpflichtung nachzukommen, jedoch ihrerseits nicht sanktionierbar, da es hierfür an der entsprechenden Rechtsgrundlage in Gestalt eines vollzugsgesetzlich verankerten Disziplinarrechts fehlt. Das Zurückhalten des Mittagessens im konkreten Fall war demzufolge rechtswidrig.

Werden durch die von einem Patienten begangene Sachbeschädigung Gegenstände in Mitleidenschaft gezogen, die im Gemeingebrauch der jeweiligen Station stehen, und fallen diese Gegenstände somit für die Nutzung durch die Mitpatienten für einen längeren Zeitraum aus, so bietet es sich an, bei der Auswahl der hierauf erfolgenden Sanktion den Aspekt der spiegelnden Strafe zu berücksichtigen und dem Patienten ähnliche Sachen zu entziehen. Neben dem Ziel, dem Patienten vor Augen zu führen, wie unangenehm der Verlust dieser Gebrauchsgüter auf Dauer sein kann, kommt einer derartigen Maßnahme nicht zuletzt auch befriedende Funktion zu: Es dürfte den von dem Übergriff betroffenen Mitpatienten eine gewisse Genugtuung verschaffen, wenn auch der Verursacher ihrer momentanen Mangelsituation vom privaten Gebrauch des fraglichen oder zumindest eines vergleichbaren Gegenstandes ausgeschlossen ist.[463] Anhand des folgenden Extraktes aus der Krankenakte eines Patienten soll der vorstehend beschriebene Zusammenhang exemplifiziert werden:

---

463 Ähnliches berichtet für den Strafvollzug auch *Huber* 1995, S. 85: „So muss ein Insasse, der anstaltseigene Bücher beschädigt hat, nicht nur mit Entschädigungsleistungen rechnen, sondern auch mit Entzug des Lesestoffes".

„14. 06. 99, 15.40 Uhr
Hr Y gab im Verlauf der Gruppe auf Seite 2 zu, die Plombe vom Fernseher im kleinen Tagesraum abgerissen zu haben. Der Fernseher wurde daraufhin eingezogen.
15. 06. 99, 07.30 Uhr
Das Radio des Pat. wurde eingezogen bis der Fernseher wieder versiegelt ist." (QUELLE: Patient Y, Pflegedokumentation 237/243)

Erwähnung finden soll schließlich noch der Umstand, dass sich der Patient nach einer von ihm begangenen Sachbeschädigung unter Umständen ein „Absehen von Strafe" erkaufen kann, indem er die in Rede stehende Verfehlung möglichst frühzeitig und aus eigenem Antrieb offenbart:

„Eine Woche später wurde Herr Y auf eine verstopfte Dusche angesprochen und gab relativ schnell zu, dafür verantwortlich zu sein. Ihm wurde klar gemacht, daß allein die Tatsache, gleich die Wahrheit gesagt zu haben, bewirke, daß er sich weiter in den Gemeinschaftsräumen aufhalten dürfe." (QUELLE: Patient Y, Krankengeschichte (33/38)

d) Randalieren und Lärmen

Im Vordergrund steht bei den von dieser Kategorie erfassten Lebenssachverhalten die von den Aggressionen des Patienten ausgehende Ruhestörung, weniger der eventuell zusätzlich an Einrichtungsgegenständen oder den Sachen von Mitpatienten eintretende materielle Schaden. Relativ häufig wird auf derartige anhaltende Ruhestörungen mit dem Entzug von Genussmitteln wie Kaffee und Zigaretten reagiert, wie folgende Beispiele belegen:

„Verhalten im EBZ:
Pat. erhält bei seinem Aufenthalt im EBZ grundsätzlich die Möglichkeit, in der Zeit vom Aufschluß (nach Durchführung der Körperpflege und Zimmerreinigung) bis zum Einschluß die Möglichkeit, unter Aufsicht vor seinem EBZ stündlich 1 Zigarrette zu rauchen. Sollte Pat. während seines Aufenthaltes im EBZ auffallen durch lautes wiederholtes Schreien, Schlagen und zwar über einen Zeitraum von mehr als 5 Minuten, so erhält er zur nächsten vollen Stunde keine Zigarrette." (QUELLE: Patient F, Pflegedokumentation 131/140)

„Pat. lärmte seit 7.00 h herum schlug vor die Gittertür. Schrie laut hinter bestimmten Mitarbeitern her. Zuerst wurde dann die 8.00 Zigarette dann der Morgen Kaffee gestrichen." (QUELLE: Patient F, Pflegedokumentation 485/487)

„Herr A klingelte an der Sprechanlage zw. 7.00 Uhr u. 8.15 Uhr 6 x. Er forderte Kaffee in einem unverschämten Ton u.a. mit den Worten beeilen sie sich ich will Kaffee. Da das Kaffeewasser jedoch nicht schnell genug heiß wurde, klingelte er ununterbrochen, sang sozialistische Lieder u. trommelte gegen die Tür. Ref. teilte ihm mit, daß er so keinen Kaffee erhalten würde. Als H. A weiterhin klingelte u. trommelte wurde der Kaffe u. der Aufenthalt in der Gemeinschaft durch Teambeschluß gestrichen." (QUELLE: Patient A, Pflegedokumentation 213/221)

Zwar kann für den Entzug der genannten Genussmittel im Falle derartig störenden und entgrenzten Verhaltens prinzipiell ins Feld geführt werden, dass die Zuführung zusätzlich stimulierender Substanzen in dieser Situation zur Abwendung fortgesetzten Randalierens des Patienten ohnehin zu vermeiden sei. Dieses Argument erweist sich jedoch insoweit nicht als überzeugend, als sich vor allem die Regelung für den zuerst aufgeführten Patienten F wiederum eingebettet findet in einen umfangreichen Pflegeplan, der durch seine tatbestandliche Typisierung bestimmter unerwünschter Verhaltensweisen den Eindruck eines individuell auf die Belange des betroffenen Patienten zugeschnittenen Sanktionsinstrumentariums erweckt. Gerade die *standardisierte* Reaktion auf besonders häufig vorkommende Regelverstöße des Patienten soll insoweit augenscheinlich eine Präventivwirkung im Hinblick auf dessen künftiges Verhalten entfalten, wie sie vergleichbar etwa mit den sanktionsbewehrten Verbotsnormen des Besonderen Teils des StGB bezweckt wird. Nicht zuletzt auch die im weiteren Verlauf der Studie immer wieder auftretenden einschlägigen Beispiele werden zeigen, dass beim auferlegten Verzicht auf bestimmte Genussmittel in der überwiegenden Mehrzahl der Fälle eindeutig der Gedanke der Zufügung einer empfindlichen Sanktion im Vordergrund steht.

2. Entwendung von Sachen

Mit dem Begriff der Entwendung von Sachen sollen Verhaltensweisen entsprechend dem strafrechtlichen Bereich der Eigentumsdelikte umschrieben, also sowohl die eine Wegnahme voraussetzenden Tatbestände des Diebstahls bzw. Raubes als auch die ohne einen derartigen Gewahrsamsbruch zu verwirklichende Unterschlagung erfasst werden.[464] Da bestimmte Güter wie etwa Geräte der Unterhaltungselektronik, aber auch Statussymbole wie Schmuck und Uhren aufgrund der insoweit bedeutenden Restriktionen unterworfenen Unterbringungssituation bei den Patienten besonders nachgefragt sind, kommt es immer wieder vor, dass entstandene Begehrlichkeiten im Wege einer widerrechtlichen Aneignung in fremdem Eigentum stehender Gegenstände befriedigt werden. Auf derartige Vorfälle wird vom Personal zumeist schnell und mit Sanktionen mittlerer Intensitätsstufe reagiert,[465] wie die folgenden, zum Teil bereits weiter oben[466] angeführten Beispiele belegen:

---

[464] Zu den Gründen für eine eher zurückhaltende Nachfrage der Praxis nach externen (strafrechtlichen) Sanktionen *Volckart* 1999a, S. 89f.: „Externe Sanktionen, also Anzeige an die Staatsanwaltschaft zur Einleitung eines Ermittlungsverfahrens wegen Verdachts einer rechtswidrigen Tat i.S. des StGB, sind natürlich möglich, aber meist antitherapeutisch. Das Krankenhaus ist regelmäßig nicht zu solchen Anzeigen verpflichtet, Unterlassung ist keine Strafvereitelung i.S. des § 258 StGB. Das Krankenhaus hat insoweit ein Ermessen und wird dazu nur bei schwer wiegenden Taten, wie Gewalttaten mit erheblichen Folgen, greifen. Schwer wiegende Taten müssen außerdem aus dienstrechtlichen Gründen der Aufsichtsbehörde mitgeteilt werden." Auf diesen Gesichtspunkt wird weiter unten im Rahmen der Ausgestaltung eines eigenen Regelungsentwurfs noch zurückzukommen sein, vgl. S. 289f.

[465] Zu den Gründen paralleler Vorgehensweise des Personals im Strafvollzug äußert sich *Huber* 1995, S. 84: „Diebstähle und Entwendungen innerhalb der Anstaltsmauern, vor allem der besonders verwerfliche 'Kameradendiebstahl', verursachen Misstrauen und Aggression unter den Insassen. Treten derartige Vorkommnisse wiederholt auf, ist die Anstaltsleitung zudem gezwungen, allgemeine Sicherheitsmaßnahmen [...] anzuberaumen, um das Eigentum der Anstalt und der Insassen besser schützen zu können".

[466] Das Beispiel aus der Pflegedokumentation des Patienten B (42/50) findet sich bereits im Zu-

„04. 01. 90, 14.00 Uhr
Bei der Körperkontrolle des Pat. wurde ein Walkman gefunden welcher am Vormittag bei einem anderen Pat. der Station abhanden gekommen war. Das Gerät wurde dem Besitzer zurückgegeben. Nach Rücksprache mit Fr. D bleibt Pat. auf der Station und semtliche Verg. (Vergünstigungen, M. L.) wurden zurückgenommen.
05. 01. 90
Herr B bekommt laut Stationsteam Ausgangssperre bis zum 01.03. wegen des Diebstahls." (QUELLE: Patient B, Pflegedokumentation 42/50)

„Lt. 23/1 wird eine russische Uhr mit rotem Sekundenzeiger vermißt. Die Uhr wurde bei Hr. B gefunden. Er behauptete die gleiche Uhr wie Hr. K von 23/1 zu haben. Die Uhr wurde bis zur weiteren Klärung eingezogen.
Hr. B gab später zu die Uhr entwendet zu haben.
Er wird für 24 h auf sein Zimmer verwiesen. Zu den Mahlzeiten und zum Toilettengang kann er das Zimmer verlassen. Die Uhr wird dem Pat. in 23/1 zurückgegeben." (QUELLE: Patient B, Pflegedokumentation 318/325)

„H. F hat dem Mitpat. P 2 L Apfelsaft geklaut u. ausgetrunken. Erst hat H. F den Mitpat. lange beschuldigt die 2 ausgetrunkenen Tüten wurden jedoch beim H. F im Zimmer gefunden. Nach dem Mittagessen wurde H. F ohne zu rauchen in sein EBZ geschickt." (QUELLE: Patient F, Pflegedokumentation 271/276)

Bisweilen kann es auch vorkommen, dass eine Reaktion auf die Entwendung bestimmter Sachen lediglich mittelbar zu Einbußen des ertappten Patienten führt; gleichwohl dürfte auch die im folgenden Beispiel eingetretene Begrenzung letztlich von allen Beteiligten unzweifelhaft als Sanktion für die aufgedeckte Verfehlung des Betroffenen eingeordnet werden:

„Begleiteter Einkaufsgang zum Edeka, auf dem Weg nach Schlecker, wo wir noch Zigaretten kaufen wollten, stahl Herr V aus der Einkaufstüte eine zweite Dose Cola Light, daraufhin gingen wir sofort zur Station, ohne zusätzliche Zigaretten zu besorgen. Jetzt fehlen ihm bis nächsten Montag ca. 3 Schachteln Zigaretten, was er auch verstanden hat." (QUELLE: Patient V, Pflegedokumentation 30/35)

Aufgrund der Nähe der hier betrachteten Lebenssachverhalte zu den Eigentumsdelikten des StGB setzt ein entsprechender Verdacht – auch wenn er nicht den zuständigen Strafverfolgungsorganen mitgeteilt wird – zumeist ein Prozedere in Gang, das im Kleinen eine Abbildung des strafrechtlichen Ermittlungsverfahrens darstellt. Die Mitarbeiter betätigen sich investigativ, sie nehmen gegebenenfalls Durchsuchungen und Vernehmungen vor und versuchen so, den Anfangsverdacht mittels „kriminalistischer" Methoden zu erhärten oder gegebenenfalls zu entkräften. Ein Beispiel für diese Vorgehensweise gibt der folgende, etwas ausführlichere Abschnitt aus der Krankengeschichte des Patienten B, welcher die bereits geschilderte Entwendung einer Armbanduhr zum Gegenstand hat:

---

sammenhang mit der Diskussion von Indikatoren für das Vorliegen einer Sanktionierung wiedergegeben (vgl. S. 123).

„Ein Patient der Station 23/1 meldete heute den Verlust einer russischen Armbanduhr. Da sich Herr B vorher mit diesem Mitpatienten auf einem gemeinsamen Zimmer befand, bestand der Verdacht, daß die Uhr von Herrn B entwendet wurde. In der daraufhin durchgeführten Zimmerdurchsuchung auf der Station 5/1, wo sich Herr B nun befindet, wurde die Uhr auch prompt gefunden. Herr B gab an, daß sie von seinem Bruder und nicht von seinem Mitpatienten wäre. Dabei fiel auf, daß Herr B sofort den Mitpatienten benennen konnte, dem diese Uhr abhanden gekommen war. Der Name wurde vorher nicht preisgegeben. Da die Uhr eine Registriernummer besaß und der Mitpatient in seinem Uhrzertifikat diese Registriernummer ebenfalls nachweisen konnte, war klar, daß diese Uhr von Herrn B entwendet wurde (Wert der Uhr laut Mitpatient ca. 270 DM). Zusätzlich war die Uhr weder auf der Bekleidungskarte bei Herrn B als sein Besitz vermerkt, noch war sie bei vorherigen Kontrollen von Postsendungen aufgefallen. Zusätzlich wurde sie von einem Mitarbeiter der Station 5/1 als Eigentum des Mitpatienten wiedererkannt. Der Mitpatient befand sich vor seiner Verlegung nach 23/1 auf der Station 5/1. Nach intensiver Konfrontation mit all diesen Fakten reagierte Herr B zunehmend nervös, wurde blaß und gestand schließlich den Diebstahl. Die Uhr wurde dem Mitpatienten wieder ausgehändigt.
Als Konsequenz wurde Herr B für 24 Stunden auf sein Zimmer verwiesen, welches er nur zu den Mahlzeiten, zum Toilettengang und zur Freistunde verlassen kann." (QUELLE: Patient B, Krankengeschichte 311/337)

Bei der Betrachtung dieses Ausschnittes offenbart sich die Notwendigkeit, im Rahmen der im weiteren Verlauf dieser Arbeit noch anzustellenden Überlegungen zu den Konturen eines Disziplinarrechts für den Maßregelvollzug de lege ferenda zumindest einige Ausführungen auch den Essentialia eines zugehörigen Verfahrensrechts zu widmen. Der Untergebrachte darf den entsprechenden Nachforschungen des Pflegepersonals keineswegs ausgeliefert sein, ohne sich seinerseits auf elementarste prozessuale Schutzpositionen berufen zu können. Zu denken wäre insoweit etwa an die Gewährung rechtlichen Gehörs auf der einen Seite bzw. das Recht, sich nicht selbst belasten zu müssen auf der anderen Seite. Genauere Überlegungen hierzu sollen allerdings, wie gesagt, einem späteren Zeitpunkt vorbehalten bleiben.

3. Subkulturelle Aktivitäten

Nach *Goffman* existiert in den von ihm untersuchten totalen Institutionen ein System so genannter *sekundärer Anpassungsmechanismen*; er versteht darunter „Handlungen, die nicht unmittelbar gegen das Personal gerichtet sind, die es aber den Insassen erlauben sich verbotene Genüsse mit verbotenen Mitteln zu verschaffen".[467] Hierzu entwickle die Gemeinschaft der Insassen einen Code und Mittel der informellen sozialen Kontrolle, mit deren Hilfe verhindert werden solle, dass der einzelne Insasse die sekundäre Anpassung eines anderen an den Stab verrate. Diese in Form einer Parallelgesellschaft zum offiziellen Unterbringungsalltag organisierten sozia-

---

[467] *Goffman* 1971, S. 59.

len Bezüge werden vor allem für den Kontext des Strafvollzuges herkömmlicherweise mit dem Begriff der *Insassensubkultur* belegt.[468]

Zwar sollte die den Strafvollzug trotz aller reformerischen Bemühungen nach wie vor prägende, relativ starre Konfrontation zwischen dem Vollzugspersonal auf der einen und den gewaltunterworfenen Insassen auf der anderen Seite im Maßregelvollzug aufgrund seiner konsequenten Ausrichtung an therapeutischen und unterstützenden Strategien zumindest idealtypisch eine gewisse Milderung erfahren. Dieser Unterschied dürfte jedoch partiell dadurch wieder eingeebnet werden, dass ein beträchtlicher Teil der nach § 63 StGB Untergebrachten zuvor bereits Hafterfahrungen gesammelt hat und dementsprechend über entsprechende subkulturelle Vorprägungen verfügt.[469] Es kann nach dem Gesagten nicht überraschen, dass sich auch im vorliegend bearbeiteten Material reichhaltige Spuren der von *Goffman* geschilderten subkulturellen Aktivitäten zur Erlangung „verbotener Genüsse" finden.

a) Schmuggeln von Gegenständen

Naturgemäß besteht ein gesteigertes Interesse des Personals einer totalen Institution, genau zu verfolgen, welche Gegenstände sich in der Einrichtung befinden und welchem Insassen diese jeweils zuzuordnen sind.[470] Entsprechend ausführlich regelt § 7 MRVG-NW den persönlichen Gewahrsam des Untergebrachten sowie die Einschränkungen, denen dieser aus Gründen der Sicherheit oder Ordnung sowie aus therapeutischen Erwägungen unterworfen werden kann. Die vorangegangenen Ausführungen haben zudem gezeigt, dass es in der Praxis nicht selten zum Entzug bestimmter Sachen im Rahmen einer Sanktionierung von Fehlverhalten des Patienten kommt. Entsprechend verbreitet sind klandestine Aktivitäten der Betroffenen, mit denen diese sich unter Umgehung der auferlegten Beschränkungen den ungestörten Gebrauch besonders begehrter Güter zu verschaffen suchen.[471] Bei einer Aufdeckung entsprechender Vorgänge kann es zur (unter Umständen erneuten) Sanktionierung kommen:

> *„Am 08.01.97 wurde ein Pornoheft von Herrn Q auf der Station 15/2 gefunden. Der Pat. gab in einem Gespräch zu, dieses schon im November dorthin mitgenommen zu haben. Lt. Sta-*

---

468 Ausführlich zur Insassensubkultur des Gefängnisses die Studie von *Harbordt* 1972; vgl. auch noch *Eisenberg* 1995, § 37, Rn 1ff.; *Walter* 1999, Rn 258ff.; jeweils mwN.

469 *Rasch* 1987, S. 23. Vgl. hierzu die Zahlen bei *Dessecker* 1997, S. 56ff.

470 Vgl. etwa *Volckart* 1999a, S. 57: „Sicherheitsbelange erfordern es, dass der Stationspfleger in der Lage sein muss, die Sachen der Patienten zu durchsuchen, damit nicht gefährliche Gegenstände, Drogen oder Medikamente versteckt werden".

471 Hintergrund dürfte nicht zuletzt jene „identitätsbedrohende Nivellierung" (Kammeier-*Lesting*², Kap. G, Rn 1) sein, welche wohl auch heute noch von den beim Eintritt in eine staatliche Zwangseinrichtung verbundenen Restriktionen des persönlichen Besitzes ausgeht. Bei *Hohmeier* 1976 findet sich der Hinweis auf die negativen Auswirkungen, welche „in einer Kultur wie der unsrigen, in der Prosperität und materieller Besitz so bedeutsam für das Selbstgefühl sind" (S. 436), für die Psyche der Insassen von derartigen Deprivationen ausgehen müssen.

tionskonferenz wurde ihm der Ausgang bis zum 22. 01. 97 gestrichen. Die AT im Haus, auf der WG 22/1, konnte er weiterhin verrichten." (QUELLE: Patient Q, Behandlungsplan 15/20)[472]

„Herr F hat versucht nach dem Abendessen sein Radio ins Zimmer zu schmuggeln. Daraufhin wurde ihm das Radio für heute entzogen." (QUELLE: Patient F, Pflegedokumentation 523/525)

„Hr. O bekommt die Bücher die er auf die WG geschmuggelt hat, erst zurück, wenn er für die Gemeinschaft 4 Std. 'Sozialarbeit' geleistet hat." (QUELLE: Patient O, Pflegedokumentation 518/520)

Die in der zuletzt aufgeführten Quelle angesprochene „Sozialarbeit"[473] begegnet im Übrigen auch in anderem Zusammenhang, etwa bei der Feststellung bestimmter, vom überwiegenden Teil der Gemeinschaft als besonders lästig empfundener Insubordinationen wie dem heimlichen Rauchen auf der Stationstoilette. Dies soll durch den Auszug aus einer Pflegedokumentation im Folgenden kurz belegt werden. Bereits an dieser Stelle sei im Übrigen auf die in dem besagten Extrakt anklingende teilweise Delegation von Sanktionskompetenzen an die Patientengemeinschaft hingewiesen; hierzu werden weiter unten noch einige Ausführungen erforderlich sein:[474]

„Hr. O kommt Ref. im Schlafanzug auf dem Flur entgegen und will gerade auf die Toilette, in der Hand hat er eine Zigarette und ein Feuerzeug. Ref. spricht Hr. O darauf an, Hr. O wird sehr verlegen aber geht dann schnell wieder in seine teilweise „dumm-dreiste" Verhaltensweise über. Ref. äußert, daß er doch auch schon am Tag davor rauchend auf der Toilette angetroffen wurde und erinnert an den Plenumsbeschluß das der jenige der rauchend auf der Toilette erwischt wird, diese als Putzrevier bekommt." (QUELLE: Patient O, Pflegedokumentation 522/530)

b) Besitz unerlaubter Gegenstände

Der ungehinderte Zugang zu bestimmten Gegenständen kann aufgrund der ihnen generell innewohnenden Gefährlichkeit, ihres Potentials zur Ruhestörung oder etwaiger Besonderheiten des Patienten unerwünscht sein. Wie aus den folgenden

---

[472] Den disziplinarischen Hintergrund dieser Maßnahme konzediert auf Nachfrage auch der zuständige Therapeut. Der Patient müsse „irgendwie spüren", dass das gezeigte Verhalten ein Regelverstoß gewesen sei. Herr Q müsse die Bedeutung seines Verhaltens „mit Nachdruck erfahren"; man wolle mit der temporären Streichung des Ausgangs sicherlich „Nachdenklichkeit über das Gewicht seines Verhaltens erzeugen". Zudem habe eine derartige Reaktion immer auch eine generalpräventive Komponente, indem nämlich auch die Wirkung unkommentiert bleibender Regelverstöße auf die Mitpatienten auf der Station Berücksichtigung finde.

[473] Nach Aussage des zuständigen Therapeuten handelt es sich bei der in vorstehendem Textauszug in Bezug genommenen „Sozialarbeit" um eine Art „Zivildienst", welcher dem nur selten einmal zu altruistischen Regungen neigenden Patienten auferlegt worden sei. Insoweit seien keineswegs die jedem Patienten obliegenden Verpflichtungen im Sinne arbeitsteiliger Verrichtung der allgemeinen Stationsaufgaben gemeint gewesen; vielmehr bezeichne der Begriff „Sozialarbeit" zusätzliche Dienste bei entsprechend festgestelltem Fehlverhalten.

[474] Vgl. hierzu unten S. 224ff.

einschlägigen Fundstellen ersichtlich, wacht das Personal mit gelegentlichen Zimmerkontrollen und körperlichen Durchsuchungen[475] nach Kräften darüber, dass die für den jeweiligen Einzelfall geltenden Bestimmungen eingehalten werden:

„Pat. wurde informiert, daß er unerlaubt eine Satellitenanlage auf dem Zimmer habe. Hr. L wurde aufgefordert diese abzubauen. Das TV und die Anlage bleibt bis zum 26.06. einschließlich eingezogen, gelagert im Notzimmer. Pat. nahm diese Maßnahme etwas verärgert hin." (QUELLE: Patient L, Pflegedokumentation 15/19)

„Zimmerkontrolle: ein Pack Tabak und ein Feuerzeug wurden eingezogen. Aufgrund dessen verbleibt H. B zum Abendessen auf seinem Zimmer." (QUELLE: Patient B, Pflegedokumentation 593/595)

„Zimmerkontrolle durch 2 MA ausgeführt. Gefundene Gegenstände Tabak sowie ein Pornoblatt. Aufgrund dieses Vorfalls bleibt der Pat. heute auf seinem Zimmer." (QUELLE: Patient B, Pflegedokumentation 695/697)

In den beiden letztgenannten Quellen weist erneut bereits die Uniformität des verhängten Zimmerstatus auf das Vorliegen eines Sanktionszusammenhangs hin. Diese Einschätzung bestätigt sich, wenn man in der Pflegedokumentation des betreffenden Patienten einen Blick auf die vorangegangenen Jahre wirft. Bereits dort findet sich in denjenigen Passagen, welche den Besitz unerlaubter Gegenstände behandeln, ein ebenfalls weitgehend standardisiertes Reaktionsrepertoire. Dessen sanktionierender Gehalt erschließt sich allerdings erst durch die Hinzuziehung zusätzlichen textlichen Materials, da die diesbezüglichen Einträge in der Pflegedokumentation für sich gelesen jeweils lediglich Bewegungen in einem nicht näher erläuterten Stufenplan nachzeichnen:

„Hr. B wird vom Ref. gefordert sich lt. Stufenplan auf sein Zimmer zu begeben. Hr. B reagierte darauf hin uneinsichtig. Bei der anschließenden Zimmerkontrolle wurden Tabak Zigaretten Feuerzeug und mehrere weitere CD's (versteckt hinter Apfelsaft Tüte) gefunden. Die so Hr. B zufolge er von Pat. S hat. Aufgrund dieser Vergehen wurde Hr. B lt. Teamabsprache wieder in die 1. Stufe des Stufenplans zurückgestuft. Dies wurde ihm durch Ref. mitgeteilt." (QUELLE: Patient B, Pflegedokumentation 467/474)

„Im Rahmen der regelmäßigen, in zeitlich unregelmäßigen Abständen stattfindenden Zimmerkontrolle wurde das Zimmer nachgesehen. Kurz bevor von den MA 1 Feuerzeug und ein angebrochenes Pack Taback gefunden wurde, machte Hr. B schimpfend darauf aufmerksam wo er diese Sachen versteckt hatte. Nach Beendigung der Zimmerkontrolle wurde Hr. B darüber informiert, daß er ab sofort wieder in 'Stufe 0' zurückgestuft ist." (QUELLE: Patient B, Pflegedokumentation 496/504)

Erst der folgende Auszug aus einer Stellungnahme der Klinik gem. § 67e StGB erhellt die Hintergründe des mehrfach in Bezug genommenen Stufenplanes und verdeutlicht, dass eine Rückstufung aufgrund der aufgeführten Verfehlungen jeweils

[475] Hinreichend bestimmte Rechtsgrundlage hierfür ist in Nordrhein-Westfalen § 7 V MRVG. Zur teilweise unbefriedigenden Gesetzeslage in anderen Bundesländern Kammeier-*Rzepka*², Kap. H, Rn 38ff.; *Volckart* 1999a, S. 94ff.

zwangsläufig mit einer Einbuße an körperlicher Bewegungsfreiheit verbunden ist. Auch bei der Umsetzung eines solchen Stufenplanes handelt es sich mithin um Sanktionierung im hier verstandenen Sinne:

„In der 1. Stufe erhält Herr B vormittags und nachmittags eine Stunde Zugang zur Gemeinschaft plus die Möglichkeit der Teilnahme an der Gartenfreistunde. Stufe 2 und 3 umfassen jeweils zwei bzw. drei Stunden Gemeinschaftszugang vormittags und nachmittags. Aufgrund der zahlreichen Regelverstöße hatte es Herr B nicht geschafft, die Stufe 3 zu erreichen. Herrn Bs Leben auf der Stationsgemeinschaft ist geprägt durch einen ständigen Bedarf an Geld, um Kaffee, Tabak und zusätzliche Nahrungsmittel einzukaufen. Da sich Herr B durchgehend nicht an die Hausordnung hält, d.h. Tausch- und Handelsaktivitäten mit den Patienten nicht anmeldet und das Rauchverbot im Patientenzimmer nicht beachtet, erfolgen entsprechende Rückstufungen." (QUELLE: Patient B, Gutachten 14/27)

c) Unerlaubtes Handeltreiben

Unter unerlaubtem Handeltreiben soll im Folgenden die ohne entsprechende Genehmigung des Personals erfolgende Verschiebung von Gegenständen innerhalb der Einrichtung verstanden werden. Da diesbezügliche Schutzbehauptungen nicht selten zu sein scheinen, soll entsprechendes unabhängig davon gelten, ob die Weitergabe nach Aussage des betreffenden Patienten im Tausch, als Geschenk oder im Rahmen eines Bargeschäftes erfolgt ist. Geschäfte der Untergebrachten untereinander sind im Übrigen gemäß Abschnitt III, Nr. 6 der Hausordnung des WZFP nicht erlaubt; Ausnahmen von diesem Grundsatz werden nur mit Genehmigung der Stationsleitung zugelassen.[476] Bereits der vorstehend referierten Quelle zum Stufenplan des Patienten B konnte entnommen werden, dass die Durchführung von unangemeldeten Tausch- und Handelsaktivitäten bei diesem durchweg ein bedeutendes Ausmaß annimmt, weshalb nicht zuletzt dessen Pflegedokumentation einige prägnante Beispiele entnommen werden können:

„Herr B gibt auf intensive Konfrontation zu, Zigaretten an Pat. verkauft zu haben (wurde Rückgängig gemacht), einem Mitpat. CD's verkaufen zu wollen und seinen CD-Player an einen Mitpat. verkauft zu haben. Seiner Mutter habe er berichtet, er sei auf dem Transport nach 5/1 kaputt gegangen. Er möchte ein neues von ihr. – Es besteht keine Einsicht. Herr B bagatellisiert in bekannter Weise. Bei erneutem nachgewiesenem Fehlverhalten erfolgt lt. Verhaltensvereinbarung der Ausschluß aus der Stationsgemeinschaft." (QUELLE: Patient B, Pflegedokumentation 299/308)

„Herr B hat einen Pullover an einen Mitpat. verkauft. In dieser Angelegenheit kam heraus, daß Herr B viele seiner Sachen angeblich verschenkt hat (Pullover, Jacken, Schmuck, CD's etc.). Die Geschäfte wurden rückgängig gemacht u. Herr B für diesen Tag außerhalb der Essenszeiten in seinem Zimmer eingeschlossen, da er sich nicht an seinen Vertrag gehalten hat." (QUELLE: Patient B, Pflegedokumentation 348/354)

---

[476] Dass demgegenüber der Besitz von Bargeld zu anderen Zwecken grundsätzlich gestattet ist, macht § 10 III DV MVollzG NRW (GV NRW 1986, S. 668ff.) deutlich, welcher für die von den Einrichtungen zu erlassenden Hausordnungen unter anderem Regelungen auch zur Auszahlung des Taschengeldes fordert.

„Pat. verkaufte sein Radio an Pat. S und verlangte dann vom Personal das Geschäft rückgängig zu machen u. sein Radio wiederzubeschaffen. Das Radio wurde zurückgeholt und in der Garderobe eingeschlossen. Laut Vereinbarung mit Dr. W = Teambeschluß soll das Radio für 4 Wochen (bis 01.09.88) in der Garderobe bleiben." (QUELLE: Patient C, Pflegedokumentation 2/8)

Mit der Bezugnahme auf die mit dem B getroffene Verhaltensvereinbarung in der zweiten, den Patienten B betreffenden Quelle wird eine bislang noch nicht behandelte, im erhobenen Material jedoch häufiger vorgefundene Konstruktion angesprochen: Der Abschluss eines Verhaltens- oder auch Therapievertrages zwischen Patient und zuständigem Behandlungsteam.[477] Üblicherweise wird hierzu mit dem Untergebrachten eine vertragliche Vereinbarung getroffen, der zufolge er sich bereit erklärt, bestimmten näher konkretisierten Verhaltensanforderungen nachzukommen. Für den Fall einer Zuwiderhandlung werden ihm auf die Besonderheiten seines individuellen Falles zugeschnittene Negativsanktionen in Aussicht gestellt, die dann getreu dem Grundsatz „pacta sunt servanda" durchgesetzt werden. Eine Verknüpfung mit Gratifikationen für den Fall beanstandungsfreien Betragens über einen im vorhinein festgelegten längeren Zeitraum hinweg wird teilweise ebenfalls vorgenommen.

Aus der Verbreitung, die diese Form der vertraglichen Bindung ausweislich der erhobenen Aktenbestandteile in den untersuchten Behandlungsverhältnissen gefunden hat, lassen sich durchaus Rückschlüsse dahingehend ziehen, dass ihr von Seiten der Behandelnden eine gegenüber einseitigem Vorgehen gesteigerte Legitimationsleistung zugeschrieben wird: Erfolgt aufgrund gezeigten Fehlverhaltens die Einschränkung eines Patienten in seinen Rechten, so lässt sich die bewusste Restriktion ja tatsächlich besonders überzeugend mit dem Hinweis rechtfertigen, der Betroffene habe einer entsprechenden Vorgehensweise doch schließlich in der mit ihm getroffenen Verhaltensvereinbarung zugestimmt. Es stellt sich jedoch andererseits die Frage, ob nicht der verbreitete Abschluss derartiger Sanktionsvereinbarungen eine Umgehung des aufgrund des Verzichts der Ländergesetzgeber auf die Kodifikation eines Disziplinarrechts für den Maßregelvollzug geltenden Status Quo darstellt. Die Erörterung der aufgeworfenen Fragestellungen erscheint jedoch im vorliegenden, vorrangig an einer Deskription der Rechts*wirklichkeit* interessierten Zusammenhang nicht angebracht, weshalb der Auseinandersetzung mit besagter Vertragskonstruktion weiter unten ein eigenständiger Abschnitt der Arbeit gewidmet werden soll.[478]

d) Unerlaubtes Glücksspiel

Glücksspiel kann vom Personal naturgemäß bereits aufgrund der diesem innewohnenden Gefahr des Entstehens von Abhängigkeiten durch Spielschulden nicht ge-

---

[477] Zur Bedeutung von Verhaltensverträgen in der Therapie schwerer Persönlichkeitsstörungen *Padlesak* 1998, S. 129.

[478] Vgl. hierzu S. 217 ff.

stattet werden. Hinzu kommt, dass bei einer – wenn auch recht überschaubaren – Gruppe von Patienten in der Einweisungsdiagnose Pathologisches Spielen (ICD 10: F 63.0[479]) festgestellt wurde bzw. aufgrund der jeweiligen Vorgeschichte dem Verspielen größerer Geldbeträge erhöhte Deliktrelevanz zukommt. Entsprechend enthält Abschnitt III, Nr. 7 der Hausordnung des WZFP ein generelles Verbot behördlich nicht erlaubter Spiele um Geld. Aus dem Gesagten folgt, dass sich die Einziehung eines zu derartigen verbotenen Zwecken genutzten Kartenspiels durchaus zufriedenstellend mit Sicherheits- bzw. Ordnungsinteressen oder mit therapeutischen Erwägungen legitimieren lässt. Gleichwohl kann die Reaktion auf die Durchführung von Glücksspielen auch eine Sanktionskomponente aufweisen, wie die folgende Textstelle belegt:

> *„12. 09. 97, 17.15 Uhr*
> *Hr. Z wurde mit dem Mitpat. L beim Kartenspielen im Zimmer angetroffen. Beide Pat. wurden an das bestehende Verbot diesbezgl. erinnert. Als Konsequenz wurde das Kartenspiel eingezogen und im Dienstzimmer eingelagert. Des weiteren wurden die Pat. aufgefordert für einen mgl. weiteren Verstoß selbständig eine Konsequenz zu überlegen. Den Pat. wurde hierfür bis zum 13. 09. Zeit gegeben. Gleichzeitig wurde den Pat. mitgeteilt, daß es fortan nicht mit dem reinen Einziehen d. Kartenspiels getan ist. Hr. Z zeigte sich einsichtig und gab den Fehler zu.*
> *14. 09. 97, 13.00 Uhr*
> *Gespräch mit den Pat. bzgl. des Kartenspielens auf dem Zimmer. Hr. Z bot als Konsequenz bei nochmaligem Kartenspielen auf dem Zimmer an das beiden Pat. ein 1wöchiges generelles Spielverbot von Gesellschaftsspielen jeglicher Art auferlegt wird. Dieses Spielverbot betrifft sowohl das Spielen mit Mitpat. als auch mit dem Personal. Hr. Z gab das Versprechen ab künftig keine Kartenspiele auf dem Zimmer und außerhalb der Therapiezeiten zu machen. Die von den Pat. vorgeschlagene Konsequenz bezieht sich nun auf Verstösse gegen das Verbot auf dem Zimmer zu spielen als auch auf Spielen innerhalb der Therapiezeiten. Hr. Z u. Hr. L erklären sich hiermit ausdrücklich einverstanden." (QUELLE: Patient Z, Pflegedokumentation 92/115)*

Die referierte Quelle ist im Übrigen noch aus einem anderen Grunde interessant: Mit der den betroffenen Patienten aufgetragenen eigenständigen Ausarbeitung möglicher Konsequenzen für den Fall eines wiederholten Regelverstoßes weist sie erneut jenes Moment der Selbstbindung durch Beteiligung an der Genese des konkreten Sanktionsvorschlages auf, welches bereits aus den soeben behandelten Therapieverträgen bekannt ist. Mit einer derartigen Einbindung der zukünftigen Verbotsadressaten, wie sie auch für die im Folgenden ergänzend aufgeführten Fundstellen kennzeichnend ist, dürfte ebenfalls eine gesteigerte Überzeugungskraft für die am Ende erfolgende Sanktionierung einschlägiger Rückfälle bezweckt sein:

> *„Während der Behandlungsplanfortschreibung stellten sich vor allen Dingen heraus, daß Herr Q im sozialen Bereich noch Probleme hat. Er soll sich selbst über Konsequenzen Gedanken machen, falls er Termine vergißt oder sich nicht an Absprachen hält. Dies soll dann in die Pflegeplanung aufgenommen werden." (QUELLE: Patient Q, Pflegedokumentation 3/8)*

---

[479] Vgl. *Weltgesundheitsorganisation* 2001, S. 236f. sowie die Nachweise oben Fn 420.

„03. 06. 97, 20.10 Uhr
Herrn T wurde mitgeteilt das es ihm untersagt ist ab heute in seinem Zimmer Karten zu spielen. Dieses konnte er nicht akzeptieren und wollte sich nicht an die Anordnung halten. Der Ref. erklärte ihm das er dann mit Konsequenzen rechnen müsse.
12. 09. 97, 16.45 Uhr
Hr. T wurde beim Kartenspielen im Zimmer angetroffen. Hierauf angesprochen gab der Patient zu wissentlich gegen die Regel verstoßen zu haben. Das Kartenspiel wurde eingezogen. Die Pat. wurden aufgefordert für einen weiteren Verstoß selbständig eine weitergehende Konsequenz zu überlegen." (QUELLE: Patient T, Pflegedokumentation 29/41)

Der Übertragung eines Teils des „Sanktionsverfahrens" auf den potentiell von der Maßnahme betroffenen Patienten wohnt dieselbe Problematik inne, wie sie bereits dem Aushandeln entsprechender Vereinbarungen im Rahmen von Therapieverträgen bescheinigt wurde: Wenn der Gesetzgeber die Verhängung von Disziplinarmaßnahmen für den Vollzug der Maßregel nach § 63 StGB nicht vorgesehen hat, so begegnet eine Praxis, welche diese Grundentscheidung durch den Abschluss entsprechender Übereinkünfte mit dem Gewaltunterworfenen konterkariert, erheblichen Bedenken. Schließlich zeigen gerade die vorgestellten Fallbeispiele, dass dem Untergebrachten eine echte Verhandlungsmacht bei der Festsetzung von Art und Höhe der zu verhängenden Sanktion nicht wirklich zukommt. Dem Betroffenen bleibt lediglich die Auswahl zwischen verschiedenen Übeln, während am Ende des besagten Prozesses letztlich doch immer eine Verwaltungsentscheidung des Personals steht.

Etwas anders liegen die Dinge, wenn der Wunsch nach einer Strukturierung des Tagesablaufes sowie der Impuls zur Schaffung eines Sanktionsinstrumentariums für den Fall von Abweichungen und Verstößen vornehmlich vom Patienten auszugehen scheint. Diese Konstellation soll anhand folgender Beispiele beleuchtet werden:

„Herr O hatte heute BHPK.
Der Wunsch an Mitarbeiter, Station und Therapeuten ist von Herrn O, Hilfestellung zu erhalten. Wenn er 'Bockmist' macht, soll ihm jemand 'einen Arschtritt' geben. Kurz formuliert Pat. es: 'Hilfe zur Selbsthilfe'. Wenn Schwierigkeiten auftreten, will Pat. sich beim Personal melden, wozu er sich verpflichten will.
Ein Fernziel für Herrn O ist Gradlinigkeit. Als Hilfestellung dazu wird unter Umständen eine Ausgangssperre erfolgen, wenn Pat. lügt." (QUELLE: Patient O, Pflegedokumentation 40/49)

„Ressourcen: Herr T zeigte im o.g. Behandlungszeitraum, daß er sich an Absprachen halten kann, wenn auch oft nur unter der Maßgabe einer drohenden Sanktion bei wiederholten Regelverstössen. Im Oktober 98 schlug er z.B. selbst vor, es solle ein Seitenverbot verhängt werden, falls er es nicht schaffe, morgens regelmäßig aufzustehen und um 8.00 Uhr zu duschen. Als dies pflegeplanerisch festgeschrieben und der Wochenplan dahingehend geändert war, stand Herr T zeitlangs regelmäßig pünktlich auf." (QUELLE: Patient T, Behandlungsplan 21/29)

Soweit diesen Fundstellen tatsächlich ein ernsthaftes und eigenständig formuliertes Begehren der Patienten O und T zugrunde liegt und das textliche Material nicht lediglich als Versuch einer „legalistischen Rekonstruktion“[480] des Personals zur Absicherung der im jeweiligen Fall gepflegten Sanktionspraxis zu verstehen ist, lassen sich die oben umrissenen Bedenken nicht ohne weiteres auf die hier besprochenen Fälle übertragen: Der Vorwurf fehlender Verhandlungsmacht greift in diesem Zusammenhang insoweit nicht mehr, als die Patienten, soweit ersichtlich, nicht vom Personal zu den fraglichen Äußerungen aufgefordert wurden. Problematisch dürfte allerdings die Frage eines Widerrufs des geäußerten Sanktionswunsches sein: Sobald von Seiten des Personals irgendeine Art der Bindungswirkung angenommen und die Vereinbarung notfalls auch unter Zuhilfenahme von Zwangsmitteln durchgesetzt wird, entfällt der soeben positiv hervorgehobene Umstand der weitestgehenden Selbstbestimmtheit wieder und der Unterschied zu den oktroyierten Sanktionsvereinbarungen wird geringer. Erneut soll für die vertiefte Bearbeitung dieser Problematik auf einen späteren Zeitpunkt der Arbeit verwiesen werden.[481]

e) Missbrauch verbotener Substanzen

Beim Missbrauch verbotener Substanzen, zu denen Alkohol, Betäubungsmittel, unter Umständen aber auch bestimmte verschreibungspflichtige Präparate zählen, stellt sich das Problem, dass fast immer mit Belangen der Sicherheit und Ordnung argumentiert werden kann, wenn der Patient infolge eines positiven Befundes in seiner Bewegungsfreiheit eingeschränkt wird. Zur Anwendung gelangen insoweit zum einen Restriktionen, die aufgrund der akuten Intoxikation des Betroffenen und seiner hierdurch bedingten Steuerungsschwächen erforderlich werden, und zum anderen auch langfristiger angelegte Sperren im Hinblick auf Ausgang oder Arbeit, mit denen etwa die Versorgungswege für die fragliche Substanz abgeschnitten werden sollen. Legt man diese Betrachtungsweise zugrunde, so lassen sich auch in den beiden nachstehend referierten Auszügen aus der Krankenakte des Patienten A Aspekte der unmittelbaren Krisenintervention und solche der Rückfallprophylaxe unterscheiden:

„05. 01. 89, 21.00 Uhr
Pat. hat erbrochen, ist deutlich alkoholisiert, gibt an, gemeinsam mit Herrn Z zwei Flaschen Whiskey getrunken zu haben (à 0,7 l). Pat. ist gehobener Stimmung, singt lauthals. Wird zur Ausnüchterung und zur Wahrung des Stationsfriedens in den KIR der St. 23/1 streng abgesondert. Pat. klagt keinerlei Beschwerden.
06.01.89
Pat. bis 10.45 Uhr KIR 23/1. Alcotest – leichte Verfärbung. Ab heute 4 Wochen Ausgangssperre.“ (QUELLE: Patient A, Pflegedokumentation 17/26)

„Am 05. 01. 89 mußte Herr A in der Wache in den KIR der Station 23/1 gebracht werden, da er zuvor gemeinsam mit dem Mitpatienten Z zwei Falschen Whisky geleert hatte. Während sein Mitpatient vom Alkohol nakotisiert war, zog Herr A lauthals die Internationale singend

---

[480] *Feest* 1971, S. 87; *Sack* 1968, S. 464f.; vgl. hierzu bereits S. 93.
[481] Vgl. S. 217ff.

über die Station, zeigte sich aber noch durchaus kooperativ, indem er ohne weiteres einen Alkoholtest durchführte und ohne Schwierigkeiten in den KIR ging.
Im Gespräch am nächsten morgen gab er zur Begründung an, mit dem Mitpatienten habe er gelegentlich darüber gesprochen, daß man bei der Entlassung eine große Sause machen werde. Er habe dann – vielleicht aus Langeweile, vielleicht weil er jemanden einen Streich spielen wollte – während seines gezielten Einzelausganges den Alkohol eingekauft und zur Station gebracht. Er habe nicht damit gerechnet, 'daß die Sache dermaßen eskaliert'. Jetzt müsse er erkennen, daß er nur sich selber geschadet habe.
Herr A wurde dann, außer der Mitteilung einer 4 wöchigen Ausgangssperre ohne weiteres wieder in den Stationsalltag integriert." (QUELLE: Patient A, Krankengeschichte 3/22)

Während man gegen die zum Zwecke der Ausnüchterung erfolgende umgehende Absonderung in einen Kriseninterventionsraum[482] nicht ernsthaft etwas wird einwenden können, bedarf die in beiden Fällen erfolgende vierwöchige Ausgangssperre noch näherer Betrachtung. Aufgrund der uniformen zeitlichen Bemessung der Maßnahmen, welche sich im Übrigen im untersuchten Material bei ähnlichen Verstößen noch häufiger findet, liegt der Verdacht nahe, dass hier eine stations- oder gar einrichtungsweit vereinheitlichte Straftaxe zur Anwendung gelangt.[483] Eine gewisse Bekräftigung erhält dieser Verdacht durch einen weiteren Auszug aus der Krankengeschichte des A, welcher sich im unmittelbaren Anschluss an die Schilderung des zuletzt genannten Vorfalls findet:

„Dann fragte er mich, ob wir, d. h. die Mitarbeiter der Klinik, sein derzeitige Verhalten als Rückzug bewerten würden. Ich erklärte ihm offen, daß ein einmaliger exzessiver Alkoholgenuß bei lebensgeschichtlich nicht bestehender Suchtgefahr nicht als 'großes Drama' bewertet und behandelt wird, schon gar nicht eine moralisch Aburteilung stattfindet und er allenfalls die Konsequenz einer zeitlich befristeten Ausgangssperre hätte auf sich nehmen müssen." (QUELLE: Patient A, Krankengeschichte 31/39)

Liest man diese Textstelle zusammen mit der oben angeführten, so wird deutlich, dass es sich bei dem fraglichen Alkoholexzess erkennbar um ein singuläres Ereignis mit episodenhaftem Charakter in der Unterbringungsbiographie des Patienten handelt. Die Notwendigkeit der verhängten Ausgangssperre wird mit keinem Wort näher begründet; vielmehr wird die gute Einbindung des Betroffenen in die Sta-

---

482 Vgl. hierzu Kammeier-*Baur*², Kap. C, Rn 13 unter Hinweis auf § 3 IV DV MVollzG NRW, welcher die bauliche und technische Ausstattung unter anderem auch auf die Erfordernisse einer besonders gesicherten Unterbringung ausrichtet, was die Einrichtung besonderer Kriseninterventionsräume auf den Stationen impliziert.

483 Zumindest nachdenklich äußert sich auch *Schumann* 1987, S. 24 zur standardisierten Praxis in den Fällen nachgewiesenen Alkoholkonsums: „Liest man die Krankenblätter und auch die psychiatrisch-psychologischen Stellungnahmen zu den Überprüfungsterminen der Strafvollstreckungskammern, so ist festzustellen, dass Alkoholmissbrauch bzw. schon Alkoholkonsum im Unterbringungsalltag eine massive Rolle spielt und sowohl zu restriktiven Maßnahmen teilweise erheblichen Ausmaßes wie auch zu negativer prognostischer Beurteilung führt – meist ohne dass es zu sonstigen Unregelmäßigkeiten gekommen wäre (von Ausnahmen natürlich abgesehen)".

tionsgemeinschaft ausdrücklich hervorgehoben, was die Gefahr eines einschlägigen Rückfalls minimieren dürfte. Die fragliche Maßnahme wird schließlich als „Konsequenz“ für das bewusste Fehlverhalten bezeichnet. Bereits früher ist darauf hingewiesen worden, dass mit diesem Begriff eine Zuweisung von Verantwortung vorgenommen wird, wie sie eben für die Verhängung einer Sanktion charakteristisch ist.

Im Übrigen scheinen derartige befristete Maßnahmen auch von den Patienten der Einrichtung als fester Bestandteil der einrichtungsseitigen Aufarbeitung eines Missbrauchs verbotener Substanzen bewertet und ihre Verhängung folglich geradezu erwartet zu werden, wie das folgende Beispiel deutlich macht:

> *„15. 02. 90, 22.30 Uhr*
> *Herr O ist offensichtlich alkoholisiert, verneint mit dem ebenfalls alkoholisierten Patienten G getrunken zu haben. Alco-Test 0,7 0/00.*
> *16. 02. 90, 07.30 Uhr*
> *Wurde auf die Station zurück geholt. Auf die Frage was gestern vorgefallen ist äußerte er ich sage nichts habe auch nicht getrunken. Warum das Röhrchen grün ist weiß ich nicht.*
> *16.02.90, 12.00 Uhr*
> *Berichtet nunmehr: ich gebe zu, daß ich gestern getrunken habe. Die kleine Flasche Mariacron habe ich mir selbst gekauft. Gibt an, er habe einmal abschalten wollen, mit der Schule und den anderen Verpflichtungen fühlt er sich überfordert. Möchte jetzt wissen wie es weitergeht d.h. wie lange die Ausgangssperre ausfällt.*
> *19. 02. 90, 13.00 Uhr*
> *Lt. Teambeschluß erhält Pat. eine Ausgangssperre bis zum 1. 3. 90.“ (QUELLE: Patient O, Pflegedokumentation 2/19)*[484]

Als einziger Weg, der standardmäßigen Sanktionierung mit einer Ausgangssperre zu entgehen, scheint sich erneut die möglichst frühzeitige Offenbarung der Verfehlung aufzutun. Gibt der Untergebrachte ein – in seiner Glaubhaftigkeit aufgrund der dahinterstehenden Erwartungshaltung oftmals deutlich gemindertes – Geständnis ab, so kann unter Umständen mit einem „Absehen von Strafe“ gerechnet werden, wie die folgenden Ausschnitte belegen:

---

[484] Es soll nicht unerwähnt bleiben, dass auch nach Auskunft des zuständigen Therapeuten eine derartige Reaktion auf festgestellten Alkoholkonsum ganz klar einen disziplinarischen Hintergrund hat. Der Patient O zeichne sich keineswegs durch eine Alkoholproblematik aus; eher schon sei es verwunderlich, dass dieser überhaupt durch entsprechendes Fehlverhalten aufgefallen sei, was sich wohl am ehesten durch Renommierbedürfnis und einen etwas „verqueren“ Willen, Autonomie zu beweisen, erklären lasse. Innerhalb der Abteilung werde bei der Reaktion auf entsprechende Verfehlungen grundsätzlich nicht differenziert; statt dessen werde aus Gründen der Gleichbehandlung stets eine entsprechende Ausgangssperre verhängt. Diese habe dann eben auch eindeutig disziplinarischen Hintergrund. Der Therapeut gab darüber hinaus an, das Problem des Alkoholmissbrauchs sei durch die inzwischen sehr viel restriktivere Ausgangspraxis stark zurückgegangen; es gebe einfach nicht mehr so viele Möglichkeiten wie früher, unerkannt Alkohol während der Lockerungen zu konsumieren oder diesen in die Einrichtung einzuschleusen. Aus diesem Grunde könne er nicht einmal mehr angeben, inwieweit momentan bestimmte „Straftarife“ (die es früher durchaus gegeben habe) innerhalb der Einrichtung existierten.

„Nachdem Herr S zu einem routinemäßigen Drogenscreening aufgefordert wurde erklärte er, daß ihm ein Mitpatient in der Schule Tabletten in die Tasche geschoben hätte, die er zwar erst eingenommen habe, doch dann wegen schlechten Gewissens wieder erbrochen hätte. Obwohl die Version und die Umstände seiner 'Offenheit' Zweifel an der Glaubwürdigkeit entstehen läßt, entschied das Stationsteam, keine Sanktionen gegenüber dem Patienten vorzunehmen." (QUELLE: Patient S, Krankengeschichte 3/10)

„Einige Patienten auf der Station haben Haschisch geraucht, und auch Herr Z war dabei. Er hat nach unseren Beobachtungen allerdings nur eine Mitläuferrolle dabei gespielt. Noch bevor er von uns Mitarbeitern auf den Drogengenuß angesprochen wurde, deckte er ihn selber auf, vermutlich, weil er ahnte, daß der Drogenkonsum bald ohnehin auffliegen würde und er sich von einem Eingeständnis eine mildere Behandlung unsererseits erwartete. Das Stationsteam hatte denn auch beschlossen, Herrn Z eindringlich zu ermahnen, ansonsten aber keine Konsequenzen ihm gegenüber zu ziehen." (QUELLE: Patient Z, Krankengeschichte 3/12)

Derartige Strategien des Sanktionsverzichts müssen im Übrigen nach Auffassung von *Spittler* keineswegs eine Schwächung des Sanktionsmechanismus nach sich ziehen, sondern können gerade umgekehrt sogar zu dessen Stärkung beitragen.[485] Der Autor verdeutlicht das Gemeinte anhand eines Modells, in welchem soziales Verhalten als *Kreditbeziehung* analysiert wird: Der Sanktionsverzicht oder eine Abschwächung der Sanktionsintensität sei insoweit als Gunst einzustufen, für die der Betroffene zu einem späteren Zeitpunkt eine Gegenleistung zu erbringen habe. Auf diesem Wege werde das Sanktionssubjekt zum Gläubiger und der Normbrecher zum Schuldner; von letzterem könne dann etwa in der Folgezeit verlangt werden, seine Schuld durch besonders konformes Verhalten „zurückzuzahlen".[486] Aufgrund der Tatsache, dass in den Einrichtungen des Maßregelsektors mit den Stationsgemeinschaften die für eine Tradierung sozialer Kreditbeziehungen erforderlichen dauerhaften Strukturen existieren und dem Personal zumindest faktisch auch die für die Wirksamkeit eines Verzichts konstitutive Sanktionskompetenz zukommt, erfüllt das Verhältnis von Patienten und Mitarbeitern im psychiatrischen Maßregelvollzug auch die von *Spittler* für das Funktionieren des geschilderten Mechanismus formulierten Bedingungen.[487] Das „Absehen von Strafe" kann sich nach dem Gesagten unter dem Gesichtspunkt einer langfristigeren Verhaltenssteuerung durchaus als effektives Instrument zur Verpflichtung konfliktgeneigter Patienten erweisen und darf aufgrund dessen auch nicht vorschnell als inkonsequente Rücknahme von Verhaltensforderungen auf der Grundlage einer von zweifelhaften Motiven getragenen Kooperationsbereitschaft des „geständigen" Untergebrachten eingestuft werden.

---

[485] *Spittler* 1967, S. 106ff. Ihm zustimmend *Amelung* 1983, S. 6 sowie *Treiber* 1973, S. 105.
[486] *Spittler* 1967, S. 106.
[487] *Spittler* 1967, S. 110f.

4. Manipulatives Verhalten

Eine Zwangsgemeinschaft, wie sie auf den Stationen der psychiatrischen Krankenhäuser für die nach § 63 StGB Untergebrachten besteht, bietet zumindest den intellektuell beweglicheren Insassen vielfältige Möglichkeiten manipulativen Agierens. So können schwächere Patienten gegeneinander ausgespielt oder zu Regelverstößen angestiftet werden, sie können um attraktive Positionen ihres Vermögens betrogen werden, oder es können Gerüchte über bestimmte Mitglieder der Stationsgemeinschaft verbreitet werden, um diese zu unüberlegtem Verhalten zu provozieren bzw. von den Mitpatienten zu isolieren. Schließlich ermöglicht es vor allem der Schichtbetrieb des auf der Station tätigen Personals mit seinen potentiell nachteiligen Auswirkungen auf den internen Informationsfluss den Untergebrachten bisweilen, durch Fehlinformation einzelner Mitarbeiter für sie bestehende Restriktionen zu umgehen oder in den Genuss ihnen nicht zustehender Vorteile zu gelangen.

a) Spaltung und Bindung von Personal

Mit dem Begriff der Spaltung von Personal wird im Sprachgebrauch des untersuchten Textmaterials ein Verhalten des Untergebrachten bezeichnet, mit dem dieser versucht, durch manipulative Einflussnahme auf mehrere Mitarbeiter der Einrichtung seine Belange möglichst effektiv wahrzunehmen und voranzutreiben.[488] Aufgrund der mit der Unterbringungssituation zwangsläufig einhergehenden Restriktionen etwa im Hinblick auf die körperliche Bewegungsfreiheit muss oftmals für die Gewinnung auch kleinerer Vorteile ein Mitarbeiter des Pflegedienstes angesprochen, diesem die Situation erläutert und seine Zustimmung für das Begehren gewonnen werden.[489] Bei einem ablehnenden Bescheid bietet es sich nun an, auf die bereits angedeuteten Reibungsverluste im stationsinternen Informationsfluss zu setzen und einen weiteren Mitarbeiter mit dem gleichen Wunsch zu konfrontieren.[490] Naturgemäß wird eine derartige Vorgehensweise in einer auf Eindeutigkeit

---

[488] Vgl. auch *Rasch* 1989, S. 118, der in diesem Zusammenhang von „Manipulationen und Spalt-Spiele(n)" der Maßregelpatienten spricht. Nur am Rande sei darauf hingewiesen, dass durch die Verwendung des der Psychoanalyse entlehnten Begriffs der „Spaltung" (vgl. *Reich* 2000, S. 666ff.) erneut die Suggestionskraft psychowissenschaftlicher Termini bemüht wird, um die einrichtungsseitig erfolgenden Maßnahmen trotz ihres genuin repressiven Charakters in die Nähe der mit Belangen der Behandlung operierenden Eingriffstatbestände zu rücken.

[489] Vgl. hierzu erneut die bereits erwähnte Studie von *Forster/Pelikan* 1982 (Fn 61), welche eine umfangreiche Gegenüberstellung von Patientenbedürfnissen sowie den zu ihrer Erfüllung erforderlichen Handlungen und Einstellungen des Pflegepersonals enthält: In einer Systematisierung der von den Patienten vorgebrachten Bedürfnisse finden sich unter der Oberkategorie der „körperlichen Bedürfnisebene" nicht weniger als neun Unterkategorien, angefangen von dem Bedürfnis nach „Wärmeregulierung" über die „Regulierung des Stoff- und Flüssigkeitshaushaltes" und die „Befriedigung sensorischer Bedürfnisse" bis hin zur „Befriedigung des Bedürfnisses nach Erhaltung bzw. Wiederherstellung der körperlichen Integrität und Funktionstüchtigkeit" (vgl. im Einzelnen Band 1, S. 84ff.).

[490] In der Klassifikation der Anomietheorie nach *Merton* 1968 erweist der Patient sich als „inno-

und Gültigkeit einmal getroffener Entscheidungen angewiesenen Institution wie dem psychiatrischen Krankenhaus des Maßregelvollzuges als Regelverstoß aufgefasst und nicht selten auch einer entsprechenden Sanktionierung zugeführt. Dies soll anhand von zwei Beispielen verdeutlicht werden:

„Herr O wollte Ausgang mit seinen Eltern wahrnehmen, sprach zunächst einen Kollegen an ob er ihn herauslassen konnte. O wurde auf die zur Zeit stattfindende Dienstübergabe aufmerksam gemacht, versuchte dann eine Mitarbeiterin zu überreden, die ihm ebenfalls erklärte, daß er jetzt nicht herauskann. Herr O sprach dann einen weiteren Kollegen an, ihm die Türe aufzuschließen. Aufgrund dieses Spaltens wurde lt. Team beschlossen daß O nach dem Besuchsausgang mit seinen Eltern seinen Ausgang für heute nicht wahrnehmen kann." (QUELLE: Patient O, Pflegedokumentation 77/86)

„11. 08. 89, 14.00 Uhr
Herr P lehnte die Teilnahme am Wochenspiegel ab. Er erhielt Besuch von seiner Frau. Der Besuch wurde abgewiesen mit dem Hinweis, das Herr P vor 16.00 (dem voraussichtlichen Ende des Wochenspiegels) keinen Besuch empfangen könne.
11. 08. 89, 14.50 Uhr
Wurde das Personal von Frau P angerufen und bat darum ihren Mann zu besuchen, dieses wurde wieder abgelehnt und auf 16.00 verwiesen. Kurz darauf rief Herr P auf Station 21/3 seine Frau soll kommen. Station 21/3 wurde informiert, daß Herr P alle 14 Tage Wochenspiegel hat u. wenn er nicht daran teilnimmt seine Frau ihn in dieser Zeit nicht besuchen braucht.
11. 08. 89, 18.00 Uhr
Aufgrund der Verhaltensweise vom Nachmittag soll Herr P am Wochenende in der WG bleiben. Kein Ausgang, keinen Besuch bei seiner Frau tätigen und auch keinen Besuch von seiner Frau empfangen. Er soll dieses Wochenende dazu nutzen, über sein Verhalten nachzudenken." (QUELLE: Patient P, Pflegedokumentation 50/78)

Die zuletzt geschilderte Situation ist aus zweierlei Gründen von zusätzlichem Interesse: Zunächst ist auf den Umstand hinzuweisen, dass es sich bei beiden Beteiligten um Patienten des WZFP handelt. Die Erfordernisse von Ordnung und Sicherheit in der Einrichtung stellen den gemeinsamen Ehealltag der auf verschiedenen Stationen untergebrachten Betroffenen kontinuierlich vor die auch in der fraglichen Quelle aufscheinenden, nicht unbeträchtlichen Probleme, wobei einschränkende Maßnahmen der Klinik stets vor den Hintergrund des besonderen Schutzes von Ehe und Familie aus Art. 6 I GG zu beurteilen sind.[491] Die Rechtsposition der Grundrechtsträger kollidiert in der wiedergegebenen Konstellation mit dem Interesse der Institution an einer regelmäßigen Teilnahme des Patienten P an der therapeutischen Zwecken dienenden Veranstaltung des Wochenspiegels. Einer einrichtungsweiten Übung entsprechend werden für den Zeitraum, in welchem derartige

---

vativ", indem er versucht, ihm aufgrund seines Unterbringungsstatus zumindest momentan versperrte Partizipationschancen unter Verwendung „institutionell nicht erlaubter, aber oft wirksamer Mittel" wahrzunehmen (S. 294).

[491] Zu den Anforderungen, die für die Vollzugsgestaltung aus den grundrechtlichen Gewährleistungen des Art. 6 I GG abzuleiten sind, vgl. *Bernsmann* 1984, S. 154ff.; Kammeier-*Lesting*², Kap. G, Rn 18; allgemein zum Schutzbereich des Art. 6 I GG *Pieroth/Schlink* 2001, Rn 636ff.

Veranstaltungen stattfinden, Freizeitaktivitäten der Untergebrachten wie Besuche oder Fernsehen prinzipiell untersagt.

Fraglich ist, ob sich auch für die Beurteilung dieses Falles die weiter oben entwickelten Grundsätze zur Erzeugung von Therapiemotivation[492] heranziehen lassen: Dort war die Auffassung vertreten worden, dass die Entscheidung des Untergebrachten über seine Teilnahme an therapeutischen Angeboten prinzipiell nicht durch zusätzliche, über die Erfordernisse der Unterbringungssituation hinausgehende Restriktionen beeinflusst werden darf. Von dem im Hainaer Ausgangsfall behandelten Fernsehverbot, in welchem eine derartige unzulässige Einflussnahme auf die Teilnahmeentscheidung des Betroffenen gesehen worden war, unterscheidet sich die vorliegende Konstellation jedoch in einem wichtigen Punkt: Das Besuchsverbot und sämtliche sonstigen während des Ablaufs des Wochenspiegels geltenden Restriktionen treffen die Patienten der Station letztlich *unabhängig* von ihrer Bereitschaft zur Partizipation an dem fraglichen Angebot. Eine Übertragung der zur Sanktionierung fehlender Kooperationsbereitschaft vertretenen Prinzipien verbietet sich aus diesem Grunde.

Richtigerweise ist für die hier behandelten Fälle statt dessen darauf abzuheben, dass von dem in Rede stehenden Verhalten (dem Empfang von Besuch oder dem Fernsehen, während parallel eine Gemeinschaftsveranstaltung stattfindet) störende, die teilnehmenden Patienten ablenkende oder den Ablauf der Sitzung beeinträchtigende Impulse ausgehen. Es lassen sich demzufolge für die getroffenen Maßnahmen sehr wohl zwingende Gründe der Therapie bzw. des geordneten Zusammenlebens anführen, die diese einer Rechtfertigung gemäß §§ 9 II 1, 10 II MRVG-NW zuführen. Um es noch einmal anders zu formulieren: Die verhängten Einschränkungen sind zwar *Folge* der von den betroffenen Patienten gezeigten unkooperativen Haltung, sie sind jedoch nicht deren *Konsequenz* im Sinne eines intendierten Missbilligungsurteils. Zur Klarstellung sei allerdings darauf hingewiesen, dass sich durch diese Beurteilung an der oben vorgenommenen Einordnung der in ihrem Umfang wesentlich bedeutenderen Wochenendsperre als Sanktionierung eines Fehlverhaltens selbstverständlich nichts ändert.

Der zweite in dem obigen Auszug aus der Pflegedokumentation des P deutlich werdende Aspekt, auf den näher eingegangen werden soll, ist die in Teilen des herangezogenen Textmaterials immer wieder zum Ausdruck kommende Neigung des Personals, den betroffenen Patienten durch eine Sanktionierung von ihm begangener Regelverletzungen „zum Nachdenken" über seine Verfehlung anregen zu wollen. Die Disziplinarmaßnahme erhält so den Charakter eines „Besinnungsanstoßes", wie die folgenden Beispiele zeigen:

„Behandlungsplanfortschreibung: Die als 'Nachdenklichkeits-' bzw. 'Besinnungsanstoß' als Reaktion auf dissoziales Handeln (s. 1.1.) verordnete Ausgangssperre wird ab sofort aufgehoben. Verhaltenskorrigierender Effekt war zwar nicht zu erwarten, andererseits konnte –

---

[492] Vgl. hierzu die Zusammenfassung der Ergebnisse auf S. 60f.

bei den strukturellen Voraussetzungen des Herrn Q – solches Verhalten nicht konsequenzfrei bleiben." (QUELLE: Patient Q, Behandlungsplan 32/39)

„Bei der Essensausgabe ergab sich eine Konfliktsituation, in der Herr T gegenüber dem Ref. zunächst durch eine Gestik und dann auf Nachfrage auch verbal zum Ausdruck brachte, ob er [Ref.] sie nicht alle hätte. [Originalton]. Herr T wurde auf die Seite A geschickt mit der Aufforderung, sich über sein Verhalten Gedanken zu machen und sich von seiner Aussage gegenüber dem Ref. zu distanzieren. Herr T zeigte sich uneinsichtig." (QUELLE: Patient T, Pflegedokumentation 122/129)

„Am Vormittag wurde auf der S I in der Badewanne ein Kothaufen gefunden. Hr. Y, der diesen gefunden haben will, wurde dieser Tat sofort verdächtigt, stritt dies jedoch ab. Die Unterzeichnende befragte den Pat. eingehend zu diesem Vorfall, Hr. Y stritt jedoch hartnäckig ab, etwas damit zu tun zu haben. Nach einer halben Stunde kam er u. gab an, in dem WC einen Kothaufen gefunden zu haben u. diesen mittels WC-Papiers in die Badewanne befördert zu haben. Auf die Frage, warum er dieses getan habe gab er an die anderen ärgern zu wollen. Um über seine Handlungsweise nachdenken zu können, verbleibt Pat. für heute im EBZ." (QUELLE: Patient Y, Pflegedokumentation 59/69)

Die erste der vorstehend referierten Textstellen nimmt im Übrigen mit der Aussage, das dissoziale Verhalten des Q habe – obwohl ein verhaltenskorrigierender Effekt der Ausgangssperren eigentlich nicht zu erwarten gewesen sei – keineswegs „konsequenzfrei" bleiben können, einen Perspektivenwechsel weg von dem konkret von der fraglichen Maßnahme betroffenen Patienten und hin zu den Auswirkungen der von diesem gezeigten Regelverstöße auf das allgemeine Stationsklima vor. Es erscheint durchaus nicht zu weit gegriffen, die hier gewählte Formulierung als Manifestation generalpräventiver Erwägungen dergestalt aufzufassen, dass Normübertretungen ab einem bestimmten Intensitätsgrad schlicht nicht mehr unkommentiert von den beteiligten Mitarbeitern hingenommen werden können, wollen diese nicht ihr Gesicht gegenüber den auf der Station untergebrachten Patienten verlieren. In der hierin zum Ausdruck kommenden Einschätzung kann demgemäß eine Verkörperung der bereits im Eingangskapitel beleuchteten Bekräftigungsfunktion der Sanktionierung von Fehlverhalten[493] gesehen werden: Indem die bekannt gewordene Übertretung geahndet wird, versichern die Mitarbeiter sich – und zugleich auch die ihnen unterstehenden Patienten – des Fortbestandes des bislang gültigen Verhaltenskodexes.[494]

Der Wunsch, beim Patienten einen Prozess der Reflexion über sein Fehlverhalten anzustoßen, kann unter Umständen sogar dazu führen, dass dem Betroffenen zunächst nicht einmal die Gründe für eine ihm auferlegte Rechtsbeschränkung mitgeteilt werden. In dem erhobenen Material finden sich darüber hinaus mehrere dem

---

493 Zu diesem grundlegend bereits von *Durkheim* behandelten Gedanken vgl. S. 7.

494 Bekräftigung erfährt diese Einordnung durch die Aussage des für die Behandlung des Patienten Q zuständigen Therapeuten, diejenige Passage der Pflegedokumentation, in welcher die Rede davon sei, das Verhalten könne „nicht konsequenzfrei bleiben", nehme die Allgemeinheit der Patientengemeinschaft in den Blick und sei insoweit als eine Art „Demonstration" zu werten.

nachstehend wiedergegebenen Beispiel vergleichbare Konstellationen, in welchen dem Patienten ein bestimmter Zeitraum mitgeteilt wird, innerhalb dessen er sich selbst Gedanken über den Hintergrund der ihn treffenden Restriktion machen soll:

> *„28. 07. 99, 17.30 Uhr*
> *Nach Rücksprache mit PDL u. AVD wurde Herrn N bis auf weiteres ein Zimmerstatus auferlegt. Hintergrund: Herr N versuchte sein Telefonverbot zu umgehen, indem er den Mitpat. J aufforderte, für ihn bei seinen Eltern anzurufen; auf Nachfrage bestätigte Mitpat. J diesen Sachverhalt.*
> *28. 07. 99, 18.40 Uhr*
> *Herrn N wurde 1 Std. eingeräumt, um von sich aus die Gründe für den Zimmerstatus zu nennen. Diese Möglichkeit ließ er ungenutzt.*
> *Daraufhin wurden ihm die o.g. Gründe mitgeteilt.*
> *Herr N nahm dies mit dem Kommentar 'Ja, ist gut.' zur Kenntnis." (QUELLE: Patient N, Pflegedokumentation 104/116)*

Unabhängig davon, wie man den im konkreten Fall verhängten Zimmerstatus rechtlich beurteilt, wird man doch zumindest der „pädagogischen Maßnahme", dem Betroffenen zunächst einmal die dahinter stehenden Gründe zu verschweigen und ihn diesbezüglich zu eigenem Nachdenken aufzufordern, mangelnde Sensibilität für etablierte rechtsstaatliche Standards attestieren müssen. Der Grundsatz eines fairen Verfahrens und nicht zuletzt die aus Art. 19 IV GG abgeleitete Garantie eines effektiven Rechtsschutzes gebieten es, den von einer eingreifenden hoheitlichen Maßnahme Betroffenen umgehend über die diesem Verwaltungshandeln zugrunde liegenden Erwägungen zu informieren und ihn nicht noch zusätzlich in seinen diesbezüglichen Verteidigungsmöglichkeiten zu beschneiden.[495] Die genannten rechtsstaatlichen Gesichtspunkte überwiegen in jedem Fall das durchaus diskutable pädagogische Konzept, Verantwortungsübernahme durch das Stimulieren eines entsprechenden Reflexionsprozesses zu fördern.

Neben der zuvor behandelten Spaltung von Mitarbeitern scheint auch die übermäßige Bindung der Arbeitskraft des Pflegepersonals als sanktionsbedürftiger Sachverhalt eingestuft zu werden, wenngleich derartigem Verhalten oftmals eher der Charakter eines Schabernacks bzw. Streiches zur persönlichen Belustigung des Patienten zukommt. Folgende Textstelle vermag das Gemeinte gut zu illustrieren:

> *„Pat. hat die Auflage, die Toilette in seinem Zimmer zu benutzen, auch wenn er sich in der Patientengemeinschaft befindet. Zum wiederholten Male meldet er sich nun nach ca. 5 Minuten, nachdem er vom Zimmer in die Gemeinschaft gebracht wurde u. sagt, er müsse zurück zur Toilette. Damit Pat. ausgiebige Gelegenheit hat zur Toilette zu gehen, bleibt er bis zum Mittagessen im Zimmer." (QUELLE: Patient Y, Pflegedokumentation (127/133)*[496]

[495] So erstmals BVerfGE 6, 33 (44) – Elfes-Urteil; vgl. auch BVerfGE 40, 276 (286); BVerwGE 22, 215 (217).

[496] Auf Befragung gab der Therapeut des Patienten Y an, das Anmelden des Wunsches, auf Toilette gehen zu können, sei eine der wenigen Gelegenheiten für stark abgesonderte und reglementierte Patienten, ihrerseits (eingeschränkte) Macht gegenüber dem Personal auszuüben, da ein solcher

Ein häufiger Anlass für Täuschungsversuche gegenüber dem Personal ist schließlich die verhältnismäßig rigide Tagesstruktur, der einige Patienten aus soziotherapeutischen Gründen unterliegen.[497] Hat ein Untergebrachter erkennbar Probleme, seinen Tagesverlauf eigenverantwortlich zu gestalten und vermag er etwa den an ihn gestellten Anforderungen im Hinblick auf Hygiene und Ordnung aus eigenem Antrieb nicht nachzukommen, so hat dies oftmals zur Folge, dass in seiner Pflegeplanung entsprechende stützende und strukturierende Maßnahmen vorgesehen werden. Hierzu werden engmaschig formulierte Tages- und Wochenpläne aufgestellt, deren kontinuierliche Einhaltung durch den Patienten von Seiten des Personals durch ständige Kontrollen sichergestellt wird.[498] Da für einen Verstoß gegen die in derartigen Plänen formulierten individuellen Verhaltensanforderungen in den meisten Fällen empfindliche Sanktionen vorgesehen sind, verwenden die betroffenen Patienten nicht selten beträchtliche Energie auf eine heimliche Umgehung des ihnen obliegenden Aufgabenpensums. Zur Verdeutlichung möge das folgende Beispiel dienen:

> *„26. 02. 95, 07.30 Uhr*
> *Herr O wurde bei Kontrollgang laut Pflegeplanung geweckt. Pat. blieb trotzdem liegen.*
> *26. 02. 95, 09.15 Uhr*
> *Herr O schläft!*
> *26. 02. 95, 11.00 Uhr*
> *Herr O ist aufgestanden. Ref. spricht ihn auf sein Verhalten, welches gegen die Punkte der Pflegeplanung sprechen an. Herr O gibt an dieses ausnahmsweise von dem MA Herrn N gestattet zu haben. Bezüglich der Anfrage, daß er doch bereits am gestrigen Tage die abgesprochene Stunde zum Wochenende länger geschlafen habe, sagt dieser ‚Das hat mir die MA aus dem Nachtdienst erlaubt.' Nach Rücksprache der MA trifft keine dieser Aussagen zu. Als Herrn O diese Feststellung mitgeteilt wurde, sagt dieser ‚Ich konnte doch nicht wissen, daß sie dieses Wochenende wieder im Dienst sind.' Laut Maßnahmen der Pflegeplanung, wurde das Fernsehgerät und der Radiorecorder eingezogen. Herr O wurde mitgeteilt, daß am Montag ihm gesagt wird, wann er die Geräte zurückerhält." (QUELLE: Patient O, Pflegedokumentation (235/254)*

Wunsch kaum jemals dauerhaft abgelehnt werden könne. Man könne so auch einmal anderweitig aufgelaufene Frustrationen kompensieren, indem man einen der Mitarbeiter für sich „laufen lasse".

[497] Wenn vorliegend vor allem soziotherapeutische Erwägungen für eine enge Strukturierung des Tagesablaufes referiert werden, so darf doch nicht unberücksichtigt bleiben, dass die Geltung entsprechender Raster ohnehin ein Merkmal jeglicher totalen Institution zu sein scheint; vgl. *Goffman* 1971, S. 45ff. Hinzuweisen bleibt in diesem Zusammenhang noch auf den Umstand, dass bereits die für alle Patienten verbindliche Hausordnung des WZFP in ihrem Abschnitt V verhältnismäßig detaillierte Angaben zum vorgesehenen Tagesablauf enthält.

[498] Derartige Kontrollmechanismen gehören nach *Strasser* 1978 auch zu den Charakteristika des von ihm beschriebenen Systems „administrativer Humanität", durch welches sich die vom Behandlungsgedanken beeinflussten Vollzugskonzepte moderner Prägung auszeichneten: „Der 'Patient' wird in ein minutiöses System therapeutischer Maßnahmen eingespannt, das zur Aufgabe hat, seine Mentalreserven zu zerbrechen und ihn bis in sein Innerstes zu kontrollieren und aufzudecken. Fast alle Elemente des Alltagshandelns wie die körperliche Pflege, die Arbeit und die Schulung werden Bestandteile der Therapie." (S. 51).

Nun lässt sich sicher vorbringen, dass dem betreffenden Patienten die verhängten Sanktionen wohl auch ohne das Hinzutreten des Täuschungsversuchs allein aufgrund seiner Versäumnisse im Hinblick auf die Tagesstruktur auferlegt worden wären. Schließlich erfolgt der Entzug von Radio und Fernseher unter ausdrücklicher Bezugnahme auf die geltende Pflegeplanung. Zur Beurteilung der Stichhaltigkeit eines derartigen Einwandes sei im Folgenden ein kurzer Blick auf das Arsenal von Maßnahmen geworfen, welche in dem in Bezug genommenen Regelwerk vorgesehen sind:

„Bei Nichtbeachtung dieser Punkte sowie bei Nichteinhalten der Tagesstruktur und Mißachtung anderer Regeln und Absprachen der WG haben die Mitarbeiter sofort folgende Maßnahmen durchzuführen:
1: Radio einziehen
2: Fernseher einziehen
3: Zimmer tagsüber verschließen, Schlüssel einziehen(max. mittags 1x2 Std. Öffnen)
4: Matraze tagsüber aus dem Zimmer entfernen" (QUELLE: Patient O, Pflegedokumentation 328/336)

Ein Blick in die Pflegedokumentation des O macht deutlich, dass in der Umsetzung dieser Planung bei einschlägigen Regelverstößen üblicherweise jeweils nur eine der genannten Maßnahmen ergriffen wird. Wenn also in dem hier behandelten Fall mit dem Entzug von Fernseher und Radiorecorder gleich zwei restriktive Maßnahmen miteinander kombiniert werden, so kann eine derartige Kumulation der Übelszufügung mit guten Gründen dem zusätzlich begangenen Täuschungsversuch zugeschrieben werden.

b) Anstiftung und Verleumdung von Mitpatienten

Diese Kategorie versammelt Manipulationen des Patienten, welche sich auf seine Mitpatienten beziehen, und zwar sowohl durch Aussagen gegenüber dem Personal (Verleumdung) als auch durch unmittelbare Einflussnahme auf die Betroffenen (Anstiftung zu eigenen Übertretungen). Vor allem intellektuell weniger bewegliche Patienten bieten sich insoweit als leicht beeinflussbare „Vordermänner" an, wenn etwa eine bestehende Restriktion möglichst gefahrlos umgangen oder durch eine aufsehenerregende Aktion ein wenig Abwechslung in den Alltag der Unterbringung gebracht werden soll. Wird die Urheberschaft des jeweiligen Plans aufgedeckt, so können den Initiator durchaus empfindliche Sanktionen treffen, wie die folgenden Beispiele deutlich machen:

„Hr. B forderte seinen Mitpat. Hr. H auf ihm Geld unter der Tür herzuschieben. Hr. H ging der Aufforderung nach und teilte ihm lautstark mit, daß Geld jetzt unter der Tür herzuschieben. Daraufhin wurde Hr. B mitgeteilt, daß er für heute erst mal nicht in die Patientengemeinschaft komme." (QUELLE: Patient B, Pflegedokumentation 659/663)

„Aus der Freistunde wurde H. X ins EBZ gebracht da er dem Mitpat. H gesagt hat er möchte doch Steine durch's offene Fenster werfen. Der Mitpatient hat dieses auch getan. H. X wurde mitgeteilt das er bis einschl. den 20. 8. 94 nicht in die Gemeinschaft geht, er solle erst mal über

das Geschehen am Nachmittag nachdenken." (QUELLE: Patient X, Pflegedokumentation 93/98)

„Pat. stiftete Mitpat. an, im Freistundengarten die Alarmknöpfe zu betätigen. Herr X wurde daraufhin in sein EBZ gebracht." (QUELLE: Patient X, Pflegedokumentation 115/117)

Gerade für diejenigen Patienten, die innerhalb des Machtgefüges einer Station die schwächeren Positionen einnehmen, besteht daneben aufgrund ihres fehlenden Rückhalts im Patientengefüge eine gesteigerte Gefahr, zum Opfer von Verleumdungen zu werden. Sie bieten sich als „Sündenböcke" geradezu an, wenn ein stärkerer Patient sich etwa von einem unbequemen Verdacht entlasten möchte, da sie zumeist über wenige Fürsprecher verfügen und auch eine ungerechtfertigte Belastung so unter Umständen unwidersprochen bleibt. Der im Folgenden wiedergegebene Extrakt aus der Krankengeschichte des Patienten Y belegt allerdings sehr eindrücklich, dass die hierarchische Überlegenheit über das Opfer der Verleumdung immer nur eine relative sein muss, und dass es oft genug eigenes Insuffizienzerleben ist, welches die Ursache für eine derartige Drangsalierung des jeweils schwächsten Gliedes der Stationsgemeinschaft bildet:

„Eigene Unzufriedenheit, Überdruß und Frustration ließ er einige Male einen Mitpat. spüren, der häufig auch von den anderen kritisiert wurde. Es kam vor, daß er ihn falsch beschuldigte (er habe ins Essen gespuckt, was er später dann als Lüge zurücknahm), daß er seinen Schrankschlüssel ins verschlossene Schrankfach warf, schließlich nahm er Schriftstücke dieses Pat. an sich und spülte sie in der Toilette herunter. Sein Verhalten wurde in angemessener Weise sanktioniert, z. B. dadurch, daß man ihm seinen eigenen Schrankschlüssel eine Zeit lang wegnahm, um ihm zu zeigen, wie unangenehm es ist, nichts aus dem Schrank holen zu können." (QUELLE: Patient Y, Krankengeschichte 46/57)

Abseits vom hier behandelten Thema der Verleumdung von Mitpatienten ist noch darauf hinzuweisen, dass der innerhalb derselben Quelle angesprochene Entzug des Schrankschlüssels als weiteres Beispiel für die Beliebtheit spiegelnder Strafen im Vollzugsalltag herangezogen werden kann. Mit einem letzten Beispiel soll schließlich gezeigt werden, dass es unabhängig von den subkulturellen Machtverhältnissen und Hierarchien im Stationsalltag immer wieder auch zu unbedachten Falschbeschuldigungen kommen kann, die sodann ebenfalls mit einer Sanktion beantwortet werden:

„Hr. O kommt auf Ref. zu und äußert, daß er nicht mehr möchte, daß sein Mitpat. Hr. S den Fernsehplan schreibe. Dieser habe die gleichen Alüren wie sein Vorgänger Hr. C u. schreibe die besprochenen Sendungen nicht auf u. setze andere ein. Kurz darauf klärt sich die Sache auf u. es zeigt sich das Hr. O nur nicht richtig nachgesehen hat. Aufgrund der Verleumdung seines Mitpat. erhält Hr. O für den Nachmittag keine Karte." (QUELLE: Patient O, Pflegedokumentation 812/819)

Für das Verständnis dieser Textstelle sollte man wissen, dass der fragliche Patient in ein so genanntes Token-System[499] eingebunden ist. Das bedeutet, dass er im Ver-

[499] Die Anwendbarkeit derartiger Programme in der Psychotherapie bei Minderbegabten beleuch-

laufe eines Tages für bestimmtes erwünschtes Verhalten eine Fleißkarte erhält, während bei im vorhinein benannten Regelverstößen die Vergabe entfällt. Erreicht der Patient über einen längeren Zeitraum, etwa eine Woche, ein bestimmtes Kartensoll nicht, so werden bestimmte Gratifikationen verweigert, oder es kommt zum Entzug besonders begehrter Gegenstände. Die Beurteilung dieses Systems soll einem späteren Zeitpunkt der Studie vorbehalten bleiben;[500] im vorliegenden Zusammenhang ist zunächst allein die Sanktionierung der begangenen Verleumdung mit der Verweigerung einer Karte relevant.

c) Betrug gegenüber Mitpatienten

Mit der Kategorie des Betruges soll Täuschungsverhalten erfasst werden, welches die widerrechtliche Erlangung eines Vermögensvorteils zum Ziel hat. Belege für umfangreiche betrügerische Aktivitäten der Patienten untereinander oder gegenüber dem Stationspersonal wurden nicht gefunden; diese sind allenfalls in Einzelfällen auf die Gewinnung von begehrten Genussmitteln wie Kaffee oder Tabak gerichtet, wie auch das folgende Beispiel veranschaulicht:

> *„Pat. war in der Gemeinschaftsfreistunde, verhielt sich zunächst adäquat und ruhig, unterhielt sich mit seinen Mitpat., ohne daß es dabei zu Auseinandersetzungen oder Entgleisungen kam. Zum Ende der Freistunde wollte Pat. mit Pat. H eine Zigarette gegen eine angeblich halbvolle Packung Tabak eintauschen. Nachdem der Tausch vollzogen war, stellte Pat. H fest, daß die Packung leer war. Pat. F wurde daraufhin in sein EBZ gebracht." (QUELLE: Patient F, Pflegedokumentation 317/324)*

5. Unerwünschte Sexualkontakte, sexuelle Belästigungen und Anzüglichkeiten

Diese Kategorie versammelt Verstöße gegen diejenigen Standards, welche innerhalb der Einrichtung für das Ausleben der Sexualität zu beachten sind. Hierunter fallen unerwünschte Sexualkontakte zu Mitpatienten oder Besuchern ebenso wie als anstößig empfundene Verhaltensweisen gegenüber Mitarbeitern oder Mitpatienten, etwa das Exhibieren, das Aufdrängen von Küssen oder die Äußerung von Anzüglichkeiten.

Soweit aus dem erhobenen Material ersichtlich, nimmt das WZFP die zum Teil in der Literatur erhobenen Forderungen, zur Aufrechterhaltung ehelicher und partnerschaftlicher Beziehungen der Patienten entsprechend eingerichtete Besuchsräume vorzuhalten, die auch Sexualkontakte ermöglichen,[501] durchaus ernst.

---

tet *Freese* 1998, S. 214, 222. Allgemein zur Konzeption des Token-Programms vgl. *Ayllon/Azrin* 1968; *Fröhlich* 2000, S. 442; *Gustafson* 1992; *Hautzinger* 1996, S. 235f.; *Maercker* 2000, S. 542f.; *O'Leary/Becker* 1967; *Revenstorf* 1996, S. 34f. sowie zusammenfassend *Glynn* 1990.

500 Vgl. hierzu S. 211ff.

501 Kammeier-*Lesting*², Kap. G, Rn 21; *Kiliali* 1982, S. 8f.; *Rasch* 1984b, S. 40; zurückhaltend neuerdings BVerfG, NStZ-RR 2001, 253. Umfassend zur Sexualität im Maßregelvollzug der Tagungsbericht bei *Kobbé/Duncker* 1994.

Außenkontakte der Patienten oder sich anbahnende Beziehungen zwischen männlichen und weiblichen Insassen der Einrichtung werden vom jeweiligen Behandlungsteam keineswegs prinzipiell unterbunden, sondern umfassend geprüft und mit den Betroffenen besprochen.[502] Soweit keine grundsätzlichen Bedenken im Hinblick auf die individuellen Besonderheiten des Krankheitsbildes, Sicherheitsbelange oder das geordnete Zusammenleben auf der Station bestehen und der fraglichen Bindung nicht zuletzt auch eine gewisse Ernsthaftigkeit und Dauerhaftigkeit attestiert wird, kommt unter Umständen auch ein ungestörtes Zusammensein mit dem Partner im Rahmen einer großzügigeren Besuchsregelung in Betracht. Gleichwohl kann natürlich aus den genannten Gründen die Beurteilung des bewussten Kontaktes durch das pflegerische und therapeutische Personal auch negativ ausfallen, was dann eine restriktivere Handhabung wie etwa das Aussprechen temporärer oder vollständiger Verbote bzw. die Überwachung der jeweiligen Besuche zur Folge hat. Der Umstand, dass Verstöße gegen entsprechende Anordnungen eine Bestrafung nach sich ziehen können, lässt sich anhand zweier Beispiele aus der Pflegedokumentation des Patienten B verdeutlichen, von denen das erste bereits weiter oben im Rahmen der Vorstellung von terminologischen Indikatoren für das Vorliegen einer Sanktionierung wiedergegeben wurde;[503] es sei im Folgenden noch einmal in Erinnerung gerufen:

„18.03.98, 17.00 Uhr
Hr. B wird vom Personal im Tagesraum angetroffen, wobei er mit der Pat. D Zärtlichkeiten austauschte – (im Arm halten wobei die Pat. auf seinem Schoß saß) – da dies einen wiederholten Verstoss gegen die Stationsordnung und den Vertrag der zwischen Hr. B und dem Behandlungsteam besteht, darstellt, wird Hr. B bis morgen Mittag lt. Teambeschluß in seinem Zimmer eingeschlossen. Hr. B nahm dies zur Kenntniss. War aber gegenüber seinem Vergehen völlig uneinsichtig.“ (QUELLE: Patient B, Pflegedokumentation 389/396)

„20.03.98
Am Vormittag wurde Hr. B mit Fr. D im Badezimmer bemerkt. Ein GV war nicht auszuschließen. Das Bad wurde geöffnet u. Hr. B wurde gebeten sich unverzüglich anzuziehen. Er kam dem nur zögernd und verbal aggressiv nach. Hr. B wurde in seinem Zimmer eingeschlossen und die Rauchwaren wurden eingezogen, da der Vorfall gegen die Stat.-Ordnung verstößt. Eine weitere Klärung wird heute während der Überlappung erfolgen.
Hr. B wurde darüber informiert das er das Wochenende über in seinem Zimmer unter Verschluß bleibt und zu den Mahlzeiten evtl. in die Gemeinschaft kann.“ (QUELLE: Patient B, Pflegedokumentation 398/407)

Es wird deutlich, dass die augenscheinlich ins Sexuelle spielenden Kontakte des B zu seiner Mitpatientin D, die zudem im Abstand von nur wenigen Tagen auftreten, als bedeutende Regelverletzungen aufgefasst werden. Es ist die Rede von einem „Vergehen“ und im zweiten Beispiel erfolgen der Einschluß in das Zimmer sowie

---

[502] Vgl. allerdings die insoweit sehr viel ernüchterndere „Innenansicht eines Betroffenen“ bei *Müller* 1984, S. 113.

[503] Vgl. oben auf S. 121.

der Entzug der Tabakwaren, „da der Vorfall gegen die Stat.-Ordnung verstößt". Wie bereits oben ausgeführt,[504] stellt die Verwendung derartiger Begrifflichkeiten und Begründungsmuster einen starken Indikator für das Vorliegen einer Sanktionierung dar.

Neben unerwünschten Sexualkontakten führen auch von den Untergebrachten ausgehende anstößige Verhaltensweisen gegenüber Mitpatienten oder Mitarbeitern der Einrichtung immer wieder einmal zu Störungen des geordneten Zusammenlebens. Dabei werden derartige Übergriffe nicht unbedingt nur von Insassen mit einer einschlägigen Grundproblematik begangen, sondern fungieren durchaus auch bei sexuell nicht-devianten Patienten als Ventil für Spannungen, welche sich durch die mit der Unterbringung einher gehenden Deprivationen aufgestaut haben. Im Folgenden sollen zunächst einige einschlägige Beispiele aufgeführt werden:

> *„Pat. wurde dabei beobachtet wie er versuchte bei seinem Mitpat. Hr. E, der gerade am Duschen war, mit unter die Dusche zu steigen. Er stand mit erigiertem Glied nackt vor der Dusche. Pat. wurde daraufhin wieder in sein EBZ gebracht und verbleibt dort für den Rest des Tages." (QUELLE: Patient F, Pflegedokumentation 359/363)*

> *„Hr. F läßt das Wasser in seinem Zimmer laufen, ohne sich zu waschen, steht dann provokativ am Waschbecken u. demonstriert zu onanieren vor der unterzeichnenden Krankenschwester. Die erste Zigarette sowie der 1. Kaffee wurde daraufhin gestrichen." (QUELLE: Patient F, Pflegedokumentation 559/563)*
> *„03.08.00, 18.00 Uhr*
> *Mitpatienten klagen über Annäherungsversuche. So küsse er Mitpat. auf die Schulter.*
> *03.08.00, 18.30 Uhr*
> *Es wurde vom Personal beobachtet, wie Herr W dem Mitpat. L gegen seinen Willen in den Genitalbereich griff. Hierauf wurde Herr W zum wiederholten mal aufgefordert dieses zu unterlassen, ansonsten müsse er mit den Konsequenzen rechnen." (QUELLE: Patient W, Pflegedokumentation 31/39)*

Den geschilderten sexuellen Übergriffen und Belästigungen kommt in der jeweiligen Unterbringungsbiographie der beiden Patienten eine völlig unterschiedliche Bedeutung zu: Bei dem bislang mit einer Brandstiftung und verschiedenen Eigentumsdelikten in Erscheinung getretenen Patienten F steht diagnostisch eine Persönlichkeitsfehlentwicklung auf dem Hintergrund einer frühkindlichen Hirnschädigung mit ausgeprägt dissozialen Zügen im Vordergrund; der Patient fällt durch phasenweise ununterbrochenes Schreien sowie Randalieren auf und zeigt ein in vielerlei Hinsicht stark entgrenztes und aggressives Verhalten. Die referierten Verhaltensweisen sind mithin eher als Ausdruck einer generell bestehenden Problematik im Hinblick auf die Einhaltung von Körpergrenzen zu verstehen. Demgegenüber besitzt das Verhalten des Patienten W spezifische Deliktrelevanz, da dessen Anlassdelikte in mehreren versuchten Vergewaltigungen bestanden. Neben einer mittelgradigen Intelligenzminderung verzeichnet die Einweisungsdiagnose eine

---

[504] Vgl. die Ausführungen zu den Indikatoren für das Vorliegen einer Sanktionierung, S. 113ff.

Entwicklungsstörung unter anderem auch im sexuellen Bereich, weshalb die Übergriffe auf der Station im Zusammenhang mit einer gestörten Kontrolle sexueller Impulse gesehen werden müssen. Die einrichtungsseitige Reaktion auf die gezeigten Belästigungen weist hingegen – unabhängig vom jeweiligen Problemhintergrund – in beiden Fällen die gleiche innere Ausrichtung auf: Es erfolgt eine umgehende Sanktionierung oder zumindest die bereits mehrfach als Vorstufe einer solchen beschriebene Androhung von „Konsequenzen".

Der Vollständigkeit halber sei noch darauf hingewiesen, dass auch die Äußerung von Anzüglichkeiten sexuellen Inhalts oder Begehrlichkeiten gegenüber Mitgliedern des Pflegepersonals zu einer Sanktionierung führen kann, was durch die folgenden Auszüge aus der Pflegedokumentation des in dieser Hinsicht mehrfach auffällig gewordenen Patienten Y belegt werden soll:

> *„Pat. gab in der Visite zu das er zu einem Mitpat. gesagt habe, das Fr. Dr. P ein gutes Betthäschen für ihn sei. Hr. Y sagte das wäre ihm so rausgerutscht und er hätte sich dabei nicht unter Kontrolle gehabt. Hr. Y wurde daraufhin in ein freies EBZ gebracht und es wurde ihm gesagt daß er über diesen Spruch nachdenken solle." (QUELLE: Patient Y, Pflegedokumentation 164/169)*
>
> *„21.12.97, 15.45 Uhr*
> *Der Pat. sah sich mit Mitpatienten einen Videofilm an. Die Eintragende saß in der Nähe von Hrn. Y und Hrn. K. Der Pat. K sprach Hrn. Y darauf an, daß er der Eintragenden doch etwas sagen wollte. Doch der Pat. Y tat so, als ob er dies vergessen hätte. Nach der Aufforderung der Eintragenden an Hrn. Y, der es noch immer nicht sagen wollte, erzählte der Pat. K was der Betreffende sagen wollte: ‚Herr Y findet die Eintragende nett, hübsch und wollte fragen o. sich informieren, ob es ginge, daß sie seine Freundin werden könnte.'*
> *21.12.97, 15.50 Uhr*
> *Der Pat. Y wurde von der Seite geholt und wurde aufgefordert, sich zu diesem Thema zu äußern. Doch der Betreff. stritt alles ab, er sagte nur: ‚Er findet die Eintragende nett, mehr nicht' Ihm wurde klargemacht, daß er solche Äußerungen gegenüber dem Personal sein zu lassen hat, und daß es sonst Folgen hat, wenn er dies nicht unterläßt." (QUELLE: Patient Y, Pflegedokumentation 170/187)*

6. Verbale Entgleisungen

Unter verbalen Entgleisungen sollen im Folgenden sämtliche Ungehörigkeiten, Bedrohungen oder Beschimpfungen nicht-sexuellen Inhalts verstanden werden, welche der Untergebrachte gegenüber Mitarbeitern, Mitpatienten oder Dritten äußert. Die zumindest für das verantwortliche Personal alarmierendste Form der Verbalaggression stellt insoweit sicherlich die Androhung physischer Gewalt dar. Aufgrund der Besonderheiten der Maßregelklientel werden derartige Äußerungen zu Recht sehr ernst genommen und gegebenenfalls mit entsprechenden Sicherungsmaßnahmen wie einer Absonderung oder gar Fixierung des Patienten beantwortet. Manche Einträge in den gesichteten Pflegedokumentationen lassen allerdings durchaus auch den Schluss zu, dass im jeweiligen Fall weniger ein akutes Sicherheitsinteresse als vielmehr ein „Besinnungsanstoß" für den Betroffenen im Vordergrund steht. Wie bereits ausgeführt, handelt es sich dann jedoch nicht um eine Maßnahme mit präventivem Hintergrund, sondern um eine Sanktionierung. Zur Verdeutlichung mögen folgende Beispiele dienen, wobei hinsichtlich des Patienten Y noch darauf hingewiesen werden soll, dass dieser die geschilderten Manipulationen aufgrund einer bestehenden Handfesselung mit Mund und Nase auszuführen genötigt ist:

„Hr. Y manipulierte mit Mund u. Nase an den Blumentöpfen u. Aschenbecher bis diese herunterfielen. Als er von Ref. ermahnt wurde sagte er, laß mich in Ruhe du Arsch sonst hau ich dir eine auf die Schnauze. Es wurde mit ihm ein intensives Gespräch geführt und konnte darüber nur lachen. Um dem Pat. zu zeigen, daß er nicht solche Aussagen machen kann wurde er ins EBZ verlegt." (QUELLE: Patient Y, Pflegedokumentation 209/215)

„Reflektionsgespräch: Ich fragte, was Hr. Q im gestrigen Plenum zu Herrn P gesagt habe. Hr. Q entgegnete: ‚H, wenn Du mich noch mal anrempelst, dann scheuer ich Dir eine.' Hr. Q erhielt die eindeutige Ansage, jegliche Androhung von Gewalt egal ob Mitpatient oder Mitarbeiter zu unterlassen, ansonsten könnte dies zu den ihm bekannten Konsequenzen führen." (QUELLE: Patient Q, Pflegedokumentation 136/142)

Da der Stationsalltag eines psychiatrischen Krankenhauses in nicht unbeträchtlichem Maße von den für die Insassen geltenden ausdifferenzierten Verhaltensanforderungen sowie der Auseinandersetzung um ihre Befolgung geprägt sein dürfte, liegt die Annahme nahe, dass es beim Auftreten von diesbezüglichen Spannungen häufiger zur Verwendung von Unflätigkeiten und Verbalinjurien kommt. Auf derartige, unterhalb der Schwelle einer konkreten Gewaltdrohung anzusiedelnde Entgleisungen und persönliche Herabsetzungen wird vom Personal in einer beträchtlichen Zahl der untersuchten Fälle und mit zum Teil bewundernswertem Langmut durch informelles Konfliktmanagement und die Anwendung von Deeskalationsstrategien reagiert.[505] Dem Patienten wird der inadäquate Umgangston reflektiert, und es wird versucht, den zugrunde liegenden Konflikt in einem offenen Gespräch aufzuarbeiten. Bisweilen ist jedoch das Maß des gerade noch Hinnehmbaren augenscheinlich überschritten, was zur Folge hat, dass der allzu deutliche Fehlgriff in der Ausdrucksweise mit einer Sanktion belegt wird:[506]

„28. 04. 97
Beim Frühstück Ausgabe beleidigte Herr C den Ref. ‚Hau ab Du Ausländische Sau.' Er wurde von ein andere MA angesprochen, und diese ebenfalls geschimpft. Zutritt zur Gemeinschaft wurde für heute gestrichen.

---

505 Entsprechend fordert auch *Rehn* 1993, S. 38 für den sozialtherapeutisch ausgerichteten Strafvollzug: „Zentrales Mittel der Konfliktregelung ist [...] das Gespräch, das obligatorisch folgen muss, wenn als problematisch empfundene Auffälligkeiten registriert oder Regelverstöße festgestellt werden. Dafür ist ein erheblicher Zeitaufwand erforderlich, denn regelmäßig soll es mehr sein, als Anhörung und Tadel oder Anpfiff und Sanktionsverkündung. Vielmehr sind die kleineren und größeren Konflikte des Alltags als Lernmaterialien zu nutzen, aus denen durch die Art der Gesprächsführung Erkenntnisse und Einsichten gewonnen werden können, die sodann in weiteren Gesprächen zu vertiefen wären".

506 Vgl. für den Strafvollzug *Huber* 1995, S. 77f.: „Die Autorität des Personals würde stark leiden, wenn vehemente Beschimpfungen oder Drohungen sanktionslos blieben".

28.07.97, nachmittags
Lt. Teambeschluß hat Hr. C heute keinen Zutritt zur Gemeinschaft, da er gegenüber einem MA Rassistische Äußerungen getätigt hat." (QUELLE: Patient C, Pflegedokumentation 93/101)

„Herr F wurde 7.30 aus der Fixierung gelöst. Er hatte stark eingenäßt (Urinlache unter dem Bett). Nach der Körperpflege hat er sein Zimmer gereinigt und danach gefrühstückt. Einzelfreistunde hat er 20 Min. wahrgenommen. Während der Freistunde ging er zum Fenster der AT im Keller und beleidigte die Mitarbeiter dort als 'Arschlöcher'. Es wurde ihm gesagt das er dieses unterlassen soll und er bis zum Mittag keine Rauchwaren erhält. Sein Kommentar: 'Egal'." (QUELLE: Patient F, Pflegedokumentation 809/816)

„Hr. F hat sich gewaschen, anschließend hat er gefrühstückt. Als Pat. beim Rauchen war und dabei seinen Kaffee getrunken hat, fing er an den Ref. ohne Grund zu beleidigen. Daraufhin wurde dem Pat. die angerauchte Zigarette und der Kaffee abgenommen." (QUELLE: Patient F, Pflegedokumentation 462/466)

Vor allem das letzte der aufgeführten Beispiele macht deutlich, dass die Reaktion auf verbale Entgleisungen des Patienten oftmals umgehend und unmittelbar im Rahmen der konflikthaften Interaktion erfolgt. Dies bedeutet jedoch nicht, dass dem Betroffenen nicht unter Umständen noch eine letzte Gelegenheit zum Revidieren der inkriminierten Äußerung eingeräumt wird. Die folgenden Textstellen zeigen, dass eine der Entgleisung auf dem Fuße folgende Entschuldigung und ernsthafte Distanzierung von der beleidigenden Aussage bisweilen geeignet ist, eine drohende Sanktionierung noch rechtzeitig abzuwenden:

„Die Ref. betrat nach Klopfen an der Zimmertür daß Zimmer von Hr. T. Hr. T hatte mehrere Softpornohefte auf seinem Bett liegen. Die Ref. wies Hr. T daraufhin, die Hefte bitte wegzuräumen, da die Ref. sich dieses verbittet. Hr. T reagierte mit den Worten: ‚Sie können ja gefälligst klopfen und warten, bis Sie reinkommen!' (Hr. T hatte laut Musik an und konnte wahrscheinlich das Klopfen nicht hören.) Die Ref. sprach den Pat. auf die Lautstarke Musik an und das er das Klopfen wahrscheinlich nicht gehört hätte. Wieder reagierte Hr. T verbal ausfällig, schimpfte und erklärte, daß die Ref. sofort das Zimmer verlassen sollte, sich verpissen sollte, abhauen sollte usw.
Dann stellte er die Musik lauter. Die Ref. wies Hr. T daraufhin, daß er die Möglichkeit hätte, sich jetzt an Ort und Stelle bei der Ref. zu entschuldigen ansonsten müßte man schauen. Hr. T sagte ‚Nein! Bei Ihnen schon mal gar nicht!'
Die Ref. erklärte daraufhin, daß Hr. T für den Rest des Tages Zimmerstatus erhält." (QUELLE: Patient T, Pflegedokumentation 273/290)

„23.08.00
Hr. H schellte nach Kaffee, die Thermoskanne stand vor der Holztür. Er wurde gebeten sein Brötchen aus dem Gitter (Tür) zu nehmen, bzw. es morgens anzunehmen. Darauf reagierte er wütend mit den Worten 'Ich bin doch hier nicht im Kindergarten. Du alte Fotze steck Dir doch die Kaffeekanne in den Arsch, hau ab.' Hr. H wurde noch 2x gefragt ob er nun Kaffee wolle oder nicht. Dieses verneinte er. Ihm wurde mitgeteilt, daß er aufgrund seiner Aussage den Vormittag über keinen Kaffee mehr bekomme.
23.08.00, 12.30 Uhr
Pat. entschuldigte sich bei der Ref., gab an schlechte Laune gehabt zu haben. Bat höflich um Kaffee, welchen er dann auch bekam." (QUELLE: Patient H, Pflegedokumentation 73/86)

Obwohl die Befriedungsfunktion einer aufrichtigen Entschuldigung des Patienten auf der Hand liegt und es aus diesem Grunde prinzipiell begrüßenswert erscheint, wenn der betroffene Mitarbeiter die Besonnenheit aufzubringen vermag, eine solche Äußerung des Bedauerns auch zuzulassen und zu akzeptieren, führt die übermäßige Betonung derartiger konsensual angelegter Strategien der Konfliktbewältigung doch gelegentlich zu wenig erfreulichen Ritualisierungen. Der folgende Auszug aus einer Pflegedokumentation macht deutlich, dass ein übermäßig starres Hinarbeiten auf die Bitte des Injurianten um Verzeihung in eine Art Stellungskrieg münden kann, in welchem jede der beteiligten Parteien krampfhaft ihr Gesicht zu wahren sucht. Die Einbußen des Patienten, der bei einer derartigen Konfrontation qua Status gewissermaßen zwangsläufig „am kürzeren Hebel sitzt", dürften auf Dauer sogar größer sein, als wenn lediglich eine einmalige Sanktionierung des Regelverstoßes erfolgt wäre:

> *„22.02.90, 14.00 Uhr*
> *Herr I wollte eine Einkaufsfahrt mitmachen, die jedoch nicht genehmigt wurde, da verschiedene Probleme auftauchten (Nicht von seiner Seite.) Daraufhin wurde Herr I sehr laut u. ausfallend und schimpfte mit dem Pfl.-Pers. in übelster Weise.*
> *23.02.90, 16.20 Uhr*
> *Um sich für seinen gestrigen verbalen Ausfall nicht entschuldigen zu müssen, verzichtete Hr. I auf seinen Ausgang.*
> *24.02.90, 10.00 Uhr*
> *Pat. wurde gefragt, ob er eine Radtour mitmachen möchte. Gegenüber Unterzeichneten sollte Herr I sich für den gestrigen Vorfall entschuldigen, wenn er mitfahren möchte. Sein Kommentar: Kein Interesse." (QUELLE: Patient I, Pflegedokumentation 2/16)*

Sämtliche der vorstehend behandelten ehrverletzenden Äußerungen waren gegen Mitglieder des Personals und damit gegen Repräsentanten der Institution gerichtet. Insoweit stellt sich hier erneut die bereits bei der Erörterung physischer Aggressionen aufgeworfene Frage, ob sich Modifikationen in der Sanktionswahrscheinlichkeit oder -intensität ergeben, soweit die Entgleisung sich „lediglich" gegen einen Mitpatienten als Angehörigen der gleichen Statusgruppe richtet.

Mit den im Hinblick auf die geringe Größe und fehlende Repräsentativität der Untersuchungsgruppe gebotenen Einschränkungen kann nach der Durchsicht des herangezogenen Materials die vorsichtige Vermutung formuliert werden, dass Kränkungen und persönliche Zurücksetzungen von Mitpatienten insgesamt tatsächlich seltener zum Anlass für die Auferlegung einer Sanktion genommen werden als vergleichbare Angriffe gegen Mitarbeiter der Einrichtung, dass sich somit – anders ausgedrückt – auch hier Differenzen in der Gruppenzugehörigkeit des Betroffenen auswirken. Es scheint, dass bei verbal ausgetragenen Auseinandersetzungen, in die kein Mitglied des Personals unmittelbar involviert ist, ganz überwiegend zunächst der Weg des Dialogs beschritten und lediglich in wenigen, besonders gravierenden Fällen zur ultima ratio einer Sanktionierung gegriffen wird. Es sind denn auch im gesamten erhobenen Textbestand nur wenige Fundstellen ersichtlich, in denen auf die Beleidigung eines Mitpatienten hin tatsächlich mit einer Bestrafung reagiert wurde:

„C beschimpfte Pat. S aufs übelste.
Pat. bleibt aus diesem Grund für 3 Tage im EBZ, danach vormittags stufenweise PE II. Die Freistunden kann C teilnehmen." (QUELLE: Patient C, Pflegedokumentation 72/75)

„Hr. O wurde auf sein äußeres Erscheinungsbild vom Ref. angesprochen, was sehr ungepflegt erscheint. Hr. O wird daraufhin sofort mit dissozialen Äusserungen von Mitpat. B tätig: ‚Wenn Sie mal bei anderen wie Hr. B auch so schauen würden, dem hängen die Eier schon aus der Hose.' Hr. O wurde auf seine verbale Ausdrucksweise hingewiesen. Erhält heute vormittag kein Fleißkärtchen." (QUELLE: Patient O, Pflegedokumentation 804/810)

„Herr X hatte eine leichte verbale Auseinandersetzung mit einem Mitpatienten, Herrn C. Das Wortgefecht wurde von Mitpatienten beobachtet und bestätigt, dass Herr X den Mitpatienten ohne Grund beschimpfte. Herr X wurde daraufhin für 1 Std. in sein Zimmer geschickt und kam dieser Aufforderung sofort nach." (QUELLE: Patient X, Krankengeschichte 82/96)

Zur zusätzlichen Bestätigung der angesprochenen Differenzierung kann schließlich noch ein sehr aufschlussreicher Passus aus der bereits mehrfach erwähnten[507] Pflegeplanung des Patienten F herangezogen werden:

„Sonstiges Verhalten:
Beschimpft oder bedroht Pat. das Personal, oder setzt er das Personal und seine Mitpatienten tätlichen Angriffen aus, so geht Pat. zurück in sein EBZ und bleibt dort für den Rest des Tages." (QUELLE: Patient F, Pflegedokumentation 142/145)

Während mithin der angesprochene Zimmerarrest im Falle eines körperlichen Angriffes unabhängig von der Gruppenzugehörigkeit des Opfers angedroht wird, soll die gleiche Sanktion bei Verbalaggressionen wie Beschimpfungen und Bedrohungen nur in Betracht zu ziehen sein, wenn diese sich gegen ein Mitglied des Personals richten. Eine derartige Unterscheidung ist, auch wenn sie im konkreten Fall vielleicht eher unbewusst vorgenommen worden sein sollte, doch zumindest als weiteres Indiz für die Richtigkeit der aus dem Studium der untersuchten Krankenakten gewonnenen Vermutung zu werten, es existierten Unterschiede in der spezifischen Sanktionsintensität und -wahrscheinlichkeit je nach Gruppenzugehörigkeit des Opfers der Entgleisung.

7. Insubordinationen

Der Umstand, dass das Leben auf einer Station des psychiatrischen Maßregelvollzuges vielfältigen Reglementierungen unterworfen ist, bedarf nach den vorangegangenen Ausführungen keiner erneuten Betonung mehr. Der Patient sieht sich üblicherweise mit einer detaillierten Tagesstruktur konfrontiert, die ihn – in Abhängigkeit von seiner individuellen Leistungsfähigkeit – mit diversen Aufgaben und Verpflichtungen wie etwa Reinigungsarbeiten, der Mitarbeit bei der Nahrungszubereitung oder der Teilnahme an den veranstalteten Stationsplena konfrontiert.

[507] Vgl. insoweit bereits S. 115, 130.

Es ist darüber hinaus bereits von *Goffman* als ein wesentliches Merkmal der totalen Institution bezeichnet worden, dass ihr Regime bis in den letzten Winkel der Privatheit des Insassen hineinreicht,[508] so dass auch die Erfüllung persönlicher Bedürfnisse prinzipiell einem umfassenden Erlaubnisvorbehalt und dementsprechend der Beurteilung durch die Mitarbeiter der Einrichtung unterliegt.

Da die den Unterbringungsalltag dominierende Trias aus Sicherheit, Ordnung und therapeutischen Belangen einer selbstbestimmten Entfaltung der eigenen Persönlichkeit zwangsläufig sehr enge Grenzen setzt, ist der genuine Akt zur Behauptung von Individualität und zur Festigung eines autarken Selbstbildes die Insubordination. Indem der Patient sich den an ihn herangetragenen Verhaltensanforderungen widersetzt, verlässt er zumindest für einen Moment die Rolle des Gewaltunterworfenen und beweist vorerst eine – wenn auch denkbar fragile – Unabhängigkeit. Dieser Zustand ist natürlich insoweit hochgradig prekär, als dem Personal in der Praxis mannigfache Wege eröffnet sind, das ursprüngliche Subordinationsverhältnis durch die Verhängung einer Sanktion wiederherzustellen.[509] Im Folgenden sollen einige typische Konstellationen vorgestellt werden, in welchen es immer wieder zu entsprechenden Akten der Auflehnung (und im Anschluss zur Ahndung mit einer Sanktion) kommt.

a) Unerlaubte Telefonate

Den nach § 63 StGB Untergebrachten wird in § 9 IV 1 MRVG-NW grundsätzlich das Recht zugestanden, auf eigene Kosten Telefongespräche zu führen. Der entsprechend für anwendbar erklärte Abs. 2 dieser Norm, der ursprünglich die Ausgestaltung des Besuchsrechts betrifft, gestattet die Überwachung, den Abbruch, die Einschränkung oder Untersagung aus zwingenden Gründen der Therapie, des geordneten Zusammenlebens und der Sicherheit; im ebenfalls entsprechend anwendbaren Abs. 1, S. 2 wird hinsichtlich Zeitpunkt und Dauer auf die Regelungen der jeweiligen Hausordnung verwiesen. Diesbezüglich bestimmt Abschnitt III, Nr. 1b des einschlägigen Regelwerkes für das WZFP, dass Telefongespräche grundsätzlich nur in der therapiefreien und außerhalb der nach dem Wochenplan für gemeinsame Aktivitäten vorgesehenen Zeiten geführt werden dürfen und überlässt die Festlegung der konkreten Zeiten wiederum den Stationsordnungen. Unter Nr. 1c finden sich des weiteren Regelungen im Hinblick auf die Frage, wie lange die einzelnen Telefongespräche dauern dürfen und unter welchen Umständen eine Unterbrechung durch das Personal zulässig sein soll, während Nr. 1d lediglich auf die bereits referierten Möglichkeiten einer generellen Einschränkung der Telefonerlaubnis hinweist.

Im Folgenden soll der Frage nachgegangen werden, inwieweit auch die in den nachstehenden Auszügen aus der Pflegedokumentation des Patienten F auferlegten

---

[508] *Goffman* 1971, S. 15ff.

[509] Zur vergleichbaren Situation im Strafvollzug *Huber* 1995, S. 76.

Restriktionen von dem genannten System aus gesetzlichen und untergesetzlichen Eingriffstatbeständen gedeckt werden:

„Pat. war mit seiner Mutter am telefonieren. Zwischenzeitlich hat er unbemerkt die Nummer vom ZDF gewählt. Das Gespräch wurde sofort unterbrochen und Pat. zurück in sein Zimmer gebracht. Hr. U teilte ihm auf dem Weg dorthin mit, das für heute die Arbeit an seinem PC aufgrund seines Verhaltens nicht stattfindet." (QUELLE: Patient F, Pflegedokumentation 55/60)

„Herr F hat sich beim Telefonieren als Vater einer Patientin ausgegeben. Das Telefonat wurde sofort abgebrochen und dem Pat. mitgeteilt für diese Woche hätten sich die Telefonate erledigt." (QUELLE: Patient F, Pflegedokumentation 3/6)

„Herr F rief aus seinem Zimmer aus mit dem mobilen Telefon das WLK G an. Der Kollege überzeugte sich das auch der gewünschte Teilnehmer in der Leitung war. Als dann wurde die Telefonkarte aus dem Gerät gezogen. Während des Gesprächs klingelte der Zimmernachbar von Herrn F und wollte einen Tee. In dieser Zeit drückte Herr F die Telefonnummer 01 und hier bekam er ohne Telefonkarte einen Anschluß mit der Hauptpforte. Die Mitarbeiterin der Pforte rief dann über den Telefonapparat 303 an, und äußerte das ein Pat. mit der Station 3/1 verbunden werden möchte. Herrn F wurde umgehend das Telefon abgenommen. Ihm wurde der Vertrauensbruch den er somit begangen hat deutlich gemacht. Die Konsequenz, das er bis einschließlich 8.05.99 kein Telefonat mehr führen darf wurde ihm umgehend mitgeteilt. Dies berührte Herrn F jedoch wenig, sondern er zeigte große Freude, das er dem Personal ein Schnippchen geschlagen hatte." (QUELLE: Patient F, Pflegedokumentation 468/483)

Zumindest im Hinblick auf die erstgenannte Quelle fällt die Einordnung leicht: Die Verweigerung der Arbeit am PC ist mit Belangen der Sicherheit bzw. Ordnung auf der Station schlechterdings nicht zu rechtfertigen, vielmehr stellt sie eine Sanktion dar, welche an das Fehlverhalten des Patienten in einem völlig anderen Bereich des Unterbringungsalltages anknüpft – die unerlaubte Nutzung des Telefons und Aktivitäten am Computer haben schlicht nichts miteinander zu tun.

Die Einordnung der beiden weiteren Fundstellen verursacht auf den ersten Blick größere Probleme: Hier besteht ein unmittelbarer Zusammenhang zwischen der Regelverletzung des Patienten und der daraufhin erfolgenden Reaktion eines befristeten Telefonverbotes; eine Bezugnahme auf Ordnungsbelange oder die Erfordernisse der Therapie läge demnach bedeutend näher. Gleichwohl handelt es sich aus folgenden Erwägungen um eine Sanktionierung unerwünschten Patientenverhaltens: Zum einen wäre die Verhinderung weiterer ungenehmigter Telefonate durch eine schlichte Überwachung des Telefonverkehrs unproblematisch möglich gewesen, weshalb eine mit präventiven Überlegungen begründete umfassende Sperre bereits das Gebot des mildesten Mittels verletzen würde. Zum anderen findet zumindest in der zuletzt aufgeführten Textstelle wiederum der Begriff der „Konsequenz" Verwendung, was auf eine Zuschreibung von Verantwortung und mithin ebenfalls auf die Sanktionierung von Fehlverhalten hindeutet. Aus den genannten Gründen ist in jedem der drei referierten Beispiele von der Verhängung einer Sanktion auszugehen.

b) Nichteinhaltung zeitlicher Vorgaben

Es ist bereits mehrfach festgestellt worden, dass die Einhaltung von Absprachen und Vereinbarungen für viele der im Maßregelvollzug untergebrachten Patienten ein substantielles Problem darstellt. Dementsprechend könnten Verstöße gegen bestehende zeitliche Vorgaben zunächst als eine erneute Bestätigung der These von der gesteigerten „Gemeinschaftsschwierigkeit" der fraglichen Klientel gewertet werden. Auf der anderen Seite vermag jedoch der Untergebrachte eben auch einen zumindest kurzfristigen Gewinn an Selbstbestimmtheit zu erzielen, wenn er die allgemein gültigen oder speziell in seiner Pflegedokumentation niedergelegten bzw. mit ihm vereinbarten zeitlichen Vorgaben missachtet und zu anberaumten Terminen zu spät kommt oder gar nicht erscheint. Unabhängig von den individuellen Hintergründen und Motiven kann ein derartiger Akt der Insubordination von Seiten des Personals der Einrichtung jedoch in keinem Fall unkommentiert bleiben, wenn die den Stationsalltag regulierenden Zeitraster nicht der Gefahr eines schleichenden Erosionsprozesses ausgesetzt werden sollen. In folgenden Auszügen aus der Pflegedokumentation des Patienten O werden die regelmäßig vorkommenden Unpünktlichkeiten tatsächlich mit entsprechenden Sanktionen beantwortet:

„Auf Grund dessen, daß Herr O seine Medikamenteneinnahme nicht pktl. zu sich nahm, wurde entschieden, den Fernseher noch bis Morgen Vormittag einzubehalten." (QUELLE: Patient O, Pflegedokumentation 456/458)

„Hr. O saß nicht wie im Strukturplan festgelegt im Tagesraum, um pünktlich zum Sport begleitet zu werden. Für diese Nichteinhaltung von Vereinbarungen erhält der Patient heute Nachmittag kein Fleißkärtchen." (QUELLE: Patient O, Pflegedokumentation 908/911)

„Blaue Gruppe: Herr O hielt sich im Eßzimmer auf und schaute Fernsehen. Redete davon, er habe gehört, die blaue Gruppe würde ausfallen. Wurde von Ref. und Mitpatienten darauf hingewiesen, das die Gruppe stattfindet.
Als die Gruppe sich pünktlich um 9.00 h geschlossen in das 'Studio B' begab, blieb Herr O demonstrativ vor dem Fernseher sitzen. Er erschien dann mit exakt 5 Min. Verspätung zur Gruppensitzung. Wurde durch Ref. aus der Gruppe verwiesen und darauf hingewiesen, das eine entschuldbare Verspätung in diesem Fall nicht vorläge, da er demonstrativ und provokativ abgewartet habe bis die Gruppe begonnen hat und vorsätzlich zu spät gekommen sei.
Ihm wurde mitgeteilt das der Verweis aus der Gruppe die gleiche Konsequenz habe wie ein unentschuldigtes Fehlen und er von daher bis zur nächsten Gruppe keinen Ausgang hat." (QUELLE: Patient O, Pflegedokumentation 599/613)

Soweit in dem zuletzt angeführten umfangreicheren Passus zur Teilnahme an der Gruppenveranstaltung zum Ausdruck kommt, dass auch ein gänzliches Fernbleiben mit der Konsequenz einer einwöchigen Ausgangssperre belegt wird, ist nach den oben entwickelten Grundsätzen zur Erzeugung von Therapiemotivation darauf hinzuweisen, dass derartige Restriktionen als unzulässige Einflussnahme auf die Entscheidungsfreiheit des Untergebrachten zu werten sind. Die Verhängung der fraglichen Sperre stellt sich insoweit als zusätzliche, über die Erfordernisse der reinen Unterbringung hinausgehende Restriktion dar. Damit soll der Patient zu einer kontinuierlichen Teilnahme gedrängt werden, obwohl er hierzu keineswegs gesetzlich verpflichtet ist. Es handelt sich demzufolge nach den hier vertretenen Grundsätzen um eine unzulässige Zwangsmaßnahme.

c) Verweigerung von Teilnahme und Mitarbeit

Der vorstehend erörterte Auszug aus der Pflegedokumentation des Patienten O weist bereits hin auf einen weiteren großen Bereich, in welchem es häufig zu Kollisionen zwischen Oppositionshaltungen der Untergebrachten auf der einen Seite mit dem von der Einrichtung durchzusetzenden universellen Gehorsamsappell auf der anderen Seite kommt: Es handelt sich um die Ablehnung der Teilnahme oder Mitarbeit an Gemeinschaftsaufgaben und therapeutischen Angeboten. Eine entsprechende Verweigerungshaltung hatte nach Aussage der dortigen Klinikleitung auch der Patient in dem in der Einleitung besprochenen Hainaer Fall gezeigt, was mit einer gezielten Beschränkung seines Zugangs zum gemeinsamen Fernseher der Station beantwortet worden war. Dieses Fallbeispiel einer Sanktionierung fehlender Therapiemotivation wurde zum Anlass genommen, sich dem besagten Phänomen im Rahmen einer Studie des einschlägigen Schrifttums zu nähern und die aus den dort vorgefundenen Stellungnahmen ablesbaren arrivierten therapeutischen Strategien vor allem unter rechtlichen Gesichtspunkten einer kritischen Würdigung zu unterziehen. Mit der Kategorie „Verweigerung von Teilnahme und Mitarbeit" ist nunmehr derjenige Punkt des empirischen Teils der Arbeit erreicht, an welchem diesen theoretischen Vorarbeiten umfangreicheres rechtstatsächliches Material zur Seite gestellt werden kann.

Unter den Angeboten mit therapeutischem Hintergrund, hinsichtlich derer eine Teilnahme bzw. aktive Mitarbeit des Untergebrachten von Seiten der Mitarbeiter der Einrichtung erwünscht ist, findet sich zunächst das bereits mehrfach erwähnte Stationsplenum.[510] Was die bei einer Verweigerung der Mitwirkung drohenden Sanktionen angeht, existieren auf den einzelnen Stationen des WZFP unterschiedliche Regelungen, wobei relativ häufig mit der auch im Falle des Patienten O verhängten befristeten Ausgangssperre reagiert wird. Dies verdeutlicht ein weiterer Auszug aus der Pflegedokumentation des Betroffenen, in welchem ebenfalls die Teilnahme an extramuralen Aktivitäten aufgrund einer entsprechenden Verweigerungshaltung kurzfristig zurückgenommen wird:

> *„Herr O erscheint nicht zum Plenum auch nach nochmaliger Aufforderung nicht. Er meinte den Grund würde er ins Tagebuch schreiben. Ref. teilt ihm mit das dann auch alle Aktivitäten für ihn am Wochenende gestrichen sind. Hr. O meint darauf das er ja doch nur schwimmen am Sa. geht sonst wäre ja nichts." (QUELLE: Patient O, Pflegedokumentation 142/147)*

Um der mit Verfassungsrang ausgestatteten Aufgabe des Maßregelvollzuges zu genügen, den Patienten auch während der Unterbringung ein sinnvolles, menschenwürdiges Leben zu ermöglichen, den schädlichen Folgen des Freiheitsentzuges vor-

---

510 Vgl. hierzu bereits die Beispiele Patient T, Pflegedokumentation (221/231), S. 116; Patient O, Pflegedokumentation (522/530), S. 139; Patient Q, Pflegedokumentation (136/142), S. 161.

zubeugen und die für eine erfolgreiche Wiedereingliederung erforderlichen Fähigkeiten aufzubauen und zu erproben, ist in einer größeren Zahl von Landesgesetzen ein Anspruch des Patienten auf Zuweisung adäquater Arbeit bzw. auf Förderung im Rahmen einer arbeitstherapeutischen Beschäftigung vorgesehen.[511] Fraglich ist nun, welche Folgen bei Bereitstellung eines entsprechenden Angebotes der Weigerung des Patienten zukommen dürfen. Anders als im Strafvollzug, für den § 41 I 1 StVollzG NW eine Arbeitspflicht der Gefangenen aufstellt, existiert eine solche Verpflichtung für die nach § 63 StGB Untergebrachten nach allgemeiner Auffassung nicht.[512] Lediglich bestimmte bundesrechtliche Kostenfolgen treten gem. § 14 II MRVG-NW iVm § 10 JVKostO bei schuldhafter Verweigerung einer zumutbaren Arbeit ein, während die Ablehnung eines indikationsgerechten arbeitstherapeutischen Angebotes wegen dessen rein medizinischen Hintergrundes auch insoweit folgenlos bleiben muss.[513]

Es ist bereits darauf hingewiesen worden, dass sich im Umgang mit den Patienten des Maßregelvollzuges auf Seiten des Personals oftmals eine gewisse paternalistische Grundhaltung findet, der zufolge es durchaus im „wohlverstandenen Interesse" des Untergebrachten liegt, wenn dieser durch mehr oder weniger sanften Druck zu einer regelmäßigen Partizipation an den von der Einrichtung veranstalteten Aktivitäten bewegt wird.[514] Derartige Strategien der Erzeugung von Kooperationsbereitschaft, die weiter oben mit dem Begriff der „praktischen Überzeugung"[515] umschrieben worden sind, finden sich auch im Zusammenhang mit der Teilnahme an Arbeit und Arbeitstherapie, wie sich anhand der folgenden Beispiele belegen lässt:

„02.03.89, 08.00 Uhr
Pat. wurde morgens nochmal aufgefordert, in die WMI zu gehen. Pat. lehnte dieses ab mit der Begründung 'Ich habe keine Lust und bleibe im Bett liegen.' Das Radio wurde nicht ausgehändigt.
10.04.89
Blutentnahme durch den Stat.-Arzt Dr. M. Pat. wurde angeboten zur WMI zu gehen was Herr C zunächst auch zusagte. Nach der Blutentnahme lehnt der Pat. jedoch ab. Das Radiogerät wurde daraufhin wieder eingezogen." (QUELLE: Patient C, Pflegedokumentation 14/23)

„Herr O erschien bei Ref. und bat darum ihn in der WMI für heute abzumelden, da er gleich zur Wewelsburg mit der KUB fahre. Da die Fahrt erst um 14 Uhr ist wurde Herr O der mitt-

---

[511] Vgl. hierzu Kammeier-*Gabriel*², Kap. E, Rn 33; *Volckart* 1999a, S. 109. Während das MRVG-NW keinen Anspruch auf Arbeit oder Beschäftigung formuliert (kritisch zur Regelung des § 11 I MRVG-NW LG Paderborn, R&P 2000, S. 42), finden sich Normierungen entsprechenden Inhalts in § 7 IV UBG BW, Art. 12 III 1 BayUBG, § 41 I 1, 3 BremPsychKG, § 10 I 1 HbgMvollzG, § 11 II 1 SaarlMRVG.

[512] Kammeier-*Gabriel*², Kap. E, Rn 32; *Volckart* 1999a, S. 109f.

[513] Kammeier-*Gabriel*², Kap. E, Rn 32; Kammeier-*Baur*², Kap. C, Rn 41; *Volckart* 1999a, S. 110, 229ff.

[514] Entsprechende Ausführungen erfolgten bereits in der Einleitung, S. 14ff.

[515] Hierzu die Ausführungen auf S. 32ff.

lerweile wieder ins Bett gegangen war gesagt er solle heute vormittag arbeiten. Herr O schob dann allerlei Dinge vor die er heute morgen noch erledigen müsse, Kofferpacken, Mitpat. beim Kofferpacken helfen, 30 DM besorgen, Kochen. Herrn O wurde meinerseits sehr deutlich gesagt, daß dieses alles keine Begründungen sind von der Arbeit fernzubleiben. Herr O wollte trotzdem nicht gehen. Meinerseits wurde Herrn O daraufhin gesagt unter diesen Umständen könne er dann auch nicht mit zur Wewelsburg. Und siehe da nach ca. zehn Minuten war Herr O angezogen und ging arbeiten." (QUELLE: Patient O, Pflegedokumentation 51/63)

„Herr O ist nicht zur AT-Holz gegangen. Grund dafür war, daß sich Herr O mit Herrn C in eine Diskussion verwickelte, deren Inhalt die Lernkochgruppe war. Herr O war der Auffassung, daß dieses Herrn C überhaupt nichts anginge. Weiterhin hatte Herr O vor über die Kochgruppenkasse etwas (privates) zu kaufen, ohne das er Herrn S hierfür genug Geld mitgegeben hat. Herr O gab an, diese Diskussion sei ihm wichtiger gewesen als noch arbeiten zu gehen. In dieser Sache hatte Herr O seine Pflegeplanung nicht erfüllt. Als solches wurde es Herrn O mitgeteilt und er zeigte hierfür Verständnis und Einsicht. Wie in der PP aufgeführt wird ihm sein Fernseher entzogen und im Sozialraum gelagert. Herr O kann seinen Fernseher Morgen ab 10.00 wieder abholen." (QUELLE: Patient O, Pflegedokumentation 425/437)

Auch wenn sich, wie die Bezugnahme auf die Pflegeplanung des Patienten O in der zuletzt aufgeführten Quelle deutlich macht, der Entzug des Fernsehers eingebettet findet in ein sozio- und milieutherapeutisches Gesamtkonzept, mit dessen Hilfe der Patient zu mehr Kontinuität und Eigenverantwortlichkeit befähigt werden soll, bedarf es für ein derartiges Arrangement nach den hier vertretenen Grundsätzen doch immer der (frei widerruflichen) Zustimmung des Betroffenen. Nur wenn dieser die Notwendigkeit strukturierender Maßnahmen selber einsieht und in eine entsprechende Sanktionsvereinbarung einwilligt, um an sich zu arbeiten, kann den angewandten Restriktionen das Verdikt der (Grund-)Rechtswidrigkeit erspart bleiben. Die Ausübung von Zwang „zum Besten" des Betroffenen muss demgegenüber in jedem Fall ausscheiden.

Ein weiterer Bereich, in welchem kontinuierliche Mitarbeit von den Untergebrachten erwartet wird, ist derjenige der Körperhygiene und der Reinigung des persönlichen Umfeldes. Diesbezüglich bestimmt § 14 I 1 MRVG-NW, dass die Patientinnen und Patienten „entsprechend dem Fortschritt ihrer Behandlung und ihren Fähigkeiten zur Mitarbeit, zur eigenen Versorgung und zur Reinigung ihrer Unterkunfts- und Therapieräume anzuhalten" sind, und in § 17 I 3 MRVG-NW ist darüber hinaus festgelegt, dass sie „die notwendigen Maßnahmen zum Gesundheitsschutz und zur Hygiene zu unterstützen" haben. Es besteht somit durchaus eine Verpflichtung der Insassen, sich selber und ihre unmittelbare Umgebung in einem ordentlichen Zustand zu erhalten. Kommt es allerdings häufiger zu Nachlässigkeiten und weigert sich ein Patient aus Bequemlichkeit oder einer grundsätzlichen Oppositionshaltung heraus, den an ihn gestellten Anforderungen im Hinblick auf Körperpflege oder Reinigung des eigenen Wohnraumes nachzukommen, so fehlt es nach den hier vertretenen Grundsätzen an einer gesetzlichen Grundlage für die Sanktionierung dieser Pflichtverletzung. Dass in der Praxis in derartigen Fällen dennoch keineswegs selten mit der Verhängung einer Sanktion reagiert wird, belegen die folgenden Beispiele. Dabei betrifft die erste der referierten Textstellen erneut den bereits erwähnten Patienten F, welcher unter einem hyperkinetischen Syndrom leidet;[516] zu der auch in dem hier wiedergegebenen Auszug angesprochenen Fixierung führen im Verlauf der Unterbringung immer wieder seine teilweise mit gravierenden Aggressionen gegen Personen oder Sachen verbundenen Impulsdurchbrüche.[517]

„Die Fixierung wurde gelöst. Herr F will sofort rauchen, möchte dies und jenes und das sofort. Pat. wurde erst einmal darauf hingewiesen, das er zuerst sein Zimmer sowie sich selber pflegen soll. Bei solchen Anweisungen versucht Pat. durch Betteleien diese Sachen zu umgehen. Pat. wurde gesagt das es erst etwas zu rauchen gibt, wenn er sauber gemacht hat. Darauf hin verkroch Pat. sich wieder unter die Decke." (QUELLE: Patient F, Pflegedokumentation 7/14)

„14.01.00, 10.00 Uhr
Zimmerkontrolle wurde durchgeführt, es wurden mehrere unsaubere Tassen, Teller und auch eine mit Essensresten verschmierte Tortenglocke gefunden. Desweiteren war das Zimmer in einem sehr unsauberen Zustand: Leere Plätzchentüte, Abfall im Nachtschränkchen, Bettkasten verstaubt [Wollmäuse]. Herr T erhielt die Möglichkeit des Nachreinigens bis 10.30 Uhr.
14.01.00, 10.30 Uhr
Bei der Nachkontrolle des Zimmers wurde festgestellt das lediglich die Sachen aufgeräumt wurden, die vom Personal auf das Bett gelegt wurden. Alles andre was zur Sauberkeit des eigenen Umfelds gehört, wie es auch in der Pflegeplanung dokumentiert ist, wurde nicht durchgeführt. Daraufhin hat der Pat. Herr T einen Zimmerstatus bekommen, dies ist auch Bestandteil der Pflegeplanung." (QUELLE: Patient T, Pflegedokumentation 291/306)

Neben der Reinigung seines persönlichen Umfeldes und der Wahrnehmung der Körperhygiene werden jedem Untergebrachten zusätzlich einige Gemeinschaftsaufgaben übertragen, soweit sein Zustand ihm deren regelmäßige Wahrnehmung gestattet. Auch gegen derartige Pflichten bestehen keine grundsätzlichen Bedenken, da sie unmittelbar aus der mit einem dauerhaft zwangsweisen Zusammenleben verbundenen Situation der geschlossenen Unterbringung folgen und – soweit möglich – gleichmäßig auf die Schultern aller Mitpatienten verteilt werden.[518] Problematisch ist insofern allerdings erneut die Sanktionierung pflichtvergessener oder unwilliger Patienten, wie sie in den folgenden Beispielen zum Ausdruck kommt:

---

516 Vgl. bereits S. 130.

517 Es kann im Übrigen vor allem unter dem Gesichtspunkt des im Rahmen dieser Untersuchung bereits mehrfach hervorgehobenen Interesses an einer möglichst deutlichen Benennung der Eingriffsrichtung der jeweiligen Vollzugsmaßnahme nicht befriedigen, wenn der nordrhein-westfälische Gesetzgeber die Fesselung zwar in § 17 III 2 MRVG-NW als Behandlungsmaßnahme zulässt, sie jedoch in Abweichung von den Regelungsmodellen anderer Länder (vgl. etwa § 29a II Nr. 4 BerlPsychKG; § 20 II Nr. 4 BbgPsychKG; § 31 I Nr. 4 BremPsychKG; § 29 II Nr. 5 HambgMVollzG; § 22 II Nr. 4 PsychKG M-V; § 23 I 2 Nr. 4 Nds. MVollzG; § 18 I Nr. 4 MVollzG LSA; § 7 II Nr. 1 MVollzG SH) nicht ausdrücklich als besondere Sicherungsmaßnahme im Rahmen des § 21 I MRVG-NW erwähnt (hierzu Kammeier-*Rzepka*², Kap. H, Rn 102). Gerade der Fall des hier besprochenen Patienten F macht deutlich, dass es häufig *Sicherheitsbelange* sind, welche eine Fixierung des Untergebrachten erforderlich machen.

518 In diesem Sinne auch *Volckart* 1999a, S. 110 zum „Stubendienst".

„12.04.99, 12.15 Uhr
Herr N weigert sich den Speisewagen u. Küchengeschirr zu reinigen, sagt hierzu, daß dies nicht seine Aufgabe ist. Ihm wurde die Möglichkeit gegeben, sein Verhalten zu korrigieren.
12.04.99, 12.30 Uhr
Herr N ist weiterhin nicht bereit das Geschirr zu reinigen; nach Absprache im Team erhält Herr N Zimmerstatus.
13.04.99, 12.20 Uhr
Herr N hat den Essenswagen gereinigt; der Zimmerstatus ist damit aufgehoben." (QUELLE: Patient N, Pflegedokumentation 93/103)

„Da Hr. O seinen Putzbereich heute nicht zeitig gereinigt hatte wurde lt. Pflegeplanung der Radiorecorder eingezogen. Dies wurde v. Hr. O ohne besondere Reaktion zur Kenntnis genommen.
Falls er morgen pünktlich putzt wurde ihm zugesagt, daß er das Gerät zurückbekommt. Sollte er den Termin abermals versäumen, wurde mit dem Einzug des TV Geräts gedroht." (QUELLE: Patient O, Pflegedokumentation 184/190)

„Bei der Blutdruckkontrolle wurde Herr T von mir gefragt ob er sich schon mit dem Mitp. C in Verbindung gesetzt hat und den Flur wie versprochen gereinigt hat. Herr T brachte als Antwort nur einige Ausreden vor, sagte aber zum Schluß „Nein". Daraufhin erteilte ich Herrn T den laut Pflegeplanung angesetzten Zimmerstatus. Daraufhin winkte Herr T nur ab und begab sich in sein Zimmer." (QUELLE: Patient T, Pflegedokumentation 358/364)

d) Verweigerung der Medikamenteneinnahme

Bei einer Reaktion des Personals auf die Verweigerung der Einnahme verordneter Medikamente ergeben sich schwierige Abgrenzungsfragen zu durchaus auch präventiv begründbaren Beschränkungen. So kann etwa die Aussetzung von Lockerungen geboten sein, wenn das Patientenverhalten ohne die regelmäßige Einnahme der fraglichen Medikation nur schwer prognostizierbar erscheint. Allerdings finden sich im gesichteten Textmaterial immer wieder auch Konstellationen, in denen der Patient durch den Druck von Sanktionen zu einer Aufgabe seiner Abwehrhaltung bewegt werden soll. Im Folgenden sollen zunächst einige Beispiele referiert werden:

„Lt. Überlappungsbeschluß muß Hr. H 24 h seine komplette Medikation eingenommen haben, damit die Zigarettenregelung (alle 2 Std. zwei Zigaretten) beibehalten wird, nimmt er die Medi nicht regelmäßig bekommt er 1 Zigarette nach den Mahlzeiten und keine Freistunde." (QUELLE: Patient H, Pflegedokumentation 30/34)

„Hr. T hielt sich zumeist in der Gemeinschaft auf. Da er seine Mittagsmedikation nicht eingenommen hatte finden am heutigen Tage keine Spielaktivitäten mit dem Pflegepersonal statt. Hr. T musste zudem auch zu dieser Zeit auf die Einnahme der Abendmedikation hingewiesen werden." (QUELLE: Patient T, Pflegedokumentation 102/106)

„02.10.94
Pat. versucht ständig die Med. zu verweigern. Nimmt die Med. unter Zurückziehung der Flüssigkeitsmenge ein. Die Gemeinschaftsfreistunde wurde aus diesem Grund sanktioniert für den 2.10.94.
11.10.94
Pat. verweigert die Medizin erst, nimmt sie nur unter Sanktionsankündigungen und dann verspätet zu sich.

14.10.94
Medizineinnahme nur unter Druck. Versucht die Zeiten der Einnahme selbst zu bestimmen.
16.10.94
Die Morgenmed. nach mehrmaligem Versuch eingenommen, und nach Sanktionszwang."
(QUELLE: Patient A, Pflegedokumentation 37/50)

Die in der zuerst aufgeführten Quelle zum Tragen kommende Zigarettenregelung dient erkennbar dem Zweck, den Betroffenen durch die Auferlegung eines zusätzlichen Übels zur Kooperation bei der Medikamenteneinnahme zu bewegen; eine derartige Vorgehensweise erzwingende Gesichtspunkte der Gefahrenabwehr sind nicht ersichtlich. Die durchgeführte Maßnahme ist demzufolge als Sanktion zu bewerten.

Aber auch in den beiden darauffolgenden Beispielen, in welchen auf die Ablehnung des Patienten mit der Rückführung von Freizeitaktivitäten reagiert wird, handelt es sich nach Sprachgebrauch und verwendeten Begründungsmustern um eine Sanktionierung der gezeigten Verweigerungshaltung. Dabei veranschaulicht vor allem der zuletzt wiedergegebene Auszug aus der Pflegedokumentation des Patienten A eindrücklich, welches Ausmaß an Intensität und Dauer derartige Versuche des Personals, den Widerstand eines sich widersetzenden Betroffenen zu brechen, bisweilen annehmen können. Die dort über einen längeren Zeitraum zu verzeichnende Praxis stellt eine eklatante Missachtung der in § 17 II, III MRVG-NW zum Ausdruck kommenden gesetzgeberischen Grundentscheidung dar, der zufolge eine Medikamentengabe grundsätzlich der Einwilligung des Betroffenen bedarf und lediglich in bestimmten, sehr eng umrissenen Ausnahmefällen unter Zuhilfenahme von Zwang vorgenommen werden darf. Einen dritten Weg, wie er mit dem Abpressen der Zustimmung unter Sanktionsdruck beschritten wird, kennt das Gesetz nicht, weshalb Maßnahmen, welche den Willen des Betroffenen zu brechen bestimmt sind, als unzulässig zu verwerfen sind. Soweit die Voraussetzungen für eine Zwangsbehandlung nach § 17 III MRVG-NW nicht erfüllt sind, ist demzufolge die autonome Entscheidung des Betroffenen unbedingt zu akzeptieren und von der Ausübung jedweden zusätzlichen Druckes abzusehen.

e) Sonstige Insubordinationen

Hierbei handelt es sich um eine Auffangkategorie für bislang noch nicht behandeltes auflehnendes Patientenverhalten, das sich im weiteren Sinne als Nichtbefolgung von Verhaltensanweisungen des Personals oder als Verstoß gegen Bestimmungen der Haus- bzw. Stationsordnung charakterisieren lässt.

Im Gegensatz zu manchen anderen Ländergesetzen[519] enthält das MRVG-NW keine allgemeine Regelung des Inhalts, dass die Untergebrachten den Anordnungen der Mitarbeiter Folge zu leisten haben. *Volckart* und *Grünebaum*[520] haben zu Recht

---

519 Vgl. insoweit §§ 19 I 3, 39 II BbgPsychKG, § 17 I 2 Nds. MVollzG, § 19 I 2 RhPfMVollzG, § 15 I 2 MVollzG LSA.

520 *Volckart/Grünebaum* 2003, S. 88f.

darauf hingewiesen, dass für die Konstruktion einer entsprechenden Weisungsbefugnis keineswegs einfach auf das „Hausrecht" oder die Bezeichnung als „ärztliche Anordnung" zurückgegriffen werden kann: Die Ausübung des Hausrechts kommt lediglich gegenüber Besuchern oder Lieferanten in Betracht, da die Patienten dem Krankenhaus in einem Dauerrechtsverhältnis gegenüberstehen, in welchem für Rechtsbeschränkungen jeweils eine eigene gesetzliche Ermächtigungsgrundlage erforderlich ist. Die Rechtfertigung als ärztliche Anordnung muss demgegenüber ausscheiden, da eine solche nur zu Behandlungszwecken und nicht zur Aufrechterhaltung von Sicherheit und Ordnung getroffen werden darf. Aus diesem Grunde ist mit *Volckart* und *Grünebaum* die Schaffung einer eindeutigen gesetzlichen Vorschrift entsprechend dem § 82 II StVollzG auch für diejenigen Landesgesetze zu fordern, welche eine derartige Regelung bislang noch nicht aufweisen, mithin auch für das MRVG-NW.[521] Ergänzend sei angemerkt, dass aufgrund des Gesetzesvorbehaltes, dem die Regelung derartig sensibler Bereiche ausnahmslos unterliegt, die Aufnahme einer entsprechenden Bestimmung lediglich in die jeweilige Haus- oder Stationsordnung keineswegs ausreichen würde.

Ungeachtet dieser bislang bestehenden Regelungslücke wird die Weisungsbefugnis des Personals soweit ersichtlich von der Vollzugspraxis nicht in Frage gestellt; dies ist angesichts der im Unterbringungsalltag immer wieder auftretenden Konfliktsituationen mit entsprechend drängendem Handlungsbedarf wohl auch kaum zu erwarten. Interessant für den vorliegenden Zusammenhang werden die besagten konfrontativen Situationen dann, wenn sich der Untergebrachte dauerhaft weigert, der Aufforderung eines Mitarbeiters Folge zu leisten und dieser es zur Wahrung seiner Autorität für geboten hält, zu repressiven Maßnahmen zu greifen. Die nachfolgenden Beispiele mögen einen Eindruck von der Vielgestaltigkeit vermitteln, mit welcher die hier besprochenen Konstellationen in dem vorliegend erhobenen Textmaterial zu finden sind:

„08.07.95, 09.40 Uhr
Hr. O gibt trotz Aufforderung seinen Zimmerschlüssel nicht ab. Er tituliert den Ref. mit den Worten: dieser habe sie nicht alle. Hr. O gibt zur Erklärung an, er solle lt. BPK seine Gefühle ansprechen.
08.07.95, 09.45 Uhr
Hr. O wird noch einmal aufgefordert, seinen Zimmerschlüssel abzugeben, geschieht dieses nicht bis 10.00 Uhr wird das Fernsehgerät eingezogen." (QUELLE: Patient O, Pflegedokumentation 274/282)

„Herr B wurde beobachtet, wie er sich bei geschlossener Tür im Zimmer von Frau D aufhielt. Dieses war das zweite mal, nachdem er das erste mal verwarnt wurde. Als Maßnahme auf die Regelverletzung der Stationsordnung wurde Hr. B auf sein Zimmer, gegen 8.30, bei geschlossener Tür untergebracht. Er reagierte darauf sehr verärgert und sprach den anschließenden Abend nur noch das nötigste mit dem Personal." (QUELLE: Patient B, Pflegedokumentation 340/346)

---

[521] Vgl. *Volckart/Grünebaum* 2003, aaO.

„Pat. weigerte sich auf dem Flur zurück in sein EBZ zu gehen. Hr. F wollte über die Pflegeplanung diskutieren und setzte sich auf den Boden. Ihm wurde gesagt, das er die Pflegeplanung mit seinem Bezugspfleger besprechen soll. Pat. ließ sich darauf nicht ein und weigerte sich weiterhin in sein EBZ zu gehen. Daraufhin wurde Hr. F in sein Zimmer getragen. Ihm wurde mitgeteilt, das er für dieses Verhalten die nächste Zigarette nicht erhält." (QUELLE: Patient F, Pflegedokumentation 196/203)

„Hr. O wurde gefragt, wie das möglich ist, daß er am 25.5. mit Essen im Fernsehraum angetroffen wurde, obwohl er ausführlich im Wochensp. 23/5 darauf hingewiesen hat, dieses nicht mehr zu tun (unter anderen). Hr. O meinte sich von T überreden gelassen zu haben, er wüßte selber nicht wie das passieren konnte, er wäre schwach gewesen. Er müßte es immer wieder aufs neue versuchen, er glaubt es irgendwann in den Griff zu bekommen. Er wurde darauf hingewiesen, wenn dieses nochmals vorkommen würde, entfernen wir sein Radio für eine Woche. Er war sich dessen bewußt und sagte es wäre in der Pflegeplanung vermerkt." (QUELLE: Patient O, Pflegedokumentation 539/549)

Bereits in dem in der Einleitung geschilderten Hainaer Fall waren von Seiten der dortigen Einrichtung die Bedenken gegen den Besitz privater Fernsehgeräte vorgebracht worden, die auch die entsprechende Diskussion im WZFP inzwischen prägen: Die auf den Einzel- oder Gruppenzimmern befindlichen Empfangsgeräte stehen im Verdacht, die betreffenden Patienten von den angebotenen Aktivitäten fernzuhalten und ihren Benutzern zudem diejenigen Auseinandersetzungen zu ersparen, welche in einer Gemeinschaft ansonsten zwangsläufig hinsichtlich des auszuwählenden Programmes zu bewältigen sind. Aus den genannten Gründen ist in Teilen der Klinik vor längerer Zeit eine vollständige Kehrtwende dahingehend vollzogen worden, dass die Nutzung der bislang geduldeten privaten Geräte verboten und die Patienten auf die auf den Stationen vorhandenen Gemeinschaftsfernseher verwiesen wurden. Diese Entscheidung gab unter anderem Anlass zu umfangreichen Rechtsstreitigkeiten im Hinblick auf die Frage, inwieweit ein derartig gravierender Wechsel der bisherigen Politik einen Verstoß gegen den Vertrauensgrundsatz darstellt.[522] Da diese Auseinandersetzungen jedoch mittlerweile beigelegt sind, hat sich nunmehr eine Verfahrensweise eingebürgert, nach der über die Nutzung der stationseigenen Fernsehgeräte gemeinsam und unter größtmöglicher Berücksichtigung auch von Minderheiteninteressen entschieden wird, wobei der gefundene Kompromiss jeweils in einem für alle Beteiligten verbindlichen TV-Plan dokumentiert wird. Von Interesse für den vorliegend erörterten Zusammenhang ist, dass vorsätzliche Abweichungen einzelner Patienten von dem in besagtem Plan festgelegten Programm des öfteren zum Anlass für die Verhängung befristeter Fernsehsperren genommen werden, wie das folgende Beispiel erhellt. Dabei ist zwar das Bemühen des Personals um eine Wahrung der durch Art. 5 I GG gewährleisteten Informationsfreiheit des Untergebrachten positiv hervorzuheben; um eine Sanktionierung unbotmäßigen Patientenverhaltens handelt es sich jedoch allemal:

---

522 Vgl. hierzu beispielhaft die Entscheidung des OLG Hamm, R&P 1997, S. 129f.

„03.03.99, 11.20 Uhr
Herr K wurde von Mitpatient Hr. P beschuldigt, sich nicht an den TV-Plan gehalten zu haben. Im nachfolgenden Dreiergespräch äußerte Herr K absichtlich diesen Regelverstoß begangen zu haben, da er sich von seinen Mitpatienten und auch dem Pflegepersonal ungerecht behandelt fühlt. Herrn K wurde der Sinn und Zweck von Regelungen dargelegt. Weiterhin wurde ihm sein eigenmächtiges Handeln reflektiert. Auch wurden ihm Strategien erörtert um Konflikte adäquat zu bewältigen. Abschließend wurde Herrn K mitgeteilt, daß der Regelverstoß und die evtl. folgenden Konsequenzen vom Stationsteam besprochen werden.
03.03.99, 14.45 Uhr
Teambeschluß: Für Herrn K besteht bis einschließlich Freitag, den 05.03.99, ein Aufenthaltsverbot ab 16.00 Uhr für den TV-Raum. Er hat die Möglichkeit, 1 tgl. eine Nachrichtensendung in Begleitung d. Personal zu sehen. Der Beschluß wurde Herrn K mitgeteilt. Äußerlich ruhig nahm er dies so zur Kenntnis, war einsichtig, was sein eigenes Fehlverhalten anbelangte." (QUELLE: Patient K, Pflegedokumentation 31/52)

Häufig finden sich in den herangezogenen Materialien auch Sanktionen für Verstöße gegen die in der Einrichtung geltenden Bestimmungen des Brandschutzes. Insoweit schreibt Abschnitt II, Nr. 4 der Hausordnung des WZFP fest, dass das Rauchen nur in den dafür vorgesehenen Räumen gestattet und im Bett gänzlich untersagt sein soll. Im Falle eines Verstoßes gegen die Brandschutzvorschriften kann nach dieser Bestimmung das Rauchen verboten und können Tabakwaren eingezogen werden. Insoweit handelt es sich um eine Konkretisierung des § 7 III 2 MRVG-NW, welcher den Entzug persönlicher Gegenstände des Patienten gestattet, wenn von diesen gravierende Sicherheitsrisiken ausgehen. Nicht erfasst werden von dieser Norm jedoch anderweitige Restriktionen, die lediglich aus Anlass einer Zuwiderhandlung gegen das Rauchverbot den Patientenzimmern ausgesprochen werden:

„Wurde in seinem Zimmer aufgesucht. Hr. B schien sichtlich überrascht und nervös. Eine nach Zigarettenrauch riechende Qualmwolke schwebte über seinem Bett in dem er lag. Eine brennende Zigarette lag draußen vor seinem Fenster. Ein Feuerzeug wurde eingezogen und sein Fenster geschlossen. Hr. B bleibt wegen diesem Verstoß gegen die Stat. Ordnung auf seinem Zimmer bis zum nächsten Tag." (QUELLE: Patient B, Pflegedokumentation 449/455)

„Gegen 16.00 wurde Hr. B dabei erwischt das er offensichtlich im Zimmer geraucht hat. Aufgrund dessen wurde Herrn B der Zutritt zur Gemeinschaft während des Abendessens eingeschlossen der Möglichkeit zu Rauchen lt. Teambeschluß nicht gestattet. Als Ref. ihm die Konsequenzen des Fehlverhaltens reflektierte äußerte er sich dazu mit den Worten Arschloch." (QUELLE: Patient B, Pflegedokumentation 603/609)

Eine weitere Form der Insubordination, auf die abschließend noch kurz eingegangen werden soll, stellen bestimmte, am ehesten als schrullig zu bezeichnende Verhaltensweisen der Patienten dar, die mit den Ordnungsvorstellungen des Stationspersonals nicht in Einklang zu bringen sind. Dabei handelt es sich um „Vergehen", bei denen kein Außenstehender zu Schaden kommt, die jedoch deutlich konträr laufen zu etablierten gesellschaftlichen Verhaltenskodizes. Gewisse Zweifel mögen erlaubt sein, ob es tatsächlich in sämtlichen der nachfolgend wiedergegebenen Beispiele der ganzen Härte einer Sanktion bedurfte:

„Hr. B stand gegen 1.00 Uhr auf und verbrachte den Nachmittag sowie Vormittag in der Gemeinschaft. In der Freistunde wurde beobachtet, wie Hr. B mit Hausschuhen den Gartenteich übersprang und sich dabei beinahe verletzt hätte. Daraufhin wurde er auf die Station geschickt und die Freistunde war damit nach 35 min. für Hr. B für dieses Verhalten vorzeitig beendet." (QUELLE: Patient B, Pflegedokumentation 310/316)

„Herr F hat auf Grund seines Verhaltens vom Vortag heute nicht an der Gemeinschaftsfreistunde teilgenommen. Sein Verhalten am Tage war bis auf wenige Ausnahmen recht ordentlich. Beim Abendbrot hatte er 4 Scheiben Brot bestellt. 2 Scheiben davon hat er in seine Unterhose gesteckt da er nicht so großen Hunger hatte. Er hat daraufhin nicht geraucht und keinen Kaffee erhalten." (QUELLE: Patient F, Pflegedokumentation 503/509)

„Pat. war mit zur Freistunde als diese kurz vor dem Ende war wurde Pat. von zwei Mitpat. aufgefordert die Hose herunterzulassen, dieses tat der Pat. dann auch ohne Skrupel und er stand da wie Gott ihn schuf ohne Hose. Pat. wurde ermahnt die Hose wieder hoch zu ziehen was er auch bereitwillig tat. Pat. bleibt morgen während der Freistunden im Zimmer." (QUELLE: Patient X, Pflegedokumentation 77/83)

8. Verhalten mit Außenbezug

Im Rahmen der Entwicklung des ursprünglichen Kategoriensystems waren unter anderem auch verschiedene konflikthafte Verhaltensweisen mit starkem Außenbezug wie Entweichungen oder Unregelmäßigkeiten im Zusammenhang mit gewährten Vollzugslockerungen angesprochen worden. Die Gesamtzahl der Entweichungen aus dem WZFP, das ja neben der hier behandelten Unterbringung nach § 63 StGB zumindest in kleinerem Umfang auch noch den Vollzug der Unterbringung in einer Entziehungsanstalt nach § 64 StGB durchführt, weist für den Zeitraum von 1993 bis 1997 eine rückläufige Entwicklung auf: Sie ist von insgesamt 87 einschlägigen Vorfällen im Jahre 1993 (§ 63 StGB: 63, § 64 StGB: 24) auf jeweils 30 im Jahre 1996 und 20 im Jahre 1997 (§ 63 StGB: 16, § 64 StGB: 4) zurückgegangen.[523] Gleichwohl kommt derartigen Vorkommnissen für die Einrichtung zumeist eine besondere Brisanz zu, da etwa gegenüber externen Kontrollinstanzen Rechenschaft abgelegt werden muss oder Informationen über die Medien an eine im Hinblick auf die tatsächlich oder auch nur vermeintlich vom Maßregelvollzug ausgehenden Gefahren überaus sensibilisierte Öffentlichkeit gelangen können.[524] Bei aller

---

523 Schlussbericht des Parlamentarischen Untersuchungsausschusses I, LT-Drs. 12/4747, S. 270.

524 Zur Problematik einer im Hinblick auf Fragen des psychiatrischen Maßregelvollzugs sowie die von dessen Insassen – vermeintlich (*Böker/Häfner* 1973) – ausgehenden Gefahren in hohem Maße sensibilisierten Öffentlichkeit *Böllinger* 1994 („überschießende Sicherungstendenz"); *Böllinger* 1996 („Gewalttaten psychisch gestörter Delinquenten als Aspekt des Diskurses um die Risikogesellschaft"); *Dessecker* 1997, S. 127; *Pollähne* 1999, S. 37; *Pollähne* 2001, S. 196f.; dass dies keineswegs ein Phänomen der letzten Jahre ist, zeigen die Ausführungen bei *Rasch* 1984b, S. 47. Vgl. auch noch das Gutachten der unabhängigen Expertenkommission, welche aus Anlass der Tötung eines 7jährigen Mädchens durch einen Patienten des WZFP in Lippstadt-Eickelborn eingerichtet wurde, wonach sich die Folgen dieser Tat „alsbald in konzentrischen

Vorsicht und prognostischen Absicherung wird man ein diesbezügliches Restrisiko jedoch wohl niemals vollständig ausschließen können, wenn man den verfassungsrechtlich verankerten und in § 1 I 1 MRVG-NW konkretisierten Wiedereingliederungsauftrag und die damit einher gehende Verpflichtung der Klinik zu einer schrittweisen, am jeweiligen aktuellen Zustand des Patienten ausgerichteten Erprobung an normalen Lebensverhältnissen ernst nimmt.[525]

Die Durchsicht der erhobenen Krankenakten hat deutlich gemacht, dass die besagten Zwischenfälle mit Außenbezug vom Personal der Einrichtung tatsächlich sehr ernst genommen werden. Die Reaktionen auf Entweichungen oder Verfehlungen der Patienten außerhalb des Klinikgeländes sind durchweg sehr rigide; so werden meist sämtliche zu diesem Zeitpunkt gewährten Lockerungen für einen längeren Zeitraum ausgesetzt und der Betroffene wird unter Umständen auf eine stärker gesicherte Station verlegt, um weiteren Übertretungen möglichst effektiv vorzubeugen. Obwohl es im Hinblick auf die geradezu standardmäßig verhängten Lockerungssperren üblich ist, die fragliche Maßnahme zunächst für einen bestimmten Zeitraum festzusetzen, dürfte es sich dennoch in der ganz überwiegenden Zahl der Fälle nicht um die Fixierung eines Strafmaßes handeln. Der folgende Ausschnitt aus der Krankengeschichte eines bereits mehrfach entwichenen Patienten macht vielmehr deutlich, dass die gebräuchliche Verhängung einer Ausgangssperre vornehmlich vor dem Hintergrund der mit dem jeweiligen Fehlverhalten unter Beweis gestellten fehlenden Absprachefähigkeit und Einschätzbarkeit des Betroffenen einzuordnen ist und im Übrigen jederzeit unter dem Vorbehalt einer glaubhaft manifestierten Verhaltensänderung steht:

> *„Herr B versuchte am 15.06.89 direkt beim ersten Pflegerausgang nach der Ausgangssperre erneut zu entweichen. Der ihm begleitende Pfleger konnte ihn an der Bushaltestelle erreichen, ihn aus dem Bus holen und zur Stat. zurückbringen. Herr B hatte einen 50,00-DM-Schein in der Tasche, den er sich geliehen haben mußte, denn über so viel Bargeld konnte er nicht verfügen. Seinen erneuten Entweichungsversuch, der offensichtlich geplant war, kommentierte er mit einem Achselzucken. Innerhalb des Stationsteams wurde vereinbart, daß Herr B nunmehr mindestens ein Vierteljahr Ausgangssperre hat, doch ist gleichermaßen von einer längeren Ausgangssperre auszugehen. Auch ist davon auszugehen, daß Herr B weiterhin Schulden macht, trotz des mit ihm vereinbarten Finanzierungsplans. Es ist deutlich, daß Herr B sein Handeln plant, dennoch muß davon ausgegangen werden, daß er mindestens z.Z. jegliche eigene Kontrollfähigkeit verloren hat." (QUELLE: Patient B, Krankengeschichte 21/37)*

Auch wenn einer derartigen Restriktion aus der Perspektive des Betroffenen durchaus der Charakter einer Sanktion zukommen dürfte, stehen doch eindeutig Aspekte

---

Kreisen von der kleinsten 'lokalen' Ebene bis in politische Instanzen des Landes Nordrhein-Westfalen und des Bundes" erstreckten (*Schüler-Springorum et al.* 1996, S. 147). Zur parallelen Situation des Urlaubsmissbrauchs im Strafvollzug schließlich *Huber* 1995, S. 79; *Koepsel* 1992, S. 169.

525 AK-*Volckart*[4] §§ 136–138, Rn 14; Kammeier-*Pollähne*[2], Kap. F, Rn 13; *Pollähne* 1994, S. 44f.; *Ukena* 1991, S. 147ff.; *Volckart/Grünebaum* 2003, S. 122.

der Gefahrenabwehr im Vordergrund. Zumindest mit den limitierten Mitteln einer reinen Aktenanalyse dürfte letztlich auch in den anderen festgestellten Fällen einer Beantwortung von Lockerungsversagen mit Rechtsbeschränkungen kaum einmal sicher nachzuweisen sein, dass die genannten Präventionsgesichtspunkte *keine* dominante Rolle gespielt haben. Aus diesem Grunde muss vorliegend davon abgesehen werden, entsprechendes Patientenverhalten als primär sanktionsrelevanten Sachverhalt einzugruppieren.[526]

III. Darstellung des Sanktionsarsenals

Bereits im bisherigen Verlauf der Studie ist immer wieder deutlich geworden, dass den unterschiedlichen Spielarten unbotmäßigen Patientenverhaltens auf der „Rechtsfolgenseite" ein ausdifferenziertes Sanktionsarsenal gegenübersteht. Mit den folgenden Ausführungen soll dieser bislang eher beiläufig erörterte Bestand augenscheinlich arrivierter punitiver Reaktionsformen auf Regelverstöße der Untergebrachten zum Gegenstand einer systematischen Gesamtschau gemacht werden.

1. Verwarnung

Wird ein konflikthaftes Patientenverhalten noch nicht für so gravierend gehalten, dass es der unmittelbaren Beantwortung mit einer Rechtsbeschränkung bedarf, erfolgt in der Vollzugspraxis üblicherweise zunächst der Ausspruch einer Verwarnung. Dadurch soll dem Betroffenen die Gelegenheit eingeräumt werden, sein Verhalten noch einmal zu überdenken und zumindest angesichts der in Aussicht gestellten Einbußen von weiteren entsprechenden Übertretungen Abstand zu nehmen. Durch den Ausspruch einer Verwarnung wird die Rechtssphäre des Untergebrachten – abgesehen vom Stigma einer möglichen Erwähnung in der Krankengeschichte – noch nicht unmittelbar beeinträchtigt; der Schwerpunkt derartiger Maßnahmen dürfte denn auch eher darin liegen, die betreffende Verhaltensnorm für den Adressaten der Verwarnung noch einmal verbindlich zu konkretisieren.[527] Bereits bei der Diskussion möglicher terminologischer Indikatoren für das Vorliegen einer Sanktionierung wurde darauf hingewiesen, dass insofern in den herangezogenen Krankenakten zumeist die Rede von ausstehenden „Konsequenzen" für

---

[526] Vgl. allerdings die Ausführungen bei *Rasch* 1991a, S. 109 in seinem Gutachten zur Klinik in Haina. Dort verleiht *Rasch* der Überzeugung Ausdruck, dass „die Praxis, einen Patienten nach einer Entweichung oder Alkoholgenuss zu isolieren, nicht durch § 36 Abs. 1 des Hessischen Maßregelvollzugsgesetzes (welcher die besonderen Sicherungsmaßnahmen regelt, M. L.) gedeckt ist, soweit im Einzelfall der Sinn der Isolierung nicht in einer durch *konkrete* Anhaltspunkte begründeten Vorbeugung liegt." (Hervorhebung M. L.).

[527] Allgemein zum Informationswert verbaler Sanktionen *Spittler* 1967, S. 112ff.; *Treiber* 1973, S. 106f.

den Fall einer erneuten Regelverletzung des Patienten ist, so dass auf die dort angeführten Beispiele zur Erläuterung verwiesen werden kann.[528] Ergänzend ist noch zu berichten, dass auch der Begriff der Verwarnung selber bisweilen Verwendung im Untersuchungsmaterial findet, wie die folgenden Textstellen belegen:

„Die sehr gute finanzielle Situation des Hr. B und das Gegenteil bei einigen Mitpatienten, sowie entsprechende Kommentare der Mitpatienten lassen gut florierende Geschäfte des Hr. B vermuten. Hierauf angesprochen beteuert der Patient mit sprichwörtlicher Unschuldsmiene, diesbezüglich an keiner Aktivität beteiligt zu sein. Eine Verwarnung wurde vorsorglich ausgesprochen." (QUELLE: Patient B, Pflegedokumentation 244/250)

„Einen Konflikt mit den Mitarbeitern gab es aber bereits am ersten Tag seines Aufenthalts in der offenen Wohngruppe. Herr P äußerte den Wunsch, noch am Tage seines Umzugs seinen Freund, Herrn N in M besuchen zu dürfen. Da vor weiteren Ausgängen zunächst noch in der Wohngruppe einiges abzuklären war, verständigte sich der Unterzeichner mit Herr P darauf, am besagten Tag nicht nach M zu fahren. Entgegen dieser Vereinbarung fuhr Herr P dann aber dennoch zu Herrn N und wurde bei der abendlichen Kontrolle vom zuständigen Wohngruppenpfleger nicht angetroffen. Zu seinem Verhalten hatte Herr P am folgenden Tag nur zu sagen, daß er sich dabei nichts gedacht habe, obwohl er einräumte, daß die Absprache eindeutig war. Für diesen Vorfall wurde Herr P verwarnt.
Bereits kurz darauf fiel Herr P dem Wohngruppenleiter auf, wie er ohne Erlaubnis mit dem Rad in der Gegend umherfuhr. Für dieses Verhalten, das Herr P herunterzuspielen versuchte, wurde er abermals verwarnt und darauf hingewiesen, daß er bei weiteren Unzuverlässigkeiten mit Konsequenzen zu rechnen habe." (QUELLE: Patient P, Krankengeschichte 15/34)

2. Beschränkungen der Bewegungsfreiheit

Soll der Patient für ein bestimmtes Fehlverhalten mit einer Einschränkung seiner physischen Bewegungsfreiheit sanktioniert werden, so kann das Personal hierzu ganz unterschiedliche Wege beschreiten: Der Betroffene kann zum Beispiel in seinem Zugang zur Patientengemeinschaft beschränkt werden, es können bestimmte Auflagen wie etwa das Tragen einer Handfesselung ausgesprochen werden, und schließlich können aufgrund eines Regelverstoßes auch bislang gewährte Lockerungen zeitweise zurückgenommen werden.

a) Entfernung aus der Patientengemeinschaft

Unter dieser Kategorie sollen diejenigen Sanktionen zusammengefasst werden, welche sich durch eine Einschränkung des Patienten in seinem Zugang zur Gemeinschaft auszeichnen. Entsprechende Restriktionen sind prinzipiell in verschiedenen graduellen Abstufungen denkbar: So kann es etwa auf der niedrigsten Stufe mit dem nur wenig eingriffsintensiven Zimmerstatus bei geöffneter Tür sein Bewenden haben, es kann jedoch auch ein zeitweiser Einschluß im Einzelzimmer erfolgen, der unter Umständen einher geht mit dem zusätzlichen Entzug bestimmter Gebrauchs-

---

[528] Vgl. insoweit S. 118ff.

gegenstände. In besonders gravierenden Fällen kann es schließlich zur temporären Absonderung in einen der besonders gesicherten und dementsprechend lediglich mit dem Nötigsten ausgestatteten Intensivbetreuungsräume (IBR) kommen, gegebenenfalls unter zusätzlicher körperlicher Fixierung des Patienten.

Die Durchsicht der herangezogenen Krankenakten hat gleichwohl gezeigt, dass zumindest die zuletzt genannten, besonders schwerwiegenden Einschränkungen in der Praxis zumeist tatsächlich einer akuten Krisenintervention im Sinne des § 21 I MRVG-NW dienen und nicht primär den Zweck einer Sanktionierung des zugrunde liegenden Regelverstoßes verfolgen. Kommt es zum Äußersten einer IBR-Unterbringung, so wird man kaum einmal bestreiten können, dass von dem betreffenden Patienten zuvor beträchtliche Gefährdungen anderer Personen oder Störungen der Stationsordnung ausgegangen sind, welche eine entsprechend rigide Vorgehensweise letztlich geboten erscheinen ließen.

Aber auch bei weniger einschneidenden Rückführungen des Gemeinschaftszugangs, denen auf den ersten Blick durchaus ein punitiver Charakter zukommen könnte, ist stets genau zu prüfen, ob nicht doch Belange der Sicherheit oder des geordneten Zusammenlebens in der Einrichtung die dominierenden Motive der vorgenommenen Rechtsbeschränkung sind. So sollte denn auch im folgenden Beispiel einer etwas unglücklichen Bekleidungswahl nicht zu vorschnell das Vorliegen einer Sanktionierung des frechen und uneinsichtigen Patientenverhaltens angenommen werden, sondern vor allem die von dem provokant zur Schau getragenen Aufdruck auf die anderen Patienten ausgehende Wirkung Berücksichtigung finden:

„15.12.98, 12.20 Uhr
Hr. P trägt ein T-Shirt mit dem Aufdruck: ‚Saufen bis der Notarzt kommt.' Ref. bittet ihn mehrmals freundlich das T-Shirt auszuziehen, was er verweigert. In Absprache mit dem bereichsleitenden Arzt wird vereinbart, daß der Pat. Zimmeraufenthalt erhält, sofern er sich nicht umzieht, bei Nichteinhaltung wird Hr. P abgesondert.
15.12.98, 12.30 Uhr
Hr. P begibt sich nach kurzer Diskussion widerwillig auf sein Zimmer, droht mit seinem Anwalt. Ihm wird zugesagt, daß er jederzeit seinen Anwalt anrufen kann. Pat. wirkt uneinsichtig und gespannt.
15.12.98, 12.40 Uhr
Da Hr. P sich in Pat.-Zimmer aufhält, nicht auf seinem eigenen, er auch nach mehrmaliger Aufforderung nicht auf sein Zimmer geht, wird er in den IBR der Stat. 30/2 streng abgesondert." (QUELLE: Patient P, Pflegedokumentation 153/169)

Der Duldung eines derartigen Verhaltens käme angesichts einer innerhalb der Maßregelklientel verbreitet anzutreffenden Alkoholproblematik[529] eine fatale Signalwirkung zu, weshalb der Verweis des Betroffenen aus der Gemeinschaft aus Ordnungsgesichtspunkten zu billigen ist. Hinzu kommt, dass der Betroffene selber bereits des Öfteren durch unkontrollierten Alkoholkonsum in Erscheinung getreten

[529] Zahlen etwa bei *Dessecker* 1997, S. 53 (Tabelle 5; Suchtproblematik „bei einem beträchtlichen Teil der Probanden"); *Schumann* 1987, S. 25 (Tabelle 12).

ist, weshalb eine Reaktion auch aus therapeutischen Gesichtspunkten geboten erscheint. Auf der anderen Seite kann es jedoch auch einmal vorkommen, dass in einer einschlägigen Fundstelle scheinbar eindeutige und nachvollziehbare Überlegungen im Hinblick auf die Erfordernisse von Sicherheit und Ordnung der Einrichtung angestellt werden und erst die genaue Betrachtung der verhängten Maßnahme den Verdacht begründet, es könnte sich nichtsdestotrotz um eine Sanktion für gezeigtes Fehlverhalten handeln. Die im folgenden Auszug aus einer Krankengeschichte angestellten Schutzerwägungen leuchten zunächst angesichts der sehr bildhaft beschriebenen Konfliktsituation unmittelbar ein:

> *„Als der Mitpatient U den Patienten provoziert (‚wenn du beim Fußballspiel nicht mitgemacht hättest, hätte deine Mannschaft wohl eher noch besser gespielt.'), lacht der Patient N laut auf, was Herrn Q so in Rage bringt, daß er ihn ins Gesicht schlägt. Im Plenum entschuldigt sich Herr Q für seine 'Reflexhandlung', die Patienten reagieren gespalten, teils für ihn, teils für seinen Kontrahenten, in einer emotionalen und mit Drohungen aufgeheizten Atmosphäre.*
> *Um den als schwächer einzuschätzenden Mitpatienten zu schützen und eine weitere Eskalation zu vermeiden, wird Herr Q mit Tisch und Stuhl und ohne Radio auf ein Einbettzimmer verlegt, was sich angesichts der überfüllten Station als äußerst schwieriges Unterfangen erweist." (QUELLE: Patient Q, Krankengeschichte 3/15)*

Stutzig wird der Leser allerdings, wenn er wie hier eher nebenbei erfährt, dass die zur Vermeidung einer weiteren Eskalation erfolgende Absonderung den Betroffenen in das verhältnismäßig kärgliche Ambiente eines Einzelzimmers mit Tisch und Bett und ohne Zugang zu einem eigenen Radio befördert. Die Frage mag gestattet sein, was die berichteten Unterbringungsmodalitäten des Q mit der angeblich im Vordergrund stehenden Aufrechterhaltung der Sicherheit des schwächeren Mitpatienten zu tun haben, zumal die fragliche Quelle keine Anhaltspunkte etwa für eine darüber hinaus bestehende Selbstgefährdungsabsicht des Q enthält, in deren Lichte betrachtet die Entfernung von Elektrogeräten nachvollziehbar erschiene. Um es noch einmal anders auszudrücken: Fraglich ist, ob hier nicht durch eine möglichst unfreundliche Ausgestaltung des verhängten Zimmerstatus doch eher eine Sanktion verhängt werden soll.[530]

Bei anderen Fundstellen fällt die Einordnung einer Rückführung des Gemeinschaftszuganges als Sanktion für einen geschilderten Ordnungsverstoß demgegenüber beträchtlich leichter:

> *„Pat. war zum Mittagessen in der Gemeinschaft auf Seite II.*
> *Im kleinen Fernsehraum hat er eine Zigarette geraucht und obwohl dort ein Aschenbecher vorhanden war, trat er die Zigarette auf dem Fußboden aus. Daraufhin wurde Pat. in sein EBZ*

---

530 Entsprechend fiel denn auch die Einschätzung des zuständigen Therapeuten bei Vorlage des hier wiedergegebenen Textauszuges zumindest differenziert aus: Im Vordergrund habe zunächst einmal sicherlich die akute Kriseninterventior gestanden, insoweit dem Patienten ein „Time-Out" in einem Einzelbettzimmer aufgegeben worden sei. Allerdings sei sicherlich nicht von der Hand zu weisen, dass auch eine Reduzierung der Lebensqualität des Q als des Verursachers der Kontroverse bei der Verhängung der Maßnahme eine gewisse Rolle gespielt habe.

gebracht. Als man ihm sagte, Rauchen wolle er, aber so Kleinigkeiten wie einen Aschenbecher zu benutzen kriege er nicht auf die Reihe, sagte er mehrmals ‚Ach leck mich doch am Arsch.' Pat. soll heute Nachmittag deshalb in seinem EBZ verbleiben." (QUELLE: Patient F, Pflegedokumentation 68/76)

„Pat. hat geduscht, frische Wäsche erhalten das Bett wurde neu bezogen alles unter Mithilfe des Personals. Pat. ging mit dem Unterzeichnenden Pfleger in den Fäkalienraum um die Schmutzwäsche wegzubringen. Mitpat. G kam ebenfalls kurze Zeit später in den Raum, als Herr X einen 'fahren ließ' sagte Herr G du Ferkel hierauf hin schlug Herr X auf Herrn G ein. Pat. bleibt für heute im EBZ." (QUELLE: Patient X, Pflegedokumentation 119/125)

Der in den beiden vorstehenden Quellen zur Anwendung gelangende Zimmerarrest wird im Übrigen in der untersuchten Einrichtung besonders häufig als Sanktionsdrohung zur Unterstützung der weiter oben erwähnten,[531] engmaschig formulierten Tages- und Wochenpläne eingesetzt. Es wurde bereits deutlich gemacht, dass derartige differenzierte Regelwerke vor allem für diejenigen Patienten geschaffen werden, bei denen aufgrund erkennbarer Defizite ein Bedarf nach fremdbestimmter Strukturierung ihres Tagesablaufes besteht. Wird nun das entsprechende Sanktionsarrangement einmal in die Pflegeplanung des Patienten eingeführt, so ergibt sich der Vorteil, dass in der Folge eher beiläufig und ohne den jeweiligen Einzelfall vertiefende Erläuterungen auf die fragliche Regelung Bezug genommen werden kann, wenn eine einschlägige Pflichtverletzung mit der hierfür vorgesehenen Sanktion belegt werden soll. Die folgenden Textauszüge aus der Pflegedokumentation des Patienten T geben zunächst grob die Inhalte der auf dessen spezifische Belange zugeschnittenen Pflegeplanung und sodann zwei Beispiele für den lakonischen Vollzug der besagten Konzeption wieder:

„Es wurde im Anschluß ein Gespräch mit Herrn T geführt in dem es über die neuen Pflegeplanungsinhalte ging. Herrn T wurde mitgeteilt, daß eine neue Pflegeplanung erstellt wird und diese dann voraussichtlich ab dem 22.02.99 gilt. [...] Bei Nichteinhalten seiner Aufgaben wird Herr T umgehend auf seinem Zimmer geschickt und dort verbleibt er den Tag und kann zu bestimmt festgelegten Zeiten und Aktivitäten aus seinem Zimmer. [...] Herr T sagte erst: ‚Ne, laß ich nicht mit mir machen.' Er wurde am Ende des Gespräches immer ruhiger und wirkte freundlich im Umgang. Herr T nimmt die neuen Inhalte der Pflegeplanung an und sagte: ‚Ja, wahrscheinlich muß so mit mir umgegangen werden, damit ich es mal lerne.'" (QUELLE: Patient T, Pflegedokumentation 108/120)

„Gegen 15.15 Uhr suchte die Ref. Herrn T auf, um die Zimmerkontrolle laut PP durchzuführen. Herr T gab an, daß dies ein schlechter Zeitpunkt sei, da sein Zimmer nicht aufgeräumt sei und weigerte sich. Die Ref. bestand auf die Kontrolle – Überprüfung der Sauberkeit und mußte feststellen, daß Herr T nichts geputzt, bzw. aufgeräumt hatte. Die Ref. sprach Herrn T laut Pflegeplanung den Zimmeraufenthalt bis Morgen früh um 7.00 h aus. Hiermit konnte Herr T nur schlecht umgehen, schimpfte, trat gegen sein Bett, Schrank und brüllte laut hinter der Referentin her." (QUELLE: Patient T, Pflegedokumentation 166/176)

---

[531] Vgl. im Einzelnen S. 154, 164f.

„Herr T ist um 7.10 h geweckt worden. Er ist nicht aufgestanden. Er wurde gegen 8.20 h nochmals geweckt. Da er seine Wochenplanaufgaben nicht erledigt hat tritt laut PP der Zimmerstatus ein. Auch die Teilnahme an der BT hat er verschlafen." (QUELLE: Patient T, Pflegedokumentation 260/264)

Abschließend sei noch darauf hingewiesen, dass sich die temporäre Herauslösung eines Patienten aus der Stationsgemeinschaft naturgemäß auch besonders gut dazu eignet, diesen zum Nachdenken über eine von ihm begangene Verfehlung zu bewegen. Dementsprechend finden sich häufiger Einträge, in denen der weiter oben bereits angesprochene „Besinnungsanstoß"[532] die Gestalt einer temporären Absonderung erhält:

„Der Pat. erhielt von der Kollg. S das am Abend zuvor (nach Angabe, zwei Drahtklammern geschluckt zu haben, M.L.) verordnete Sauerkraut mit der Aufforderung dieses zu essen. Vom Unterzeichnenden konnte beobachtet werden wie der Pat. den Teller mit dem Sauerkraut nahm zur Toilette seines EBZ ging und das Sauerkraut dort in das Toilettenbecken schüttete und anschließend wegspülte. Auf dieses Verhalten angesprochen gab der Pat. an: ‚Ich mag dieses Zeug nicht!' Dem Pat. wurde von der Kollg. S gesagt, daß er heute erst einmal in seinem EBZ verbleibt, um Ruhe zum Nachdenken über sein derzeitiges Verhalten zu haben." (QUELLE: Patient Y, Pflegedokumentation 135/145)

„Hr. F beschäftigte sich während des Nachmittags ruhig. Er schrieb oder hörte Musik, Suchte mit Kollege B und Hr. G eine Stadt im Atlas. Hr. B ging auf Wunsch des Mitpat. G mit diesem auf Station 15/2. Hr. F bekam dies mit und schimpfte erbost: ‚Der geht doch nur mit dem G nach oben, um ihn dort richtig durchzuficken. Wenn der B mich gleich anpackt, dann hau' ich ihn weg. Ich bring den um, nein, ich hau den einfach nur um!' Hr. F redete sich so in rage, daß er für Argumente nicht mehr erreichbar war. Hr. F hörte schließlich über Kopfhörer sehr laut Musik, ließ sich nicht dazu bringen die Musik leiser zu stellen. Dabei sang F laut vor sich hin: ‚Die ficken, die ficken, ha ha ha, dem werde ich es gleich zeigen, B umhauen, nein nicht umhauen, die ficken, die ficken.' Sobald Hr. F bemerkte, daß Hr. B den Gang hochkam, verstummte er, stellte die Musik ein wenig leiser. Hr. F wurde aufgefordert seine Worte gegenüber Hr. B zu wiederholen. Dies tat er nicht. Nach einer Weile nahm er den Kopfhörer ab und sagte zum Unterzeichnenden: ‚Erzählen Sie ihm das doch, erzählen Sie.' Hr. B fragte nach, was die Unterzeichnende erzählen solle. Daraufhin entgegenete Hr. F: ‚Sie und der G haben oben gefickt.' Hr. F stand auf und wollte sich auf die Seite begeben. Er wurde dazu angehalten seinen Platz zu reinigen, was er tat. Anschließend verbleibt Hr. F für 1 h in seinem Zimmer. Er wurde dazu angehalten über sein vorhergegangenes Verhalten nachzudenken." (QUELLE: Patient F, Pflegedokumentation 391/415)

b) Handfesselung

Wird einem Patienten, der durch vermehrte Übergriffe auf Personen oder fremde Sachen auffällig geworden ist, die Auflage erteilt, sich in der Gemeinschaft nur noch mit angelegter Handfesselung zu bewegen, so ist erneut sehr genau zu eruieren, inwieweit eine derartige Maßnahme allein zum Zwecke einer Abwendung weiterer einschlägiger Fehlverhaltensweisen ergriffen wird.[533] Die folgende Textstelle aus der

---

[532] Vgl. S. 151 f.

[533] Auf die Problematik der Einordnung der Fesselung als Behandlungsmaßnahme in § 17 III 2 MRVG-NW ist bereits weiter oben hingewiesen worden; vgl. Fn 517.

Pflegedokumentation des Patienten Y, der dazu neigt, die Eigentumsrechte seiner Mitpatienten und der Klinik kontinuierlich durch entsprechendes schädigendes Verhalten zu negieren, lässt sich tatsächlich in dem besagten Sinne verstehen:

> *„Herr Y hat zum wiederholten mal Eigentum seiner Mitpat. beschädigt. Er hat einen Gegenstand aus Metall in das Radio von Mitpat. D gesteckt. Dieser war darüber sehr erbost. Herr Y hat wie heute in der Überlappung beschlossen Lederhandschuhe bekommen um keinen weiteren Schaden anzurichten." (QUELLE: Patient Y, Pflegedokumentation 156/162)*

Zieht man allerdings die Aufbereitung dieses Vorgangs in der mit einigem zeitlichen Abstand vom zuständigen Therapeuten verfassten Krankengeschichte hinzu, so macht zumindest die Bezeichnung der fraglichen Handfesselung mit dem bereits ausführlich beleuchteten Konsequenzbegriff[534] nachdenklich:

> *„Leider trat die erhoffte Stabilisierung im weiteren Verlauf nicht ein; es kam am 14.03. erneut zu einer Sachbeschädigung am Radio seines Zimmernachbarn. Als Konsequenz wurden Herrn Y Lederhandschuhe angelegt, die er nun innerhalb der Patientengemeinschaft tragen mußte." (QUELLE: Patient Y, Krankengeschichte 40/44)*

Nun mag man in dieser Fundstelle noch ein Beispiel für die weiter oben konzedierte Möglichkeit sehen, dass auch der verhältnismäßig eindeutig auf eine Zuschreibung von Verantwortung und damit auf das Vorliegen einer Sanktion für vorwerfbares Fehlverhalten hinweisende Begriff der „Konsequenz" bisweilen in einem anderen, nicht-punitiven Sinne Verwendung findet.[535] Gemeint wäre dann etwa jener eher lockere Kausalzusammenhang, in welchem auch das gefahrbegründende Verhalten und die zugehörige Abwehrmaßnahme bei Rechtsbeschränkungen mit präventivem Hintergrund stehen. Allerdings darf für eine vollständige Beurteilung des referierten Sachverhaltes eine weitere Fundstelle nicht unberücksichtigt bleiben, welche der noch einmal einige Monate später verfassten jährlichen Stellungnahme der Klinik gemäß § 67e StGB entnommen ist. Dort heißt es zu dem besagten Vorfall:

> *„Es wurde versucht, eine Verhaltensmodifikation dadurch zu erreichen, daß er zum Tragen von Handschuhen verpflichtet wurde, sobald es zu einem neuen 'Streich' gekommen war, um einen allzu häufigen Ausschluß aus der Patientengemeinschaft zu vermeiden." (QUELLE: Patient Y, Gutachten 3/7)*

Der Inhalt dieser dritten Quelle, die sich mit dem Auferlegen der bewussten Handfesselung beschäftigt, lässt nunmehr die begründete Annahme zu, dass diese Restriktion der Bewegungsfreiheit nicht lediglich dazu dienen soll, weitere von dem betreffenden Patienten drohende Ungemach quasi physisch unmöglich zu machen, sondern dass die in Rede stehende, als äußerst unangenehm empfundene Maßnahme das Anstoßen eines Denkprozesses bezweckt, der seinerseits in eine langfristigere Distanzierung von dem zugrunde liegenden schädigenden Verhalten münden

---

534 Hierzu S. 118ff.

535 Dies wurde im Zusammenhang mit der Diskussion störender Einflussnahme auf das Therapiegeschehen festgestellt; vgl. hierzu die Ausführungen auf S. 151.

soll. Derartig nachhaltige spezialpräventive Zwecke im Sinne des Hinarbeitens auf eine anhaltende Verhaltensmodifikation durch temporäre Auferlegung empfindlicher Einbußen sind jedoch gerade wesentliches Merkmal der Verhängung von Sanktionen und demzufolge von rein präventiv ausgerichteten Eingriffstatbeständen nicht mehr gedeckt. Legt man mithin die vorstehend entwickelte inhaltliche Auslegung zugrunde, so handelt es sich bei der hier behandelten Verpflichtung zum Tragen einer Handfesselung um die Sanktionierung unbotmäßigen Patientenverhaltens.

c) Rücknahme gewährter Lockerungen

Es ist bereits im Rahmen der Ausführungen zur einrichtungsseitigen Reaktion auf Entweichungen und Lockerungsversagen der Untergebrachten deutlich geworden, dass ein entsprechender Vorfall häufig geeignet ist, das Vertrauen des Behandlungsteams in die erforderliche vorbehaltlose Offenheit und Zuverlässigkeit des betreffenden Patienten zunächst einmal nachhaltig zu erschüttern. Auch eine zeitlich befristete Rücknahme der gewährten Lockerungen ist unter diesen Umständen kaum als Sanktion für die gezeigte Verfehlung einzuordnen, sondern eher als Vorsichtsmaßnahme, die erst mit dem erneuten Erreichen einer tragfähigen Beziehung zwischen Patient und Personal wieder zurückgenommen werden kann. Eine gesetzliche Grundlage findet die besagte Vorgehensweise im Übrigen in § 18 VI MRVG-NW, der eine Aufhebung von Vollzugslockerungen unter anderem in Missbrauchsfällen, aber auch beim nachträglichen Eintreten von sonstigen Versagungsgründen zulässt.[536] Die folgenden Beispiele zeigen, dass nicht nur bei den bereits erläuterten Regelverstößen mit Außenbezug, sondern auch beim Missbrauch oder Handel mit verbotenen Substanzen innerhalb der Einrichtung unter Umständen eine Rückführung des momentanen Lockerungsstatus zur Abwendung von Fremd- oder Eigengefährdungen geboten sein kann:

> *„Herr B entwich am 19.04.95 kurzfristig während seines 1:1 Ausgangs. Er entfernte sich während des Spaziergangs im Laufschritt Richtung Lippstadt. Eine sofort eingeleitete Suche durch die Pfleger der Station 23/2 war in Benninghausen erfolgreich. Herrn B wurde gegenüber der Bushaltestelle in Benninghausen aufgegriffen. Als Motivationsgrund gab er an, daß er Freiheitsdrang hätte, nach Hause fahren wollte. Eine detaillierte Motivationslage war nicht zu eruieren. Über Entweichungen hätte er schon einmal nachgedacht, hätte sie jedoch für heute nicht konkret geplant. Bei mangelhaftem Reflexions- und Introspektionsvermögen liegt bei Herrn B keine Einsichtsfähigkeit in die Rechtswidrigkeit seines Handelns vor. Er beschuldigt die Therapeuten bzw. die Institution, daß sie ihn grundlos einsperren, bagatellisiert und spaltet eigene Verfehlungen vollkommen ab. Selbst die weitreichendste Lockerung, die Herrn B gewährt wird (mehrtägige Beurlaubungen), lehnt er z.Z. als völlig unzureichend ab.*
> *Herr B erhält ab sofort eine mindestens vierwöchige Lockerungsrücknahme.“ (QUELLE: Patient B, Krankengeschichte 269/289)*

---

[536] Ausführlich zur Rechtslage unter dem MRVG v. 18.12.1984, das keine entsprechende Regelung vorsah, so dass für Rücknahme bzw. Widerruf gewährter Lockerungen auf die allgemeine Regelung der §§ 48, 49 VwVfG.NRW. zurückgegriffen werden musste, *Polláhne* 1994, S. 88 ff.

„Beim Coop Einkauf hat der Pat. 10 Pack Marlboro in einer großen Tüte deponiert. Ich forderte den Pat. auf alles in den Korb zu legen. Pat. stellte auch die Tüte, zusammengedrückt hinein. Wortlos leerte ich die Tüte mit den Zigaretten in den Korb. Der Pat. legte die Zigaretten wieder ins Fach.
Unterwegs sagte er mir, daß er die andere Geldbörse vergessen habe mitzunehmen. Ich schwieg, weil ich noch drei Pat. dabei hatte. Ich möchte den Pat. diesbezüglich nicht zur Rede stellen, weil er mir sonst wieder entweicht. Pat. hat am Wochenende keinen Ausgang bis zur Klärung. Pat. verhält sich ruhig, spürt, daß etwas nicht in Ordnung ist." (QUELLE: Patient B, Pflegedokumentation 63/74)

„Lt. Information soll Herr B auf der Station 23/1 beim Besuch Alkohol und Tab. an eine Patientin mitgebracht haben. Um 07.30 Uhr wurde eine Zimmerkontrolle durchgeführt, es wurde jedoch nichts gefunden. Pat. leugnet im Gespräch die Beschuldigungen.
Der Ausgang des Pt. wurde am 12. 3. gesperrt, vorläufig für 4 Wochen bis zum 9. 4." (QUELLE: Patient B, Pflegedokumentation 159/165)

Neben den vorstehend referierten Konstellationen, in denen unzweifelhaft Präventionsgesichtspunkte den Ausschlag für die Rücknahme der fraglichen Lockerungen gegeben haben, lassen sich dem erhobenen Textmaterial jedoch auch diverse Beispiele für eine nicht minder eindeutige Ausrichtung entsprechender Restriktionen an punitiven Überlegungen entnehmen. In Anbetracht der disziplinarischen Probleme mit dem Patienten O, aus dessen Pflegedokumentation im Folgenden einige Auszüge wiedergegeben werden sollen, wurde bereits einige Jahre vor der Einführung des weiter oben erwähnten Token-Systems[537] versucht, den anhaltenden Schwierigkeiten im Stationsalltag mit der Androhung kurzzeitiger Ausgangssperren zu begegnen. Nachdem sich Regelverstöße wie Insubordinationen, Distanzlosigkeiten und verbale Entgleisungen häuften, wurde in die Pflegeplanung des betreffenden Patienten ein Passus aufgenommen, der bei erneuten Übertretungen die zeitlich befristete Rücknahme des Ausgangs vorsah:[538]

„Stationskonferenz: In Absprache mit der Therapeutin (Fr. G) kann / wird bei Fehlverhalten seitens Hr. O ('Fäkaliensprache', Mißachtung v. Absprachen + MA, ect.) sein Ausgang für einen best. Zeitraum intern gestoppt werden." (QUELLE: Patient O, Pflegedokumentation 503/507)
„Ref. ging um 11.05 in das Zimmer von Hr. O. Um 11.12 war Hr. O noch immer in seinem Zimmer. Hr. O wurde aufgefordert seine Unterlagen zur derzeitigen PP zu holen und sich mit Ref. in den Sozialraum zu gehen. Hr. O wurde auf den Punkt 2 seiner PP aufmerksam gemacht der beinhaltet: Aufenthalt in der Gemeinschaft an Wochenenden 11.00–12.00. Im gleichen Atemzug wurde er auf das Gespräch vom 11.6.97 hingewiesen, indem ihm vom Ref. aus-

537 Verwiesen sei insoweit auf die auf S. 156 wiedergegebene Fundstelle Patient O, Pflegedokumentation (812/819).

538 Der Sanktionscharakter der Ausgangssperre bestätigt sich im Gespräch mit dem zuständigen Therapeuten: Danach handelt es sich durchaus um Maßnahmen mit disziplinarischem Hintergrund. Auf Nachfrage externer Instanzen sei allerdings wegen der insoweit eindeutigen Rechtslage davon auszugehen, dass die auferlegten Restriktionen (Ausgangssperren) mit der fehlenden Einschätzbarkeit und „Anbindung" des Patienten (also präventiven Erwägungen) begründet würden.

drücklichst mitgeteilt wurde daß wenn er sich nicht an seine PP hält, die ihm aus der BPK bekannten Konsequenzen greifen. Da sich Hr. O nicht an Punkt 2 seiner PP gehalten hat, wird sein Ausgang intern vom 15. 6. bis einschließl. 17. 6. 97 intern gestoppt." (QUELLE: Patient O, Pflegedokumentation 574/585)

„WG-Konferenz: O wurde am 13. 02. bei Grenzüberschreitungen und unverschämten Verhalten erlebt, mußte darauf hingewiesen werden das Dienstzimmer nicht zu betreten. Erst nach lauter Aufforderung kam O dem nach. Bei der anschließenden Reflektion sagte O: ‚Wenn sie einen dicken Hals haben, kann ich ihnen etwas zu trinken geben.' Der Ausgang für private Dinge wurde daraufhin für 1 Woche ausgesetzt." (QUELLE: Patient O, Pflegedokumentation 696/702)

Hingewiesen werden soll schließlich noch auf eine verhältnismäßig ausführlich dokumentierte Sanktionsvereinbarung, die nach den hierzu in der Krankenakte des beteiligten Patienten enthaltenen Informationen auf dessen Anregung hin zustande gekommen ist. Den Wahrheitsgehalt der diesbezüglichen Angaben einmal unterstellt, handelt es sich mithin um ein erneutes Beispiel für die bereits früher erwähnten, eher seltenen Fälle, in denen der Impuls für die Ausarbeitung einer entsprechenden Vereinbarung von dem Betroffenen selber ausgeht:

„02. 03. 94
Pflegeplanung
Probleme und Möglichkeiten des Patienten: Hr. Q hat Defizite in den Fächern Mathematik u. Geschichte. Benötigt Kontrolle zur Motivation. Die Abschlußprüfung findet Ende April bis Anfang Mai statt. Hr. Q besitzt Vorkenntnisse.
Pflegeziele: Hr. Q soll seine Defizite in den genannten Fächern abbauen. Soll den Hauptschulabschluß erreichen.
Pflegeplan-Maßnahmen: Dienstag 15.00 u. Donnerstag 17.00 soll Hr. Q jeweils 1 Std. lernen, nach Absprache von Vortag, wo er das Thema auswählt. insbesondere Mathematik mit Hr. T. Auf eigenen Wunsch wird bei nicht einhalten der Maßnahme ihm die 1/2 Std. Einzelausgang gestrichen.
10. 03. 91, 16.55 Uhr
H. Q lehnte das Angebot strikt ab 1 Std. zu lernen mit der Begründung er hätte regulär heute Nachmittag Schule gehabt. H. Q zeigte sich sehr uneinsichtig, auch die von ihm getroffene Vereinbarung, auf die 1/2 Std. Einzelausgang zu verzichten, übergang er.
10. 03. 94, 17.30 Uhr
Hat sich für sein Benehmen entschuldigt, möchte sich ab jetzt verbindlich an die getroffene Vereinbarung halten." (QUELLE: Patient Q, Pflegedokumentation 88/109)

Bereits der erste Folgeeintrag, in welchem die getroffene Vereinbarung aufgrund der konsequenten Weigerung des einen Vertragspartners einer Prüfung ihrer Tragfähigkeit ausgesetzt wird, macht erneut die Problematik deutlich, die auch derartigen vom Untergebrachten selbst angeregten Arrangements innewohnt. Zwar erklärt sich der betreffende Patient in *diesem* Fall nach einer kurzen Bedenkzeit bereit, aus eigenem Antrieb zu der ursprünglichen Vereinbarung zurückzukehren, um den angestrebten Hauptschulabschluss[539] nicht zu gefährden. In dem Hinweis des Refe-

---

[539] Zum schulischen Angebot in der untersuchten Einrichtung *Linpinsel* 1992; allgemein zur Kon-

renten auf die zuvor verbindlich verabredete Rücknahme des Einzelausgangs bei mangelndem Lerneifer klingt jedoch wiederum die bereits mehrfach festgestellte Bereitschaft des Personals an, in konsequenter Anwendung des Grundsatzes „pacta sunt servanda" die vereinbarte kurzfristige Lockerungssperre auch gegenüber einem sich sträubenden Patienten zu vollstrecken. Mit der Annahme einer derartigen Bindungswirkung sieht sich das bewusste Vertragswerk jedoch wiederum dem Vorwurf ausgesetzt, die Einführung eines Disziplinarrechts contra legem zu betreiben. Ob die gewählte Konstruktion das Fehlen einer entsprechenden gesetzlichen Regelung dennoch auszugleichen vermag, wird weiter unten in einem eigenen Abschnitt noch genauer zu erörtern sein.[540]

3. Entzug von Annehmlichkeiten

Spiegelbildlich zu den aufgezählten Patientenverfehlungen ergibt sich auch auf der Seite des zur Anwendung gelangenden Sanktionsarsenals eine Häufung in demjenigen Bereich, den man herkömmlicherweise mit dem Begriff der „Vergünstigungen" belegt.[541] Da die einschlägigen Gesetzeswerke inzwischen in der Anerkennung entsprechender *Rechts*positionen des Insassen fortgeschritten sind, erscheint diese Bezeichnung aufgrund ihres eher großzügig gewährenden Beiklanges mittlerweile nicht mehr sachgerecht, weshalb in diesem Zusammenhang besser von „Erleichterungen der Unterbringungssituation" oder eben von „Annehmlichkeiten" gesprochen werden sollte.[542] Während nun einerseits das Trachten vieler Patienten auf die Gewinnung derartiger Vorteile unter Umgehung der für die Unterbringungssituation charakteristischen mannigfachen Restriktionen gerichtet ist, ergeben sich andererseits gerade durch die beschriebene Mangelsituation vielfältige Möglichkeiten für das Personal, durch eine zusätzliche Verknappung begehrter Ressourcen bestimmte unerwünschte Verhaltensweisen zu sanktionieren.[543]

a) Vorenthaltung von Genussmitteln

Die in dem untersuchten Material mit Abstand am häufigsten erfolgende Vorenthaltung von Annehmlichkeiten zu Sanktionszwecken betrifft die Rationierung von Genussmitteln wie Kaffee oder Zigaretten.[544] Scheinbar unproblematisch sind in

---

zeption schulischer und beruflicher Bildung in der Forensik *Gretenkord et al.* 1990; *Hennicke* 1999, S. 65f.

540 Vgl. hierzu S. 217ff.

541 Exemplarisch etwa *Calliess* 1970, S. 70f.; *Dahle* 1995a, S. 16; *Schüler-Springorum* 1969, S. 103; *Stratenwerth/Bernoulli* 1983, S. 119f.

542 Zu dem dahinter stehenden Einstellungswandel *Glynn* 1990, S. 399.

543 Vgl. insoweit noch einmal *Stratenwerth/Bernoulli* 1983, S. 120: „In jedem Falle ist der Kreis der Hafterleichterungen, die als Vergünstigungen behandelt werden, außerordentlich weit – erheblich weiter, als es unter dem Gesichtspunkt der Resozialisierung zu rechtfertigen wäre".

544 Diese scheint auch in der Allgemeinpsychiatrie durchaus gebräuchlich zu sein; vgl. insoweit die bei *Fengler/Fengler* 1994, S. 150ff. wiedergegebene Diskussion. Ein weiteres Beispiel aus der

diesem Zusammenhang zunächst einige Fundstellen, in denen eine *zusätzliche* Zuteilung der besagten Konsumgüter zur „Belohnung" für besonders erwünschtes Verhalten erfolgt, da es insoweit zumindest vordergründig nicht zu einer Rechtseinbuße der betroffenen Patienten kommt:

„Pat. hat sein Zimmer gefegt, anschließend geduscht und saubere Wäsche angezogen. Nachdem dies sehr gut geklappt hatte erhielt Pat. zusätzlich eine Zigarette." (QUELLE: Patient F, Pflegedokumentation 205/207)

„H. C hat sein Zimmer gereinigt. Für seine Verhältnisse hat er das gut getan. Er erhält zur Belohnung 1 Tasse Kaffee." (QUELLE: Patient C, Pflegedokumentation 84/85)

„Herr F war bereits angezogen um in den Sportkeller zu gehen. Da dann aber bereits zehn Patienten im Keller waren, konnte Herr F nicht mehr mit. Herr F reagierte natürlich kurz ungehalten. Als der Ref. ihm ruhig zusprach und verständlich machen konnte, dass so etwas passieren kann gab Herr F seine Kleidung heraus. Weil Herr F für seine Verhältnisse sehr adäquat reagiert hatte erhielt er eine Zigarette zusätzlich." (QUELLE: Patient F, Pflegedokumentation 729/735)

Bei den in den wiedergegebenen Textauszügen verteilten Gratifikationen handelt es sich nach dem hier entwickelten Begriffsverständnis gerade nicht um Sanktionen, da der in den Psychowissenschaften bisweilen anzutreffenden Untergliederung in negative und positive Sanktionen nicht beigetreten werden sollte.[545] Zugegebener Maßen erscheinen die jeweils gewährten Vorteile als Belobigung für das gezeigte Wohlverhalten hervorragend geeignet und begegnen bei isolierter Betrachtung auch keinen grundsätzlichen Bedenken – natürlich ist es zu befürworten, wenn dem Patienten zu verstehen gegeben wird, dass er etwas besonders gut gemacht hat. Dass derartigen Belohnungsstrategien dennoch stets eine gewisse Ambivalenz innewohnt, aufgrund derer der Gesamtvorgang allzu leicht repressive Züge bekommen kann, wird deutlich, wenn man die folgenden Quellen nebeneinander stellt:

„Herr F hat gefrühstückt und danach geduscht und sein EBZ gefegt. Dem Pat. wurde gesagt, daß er zunächst diese Aufgaben erledigen müsse und er dann zur Belohnung eine Zigarette erhalte. Pat. konnte alle Aufgaben zufriedenstellend lösen und erhielt zum Abschluß eine Zigarette." (QUELLE: Patient F, Pflegedokumentation 48/53)

„Pat. verhielt sich am Nachmittag relativ ruhig, zeigte sich kooperativ. Mit Pat. wurde die Vereinbarung getroffen, daß er stündlich eine Zigarette rauchen kann, falls er sich ruhig verhält. Pat. hielt sich an die Vereinbarung, nahm ebenso an der Großgruppe teil." (QUELLE: Patient F, Pflegedokumentation 87/91)

„Pat. ist permanent am Schreien (ab 7.00 Uhr). Ihm wurde mitgeteilt das er nichts zu rauchen bekommt solange er sich nicht ruhig verhält." (QUELLE: Patient F, Pflegedokumentation 39/41)

Praxis des Maßregelvollzuges findet sich bei *Wagner* 1990a, S. 59 sowie *Wagner* 1992a, S. 158 unter Bezugnahme auf *Hohlfeld et al.* 1985, S. 94.

545 Vgl. S. 24ff.

Die ersten beiden Textstellen unterscheiden sich von den vorangegangenen lediglich darin, dass die Belohnung für das erwünschte Patientenverhalten nunmehr bereits vor dessen Ausführung versprochen wird; es wird somit bereits im Vorfeld ein Anreiz gesetzt, um den Untergebrachten zu einem noch ausstehenden Wohlverhalten zu motivieren. Die entsprechende Gratifikation wird somit zur Erreichung eines konkreten Nahziels eingesetzt, während die gewissermaßen ad hoc und erst im Nachhinein erfolgende Belobigung eher langfristigen, insgesamt bestärkenden Überlegungen folgt. Nun ist es aber lediglich eine Frage der jeweiligen Formulierung, ob man dem betroffenen Patienten etwa die Zuteilung bestimmter Genussmittel im Gegenzug für die Wahrung der Stationsruhe *zusagt*, oder ob man vorab ankündigt, ihm die begehrten Artikel für den Fall lautstarken Lärmens und Schreiens *nicht* zu gewähren.[546] Der Unterschied zwischen der zweiten und der dritten der oben wiedergegebenen Konstellationen liegt demnach einzig im Zeitpunkt der Intervention: Bei einem bereits randalierenden Patienten liegt es eben näher, für den Fall einer Fortsetzung des störenden Verhaltens mit der Verweigerung bestimmter Annehmlichkeiten zu drohen, während der (noch) verhältnismäßig ruhige und kooperative Insasse in seinem Verhalten lediglich bestärkt werden muss. Gemeinsam ist jedoch allen diesen Quellen, dass eine Mangelsituation des Untergebrachten hinsichtlich bestimmter, besonders begehrter Güter zu dessen Disziplinierung genutzt wird.

Ohnehin begegnet der Einsatz von Genussmitteln wie Kaffee und Zigaretten als „Belohnung" insoweit zusätzlichen Bedenken, als hierin das bereits angesprochene überkommene Vergünstigungsdenken mitschwingt. Wenn die Belange der Therapie sowie Sicherheits- und Ordnungsinteressen der Einrichtung nicht entgegenstehen, so ist dem Untergebrachten – im Rahmen seiner finanziellen Möglichkeiten – ein zumindest maßvoller Konsum dieser Güter schlicht zu gestatten.[547] Ihn lediglich als eine Art Gnadenerweis für den Fall eines besonders regelkonformen Auftretens vorzusehen, geht an der Realität eines gewandelten Verfassungsverständnisses vorbei, welches von der prinzipiellen Geltung grundrechtlich geschützter Rechtspositionen auch innerhalb eines Sonderstatusverhältnisses wie dem Vollzug der Unterbringung nach § 63 StGB ausgeht.

Nachdem bislang vor allem schwierige Abgrenzungsfragen erörtert wurden, soll nicht versäumt werden, zum Abschluss noch einige eindeutigere Beispiele für eine Sanktionierung unbotmäßigen Patientenverhaltens mit dem Entzug von Genussmitteln anzuführen. Hinsichtlich des überaus disziplinschwierigen Patienten F ist

---

546 Die prinzipielle Austauschbarkeit der Formulierung als Ge- oder Verbot betont auch *Popitz* 1980, S. 39f.

547 Vgl. etwa *Volckart* 1999a, S. 59: „Der Angleichungsgrundsatz und der Gegenwirkungsgrundsatz machen es notwendig, dass die Patienten Gelegenheit erhalten, gewisse Nahrungs- und Genussmittel sowie Gegenstände des täglichen Gebrauchs *nach ihrem Belieben* zu kaufen." (Hervorhebung d. Verf.). Dem zustimmend Kammeier-*Lesting*², Kap. G, Rn 3. Zur Situation im Strafvollzug *Kölbel* 1999.

bereits erwähnt worden, dass die im Folgenden wiedergegebenen Textstellen sich auf eine umfangreiche Pflegeplanung stützen können, welche bei einer Vielzahl für den Betroffenen typischer Fehlverhaltensweisen Einschränkungen sowohl der Kaffee- als auch der Rauchwarenration zulässt:[548]

> *„Pat. hat beim Essen sein Stück Schnitzel und die Kartoffeln mit Soße in den Fekalienraum geschüttet. Daraufhin wurde der Kaffee heute mittag gestrichen und auch das Rauchen fiel aus. Da dies nicht der richtige Umgang mit Nahrungsmitteln ist. Er versucht das Essen zu umgehen um schneller rauchen zu können." (QUELLE: Patient F, Pflegedokumentation 303/308)*

> *„Pat. meldete sich, sagte sein Fenster sei ganz geöffnet. Bei Kontrolle sah man das der Mechanismus der das Fenster auf Kippe hält defekt ist. Pat. äußerte das Personal habe das Fenster nicht richtig geschlossen. Dem Pat. wurde mitgeteilt das er das Fenster deshalb nicht herausreißen müsse. Das Fenster wurde ganz geschlossen. Herr F erhielt darauf die nächsten Stunden keine Zigarette mehr." (QUELLE: Patient F, Pflegedokumentation 334/340)*

> *„Pat. wurde um 12.00 Uhr aus der Fixierung zum Mittagessen gelöst. Pat. hat während des Vormittags eingekotet ohne sich vorher beim Pflegepersonal zu melden, daß er auf Toilette muß und darum aus der Fixierung gelöst wird. Aus diesem Grund erhielt der Pat. nachdem er gegessen hat, keine Zigarette." (QUELLE: Patient F, Pflegedokumentation 365/370)*

Ein letzter Auszug aus der Pflegedokumentation eines anderen Patienten verzeichnet für die vorgenommene Zuteilung des Kaffeepensums erneut die Zustimmung des Betroffenen. Es ist bereits mehrfach darauf hingewiesen worden, dass derartige Vertragswerke angesichts des Umstandes, dass der Gesetzgeber für den Maßregelvollzug kein Disziplinarrecht vorgesehen hat, schweren Bedenken im Hinblick auf die Einhaltung des Umgehungsverbotes ausgesetzt sind; detaillierte Ausführungen zu diesem Punkt bleiben allerdings einem späteren Abschnitt der Arbeit vorbehalten:[549]

> *„Folgendes Vorgehen wird mit Herrn H für die Woche vom 15.8.–19.08. vereinbart: Herr H ist morgens bis um 8.00 h aufgestanden, dabei sollte er gegen kurz vor 8.00 h von einem Pflegedienstmitarbeiter noch mal 'geweckt' werden. Nach Durchführung der Körperhygiene und Ankleiden kann Herr H dann bis zu 2 Tassen Bohnenkaffee erhalten. Anschließend arbeitet Herr H vormittags von 9–11.30 h, auch nachmittags sollte Herr H nach Möglichkeit arbeiten. Ist Herr H bis 8.00 h nicht aufgestanden, erhält er keinen koffeeinhaltigen Kaffee an diesem Tage. Mit dieser Regelung erklärt Herr H sich einverstanden." (QUELLE: Patient H, Pflegedokumentation 3/14)*

b) Verweigerung von Lektüre

Bei den von dieser Kategorie erfassten Sachverhalten verliert der Patient für einen bestimmten Zeitraum den Zugriff auf Tageszeitungen, Illustrierte oder Bücher. Für die Beurteilung derartiger Vorgänge fällt stets erschwerend ins Gewicht, dass eine

---

[548] Vgl. hierzu bereits die Ausführungen auf S. 115, 130.

[549] Hierzu im Einzelnen auf S. 217ff.

Restriktion des Zugangs zu Informationsmedien insbesondere den Schutzbereich des Art. 5 I 1 Alt. 2 GG tangiert.[550] Die folgende Textstelle entstammt einem umfangreicheren Schreiben des Behandlungsteams an den Patienten G, in dem diesem aufgrund seiner in den vorangegangenen Monaten immer wieder gezeigten aggressiven Verhaltensweisen ein differenzierter Behandlungs- bzw. Stufenplan auferlegt wird. Neben dem spiegelnden Charakter der Sanktion für die Beschädigung von fremdem Lesestoff fällt vor allem der umfangreiche Tatbestandskatalog auf, in dem den offensichtlich am häufigsten von diesem Patienten gezeigten Fehlverhaltensweisen jeweils bestimmte standardisierte Reaktionsformen zugeordnet werden. Die hier referierte Quelle ist somit in einen größeren Textkorpus einzuordnen, dem für den Betroffenen die gleiche Bedeutung wie einem ausformulierten Disziplinarrecht zukommen muss:

„K2 – Wenn Herr G Zeitungen und Bücher zerreißt, die ihm nicht gehören:
a. erhält er für den nächsten Tag keine Zeitung.
b. Eine Woche lang erhält er keine Bücher." (QUELLE: Patient G, Schriftverkehr 2/38)

c) Entzug von Unterhaltungselektronik

Hierunter ist jeglicher Ausschluss von der Benutzung von Unterhaltungselektronik zu Sanktionszwecken zu verstehen, etwa durch temporäre Entfernung des Radios oder privaten Fernsehers, aber auch durch ein befristetes Verbot der Teilnahme am Gemeinschaftsfernsehen.[551] Zunächst einmal sind jedoch alle diejenigen Fälle abzugrenzen, in denen lediglich die Entfernung einer Lärmquelle zur Aufrechterhaltung des geordneten Zusammenlebens angeordnet wird:

„Pat. wurde die Stereoanlage eingezogen, da er trotz mehrmaliger Aufforderung und angedrohter Konsequenzen, die Anlage wiederholt viel zu laut aufgedreht hatte." (QUELLE: Patient Z, Pflegedokumentation 126/128)

„Der Pat. sang lauthals zur Radiomusik. Er wurde mehrmals auf die Nachtruhe hingewiesen. Ohne Erfolg. Jetzt wurde der Strom abgestellt. Daraufhin schrie und brüllte er. Der Ref. sagte ihm, daß er ab morgen für einige Zeit wohl ohne sein Radio auskommen müsse, denn lange genug sei ihm im ruhigen, erklärenden Ton alles gesagt worden." (QUELLE: Patient C, Pflegedokumentation 87/92)

Die in den vorstehenden Quellen vom Personal gewählte Vorgehensweise sieht sich durch eine entsprechende Regelung in Abschnitt III, Nr. 2c der Hausordnung des

---

[550] Neben den bereits im Zusammenhang mit der Erörterung des Hainaer Falles genannten Autoren sei zu dieser Problematik hingewiesen auf Ausführungen aus der Perspektive der Strafvollzugswissenschaft unter anderem bei AK-*Boetticher*[4] § 68, Rn 1ff.; Kaiser/Kerner/Schöch-*Schöch* § 6, Rn 134ff.; *Müller-Dietz* 1978, S. 179ff. Zum Schutzbereich des Art. 5 I 1 Alt. 2 GG exemplarisch Dreier-*Schulze-Fielitz* Art. 5 I, II, Rn 56ff.; *Pieroth/Schlink* 2001, Rn 562ff.

[551] Dabei sollte angesichts der Einstufung derartiger Güter als „Unterhaltungselektronik" keineswegs darüber hinweggesehen werden, dass aufgrund der über diese Medien verbreiteten Informationsinhalte bei einem Entzug oder einer Sperre selbstverständlich erneut der von Art. 5 I 1 Alt. 2 GG garantierte Schutzbereich tangiert ist.

WZFP legitimiert, die ihrerseits eine Konkretisierung von § 7 I 1, III 2 MRVG-NW darstellt. Solange die Wiederherstellung der Stationsordnung erkennbar im Vordergrund steht, können die getroffenen Maßnahmen mithin unter die genannten Eingriffstatbestände subsumiert werden, auch wenn die Entscheidungen zusätzlich von Sanktionserwägungen getragen sein sollten. Anders verhält es sich hingegen, wenn die Entziehung eines privaten Radios oder Fernsehers erfolgt, ohne dass von dem besagten Gerät zuvor eine Ruhestörung ausgegangen wäre oder sich durchgreifende therapeutische Überlegungen bzw. Sicherheitsbedenken gegen seinen Besitz ins Feld führen ließen. Handelt es sich demgemäß um die bloße Sanktionierung eines Ordnungsverstoßes, so vermag der insoweit eindeutige Passus in der Hausordnung des WZFP keine Legitimation der vorgenommenen Restriktion herbeizuführen. Bei den im Folgenden wiedergegebenen Beispielen handelt es sich denn auch sämtlich um Sanktionen:

„Herr O wurde im Zimmer Salat aus einer großen Schale essend in Flagranti erwischt. In diesem Moment kam es Ref. so vor, als wenn er just in diesem Moment versuchte 'krampfhaft' das Essen herunterzuschlucken und die Schüssel zu verstecken. Auf den betreffenden Punkt in seiner PP angesprochen äußerte Hr. O nichts, wollte aufstehen und hinausgehen. Er gab vor nur seinen Salat gewürzt und abgeschmeckt zu haben. Ref. verwies auf die PP, Essen auf dem Zimmer zu unterlassen und beim Verletzen der PP z.B. Fernseher einzuziehen. Hr. O versucht Ref. weiszumachen ob er denn noch nicht wisse, daß dieser Punkt aus der PP herausgenommen wurde. Ref. erläuterte Hr. O, daß er sehr wohl die PP kennt und deshalb den Fernseher einzieht. Er steht im Tagesraum, Wiedergabedatum wurde nicht genannt. Hr. O agierte völlig inadäquat mit Weglaufen in dieser Situation. Null Auseinandersetzungsbereitschaft oder -interesse." (QUELLE: Patient O, Pflegedokumentation 439/454)

„02.12.95, 20.00 Uhr
Die Pat. seiner Kochgruppe beschweren sich darüber, das Hr. O während seiner Sitzung auf der Toilette Pfannkuchen ißt. Daraufhin angesprochen, äußert sich der Pat. nicht.
02.12.95, 20.05 Uhr
Pat. wird nochmals auf die Situation angesprochen. Hr. O gibt zu, auf der Toilette Pfannkuchen gegessen zu haben, äußert ein Mitpat. hätte ihm diese dorthin gebracht. Ihm wird erklärt, das er gegen seine PP verstoßen hat, Punkt 12; daraufhin wird ihm der Fernseher eingezogen.
Damit ist der Pat. vorerst nicht einverstanden, gibt an, es gäbe Theater und das hätte Konsequenzen, die er aber nicht weiter erläutert. Nach nochmaligem Hinweis auf seine PP gibt er den Fernseher freiwillig ab. Ihm wurde gesagt das die Dauer des Einzuges von seiner zuständigen Gruppe festgelegt wird." (QUELLE: Patient O, Pflegedokumentation 392/407)

„Pat. wollte mit in die Freistd., wir gingen an seinen Schrank um Rauchwaren zu holen, Pat. sah seine Taschenlampe, nahm sie sich u. wollte sie mitnehmen, Pat. wurde gesagt, das die Lampe im Schrank bleibt, er hörte nicht, schob den Pfl. an die Seite, hierauf wurde er in sein EBZ getan, war nicht bereit, seine Rauchwaren u. Feuer abzugeben, wurde auch hier handgreiflich. Auf Grund dieses Vorfalls wurde Pat. zunächst wie vereinbart das Radio für 2 Std. aus dem EBZ genommen u. er blieb im EBZ, laut Teambeschluß soll er auch heute am Nachmittag nicht in die Freistd." (QUELLE: Patient X, Pflegedokumentation 55/64)

„Gespräch mit dem Pat. über die Vorfälle (Türschlösser verstopfen) der letzten Tage. Zusätzlich ging heute noch ein Schloß kaputt. Pat. bestritt zunächst mit dieser Sache zutun zu

haben. Gab schließlich dann doch zu dieses Schloß verstopft zu haben. Pat. wurde erklärt, daß er dieses jetzt zu bezahlen habe und er erklärte sich damit einverstanden. Sein Verhalten wurde gespiegelt außerdem daß er seit seiner Verlegung von der Stat. 15/1 sein Verhalten nicht geändert habe. Pat. zeigte sich reuig konnte jedoch nicht erklären wie sich sein Verhalten ändern soll. Mit dem Pat. wird folgende Absprache getroffen:

- *Bei mutwilliger Zerstörung von Gegenständen wird die neue Musikanlage für 1 Woche eingezogen.*
- *Somit wird die Anlage dem Pat. erst am 19.11. ausgehändigt. Hr. Y erklärt sich mit dieser Regelung einverstanden." (QUELLE: Patient Y, Pflegedokumentation 245/260)*

Sowohl in dem Auszug aus der Pflegedokumentation des Patienten X als auch in der Passage, die den Y betrifft, ist die Rede von einer Vereinbarung des Inhalts, dass bei bestimmten Regelverstößen des Betroffenen diesem gehörende Gegenstände der Unterhaltungselektronik entzogen werden können. Vor allem die in der zuletzt aufgeführten Fundstelle geschilderte Absprache erweckt jedoch eher den Eindruck, dass hier eine ohnehin anstehende rechtsbeschränkende Reaktion des Behandlungsteams auf die in hohem Maße ärgerlichen Aktivitäten des Patienten lediglich zusätzlich konsensual „eingekleidet" werden soll, um die Verbindlichkeit der Verbotsnorm zu steigern und so den erwarteten verhaltensmodifizierenden Effekt zu potenzieren.[552] Nachdem im Rahmen der Interpretation vergleichbarer Sanktionsvereinbarungen bereits mehrfach darauf hingewiesen worden ist, dass dem beteiligten Insassen bei der Abfassung des Kontraktes lediglich ein denkbar geringer Verhandlungsspielraum zur Verfügung gestanden haben dürfte, scheinen auch in den hier zu beurteilenden Fällen die konkreten Vertragsinhalte eher vom Personal oktroyiert worden zu sein. Für die Auseinandersetzung mit der Vertragskonzeption

---

[552] Nach Auffassung des Therapeuten des Y muss man bei der Beurteilung des in der fraglichen Textstelle wiedergegebenen Vertragsschlusses differenzieren: Mit der Erwähnung des Absprachеelementes bezwecke man zunächst durchaus auch eine Art juristischer Absicherung; man verspreche sich davon, später im Konfliktfall notfalls angeben zu können, die Vorgehensweise sei doch mit dem Patienten abgestimmt gewesen. Darüber hinaus wolle man aber natürlich auch die Bindungswirkung des „Vereinbarten" für den Betroffenen selber erhöhen. Was die Aushandelbarkeit und insbesondere die Verhandlungsposition des Patienten bei derartigen Übereinkünften angehe, so sei dies von Fall zu Fall ganz unterschiedlich einzuschätzen; mal werde die Vereinbarung dem Betroffenen eher oktroyiert; mal habe dieser durchaus die Möglichkeit der Einflussnahme. Im Hinblick auf das Sanktionselement stehe durchaus im Vordergrund, dass entsprechende Fehlverhaltensweisen keineswegs „unwidersprochen bleiben" könnten. Man habe also bei der Verhängung der fraglichen Maßnahme auch deren Signalwirkung auf die anderen Patienten im Blick; in Fällen wie dem vorliegenden sei dies mitunter sogar das bestimmende Motiv, da der Patient selber durch Sanktionsdruck kaum erreichbar erscheine. Man müsse im Übrigen auf Patientenseite auch das Entstehen eines Eindrucks von Beliebigkeit vermeiden, da besonders für die in der Abteilung IV für heilpädagogische Förderung untergebrachte Klientel ansonsten schwierige Normkonflikte entstünden. Die Patienten seien aufgrund des Standes ihrer Moralentwicklung zumeist nicht in der Lage, eine situationsangepasste, flexible Handhabung von Regelwerken nachzuvollziehen („Wenn der das darf, warum darf ich das dann nicht?").

als solcher sei erneut auf den ausschließlich der Beantwortung dieser Einzelfrage gewidmeten Abschnitt verwiesen.[553]

Zumindest einen gewissen Bezug zum sanktionierten Fehlverhalten besitzt die disziplinarische Fernsehsperre, soweit sie in Reaktion auf den weiter oben als Insubordination eingeordneten Verstoß gegen die gültige TV-Planung der Station ausgesprochen wird.[554] Wird der Patient für einen bestimmten Zeitraum von der Benutzung des Gemeinschaftsfernsehers ausgeschlossen, weil er von dem mit den Mitpatienten abgestimmten Programm abgewichen ist, so handelt es sich trotz dieses inneren Zusammenhanges um eine Sanktion für das gezeigte Fehlverhalten, wie das folgende Beispiel erhellt:

> *„Entgegen der Regelung der TV-Benutzung schaltete Herr T heute Morgen einen TV-Sender ein, der lt. Plenum nicht genehmigt bzw. vorgesehen war. Herr T gab dies auch im Gespräch bereitwillig zu, zog sich jedoch auf die Position zurück, er könne in diesem Zusammenhang nicht mehr tun als Bemühen zu zeigen. Dabei wirkte er recht gleichgültig und von der Stimmung her gereizt. Als ich ihm sagte, dass ich unter diesen Umständen geneigt sei ihm das Fernsehen zu untersagen, sprang er auf und ging zügig in sein Zimmer. Auf dem Flur schimpfte er: 'Ihr macht doch sowieso was ihr wollt.' Das Fernsehen bleibt Herrn T somit für heute untersagt. Handelt er dem entgegen verbleibt Herr T für den Rest des Tages in seinem Zimmer, verläßt dieses ausschließlich in Begleitung durch das Pflegepersonal." (QUELLE: Patient T, Pflegedokumentation 245/258)*

Nicht frei von sanktionierenden Elementen scheint schließlich auch die gelegentlich anzutreffende Praxis, den Zugang zu Unterhaltungselektronik als Anreiz oder Belohnung für erwünschtes Verhalten einzusetzen. Auch hier ist vehement darauf hinzuweisen, dass der Untergebrachte einen – in diesem Falle sogar grundrechtlich verbürgten – Anspruch auf die Nutzung entsprechender Geräte hat, wenn nicht zwingende Gründe der Therapie bzw. Sicherheits- oder Ordnungsbelange entgegenstehen. Aus der im folgenden Beispiel wiedergegebenen Gratifikation für die Einhaltung der Pflegeplanung lässt sich im Umkehrschluss ableiten, dass dem Betroffenen der Zugang zu seinem Radio nicht wegen übermäßigen Lärmens oder etwa aufgrund von Sicherheitsbedenken entzogen worden war, sondern um seine fehlende Kooperationsbereitschaft zu sanktionieren. Betrachtet man mithin den Gesamtzusammenhang, handelt es sich ungeachtet der ins Positive gewendeten Formulierung aufgrund der vorgenommenen Restriktion ebenfalls um eine Sanktionierung unbotmäßigen Patientenverhaltens:

> *„Nachtrag Gruppenbesprechung: Es wurde beschlossen, Hr. O sein Radio auszuhändigen da er sich Mühe gab die Maßnahmen im Bezug auf seine Pflegeplanung einzuhalten." (QUELLE: Patient O, Pflegedokumentation 173/175)*

d) Ausschluss von Freizeitaktivitäten

Nach der insoweit eindeutigen Regelung des § 10 II MRVG-NW ist der Ausschluss von Freizeitaktivitäten lediglich dann zulässig, wenn dieser aufgrund von zwingen-

---

553 Vgl. S. 217ff.

554 Vgl. das Beispiel Patient K, Pflegedokumentation (31/52) auf S. 176.

den Gründen „der Therapie, des geordneten Zusammenlebens und der Sicherheit" erforderlich wird. Nicht gedeckt ist durch diesen Eingriffstatbestand eine entsprechende Sperre, mit der ein bestimmtes Fehlverhalten des Patienten sanktioniert werden soll. Dass es gleichwohl auch in diesem Bereich zur Verhängung repressiv motivierter Restriktionen kommt, belegen die folgenden Beispiele:

„Fortschreibung des Behandlungsplanes nach den Ergebnissen der Behandlungsplankonferenz vom 12.11.98: Aufgrund der deutlich erkennbaren Grundproblematik (Herr O hält sich nicht an Absprachen und Regeln) wurden sämtliche pflegerischen Behandlungsziele zusammengefaßt in einem Punkteplan (s. Anlage). Dieser Punkteplan wurde Herrn O verbindlich vorgestellt und mit ihm besprochen. Am 08.09.98 wurde der Plan modifiziert in bezug auf Wochenstruktur und Umzug in ein Einbettzimmer. In diesem Punkteplan wurden sämtliche Vereinbarungen festgelegt, die Herr O in puncto Sauberkeit, Ordnung sowie Pflichten innerhalb der WG erfüllen muß. Jeden Montag wird diesbezüglich ein Reflexionsgespräch geführt, bei Nichteinhaltung dieses Plans entfallen alle nicht gruppendienlichen Aktivitäten." (QUELLE: Patient O, Behandlungsplan 106/119)

„Am Wochenende durfte Herr O nicht an der Freizeitaktivität teilnehmen, weil er sich nicht an die Vereinbarung gehalten hatte (Reinigung der Toiletten)." (QUELLE: Patient O, Pflegedokumentation 645/647)

Gerade bei eher unselbständigen, der Aufmerksamkeit und Zuwendung des Personals in hohem Maße bedürftigen Patienten bietet es sich an, im Falle unerwünschten Verhaltens die Beschäftigung mit dem Betroffenen kurzzeitig auszusetzen und ihm – unter Bezugnahme auf den bewussten Regelverstoß – nicht für die ansonsten regelmäßig stattfindenden rekreativen Aktivitäten zur Verfügung zu stehen. Unbedachte Äußerungen, Manipulationsversuche und Verbalaggressionen des Patienten T bilden den Anlass für die im Folgenden geschilderten temporären „Spielverbote":

„Erneut standen Konflikte mit Mitarbeitern und Mitpatienten im Mittelpunkt des Gespräches. Herr T zeigte sich bezüglich der Konfliktlösung passiv abwartend, bzw. hatte die irrationale Annahme, das sich Konflikte mit Zeit von selbst auflösen. Dazu war er bereit, zum Teil deutlich aversiv Konsequenzen (Spielverbot mit Mitarbeitern) auf sich zu nehmen." (QUELLE: Patient T, Krankengeschichte 29/35)

„Mit Herrn T wurde sein Verhalten in der BT und am Vormittag thematisiert. Ihm wurde versucht klarzumachen, dass es der Falsche weg ist das Personal zu belügen. Er gab als Grund an zur Zeit keine Perspektive hier zu sehen. Ihm wurde erklärt, das er durch sein Verhalten dem Personal gegenüber seine Perspektiven nicht verbessert. Er konnte dieses nicht Akzeptieren und wurde laut. Der Ref. machte ihm deutlich das in dieser Art und Weise keine adequarte Beziehung zu ihm aufgebaut werden könne. Er versucht die Schuld wieder auf das Personal zu schieben. Da er wieder laut und unbeherrscht wurde, hat der Ref. ihn auf sein Zimmer geschickt, um sich zu beruhigen. Nach einer halben Stunde kam er wieder auf die Wohngruppe und war bester laune. Ihm wurde dann mitgeteilt, dass das Personal am heutigen Abend keine spielerischen Aktivitäten mit ihm durchführen werde, da er sich nicht an seinen Wochenplan gehalten hat. Dieses konnte er nicht akzeptieren und ging frustriert auf sein Zimmer. Zubeginn der Theatergruppe war er wieder ruhig und gut gelaunt." (QUELLE: Patient T, Pflegedokumentation 83/100)

„Herr T hat sich am Nachmittag im Zimmer beschäftigt wegen Zimmerstatus. Er hat zwischenzeitlich das Bad gereinigt. Es wurde mit ihm ein Gespräch bezüglich der Aussage: ‚Mit dem Personal setze ich mich nicht an einen Tisch' geführt (Äußerung des Pat. im vorangegangenen Stationsplenum, M.L.). Er hatte die Aufgabe dieses mit der Mitarbeiterin Frau B und im Plenum zu besprechen. Dieses hat er am gestrigen Tag nicht gemacht. Er gab an es vergessen zu haben. Er hat nun bis zum nächsten Plenum Zeit, es dort anzusprechen. Bis dahin wird sich das Personal nicht mit ihm in spielerischer Art beschäftigen." (QUELLE: Patient T, Pflegedokumentation 210/219)

Kommt es gelegentlich des für die Patienten veranstalteten Sportprogrammes[555] zu einer ernsthaften körperlichen Auseinandersetzung oder heftigen Verbalaggressionen, so mag es unter Umständen erforderlich sein, den oder die beteiligten Patienten zunächst aus der konkreten Situation herauszulösen und auf diesem Wege einer weiteren Eskalation des Konfliktes vorzubeugen. Bei der Durchsicht des bearbeiteten Materials stößt man jedoch des öfteren auf Passagen, in welchen auf entsprechende Entgleisungen mit einem langfristiger angelegten Ausschluss von sämtlichen Sportveranstaltungen reagiert wird. Nicht selten wird die bewusste Sperre für einen Zeitraum von bis zu vier Wochen ausgesprochen, was sich mit Aspekten einer unmittelbaren Krisenintervention wohl kaum mehr begründen lassen dürfte. Stattdessen erscheint es durchaus vertretbar, derartige Maßnahmen als den Versuch einzustufen, den oder die Betroffenen durch die Auferlegung einer empfindlichen Sanktion zu einem dauerhaften Abrücken von dem gezeigten aggressiven Verhalten zu bewegen. Bei Zugrundelegung der vorstehend entwickelten Interpretation lassen sich auch die in den folgenden Textstellen ausgesprochenen „Sportsperren" als Sanktionierungen des Patienten Z einstufen:

„12.04.94
Patient Z kam sehr unruhig in die Sporthalle, hat sofort bei Aufteilung der Pat. in die drei Mannschaften gemeckert. Danach konnte Er sich nicht beruhigen und beschimpfte weiter den Sporttherapeuten. Sportverbot in der Sporthalle bis zum 19.05.94." (QUELLE: Patient Z, Pflegedokumentation 3/7)

„Herr Z nahm heute Nachmittag am Sport in der Halle teil. Dabei kam es zu einer verbalen Auseinandersetzung mit Herrn D von 31/2. Herr Z war dabei so aufgebracht und beleidigend, daß er des Feldes verwiesen wurde. Er wurde so laut, daß er für 4 Wochen eine Sperre erhalten hat." (QUELLE: Patient Z, Pflegedokumentation 49/53)

„Während des Fußballspielens in der Sporthalle kam es zu Meinungsverschiedenheiten zwischen Herrn Z und Herrn F (Stat. 31/2). Während Pat. F seine Wortwahl kontrolliert zum Ausdruck brachte benutzte Herr Z ausfallende Worte in aggressiver Form die mit der Androhung ‚wenn ich dich in die Finger kriege gleich, gibt's Schläge' endeten. Daraufhin wurde Herrn Z 1 Woche Sportverbot durch Herrn U erteilt, und per Einzeltransport direkt zur Stat. begleitet." (QUELLE: Patient Z, Pflegedokumentation 117/124)

---

[555] Zur therapeutischen Bedeutung sportlicher Aktivitäten im Maßregelvollzug vgl. *Kröger* 1992, S. 95.

e) Auferlegung einer Telefonsperre

Bereits im Rahmen der Beschreibung und Systematisierung bestimmter Typen besonders häufigen unbotmäßigen Patientenverhaltens waren einige Situationen aus der Unterbringungsbiographie des Patienten F geschildert worden, in welchen dieser Telefonate ohne die Erlaubnis des Personals durchgeführt hatte und daraufhin mit bestimmten Restriktionen belegt worden war.[556] In zwei der angeführten Fundstellen war auf den besagten Regelverstoß mit einer befristeten Telefonsperre reagiert worden, was trotz eines grundsätzlich ebenfalls denkbaren präventiven Hintergrundes als Sanktionierung des gezeigten Fehlverhaltens eingestuft wurde. Ergänzend soll im Folgenden noch ein Auszug aus der Pflegedokumentation des Patienten Y wiedergegeben werden, in welchem ebenfalls eine befristete Aussetzung der Erlaubnis zu telefonieren verzeichnet ist:[557]

> *„07.04.95, 19.50 Uhr*
> *Herr Y telefonierte mit seiner Mutter. Plötzlich hatte er den Telefonhörer durch eine tolpatschige Bewegung vom Kabel gerissen. Es existierte schon vorher eine Bruchstelle, da das Gespräch öfters unterbrochen wurde.*
> *08.04.95, 08.00 Uhr*
> *Bezüglich des abgerissenen Telefonhörers in der Telefonzelle wurde nach eingehender Inspektion festgestellt, daß dieser mit Gewalt von dem Kabel gerissen worden sein muß. Aus diesem Grunde verbleibt Pat. für heute im EBZ.*
> *08.04.95, 12.30 Uhr*
> *Während der Freistunde gab Pat. im Gespräch zu, den Telefonhörer mutwillig vom Telefon getrennt zu haben. Er habe den Hörer mehrfach gedreht und dann das Kabel gegen ein Metallstück gedrückt und somit abgetrennt. Als Begründung gibt Pat. an er habe sich gestern sehr unruhig gefühlt und sein Handeln nicht mehr steuern können.*
> *10.04.95*
> *Überlappungsbeschluß: für 4 Wochen darf H. Y nicht telefonieren. Vorab jedoch ein einmaliges Telefonat mit seiner Mutter." (QUELLE: Patient Y, Pflegedokumentation 37/57)*

Der gleiche Sachverhalt wird ca. eineinhalb Monate später wie folgt in der von der zuständigen Therapeutin geführten Krankengeschichte aufbereitet:

> *„Am 07.04. kam es dazu, daß Herr Y den Öffentlichen Fernsprecher blockierte, indem er den Telefonhörer vom Kabel abtrennte, was nach Absprache mit seiner Mutter mit einem vier Wochen dauernden Telefonierverbot sanktioniert wurde." (QUELLE: Patient Y, Krankengeschichte 13/16)*

---

556 Vgl. die Beispiele Patient F, Pflegedokumentation (55/60); Patient F, Pflegedokumentation (3/6); Patient F, Pflegedokumentation (468/483) auf S. 166.

557 Den Sanktionscharakter der Kommunikationssperre bestätigt auf Nachfrage auch der für die Behandlung des Y zuständige Therapeut: Zwar habe das Verbot, mit der Mutter zu telefonieren, auch den Zweck gehabt, die ausbeuterische und bedürfnisorientierte Beziehung des Patienten zu dieser für einen Moment zu unterbinden. Auf Nachfrage konzediert der Therapeut jedoch, dass in dem konkreten Fall die Reaktion auf die Sachbeschädigung des Patienten im Vordergrund gestanden habe und den erwähnten therapeutischen Überlegungen eher der Charakter eines „Auswahlkriteriums" zwischen den denkbaren Sanktionsalternativen zugekommen sei.

Von besonderem Interesse ist in diesem Zusammenhang der Hinweis auf die vorab erfolgende Absprache der anvisierten Sanktion mit der Mutter des Untergebrachten, welche als seine Betreuerin im Sinne der §§ 1896ff. BGB fungiert. Da der bewusste, intellektuell leicht minderbegabte Patient[558] in der Vergangenheit bereits des öfteren durch eine unglückliche Neigung zu diversen, zum Teil recht kostspieligen Streichen im Stationsalltag aufgefallen ist, war eine vergleichbare Vereinbarung im Übrigen bereits zu einem früheren Zeitpunkt, damals allerdings noch unter den Bedingungen einer einstweiligen Unterbringung gemäß § 126a StPO, getroffen worden:

> *„Nachdem sich die von Herrn Y mutwillig angerichteten Schäden wieder gehäuft hatten (18.06. Brille eines Mitpatienten in der Toilette heruntergespült; 24.06. Schlüssel eines Mitpatienten heruntergespült; 09.07. eigene Toilettenartikel heruntergespült; Wasser in das Fernsehgerät geschüttet), kam es zu einer Absprache mit seiner Mutter, derzufolge ihm bei erneuten Sachbeschädigungen an diesem Tag keine Telefongespräche mit der Mutter erlaubt werden sollten und außerdem ihr nächster Besuch ausgesetzt werde." (QUELLE: Patient Y, Krankengeschichte 3/11)*

Es liegt auf der Hand, dass durch die Einbeziehung der gesetzlichen Vertreterin des Y eine zusätzliche Legitimation für die vorgenommenen Rechtsbeschränkungen erreicht werden soll. Da die Mutter des Patienten die in § 1902 BGB per Gesetz eingeräumte Befugnis besitzt, rechtlich wirksame Erklärungen für diesen abzugeben, tritt ihre Zustimmung auch in dieser Frage an die Stelle einer entsprechenden eigenen Willensäußerung des Betroffenen, weshalb für die hier referierte Konstellation eine gewisse Vergleichbarkeit zu den weiter oben bereits mehrfach angesprochenen Sanktionsvereinbarungen[559] besteht. Die dort vorgebrachten Bedenken im Hinblick auf eine Missachtung der geltenden Gesetzeslage zur Frage der Zulässigkeit von Disziplinarmaßnahmen lassen sich demgemäß auch gegen die hier wiedergegebene Absprache vorbringen, was zur Folge hat, dass auch für die Beurteilung der durch die vorliegend gewählte Konstruktion angestrebten gesteigerten Rechtfertigungswirkung auf den im Anschluss an den deskriptiven Teil dieser Arbeit folgenden, ausschließlich der bewussten Problematik gewidmeten Abschnitt verwiesen werden kann.

f) Restriktionen der Besuchsregelung

In der zuletzt aufgeführten Fundstelle aus der Zeit der einstweiligen Unterbringung des Patienten Y gemäß § 126a StPO erstreckt sich die mit der Mutter getroffene Vereinbarung neben einer kurzfristigen Telefonsperre auch auf die Aussetzung ihres nächsten anstehenden Besuches. Oft genug erfolgen derartige Restriktionen jedoch

---

[558] Zu den Besonderheiten der Psychotherapie geistig behinderter Rechtsbrecher im Maßregelvollzug vgl. *Freese* 1998; *Nilles et al.* 1995 sowie die Beiträge von *Knapheide* 2002 (vgl. zu dem dort erläuterten Behandlungsansatz insbesondere die Darstellung S. 231 ff.); *Oskamp* 2002 sowie *Telger/Seifert* 2002.

[559] Siehe hierzu bereits S. 142, 189, 192, 195f.

nicht im Konsens mit dem jeweiligen Besucher, sondern werden in Reaktion auf besondere Zwischenfälle bei der Durchführung des jeweiligen Kontaktes von Seiten des Personals oktroyiert. Vor allem die bisweilen im erhobenen Material anzutreffenden langfristigeren Besuchsverbote sind jedoch vor diesem Hintergrund nicht ohne Weiteres als Sanktionierungen der Betroffenen einzustufen, sondern lassen sich zum Teil durchaus unter die existierende Eingriffsnorm des § 9 II 1 MRVG-NW subsumieren,[560] wie die nachfolgend wiedergegebenen Beispiele erhellen:

> *„25.10.82*
> *Besuch von seiner Braut; der Besuch mußte abgebrochen werden, da sich Pat. gemeinsam mit seiner Braut auf die Toilette begeben hatte. Pat.: „Ich habe meiner Braut nur einen Pickel auf dem Rücken ausgedrückt. Ich werde mich bei Herrn Dr. W beschweren."*
> *26.10.82*
> *Hatte eine Unterredung mit Herrn I. Auf den Besuchsvorfall vom Vortage angesprochen, zeigte der Pat. eine uneinsichtige Haltung, so daß ein Besuchsverbot für seine Verlobte bis zum Dienstag, dem 09.11.82 ausgesprochen wurde." (QUELLE: Patient I, Krankengeschichte 2/12)*

> *„Besuch von seiner Ehefrau. Als Fr. P gehen wollte fragte sie die Anwesende Kollegin: ‚Kannst Du Miststück mich rauslassen.' Beide wurden sofort auf den Ausdruck angesprochen, worauf Sie verstummte und Er meinte: ‚Halt Du dich da raus.' Fr. P wurde dann von mir herausgelassen. Hr. P wurde nochmals auf den Ausdruck angesprochen. Ergebniss welches ihm mitgeteilt wurde: Sollte seine Fr. hier erneut solche Ausdrücke gebrauchen u. er dies nicht unterbinden kann, wird seine Fr. einige Zeit keine Besuchserlaubnis für die WG erhalten." (QUELLE: Patient P, Pflegedokumentation 40/49)*

> *„Am 28.09.99 wurde die Besuchsregel neu überdacht und der Besuch auf maximal 2 Stunden im Besucherraum bei geschlossener Tür begrenzt. Weiterhin soll Frau P während der Übergabezeiten die WG verlassen. Am selben Tag kamen Frau P und der Rechtsanwalt des Patienten zu Besuch. Die Besucher kamen gegen 18.30 Uhr. Um 19.00 Uhr wurde Frau P aufgefordert, die WG während der Übergabezeit zu verlassen. Dieser Aufforderung kam sie nicht nach. In der darauffolgenden Stationskonferenz am 29.09.99 wurde nach Erörterung der Vorfälle am Vortag beschlossen, den Besuch auf acht Wochen auszusetzen. In der Folgezeit nahm Herr P wieder an Wochenspiegeln teil und äußerte einmal, dass er die Reaktion auf seine Besuche verstehen kann und die Besuchssperre akzeptiert." (QUELLE: Patient P, Behandlungsplan 2/16)*

Die vorstehend wiedergegebenen Fundstellen beziehen sich mit den Patienten I und P auf zwei Untergebrachte, bei denen es bereits im Vorfeld der hier geschilderten, den Anlas für die bewussten Sperren bildenden Ereignisse immer wieder zu Insubordinationen bzw. Auseinandersetzungen im Zusammenhang mit den Besuchen der beiden Lebensgefährtinnen gekommen ist. Vorausgegangen sind den schlussendlich vorgenommenen Restriktionen in jedem Fall diverse Versuche des Personals, die

---

[560] Zu den im Hinblick auf Einschränkungen des Besuchsrechts bisweilen unbefriedigenden (die Besuchserlaubnis nämlich eher als Ausnahme und das Verbot als Regelfall formulierenden) Landesregelungen vgl. *Blau* 1985, S. 1030; Kammeier-*Lesting*², Kap. G, Rn 22ff.; *Tondorf* 1983, S. 120.

existierenden Spannungen durch entsprechende Gespräche abzubauen und so zu einem möglichst konfliktfreien Miteinander zu gelangen. Erst nach dem vorläufigen Scheitern derartiger Bemühungen kam es zur Verhängung der fraglichen Besuchssperren, die aus diesem Grunde deutlich als ultima ratio fungierten. Soweit die vorgenommenen zeitlichen Begrenzungen den Eindruck einer exakt bemessenen Sanktionierung erwecken, ist mithin davon auszugehen, dass die verhältnismäßig langen Laufzeiten eher der Schwere der zugrunde liegenden Verwerfungen sowie der hieraus abzuleitenden vorläufigen Aussichtslosigkeit einer allzu raschen Beilegung des Konfliktes geschuldet sein dürften.

Auf der anderen Seite enthalten die untersuchten Krankenakten auch Beispiele für Besuchsverbote, denen ein eindeutiger Sanktionscharakter nicht abgesprochen werden kann. Vor allem bei regelmäßig stattfindenden Besuchskontakten innerhalb der Einrichtung, wie sie etwa bei Freundschaften oder partnerschaftlichen Beziehungen von Mitpatienten untereinander vorkommen, setzt das Personal die jedes Mal aufs Neue erforderliche Zustimmung bisweilen dazu ein, Regelverstöße eines der Beteiligten in gänzlich anderen Bereichen des Stationsalltages zu sanktionieren. So wurden etwa die bereits mehrfach erwähnten Probleme des Patienten O im Hinblick auf das Befolgen von Anordnungen sowie die Einhaltung seiner Tagesstruktur[561] von den Mitarbeitern des Öfteren zum Anlass genommen, ihm die ansonsten nach Maßgabe der zur Verfügung stehenden Ressourcen ermöglichten Besuche bei seiner Freundin, einer auf einer anderen Behandlungsstation des WZFP untergebrachten Patientin, zu untersagen:

„Herr O wurde rauchend in der Pat.-Toilette angetroffen. Da lt. Plenumsbeschluß festgelegt wurde, daß in einem solchen Fall dem betreffenden Pat. dieser Putzbereich automatisch zufällt und Herr O trotz guten Zuspruchs des Personals nicht bereit war die Säuberung vorzunehmen, mußte der Besuch der Pat. L v. d. Stat. 5/2 abgesagt werden." (QUELLE: Patient O, Pflegedokumentation 416/421)

„26.12.96, 10.55 Uhr
H. O kommt zum Dienstzimmer die Küche sei jetzt sauber dies habe H. H u. H. S bestätigt. Ref. hat das Gefühl daß H. O absolut nur auf seine Vorteile aus ist da er im Zusammenhang mit Ausgang nicht dies ignorate Verhalten an den Tag legt. H. H u. H. S bestätigen unabhängig von einander das H. O nicht geputzt hat, im Gegenteil H. O darauf hingewiesen haben, daß es unmöglich ist jetzt zu putzen. H. O löst durch sein Verhalten bei Mitpat. u. Ref. Unmut aus.
26.12.96, 12.30 Uhr
Ref. sah sich die Küche, die H. O angeblich gereinigt hat genauer an. Die Küche war nicht sauber wie H. O behauptete. Ref. erstellte daraufhin eine Mängelliste, einige Dinge hat H. O im laufe des heutigen Tages gereinigt. Die anderen wollte er am 27.12. erledigen.

---

[561] Vgl. hierzu etwa die Beispiele Patient O, Pflegedokumentation (235/254); Patient O, Pflegedokumentation (328/336) auf S. 154f. sowie die Beispiele Patient O, Pflegedokumentation (456/458); Patient O, Pflegedokumentation (908/911); Patient O, Pflegedokumentation (599/613) auf S. 167.

27.12.96, 13.40 Uhr
Pat. fragt nach, ob er Blumen holen soll u. anschließend nach 5/2 gebracht werden kann um Fr. L dort zu besuchen. Hr. O wird nochmals auf sein Putzrevier, seine Zimmerordnung u. den WS um 17.00 aufmerksam gemacht.
Die Handhabung bezgl. des Putzreviers ist mit ihm deutlich besprochen worden (siehe Doku vom 26.12.). Außerdem wird er hingewiesen, seine Ecke im Zimmer gründlich zu reinigen, um dies nicht morgen vor dem Ausgang machen zu müssen. Hr. O lehnt dies strikt ab mit der Begründung dies immer Samstags gemacht zu haben. Er werde frühzeitig aufstehen u. seinen Pflichten nachkommen. Pat. reinigt heute sein Zimmer als auch die mit ihm abgesprochenen Dinge seines Putzbereichs nicht. Der Besuch in Hs. 5 findet nicht statt." (QUELLE: Patient O, Pflegedokumentation 459/487)

„18.02.97, 12.15 Uhr
Herr S aus der KG v. Herrn O erzählte verstimmt, daß Herr O seinen Aufgaben nicht nachgekommen ist. Er habe für das Mittagessen nichts vorbereitet.
18.02.97, 14.00 Uhr
Hr. O kann auf Grund der Vorkommnisse am Mittag (Mißachtung seiner PP) nicht nach Frau L 5/2. Hr. O erklärt sich damit einverstanden. Er will sich jetzt auch mehr um seine Aufgaben kümmern." (QUELLE: Patient O, Pflegedokumentation 508/516)

Es bedarf inzwischen keiner näheren Begründung mehr, dass das in der zuletzt aufgeführten Quelle zur Aussetzung seiner Besuchsregelung verzeichnete Einverständnis des O an der Einordnung der verhängten Besuchssperre als Sanktion nichts zu ändern vermag. Die Zustimmung des Betroffenen schließt sich lediglich an die bereits verhängte Maßnahme an und kann allenfalls weitläufig mit der im Strafverfahren gebräuchlichen „Annahme des Urteils" im Sinne eines Verzichts auf das Einlegen von Rechtsmitteln (hier: das Einlegen eines Widerspruchs im Rahmen des Verwaltungsvorverfahrens gem. §§ 1 I, 3 I VorschaltVerfG[562]) vergleichen werden.

g) Rückführung sonstiger Erleichterungen der Unterbringungssituation

Neben der weiter oben behandelten, recht verbreiteten Entfernung von Geräten der Unterhaltungselektronik[563] kommt es bisweilen auch vor, dass dem Patienten der Zugriff auf sonstige Gebrauchsgegenstände entzogen wird. Besonders aussagekräftig ist insofern ein bereits in anderem Zusammenhang kurz gestreifter Vorgang, der sich insbesondere durch ein der verhängten Sanktion innewohnendes spiegelndes Moment auszeichnet. Während weiter oben lediglich die diesbezüglichen eher knapp gehaltenen Aufzeichnungen in der Krankengeschichte des betreffenden Patienten referiert wurden,[564] soll im Folgenden ein im Hinblick auf die hier interessierenden Belange ausführlicher Auszug aus der einschlägigen Pflegedokumentation wiedergegeben werden:

---

562 Vorschaltverfahrensgesetz v. 20.02.1979, GV NRW, S. 40. Vgl. hierzu die Erläuterungen bei Kammeier-*Wagner*[2] Kap. K, Rn 34; *Volckart* 1990, S. 234f.; *Volckart* 1997; *Volckart* 1999a, S. 235f.; *Wagner* 1992a, S. 69ff.

563 Vgl. hierzu S. 193ff.

564 Vgl. hierzu Patient X, Krankengeschichte (31/33), S. 132.

„04.04.99, 19.05 Uhr
Pat. erklärte mit läppischer Geste er habe das Wertfach von Pat. B abgeschlossen und dessen Schlüssel durch einen Spalt in den Schrank geworfen. Er bräuchte nun den Generalschlüssel. Ref. nahm ihm daraufhin seinen Wertfachschlüssel ab und erklärte ihm, daß er sich diesen zur endgültigen Abklärung beim Stationsleiter abholen könne.
06.04.99, 16.00 Uhr
Mit dem Pat. wurde über den Vorfall vom 4.4.99 gesprochen (Schlüssel in das Wertfach eines Mitpat. stecken). Dem Pat. war im Vorfeld demonstriert worden wie es ist wenn er keinen Schlüssel für seinen Schrank hat. Er fand selbst, das es schlecht ist, wenn der Schrank zu ist und er sich erst beim Personal melden muß. Er sagte das er kaum was machen könne nicht mal rasieren und Kleidung wechseln. Er sagte das ab jetzt keine Späße mehr mit den Schrankschlüsseln machen werde, nicht in der Toilette abspülen und nicht verstecken. Wenn er einen Schlüssel findet soll er ihn abgeben. Passiert nochmal was mit einen Schlüssel muß davon ausgegangen werden das er nicht mit Schlüsseln umgehen kann er dann auch keine mehr im Besitz haben kann." (QUELLE: Patient Y, Pflegedokumentation 216/236)

Obwohl es sich beim Entzug des Schlüssels für das eigene Wertfach des Patienten erkennbar um eine Maßnahme mit pädagogischem Hintergrund handelt, kann zur Rechtfertigung der besagten Restriktion nicht etwa auf § 7 I 1, III 2 MRVG-NW zurückgegriffen werden. Diese Norm gestattet es zwar unter anderem, den Patienten von der Benutzung bestimmter Gegenstände auszuschließen, wenn dies aus Gründen der Therapie erforderlich erscheint. In der fraglichen Bestimmung ist jedoch nach dem im vorangegangenen Kapitel hierzu Ausgeführten keine hinreichende Ermächtigungsgrundlage für die Ahndung eines Fehlverhaltens zu sehen, das sich als schlichter Ordnungsverstoß des Untergebrachten darstellt; als solche besitzt die hier behandelte Maßnahme mithin das Gepräge einer Sanktion.

Der Vollständigkeit halber sei noch einmal in Erinnerung gerufen, dass neben dem Entzug von Genussmitteln wie Kaffee oder Zigaretten eine denkbare Sanktion auch in der Beschränkung des Zugangs zu sonstigen, über den Zusatzeinkauf oder externe Lieferanten erhältlichen Gütern bestehen kann. Ein Teil des im Folgenden wiedergegebenen Auszugs aus der Pflegedokumentation des Patienten B ist bereits weiter oben aufgrund der in ihm dokumentierten Sanktionserwartung des Referenten angeführt worden.[565] Für den vorliegenden Zusammenhang ist die besagte Textstelle nunmehr vor allem aufgrund der Tatsache von Interesse, dass sich die durch den unmittelbar involvierten Mitarbeiter angekündigte Sanktion bereits am darauffolgenden Tag in Gestalt der Verhängung eines mehr als zweimonatigen Bestellverbotes realisiert hat:

„10.03.99, 17.30 Uhr
Hr. B wurde dabei angetroffen als er eine Pizzabestellung aufgeben wollte. Er wurde darauf hingewiesen dies zu unterlassen, da er keine Bestellung aufgeben darf. Wie sich nachher herausstellte, hatte er doch eine Bestellung aufgegeben. Vom anwesenden Personal würde es befürwortet, wenn Hr. B in Zukunft zunächst weder eine Cafeteria oder eine Pizzeriabestellung erhält.

---

[565] Vgl. hierzu S. 118.

11.03.99, 14.00 Uhr
Laut Teambeschluß kann Hr. B bis einschl. 31.5.99 keine Cafeteria und Pizzeriabestellung mehr aufgeben. Dies gilt auch für Bestellungen über Mitpatienten." (QUELLE: Patient B, Pflegedokumentation 563/574)

4. Zugang zu institutionellen Ressourcen

Als ein weiterer fester Bestandteil des in dem untersuchten Material zur Anwendung kommenden Sanktionsarsenals hat sich die Versagung des Zugangs zu bestimmten, institutionell verwalteten Ressourcen erwiesen. Unabhängig davon, ob es sich um die Bearbeitung von Bekleidungsanträgen, die Gewährung von Reflexionsgesprächen durch das Personal oder um das von der Einrichtung unterbreitete Angebot im Bereich von Arbeit und Beschäftigungstherapie handelt, ist allen derartigen Aktivitäten gemeinsam, dass sie ihre besondere Relevanz für den Betroffenen – die letztlich auch ihre Verwendbarkeit zu Sanktionszwecken bedingt – vor allem dem Unterbringungskontext der totalen Institution verdanken.

a) Verhängung einer Antragssperre

Begehrt ein Patient substantielle Verbesserungen seiner Unterbringungssituation wie etwa zusätzliche Ausführungen, die Anschaffung eines Fernsehgerätes oder die Aufnahme in eine der auf weitgehende Selbstversorgung ausgerichteten Kochgruppen, so hat er, soweit sein Zustand und seine Fähigkeiten dies zulassen, hierzu einen schriftlichen Antrag zu formulieren. In der Regel entscheidet dann das zuständige Behandlungsteam – gegebenenfalls unter Einbeziehung weiterer Kontrollinstanzen – in der nächsten gemeinsamen Sitzung über die Gewährung oder Versagung des angestrebten Vorteils.

Besonders hervorzuheben sind in diesem Zusammenhang die so genannten Bekleidungsanträge: In § 7 I 2 MRVG-NW wird zunächst eine kennzeichnende Anstaltskleidung für unzulässig erklärt. Angesichts der zumeist nicht unbeträchtlichen, sich vielmehr über einige Jahre erstreckenden Unterbringungsdauer ergibt sich allerdings eine grundsätzliche Verpflichtung, Kleidung und Wäsche bei Bedarf mit den Mitteln des Krankenhauses und unter Berücksichtigung der Wünsche des Patienten anzuschaffen.[566] Zu diesem Zweck gehen der betroffene Patient und ein Mitarbeiter des Pflegepersonals in größeren zeitlichen Abständen den jeweiligen Kleiderbestand durch und eruieren, inwieweit eine Aufstockung erforderlich erscheint. Das Ergebnis dieser Überprüfung wird in einem Bekleidungsantrag dokumentiert und an die zuständige Stelle in der Klinikverwaltung weitergeleitet. Wie jeder stark bürokratisierte Vorgang ist auch die Bearbeitung des bewussten Antrages anfällig für Manipulationen des Antragstellers, indem dieser etwa einen in Wirklichkeit nicht bestehenden Bedarf an Ersatzkleidung simuliert oder durch

---

[566] In diesem Sinne Kammeier-*Lesting*², Kap. G, Rn 11; *Volckart* 1999a, S. 54; *Volckart* 1989, S. 591f. Anders allerdings OLG Hamm, NStZ 1989, S. 590f.

paralleles Ansprechen mehrerer Mitarbeiter den Ablauf des Verfahrens zu seinen Gunsten zu beeinflussen sucht. Das Personal sieht sich angesichts derartiger Täuschungsversuche nicht selten zu einer beschränkenden Reaktion veranlasst, um dem betreffenden Patienten seine Grenzen aufzuzeigen. Die folgenden Fundstellen belegen, dass eine denkbare, im Einzelfall durchaus empfindliche Sanktion in der Verhängung einer langfristig angelegten Antragssperre besteht:

„19.01.95, 16.00 Uhr
Herr O sprach Ref. an, das er einen Teil neue Bekleidung braucht. Wollte wissen, ob Ref. am Nachmittag seine Kleidung kontrollieren könne um den Bestand zu überprüfen und ggf. aufzustocken.
19.01.95, 16.30 Uhr
Ref. wird von einem Mitpat. darauf hingewiesen, das Herr O ihn angesprochen habe, ob er Kleidung des Herrn O in seinem Kleiderschrank für diesen aufbewahren könne, bis nach der Bestandsaufnahme.
19.01.95, 17.30 Uhr
Wochenspiegel: Herr O wird vom Ref. darauf angesprochen, aus welchem Grund er Kleidung in einem anderen Schrank unterbringen wollte. Zitat: ‚Ja, das ist wieder mein altes Problem. Ich trete in sämtliche Fettnäpfchen.' Als Herrn O reflektiert wird, das dieses keinesfalls ein harmloses 'Fettnäpfchen' war, sondern ein Betrugsversuch, der von erheblicher krimineller Energie zeuge, antwortete Herr O: ‚Wenn Du das so siehst – ja gut.'
23.01.95, 16.00 Uhr
Herrn O wird mitgeteilt, daß der Bekleidungsantrag nicht gemacht wird, da er laut Kleiderkarte genug Kleidung besitzt. Zudem hat er letzte Woche einen 'Betrugsversuch' unternommen (19.1.) somit braucht er in den nächsten vier Wochen keinen Antrag zu stellen. Herr O bemerkte er nähme dies zur Kenntnis." (QUELLE: Patient O, Pflegedokumentation 191/216)

„Hr. O fragte nach einem Erstellen eines Bekleidungsantrag, da mit ihm vergangene Woche, das heutige Wochenende (26.1.) ausgemacht wurde, bzgl. des Doku.-eintrag / 26.1. um 12.00 wurde Hr. O gespiegelt, das er mit Ref. einen Termin gemacht hat und trotzdem zu einem anderen MA geht, um seine 'Sachen austragen' zu lassen, welches aber zum Erstellen eines Bekleidungsantrages mit dazugehört. Hr. O wurde vorgehalten, das er versucht zu 'tricksen' und Absprachen nicht einzuhalten, bzgl. der 'Geduldsausprägung' wurde Hr. O gesagt, das der Bekleidg.-antrag auf unbestimmt verschoben ist und Ref. auf ihn zukommen wird, Hr. O soll / muß diese Entscheidung als bindend nehmen und soll es unterlassen einen anderen MA zu bitten seinen 'Antrag' zu bearbeiten." (QUELLE: Patient O, Pflegedokumentation 489/501)

Unabhängig davon, ob die mit den vorstehenden Quellen illustrierten Sperren nun für eine bestimmte Dauer oder unbefristet verhängt werden, sind sie doch in jedem Fall als eklatante Verletzung verfahrensrechtlicher Pflichten der Klinik einzustufen: Diese ist gemäß § 24 III VwVfG.NRW. gehalten, im Rahmen ihrer Zuständigkeit grundsätzlich *jeden* wirksam eingegangenen Antrag des Untergebrachten unterschiedslos entgegenzunehmen, was nach herrschender Auffassung auch eine Pflicht zur sachlichen Auseinandersetzung impliziert.[567] Eine Aufforderung an den Unter-

[567] In diesem Sinne *Gusy* 1985, S. 487; *Obermayer-Engelhardt* § 24, Rn 201. Zur Geltung der Normen des VwVfG.NRW. im Maßregelvollzug AK-*Volckart*[4] Vor § 108, Rn 9; Kammeier-*Kammeier*[2], Kap. A, Rn 129; *Volckart* 1987; *Volckart* 2001, Rn 634.

gebrachten, bis zur Stellung des nächsten Bekleidungsantrages eine gewisse Zeit zuzuwarten, wäre demnach allenfalls als eng begrenzte Ausnahme bei offensichtlicher Rechtsmissbräuchlichkeit des Vorbringens denkbar, wenn etwa eine Flut von ähnlichen Eingaben erkennbar den Zweck verfolgt, die Arbeitskraft des Personals in einem nicht mehr hinnehmbaren Ausmaß zu beanspruchen.[568] Da derartige querulatorische Neigungen des O vorliegend jedoch keinesfalls ersichtlich sind, stellt die Erklärung des Behandlungsteams, sich für einen längeren Zeitraum überhaupt nicht mit einem entsprechenden Begehren des Betroffenen auseinander zu setzen, eine unzulässige Verkürzung seines in Art. 17 GG verankerten[569] Anspruchs auf die vorbehaltlose Berücksichtigung von ihm gestellter Anträge dar und ist nicht zuletzt aus diesem Grunde als unzulässig abzulehnen.

b) Verweigerung des Zugangs zum Personal

Neben den weiter oben behandelten Restriktionen im Hinblick auf spielerische, sportliche oder sonstige Freizeitaktivitäten mit dem Personal[570] kann eine Sanktionierung unerwünschter Verhaltensweisen des Untergebrachten auch darin bestehen, dass diesem der Zugang zu von ihm gesuchten Reflexionsgesprächen mit Therapeuten oder Pflegekräften für einen gewissen Zeitraum verwehrt wird. Die folgenden Beispiele geben Aufschluss darüber, dass derartige Beschränkungen im untersuchten Material bis hinein in die psychotherapeutischen Einzelgespräche vorgenommen werden:

> *„Eine Psychotherapie im engeren Sinne ließ der Psychopathologiestatus von Herrn D nicht zu. Eine primäre Zielsetzung stellte die Aufrechterhaltung einer Beziehungskonstanz und menschlicher Begegnung dar. Die therapeutischen Interventionen dienten ausschließlich der Entlastung und Stützung des Patienten, ein konfrontativer und realitätsorientierter Stil war kontraindiziert. Handlungsaggressionen von Herrn D im Stationsalltag wurden dagegen im Rahmen der therapeutischen Einzelkontakte mit deutlichen Unmutsreaktionen seines Gegenübers und einer Reduktion der Frequenz der Gespräche (welche von ihm selbst eingefordert wurden) kommentiert und sanktioniert." (QUELLE: Patient D, Gutachten 3/14)*

> *„Heute erstes kurzes Gespräch mit Herrn F, der mir zahlreiche Fragen zu meiner Person stellt und sich aber überwiegend freundlich verhält. Herr F liegt fixiert in seinem Zimmer. Aus diesem Grunde halte ich das Gespräch auch relativ kurz, womit Herr F natürlich nicht zufrieden ist. Er stellt sich als sehr fordernd dar, verlangt zahlreiche Vergünstigungen, Zigaretten etc., worauf ich selbstverständlich nicht eingehe. Zunächst wird festgelegt, daß ich nicht mehr mit Herrn F spreche, solange dieser fixiert ist, um evtl. dafür zu sorgen, daß er motiviert wird, sich entsprechend zu verhalten." (QUELLE: Patient F, Krankengeschichte 94/104)*

Auch wenn die pädagogische Zielsetzung, die von der Rückführung der Gesprächsangebote betroffenen Patienten durch die gezielte Verknappung ihrer kom-

---

568 Entsprechend geht die Kommentarliteratur allgemein davon aus, dass bei rein querulativem Vorbringen eine Pflicht zur wiederholten Bescheiderteilung nach den Grundsätzen von Treu und Glauben entfällt; vgl. *Knack-Clausen* § 24, Rn 23; *Obermayer-Engelhardt* § 24, Rn 206.

569 Knack-*Clausen* § 24, Rn 23; *Obermayer-Engelhardt* § 24, Rn 190.

570 Vgl. im Einzelnen S. 196ff.

munikativen Möglichkeiten zu einer Modifikation der gezeigten Fehlverhaltensweisen zu animieren, durchaus noch nachvollziehbar erscheint, begegnet die geschilderte Vorgehensweise letztlich doch durchgreifenden Bedenken: Zunächst einmal verletzt die Versagung von therapeutischen Gesprächen den in § 17 I 1 MRVG-NW verankerten, prinzipiell vorbehaltlos gewährten Anspruch des Untergebrachten auf die erforderliche Behandlung seiner Anlasskrankheit, was im Falle entsprechender Indikation explizit auch eine Pflicht zum Unterbreiten entsprechender psycho- und soziotherapeutischer Gesprächsangebote beinhaltet.[571] Darüber hinaus liegt vor allem bei der gegenüber dem ohnehin fixierten, d.h. dauerhaft aus der Patientengemeinschaft herausgelösten Patienten F zum Ausdruck gebrachten Weigerung, mit ihm zu sprechen, aufgrund seiner besonders isolierten Situation der Gedanke an eine Verletzung der von Art. 1 I 1 GG für unantastbar erklärten Menschenwürde des betreffenden Insassen durchaus nahe.

Zusammenfassend bleibt festzuhalten, dass sich gerade therapeutisch fundierte Gesprächskontakte, sei es nun das Einzelgespräch mit dem Psychotherapeuten oder das Reflexionsgespräch mit einem Mitarbeiter des Pflegepersonals, aufgrund der durch sie eröffneten Möglichkeit eines intensiveren Zugangs zur Problematik des Patienten, nicht zuletzt aber auch angesichts der ihnen zukommenden Entlastungsfunktion für den unter den Deprivationen der Unterbringungssituation leidenden Insassen denkbar schlecht für eine Sanktionierung anderweitigen Fehlverhaltens eignen.

c) Verhängung einer Arbeitssperre

Wie bereits weiter oben ausgeführt, werden insbesondere körperliche Auseinandersetzungen sowie Gewalttätigkeiten gegen Mitpatienten oder Mitarbeiter der Einrichtung, die im Rahmen der Beschäftigungstherapie oder der Arbeitsbetriebe des WZFP stattfinden, des Öfteren zum Anlass genommen, ein befristetes Teilnahmeverbot an die beteiligten Aggressoren auszusprechen.[572] Die im Folgenden ergänzend referierten Beispiele belegen allerdings, dass die besagte Arbeitssperre ihren Ursprung neben den bereits behandelten physischen Aggressionen unter Umständen auch in anderen Fehlverhaltensweisen der Untergebrachten haben kann:

„20.07.92, 15.55 Uhr
Pat. hatte eine Schlägerei mit Pat. P in der WMI. Ab heute 14 Tage Sperre in der WMI. Bericht von Herrn G folgt.
21.07.92, 07.00 Uhr

---

[571] Vgl. zum Behandlungsanspruch, welcher den Patienten des psychiatrischen Maßregelvollzugs aus dem von ihnen erbrachten Sonderopfer erwächst AK-*Volckart*[4] §§ 136–138, Rn 16; *Bischof* 1987; Kammeier-*Kammeier*[2], Kap. A, Rn 109; Kammeier-*Wagner*[2], Kap. D, Rn 105ff.; *Marschner/Volckart-Volckart*, Kap. B, Rn 195; *Volckart* 1999a, S. 159f. sowie bereits *Lindemann* 2002, S. 12.

[572] Vgl. die Diskussion der Beispiele aus der Krankengeschichte des Patienten I (27/32 sowie 36/47) auf S. 129, 131.

Als dem Pat. I die 14tägige Sperre mitgeteilt wurde, war er sehr uneinsichtig versucht über andere Vorwände doch in die WMI Halle zu kommen, was vom Personal verhindert wurde. Will sich über das Personal in der Arbeitstherapie beschweren, da er mit dieser Sanktion nicht einverstanden ist." (QUELLE: Patient I, Pflegedokumentation 27/35)

„Lt. Info der WMI versuchte der Pat. seine Lederstiefel dort zu verkaufen. Hierbei wurde er durch das dortige Personal überführt. Nun soll Hr. B lt. interner Vereinbarung von der AT in der WMI vorübergehend ausgeschlossen werden." (QUELLE: Patient B, Pflegedokumentation 252/255)

„Pat. hat in der WMI das WC verstopft und unter Wasser gesetzt. Erhielt bis Fr. Arbeitsverbot. Pat. gibt an er sei nicht gut drauf gewesen. Er hat den Vorfall lachend geschildert und geäußert es habe ihm auch ein wenig Spaß gemacht." (QUELLE: Patient Y, Pflegedokumentation 262/266)

Erneut soll darauf hingewiesen werden, dass mit derartigen Restriktionen zumeist zweierlei Sanktionswirkungen verbunden sind: Zum einen sieht sich der vorübergehend von Arbeit oder Beschäftigung ausgeschlossene Patient mit dem Problem konfrontiert, die entstandene Lücke in seinem Tagesablauf mit anderen Aktivitäten zu füllen, was angesichts des zumeist auf die jeweilige Station oder gar auf ein verschlossenes Einzelzimmer begrenzten Aktionsradius ein nicht zu unterschätzendes Problem darstellen kann. Die erste Folge der hier behandelten Arbeitssperre dürfte mithin ein sich schon bald einstellendes Gefühl der Langeweile sein. Zum anderen entstehen mit dem Wegfall des ansonsten gemäß § 14 I 2, 3 MRVG-NW begründeten Anspruchs auf Zahlung einer Arbeitsbelohnung bzw. eines Arbeitsentgelts empfindliche finanzielle Einbußen, die durch das statt dessen gewährte Taschengeld zumeist nicht kompensiert werden können.[573]

5. Uneigentliche Disziplinarmaßnahmen

Bereits bei der Beschreibung von den Patienten begangener Sachbeschädigungen hatte die Bestimmung zur Leistung von Schadensersatz als eine mögliche Folge einschlägiger Regelverstöße Erwähnung gefunden.[574] In diesem Zusammenhang war auch darauf hingewiesen worden, dass die von *Volckart* und *Grünbaum*[575] als „uneigentliche Disziplinarmaßnahme" bezeichnete Heranziehung des Untergebrachten zu einer seinen finanziellen Möglichkeiten entsprechenden Wiedergutmachung in § 25 I MRVG-NW eine hinreichende gesetzliche Grundlage findet und aus diesem Grunde keinen rechtlichen Bedenken begegnet. Ebenso ist eine Verpflichtung zur Beseitigung kleinerer selbst verursachter Verschmutzungen der Unterkunftsräume als rechtmäßig anzusehen, da die Patienten nach § 14 I 1 MRVG-NW unter ande-

---

573 Zum Anspruch auf Arbeitsentgelt im Rahmen von vollzuglichen Arbeitsverhältnissen Kammeier-*Gabriel*², Kap. E, Rn 45ff.; *Volckart* 1999a, S. 82f.

574 Vgl. hierzu S. 132.

575 *Volckart* 1999a, S. 93f.

rem gehalten sind, entsprechend dem Fortschritt ihrer Behandlung und ihren Fähigkeiten derartige Reinigungsarbeiten zu übernehmen.

Gegen die im Folgenden wiedergegebenen Beispiele für derartige „Arbeitsstrafen" lassen sich mithin keine Einwände grundsätzlicher Art vorbringen; allenfalls können im Einzelfall Bedenken dahingehend bestehen, ob ihre Verhängung angesichts des offensichtlich schlechten Gesamtzustandes des betroffenen Patienten noch den Grundsatz der Verhältnismäßigkeit wahrt.[576] Diesbezüglich ist insbesondere der nachstehend kurz angerissene Fall des unter einer chronisch paranoiden Schizophrenie leidenden Patienten D sehr ernst zu nehmen, wenngleich eine abschließende Stellungnahme in dieser Frage auf der Grundlage eines denkbar knappen Aktenauszuges und ohne die Hinzuziehung detaillierterer Informationen zum Kontext der wiedergegebenen Entscheidung kaum möglich erscheint:

„Pat. zeigt ein desorientiertes Verhalten. Herr D reagiert auf keine Ansprache und hat im Tagesraum an die Heizung gepinkelt. Seine Mitpatienten haben sich darüber beim Personal beschwert. Herr D wurde aufgefordert, sein Urin wegzuwischen." (QUELLE: Patient D, Pflegedokumentation 3/7)

„17.05.95, 11.30 Uhr
Herr Y hat sich im Keller zunächst gut beschäftigt. Nach etwa 1 1/2 Std. mußte er zur Toilette, da er nach seinen Angaben Durchfall hat. Nachdem er die Toilette verlassen hatte wurde diese kontrolliert. Es wurde festgestellt das die Wände u. die Decke des Toilettenraumes mit Schuhabdrücken beschmutzt war. Die Abdrücke hatten das Profil von Y Schuhen. Herr Y stritt ab das er es gewesen sei. Sein Kommetar: ‚Solche Schuhe haben auf der Abt. mehrere Pat.'
17.05.95, 13.40 Uhr
Lt. Teambeschluß geht Pat. heute nachmittag nicht zur BT, kann heute bis 18.45 in Begleitung in die Gemeinschaft. Dem Pat. wurde dies von der Unterzeichnenden mitgeteilt, worauf er unwirsch reagierte. Außerdem wurde ihm gesagt, daß er morgen früh die Wände des WC zu reinigen habe." (QUELLE: Patient Y, Pflegedokumentation 83/98)

„Am Abend wurde mit Hr. Y zunächst ein Gespräch über sein derzeitiges Befinden + die Pflegeplanung geführt. Hr. Y gab an, daß ihn die derzeitige Situation auf der Seite überfordere. Er wirkte dabei unruhig und fahrig. Wenige Minuten später goß er dem Mitpat. C eine rote Flüssigkeit in dessen Zimmer. Er gab an, daß dieser ihn genervt hätte. Auf die Frage, warum Hr. Y nicht das Gespräch mit dem betreffenden Pat. oder wenigstens mit Ref. gesucht hätte antwortete er mit einem Schulterzucken. Er wurde beauftragt, daß Zimmer zu reinigen + das Bett neu zu beziehen. Hr. Y kam dem unter Aufsicht nach." (QUELLE: Patient Y, Pflegedokumentation 189/199)

Erneut ist auf den deutlichen Unterschied hinzuweisen, welcher zwischen der soeben umrissenen Verpflichtung zur Beseitigung kleinerer im Stationsumfeld verursachter Verschmutzungen auf der einen Seite sowie der Sanktionierung einer

---

[576] Die auch bei Vollzugsmaßnahmen im Maßregelsektor zu berücksichtigenden Rechtsgarantien des Grundsatzes der Verhältnismäßigkeit werden unter anderem beleuchtet von *Baur* 1982a, S. 126f.; *Bernsmann* 1984, S. 157; *Holtus* 1991, S. 137ff.; Kammeier-*Kammeier et al.*[2], Kap. B, Rn 56ff.; *Kreuzer* 1994, S. 40ff.; *Rinke* 1985, S. 92ff.; *Rinke* 1988, S. 11ff.; *Wagner* 1990a, S. 60ff.; *Wagner* 1992a, S. 177ff.

diesbezüglichen Verweigerungshaltung des betreffenden Patienten auf der anderen Seite besteht. Soweit dem reinigungspflichtigen Patienten M im nachfolgenden Beispiel bestimmte „Folgen" seiner unkooperativen Haltung in Aussicht gestellt werden, handelt es sich demnach schlichtweg um die Androhung einer Sanktion für unbotmäßiges Verhalten:

> *„Herr M warf aus Wut über einen Mitpatienten Herrn L, der ihm eine verkolte Pfanne aufs Zimmer gestellt hatte, eben diese durch den Patientenflur. Zunächst weigerte der Pat. sich die Pfanne + Inhalt (schwarzer Pfannkuchen) wegzuräumen und wollte sie im Flur liegenlassen. Referenten erklärten Herrn M den Unsinn seiner Handlung und die Folgen für ihn. Herr M schaffte daraufhin die Dinge vom Flur und wischte alles gründlich auf." (QUELLE: Patient M, Pflegedokumentation 3/10)*

IV. Rechtliche Würdigung übergreifender Konzepte und Diskussion der Ergebnisse

Bevor nunmehr die Ergebnisse der empirischen Untersuchung zur Sanktionierung unbotmäßigen Patientenverhaltens vor dem Hintergrund der im Theorieteil der Studie entworfen Trennungslinien zwischen den verschiedenen vollzuglichen Eingriffsrichtungen diskutiert werden sollen (4), bedarf es noch einer intensiveren rechtlichen Würdigung einiger übergreifender Konzepte, welche zum Teil bereits an verschiedenen Stellen der Studie Erwähnung gefunden haben, jedoch noch keiner abschließenden Bewertung zugeführt worden sind: Gemeint sind zunächst die als Verhaltensverträge bzw. Sanktionsvereinbarungen bezeichneten Übereinkünfte zwischen Patient und zuständigem Behandlungsteam (2) sowie das Token-Programm (1). Weitere Ausführungen sollen einem Ansatz gelten, welcher zwar keinen Niederschlag in dem im Rahmen dieser Untersuchung erhobenen Aktenmaterial gefunden hat, jedoch bei der Durchführung des Kurzpraktikums auf der Station 44/2 des WZFP beobachtet und mit dem hinter dieser Konzeption stehenden Therapeuten im Rahmen eines zusätzlichen Gesprächs ausführlich erörtert werden konnte: Es handelt sich hierbei um die Adaption des bereits in anderen Vollzugsformen erprobten Konzepts der „Gerechten Gemeinschaft" für den Kontext des psychiatrischen Maßregelvollzuges (3).

1. Implementation eines Token-Programmes

Soweit ersichtlich, finden sich in dem bearbeiteten Material einzig in der Krankenakte des besonders strukturbedürftigen, persönlichkeitsgestörten Patienten O Hinweise auf die Einrichtung eines der hier näher darzustellenden Token-Programme.[577] Aufgrund der gravierenden Störungen im Sozialverhalten des besagten

---

[577] Zur Anwendbarkeit derartiger Programme in der Psychotherapie bei Minderbegabten *Freese* 1998, S. 214, 222.

Insassen, vor allem jedoch wegen der von ihm gezeigten Schwierigkeiten, Grenzen und Strukturen einzuhalten, liegt ein deutlicher Schwerpunkt seiner Behandlung im Bereich der Sozio- bzw. Milieutherapie. Der Patient fällt immer wieder durch Versuche auf, mit dem Personal getroffene Vereinbarungen und Absprachen zu umgehen, soweit die kompromisslose Befriedigung aktueller Bedürfnisse ihm dieses opportun erscheinen lässt; zudem verfügt er über eine nur gering ausgebildete Frustrationstoleranz. Aus den genannten Gründen zeigt er sich hinsichtlich der Durchführung verabredeter Stationsmaßnahmen wie Reinigungsaufgaben oder gemeinschaftlicher Nahrungszubereitung in hohem Maße auf die Führung des Personals angewiesen. An diesem Punkt setzt nunmehr – nach verschiedenen anderen, bislang allerdings sämtlich gescheiterten Ansätzen – das bewusste Token-System an, welches den Zweck verfolgt, den O zu einer konsequenten Regeleinhaltung und zu größerer Absprachefähigkeit zu bewegen.

In seinen Grundzügen lässt sich dieses therapeutische Konzept wie folgt umreißen:[578] Mit dem Patienten wird zunächst eine verhältnismäßig engmaschige Tagesstruktur erarbeitet, in der das für den jeweiligen Wochentag erwünschte Verhalten möglichst eindeutig und verständlich beschrieben ist. Kommt der Untergebrachte den dort verzeichneten Anforderungen weitestgehend nach, so erhält er zur Belohnung im Verlaufe des Tages an mehreren festgelegten Zeitpunkten jeweils ein Fleißkärtchen vom Personal, während bei Verstößen gegen einzelne Punkte der Planung die Karte für den entsprechenden Zeitraum versagt wird. Am Ende der Woche wird bilanziert und dem Patienten für den Fall, dass dieser ein bestimmtes, vorher festgelegtes Kartensoll erreicht hat, eine ebenfalls im Vorfeld vereinbarte Gratifikation gewährt; die Belohnung entfällt hingegen, wenn die erforderliche Kartenzahl verfehlt wird. Insbesondere der Einsatz der besagten Annehmlichkeiten – im Falle des Patienten O ist dies beispielsweise die Gewährung des wöchentlichen Ausganges – zum Zwecke der Verhaltensmodifikation wird von dem zuständigen Therapeuten in einer Eintragung in der Krankengeschichte wie folgt umschrieben:

> *„In der Fallbesprechung wurde überlegt, bei Herrn O ein Token-Programm ('Fleißkärtchen') zur Einhaltung der Pflegeplanung einzuführen. Mit dem Token-Programm soll die Motivation des Pat. für die Einhaltung der mit ihm vereinbarten Ziele erhöht werden. Hierbei werden angenehme Aktivitäten, zu denen auch Ausgänge mit rekreativem Schwerpunkt gehören, als Verstärker eingesetzt und damit von der Einhaltung der Pflegeplanung abhängig gemacht. Bei Verstärkerentzug wird der 1:1-Ausgang zwar nicht abgesetzt, aber es finden darin vorübergehend keine rekreativen Aktivitäten im engeren Sinne statt. Eine endgültige Entscheidung über diese Maßnahme ist noch nicht getroffen." (QUELLE: Patient O, Krankengeschichte 52/64)*

Die vorstehende Schilderung des für den Fall des Patienten O entwickelten Arrangements führt bereits unmittelbar zur Crux des gesamten Token-Programmes: Be-

---

[578] Zur Konzeption vergleichbarer Programme *Ayllon/Azrin* 1968; *Fröhlich* 2000, S. 442; *Gustafson* 1992; *Hautzinger* 1996, S. 235f.; *Maercker* 2000, S. 542f.; *O'Leary/Becker* 1967; *Revenstorf* 1996, S. 34f. sowie zusammenfassend *Glynn* 1990.

trachtet man nämlich die in der Folgezeit ergehenden Einträge in der Pflegedokumentation, in denen die jeweiligen Entscheidungen über Vergabe oder Versagung der aktuellen Fleißkarte begründet werden, so stellt man fest, dass der Fokus der Aufmerksamkeit des Pflegepersonals eben doch eindeutig auf die regel*verletzenden* und nicht auf die regel*konformen* Anteile im Verhalten des O gerichtet ist; während erstere verhältnismäßig häufig Erwähnung finden, ist von letzteren so gut wie nie die Rede.[579] Anders ausgedrückt: Die Aufzeichnungen über die konkrete Vergabepraxis machen deutlich, dass zwar am Ende des Wertungszeitraumes von einer Woche mit der Gewährung des 1:1-Ausganges eine Gratifikation vorgesehen ist, dass aber der Weg dorthin viel eher geprägt ist durch die einzelnen „Mikrosanktionen" des Kartenentzuges für bestimmte Fehlverhaltensweisen.[580]

Die nachfolgenden Fundstellen verdeutlichen darüber hinaus, dass der Begriff des „Fleißkärtchens" in gewisser Hinsicht irreführend ist, da in die Bewertung keineswegs nur Kooperationsbereitschaft und gezeigte Mitarbeit des Patienten einfließen.[581] Eine Versagung kann statt dessen mit festgestellten Regelverstößen aus nahezu jedem Bereich des Unterbringungsalltages begründet werden:

„Herr O bekam heute Vormittag kein Fleißkärtchen, da er am Morgen über die Strukturierung der Einrichtung geschimpft hat und die Küchenwaage am Pullover abputzte. Im Anschluß wurde er 3x aufgefordert die Menage runter zu tragen, welches er nicht tat. Aus diesem Grunde fällt das Fleißkärtchen für den Nachmittag ebenfalls weg." (QUELLE: Patient O, Pflegedokumentation 901/906)

„Hr. O wurde von Ref. und einem MA der WG mehrmals aufgefordert zur BT nach Hr. B zu gehen. Der Pat. saß im Raucherraum und schmierte sich in aller Ruhe sein Frühstücksbrot. Hr. O beschwerte sich, daß er nicht in Ruhe Frühstücken konnte. Auf Grund dieser Verhaltensweisen (Unterlassen von provozierendem und ignorierendem Verhalten) und der Nichteinhaltung von festen Arbeitszeiten wird Hr. O für den heutigen Vormittag kein Fleißkärtchen bekommen werden." (QUELLE: Patient O, Pflegedokumentation 824/832)

„Herr O kam auf Ref. u. bat um ein Gespräch. In diesem Gespräch beschwerte sich Hr. O über seinen Mitpat. Hr. L u. dessen Verhalten beim fernsehn. Er habe keine Lust neben jemanden zu sitzen, der herumzappele u. masturbiere. Dies wurde vom zufällig anwesenden Mitpat. Hr. W in soweit bestätigt, dass Hr. L häufig die Hand zum Schritt führe. Hr. O äußerte daraufhin noch, dass er dies Verhalten als sehr kritisch ansehe, man wisse ja was in einem anderen Fall, gemeint war der frühere Mitpat. Hr. T, aus solchem Verhalten entstanden sei. Er habe keine

---

[579] In diesem Zusammenhang ist erneut auf den bereits weiter oben (Fn 84) bei der Definition des der Untersuchung zugrunde gelegten Sanktionsbegriffes erwähnten Bericht eines ehemaligen Patienten über die tendenzielle Überrepräsentation negativer Ereignisse in den Pflegedokumentationen hinzuweisen (vgl. *Müller* 1984, S. 117).

[580] Ein Modell, das ebenfalls mit dem Verlust von Punkten auf bestimmte Regelverstöße reagiert, anstatt lediglich Wohlverhalten positiv zu sanktionieren, schildert *Phillips* 1968 aus der Arbeit mit straffällig gewordenen, in einem Heim untergebrachten Jugendlichen. Zusammenfassend hierzu *Maercker* 2000, S. 403.

[581] Dies konzediert auf Nachfrage auch der zuständige Therapeut: So sei der Begriff der „Fleißkarte" tatsächlich sehr umfassend zu verstehen, da auch Verfehlungen von dem Programm erfasst würden, die mit den Begriffen „Fleiß" und „Faulheit" nicht zu erfassen seien.

Lust wegen solcher Leute, als 'Kinderficker' bezeichnet zu werden. In einem folgenden Einzelgespräch wurde Hr. O vom Ref. klar gemacht, dass die grundsätzliche Info. bezüglich dieser Verhaltensweisen angenommen, seine daraus gezogenen Schlußfolgerungen u. im offenen Rahmen geäußerten Meinung ihm nicht zustehen sowie nicht geduldet werden. Hr. O entschuldigte sich beim Ref. für seine Äußerungen dass er Hr. L mit dem früheren Mitpat. Hr. T gleichgesetzt habe, erhält für den Morgen jedoch kein Fleißkärtchen." (QUELLE: Patient O, Pflegedokumentation 855/873)

„12.04.00, 20.15 Uhr
Als der Ref. zu Hr. O ins Zimmer kam bemerkte er einen Aschenbecher mit 2 Zigarettenkippen auf dem Tisch. Daraufhin angesprochen erklärte Hr. O, das er die Zigaretten nicht geraucht habe, er aber wohl wissen würde von wem sie wären. Hr. O wurde vom Ref. erklärt, das es seine Verantwortung wäre, das in seinem Zimmer nicht geraucht würde und es letztlich auf ihn zurückfallen wird wenn etwas passiert. Die Angaben wurden glaubhaft vom Pat. geschildert.
13.04.00, 12.00 Uhr
Herr O erhielt heute im Frühdienst kein Fleißkärtchen (s. Eintrag Bereitschaft)." (QUELLE: Patient O, Pflegedokumentation 732/742)

Die vorstehenden Textstellen erhellen, dass sich das einmal implementierte Token-System mühelos für eine sämtliche Lebensbereiche durchdringende Verhaltenskontrolle instrumentalisieren lässt.[582] Nimmt man die zuletzt aufgeführte Quelle ernst (und sieht in dem Vorwurf, zumindest das Rauchen Dritter nicht verhindert zu haben, nicht lediglich eine Art bequemer „Beweiserleichterung" des Personals), so ist sogar eine Verantwortlichkeit des Betroffenen für fremdes, ihm im Sinne einer „Garantenstellung" für sein unmittelbares persönliches Umfeld zuzurechnendes Fehlverhalten denkbar. Der Untergebrachte steht demgemäß quasi ununterbrochen unter Beobachtung, was einen über die Maßen machtvollen Anpassungsdruck zur Folge haben dürfte.[583,584] Dass eine derartige Überwachungskonzeption bisweilen gewissermaßen ihre eigenen Regelverletzungen generiert, belegt das folgende Beispiel:

---

582 Der Vollzugsalltag nimmt hier Züge jener „moralischen Buchführung" an, wie sie nach *Foucault* 1976, S. 321 erstmals für die lückenlosen, individualisierenden Dokumentationssysteme der panoptischen Straf- und Besserungsanstalten *Benthamscher* Prägung kennzeichnend waren. Eine Verbindungslinie zwischen der Beschreibung *Foucaults* und dem modernen Maßregelvollzug zieht auch *Bargfrede* 1999, S. 12.

583 Die Anwendbarkeit von Token-Systemen in totalen Institutionen wird denn auch im einschlägigen Schrifttum bisweilen sehr kritisch gesehen. Hierzu *Parfy* 1999, S. 156 („aus ethischen Gründen überaus zweifelhaft") sowie *Kriz* 2001, S. 127: „Einerseits ist es sicher für einen schizophrenen Patienten, der bisher nur unansprechbar zurückgezogen lebte, positiv, wenn er sich selbst ankleidet und an einigen Gemeinschaftsaktivitäten teilnimmt. Andererseits ist es schwer zu vertreten, wenn relativ elementare Grundbedürfnisse, wie ein persönlicher Stuhl, ein Kleiderbügel oder gar das Gespräch mit einem Priester oder einem Psychologen den Menschen prinzipiell vorenthalten werden und erst 'bezahlt' werden müssen." Zurückhaltender fällt die Kritik bei *Reinecker* 1996, S. 165 aus. *Glynn* 1990, S. 393 streicht demgegenüber die Möglichkeit einer strikten Verhaltenskontrolle in derartigen Einrichtungen sogar als besonderen Vorteil gegenüber dem regulären Behandlungssetting heraus.

584 Zur Gefahr einer bloßen Scheinanpassung der Patienten des psychiatrischen Maßregelvollzugs unter den Zwängen der Unterbringungssituation vgl. bereits die Nachweise oben in Fn 317.

Die Verfehlung des O scheint hier vor allem darin zu bestehen, sich ein wenig zu aufdringlich um die Ausgabe der ihm zustehenden Fleißkarte bemüht zu haben.

> *„Hr. O kommt zum Ref. und fordert zum wiederholten Mal seine Fleißkarte vom Frühdienst ein. Da alle MA im Rahmen des Umzuges beschäftigt waren, wurde Hr. O gebeten dies zurückzustellen, sprach jedoch ständig MA die sich abwechselnd auf der Station befanden an. Hr. O wurde in dem nun geführten Gespräch gespiegelt, daß er seine Belange (Erhalten seines Fleißkärtchens) über die der gesamten Gruppe stelle und nicht bereit ist diese für eine begrenzte Zeit zurück zu stellen. Hr. O unterbrach den Ref. bei dessen Erklärung ständig u. wollte, daß dies als Reflektionsgespräch eingetragen werden solle. Weil dies gestern ausgefallen sei. Dies lehnte der Ref. ab, da dieser die gesamte letzte Woche nicht anwesend war. Aufgrund seines Gesamtverhaltens erhält Hr. O für den Spätdienst kein Fleißkärtchen." (QUELLE: Patient O, Pflegedokumentation 744/758)*

Wie bereits erwähnt wurde, liegt ein wichtiger Beweggrund für die Einrichtung eines Token-Programmes darin, die Absprachefähigkeit und Verlässlichkeit des betreffenden Untergebrachten zu steigern. Um so mehr verwundert die Feststellung, dass ein entsprechendes Verhalten von Seiten des Behandlungsteams keineswegs immer selbstverständlich ist. In einer ersten Bilanz des Programmverlaufs aus Anlass der periodisch stattfindenden Fortschreibung des Behandlungs- und Wiedereingliederungsplanes (§ 14 II 2 MVollzG NW a.F.; nunmehr § 16 II 2 MRVG-NW) wird deutlich, dass der Patient O das System der Fleißkärtchen mittlerweile recht effektiv zur Wahrnehmung seiner Belange zu nutzen versteht:

> *„Behandlungs- und Wiedereingliederungsplan, Fortschreibung für den Zeitraum von Mai 2000 bis November 2000: Als Bilanz des zuletzt angewendeten Token-Programms (vgl. Fallbesprechung vom 15.03.2000, Pflegedokumentation) wird registriert, dass Herr O gewünschtes Verhalten so lange zeigt, bis er sein Kartensoll erreicht hat, dass ihm (etwa) die Arbeitsgenehmigung gewährleistet. Ist diese Bedingung erfüllt, überwiegt wieder das Destruktive, die Opposition, Ausfälligkeiten, Frechheiten, gegenüber dem Pflegepersonal, Rücksichtslosigkeiten gegenüber Mitpatienten.*
> *Beschlossen wird, im Falle von Verhaltensverschlechterung, das Kartensoll heraufzusetzen." (QUELLE: Patient O, Behandlungsplan 121/132)*

Der in Reaktion auf das kalkulierende Vorgehen des O gefasste Beschluss, bei entsprechenden Disziplinschwierigkeiten das erforderliche Kartensoll einfach nachträglich heraufzusetzen, wird in der Folgezeit tatsächlich umgesetzt, wie der folgende Auszug aus der entsprechenden Pflegedokumentation zeigt:

> *„Nach Absprache in der Bezugspflegegruppe wird auf Grund des vermehrten Fehlverhaltens am 5.10. (Zimmerkontrolle nicht gemeldet) und 6.10. (Sporttermin verpaßt) die Kartenanzahl für diese Woche um eine Karte erhöht, 14 = zur BT u. 17 = Ausführung" (QUELLE: Patient O, Pflegedokumentation 913/917)*

Die in Rede stehende Vorgehensweise stellt zunächst einen schlichten Vertragsbruch dar,[585] weist allerdings auch auf eine der grundlegenden Schwächen des gesamten

[585] Dieser Vertragsbruch tritt zu der von *Popitz* 1980, S. 49 dargestellten Tatsache hinzu, dass

Arrangements hin: Nicht nur lässt sich, wie dem Auszug aus dem Behandlungsplan unschwer entnommen werden kann, für den Insassen relativ einfach feststellen, bis zu welchem Zeitpunkt es sich für ihn „rechnet“, ein regelgerechtes, den an ihn gestellten Anforderungen gerecht werdendes Verhalten zu zeigen. Darüber hinaus besteht zudem stets die Gefahr, dass der Betroffene zwar durch äußerlich angepasstes Verhalten das erforderliche Kartensoll erreicht, die ihm hierfür beispielsweise versprochene Lockerung jedoch eigentlich aufgrund von anderweitig begründeten Sicherheitsbedenken auszuscheiden hätte. In diesem Fall sieht sich das Behandlungsteam mit dem Dilemma konfrontiert, auf der einen Seite Berechenbarkeit und Vertragstreue bei dem Untergebrachten fördern zu wollen und deshalb nicht zuletzt selber verkörpern zu müssen und auf der anderen Seite die abgesprochene Gewährung der bewussten Gratifikation gegenüber externen Kontrollinstanzen nicht rechtfertigen zu können.

Obwohl sicherlich die bei dem Patienten O bestehende grundlegende Problematik einer Modifikation nur schwer zugänglich ist und aus diesem Grunde jeder Versuch einer therapeutischen Einflussnahme von vornherein einen langen Atem benötigt, ist es vielleicht zumindest zu einem Teil auch den vorstehend herausgearbeiteten, strukturell angelegten Mängeln des angewandten Modells geschuldet, wenn das vorläufige Fazit des zuständigen Therapeuten in der Krankengeschichte des Patienten überaus resignativ gehalten ist:

> *„Die Situation stellt sich im Wesentlichen als unverändert dar. Zu konzedieren sind allenfalls leichte Fortschritte im Sozialverhalten (leichte Abnahme des Destruktiven), wobei die Dominanz des Egozentrischen durch entsprechende Impulse immer wieder durchschimmert. Freilich wurde auch beobachtet, was selbstverständlich nicht unerwartet war, dass der Patient Anstrengungsbereitschaft, durch konstruktives Verhalten eine bestimmte Kartenanzahl zu erhalten, in dem Fall, wenn er Vergünstigungen vor Augen hat, zu beobachten ist. Die 'Leistungsmotivation' lässt dann nach, wenn diese Vergünstigungen (hier handelt es sich um Ausführungen) nicht in zeitlicher Nähe stehen. In Konsequenz des Ganzen sieht man keine andere Möglichkeit, als auf dem bisherigen Wege weiter zu arbeiten.“ (QUELLE: Patient O, Krankengeschichte 66/79)*

Festzuhalten bleibt nach alledem, dass mit dem hier erläuterten Token-Programm eine Vielzahl von Fehlverhaltensweisen erfasst werden, deren Aufarbeitung zugleich in den Anwendungsbereich eines noch zu entwickelnden Disziplinarrechts für den Maßregelvollzug fallen würde.[586] Zwar kommt der vorstehend als „Mikrosanktion“

„Sanktionshandlungen, isoliert betrachtet, ja inhaltlich Normbrüchen gleichen. Im Allgemeinen wäre eine Sanktionshandlung, *wenn* sie nicht eine *Sanktions*handlung wäre, ein Normbruch.“ Insoweit kann der vorliegend erörterte Sachverhalt einer nachträglichen Anhebung des Punktesolls als eine Bestätigung für die von *Popitz 1980, aaO* aufgestellte These vom Ausnahmecharakter der durch Normbrüche entstehenden sozialen Situationen gelesen werden: „Sanktionssubjekte müssen etwas Außerordentliches tun dürfen, und Normbrecher müssen sich etwas Außerordentliches gefallen lassen“.

586 Vgl. insoweit auch die kritischen Ausführungen bei *Reinecker* 1999, S. 224: „ […] Anwendung von Token Economies in geschlossenen Institutionen ist insofern besonders problematisch, als

bezeichneten Vorenthaltung einer einzelnen Fleißkarte für sich genommen noch keinerlei rechtsbeschränkende Wirkung zu; soweit jedoch die Gewährung von Ausgang an den Untergebrachten jeweils an ein nur durch kontinuierliches Wohlverhalten erreichbares Kartensoll geknüpft wird, ergibt sich in der Gesamtschau dennoch ein eindeutiger Sanktionscharakter. In diesem Zusammenhang darf nicht unberücksichtigt bleiben, dass der Untergebrachte einen *Anspruch* auf die Gewährung von Vollzugslockerungen hat, soweit sein aktueller Zustand deren Gewährung zulässt.[587] Allein von der Zahl der im Wochenverlauf gesammelten Karten zwingend auf die jeweilige aktuelle Gesamtverfassung schließen zu wollen, würde in Anbetracht dessen jedoch allzu holzschnittartig anmuten und wird von der vorgenommenen Regelung letztlich wohl auch nicht bezweckt. Aus dem Gesagten ergibt sich vielmehr, dass die den Patienten O mehrfach treffende negative Lockerungsentscheidung auf der Grundlage einer zu geringen Zahl angesammelter Fleißkarten als Sanktion im hier verstandenen Sinne einzustufen ist.

2. Verhaltensverträge und Sanktionsvereinbarungen

Die nunmehr detaillierter zu erörternden Sanktionsvereinbarungen sind sowohl bei der Darstellung bestimmter Typen unbotmäßigen Patientenverhaltens als auch bei der Auflistung des im untersuchten Textmaterial zur Anwendung gelangenden Sanktionsarsenals bereits des öfteren begegnet.[588] Zur Verdeutlichung seien noch einmal einige – zum Teil bereits früher angeführte – Beispiele für entsprechende Übereinkünfte und deren Umsetzung referiert:

> *„Gespräch mit dem Pat. über die Vorfälle (Türschlösser verstopfen) der letzten Tage. Zusätzlich ging heute noch ein Schloß kaputt. Pat. bestritt zunächst mit dieser Sache zutun zu haben. Gab schließlich dann doch zu dieses Schloß verstopft zu haben. Pat. wurde erklärt, daß er dieses jetzt zu bezahlen habe und er erklärte sich damit einverstanden. Sein Verhalten wurde gespiegelt außerdem daß er seit seiner Verlegung von der Stat. 15/1 sein Verhalten nicht geändert habe. Pat. zeigte sich reuig konnte jedoch nicht erklären wie sich sein Verhalten ändern soll. Mit dem Pat. wird folgende Absprache getroffen:*
> - *Bei mutwilliger Zerstörung von Gegenständen wird die neue Musikanlage für 1 Woche eingezogen.*
> - *Somit wird die Anlage dem Pat. erst am 19.11. ausgehändigt. Hr. Y erklärt sich mit dieser Regelung einverstanden."* *(QUELLE: Patient Y, Pflegedokumentation 245/260)*

---

die Vergabe von Verstärkern prinzipiell auch kontingent auf 'angepasstes' Verhalten erfolgen kann. Token Economies dienen in diesem Fall nicht mehr zur individuellen Therapie, sondern sie können auch zur Aufrechterhaltung der Ordnung auf einer Station herangezogen werden. Eine solche Anwendung stellt einen klaren Missbrauch der prinzipiellen therapeutischen Möglichkeiten von Token Economies dar und sollte auf Grund ethischer Überlegungen nicht als 'Verhaltenstherapie' bezeichnet werden".

587 In diesem Sinne Kammeier-*Pollähne*², Kap. F, Rn 3: „Ungeachtet der jeweiligen vollzugsrechtlichen Ausgestaltung von Lockerungsmaßnahmen in den Landesgesetzen hat der Patient unter bestimmten Voraussetzungen einen Rechtsanspruch auf Verminderung des Freiheitsentzuges".

588 Hierzu bereits oben auf S. 142, 189, 192, 195f., 200.

„Vereinbart wurde mit ihm, destruktives Verhalten (auch hier sei auf die Pflegedokumentation verwiesen) unmittelbar mit einer Ausgangssperre zu beantworten, um ihn auf diese Weise zum Nachdenken zu bewegen. Er stimmte diesem Vorgehen zu." (QUELLE: Patient O, Krankengeschichte 3/6)[589]

„Folgendes Vorgehen wird mit Herrn H für die Woche vom 15.8.-19.08. vereinbart: Herr H ist morgens bis um 8.00 h aufgestanden, dabei sollte er gegen kurz vor 8.00 h von einem Pflegedienstmitarbeiter noch mal 'geweckt' werden. Nach Durchführung der Körperhygiene und Ankleiden kann Herr H dann bis zu 2 Tassen Bohnenkaffee erhalten. Anschließend arbeitet Herr H vormittags von 9–11.30 h, auch nachmittags sollte Herr H nach Möglichkeit arbeiten. Ist Herr H bis 8.00 h nicht aufgestanden, erhält er keinen koffeeinhaltigen Kaffee an diesem Tage. Mit dieser Regelung erklärt Herr H sich einverstanden." (QUELLE: Patient H, Pflegedokumentation 3/14)

„Herr B gibt auf intensive Konfrontation zu, Zigaretten an Pat. verkauft zu haben (wurde Rückgängig gemacht), einem Mitpat. CD's verkaufen zu wollen und seinen CD-Player an einen Mitpat. verkauft zu haben. Seiner Mutter habe er berichtet, er sei auf dem Transport nach 5/1 kaputt gegangen. Er möchte ein neues von ihr. – Es besteht keine Einsicht. Herr B bagatellisiert in bekannter Weise. Bei erneutem nachgewiesenem Fehlverhalten erfolgt lt. Verhaltensvereinbarung der Ausschluß aus der Stationsgemeinschaft." (QUELLE: Patient B, Pflegedokumentation 299/308)

Soweit ein Rechtsverhältnis auf dem Gebiet des öffentlichen Rechts durch einen Vertrag begründet, geändert oder aufgehoben wird, liegt nach dem Wortlaut des § 54 S. 1 VwVfG.NRW. ein öffentlich-rechtlicher Vertrag vor. Die vorstehend wiedergegebenen Verhaltensvereinbarungen betreffen mit dem innerinstitutionellen Verhalten der betroffenen Untergebrachten einen Lebenssachverhalt, der grundsätzlich einer vollzugsrechtlichen Regelung zugänglich ist. Da es sich bei den Maßregelvollzugsgesetzen der Länder um Normen des öffentlichen Rechts handelt, ist somit auch der Inhalt der bewussten Verträge öffentlich-rechtlicher Natur.[590]

---

589 Auch dieser Auszug aus der Krankengeschichte des Patienten O wurde im Übrigen (zusammen mit den weiter oben wiedergegebenen Auszüge aus Behandlungsplan und Pflegedokumentation) dem zuständigen Therapeuten vorgelegt. Die daraufhin erlangten Auskünfte können als vorsichtige Bestätigung für einige im Verlauf der Studie ausgesprochene Vermutungen gewertet werden: Nach Auskunft des Therapeuten kommt in den angesprochenen Textstellen tatsächlich das Bestreben zum Ausdruck, durch die gewählte „Vertragsgestaltung" bei dem betroffenen Patienten soviel Identifikation wie möglich mit den vereinbarten Inhalten zu erreichen und so zu Ansätzen einer „Selbstbindung" zu gelangen. Man folge insoweit dem in der therapeutischen Literatur verbreiteten Ansatz des „contract management". Gleichwohl sei nicht etwa davon auszugehen, dass dem Patienten O in den geschilderten Situationen sonderlich viel Verhandlungsmasse zur Verfügung gestanden habe. So sei etwa der Eintrag in der Krankengeschichte in einer Situation entstanden, in der Herr O wieder „seit Wochen genervt" habe, weshalb die in Bezug genommene Ausgangssperre für destruktives Verhalten sicherlich einseitig vom Pflegepersonal vorgegeben worden sei. Denkbar sei allenfalls, beim Vertragsentwurf in Nuancen auf den Patienten zuzugehen, wenn dieser vehement auf die Streichung bestimmter Punkte bestehen würde.

590 Nach herrschender Auffassung soll es für die Zuordnung eines Vertrages zum öffentlichen oder privaten Recht entscheidend auf die Rechtsnatur des Regelungsgegenstandes ankommen; vgl. GemSenOBG, NJW 1986, S. 2359; BVerwG, NJW 1995, S. 1105; *Kopp* § 54, Rn 7; Stelkens/Bonk/Sachs-*Bonk* § 54, Rn 76.

Darüber hinaus wird den fraglichen Übereinkünften von Seiten des Personals offensichtlich eine Bindungswirkung dergestalt zugeschrieben, dass die vereinbarte Sanktion im Falle eines einschlägigen Regelverstoßes unter Bezugnahme auf die zuvor erteilte Zustimmung des Patienten notfalls auch zwangsweise durchgesetzt werden kann.[591] Diese Auffassung zu Grunde gelegt, begründen die Sanktionsvereinbarungen mithin auch ein Rechtsverhältnis.

Nach dem Gesagten sind die hier behandelten Verhaltensvereinbarungen als öffentlich-rechtliche Verträge einzustufen. Aufgrund der Tatsache, dass sich die konkret beteiligten Parteien – das Behandlungsteam auf der einen Seite, der Patient auf der anderen – prinzipiell in einem Verhältnis der Über-Unterordnung gegenüberstehen, spricht man in diesem Zusammenhang auch von subordinationsrechtlichen Verträgen.[592]

Für eine kritische Würdigung derartiger Übereinkünfte sind nunmehr zwei Fragenkreise auseinander zu halten: Zunächst stellt sich das Problem, dass den einschlägigen Vollzugsgesetzen aufgrund des Fehlens eines Disziplinarrechts keinerlei Anhaltspunkte über die zulässigen Inhalte der betreffenden Vertragswerke entnommen werden können. Obwohl somit einerseits den in §§ 54ff. VwVfG.NRW. enthaltenen Regelungen zum öffentlich-rechtlichen Vertrag durchaus ein verhältnismäßig differenziertes System von *allgemeinen* Rechtmäßigkeitsanforderungen entnommen werden kann, fehlt es doch andererseits völlig an entsprechenden *spezialgesetzlichen* Vorgaben, was zu einer Kollision der hier erörterten Praxis, Sanktionsvereinbarungen mit den Patienten abzuschließen, mit dem Grundsatz vom Vorbehalt des Gesetzes führen könnte.

Daneben ist der eher grundsätzlichen Frage nachzugehen, inwieweit die eindeutigen Machtstrukturen der totalen Institution das Operieren mit Begriffen wie „Privatautonomie" oder „Vertragsfreiheit" überhaupt zulassen. Anders ausgedrückt: Es sollte überlegt werden, ob nicht ein eklatantes Ungleichgewicht der Verhandlungspositionen von Patienten und Personal die grundsätzlich nach pflichtgemäßem Ermessen der Verwaltung bestehende freie Wahl der Handlungsform[593] für den vorliegend erörterten Kontext bereits prinzipiell einschränkt und die Behörde auf einseitig oktroyierte Maßnahmen festlegt, um die wahren Machtverhältnisse nicht lediglich mit einem konsensualen „Feigenblatt" zu kaschieren.

a) Verstoß der Sanktionsvereinbarungen gegen den Vorbehalt des Gesetzes

Es ist zunächst umstritten, ob die inhaltliche Ausgestaltung eines öffentlich-rechtlichen Vertrages überhaupt dem Grundsatz vom Vorbehalt des Gesetzes unter-

---

[591] Darin liegt auch der Unterschied zu den in der allgemeinen Psychotherapie gebräuchlichen so genannten Kontingenzverträgen, wie sie etwa bei der Behandlung von Partnerschaftsproblemen, Alkoholismus oder bei der Gewichtskontrolle Anwendung finden; detaillierte Ausführungen hierzu bei *Hautzinger* 1996, S. 236; *Kriz* 2001, S. 130ff.; *Maercker* 2000, S. 544; *Reinecker* 1996, S. 165f.; *Reinecker* 1999, S. 324ff.; *Revenstorf* 1996, S. 46.

[592] So etwa Knack-*Henneke* § 54, Rn 4.2; *Maurer* 2000, § 14, Rn 12.

[593] Hierzu *Göldner* 1976, S. 354; Knack-*Henneke* § 54, Rn 8.2; *Wolff et al.* 2000, § 54, Rn 4a.

liegt.[594] Der ablehnenden Auffassung ist zu konzedieren, dass es bei den fraglichen Vertragsschlüssen, „auch soweit Grundrechtspositionen berührt werden, angesichts der einverständlichen Mitwirkung der am Vertrag Beteiligten zumindest nicht in dem Sinne zu Eingriffen kommt, in dem dies bei jenem Erfordernis gesetzlicher Grundlage vorausgesetzt wird."[595] Das Eingehen einer vertraglichen Verpflichtung mag zwar im konkreten Fall zu einer Freiheitsbeschränkung führen, es lässt sich jedoch – zumindest wenn nach den Umständen keine Beeinträchtigung der Entscheidungsfreiheit des Bürgers vorliegt[596] – ebenso gut auch als Freiheitsgebrauch im Sinne einer „Grundrechtsausübung durch Grundrechtsbindung" verstehen.[597]

Diese Sichtweise berücksichtigt jedoch lediglich die rechtsstaatliche, zur Wahrung der Grundrechte des vom Verwaltungshandeln betroffenen Bürgers bestimmte Funktion des Gesetzesvorbehalts. Sie vernachlässigt demgegenüber dessen kompetenzrechtliche, demokratietheoretisch herzuleitende Komponente, welche – unabhängig von dem durch die zustimmende Willenserklärung zum Ausdruck gebrachten Konsens des Privaten – zum Schutz der Führungsrolle des Parlaments eine gesetzgeberische Regelung der betreffenden Materie erforderlich machen kann.[598] Nach der vom *Bundesverfassungsgericht* insoweit entwickelten *Wesentlichkeitstheorie* steht die Regelung grundlegender Lebensbereiche im Bereich der Grundrechtsausübung dergestalt unter einem Parlamentsvorbehalt, dass der Gesetzgeber selbst alle wesentlichen Entscheidungen zu treffen hat.[599] Dabei ist das Kriterium der Wesentlichkeit dahin gehend auszufüllen, dass danach gefragt wird, wie bedeutend, gewichtig, grundlegend, einschneidend, intensiv usw. eine Regelung für die Allgemeinheit und den betroffenen Bürger ist.[600] Die nach diesem Verständnis des Gesetzesvorbehalts erforderliche Regelungsdichte ist mithin unmittelbar von der Intensität der Betroffenheit grundrechtlich geschützter Güter abhängig; in Bereichen, die insoweit eine besondere Sensibilität aufweisen, dürfte demzufolge die Begründung von Rechten und Pflichten durch einen öffentlich-rechtlichen Vertrag ohne vorgängige gesetzliche Regelung der inhaltlichen Grundlagen unzulässig sein.[601]

---

[594] Bejahend: Erichsen-*Erichsen* § 26, Rn 10. Verneinend: BVerwGE 42, 331 (335); *Göldner* 1976, S. 355; *Maurer* 1989, S. 805; *Ule/Laubinger* 1995, § 70, Rn 5.

[595] BVerwGE 42, 331 (335).

[596] Dass dies für die vorliegend behandelten Vollzugsrechtsverhältnisse keineswegs unproblematisch ist, wird sogleich noch zu behandeln sein (vgl. S. 193ff.).

[597] *Göldner* 1976, S. 355; Knack-*Henneke* Vor § 54, Rn 7.2.2.1; *Krebs* 1993, S. 265; *Maurer* 1989, S. 805; Obermayer-*Tiedemann* § 54, Rn 73; *Scherzberg* 1992, S. 211; *Stelkens/Bonk/Sachs* § 54, Rn 96.

[598] So Knack-*Henneke* Vor § 54, Rn 7.2.2.2; *Krebs* 1993, S. 265f.; Obermayer-*Tiedemann* § 54, Rn 75; *Scherzberg* 1992, S. 211. Ausführlich zu den einzelnen Elementen der Vorbehaltslehre *Rottmann* 1985.

[599] BVerfGE 40, 235 (248f.); 49, 89 (126f.); 61, 260 (275); 79, 174 (195f.). Vgl. hierzu auch die Ausführungen bei *Pieroth/Schlink* 2001, Rn 264ff.

[600] *Maurer* 2000, § 6, Rn 11.

[601] Ebenso Obermayer-*Tiedemann* § 54, Rn 75; *Scherzberg* 1992, S. 211f.

Obwohl im verwaltungsrechtlichen Schrifttum teilweise vertreten wird, dass bereits in den in §§ 54 ff. VwVfG.NRW. formulierten allgemeinen Anforderungen eine hinreichend bestimmte, dem Gesetzesvorbehalt genügende Rechtsgrundlage für den Abschluss öffentlich-rechtlicher Verträge gesehen werden kann,[602] muss nach dem Gesagten für den hier behandelten Zusammenhang auf einer Verankerung inhaltlicher Mindeststandards in den Vollzugsgesetzen der Länder bestanden werden. In einem Regelungsbereich wie dem Vollzug der Maßregel nach § 63 StGB, der durch die Besonderheiten der Unterbringungssituation ohnehin nur einen denkbar schmalen Korridor individuellen Freiheitsgebrauchs für die Insassen vorsieht, besitzt jede darüber hinausgehende Beschränkung, und sei sie auch mit dem Betroffenen abgesprochen, eine derartig nachhaltige Bedeutung für dessen Grundrechtspositionen, dass die Bestimmung der Leitlinien zu ihrer rechtlichen Beurteilung vom Gesetzgeber selber vorgenommen werden sollte. Die besondere Sensibilität des Vollzugsrechtsverhältnisses gebietet es demgemäß, dass sich der Gesetzgeber selber ein Bild von den nach seiner Auffassung im Einzelnen zulässigen Restriktionen macht und seine Auffassung in den einschlägigen Regelwerken dokumentiert. Unterlässt er dieses, so vermag auch ein individuell erklärter Verzicht des Insassen auf grundrechtlich geschützte Positionen diesen Legitimationsmangel nicht mehr zu beheben. Nach dem Gesagten ist den referierten Sanktionsvereinbarungen bereits aufgrund des Fehlens einer einschlägigen spezialgesetzlichen Rechtsgrundlage die Rechtmäßigkeit abzusprechen.

b) Grundsätzliche Unzulässigkeit des Abschlusses von öffentlich-rechtlichen Verträgen im Maßregelvollzug

Der Gesetzgeber hat sich in § 54 S. 1 VwVfG.NRW. für die so genannte *Zulassungstheorie* entschieden.[603] Entsprechend dem insoweit eindeutigen Wortlaut dieser Norm soll der Abschluss öffentlich-rechtlicher Verträge immer dann zulässig sein, wenn nicht zwingende Rechtsvorschriften entgegenstehen; einer ausdrücklichen Ermächtigungsgrundlage bedarf es demzufolge gerade nicht. Gleichwohl ist allgemein anerkannt, dass bestimmte Verwaltungsbereiche aufgrund prinzipieller Erwägungen als generell vertragsfeindlich einzustufen sind; vertreten wird dies beispielsweise für die Kernbereiche des Polizei- und Sicherheitsrechts, des Beamtenrechts, des Abgabenrechts oder des Staatsangehörigkeitsrechts.[604] Damit sind zunächst Felder der Begegnung zwischen Staat und Bürger bezeichnet, auf denen der Zweck hoheitlichen Tätigwerdens eine gleichberechtigte Mitwirkung Privater an der Setzung von Rechtsfolgen grundsätzlich ausschließt.[605] So steht etwa entsprechenden Übereinkünften auf dem Gebiet des Steuerrechts im Allgemeinen das

602 Knack-*Henneke* Vor § 54, Rn 7.2.2.2; Stelkens/Bonk/Sachs-*Bonk* § 54, Rn 96.

603 BT-Drs. 7/910, S. 78. Vgl. hierzu *Peine* 2000, Rn 254; Stelkens/Bonk/Sachs-*Bonk* § 54, Rn 92.

604 Hierzu im Einzelnen *Kopp* § 54, Rn 27; *Kunig* 1992, S. 1196; Obermayer-*Tiedemann* § 54, Rn 69; *Wolff et al.* 2000, § 54, Rn 7ff.

605 *Scherzberg* 1992, S. 208.

Prinzip der Gesetzmäßigkeit und Gleichmäßigkeit der Abgabenerhebung entgegen,[606] während das Beamtenrechtsverhältnis vor allem aufgrund der in Art. 33 V GG begründeten Eigenarten des einseitig angelegten und vom Gesetzgeber stark determinierten Dienst- und Beamtenrechts einer Gestaltung durch Vereinbarung nur insoweit zugänglich sein soll, als dafür eine explizite gesetzliche Grundlage besteht.[607]

Ein generelles Vertragsformverbot wird man jedoch auch dann anzunehmen haben, wenn nach den konkreten Umständen – etwa aufgrund eines Verhandlungsübergewichts der Behörde – eine gravierende Beeinträchtigung der Entscheidungsfreiheit des Bürgers besteht.[608] Dabei soll keineswegs übersehen werden, dass im Grunde bei jedem Vertragsschluss mehr oder weniger starke Zwänge Einfluss auf das Entscheidungsverhalten der beteiligten Parteien ausüben dürften. Gerade im Verhältnis zwischen Staat und Bürger erscheinen jedoch Konstellationen denkbar, in welchen aufgrund der eklatant unterschiedlichen Machtpositionen von einem wirklichen Aushandeln der Vertragsinhalte keine Rede mehr sein kann. Lässt man in diesen Fällen dennoch den Abschluss rechtsverbindlicher „Verträge“ zu, so verkommt der auch dem öffentlich-rechtlichen Vertrag zu Grunde liegende Gedanke der Privatautonomie zu einer bloßen „Hülle ohne Kern“, mit deren Hilfe im Grunde einseitig von der Verwaltung dominierten Regelungen ein konsensualer „Anstrich“ verliehen werden soll.[609]

Geht man der Frage nach, inwieweit auch im Hinblick auf den Abschluss der hier behandelten Sanktionsvereinbarungen unter den Bedingungen des Vollzuges der Maßregel nach § 63 StGB von einem derartigen Ungleichgewicht der Verhandlungspositionen auszugehen ist, so trifft man im erhobenen Material zunächst auf einige Fundstellen, die zumindest bei vordergründiger Betrachtung auf das Vorhandensein eines Aushandlungsprozesses in seinen grundlegenden Zügen hindeuten. Zur Exemplifizierung mögen folgende, zum Teil bereits früher[610] angeführte Beispiele dienen:

> *„PP Gespräch: H. T wurde darauf angesprochen, ob er mit der Konsequenz des Zimmerstatus weiterhin einverstanden ist, oder ob er andere Lösungen für sich sieht. H. T möchte den Zimmerstatus beibehalten, da es für ihn immer ein Ansporn ist, sein auferlegtes Tätigkeitsfeld hinsichtlich der PPlanung zu erfüllen.“ (QUELLE: Patient T, Pflegedokumentation 379/384)*

> *„Mit Herrn T wurde ein Gespräch bez. seines Wochenplanes geführt. Die Ref. legte Herrn T nahe, sich bis zum morgigen Abend Gedanken bez. seines Wochenplanes zu machen, da durch seinen regelmäßigen Schulbesuch Terminänderungen nötig geworden seien. Da Herr T in der*

---

606 Stelkens/Bonk/Sachs-*Bonk* § 54, Rn 124; *Wolff et al.* 2000, § 54, Rn 7.

607 BVerwGE 91, 200 (203); *Wolff et al.* 2000, § 54, Rn 9.

608 Knack-*Henneke* Vor § 54, Rn 7.2.2.1; *Scherzberg* 1992, S. 211.

609 Durchgreifende Zweifel im Hinblick auf die Anwendbarkeit des „Vertragsmodells“ im Strafvollzug äußert denn auch *Koepsel* 1985, S. 83ff.

610 Vgl. das Beispiel aus der Pflegedokumentation des Patienten Q (3/8) auf S. 143.

letzten Woche durch zu spätes aufstehen den Bulli zur Schule verpaßt hat, wurde ihm geraten ein früheres Aufstehen im Wochenplan festzuschreiben. Desweiteren wurde ihm mitgeteilt daß er beim Verpassen des Schulbullis für den gleichen Tag Zimmerstatus erhält. Herr T erklärte sich damit einverstanden. Desweiteren wollte er sich bis morgen Gedanken bez. seines Wochenplanes machen." (QUELLE: Patient T, Pflegedokumentation 329/340)

„Während der Behandlungsplanfortschreibung stellten sich vor allen Dingen heraus, daß Herr Q im sozialen Bereich noch Probleme hat. Er soll sich selbst über Konsequenzen Gedanken machen, falls er Termine vergißt oder sich nicht an Absprachen hält. Dies soll dann in die Pflegeplanung aufgenommen werden." (QUELLE: Patient Q, Pflegedokumentation 3/8)

Wenngleich in allen drei vorstehend wiedergegebenen Quellen eine gewisse Beteiligung des jeweils betroffenen Untergebrachten an der Ausgestaltung des konkreten Arrangements nicht bestritten werden kann, so darf doch auch nicht unberücksichtigt bleiben, dass in keinem der Fälle die *grundlegende* Notwendigkeit strukturierender Maßnahmen im Hinblick auf den Tagesablauf des Probanden in Frage gestellt wird. Vielmehr scheint unter dem Primat sozio- und milieutherapeutischer Erwägungen bereits festzustehen, dass bei den Patienten T und Q eine kontinuierliche Einhaltung der in der Pflegeplanung festgeschriebenen Tagesstruktur nur durch ein den vorhandenen Ausweich- und Vermeidungstendenzen gegensteuerndes Sanktionsprogramm gewährleistet werden kann. Die Einbeziehung der Patienten erfolgt lediglich auf einer nachgeordneten Stufe des Entscheidungsprozesses, nämlich bei der Frage der konkreten Ausgestaltung etwa des zu erledigenden Arbeitspensums oder der für den Fall eines Verstoßes vorzusehenden Sanktionen.[611]

Eine Beteiligung des Insassen, die durch dergestalt limitierte Möglichkeiten der Einflussnahme gekennzeichnet ist, setzt sich jedoch dem Verdacht aus, eher als eine Art pädagogisches „Placebo" zum Zwecke einer zusätzlichen Potenzierung der Verbindlichkeit des festzuschreibenden Programmes denn als ehrliche Referenz an das Recht des Patienten auf ein selbstbestimmtes Eingehen rechtsverbindlicher Kontrakte gedacht zu sein. Die vorgefundenen Vereinbarungen erscheinen nach alledem hinsichtlich ihrer Inhalte zu stark einseitig determiniert durch den therapeutisch-konzeptionellen Hintergrund des Behandlungssettings, als dass ihnen das für eine generelle Zulässigkeit öffentlich-rechtlicher Verträge einzufordernde Mindestmaß an Aushandelbarkeit zugebilligt werden dürfte. Im Vollzug der Unterbringung nach § 63 StGB ist aus den genannten Gründen von der Verwendung entsprechender Vertragswerke abzusehen.

[611] Insoweit liegt der Vergleich nahe zu Konstellationen, in welchen etwa eine Behörde dem Bürger für den Fall eines Scheiterns der Vertragsverhandlungen die einseitige Durchsetzung einer von diesem geforderten Leistung androht. Die einschlägige verwaltungsrechtliche Literatur spricht in diesem Zusammenhang von einem „faktischen Kontrahierungszwang" (vgl. Knack-*Henneke* Vor § 54, Rn 7.2.2.1; *Scherzberg* 1992, S. 211) welcher die Handlungsform des öffentlich-rechtlichen Vertrages für die beschriebenen Konstellationen ausscheiden lassen soll.

3. Gerechtigkeit als Behandlung?[612] Die „Gerechte Gemeinschaft" nach *Kohlberg*

Mit der am Modell der „Gerechten Gemeinschaft" orientierten weitgehenden Delegation von Entscheidungsbefugnissen an ein Stationsgremium soll nunmehr ein ambitioniertes Modell vorgestellt werden, welches sich zwar in keiner der im Rahmen dieser Untersuchung erhobenen Krankengeschichten dokumentiert findet, das jedoch erstmals im Rahmen des Kurzpraktikums in der Abteilung IV für die heilpädagogische Förderung intelligenzgeminderter psychisch Kranker begegnete und dessen Hintergründe im Rahmen eines ausführlichen Gesprächs mit dem Leiter der Abteilung näher erörtert werden konnte. Von Interesse für den vorliegenden Kontext ist die „Gerechte Gemeinschaft" vor allem aufgrund der ihr innewohnenden Tendenz, unter anderem auch den Umgang mit Regelverstößen der an ihr partizipierenden Insassen aus der alleinigen Kompetenz des Personals weitgehend in die Hände der Gruppengemeinschaft zu überweisen. Bevor jedoch im Folgenden die praktische Umsetzung dieses Ansatzes auf der Station 44/2 des WZFP erläutert wird, sollen zunächst dessen theoretische Grundannahmen sowie einige frühere Erprobungsformen der „Gerechten Gemeinschaft" in Institutionen vor allem des Jugend- und Erwachsenenstrafvollzuges beleuchtet werden.

a) Theoretischer Hintergrund und frühere Erprobungsformen der „Gerechten Gemeinschaft"

Seine theoretische Fundierung erhält das Modell der „Gerechten Gemeinschaft" in der Entwicklungstheorie des moralischen Urteils nach *Kohlberg*.[613] Diese Theorie – nach Auffassung *Göppingers* „eine der großen Synthesen in den Sozialwissenschaften der letzten 50 Jahre"[614] – fußt maßgeblich auf den Arbeiten *Piagets* zum Regelbewusstsein und zur Anwendung von Regeln beim Kinde, welche sich durch die Unterscheidung der moralischen Entwicklung in eine vormoralische, eine heteronome und eine autonome Stufe auszeichnet,[615] und integriert darüber hinaus weitere soziologische, psychologische und philosophische Ansätze unter anderem von *J. Dewey*, *G.H. Mead* und *E. Durkheim*.[616]

Im Zentrum der Theorie *Kohlbergs* zur Moralentwicklung steht ein ausdifferenziertes Stufenmodell, welches sich in insgesamt sechs Stufen der Entwicklung des

612 In Anlehnung an die Überschrift des Resümees in einer Arbeit von *Kohlberg et al.* 1978, S. 211.

613 Einen ersten Überblick hierzu gewährt die Sammlung von Essays bei *Kohlberg* 1996a.

614 *Göppinger* 1997, S. 119.

615 Vgl. vor allem *Piaget* 1954 bzw. die sehr gute Zusammenfassung hierzu bei *Garz* 1994, S. 88ff. *Kohlberg* selbst bezeichnet sich als „begeisterte(n) Leser der Schriften Piagets" (*Kohlberg/Kramer* 1996, S. 41).

616 Exemplarisch *Scharf/Hickey* 1976, S. 108; *Kohlberg* 1987, S. 25; *Tapp/Kohlberg* 1971, S. 67. Ausführlich zur Theoriegeschichte des *Kohlbergschen* Modells *Garz* 1994, S. 137ff. Vgl. hierzu auch noch *Brumlik* 1989, S. 377; *Göppinger* 1997, S. 119; *Lösel* 1993, S. 261.

moralischen Urteilens gliedert.[617] Jeweils zwei dieser Stufen werden zudem von *Kohlberg* zu einer übergeordneten Ebene zusammengefasst; insoweit bilden (in aufsteigender Linie) die präkonventionelle, die konventionelle sowie die postkonventionelle Ebene das Grundgerüst des theoretischen Konzepts. Das so umrissene Stufenmodell lässt sich wie folgt in tabellarischer Form nachzeichnen:

Ebene[618]	**Entwicklungsstufe**[619]	
Präkonventionelle Ebene: Die moralische Wertung beruht auf äußeren, quasiphysischen Geschehnissen, schlechten Handlungen, oder auf quasi-physischen Bedürfnissen statt auf Personen oder Normen.	**1. Orientierung an Gehorsam und Strafe**	Es besteht eine heteronome Moral, die sich an Geboten und Sanktionen von mächtigen Anderen orientiert. Die Handlungsbewertungen sind vom Effekt bestimmt.
	2. Naiv-egoistische Orientierung	Handlungen werden nach ihrem instrumentellen Wert zur Befriedigung eigener Bedürfnisse beurteilt. Die individuelle Relativität von Bewertungen wird wahrgenommen. Bewertungen von Sozialbeziehungen sind an Prinzipien der Gleichheit und des Tauschgeschäfts orientiert.
Konventionelle Ebene: Die moralische Wertung beruht auf der Übernahme guter und richtiger Rollen, der Einhaltung der konventionellen Ordnung und den Erwartungen anderer.	**3. Orientierung am Bild des braven Kindes**	Eigene Handlungsbewertungen werden an den Erwartungen anderer (Rollen) und an sozialen Stereotypen ausgerichtet. Handlungen sollen anderen gefallen, helfen etc. Konformität geht vor eigene Interessen.

617 Vgl. hierzu *Kohlberg* 1963; *Kohlberg* 1978, S. 209f.; *Kohlberg* 1987, S. 26f.; *Kohlberg* 1996b, S. 26ff.; *Kohlberg* 1996c, S. 128ff.; *Kohlberg* 1975, S. 243f.; *Kohlberg/Kramer* 1996, S. 51ff. (dokumentiert unter anderem bei *Eckensberger/Reinshagen* 1980, S. 72ff.); *Jennings et al.* 1983, S. 284f.; *Tapp/Kohlberg* 1971, S. 68f.

618 Nach *Kohlberg* 1974, S. 60f. (dokumentiert unter anderem bei *Hickey/Scharf* 1980, S. 38).

619 Bei *Göppinger* 1997, S. 120 (unter Verwendung einer Zusammenfassung von *Lösel* 1993, S. 261f.). Weitere zusammenfassende Darstellungen des Stufenmodells finden sich etwa bei *Arbuthnot et al.* 1987, S. 159; *Betram* 1982, S. 728; *Dülmer* 2001, S. 3f.; *Garz* 1987, S. 217f.

Ebene	**Entwicklungsstufe**	
	4. Orientierung an Autorität und sozialer Ordnung	Moralische Urteile werden am Primat des Sozialsystems orientiert. Pflichterfüllung, Respekt vor Autoritäten, Bewahrung von Recht und Ordnung sind wesentlich. Persönliche Beziehungen werden nach systemspezifischen Rollengesichtspunkten strukturiert.
Postkonventionelle Ebene: Die moralische Wertung beruht auf Konformität des Ich mit gemeinsamen (oder potentiell gemeinsamen) Normen, Rechten oder Pflichten.	**5. Orientierung an Recht und Sozialverträgen**	Maßstäbe des Handelns ergeben sich aus mehrheitlich akzeptierten Normen, die zwar als willkürlich und gruppenspezifisch erkannt, aber als verbindlich angesehen werden. Pflicht beruht auf Sozialkontrakten, individuelle Rechte und das Gemeinwohl sollen gewahrt werden.
	6. Prinzipienorientierung	Handlungsbewertungen basieren nicht nur auf aktuellen sozialen Regeln, sondern auch auf universellen Prinzipien der Gerechtigkeit, die das Individuum in freier, vernünftiger Entscheidung wählt. Orientierung an Gewissen, gegenseitigem Vertrauen und Respekt.

Abb.: Stufen der Moralentwicklung nach *Kohlberg*

Nach dem von *Kohlberg* entwickelten Ansatz bilden die dargestellten Stufen eine invariante Sequenz, die jedes Kind im Laufe seiner Entwicklung Schritt für Schritt durchlaufen muss;[620] zudem soll der Fortschritt in die nächst höhere Stufe unumkehrbar in dem Sinne sein, dass es – außer unter Inkaufnahme schwerster persönlicher Krisen – nicht zu einem Rückfall hinter das einmal erreichte Niveau kommen könne.[621] Das Modell geht darüber hinaus von der Annahme aus, die Entwick-

620 *Kohlberg* 1987, S. 28; *Kohlberg* 1996b, S. 30; *Kohlberg et al.* 1996, S. 218.

621 *Jennings et al.* 1983, S. 286; *Göppinger* 1997, S. 120f. Kritisch zu diesen Annahmen *Holstein* 1976. Nach *Betram* 1982 ergibt sich aus der genannten Studie „mehr Evidenz gegen das Modell von Kohlberg als dafür".

lungsstufen bildeten „strukturierte Ganzheiten“;[622] das heißt, die Individuen jeder Stufe müssten in allen Bereichen konsistent auf dem gleichen Niveau urteilen.[623] Schließlich konstatiert *Kohlberg* eine funktionale Abhängigkeit der Entwicklung des moralischen Urteils von der Entwicklung kognitiver Kompetenzen beziehungsweise von der Fähigkeit zur sozialen Perspektivenübernahme.[624]

Besondere Relevanz für den vorliegend behandelten Zusammenhang der Straftäterbehandlung kommt dem vorgestellten Modell nun vor allem aufgrund der von *Kohlberg* zu Grunde gelegten Annahme zu, ein höheres Niveau moralischen Urteilens besitze einen immunisierenden Effekt gegenüber Anreizen für delinquentes Verhalten.[625] Mehrere empirische Studien haben die behauptete Korrelation zwischen Kriminalität und Moralentwicklung dem Grunde nach bestätigt, wenngleich die fragliche Verbindungslinie nicht übermäßig deutlich ausgeprägt zu sein scheint.[626] Insoweit wird man zumindest der Annahme einer streng linearen Beziehung zwischen zunehmenden Stufenfortschritt und dem Absinken krimineller Neigungen mit dem Hinweis *Göppingers* begegnen müssen, mit den von *Kohlberg* entwickelten Stufen moralischen Urteilens werde eben gerade *keine* Aussage über den *Inhalt* der getroffenen Bewertungen getroffen, sondern lediglich im Hinblick auf die *Struktur* der Argumentation und des Urteilens.[627]

Weitere Kritik an der sozialisationstheoretischen Konzeption *Kohlbergs* ist im Übrigen dahin gehend geübt worden, in einigen empirischen Studien hätten sich Schwierigkeiten bei der eindeutigen Zuordnung einzelner Personen zu den oben umrissenen Stufen der Moralentwicklung ergeben; zudem habe sich die sechste Stufe bislang in der Wirklichkeit nicht nachweisen lassen, so dass ihr rein theore-

---

622 Von *Jennings et al.* 1983, S. 286, wird diese Annahme als „structured-wholeness assumption“ bezeichnet.

623 *Kohlberg* 1987, S. 28; *Kohlberg* 1996d, S. 181f.; *Tappl/Kohlberg* 1971, S. 68.

624 *Kohlberg* 1974, S. 37; *Kohlberg* 1987, S. 29; *Kohlberg* 1996b, S. 32f.; *Kohlberg* 1996c, S. 125, 165: „Moralische Urteile erfordern Rollenübernahme – man muss sich in die Lage der verschiedenen, am moralischen Konflikt beteiligten Leute versetzen; dennoch ist [...] das Erreichen einer bestimmten Stufe der Rollenübernahme nur eine notwendige, nicht aber eine hinreichende Bedingung für moralische Entwicklung.“ Vgl. hierzu erneut *Betram* 1982, S. 728 sowie *Brumlik* 1989, S. 379; *Göppinger* 1997, S. 120.

625 Vgl. etwa *Kohlberg* 1978, S. 215ff.; *Tappl/Kohlberg* 1971, S. 66: „Understanding a person's orientation to rule and law should be enhanced by understanding his orientation to fundamental moral principles.“ Ähnlich *Arbuthnot et al.* 1987, S. 160: „Delinquency, then, in the cognitive-developmental view, may be seen as associated with moral worldviews which are relatively immature in a developmental sense“.

626 Vgl. unter anderem die Nachweise bei *Arbuthnot et al.* 1987, S. 160ff.; *Hickey/Scharf* 1980, S. 42ff.; *Jennings et al.* 1983, S. 300ff. sowie bei *Blasi* 1980, S. 11f., der aufgrund der durchweg eher verhaltenen Ergebnisse zu dem Schluss gelangt: „Moral reasoning is an important aspect of delinquency but does not offer alone the explanation of this aberrant behavior.“ (S. 11). Kritisch zum Erklärungswert der Theorie *Kohlbergs* aus diesem Grunde auch noch *Eisenberg* 1995, § 59, Rn 33.

627 *Göppinger* 1997, S. 121. Dies konzediert allerdings auch *Kohlberg* 1987 selbst (S. 29f.).

tische Bedeutung zukomme.[628] Darüber hinaus verfahre *Kohlberg* bei der Berücksichtigung nichtrationaler Momente moralischen Urteilens uneinheitlich, indem er sie auf einigen Stufen einbeziehe, auf anderen hingegen negiere.[629]

Wenn somit einerseits dem erreichten Status des moralischen Urteilens angesichts der Beeinflussung der konkreten Handlungsentscheidung durch weitere, etwa situative Faktoren[630] allenfalls eine bedingt prädiktorische Wirkung im Hinblick auf künftiges kriminelles Verhalten zugesprochen werden kann, so erscheint es andererseits doch auch plausibel, Konzepte der Moralerziehung zumindest als Unterstützung *zusätzlich* zu anderen Formen der Behandlung von Straftätern hinzuzuziehen.[631] Entsprechende Vorhaben können auf eine Tradition zurückgreifen, welche ihre Anfänge in den von der Forschergruppe um *Kohlberg* in verschiedenen Strafanstalten der Vereinigten Staaten unter dem Gesichtspunkt der Orientierung an demokratischen Strukturen durchgeführten Modellversuche hat.[632]

Nach entsprechenden Vorstudien[633] führten *Hickey*, *Scharf* und *Kohlberg* ab dem Januar 1971 eine von ihnen als „Intervention"[634] bezeichnete Implementierung des Programmes der „Gerechten Gemeinschaft" im Frauengefängnis von Niantic in Connecticut durch. Als wesentliches Kennzeichen der von den Autoren in Zusammenarbeit mit den Bediensteten durchgeführten Reorganisation der Vollzugsstrukturen kann die Festlegung und Durchsetzung der für das gemeinsame Zusam-

---

[628] *Garz* 1994, S. 161; *Lösel* 1993, S. 262. Eine Berücksichtigung dieser Kritik findet sich bei *Kohlberg et al.* 1996, S. 223: „Wir schwächen unsere Aussagen über eine Stufe 6 des Gerechtigkeitsdenkens ab. Wir behaupten nicht länger, dass es uns gelungen sei, empirisch das Wesen einer 6. und höchsten Stufe des moralischen Urteilens zu beschreiben. Derzeit lässt sich über Vorhandensein und Wesen einer solchen Stufe lediglich theoretisch und philosophisch spekulieren; weitere empirische Daten müssen erhoben werden." (detailliert hierzu aaO, S. 301 ff.) Hinzuweisen ist in diesem Zusammenhang auch noch auf eine ironische Anmerkung zur Theoriegenese bei *Kohlberg/Kramer* 1996, S. 41; dort ist im Hinblick auf den Erstgenannten formuliert: „Die Daten aus seiner Doktorarbeit ließen ihn im Unklaren, wann Stufe 6, die Stufe der wirklichen moralischen Reife, nun am Ende erreicht wird; aber immerhin wusste er, dass es mit 25 Jahren zu schaffen ist – denn so alt war er, als er sich an diese Untersuchung machte".

[629] *Betram* 1982, S. 732. Vgl. auch noch die ausführliche Kritik der Theorie *Kohlbergs* bei *Gibbs* 1977 und *Kurtines/Greif* 1974; für eine Übersicht über Kritik und Gegenkritik in diesem Zusammenhang vgl. *Oser/Althof* 1992, S. 188 ff.

[630] Hierzu noch einmal *Kohlberg* 1987, S. 31, der feststellt, dass es „über das moralische Urteil hinaus zusätzliche situative oder persönliche Faktoren geben muss, damit prinzipienorientiertes moralisches Denken in 'moralische Handlung' übersetzt wird".

[631] Zu diesem Schluss gelangt letztlich auch *Göppinger* 1997, der trotz aller Vorbehalte gegenüber dem Ansatz *Kohlbergs* die Anwendung von Konzepten der Moralerziehung im Kontext des Strafvollzugs zumindest „unter pädagogischen und entwicklungspsychologischen Aspekten" für „wünschenswert", wenngleich „unter spezifisch kriminologischen Gesichtspunkten" für „ergänzungsbedürftig" hält (S. 122).

[632] Vgl. die diesbezüglichen Berichte bei *Garz* 1987, S. 222 ff.; *Hickey/Scharf* 1980; *Jennings et al.* 1983, S. 328 ff.; *Kohlberg* 1978, S. 218 f.; *Kohlberg* 1975, S. 244 f.; *Kohlberg et al.* 1978; *Scharf/Hickey* 1976.

[633] Ausführlich hierzu die Dissertation von *Hickey* 1972 sowie *Hickey/Scharf* 1980, S. 46 ff.

[634] Zur dahinter stehenden „Just Community Intervention Theory" *Jennings et al.* 1983, S. 321 ff.

menleben in der Institution erforderlichen Regeln im Wege partizipatorischer Demokratie, das heißt unter möglichst weitgehender Einbindung der Gefangenen angesehen werden.[635] Die nach einer Anlaufphase eingeführte Selbstverwaltungsstruktur sah vor, dass Mitglieder des Personals und Insassen in der wöchentlich stattfindenden Gemeinschaftsversammlung im Hinblick auf sämtliche dort zu erörternden Angelegenheiten jeweils über eine gleich gewichtete Stimme verfügen sollten.[636] Die radikal egalitäre Ausrichtung des Ansatzes[637] hatte überdies zur Folge, dass sich Mitarbeiter im Falle von ihnen begangener Verstöße gegen das gemeinsam aufgestellte Regelwerk ebenso vor dem von Gefangenen dominierten Disziplinarkomitee zu verantworten hatten, wie dies für die Insassen galt.[638] Angesichts der Tatsache, dass von der Intervention in Niantic zumindest verhalten positive Auswirkungen auf die dortige Atmosphäre auszugehen schienen, sah sich die Forschergruppe um *Kohlberg* in einer ersten Würdigung des Projekts dazu veranlasst, „sowohl optimistisch als auch realistisch zu sein";[639] an anderer Stelle kommen sie zu dem Schluss, das Projekt sei zumindest erfolgreich genug gewesen, fünf Jahre als Demokratie innerhalb des Gefängnis überdauert zu haben.[640]

Während es noch im Umfeld *Kohlbergs* bereits in den 70er Jahren zu einer Reihe von Nachfolgeprojekten gekommen ist,[641] soll im Folgenden noch kurz auf einen jüngeren Versuch eingegangen werden, die Konzeption der „Gerechten Gemeinschaft" – nunmehr für den bundesrepublikanischen Jugendstrafvollzug – fruchtbar zu machen. Insbesondere um den verbreitet vorgefundenen Phänomen einer unter dem Druck der Haftsituation erfolgenden bloßen Scheinanpassung der jugendlichen Insassen entgegenzutreten[642] und statt dessen zu einer verstärkten Internali-

---

635 Hierzu sowie zu den spezifischen Anlaufschwierigkeiten der „verfassungsgebenden Versammlung" *Hickey/Scharf* 1980, S. 71ff.; *Scharf/Hickey* 1976, S. 111; *Jennings et al.* 1983, S. 330; *Kohlberg et al.* 1978, S. 209.

636 Zur Bedeutung *Jennings et al.* 1983, S. 330: „The community meeting was the program's core".

637 Von *Kohlberg* 1987 im Zusammenhang mit der Implementierung des von ihm entwickelten Ansatzes im Schulkontext einmal als „offene, 'sokratische' Diskussion von Wertkonflikten" bezeichnet.

638 *Kohlberg* 1978, S. 218f.; *Kohlberg et al.* 1978, S. 210.

639 *Kohlberg et al.* 1978, S. 211. Vgl. auch noch die detaillierte Darstellung der Ergebnisse einer Erhebung zur Moralentwicklung unter den Teilnehmerinnen des Projekts bei *Scharf/Hickey* 1976, S. 114ff.

640 *Kohlberg* 1978, S. 218. Vgl. allerdings *Jennings et al.* 1983, S. 337, die auf eine „latente Spannung" zwischen dem herkömmlichen, bürokratisch organisierten Vollzugsmodell und der Schaffung demokratischer Strukturen zwischen Mitarbeitern und Insassen hinweisen, welche die Implementierung „Gerechter Gemeinschaften" im Strafvollzug zu einem „politisch schwierigen" Unterfangen mache. Hierzu auch *Garz* 1987, S. 224.

641 Vgl. die Übersicht bei *Jennings et al.* 1983, S. 331ff.

642 Hierzu vor allem *Sutter et al.* 1998, S. 384, die darauf hinweisen, dass in den im Jugendstrafvollzug herkömmlicher Prägung stattfindenden, durch „unilateralen Zwang" gekennzeichneten Interaktionen zwischen Vollzugsbediensteten und Insassen ein starkes Übergewicht der staatlichen Seite besteht, was die erwähnten Anpassungsmechanismen zur Folge habe: „Will die andere Person oder muss diese (aus wohlverstandenem Eigeninteresse heraus) mit der mächti-

sierung moralischer Standards zu gelangen, wird seit Oktober 1994 in einem Haus des intern gelockerten Vollzuges der JVA Adelsheim in Baden-Württemberg ein entsprechender Modellversuch mit einer Gruppe von 15 jugendlichen Straftätern durchgeführt.[643] Auch dieses Projekt zeichnet sich durch eine von den Mitarbeitern, den das Projekt begleitenden Forschern sowie den Insassen gemeinsam ausgearbeitete Satzung aus, in welcher regelungsbedürftige beziehungsweise strittige Fragen des Zusammenlebens für alle Beteiligten verbindlich geklärt werden.[644] Neben den als Vollversammlungen stattfindenden Gemeinschaftssitzungen existieren mit dem vornehmlich mit organisatorischen Aufgaben betrauten Leitungskomitee sowie dem zur Vermittlung bei persönlichen Konflikten zwischen Insassen untereinander oder zwischen Insassen und Mitarbeitern berufenen Fairnesskomitee zwei weitere demokratisch legitimierte Gremien, die jeweils von zwei Gefangenen sowie einem hauptamtlichen Mitarbeiter gebildet werden.[645]

Bereits die im Zusammenhang mit der Intervention in Niantic von *Kohlberg* und seinen Mitarbeitern berichteten Erfahrungen haben deutlich gemacht, dass die Aktivitäten der entwickelten Selbstverwaltungsstrukturen zu einem beträchtlichen Teil in der Aufarbeitung von Regelverstößen ihrer Mitglieder sowie in der Sanktionierung dieser Fehlverhaltensweisen bestehen,[646] und auch in den Publikationen zum Adelsheimer Projekt wird entsprechenden Vorkommnissen einige Bedeutung eingeräumt. So beschreibt etwa der Leiter der Einrichtung *Walter* die Tätigkeit des Fairnesskomitees, dessen vornehmliche Aufgabe darin liege, bei auftretenden Konflikten „einen von allen Beteiligten akzeptierten Modus der Konfliktbereinigung zu finden", welcher unter anderem bestehen könne „in einer einfachen Entschuldigung für Fehlverhalten, einem ausgehandelten Kompromiss, der Übernahme von gemeinschaftsdienlichen Arbeiten im Haus, der Vermittlung eines moderierten und kontrollierten Täter-Opfer-Ausgleichs, aber auch kleineren Sanktionen, im Extremfall sogar im Ausschluss aus dem Haus und der Rückverlegung in den Regelvoll-

geren Person zurechtkommen, muss sie sich deren Verhaltensvorgaben mehr oder weniger anpassen. Soziales oder moralisches Lernen, das auf situationsunabhängige Veränderungen des Denkens und Urteilens abzielt, findet in solchen Beziehungssystemen nicht statt." Ebenso bereits *Sutter* 1996a, S. 176; *Sutter* 1996b, S. 23f.

643 Vgl. die diesbezüglichen Berichte bei *Brumlik* 1997; *Brumlik* 1998; *Sutter* 1996a, S. 177ff.; *Sutter* 1996b, S. 24ff.; *Sutter et al.* 1998; *Walter* 1998b, S. 248ff.; *Walter* 1998a.

644 Die Satzung findet sich abgedruckt bei *Sutter et al.* 1998, S. 386f. Vgl. hierzu auch noch *Walter* 1998b, S. 249f.; *Walter* 1998a, S. 16.

645 *Walter* 1998b, S. 250; *Walter* 1998a, S. 16.

646 Vgl. etwa die Auflistung der in den Gemeinschaftssitzungen thematisierten Aspekte bei *Hickey/Scharf* 1980, S. 100 (Tabelle 5), deren Dominanz durch Fragen der Regelverstöße tatsächlich die wenig später formulierte Einschätzung rechtfertigt: „A primary function of the community meetings was the enforcement of cottage rules as defined in the 1971 constitutional convention." (S. 103). Die Konzentration auf disziplinarische Erörterungen ist im Übrigen auch einer der von *Feldman* 1980 vorgebrachten Hauptkritikpunkte gegen eine Implementierung der „Gerechten Gemeinschaft" im Strafvollzug (vgl. insbes. S. 295).

zug".[647] Auch in einem Bericht der für die wissenschaftliche Begleitung des Projekts zuständigen Erziehungswissenschaftler findet sich ein Hinweis auf die „im Alltag des Strafvollzugs und damit auch innerhalb der Versammlungen beobachtbare Fokussierung auf die Thematisierung und Sanktionierung so genannter Sekundärtugenden wie Sauberkeit, Ordnung und Pünktlichkeit".[648] Nicht zuletzt aufgrund des übereinstimmend referierten Befundes, gerade die vorbehaltlose Thematisierung und Bearbeitung auftretender Konfliktlinien im Rahmen der implementierten demokratischen Strukturen habe zu einem Aufbrechen traditionell eingeführter Rollenverhältnisse und eben dadurch zu einer Verbesserung des Klimas in der Einrichtung geführt, fällt das Fazit der zu diesem Projekt erfolgten Publikationen ebenso wie bereits dasjenige der Forschergruppe um *Kohlberg* sowohl optimistisch als auch – vor allem im Hinblick auf die Grenzen eines radikal demokratischen Ansatzes unter den Bedingungen staatlich durchgeführten Freiheitsentzuges – realistisch aus.[649]

b) Die Implementierung einer „Gerechten Gemeinschaft" auf der Station 44/2 des WZFP

Die im vorangegangenen Abschnitt geschilderte theoretische Konzeption *Kohlbergs* sowie ihre bisherigen Anwendungsfälle im Kontext des therapeutisch ausgerichteten Strafvollzuges sind im Hintergrund mit zu bedenken, wenn im Folgenden einige Ausführungen der Implementierung einer „Gerechten Gemeinschaft" auf der Station 44/2 des WZFP gewidmet werden sollen. Diese stützen sich im Wesentlichen auf eine Darstellung der Konzeption, wie sie der Leiter der Abteilung IV für die heilpädagogische Behandlung intelligenzgeminderter Patienten *Knapheide* im Rahmen eines ausführlichen Gesprächs sowie mittlerweile auch in schriftlicher Form[650] entfaltet hat.

Nach Auffassung von *Knapheide* liegt die Gefahr herkömmlicher therapeutischer Ansätze im Vollzug der Maßregel nach § 63 StGB darin, eine reine Konditionierung der Patienten im Sinne einer Anpassung an intrainstitutionelle Verhaltensstandards zu bewirken, was dann zur Folge habe, dass die Haltbarkeit derartiger Modifikationen in einem anderem Kontext als dem der Einrichtung nur sehr begrenzt sei. Es entstehe eben kein stabiles Regelsystem; hierfür sei vielmehr die Anbindung der Veränderungen an ein Moralgerüst erforderlich. Aus diesem Grunde sei vor nunmehr gut zwei Jahren auf der Station 44/2 der Abteilung IV für heilpädagogische Förderung des WZFP ein Modell implementiert worden, welches die

---

647 *Walter* 1998a, S. 16. Vgl. auch noch *Sutter* 1996a, S. 178: „In der Praxis erwies es sich, dass insbesondere auch Pflichtverstöße (z.B. Arbeitsverweigerung und deren Sanktionierung) vor das Fairnesskomitee gebracht wurden".

648 *Sutter et al.* 1998, S. 388.

649 Vgl. insoweit AK-*Walter*[4] Vor § 102, Rn 19; *Brumlik* 1997, S. 21; *Sutter* 1996a, S. 180f.; *Sutter* 1996b, S. 28f.; *Walter* 1998b, S. 250f.; *Walter* 1998a, S. 18.

650 Vgl. den ausführlichen Beitrag *Knapheide* 2002, S. 121ff.

geschilderten Nachteile der überkommenen Therapieprogramme zu vermeiden suche.

Das Grundgerüst dieses Projektes bilde die Einteilung der Patienten in drei Gruppen, deren erste, die so genannte *Klinikgruppe,*[651] als Eingangsstufe fungiere.[652] Dort stehe das Kennenlernen des neu aufgenommenen Patienten im Vordergrund; dieser sei zwar bereits seinen individuellen Fähigkeiten gemäß in die Stationsgemeinschaft integriert, verfüge jedoch beispielsweise über keine oder kaum Lockerungen und nehme auch nicht an Außenaktivitäten teil. Ziel der Auseinandersetzung mit den Patienten sei in diesem Stadium vor allem die Übernahme der Normen und Regeln der Stationsgemeinschaft sowie die Auseinandersetzung mit Fragen der Gerechtigkeit; die Untergebrachten sollten lernen, eine andere als die eigene Perspektive mit Inhalt zu füllen und mit anderen zusammenzuarbeiten.

Soweit der Wunsch des Patienten erkennbar werde, durch aktive Teilnahme an der Therapie auf das Endziel einer Langzeitbeurlaubung in ein neues soziales Umfeld hinzuarbeiten, könne über einen Wechsel in die so genannte *Fördergruppe* nachgedacht werden. Voraussetzung hierfür sei allerdings, dass die Motivation des Patienten deutlich intrinsische Anteile in dem Sinne aufweise, dass die von ihm begangenen Straftaten als negativ erlebt würden. In der Fördergruppe fänden sodann regelmäßige Gruppensitzungen statt mit dem Ziel, Offenheit der Patienten im Umgang mit den Delikten und ihrer aktuellen Situation zu erreichen. Im Vordergrund stünden intensive Diskussionen über Werte und Normen anhand konkreter Beispiele sowie die Konfrontation mit der Welt außerhalb der Klinik; zudem bestehe komplette Selbstversorgung in eigener Verantwortung. Ziel dieser Phase sei weiterhin die Akzeptanz von Normen und Regeln der Stationsgemeinschaft, die Befähigung zur gleichzeitigen Übernahme verschiedener Perspektiven sowie die Verinnerlichung von Mustern gewaltfreier Konfliktlösung.

In der so genannten *Therapiegruppe* schließlich stünden die regelmäßig stattfindenden Sitzungen der Gruppentherapie im Zeichen der Auseinandersetzung mit der eigenen Persönlichkeit, der konsequenten Integration der Delikte in den Diskussionsprozess sowie des Aufdeckens delikthaften Verhaltens und Denkens; gemeinsam mit den Patienten würden „Sicherheitssysteme“[653] geplant und verinnerlicht. Darüber hinaus dienten vermehrte Aktivitäten außerhalb der Klinik der Realitätsüberprüfung. Ziel dieses Behandlungsabschnitts sei die Befähigung zu einem deliktfreien Leben in Freiheit und Selbstbestimmung im Rahmen einer Langzeitbeurlaubung.

---

[651] Der Name rührt von der Versorgung der Patienten dieser Gruppe durch die Großküche her (vgl. *Knapheide* 2002, S. 133); die anderen Gruppen weisen stärkere Elemente der Selbstversorgung auf.

[652] Vgl. die Darstellung des Modells bei *Knapheide* 2002, S. 133ff. Allgemein zu den verschiedenen Phasen des Behandlungsverlaufs in einem Krankenhaus der forensischen Psychiatrie *Rüther* 1990, S. 70ff.

[653] *Knapheide* 2002, S. 134.

Zentrale Bedeutung kommt nach Auffassung *Knapheides* bei dem auf der Station 44/2 verfolgten Ansatz der zunehmenden Eigenverantwortung der Patienten zu.[654] Für den Stationsalltag so bedeutende Fragen wie die Zimmerbelegung, die Einteilung des stationsinternen Putzdienstes oder die Erstellung der Ausgangspläne würden weitgehend selbständig in der Patientengemeinschaft entschieden; den Mitarbeitern stehe lediglich ein Vetorecht zu, wenn existentielle Belange der Therapie, der Sicherheit oder der Hygiene betroffen seien. Im Mittelpunkt stehe in diesem Zusammenhang die Wohngruppenversammlung[655] als dasjenige Gremium, in welchem durch eigenverantwortliche Gestaltung von Regeln soziales Lernen ermöglicht werde. Die aus dieser Versammlung heraus gesetzten Regeln für das Miteinander auf der Station – Beispiele seien etwa das Verbot, auf der Station Handel zu treiben[656] oder Gegenstände zu verleihen – seien nun unter anderem auch entscheidend für die Teilnahme an den einzelnen Gruppen beziehungsweise den Ausschluss aus diesen: Zumindest bei einem gravierenderen Verstoß gegen die vereinbarten Regeln erfolge nämlich durch die Wohngruppenversammlung automatisch eine Rückstufung des betreffenden Patienten in die jeweils niedrigere Gruppe, wobei die Klinikversorgung als eine Art „Auffangbecken" fungiere. Der erneute Aufstieg des Patienten in die höhere Gruppe setze eine deutliche, für die anderen Patienten wahrnehmbare Manifestation des Rückkehrwillens voraus, welche unter anderem auch in der Erfüllung durch das Plenum festgesetzter zusätzlicher Stationsdienste oder in der Erbringung von Wiedergutmachungsleistungen bestehen könne. Zeige sich die Wohngruppenversammlung von der „Läuterung" des betroffenen Patienten überzeugt, so werde seine Wiederaufnahme in die alte Gruppe beschlossen; sei man noch nicht überzeugt, so würden ihm weitere Aufgaben übertragen.

Während ein erstes Resümee des vorstehend beschriebenen Konzepts durchweg positiv ausfällt[657] und eine Übertragung auf Patientengruppen mit anderer Grundproblematik vorsichtig befürwortet wird, liegt nach Auffassung von *Knapheide* ein kleineres Problem gewissermaßen im Erfolg des Ansatzes begründet: So habe er die Erfahrung gemacht, dass die gewandelte Atmosphäre in der Institution von einigen Patienten als so positiv empfunden werde, dass eine Entlassung zumindest nicht mehr deren primär angestrebtes Ziel sei. Auf Nachfrage benannte *Knapheide* allerdings auch die Rigidität als ein gewisses Problem, mit welcher die Gruppe bisweilen auf Regelverstöße der Mitpatienten reagiere; insoweit würden unter Umständen Rückstufungen gefordert, welche in Anbetracht der Besonderheiten des jeweiligen Einzelfalles so vom Personal nicht unbedingt für erforderlich gehalten würden. Zur Bewältigung derartiger Konstellationen bestehe jedoch die Möglichkeit für die Mit-

[654] *Knapheide* 2002, S. 132.

[655] Hierzu im Einzelnen *Knapheide* 2002, S. 135.

[656] Hinsichtlich dessen wiederum als einzige Ausnahme der kurzfristige Verleih von Tabak festgelegt worden sei, wobei allerdings auf der Verpflichtung zur umgehenden Rückgewähr der empfangenen Menge bestanden werde.

[657] Vgl. insoweit *Knapheide* 2002, S. 136f.

arbeiter, ihre Einwände im Plenum vorzubringen und – allerdings lediglich als ultima ratio – das ihnen zustehende Vetorecht auszuüben. Insoweit werde auf längere Sicht durchaus ein Fortschreiten weg vom bislang praktizierten, rigiden Stufenmodell hin zu mehr Flexibilität in den Reaktionsformen angestrebt; erste Ansätze hierzu seien Diskussionen über „Einzelfallgerechtigkeit" in der Wohngruppenversammlung, in welchen allzu schematische Forderungen nach „gleichem Recht für alle" thematisiert würden.[658]

c) Kritische Würdigung

Der zuletzt genannte Aspekt bildet zugleich den Ausgangspunkt, welchen eine kritische Würdigung des vorgestellten Ansatzes der „Gerechten Gemeinschaft" im Rahmen einer Studie zur Sanktionierung unbotmäßigen Patientenverhaltens nehmen sollte: Problematisch erscheint vor allem derjenige Teil der Konzeption, welcher die Sanktionierung von Fehlverhalten im Sinne von *Popitz* in die „Gruppenöffentlichkeit" der Patienten verlagert.[659] In einem Beitrag zu dem von ihm betreuten Modellprojekt in der JVA Adelsheim geht der Erziehungswissenschaftler *Brumlik* diesbezüglich gewissermaßen in die Offensive, indem er aufgrund positiver Erfahrungen gerade mit den konfliktregulierenden Aspekten der implementierten demokratischen Strukturen zu dem Schluss gelangt, diese hätten einen erkennbaren Rückgang der bis dato üblichen, brutalen Austragung von Auseinandersetzungen bewirkt und dienten deshalb keineswegs lediglich der „Camouflage subkultureller und institutioneller Repression".[660]

Damit reagiert *Brumlik* – ohne dies allerdings explizit so zu formulieren – auf eine durchaus kritische Würdigung, welche die Konzeption der „Gerechten Gemeinschaft" zumindest im Teilen des einschlägigen Schrifttums erfahren hat. Eine

---

[658] Vgl. hierzu auch den Bericht von *Whiteley* 1996 aus einer am Modell der therapeutischen Gemeinschaft ausgerichteten Behandlungseinrichtung für junge Erwachsene mit Persönlichkeitsstörungen: „Blieben die Bewohner sich selbst überlassen, stellten sie sehr strenge Regeln auf und wandten sie starr an. Ich erinnere Vollversammlungen, in denen wir ausführlich über Bewohner sprachen, die freiverkäufliche Hustenpastillen nahmen und von Mitbewohnern dafür angeprangert wurden, die Drogenregel (keine Einnahme von Medikamenten ohne ärztliche Verschreibung) verletzt zu haben. Meist waren es Mitarbeiter, die darauf hinweisen mussten, dass man Regeln mit Verstand und Fairness auslegen und anwenden muss, ohne deshalb das grundsätzliche Anliegen aufzugeben, dass in unserer 'schönen neuen Welt' alle Regeln eingehalten werden sollten." (S. 159).

[659] Zum Begriff der „Gruppenöffentlichkeit" vgl. *Popitz* 1980, S. 52f.: „Von einer Sanktion durch die *Gruppenöffentlichkeit* sprechen wir, wenn die *Eigengruppe* des Normbrechers die Sanktion vollzieht." (Hervorhebungen im Original). Eine entsprechende Delegation von Kontrollbefugnissen an das Selbstverwaltungsorgan der Patientengemeinschaft begegnet im Übrigen auch bei der von *Spittler* 1967 untersuchten psychosomatischen Klinik (vgl. S. 60ff.).

[660] *Brumlik* 1997, S. 21. In einem gewissen Widerspruch hierzu stehen allerdings Berichte aus der projektbegleitenden Forschergruppe, denen zufolge es im Verlauf des Modellversuchs zu „Unterdrückungen und Demütigungen" gekommen sei, deren Ausmaße erst im Nachhinein von den Verantwortlichen realisiert worden seien; in diesem Sinne *Sutter et al.* 1998, S. 386.

ausführliche Auseinandersetzung mit den noch von der Forschergruppe um *Kohlberg* verantworteten Erprobungsformen in amerikanischen Schulen, vor allem jedoch im Bereich staatlichen Freiheitsentzuges findet sich insoweit bei *Feldman*, der sich den beschriebenen Projekten im Bereich des Strafvollzuges vornehmlich auf der Grundlage in zweijähriger Beobachtungsarbeit gewonnener Mitschnitte der Gemeinschaftsversammlungen auf Tonband genähert hat.[661] Zunächst erhärten die von *Feldman* präsentierten Ergebnisse den bereits mehrfach formulierten Verdacht, die Gruppensitzungen seien in der Praxis in hohem Maße dominiert durch die Diskussion und Ahndung von Regelverstößen der Insassen, wohingegen Fragen der Fairness oder moralische Dilemmata kaum thematisiert würden.[662] Eine Erklärung für die tendenziell positive Bewertung des von ihm untersuchten Programmes im Frauengefängnis von Niantic durch die beteiligten Gefangenen sieht *Feldman* vor allem in der Erfahrung emotionaler Nähe und Wärme, welche durch den moderaten, um gegenseitige Achtung bemühten Umgangston in den Gruppensitzungen ermöglicht worden seien; in dieser Hinsicht bestehe tatsächlich ein spürbarer Unterschied zu den bislang praktizierten, kustodial geprägten Vollzugskonzepten.[663]

Im deutlichen Gegensatz zu diesem eher emotionalen Profit infolge kathartischer gruppendynamischer Prozesse in den Gemeinschaftssitzungen stehen die Befunde *Feldmans* zur Einlösung des Versprechens demokratischer Strukturen, welches schließlich einen tragenden Pfeiler der Argumentation des *Kohlberg*'schen Ansatzes bildet: Danach erweisen sich die von ihm untersuchten Modelle der „Gerechten Gemeinschaft" im Kontext von Schule und Strafvollzug bei näherer Betrachtung keineswegs als partizipatorische Demokratien beziehungsweise als Sozialsysteme, welche den von der Forschergruppe um *Kohlberg* aufgestellten, radikal egalitären Anspruch einzulösen geeignet erschienen.[664] Die immer wieder anzutreffende einseitige Ausübung eines Vetorechts von Seiten der Mitarbeiter oder der Anstaltsleitung desavouiere letztlich den gesamten Ansatz; schließlich ermögliche es nicht gerade die angestrebte Erfahrung von Fairness, wenn der Anspruch auf eine gleichmäßige

---

[661] *Feldman* 1980.

[662] Vgl. *Feldman* 1980, S. 295: „Prison Just Community unit meetings rarely made reference to topics that would have been consistent with program ideology. References to fairness, justice, trust, and respect were very infrequent in comparison with other topics raised at these meetings." Nach *Garz* 1987, S. 224, erweist sich vor allem die „moralische Atmosphäre" in den Gefängnissen, aber auch das beinahe durchgängig *präkonventionelle* Niveau moralischen Urteilens bei den Gefangenen als ausschlaggebend dafür, dass die Programme realistischer Weise von einer Ausrichtung der Entwicklung lediglich auf die *konventionelle* Ebene und damit von einer Betonung von Aspekten wie Disziplin und Ordnung auszugehen haben.

[663] Vgl. hierzu *Feldman* 1980, S. 300: „Tears were frequently seen at community meetings and the simultaneous crying of four or five residents was never a surprising event at the women's meetings. It sometimes appeared to the evaluators that community meeting dynamics were guided by combinations of staff and inmates towards the 'achievement' of tears and the subsequent giving of physical and emotional support, which was invariably followed by a sense of community well-being, 'togetherness', an general good will."

[664] *Feldman* 1980, S. 292ff.

Gewichtung der Stimmen aller Beteiligten nur so lange aufrecht erhalten werde, wie die Auffassung der Gemeinschaft nicht in ernsthaften Konflikt mit derjenigen der administrativ Verantwortlichen gerate.[665] Gerade aufgrund dieser lediglich pseudodemokratischen Züge werde die „Gerechte Gemeinschaft" in den Händen der Vollzugsverwaltung letztlich zu einem effektiven Werkzeug der sozialen Kontrolle.[666]

Die Frage, inwieweit sich die vorgestellte Konzeption einer „Gerechten Gemeinschaft" auf der Station 44/2 des WZFP und insbesondere die durch das Stationsplenum ausgesprochenen Reaktionen auf Fehlverhaltensweisen der Gemeinschaftsmitglieder mit den für den psychiatrischen Maßregelvollzug geltenden gesetzlichen Vorgaben in Einklang bringen lassen, führt erneut zurück auf die im zweiten Abschnitt der Arbeit vorgenommene Differenzierung der Eingriffsrichtungen von Vollzugsmaßnahmen.[667]

Keineswegs in Abrede gestellt werden soll zunächst die pädagogische Integrität der im Hintergrund des referierten Entwurfs wirksamen theoretischen Grundannahmen: Insbesondere das Stufenmodell moralischen Urteilens nach *Kohlberg* eignet sich nach dem Gesagten zwar vor allem deshalb nicht als *alleiniger* Erklärungsansatz für das Zustandekommen krimineller Verhaltensweisen, weil seine Aussagen stets auf die *Struktur* des jeweiligen Urteils limitiert bleiben und die *inhaltliche* Dimension (zwangsläufig) aussparen.[668] Der in dieser Hinsicht lediglich begrenzte prädiktorische Aussagegehalt des von ihm entwickelten Ansatzes wird jedoch von *Kohlberg* keineswegs geleugnet; vielmehr erkennt er etwa das Wirken situativer Faktoren im Kontext der konkreten Entscheidungsfindung durchaus an und bezeichnet das Erreichen einer höheren Stufe der Moralentwicklung dementsprechend als *notwendige*, jedoch *keineswegs hinreichende* Bedingung für ein moralisch „gerechteres" Urteil.[669] Mit dieser Einschränkung versehen, besitzt das Modell *Kohlbergs* auch für die spezifische Problematik der hier in Rede stehenden Patientengruppe einige Plausibilität, was den zielgerichteten Einsatz entsprechender Stimuli der Moralentwicklung im Sinne der Implementation einer „Gerechten Gemeinschaft" tatsächlich nahe legt.

Dennoch würde man den weiter oben zur Bestimmung der Eingriffsrichtung von Vollzugsmaßnahmen aufgestellten Grundsätzen nicht gerecht, wenn man von den

---

[665] *Feldman* 1980, S. 311.

[666] *Feldman* 1980, S. 312f. Kritisch zum funktionalen Aspekt einer Delegation von Ordnungsdiensten auf die Insassen im Rahmen der Gefangenenmitverantwortung sowie zu deren Belastung derartiger Konzepte durch die Tradition der „Block-, Lager- oder Stubenältesten" auch *Koepsel* 1988, S. 209: „Traditionell haben sich die Bediensteten des Strafvollzuges bestimmter Obergefangener bedient, um sich das Aufrechterhalten der äußeren Ordnung in der Anstalt zu erleichtern."; vgl. weiterhin *Walter* 1999, Rn 236.

[667] Vgl. hierzu S. 78ff.

[668] Erinnert sei an den bereits weiter oben (Fn 628) referierten Vorwurf von *Göppinger* 1997, S. 121.

[669] Vgl. noch einmal *Kohlberg* 1987, S. 30: „So wie logisches Denken eine notwendige, aber nicht hinreichende Bedingung für reifes moralisches Urteil ist, so ist reifes moralisches Urteil eine notwendige, jedoch noch keine hinreichende Bedingung reifen moralischen Handelns".

pädagogischen Prämissen, von welchen sich die hier diskutierte Gesamtkonzeption beeinflusst zeigt, zwangsläufig auf den Behandlungscharakter einer jeden in diesem Zusammenhang ergriffenen Einzelmaßnahme schließen wollte. Als ausschlaggebend für die Subsumtion unter die begriffliche Trias von Belangen der Behandlung, der Gefahrenabwehr und der Disziplin erweist sich demgegenüber erneut die eindeutig administrative Funktion der genannten Versammlungen, die nach den Statuten der „Gerechten Gemeinschaft" mit der Organisation weiter Teile des Stationsalltages betraut sind.

Mit dem Beginn der gegen ihn verhängten Maßregel gem. § 63 StGB tritt der Patient zwar – wie bereits ausführlich erörtert[670] – nach inzwischen herrschender Auffassung nicht mehr in ein „besonderes Gewaltverhältnis" zur Vollzugseinrichtung, jedoch begründet seine Aufnahme in das psychiatrische Krankenhaus nichtsdestotrotz ein umfassendes öffentlich-rechtliches Rechtsverhältnis.[671] Dabei korrespondieren den Rechten und Pflichten des Untergebrachten, deren Konkretisierung anhand der geltenden verfassungsrechtlichen Vorgaben § 138 II StVollzG den einschlägigen Landesgesetzen übertragen hat,[672] entsprechende Rechts- und Pflichtenpositionen des Krankenhauses. Gerade aus der umfassenden Durchdringung des Vollzugsalltages durch dieses Rechtsverhältnis beziehen jedoch nicht zuletzt auch die durch die „Gruppenöffentlichkeit" verhängten Maßnahmen ihre besondere Wirksamkeit gegenüber dem von ihnen im Einzelfall betroffenen Patienten: Die Entscheidungen der Gruppenversammlung mögen durch ihre demokratische Rückbindung an die Patientengemeinschaft die größere Plausibilität des „gleichen Rechts für alle" erhalten; ihre *Verbindlichkeit* und *Durchsetzbarkeit* sind in letzter Konsequenz einzig der vollzugsgesetzlich verankerten Weisungsbefugnis des Personals geschuldet. Die Patientengemeinschaft erweist sich demnach in gewisser Hinsicht als mit der Wahrnehmung der bezeichneten administrativen Aufgaben „beliehen"; die Letztverantwortung für die von der Versammlung getroffenen Maßnahmen verbleibt hingegen beim Vollzugspersonal. Seinen sinnfälligsten Ausdruck erhält der aufgezeigte Zurechnungszusammenhang durch das nach wie vor aufrecht erhaltene Vetorecht der Stationsbediensteten, welches diese vielleicht – unterstellt man die Richtigkeit der Angaben *Knapheides* – wirklich selten ausüben mögen, das jedoch bereits aufgrund der *Möglichkeit* seines Einsatzes den demokratischen Anspruch der „Gerechten Gemeinschaft" nachhaltig desavouiert.

---

[670] In diesem Sinne bereits die Ausführungen auf S. 65 ff.

[671] Aufgrund der Tatsache, dass der Betroffene durch die mit einem derartigen Rechtsverhältnis verbundenen besonderen Rechte und Pflichten gleichsam „in einen besonderen Lebensbereich eingefügt" wird, werden derartige Konstellationen von *Hesse* 1995 in Entsprechung zum allgemeinen staatsbürgerlichen Status als „Sonderstatusverhältnisse" bezeichnet; durch diese Kategorisierung sieht er sie jedoch ausdrücklich „nicht in einem außerhalb der Verfassung liegenden Bereich" verortet, wie dies noch für das „besondere Gewaltverhältnis" vertreten worden war (vgl. *dorts.*, Rn 323).

[672] Vgl. noch einmal *Hesse* 1995, Rn 325: „Auch in Sonderstatusverhältnissen kann die Begrenzung von Grundrechten ihre *Grundlage allein in der Verfassung* finden." (Hervorhebungen im Original).

Gibt nach alledem die Stationsgemeinschaft einem Patienten auf, ein bestimmtes, von der Allgemeinheit als störend oder gefährlich empfundenes Verhalten zu unterlassen, und machen die anwesenden Mitarbeiter von dem ihnen zustehenden Vetorecht keinen Gebrauch, so liegt eine der Vollzugseinrichtung zurechenbare Maßnahme der Gefahrenabwehr vor, deren Rechtmäßigkeit anhand der hierfür vorgesehenen Eingriffstatbestände zu beurteilen ist. Reagiert die Stationsversammlung auf das Fehlverhalten eines Patienten, indem sie ihm zur „Kompensation" des begangenen Regelverstoßes die Erfüllung einer Aufgabe mit Gemeinschaftsbezug auferlegt, so handelt es sich um eine Sanktion, die ebenfalls vom Personal der Station zu verantworten ist. Dass es für eine solche Maßnahme an der erforderlichen gesetzlichen Grundlage eines Disziplinarrechts mangelt, muss nach den vorangegangenen Ausführungen nicht erneut betont werden. Auch der Sanktionierung unbotmäßigen Patientenverhaltens durch die „Gruppenöffentlichkeit" einer „Gerechten Gemeinschaft" ist demnach die Legitimation nach geltendem Recht zu versagen.

Damit ist noch keinerlei Aussage darüber getroffen, ob dem Entwurf einer „Gerechten Gemeinschaft" – die Existenz hinreichender gesetzlicher Grundlagen für das in der Konzeption vorgesehene Eingriffsrepertoire einmal unterstellt – *grundlegende* rechtliche Bedenken entgegenstehen, die eine Implementierung im Vollzugskontext *kategorisch* ausscheiden ließen. Mit der Anfälligkeit der beschriebenen Selbstverwaltungsstrukturen für eine Instrumentalisierung als eines besonders perfiden – weil vorgeblich demokratisch legitimierten – Mechanismus zur Aufrechterhaltung der Stationsordnung durch das Personal auf der einen sowie der beobachteten Tendenz der Patienten zu teilweise kompromissloser Härte gegenüber Abweichlern innerhalb der eigenen Statusgruppe auf der anderen Seite sind sicherlich ernstzunehmende Gefahren benannt. Allerdings besitzen auch die referierten Ausführungen *Knapheides* zu den strukturellen Defiziten überkommener, kustodial organisierter Vollzugsformen im Hinblick auf die Herbeiführung wirklich belastbarer Modifikationen der moralischen Urteilsfähigkeit bei den ihnen unterworfenen Untergebrachten einige Überzeugungskraft. Eine verantwortungsvolle Erprobung der „Gerechten Gemeinschaft", welche die mit einem Versuch demokratischer Strukturen unter den Bedingungen staatlichen Freiheitsentzuges zwangsläufig verbundenen Friktionen nicht leugnet, sondern diese deutlich benennt und ihre Verarbeitung in die Diskussion der Patientengemeinschaft integriert, scheint nach alledem zumindest eine Möglichkeit zu eröffnen, „das soziale Klima im Vollzug für alle Beteiligten (zu) verbessern und eben dadurch für den Einzelnen exemplarisch (zu) werden".[673] Darüber zu wachen, dass ein solcher ambitionierter Versuch die von den Vollzugsgesetzen vorgezeichneten Eingriffsgrenzen nicht überschreitet, ist originäre Aufgabe eines „effektiven Rechtsschutzes im Maßregelvollzug".[674]

---

[673] So ein erstes Fazit für den Modellversuch in der JVA Adelsheim bei *Sutter* 1996a, S. 181.
[674] *Wagner* 1992a.

4. Diskussion der Ergebnisse

Als Essenz der in den Eingangskapiteln angestellten theoretischen Überlegungen lässt sich der Verdacht formulieren, der durch das *Bundesverfassungsgericht* eingeleitete Abschied von der Institution des „besonderen Gewaltverhältnisses" habe keineswegs zu einer Besserstellung der Insassen des Behandlungsvollzuges im Hinblick auf eine effektive Wahrung ihrer Rechtssphäre gegen übermäßige hoheitliche Eingriffe geführt. An die Stelle der bezeichneten, überkommenen Legitimationsfigur sei stattdessen ein „besonderes Gewaltverhältnis im weißen Kittel"[675] getreten, welches sich vor allem durch eine verbreitete Überdehnung der existierenden, mit Belangen der Therapie operierenden Eingriffstatbestände auszeichne. Der befürchteten Verquickung verschiedener Eingriffsebenen durch die Vollzugspraxis war sodann noch im Theorieteil der Arbeit ein Ansatz zur Unterscheidung der verschiedenen Sphären der Therapie, Sicherung und Ordnung entgegengesetzt worden: Danach sollten Reaktionen auf Regelverstöße der Untergebrachten durch die Frage nach der zugrunde liegenden Interessenausrichtung sowohl aus dem Kernbereich ärztlichen Handelns ausgegliedert, als auch von den herkömmlichen Maßnahmen der Gefahrenabwehr unterschieden werden.

Es ist vorab darauf hingewiesen worden, dass es nicht der Anspruch einer vorrangig auf die lediglich *vermittelte* Wirklichkeit der Patientenakten zugreifenden, eher einem besonders prägnanten *Einzelfall* als den anhand umfangreichen Zahlenmaterials errechenbaren Regelhaftigkeiten nachspürenden empirischen Arbeit sein kann, den eingangs geäußerten Verdacht im Sinne quantitativ-statistischer Methodik eindeutig zu verifizieren oder zu falsifizieren. Vielmehr sollte ein erster Zugang zu einem noch wenig vermessenen Terrain der Vollzugswirklichkeit geschaffen werden und, wenn möglich, allenfalls eine Steigerung des Verdachtsgrades vom theoretisch abgeleiteten „Anfangsverdacht" zu einem rechtstatsächlich „begründeten Verdacht" aus dem erhobenen Datenmaterial herausgearbeitet werden. Positiv gewendet, stand die Untersuchung demzufolge – in Anlehnung an eine Bemerkung *Bargfredes* – ganz im Zeichen einer „Suche nach 'Tiefe' in Ermangelung verfügbarer 'Breite'".[676]

Es erscheint angebracht, als Schlussfolgerung aus der – über das Medium der Patientenakten vermittelten – Auseinandersetzung mit dem Vollzugsalltag auf den Stationen des psychiatrischen Maßregelvollzuges tatsächlich die angesprochene Schärfung des Verdachtsgrades zu vollziehen: Festgestellt werden konnte zunächst eine verbreitete Tendenz, bei der Subsumtion konflikthafter Sachverhalte unter die Tatbestände der Gefahrenabwehr gleichsam zu kurz zu greifen, indem zwar auf eine *Verletzung* der Stationsordnung oder einen *Verstoß* gegen das geordnete Zusammenleben abgehoben, die erforderlichen Darlegungen im Hinblick auf die vom be-

---

675 *Marschner/Volckart-Volckart*, Kap. B, Rn 250.

676 *Bargfrede* 1999, S. 389.

troffenen Patienten *zukünftig* ausgehenden Gefahren jedoch gänzlich vernachlässigt wurden. Daneben hat sich vor allem der Bereich der Sozio- und Milieutherapie als derjenige Ort erwiesen, an welchem die administrative Bewältigung vielgestaltiger Regelverstöße der „gemeinschaftsschwierigen" Klienten im psychiatrischen Maßregelvollzug ihren Platz findet; die in den vielfach erwähnten Verhaltensvereinbarungen und Sanktionsverträgen niedergelegten detaillierten Tagesstrukturen legen von dieser sämtliche Lebensbereiche durchdringenden Verhaltenskontrolle ein beredtes Zeugnis ab.

Nach den im Literaturteil dieser Studie angestellten Überlegungen ist nun allerdings beides gleichermaßen abzulehnen: Weder stellt die Sanktionierung von Fehlverhaltensweisen eine Maßnahme zur unmittelbaren Aufrechterhaltung von Sicherheit und Ordnung des Vollzugslebens dar (sie hat allenfalls spezial- oder generalpräventive *Anteile* und erweist sich ihrem Wesen nach als *repressiv* im Sinne der Explikation eines Missbilligungsurteils), noch ist sie als genuine Behandlungsmaßnahme im Kernbereich ärztlichen Handelns zu lozieren (schließlich könnte sie aufgrund ihres primär *administrativen* Zuschnitts genau so statt von einem Arzt auch von einem Bediensteten des Pflegepersonals ohne besondere therapeutische Zusatzausbildung ausgesprochen werden). Da es im Stationsalltag aufgrund der Besonderheiten der Unterbringungssituation sowie der untergebrachten Klientel dennoch immer wieder zu Situationen kommt, in welchen die Intensität des Normbruchs eines Patienten dem Personal die Reaktion in Gestalt einer Rechtsbeschränkung unumgänglich erscheinen lässt, verharrt die Vollzugspraxis demzufolge mit den daraufhin verhängten Sanktionen dauerhaft in einem Zustand „brauchbare(r) Illegalität".[677]

Nach alledem hat die am Ende der Literaturstudie zu den therapeutischen und rechtlichen Dimensionen der Sanktionierung im Behandlungsvollzug aufgestellte These, in der Vollzugswirklichkeit werde der bestehende „rechtsfreie Raum" zwischen Prävention und Therapie verbreitet durch einen unzulässigen Rückgriff auf die gesetzlich vorgehaltenen Zwangsmechanismen ausgefüllt, durch die vorgelegte empirische Untersuchung eine vorsichtige Bestätigung erfahren. Aufgabe des weiteren Gangs dieser Arbeit wird es demgemäß sein müssen, nach Alternativen zu suchen, welche eine rechtsstaatlichen Anforderungen genügende Bewältigung unbotmäßiger Verhaltensweisen der nach § 63 StGB Untergebrachten zu gewährleisten versprechen. Den bereits in der Einleitung referierten Vorschlag *Volckarts* und *Grünebaums* aufgreifend, soll deshalb im Folgenden der Klarstellungseffekt diskutiert werden, der von der Schaffung eines Disziplinarinstrumentariums als dritter Eingriffsebene für den psychiatrischen Maßregelvollzug ausgehen könnte.

---

[677] Diesen Begriff hat *Luhmann* 1964, S. 304ff. für bestimmte, von ihm als unvermeidlich eingestufte Erscheinungsformen der Normabweichung in formalen Organisationen mit hoher Regelungsdichte eingeführt. Vgl. insoweit auch noch *Barton* 1980, S. 213 zur Begründung staatsanwaltlicher Entscheidungen.

5. Kapitel: Die Disziplinarstrafen im niederländischen Maßregelvollzug

Die Überlegungen zur Schaffung eines Disziplinarrechts für den Vollzug der Maßregel nach § 63 StGB müssen keineswegs im „luftleeren Raum“ stattfinden; vielmehr können derartige Erwägungen durch die Rezeption entsprechender Vorerfahrungen im niederländischen Maßregelsektor vorbereitet werden. Das niederländische Maßregelrecht kennt, anders als das deutsche, seit einiger Zeit ein System von Disziplinarstrafen (disciplinaire straffen). In dem am 1.10.1997 in Kraft getretenen Gesetz über die Grundsätze der Versorgung von Überlassenen (Beginselenwet verpleging ter beschikking gestelden, kurz BVT[678]) enthalten die Art. 48 und 49 entsprechende Regelungen. Bevor jedoch Entstehungsgeschichte und Inhalt dieser Normen (II) sowie erste Erfahrungen in der Anwendung (III) referiert werden, soll in einem kurzen Abriss in das niederländische System der Maßregeln der Besserung und Sicherung eingeführt und insbesondere die der Unterbringung in einem psychiatrischen Krankenhaus nach § 63 StGB vergleichbare Maßregel der Überlassung mit Versorgung vorgestellt werden (I). Neben einem groben Überblick über den einschlägigen niederländischen Normenbestand sollen diese Ausführungen vor allem dazu dienen, bestehende Unterschiede und Übereinstimmungen zwischen dem deutschen und dem niederländischen System aufzuzeigen. Nicht zuletzt soll so der Boden für eine abschließende Diskussion bereitet werden, welche sich mit Chancen und Risiken einer möglichen Übertragung des in den Niederlanden bestehenden disziplinarrechtlichen Sanktionsarsenals auf das deutsche Maßregelsystem auseinander zu setzen haben wird (IV).

I. Die Maßregel der Überlassung mit Versorgung

1. Systematische Einordnung

Das strafrechtliche Sanktionensystem der Niederlande ist, ebenso wie das der Bundesrepublik Deutschland, in seinen Grundzügen geprägt von der Institution der Zweispurigkeit: Danach stehen den Strafen (straffen), welche die Schuld des Täters

[678] Staatsblad 1997, Nr. 280. Eine Einführung in die Neuregelung findet sich bei *de Groot* 1997, *Hovens* 1997 und *Sagel-Grande* 2000, S. 166ff.

voraussetzen, die an seine Gefährlichkeit anknüpfenden Maßregeln (maatregelen) gegenüber. Während somit bei der Strafe der Blick grundsätzlich auf ein in der Vergangenheit liegendes Tun gerichtet ist und demgemäß die Schuldvergeltung durch Zufügung eines Strafübels im Vordergrund steht, liegt der mit der Auferlegung einer Maßregel verbundene und ihre Anwendung rechtfertigende Zweck gerade im zukünftigen Schutz der Gesellschaft vor dem für gefährlich erachteten Rechtsbrecher.[679] Dementsprechend können Maßregeln prinzipiell auch denjenigen Tätern auferlegt werden, die bei Begehung der Tat nicht oder nur vermindert schuldfähig waren.[680] Für den Fall verminderter Schuldfähigkeit folgt daraus weiterhin, dass eine Maßregel auch neben der schuldvergeltenden Strafe zur Anwendung kommen kann.[681]

Insbesondere hinsichtlich der kumulativen Auferlegung von Strafe und Maßregel besteht in den Niederlanden einige Unsicherheit in rechtsdogmatischer Hinsicht. Hinzuweisen ist in diesem Zusammenhang auf zwei wesentliche Unterschiede zum deutschen Strafrecht: Zum einen kennen die Niederlande nicht die dem deutschen System immanente strikte Tatschuldlimitierung der Strafe. Der Hohe Rat, das höchste niederländische Gericht, hat hierzu ausgeführt, es finde sich keine Rechtsregel, die den Satz stütze, keine Strafe dürfe schwerer sein als die zugrunde liegende Schuld. Vielmehr sei es bei der Strafzumessung durchaus möglich, andere Faktoren, etwa die hohe Gefährlichkeit des Täters für die Allgemeinheit, zu berücksichtigen.[682] In der Vergangenheit hat dies immer wieder dazu geführt, dass Gerichte trotz verminderter Schuldfähigkeit des Täters neben der Maßregel hohe Freiheitsstrafen verhängt haben, um eine möglichst effektive Sicherung der Allgemeinheit zu gewährleisten.[683] Auf der anderen Seite ist die Entscheidung zur Auferlegung einer Maßregel ihrerseits oftmals keineswegs frei von Vergeltungsaspekten, was sich dann etwa in einer Mitberücksichtigung der Tatschwere im Rahmen von Verhältnismäßigkeitserwägungen zeigt.[684] Die dargestellte Vermengung von Vergeltungs- und Präventionsgesichtspunkten erschwert jedoch die oben umrissene klare Grenzzie-

---

679 *Naucke* 1998 bezeichnet das System der Zweispurigkeit als einen „Prüfstein für den Stand strafjuristischen Denkens" (S. 89). Zu den hier erörterten grundlegenden Unterschieden zwischen Strafe und Maßregel vgl. insbesondere *Naucke* aaO, S. 93ff. Für das niederländische System *Kelk* 1998, S. 397; *Sagel-Grande* 1991, S. 739f.; *Van Kuijck/Vegter* 1999, S. 59.

680 Cleiren/Nijboer-*Hofstee*, Inl. opm. TBS, Anm. 1a, b; *Jörg/Kelk* 1998, S. 353; *Koenraadt* 1997, S. 148f.

681 *Centrale Directie Wetenschapsbeleid en Ontwikkeling* 1995, S. 48f.; Cleiren/Nijboer-*Hofstee*, Inl. opm. TBS, Anm. 1b, 8; *Jörg/Kelk* 1998, S. 354f.

682 Hoge Raad, Entscheidung vom 24.07.1967, NJ 1967, S. 63; Entscheidung vom 12.11.1985, NJ 1985, S. 327.

683 Hierzu Cleiren/Nijboer-*Hofstee*, Afd. II, Inl. opm., Anm. 3d; *Jörg/Kelk* 1998, S. 354f. Zur Unzulässigkeit einer derartigen Vorgehensweise nach deutschem Recht vgl. BGHSt 20, 264; LK-*Hanack* § 63, Rn 95.

684 *Van Kuijck/Vegter* 1999, S. 57. Vgl. auch *Centrale Directie Wetenschapsbeleid en Ontwikkeling* 1995, S. 30f.; *Kelk* 1988, S. 292; *Van Emmerik* 1999, S. 15. Die Berücksichtigung von Vergeltungsaspekten kategorisch ablehnend demgegenüber *Ministerie van Justitie* 1991, S. 16.

hung zwischen Strafe und Maßregel und erzeugt eine beträchtliche begriffliche Unschärfe.[685]

Neben einer Reihe sogenannter Vermögensmaßregeln (Art. 36a ff. Sr.), auf die vorliegend nicht weiter eingegangen werden muss, kannte das niederländische Strafrecht bislang zwei auf die Person des Täters bezogene Maßregeln: Die Einweisung in ein psychiatrisches Krankenhaus (plaatsing in een psychiatrisch ziekenhuis, Art. 37 Sr.) und die Überlassung (ter beschikking stelling, kurz TBS, Art. 37a Sr.). Während die Einweisung in ein psychiatrisches Krankenhaus gem. Art. 37 I Sr. ausschließlich gegenüber schuldunfähigen Tätern angeordnet werden darf, ist die Überlassung nach allgemeiner Auffassung auch bei vermindert Schuldfähigen zulässig.[686]

Eine der Unterbringung in einer Entziehungsanstalt gem. § 64 StGB vergleichbare Maßregel existierte in den Niederlanden aufgrund der strikten Ablehnung des Prohibitionskonzepts in der Drogenpolitik bislang nicht.[687] Die Behandlung von drogenabhängigen Straftätern war demgemäß lediglich im Kontext der Überlassung mit Versorgung möglich.[688] Um jedoch zumindest denjenigen Belastungen entgegenzutreten, die für die Gesellschaft von einer verhältnismäßig kleinen Gruppe hartnäckiger drogenabhängiger Rückfalltäter ausgehen, wurde mittlerweile die Maßregel der Strafrechtlichen Betreuung von Abhängigen (strafrechtelijke opvang verslaafden, Art. 38m ff. Sr.) geschaffen.[689] Es bleibt festzuhalten, dass auch bei dieser staatlichen Intervention die Vermeidung gesamtgesellschaftlicher Schäden und nicht etwa der individuelle Drogenentzug im Vordergrund steht. In ihrer Grundkonzeption weicht die niederländische Politik auf dem Betäubungsmittelsektor somit weiterhin deutlich von der durch repressive Aspekte geprägten deutschen Vorgehensweise ab. Der Vollständigkeit halber sei schließlich noch darauf hingewiesen, dass die Sicherungsverwahrung (bewaring van beroeps- en gewoontemisdadigers) zwar 1929 als Gesetz verabschiedet wurde, jedoch niemals in Kraft getreten ist.[690]

Mit der Einweisung in ein psychiatrisches Krankenhaus nach Art. 37 Sr. unterfällt der Betroffene dem Gesetz über besondere Aufnahmen in psychiatrische Krankenhäuser (Wet bijzondere opnemingen in psychiatrische ziekenhuisen, kurz BOPZ); seine Rechtsstellung entspricht somit derjenigen der anderen, nicht aufgrund einer strafrechtlichen Entscheidung eingewiesenen Patienten. Dies kommt etwa darin

---

685 Vgl. zum Ganzen *Sagel-Grande* 1991, S. 738. *Van der Landen* 1993 plädiert aufgrund der unscharfen Grenzen für die Einführung eines monistischen Systems. Diesen Vorschlag kritisieren wiederum *Van Kuijck/Vegter* 1999.

686 *Centrale Directie Wetenschapsbeleid en Ontwikkeling* 1995, S. 30; *Greeven* 1997, S. 2; *Kelk* 1988, S. 284; Noyon/Langemeijer/Remmelink-*Fokkens*, Boek I, Titel II a, Tweede afd., Anm. 1.

687 Den „pragmatisch(en) und nichtmoralisierend(en)" niederländischen Ansatz beschreibt *Leuw* 1991.

688 Vgl. *Leuw* 1991, S. 77; *Leuw* 1993.

689 Diese ist am 01.04.2001 in Kraft getreten. Vgl. zum Inhalt *Kelk* 1998, S. 401.

690 Staatsblad 1929, Nr. 362. Hierzu *Van Bemmelen* 1990, S. 159; *Van Kuijck/Vegter* 1999, S. 63; *Van Zeijst* 1993, S. 47.

zum Ausdruck, dass über die Entlassung des Eingewiesenen nicht ein Gericht, sondern die Klinikleitung entscheidet.[691] Lediglich der Unterbringungsanlass ist demgemäß die gerichtliche Aufarbeitung einer Straftat nach den Regeln des Strafgesetzbuches; die Ausgestaltung der Unterbringung selbst erfolgt hingegen nach den für die allgemeine Psychiatrie geltenden Grundsätzen.[692]

Der Unterbringung in einem psychiatrischen Krankenhaus gem. § 63 StGB entspricht demgegenüber am ehesten die Maßregel der Überlassung, soweit diese mit dem Zusatz „mit Versorgung" ausgesprochen wird. Die Auferlegung einer TBS ist einerseits möglich als besagte Überlassung mit Versorgung (TBS met verpleging, Art. 37bff. Sr.), andererseits jedoch auch als bloße Überlassung mit Bedingungen (TBS met voorwaarden, Art. 38ff. Sr.). Die mit der Unterbringung in einer entsprechenden Einrichtung verbundene Überlassung mit Versorgung darf gem. Art. 37b I Sr. nur ausgesprochen werden, wenn die Sicherheit der Gesellschaft die Unterbringung des Überlassenen erfordert. Ist dies nicht der Fall, so kommt lediglich die in Art. 38ff. Sr. geregelte Verknüpfung der Überlassung mit bestimmten Bedingungen, etwa der Durchführung ambulanter Behandlungsmaßnahmen, in Betracht.

2. Rechtliche Grundlagen der Unterbringungsentscheidung

Art. 37a I Sr. knüpft zunächst die Möglichkeit, eine Überlassung auszusprechen, an das Vorliegen einer mangelhaften Entwicklung oder krankhaften Störung der Geistestätigkeit zum Zeitpunkt der Tatbegehung.[693] Ein Ursächlichkeitszusammenhang zwischen Störung und Delikt wird vom Gesetz nicht ausdrücklich gefordert, jedoch wird allgemein davon ausgegangen, dass die begangene Tat zumindest unter dem Einfluss der psychischen Abweichung gestanden haben muss.[694] Unter den vom Gesetz genannten psychischen Störungen werden in der Praxis unterschiedslos sowohl intellektuelle Minderbegabungen als auch Psychosen sowie Persönlichkeitsstörungen verstanden; es handelt sich mithin um einen recht weiten Anwendungsbereich.[695] Insbesondere im Hinblick auf die Einbeziehung der letztgenannten Störungsbilder ist der Katalog des § 20 StGB, der den Rahmen für die Anwendung

---

[691] *Jörg/Kelk* 1998, S. 353.

[692] Cleiren/Nijboer-*Hofstee*, Boek I, Titel IIA, Afd. 2, Inl. opm., Anm. 1a; *Sagel-Grande* 1991, S. 741. Vgl. allerdings auch Noyon/Langemeijer/Remmelink-*Fokkens*, Art. 37, Anm. 3.

[693] Im Schrifttum wird das Vorliegen der Beeinträchtigung daneben verbreitet auch für die Hauptverhandlung gefordert; vgl. etwa Noyon/Langemeijer/Remmelink-*Fokkens*, Art. 37a, Anm. 2; *Remmelink* 1996, S. 754.

[694] Cleiren/Nijboer-*Hofstee*, Art. 37a, Anm. 2e; Noyon/Langemeijer/Remmelink-*Fokkens*, Art. 37a, Anm. 2; *Sagel-Grande* 1991, S. 742. Obwohl auch dem Wortlaut des § 63 StGB dergleichen nicht explizit zu entnehmen ist, fordert die Rechtsprechung eine „tatauslösende Wirkung des psychischen Leidens", so etwa in der Entscheidung BGH, NStZ 1991, S. 527f. Vgl. hierzu auch LK-*Hanack* § 63 StGB, Rn 19.

[695] Dieser Umstand wird in *Centrale Directie Wetenschapsbeleid en Ontwikkeling* 1995, S. 45 besonders hervorgehoben.

des § 63 StGB vorgibt, enger gefasst: Persönlichkeitsstörungen werden dort den „anderen seelischen Abartigkeiten" zugeordnet, bei welchen das Gesetz – den Anwendungsbereich insoweit einschränkend – das Vorliegen eines gewissen Schweregrades fordert.[696]

In den niederländischen TBS-Einrichtungen findet sich denn auch ein insgesamt deutlich höherer Anteil von Patienten mit der Diagnose einer Persönlichkeitsstörung, als dies im deutschen Maßregelvollzug der Fall ist.[697] Gleichwohl ist anzumerken, dass in den Niederlanden seit den achtziger Jahren vor allem der Anteil an Erkrankungen aus dem psychotischen Formenkreis gestiegen ist, während im Hinblick auf die Erstdiagnose einer Persönlichkeitsstörung im gleichen Zeitraum eher ein Rückgang zu verzeichnen ist.[698] Vermehrt beklagt wird schließlich eine zunehmende Belastung durch Komorbidität, etwa im Sinne einer zusätzlich bestehenden Suchterkrankung.[699]

Weiterhin muss für die Anlasstat gem. Art. 37a I Nr. 1 Sr. mindestens ein Strafrahmen von vier Jahren eröffnet sein, oder es muss sich um eine der aufgeführten Katalogtaten handeln (hier finden sich zum Beispiel Tatbestände wie die Verbreitung aufwieglerischer Schriften, bestimmte Formen der Bedrohung, gewohnheitsmäßigen Betrug, Verursachung des Todes oder schwerer Körperverletzung durch Trunkenheit im Straßenverkehr etc.). Eine mittelbare Folge des verhältnismäßig hohen Strafrahmens bzw. des vorausgesetzten Schweregrades der Katalogtaten ist im Übrigen, dass die Entscheidung über die Auferlegung einer Überlassung mit Versorgung der Kompetenz des Einzelrichters entzogen ist.[700] Schließlich setzen Art. 37a I Nr. 2, 37b I Sr. für die Überlassung mit Versorgung voraus, dass die Unterbringung des Täters in einer TBS-Einrichtung für die Sicherheit von anderen oder für die allgemeine Sicherheit von Personen oder Gütern erforderlich ist. Im Umkehrschluss ergibt sich hieraus, dass eine Anordnung der Überlassung, anders als etwa die Einweisung in ein psychiatrisches Krankenhaus, ausschließlich aufgrund einer drohenden Selbstgefährdung nicht zulässig sein soll.[701]

Die niederländische Regelung enthält nach dem Gesagten in ihrer Positionierung der Verhältnismäßigkeitsüberlegungen eine gegenüber dem deutschen § 63 I StGB

[696] Zum insoweit erforderlichen „Krankheitswert" der Störung BGHSt 34, 22 (28); 37, 397 (401); NStZ 1996, S. 380; NStZ 1997, S. 485; NStZ-RR 1998, S. 106; S. 174f.; NStZ-RR 1999, S. 136f.; *Nedopil* 1996, S. 21; Schönke/Schröder-*Lenckner/Perron* § 20, Rn 22f. Vgl. auch noch *Kröber* 1998; LK-*Jähnke* § 20, Rn 67; *Müller-Dietz* 1983a, S. 150. Schließlich werden die geschichtlichen Hintergründe der insgesamt als „schwere(r) terminologische(r) Missgriff" zu bezeichnenden Regelung von *Rasch* 1991b, S. 126 erläutert.

[697] *Centrale Directie Wetenschapsbeleid en Ontwikkeling* 1995, S. 83.

[698] *Blankstein* 1999, S. 9; *Centrale Directie Wetenschapsbeleid en Ontwikkeling* 1995, S. 71; *Ministerie van Justitie* 1991, S. 86ff.; *Sagel-Grande* 1994, S. 873; *Van Emmerik* 1999, S. 12; *Van Emmerik* 1993, S. 14. Zur parallelen Zunahme schizophrener Erkrankungen im bundesrepublikanischen Maßregelvollzug vgl. die Untersuchung von *Dessecker* 1997, S. 56.

[699] Hierauf weisen etwa *Blankstein* 1999, S. 9; *Kelk* 1999, S. 60 und *Raes* 1999, S. 33 hin.

[700] Cleiren/Nijboer-*Hofstee*, Inl. opm. TBS, Anm. 6; *Remmelink* 1996, S. 755.

[701] Cleiren/Nijboer-*Hofstee*, Art. 37a, Anm. 2c; *Hofstee* 1987, S. 446; *Van Bemmelen* 1990, S. 158.

leicht verschobene Schwerpunktsetzung: Während das deutsche Recht versucht, die Ausscheidung von bloßer Bagatellkriminalität aus dem Anwendungsbereich dadurch zu gewährleisten, dass hinsichtlich der den Gegenstand der Gefahrenprognose bildenden zukünftigen Straftaten eine gewisse Erheblichkeit gefordert wird, verlangt Art. 37a I Sr. den besonderen Schweregrad für die bereits manifestierte Anlasstat. Die prinzipielle Ausrichtung der Maßregel am Sicherungs- statt am Vergeltungsgedanken legt es hingegen nahe, entsprechend der deutschen Regelung auch die Verhältnismäßigkeitsfrage schwerpunktmäßig auf die zu verhindernden *zukünftigen* Delikte zu beziehen. Nur wenn man – wie im niederländischen System – die Maßregel (auch) als Sanktion für deliktisches Unrecht begreift, erscheint es naheliegender, die Schwere der *Anlasstat* in das Zentrum der Erwägungen zu stellen. Der bereits angesprochenen begrifflichen Verwirrung zwischen Strafe und Maßregel wird durch diese Vorgehensweise jedoch weiter Vorschub geleistet.

Durch den Verweis in Art. 37a III Sr. auf Art. 37 II, III Sr. ergibt sich, dass auf die Überlassungsentscheidung die für die Einweisung in ein psychiatrisches Krankenhaus im Hinblick auf die Hinzuziehung von Sachverständigen geltenden Regelungen entsprechende Anwendung finden. Art. 37 II Sr. fordert eine Begutachtung durch mindestens zwei Sachverständige verschiedener Disziplinen der Verhaltenswissenschaften, von denen einer ein Psychiater sein muss. Bei dem anderen Sachverständigen, dessen Beiziehung das Gesetz zwingend vorsieht, wird es sich in der Praxis häufig um einen forensisch erfahrenen Psychologen, seltener um einen Sozialarbeiter handeln.[702] Im Falle einer Weigerung des Betroffenen, an den erforderlichen Untersuchungen mitzuarbeiten, erfährt gem. Art. 37 III S. 2 Sr. das soeben erläuterte Begutachtungserfordernis eine Modifikation: Die Sachverständigen treffen nunmehr – soweit dies möglich ist – lediglich Aussagen über die Gründe der Weigerung. Der Richter kann die Maßregel somit in bestimmten Fällen auch ohne Mitwirkung des Betroffenen auferlegen.

Für das deutsche Strafverfahren schreibt § 246a StPO unter anderem für den Fall, dass mit einer Unterbringung des Angeklagten in einem psychiatrischen Krankenhaus zu rechnen ist, für die Hauptverhandlung ebenfalls die Vernehmung eines Sachverständigen über Zustand und Behandlungsaussichten des Betroffenen zwingend vor. Auch hier soll nach herrschender Auffassung bei einer Verweigerung der Mitwirkung durch den Beschuldigten die Erstattung eines in seiner Aussage entsprechend eingeschränkten Gutachtens möglich sein.[703]

Die Überlassung mit Versorgung erfolgt gem. Art. 38d I Sr. zunächst für zwei Jahre. Hinsichtlich einer möglichen Verlängerung differenziert das Gesetz nach der Schwere der Anlasstat: Grundsätzlich ist gem. Art. 38d II, 38e I Sr. eine Verlängerung um jeweils ein oder zwei Jahre bis zu einer Maximaldauer von vier Jahren

---

[702] Cleiren/Nijboer-*Hofstee*, Art. 37, Anm. 4g; *Hofstee* 1989, S. 65; Noyon/Langemeijer/Remmelink-*Fokkens*, Art. 37, Anm. 5.

[703] *Eisenberg* 1999, Rn 1829. Vgl. auch BGH, NStZ 1994, S. 95f.; BGH, StV 1997, S. 468; *Rasch* 1999, S. 315. Kritisch *Barton* 1983b, S. 78f.; *Tondorf* 1984, S. 156.

möglich. Diese Beschränkung gilt gem. Art. 38e I Sr. jedoch nicht für diejenigen Fälle, in denen die Auferlegung der Maßregel anlässlich eines Gewaltdelikts gegen eine Person erfolgte. Die Unterbringung unterliegt dann, ebenso wie bei § 63 StGB, keiner Höchstfrist.

Der differenzierten Regelung merkt man den Willen des niederländischen Gesetzgebers an, zwischen den Sicherungsbelangen der Allgemeinheit und dem Freiheitsinteresse des Untergebrachten einen adäquaten Ausgleich herzustellen. Mit dem Grundgedanken der Maßregel lässt sich diese Entscheidung jedoch nur schwer in Einklang bringen: Die qua definitionem vorrangige Orientierung an Sicherungsbelangen hätte eher für eine generelle Flexibilität beim Beendigungszeitpunkt je nach dem Rückgang des individuellen Gefährdungspotentials gesprochen; hingegen ist die vorgenommene Höchstzeitbegrenzung mit ihrer Bezugnahme auf die Schwere der Anlasstat erneut als systemfremd einzustufen.[704]

Aus der Formulierung des Art. 38f I lit.a Sr. sowie der Gesetzgebungsgeschichte leitet sich die Praxis ab, bei einer Kombination aus Gefängnisstrafe und Überlassung mit Versorgung zunächst die Haftstrafe und dann die Maßregel zu vollziehen.[705] Das deutsche System sieht in § 67 I StGB grundsätzlich die umgekehrte Reihenfolge vor, von der jedoch gem. § 67 II StGB abgewichen werden kann, wenn der Zweck der Maßregel hierdurch leichter erreichbar ist. Eine Abkehr vom Vorwegvollzug der Strafe zur Verhinderung schädlicher Haftfolgen hatte auch die nach ihrem Vorsitzenden benannte *Kommission Fokkens* gefordert, die mit ihrem Vorschlag im Justizministerium jedoch kein Gehör fand.[706] Eine am 2.10.1997 in Kraft getretene Neuregelung sieht nunmehr zumindest vor, dass der Untergebrachte grundsätzlich nach dem Vollzug eines Drittels seiner Freiheitsstrafe in eine TBS-Einrichtung verlegt werden muss.[707]

3. Das Recht des Maßregelvollzuges

Während aufgrund der föderalistischen Struktur der Bundesrepublik Deutschland § 138 I StVollzG den einzelnen Ländern die Aufgabe zuweist, gesetzliche Vorschriften für den Maßregelvollzug zu erlassen, existiert in den Niederlanden mit dem BVT diesbezüglich eine einheitliche Regelung. Da die vorliegende Untersuchung in ihrem rechtstatsächlichen Teil auf den Maßregelvollzug in Nordrhein-Westfalen beschränkt wurde, soll im Folgenden die Vergleichbarkeit mit den insoweit einschlägigen landesrechtlichen Regelungen des MRVG-NW im Vordergrund stehen.

---

704 Kritisch *Jörg/Kelk* 1998, S. 357; *Remmelink* 1996, S. 762f.; *Sagel-Grande* 1991, S. 750.

705 *Centrale Directie Wetenschapsbeleid en Ontwikkeling* 1995, S. 31; *Remmelink* 1996, S. 755f.

706 *Commissie Fokkens* 1993, S. 2, 10ff. Zum Schicksal des Kommissionsvorschlages Noyon/Langemeijer/Remmelink-*Fokkens*, Art. 37a, Anm. 8; *Raes* 1999, S. 36, 38; *Sagel-Grande* 1994, S. 156. Zu den nachteiligen Auswirkungen einer vorweg vollzogenen Freiheitsstrafe auf Therapiemotivation und Behandelbarkeit *Van Marle* 1999, S. 17ff.

707 Staatsblad 1997, Nr. 282. Hierzu ausführlich *de Groot* 1997, S. 101.

Vor Inkrafttreten des BVT ergab sich die interne Rechtsstellung des Überlassenen aus der Gesamtschau mehrerer, weit verstreuter Partikulargesetze.[708] Im Jahre 1983 wurde die nach ihrer Vorsitzenden benannte *Kommission Haars* mit der Vorbereitung einer einheitlichen gesetzlichen Regelung beauftragt.[709] In Erwartung dieser umfassenden Kodifizierung wurde im Jahre 1988 für diejenigen Überlassenen, welche in einer Reichseinrichtung untergebracht waren, die sog. Vorläufige Regelung der internen Rechtsposition von Überlassenen (Tijdelijke regeling van de rechtspositie van ter beschikking gestelden) geschaffen;[710] auf die in den privaten Institutionen Untergebrachten fand unterdessen das bereits erwähnte Wet BOPZ Anwendung. Bis zum Zustandekommen des heutigen BVT bedurfte es jedoch noch eines vierzehnjährigen Prozesses, in dessen Verlauf eine Vielzahl von Kommissionsberichten, Entwürfen und Änderungsvorschlägen Eingang in die Diskussion gefunden haben.[711] Das Gesetz ist nunmehr eingebettet in eine umfassende Vollzugsrechtsreform, die zu einer Neuregelung auch des Straf- und des Jugendstrafvollzuges geführt hat.[712]

Wie bereits angedeutet, richtet sich die interne Rechtsstellung forensischer Patienten in den Niederlanden nicht nach dem Unterbringungsgrund, sondern nach dem für die jeweilige Einrichtung geltenden Regelwerk:[713] Bereits aus dem offiziellen Titel geht hervor, dass das als umfassende Regelung des Rechts des Maßregelvollzuges konzipierte BVT Anwendung sowohl auf Patienten findet, denen eine Überlassung mit Versorgung auferlegt wurde, als auch auf diejenigen Insassen, die sich aus einem anderen Grund in der TBS-Klinik befinden (etwa nach Art. 13 Sr. verlegte Strafgefangene oder Überlassene, denen lediglich eine Behandlungsauflage erteilt wurde und die sich in diesem Sinne „freiwillig" in der Institution aufhalten).[714] Neben den öffentlichen Einrichtungen (rijksinrichtingen) gilt das Gesetz auch für Kliniken in privater Trägerschaft (particuliere inrichtingen).[715]

---

708 *Hofstee* 1987, S. 496f.; *Kelk* 1988, S. 299f.; *Kelk* 1998, S. 499.

709 Für den Abschlussbericht siehe *Commissie Haars* 1987. Zu dem von der Kommission entwickelten Gesetzentwurf vgl. *de Jonge* 1988; *Van den Bergh/Hofstee* 1988.

710 Staatsblad 1987, Nr. 55. Zum Inhalt der Regelung *Aalberts/Brouwers* 1991, S. 32ff.; *Kelk* 1988, S. 300ff.; *Van Bemmelen* 1990, S. 178ff.; zur Rechtswirklichkeit *Bakker et al.* 1991.

711 Vgl. die Auflistung bei *Van der Landen* 1995, S. 453, Fn 1.

712 Penitentiaire beginselenwet, Staatsblad 1998, Nr. 430, und Beginselenwet justitiele jeugdinrichtingen, TK 1997–1998, 26 016, Nr. 1–3 (Gesetzentwurf); vgl. Nederlandse Jurisprudentie 1997, S. 1352f., Stcrt. 1998 (80), S. 3.

713 Hierfür werden vor allem Gründe der Verwaltungsökonomie und der fehlenden Praktikabilität unterschiedlichster Regelwerke in ein und demselben Anwendungskontext angeführt; vgl. insoweit BVT, Memorie van Toelichting, TK 1993–1994, 23 445, Nr. 3, S. 4; *Hovens* 1997, S. 71.

714 Auf der anderen Seite ändert sich so zwangsläufig auch der rechtliche Status des Überlassenen, wenn dieser die TBS-Klinik verlässt, etwa im Rahmen einer Langzeit-Beurlaubung in die Allgemeinpsychiatrie. Vgl. hierzu etwa *Leuw/Mertens* 2001, S. 1f.

715 Näheres zum Anwendungsbereich bei *de Groot* 1997, S. 93f.; *Hovens* 1997, S. 71. Die unterschiedliche administrative Struktur der genannten Einrichtungen beleuchten *Kelk* 1998, S. 493 und *Winkels* 1991, S. 28.

Als Vollzugsziel formuliert Art. 2 I BVT, dass die Unterbringung möglichst zur Behandlung des Verurteilten und zur Vorbereitung seiner Rückkehr in die Gesellschaft genutzt werden soll; eine entsprechende Formulierung findet sich auch in § 1 I 1 MRVG-NW. Zur Konkretisierung des individuellen Therapieverlaufs werden im vierten Abschnitt des BVT Regelungen zum Versorgungs- und Behandlungsplan getroffen: Der Klinikleiter muss binnen drei Monaten nach der Aufnahme des Überlassenen dafür sorgen, dass ein solcher Plan aufgestellt wird.[716] Bei der Erstellung sollte der weitestmögliche Konsens mit dem Untergebrachten gesucht werden, wobei es sich jedoch um eine bloße Anhörungspflicht und nicht etwa um eine Gestaltungsbefugnis des Betroffenen handelt.[717] Als Mindestinhalt fordert Art. 25 BVT Aussagen zur Diagnose, über vorgesehene Therapie- und Behandlungsmaßnahmen, zu zusätzlich gewährten Freiheiten sowie zu etwaigen Bedingungen, an die deren Gewährung geknüpft wird. Im MRVG-NW entspricht dem der gem. § 16 I 2 binnen sechs Wochen nach der Aufnahme zu erstellende Therapie- und Eingliederungsplan.

Aus dem Versorgungs- und Behandlungsplan kann der Überlassene keinerlei konkrete Rechte ableiten; auch ein Verstoß gegen die zeitlichen Vorgaben ist nicht sanktionsbewehrt.[718] An dieser Regelung lässt sich eine grundlegende Differenzierung des BVT sehr gut aufzeigen: Durchgängig wird unterschieden zwischen materiellen Rechten auf der einen Seite, bei deren Verletzung dem Überlassenen der Beschwerdeweg offen steht, und bloßen Fürsorgepflichten der Einrichtung auf der anderen Seite, deren Verwirklichung lediglich Gegenstand eines Vermittlungsverfahrens (auf das im Rahmen der Ausführungen zum Rechtsschutz noch näher einzugehen sein wird) sein kann. *Van der Landen* merkt hierzu kritisch an, die besagte Unterscheidung stehe im Dienste einer von richterlicher Kontrolle möglichst ungestörten, manipulativen Einflussnahme auf den Überlassenen zum Zwecke der Verhaltensmodifikation. Bestünde ein Rechtsanspruch, so könne die Inaussichtstellung bestimmter Vorteile nicht mehr als Stimulans zur Erzeugung von Therapiekooperation instrumentalisiert werden.[719] Auch nach *Hovens* ist der Hintergrund dieser gesetzgeberischen Grundentscheidung darin zu sehen, dass das soziotherapeutische Milieu vor den Nachteilen einer zu starken Verrechtlichung geschützt werden soll.[720] Tatsächlich findet sich in den Stellungnahmen der politisch Verantwortlichen immer wieder die Tendenz, vor einer zu weitreichenden Verrechtlichung des Maßregelvollzuges zu warnen, da die Zuerkennung materieller Rechte den Spielraum des Behandelnden zur Stimulierung von Therapiemotivation verkleinere.[721]

---

716 Hierzu im Einzelnen *Que* 1997; *Sagel-Grande* 2000, S. 166f.

717 *Hovens* 1997, S. 75f.

718 Memorie van toelichting, TK 1993–1994, 23 445, Nr. 3, S. 23; *Hovens* 1997, S. 76; *Van der Landen* 1995, S. 462.

719 *Van der Landen* 1995, S. 461f. Vgl. zur Differenzierung den Bericht im NJB 1997, S. 1353 sowie *Hovens* 1997, S. 72.

720 *Hovens* 1997, S. 79.

721 Vgl. etwa BVT, Memorie van Toelichting, TK 1993–1994, 23 445, Nr. 3, S. 14; *Ministerie van*

Die vom Gesetzgeber vorgenommene Differenzierung gibt im Übrigen Anlass für eine weitergehende Betrachtung: Weitet man die Perspektive nämlich über den Maßregelsektor hinweg aus, so lässt sich das dort vorgefundene System abgestuften Rechtsschutzes auch als Ausprägung des in den Niederlanden verbreitet anzutreffenden Bemühens verstehen, Interessenkollisionen zunächst einer konsensualen Lösung zuzuführen, anstatt sie sofort kontradiktorisch zu verhandeln.[722] Mit dem Vermittlungsverfahren existiert im niederländischen Maßregelvollzug ein Befriedungsinstrument, welches in Deutschland aufgrund der weitestgehenden Beschränkung auf das kontradiktorische gerichtliche Verfahren der §§ 138 II, 109ff. StVollzG in dieser Form noch fehlt. Ausdrücklich hervorzuheben ist in diesem Zusammenhang zwar die Tätigkeit der (verwaltungsinternen) Beschwerdestellen der Landschaftsverbände in Nordrhein-Westfalen, die in der Praxis von den Patienten in Konfliktfällen offensichtlich durchaus als effektive Ergänzung zum daneben offenstehenden Rechtsweg wahrgenommen werden.[723] Im Unterschied zu dem in den Niederlanden verfolgten Ansatz wird hier jedoch der letzte Schritt einer vollständigen Integration in das eigentliche Rechtsschutzverfahren nicht vollzogen, dies unter anderem mit der nicht unwichtigen Nebenfolge, dass es letztlich bei einer Selbstkontrolle der Verwaltung bleibt. Über diesen Webfehler der nordrhein-westfälischen Konstruktion kann auch die von *Lesting* gezogene, durchweg positive Bilanz der bisherigen Tätigkeit nicht ganz hinwegtrösten.[724]

Bei der Aufstellung des Versorgungs- und Behandlungsplanes gilt es, deutlich zwischen dem Bereich der *Versorgung* und dem der *Behandlung* zu differenzieren. Während erstere nämlich grundsätzlich auch unter Anwendung von Zwang vorgenommen werden kann, ist für die Behandlung des Überlassenen prinzipiell dessen Einwilligung erforderlich. Der Bereich der Versorgung umfasst nach der Legaldefinition des Art. 1 lit. t BVT alle Handlungen, die entweder auf die aktuelle Sicherung gesellschaftlicher Belange gegen eine Gefährdung durch den Überlassenen oder auf dessen Pflege während der Zeit der Unterbringung gerichtet sind. Der letztgenannte Aspekt soll ausdrücklich auch das Unterbreiten eines Behandlungsangebotes bzw. das Fördern und Erleichtern der Behandlung beinhalten.[725] Unter Behandlung ist gem. Art. 1 lit. u BVT das Gefüge derjenigen Maßnahmen zu verstehen, welche auf eine Verminderung der aus der Störung der Geistestätigkeit resultierenden Gefährlichkeit des Überlassenen gerichtet sind. Als Indikator für den

---

Justitie 1991, S. 17, 157. Eine Tendenz zur (maßvollen) Verrechtlichung ausdrücklich begrüßend demgegenüber *Kelk* 1988, S. 298; *Kelk* 1998, S. 498f.; *Winkels* 1991, S. 385ff. Zusammenfassend *Leuw/Mertens* 2001, S. 34f., 139; *Van der Landen* 1995, S. 461.

722 Die Vorzüge informeller Konfliktverarbeitung im Maßregelvollzug betont etwa *Winkels* 1991, S. 368ff. Vgl. auch noch *Sagel-Grande/Toornvliet* 2000, S. 372.

723 *Lesting* 1998; *Volckart* 1999a, S. 241f. Vgl. auch noch *Drost* 1981, S. 37; Kammeier-*Baur*², Kap. C, Rn 31ff.; Kammeier-*Wagner*², Kap. K, Rn 19; *Wagner* 1992a, S. 50f.

724 *Lesting* 1998, S. 35. Ebenfalls kritisch *Redaktionsgruppe Psychiatrie-Ratgeber* 1985, S. 80ff.

725 Zuordnungsprobleme bei derartigen Maßnahmen hatte zuletzt *Van Marle* 1986, S. 250ff. beschrieben.

Behandlungscharakter einer bestimmten Maßnahme des Personals soll nach dem Willen des Gesetzgebers etwa deren feste terminliche Einbindung in das Tagesprogramm des Überlassenen gelten.[726]

Die Aufnahme bzw. konkrete Ausgestaltung einer Regelung zur Zwangsbehandlung war während des Gesetzgebungsverfahrens Gegenstand heftiger Kontroversen. Der Streit entzündete sich vor allem an der Frage, inwieweit die wiederholte Depotmedikation bei einer bestimmten Gruppe von Überlassenen – vornehmlich Psychotikern – wünschenswert und mit dem strafrechtlichen Charakter der Maßregel vereinbar sei.[727] Die letztendlich Gesetz gewordene Formulierung ist insoweit missverständlich: Zwar knüpft Art. 26 BVT die Zwangsbehandlung an das Erfordernis einer ernsthaften Gefahr für die Sicherheit des Überlassenen oder Dritter, was eine Beschränkung auf akute Notsituationen nahe legen würde. Aus den – in sich teilweise widersprüchlichen – Gesetzesmaterialien ergibt sich jedoch die Auffassung, eine wiederholte Depotmedikation falle noch in den Anwendungsbereich der Vorschrift.[728] Auf die Schwierigkeiten, die angesichts der disparaten Entwicklung der einzelnen landesrechtlichen Regelungen im bundesrepublikanischen Maßregelvollzug in der Frage der Zwangsbehandlung bestehen, ist bereits weiter oben ausführlich hingewiesen worden; insoweit ist auf den dort eigens unternommenen Versuch einer einheitlichen Grenzziehung anhand verfassungsrechtlicher Vorgaben zu verweisen.[729]

Grundlegende Unterschiede zwischen dem System des Maßregelvollzuges in Nordrhein-Westfalen und demjenigen der Niederlande waren schließlich bislang im Hinblick auf die Verteilung der Patientenströme zu konstatieren: Die niederländischen Einrichtungen zeichneten sich durch einen hohen Grad an Spezialisierung aus, wodurch ein differenziertes, auf die individuellen Bedürfnisse einzelner Gruppen von Überlassenen ausgerichtetes Behandlungsangebot ermöglicht wurde. Hinzu kam, dass jeder Neuzugang zunächst in einer zentralen Selektionsinstanz, dem *F.S. Meijers Institut*, untersucht und erst dann an die für ihn nach Auffassung der Gutachter am besten geeignete Anstalt überstellt wurde.[730] Im Jahre 1999 wurde jedoch der Bericht einer interministeriellen Arbeitsgruppe publiziert, welcher eine radikale Abkehr vom bisher praktizierten Selektionssystem vorsah, um eine bessere Beurteilungsgrundlage im Hinblick auf Effektivität und Effizienz der jeweiligen

---

726 Memorie van toelichting, TK 1993–1994, 23 445, Nr. 3, S. 9; *Kelk* 1998, S. 500.

727 Für die Zulässigkeit einer längerfristigen Zwangsbehandlung in Anlehnung an die Regelung im BOPZ *Niemandsverdriet/Krul-Steketee* 1995. Für eine Beschränkung der Behandlung unter Zwangsanwendung auf akute Notsituationen optierend *Oppedijk* 1994. Vgl. in diesem Zusammenhang auch noch *Junger-Tas* 1991; *Koenraadt* 1997 sowie die umfassende empirische Studie von *Winkels* 1991, S. 157ff.

728 Dokumentiert bei *Hovens* 1997, S. 77; *Niemandsverdriet/Krul-Steketee* 1995, S. 8ff.; *Oppedijk* 1994, S. 276. Über die Anwendungspraxis der Neuregelung findet sich ein Bericht im TBS-Special der Zeitschrift Balans 1997, S. 13f.

729 Vgl. hierzu oben S. 46ff.

730 *Centrale Directie Wetenschapsbeleid en Ontwikkeling* 1995, S. 88ff.

Therapiebemühungen zu schaffen.[731] Auf politischer Ebene ist mittlerweile die Entscheidung für das stattdessen empfohlene Modell weitestgehend undifferenzierter Zuweisung gefallen. Gegen die anstehende Nivellierung der Patientenpopulationen lässt sich sicher einige Kritik vorbringen;[732] vor dem Hintergrund dieser Arbeit besehen, erleichtert sie jedoch letztlich den Vergleich mit dem Maßregelvollzug in Nordrhein-Westfalen, der ein dem überkommenen niederländischen Ansatz vergleichbares Auswahlsystem ebenfalls nicht kennt.[733]

4. Zwischenergebnis

Nach den obigen Ausführungen lässt sich eine grundlegende Vergleichbarkeit der niederländischen Überlassung mit Versorgung mit der deutschen Unterbringung in einem psychiatrischen Krankenhaus konstatieren: Sowohl im Hinblick auf die materiellrechtlichen Voraussetzungen der Unterbringung als auch hinsichtlich des Rechts des Maßregelvollzuges überwiegen die Übereinstimmungen bei weitem die bestehenden Differenzen. Vor allem im Hinblick auf die interne Rechtsstellung existiert mit Inkrafttreten des BVT auch in den Niederlanden ein differenzierter, die Grundrechtspositionen des Betroffenen berücksichtigender Normenkomplex, welcher eine dem MRVG-NW vergleichbare Regelungsdichte aufweist. Festzuhalten bleiben vor allem geringfügig differierende Unterbringungskriterien,[734] welche naturgemäß auch Auswirkungen auf die Zusammensetzung der Insassenpopulationen haben. Da jedoch die grundlegenden Weichenstellungen einander entsprechen,[735] fallen die bestehenden Unterschiede im vorliegenden Zusammenhang nicht wesentlich ins Gewicht. Für eine Betrachtung der Chancen und Risiken eines Disziplinarrechts für den Maßregelsektor, bei der ohnehin nur ein bestimmter Ausschnitt aus der Vollzugswirklichkeit fokussiert wird, erscheinen nach der vorstehenden Analyse des vergleichbaren niederländischen Rechtsinstituts Folgerungen auch für den Vollzug der Unterbringung nach § 63 StGB vertretbar.[736]

---

[731] *IBO II* 1998, S. 8f. et passim. Hierzu *de Boer-van Schaik* 1999; *de Lange* 1999; *Sagel-Grande* 2000, S. 171f. Kritisch *Blankstein* 1999, S. 20ff.

[732] Vgl. *Beyaert* 1999, S. 13f.; *Blankstein* 1999, S. 20ff.; *Tervoort* 1999. Eine Zusammenfassung der wesentlichen Kritikpunkte findet sich bei *Lindemann* 2001, S. 23.

[733] Zusammenfassend zu der hier umrissenen Entwicklung bereits *Lindemann* 2001, S. 21ff.

[734] Etwa beim Katalog der zugrunde liegenden psychischen Störungen oder der Verortung der Erheblichkeitsschwelle.

[735] So im Hinblick auf die prinzipielle Zweispurigkeit des Sanktionensystems, die Anknüpfung an das Vorliegen von Schuldunfähigkeit oder verminderter Schuldfähigkeit, die unbefristete Dauer in einem Großteil der Fälle und die grundsätzliche Dominanz des Präventionsgedankens.

[736] Insgesamt vorsichtiger insoweit *Centrale Directie Wetenschapsbeleid en Ontwikkeling* 1995, S. 63ff. Für Vergleichbarkeit (der TBR, d.h. des Vorgängers der TBS) hingegen *Baars/Van den Bergh* 1992, S. 11f.

II. Die Disziplinarstrafen gem. Art. 48, 49 BVT

1. Historische Einordnung und Gesetzgebungsverfahren

Hinsichtlich der Anwendung von Disziplinarmaßnahmen in den Einrichtungen des niederländischen Maßregelvollzuges ist im Laufe der Geschichte ein mehrmaliger Einstellungswandel zu verzeichnen.[737] Während das Gesetz über die Grundsätze des Gefängniswesens (Beginselenwet gevangeniswezen) ursprünglich auch für die Reichsasyle die Möglichkeit einer Auferlegung von Disziplinarstrafen vorsah, enthielten die Psychopathengesetze aus den Jahren 1925 und 1928, mit denen die strafrechtliche Maßregel der Überlassung eingeführt wurde,[738] diesbezüglich keine ausdrückliche Regelung. Indirekt lässt allerdings eine Norm über die Dokumentationspflicht den Rückschluss zu, dass der damalige Gesetzgeber sehr wohl von der prinzipiellen Zulässigkeit entsprechender Maßnahmen ausging.[739] Im Jahre 1976 wurde sodann die oben genannte Möglichkeit zur Auferlegung von Disziplinarstrafen aus dem Gesetz über die Grundsätze des Gefängniswesens entfernt.[740] Ausschlaggebend hierfür war, dass man mittlerweile der Behandlung des Überlassenen sehr viel mehr Gewicht beimaß und insoweit das vorhandene Sanktionsarsenal aufgrund seines konfrontativen Charakters eher für störend hielt. Die bewusste Beschränkung der Verarbeitung von Konflikten auf den therapeutischen Bereich lässt sich somit als Ausdruck des in der Nachkriegszeit auch in den Niederlanden aufkommenden generellen Behandlungsoptimismus werten.[741]

Bereits in den 70er Jahren setzte jedoch eine Parallelentwicklung ein, die eine Stärkung der Rechtsposition der Überlassenen und eine Betonung ihres Selbstbestimmungsrechts anstrebte. Zur Verringerung des bestehenden Machtgefälles sollte die Beziehung zwischen dem Patienten und den ihn Behandelnden einer möglichst weitgehenden Verrechtlichung zugeführt werden.[742] Da man nunmehr die Eigenverantwortung der Untergebrachten hervorhob und sie möglichst weitgehend als mündige Bürger ansprechen wollte, trat auch im Hinblick auf die Möglichkeit einer Disziplinierung ein erneuter Auffassungswandel ein: Zunehmend gewann das Diktum Anhänger, nicht jedes störende Verhalten sei auch als gestörtes Verhalten zu betrachten.[743] Es galt nunmehr als erstrebenswert, den Überlassenen möglichst

---

[737] BVT, Memorie van Toelichting, TK 1993–1994, 23 445, Nr. 3, S. 52; *Commissie Haars* 1987, S. 31. Zur Entwicklung im Strafvollzug *Van Tuinen* 1986.

[738] Bis dahin bestand allein die Möglichkeit, vollständig unzurechnungsfähige Täter, die nicht bestraft werden konnten, in eine Heil- und Pflegeanstalt zu überführen. Vgl. hierzu *Remmelink* 1996, S. 753f.; *Sagel-Grande* 1991, S. 734f.

[739] *Commissie Haars* 1987, S. 31.

[740] Staatsblad 1976, 568.

[741] So auch *Beyaert* 1999, S. 11; *Boutellier* 1991, S. 132; *Kelk* 1988, S. 287.

[742] Exemplarisch *Kelk* 1988, S. 298; *Kelk* 1998, S. 498f.

[743] Vgl. etwa *Commissie Haars* 1987, S. 31; *de Boer* 1997, S. 6.

auch die Konsequenzen ihres Tuns vor Augen zu führen und ihnen bei etwaigen Regelverstößen – so vorhanden – ihre Verantwortlichkeit aufzuzeigen.[744]

Aus den genannten Gründen befürwortete auch die bereits erwähnte, mit der Vorbereitung eines umfassenden Maßregelvollzugsgesetzes beauftragte *Kommission Haars* in ihrem 1987 publizierten Abschlussbericht die Einführung von Disziplinarmaßnahmen.[745] Wie bereits angedeutet, ergab sich jedoch bei der Umsetzung dieser Vorschläge durch den Gesetzgeber einige Verzögerung: Zunächst hatte die Kommission nach Auffassung des Justizministeriums ihr Augenmerk zu sehr auf den Maßregelsektor gerichtet und die Einbettung des Gesetzesvorhabens in die übrige Vollzugsgesetzgebung stark vernachlässigt, weshalb zur Förderung der Rechtseinheit eine Reihe Modifikationen gefordert wurden.[746] Daneben hatte man bei der Einführung der oben erwähnten Vorläufigen Regelung der internen Rechtsposition beschlossen, zunächst eine Evaluation der unter Anwendung des neuen Regelwerks ergangenen Entscheidungen der vorgesehenen Kontrollorgane durchzuführen, um die hieraus gewonnenen Erkenntnisse in den Gesetzgebungsvorgang einfließen lassen zu können.[747] Während man noch auf die Ergebnisse dieser Untersuchung wartete, trat als weiterer retardierender Faktor hinzu, dass mittlerweile die Planungen für die Erneuerung des Gesetz über die Grundsätze des Gefängniswesens angelaufen waren und auch insoweit dem Erfordernis weitestmöglicher Homogenität der Gesetzentwürfe Rechnung getragen werden sollte.[748] Erst am 01.10.1997 konnte so schließlich das Gesetz über die Grundsätze der Versorgung von Überlassenen in Kraft treten.

Vor einer ausführlichen Darstellung der einschlägigen Normen erscheint es angebracht, das Augenmerk noch kurz auf eine aufschlussreiche sprachliche Nuancierung der behandelten Gesetzes- und Entwurfstexte zu lenken, da in ihr erneut ein Abbild der bereits erwähnten, dem stetigen Wandel unterworfenen vollzugspolitischen Großströmungen gesehen werden kann: Während in den überkommenen Gesetzen zum Strafvollzug stets von „Disziplinarstrafen“ die Rede war, vermied die *Kommission Haars* den Begriff der Strafe und sprach stattdessen von „Disziplinarmaßnahmen“. Wohl im Zuge der bereits erwähnten Bemühungen um eine Angleichung des Regelungsbestandes in allen Bereichen der Vollzugsgesetzgebung wurde für das BVT sodann wieder auf die Benennung als „Disziplinarstrafen“ zurückgegriffen.

---

[744] *Blankstein* 1987, S. 68; *Kelk* 1998, S. 503.

[745] *Commissie Haars* 1987, S. 22f., 31f. Eine kritische Kommentierung des Kommissionsentwurfs findet sich bei *Van den Bergh/Hofstee* 1988. Insbesondere zur Frage des Disziplinarrechts auch noch *Koenraadt/Drost* 1985, S. 21.

[746] BVT, Memorie van Toelichting, TK 1993–1994, 23 445, Nr. 3, S. 2.

[747] Die Ergebnisse dieser Erhebung geben *Aalberts/Brouwers* 1991 sowie *Bakker et al.* 1991 wieder.

[748] BVT, Memorie van Toelichting, TK 1993–1994, 23 445, Nr. 3, S. 3.

2. Formelle und materielle Voraussetzungen der Verhängung einer Disziplinarstrafe

Die Verhängung der im zehnten Abschnitt des BVT aufgeführten Disziplinarstrafen ist gem. Art. 49 I dem Leiter der Einrichtung vorbehalten. Sie setzt gem. Art. 49 I, 48 I BVT voraus, dass der Überlassene sich an einer Handlung beteiligt hat, welche mit der Ordnung oder Sicherheit in der Einrichtung oder mit einem ungestörten Verlauf der Versorgung nicht vereinbar ist.

Die gem. Art. 7 I BVT von jeder Einrichtung zu erlassende Hausordnung (huisregels) soll nach einem Musterentwurf aus dem Justizministerium nähere Angaben darüber enthalten, in welchen Fällen eine Disziplinarstrafe auferlegt werden kann.[749] Der Einrichtungsleitung kommt bei der Ausgestaltung der jeweiligen Hausordnung ein verhältnismäßig weiter Gestaltungsspielraum zu: Der erwähnte Musterentwurf beschränkt sich insoweit auf strukturelle Vorgaben, mit denen ein einheitliches Erscheinungsbild der in dieser Hinsicht im Maßregelsektor existierenden Regelwerke gewährleistet werden soll. Eine inhaltliche Beschränkung ergibt sich letztlich nur dahingehend, dass den Untergebrachten zwar im Vergleich zum BVT zusätzliche Rechte gewährt, dort bereits begründete Rechtspositionen jedoch nicht weiter beschränkt werden können.[750] Den Einrichtungen wird somit durch Art. 7 I BVT ein Instrument in die Hand gegeben, das ihnen in nicht unbeträchtlichem Umfang die Möglichkeit zur eigenständigen Gestaltung einer „Politik des Hauses" eröffnet. Inwieweit diesbezüglich in den einzelnen Kliniken tatsächlich größere Unterschiede bestehen, wird weiter unten noch Gegenstand gesonderter Betrachtung sein.[751]

Eine Bestrafung ist gem. Art. 49 VI BVT ausgeschlossen, soweit der Betroffene für die Tat nicht verantwortlich gemacht werden kann. Im Entwurf der *Kommission Haars* war eine derartige Klausel noch nicht vorgesehen, jedoch lässt die in der dortigen Entwurfsbegründung vorgenommene Unterscheidung zwischen störendem und gestörtem Verhalten des Überlassenen durchaus den Umkehrschluss zu, dass im Falle ernsthafter psychischer Störung die Ahndung etwaigen Fehlverhaltens durch Disziplinarmaßnahmen ausgeschlossen sein sollte.[752] In der Entwurfsbegründung finden sich darüber hinaus noch weitere Anhaltspunkte, die diese Annahme stützen: So wird ausdrücklich darauf hingewiesen, dass es auch angesichts des grundsätzlichen Bestrebens, die Insassen auf Ihre Verantwortung für Normverstöße anzusprechen, bei entsprechendem störenden Verhalten zunächst einer sorg-

---

[749] Model huisregels justitiele TBS-inrichtingen, Stcrt. 1998, Nr. 207, Art. 10.

[750] Ausschließlich durch die Hausordnung auferlegten Pflichten kommt demgemäß lediglich interne Bedeutung zu („huishoudelijk karakter"); Memorie van Toelichting, TK 1993–1994, 23 445, Nr. 3, S. 6. Vgl. auch *Hovens* 1997, S. 72.

[751] Vgl. insoweit die Ergebnisse einer eigenen Erhebung zur Disziplinarpraxis der TBS-Kliniken, S. 261ff.

[752] *Commissie Haars* 1987, S. 31.

fältigen Prüfung bedürfe, inwieweit in der fraglichen Regelübertretung nicht vielleicht gerade die besondere psychische Problematik des Überlassenen zum Ausdruck komme.[753] Ohnehin sei Behandlungsbelangen in jedem Fall der Vorrang vor Aspekten der Disziplinierung einzuräumen, weshalb die Zahl der Fälle, in denen neben therapeutischen, auf Konfliktlösung gerichteten Interventionsansätzen die Verhängung einer Strafe – etwa aus Gründen der Rückfallprävention – unerlässlich sei, eher gering zu veranschlagen sei.[754]

Der Gesetzgeber verfolgt im Übrigen mit der Einführung des Verantwortlichkeitskriteriums erklärtermaßen noch einen weiteren Zweck: In diesem Erfordernis sollen sich die – als eine ausdrückliche Zurechtweisung des Überlassenen im Sinne eines Missbilligungsurteils aufzufassenden – Disziplinarstrafen von den Maßnahmen zur Aufrechterhaltung von Sicherheit und Ordnung unterscheiden, für deren Auferlegung es einer entsprechenden Prüfung folgerichtig nicht bedarf.[755] Da andererseits präventiv motivierte Eingriffe die Rechtssphäre des Überlassenen oftmals stärker und dauerhafter tangieren als die tatbestandlich und in ihren Rechtsfolgen verhältnismäßig eng gefassten Disziplinarstrafen, soll letzteren nach dem Willen des Gesetzgebers ein prinzipieller Anwendungsvorrang gebühren.[756]

Das Gesetz sieht folgendes Sanktionsarsenal vor:

(a) Absonderung im eigenen Zimmer während des gesamten Tages oder bestimmter Stunden, höchstens jedoch für die Dauer von zwei Wochen;
(b) Beschränkung der Bewegungsfreiheit auf die jeweilige Abteilung für höchstens zwei Wochen;
(c) Auferlegung einer Geldbuße, deren Höchstbetrag durch den Justizminister bestimmt wird;[757]
(d) Untersagung des Besuchs einer bestimmten Person oder bestimmter Personen für höchstens zwei Wochen, soweit ein Zusammenhang zwischen der Tat und dem Besuch durch die Person oder Personen bestand;
(e) Ausschluss von der Teilnahme an einer oder mehreren gemeinschaftlichen Aktivitäten oder Beschäftigungen für höchstens zwei Wochen, soweit zwischen Aktivität bzw. Beschäftigung und Tat ein Zusammenhang bestand.

Der von der *Kommission Haars* vorgestellte Gesetzentwurf enthielt daneben noch die Möglichkeit, dem Betroffenen lediglich einen Tadel auszusprechen. Vom Gesetzgeber wurde diese Option jedoch aufgrund ihrer mangelnden Effektivität verworfen; als Beleg hierfür wurde die bislang eher geringe Verwendung angeführt, welche die entsprechende Maßnahme im Kontext des Strafvollzuges gefunden

---

[753] *Commissie Haars* 1987, S. 31 f.
[754] *Commissie Haars* 1987, S. 32.
[755] Memorie van toelichting, TK 1993–1994, 23 445, Nr. 3, S. 52 f.
[756] Memorie van toelichting, TK 1993–1994, 23 445, Nr. 3, S. 53.
[757] In einer inzwischen erfolgten Mitteilung an die Einrichtungen wurde eine Höchstgrenze von 100,– NLG festgesetzt; dies entspricht nunmehr etwa 45 €.

hat.[758] Bewusst verzichtet wurde auch auf die Einräumung einer Möglichkeit zur Absonderung in besonderen Isolierzellen, da die mit dem Einsatz dieses Instruments verbundenen Beeinträchtigungen für derartig gravierend gehalten wurden, dass sie mit dem – gerade auch im Vergleich zum Arsenal der Gefahrenabwehr – verhältnismäßig geringen Schweregrad der anderen Strafalternativen keineswegs mehr zu vereinbaren gewesen wären.[759]

Das gesetzlich vorgesehene Verfahren stellt sich wie folgt dar: Sobald ein Mitarbeiter die Beteiligung des Überlassenen an einer entsprechenden Tat feststellt und diesen Umstand zu melden beabsichtigt, muss er dem Betroffenen dies gem. Art. 48 I BVT mitteilen. Nach der von Art. 53 I lit. e BVT vorgesehenen Anhörung des Überlassenen entscheidet dann der Leiter der Einrichtung gem. Art. 48 II BVT so schnell wie möglich über die Auferlegung der Strafe. Er ist verpflichtet, über den Vorgang einen Vermerk anzufertigen, der zu den Behandlungsunterlagen genommen wird (Art. 19 I lit. g, 49 VII BVT). Der Betroffene erhält sodann nach Maßgabe des Art. 54 II, III BVT unverzüglich eine schriftliche, in möglichst verständlicher Sprache gehaltene, mit Gründen versehene, datierte und unterschriebene Mitteilung über die Entscheidung sowie eine Rechtsmittelbelehrung.

Die Disziplinarstrafen werden gem. Art. 49 V 1 BVT grundsätzlich sofort vollstreckt. Gem. Art. 49 V 2 BVT kann der Leiter der Einrichtung bestimmen, dass die Strafe überhaupt nicht oder nur zum Teil vollstreckt werden soll. Gedacht ist hierbei etwa an Fälle, in denen nach der Verhängung der Sanktion aufgrund des Verhaltens des Überlassenen eine Maßnahme der Gefahrenabwehr angebrachter erscheint oder eine Krankheit die Vollstreckung nicht tunlich erscheinen lässt.[760] Anders als noch der Entwurf der *Kommission Haars* sieht die letztendlich Gesetz gewordene Fassung auf der anderen Seite auch die Möglichkeit der Kumulation mehrerer Sanktionen vor; lediglich für die Verbindung der Absonderung mit dem Ausschluss von Gemeinschaftsaktivitäten bestimmt Art. 49 III, dass die Gesamtdauer zwei Wochen nicht überschreiten darf. Als Beispiel für das Bedürfnis nach einer Kombination verschiedener Strafen wird in der Gesetzesbegründung genannt, dass der Überlassene während einer gemeinsamen Aktivität in eine gewalttätige Auseinandersetzung verwickelt war. In diesem Fall erscheine es angebracht, ihm für einen bestimmten Zeitraum die Teilnahme an besagter Unternehmung zu verbieten und das Fehlverhalten daneben durch die Auferlegung einer Geldbuße zu ahnden.[761] In diesem Zusammenhang ist schließlich darauf hinzuweisen, dass der Einrichtungsleiter bei der Auferlegung einer Geldbuße gem. Art. 49 II BVT eine Strafe festzulegen hat, welche die Buße für den Fall ersetzen soll, dass der Überlassene den fraglichen Betrag nicht innerhalb einer bestimmten Zeit bezahlt.

---

758 Memorie van toelichting, TK 1993–1994, 23 445, Nr. 3, S. 54.
759 Memorie van toelichting, TK 1993–1994, 23 445, Nr. 3, S. 53.
760 Memorie van toelichting, TK 1993–1994, 23 445, Nr. 3, S. 54.
761 Memorie van toelichting, TK 1993–1994, 23 445, Nr. 3, S. 53.

3. Rechtsmittel

Zunächst hat der Überlassene gem. Art. 55 I BVT das Recht, sich mündlich oder schriftlich an die zuständige Aufsichtskommission (commissie van toezicht)[762] zu wenden und diese zu ersuchen, in der Sache zu vermitteln. Die Aufsichtskommission beauftragt mit der Durchführung des Vermittlungsverfahrens gewöhnlich den aus ihrer Mitte stammenden sog. Monatskommissar (maandcommissaris), der regelmäßig entsprechende Besuche in der zu betreuenden Einrichtung durchführt, oder ein anderes Kommissionsmitglied (Art. 55 III 2 BVT). Weiterhin steht dem Überlassenen, unabhängig von einem vorherigen Vermittlungsversuch, gem. Art. 56 I lit. a BVT gegen die Auferlegung einer Disziplinarstrafe die Beschwerde bei der zuständigen Beschwerdekommission (beklagcommissie) zu, welche ebenfalls von Mitgliedern der Aufsichtskommission gebildet wird. Allerdings räumt Art. 63 BVT dem Vorsitzenden der Beschwerdekommission die Befugnis ein, das Verfahren auf bestimmte oder unbestimmte Zeit auszusetzen, soweit er der Meinung ist, dass der Fall die Eignung für einen Vermittlungsversuch aufweist. Er leitet dann eine Kopie der Beschwerdeschrift dem Monatskommissar oder einem für zuständig erklärten anderen Mitglied der Aufsichtskommission zur weiteren Behandlung zu. Als mögliches Beispiel für entsprechenden weiteren Klärungsbedarf nennen die Gesetzesmaterialien, dass der Überlassene seine Beschwerde noch nicht erschöpfend mit dem Abteilungsleiter oder dem für die Koordination der Behandlung Zuständigen besprochen habe.[763]

Bei der Beschwerde fordert Art. 58 I, III BVT das Einreichen einer ausführlichen und mit Gründen versehenen Beschwerdeschrift. Als Frist sowohl für das Ersuchen um Vermittlung als auch für die Beschwerde bestimmen Art. 55 II, 58 V 1 BVT den Zeitraum von einer Woche, nachdem der Betroffene Kenntnis von der Entscheidung über die Strafe erhalten hat. Für den Fall, dass der Überlassene zunächst um Vermittlung ersucht hat, beginnt die Beschwerdefrist gem. Art. 58 VI BVT mit der entsprechenden Mitteilung der Aufsichtskommission über ihre Beurteilung des Falles. Der Leiter der Einrichtung erhält gem. Art. 60 I BVT eine Abschrift der eingereichten Beschwerde. Er ist dann jedoch auch verpflichtet, der Kommission so schnell wie möglich schriftlich die erforderlichen Informationen und eine Stellungnahme zu dem Vorgebrachten zukommen zu lassen. Beide beteiligten Parteien haben darüber hinaus gem. Art. 61 I BVT die Gelegenheit zu einer mündlichen Stellungnahme.

Eine Entscheidung über die Beschwerde hat gem. Art. 65 I 1 BVT grundsätzlich spätestens vier Wochen nach deren Einreichung zu ergehen; ausnahmsweise ist eine Verlängerung aufgrund besonderer Umstände um weitere vier Wochen möglich. Gem. Art. 59 III BVT besteht in bestimmten Fällen die Möglichkeit einer Entschei-

---

762 Einzelheiten zu Aufgaben und Zusammensetzung der Aufsichtskommissionen bei *Hovens* 1997, S. 73f.; *Sagel-Grande* 2000, S. 170.

763 Memorie van toelichting, TK 1993–1994, 23 445, Nr. 3, S. 19.

dung durch den Vorsitzenden der Kommission oder ein hierzu angewiesenes Kommissionsmitglied; zudem kann gem. Art. 65 V BVT von einer schriftlichen Begründung abgesehen werden. Die Beschwerdekommission kann die Disziplinarstrafe gem. Art. 66 BVT ganz oder zum Teil aufheben, eine eigene Entscheidung in der Sache treffen oder den Leiter der Einrichtung anweisen, unter Berücksichtigung ihrer Auffassung erneut zu entscheiden. Gegen die Entscheidung der Beschwerdekommission können sowohl der Überlassene als auch der Leiter der Einrichtung gem. Art. 67 I BVT Berufung bei der zuständigen Berufungskommission einlegen (Beroepscommissie van de sectie TBS van de Centrale Raad voor Strafrechtstoepassing).

III. Umsetzung des neuen Disziplinarrechts in der Rechtswirklichkeit

Der niederländische Gesetzgeber hatte bei seinen Vorüberlegungen zur Schaffung des letztendlich eingeführten Disziplinarrechts ursprünglich vor allem zwei Gesichtspunkte im Blick:[764] Zunächst galt seine Aufmerksamkeit der Frage, inwieweit bei den mit dem Vollzug der Überlassung befassten Einrichtungen ein entsprechender Regelungsbedarf festzustellen sei. Aus diesem Grunde wurde im Rahmen des Gesetzgebungsverfahrens eine entsprechende Evaluation durchgeführt, bei der sich jedoch recht bald herausstellte, dass die Mehrzahl der Einrichtungen der Einräumung einer entsprechenden Sanktionierungsmöglichkeit eher ablehnend gegenüberstand. Als Grund für die einhellige Zurückweisung wurde vor allem angegeben, man verstehe sich vornehmlich als Behandlungs- und nicht etwa als Strafeinrichtung. Ausschlaggebend für die schließlich auch gegen die von den betroffenen Einrichtungen geäußerten Bedenken erfolgte Einführung der Disziplinarstrafen war denn auch eher ein zweiter Aspekt: Da derartige Maßnahmen in den die beiden anderen Vollzugsfelder (Gefängniswesen und Jugendeinrichtungen) betreffenden Grundsatzgesetzen ebenfalls enthalten sein sollten, sprach das bereits erwähnte Streben nach Rechtseinheit für eine Übertragung auch auf den Maßregelsektor.

Es handelt sich demzufolge bei der fraglichen Strafkompetenz um eine Machtposition, auf deren Einräumung die potentiellen Rechtsanwender aufgrund ihres therapeutischen Selbstverständnisses erklärtermaßen lieber verzichtet hätten. Bereits die Betrachtung des in der Einleitung referierten Ausgangsfalles zur Kontroverse um das Fernsehempfangsrecht in Haina, aber auch die im Anschluss erfolgten eigenen empirischen Erhebungen lassen jedoch eine gewisse Skepsis gegenüber derartigen therapeutischen Begründungsroutinen der Vollzugspraxis durchaus ange-

---

764 Für die folgenden Ausführungen stütze ich mich auf ein am 11.09.2000 im niederländischen Justizministerium geführtes Gespräch mit den für den Maßregelsektor zuständigen Herren drs. *A. Zaalberg* und *J. de Jong*.

bracht erscheinen. Insoweit hat vor allem der rechtstatsächliche Abschnitt der Arbeit zu einer Erhärtung des Verdachts beigetragen, in der Vollzugswirklichkeit würden verbreitet Maßnahmen mit disziplinarischem Hintergrund als solche der Therapie oder der Gefahrenabwehr camoufliert. Aus diesem Grunde scheint es im vorliegenden Zusammenhang erneut ratsam, genauer nachzufragen, welche Wege bei der Verarbeitung von Konflikten im niederländischen Unterbringungsalltag denn tatsächlich beschritten werden, wenn doch die gesetzliche Einführung eines Disziplinarrechts von Seiten des Personals so einhellig für entbehrlich gehalten wurde.

Die angeführten Zweifel im Hinblick auf die Zulässigkeit der durch das Vollzugspersonal vorgenommenen rechtlichen Einordnungen erhalten im Übrigen weitere Nahrung aus einer Studie des einschlägigen niederländischen Schrifttums, und zwar vor allem aus der Zeit *vor* Inkrafttreten des BVT. So hat *Kelk* explizit auf die Gefahr hingewiesen, die für den Vollzug der Überlassung aus dem Mangel an disziplinärer Strafbefugnis erwachse: Es sei durchaus denkbar, dass unter dem Deckmantel des Behandlungsplanes des Öfteren verkappte Sanktionen auferlegt würden. *Kelk* ordnet diese Praxis der für den Maßregelvollzug generell sehr bedeutsamen Ausrichtung am Grundgedanken des therapeutischen Milieus zu, dessen totaler Charakter es ermögliche, den Überlassenen mit einem subtilen System von Belohnungen und Bestrafungen zu überziehen, um ihn zur Mitarbeit an dem ihm unterbreiteten Therapieangebot zu bewegen.[765] Zur Begründung des Gesetzgebers für das BVT hat *Van der Landen* kritisch angemerkt, diese sei durchgängig geprägt durch den im Maßregelvollzug gebräuchlichen Jargon der Sozialarbeiter. Der besagte Sprachgebrauch helfe, die in der Vollzugswirklichkeit verbreitete Tendenz zur Ausübung subtilen Zwanges zu kaschieren, soweit etwa von „Absprachen" mit den „Bewohnern" der Einrichtung gesprochen werde, wenn tatsächlich diejenigen Regeln gemeint seien, die der Überlassene qua Unterworfenheit unter das Rechtsregime des BVT ohnehin zu befolgen habe. In einer Atmosphäre, in welcher die „guten Absichten" der Bediensteten überwögen, bestehe stets die Gefahr, dass die wirklichen Motive für den Patienten betreffende Entscheidungen nicht ausgesprochen würden.[766] Von anwaltlicher Seite hat schließlich *Knap* vorgebracht, es könne gar als das vornehmliche Ziel der Behandlungsbemühungen angesehen werden, den Überlassenen unter dem Reglement der Hausordnung zu domestizieren. Gegenüber den Gerichten werde diese Praxis von Seiten der Einrichtungen vertuscht durch eine äußerst prätentiöse Art der Berichterstattung, die gespickt sei mit verschleiernder diagnostischer Terminologie. Neben anderen Erwägungen sind diese Einsichten für *Knap* Anlass genug, die Abschaffung des in seinen Augen „heillosen Instruments" der Überlassung mit Versorgung zu fordern.[767]

---

765 *Kelk* 1988, S. 306f., 314. Vgl. auch noch *Jörg/Kelk* 1998, S. 407f.; *Kelk* 1978, S. 167f.; *Kelk* 1998, S. 503 sowie *Hovens* 1997, S. 78. Kritisch zur Praxis im Strafvollzug *Blankstein* 1987, S. 68.

766 *Van der Landen* 1995, S. 459.

767 *Knap* 1999, S. 89.

1. Befragung von Vollzugspraktikern

Die ausgeführten Bedenken bildeten den Anlass, in einer Feldstudie die Disziplinierungspraxis im niederländischen Maßregelvollzug vor und nach der Einführung des BVT zu ergründen. Besonderes Augenmerk sollte in diesem Zusammenhang den von den einzelnen Einrichtungen in der Frage der Sanktionierung unbotmäßigen Patientenverhaltens vertretenen Politiken zukommen; in einem zweiten Schritt sollte sodann etwaigen Begründungsmängeln der dargelegten Konzepte nachgegangen werden. Zu diesem Zweck wurden zunächst ausführliche, jedoch nicht standardisierte Interviews mit leitenden Bediensteten in zwei Vollzugseinrichtungen geführt (es handelte sich hierbei um das *Forensisch Psychiatrische Zentrum Veldzicht* in Balkbrug sowie die *Dr. Henri van der Hoeven Klinik* in Utrecht). Auf der Grundlage der so gewonnenen Erkenntnisse wurde ein Fragebogen entwickelt und im September 2000 an die restlichen Einrichtungen des TBS-Sektors mit der Bitte um Beantwortung versandt. Aufgenommen wurden die folgenden Fragen:

1) Wie haben Sie reagiert, als Sie erfahren haben, dass der niederländische Gesetzgeber die Aufnahme von Disziplinarstrafen in das Gesetz über die Grundsätze der Versorgung von Überlassen plante: Haben Sie die Möglichkeit, abweichendes Verhalten zukünftig zu sanktionieren, als eine Erleichterung empfunden, oder überwogen die Bedenken?
2) Bitte schildern Sie die diesbezügliche Politik Ihrer Einrichtung vor und nach dem Inkrafttreten des BVT: In welchem Umfang wurden bzw. werden Disziplinarstrafen verhängt? Im *Forensisch Psychiatrischen Zentrum Veldzicht* und in der *Van der Hoeven Klinik* existiert etwa unter dem Gesichtspunkt regelmäßiger Urinkontrollen ein System von Reaktionsmechanismen für den Fall, dass ein Missbrauch verbotener Substanzen festgestellt wird; ist das auch in Ihrer Einrichtung der Fall?
3) Falls Sie die Verhängung von Disziplinarstrafen grundsätzlich ablehnen: Worin bestehen in Ihren Augen die Alternativen für eine zufriedenstellende Bewältigung existierender Konflikte? Bitte schildern Sie kurz, wie in Ihrer Einrichtung in derartigen Fällen vorgegangen wird.

Von den sechs angeschriebenen Kliniken antworteten insgesamt fünf, so dass sich zusammen mit den Ergebnissen der persönlichen Befragungen in den zwei vorgenannten Einrichtungen in der Gesamtschau ein recht aussagekräftiges Bild von der Anwendungswirklichkeit des mit dem BVT eingeführten Disziplinararsenals im niederländischen Maßregelsektor ergibt.

a) Dr. Henri van der Hoeven Klinik

In der *Dr. Henri van der Hoeven Klinik*[768] existiert nach Aussage des dort tätigen Kriminologen *Niemandsverdriet* hinsichtlich der Anwendung des neugeschaffenen Disziplinarinstrumentariums eine denkbar klare Rechtslage: Die Hausordnung enthalte hierzu in Art. 43 lediglich einen Satz, nämlich die Feststellung, dass Disziplinarstrafen nicht auferlegt würden. Strafen und Behandeln entstammten nun einmal

[768] Allgemein zu dem in der Einrichtung vertretenen Behandlungsansatz *Blankstein* 1990, S. 308f. Vgl. des Weiteren noch die (älteren) Berichte von *Rotthaus* 1975; *Rotthaus* 1978.

zwei völlig unterschiedlichen, nicht gut vereinbaren Grundhaltungen; im Übrigen besitze man einen ausreichenden präventiv ausgerichteten Maßnahmenkatalog zur Aufrechterhaltung von Sicherheit und Ordnung in der Einrichtung. Auf Nachfrage erklärt *Niemandsverdriet*, dass die Gründe für den fehlenden Bedarf an repressiven Maßnahmen vielleicht auch in dem spezifisch niederländischen, konsensorientierten Ansatz des Interessenausgleichs zu suchen seien. In der *Van der Hoeven Klinik* bemühe man sich insoweit darum, entstehende Konflikte bereits im Vorfeld durch klärende Gespräche zu entschärfen.

Niemandsverdriet berichtet jedoch weiterhin von einer Diskussion, die er unlängst mit einem Mitglied der zuständigen Aufsichtskommission (Commissie van toezicht) gehabt habe. Es sei dabei um die Reaktionen der Einrichtung auf positive Urinkontrollen gegangen.[769] Dazu muss man wissen, dass für diesen Fall in der Hausordnung der *Van der Hoeven Klinik* gem. Art. 18 VI das Inkrafttreten eines individuellen Programms vorgesehen ist, welches vorab und mit Kenntnis des Patienten hierfür festgelegt wurde. Darin sind nach Aussage *Niemandsverdriets* üblicherweise einige langfristiger angelegte therapeutische Reaktionen, aber auch mögliche Maßnahmen der akuten Krisenintervention wie etwa eine unmittelbare Absonderung für die nächsten vierundzwanzig Stunden niedergelegt. Das Kommissionsmitglied habe sich nun danach erkundigt, welche Rechtsnatur den einzelnen Maßnahmen nach Auffassung der Einrichtung zukomme, und ob es sich hierbei – im Widerspruch zu dem programmatischen Satz in Art. 43 der Hausordnung – nicht doch teilweise um Sanktionen handele. Man dürfe, so *Niemandsverdriet*, in derartigen Interventionen jedoch keine Bestrafung von Regelverstößen sehen, sondern müsse diese als individuell angepasste Reaktion zur Vermeidung weiterer entsprechender Vorfälle einordnen. Als Beispiel führt er ein Arbeitsverbot an, welches aufgrund einer im Rahmen der Beschäftigung drohenden Fremdgefährdung erforderlich werde und naturgemäß auch eine Beeinträchtigung von Freiheitsrechten beinhalte. Eine zugegebenermaßen nachteilige, jedoch lediglich mittelbare Folge dieses Verbots sei dann, dass der Betroffene im Rahmen des einrichtungsinternen Belohnungssystems einen entsprechend verminderten Arbeitslohn erhalte. Obwohl nachvollziehbar sei, dass der Überlassene diese Herabstufung als eine Form der Bestrafung empfinde, stünden auf Seiten des Personals therapeutische bzw. präventive Erwägungen bei der Verhängung der fraglichen Maßnahmen eindeutig im Vordergrund.

b) Forensisch Psychiatrisches Zentrum Veldzicht

Für das *Forensisch Psychiatrische Zentrum Veldzicht* in Balkbrug macht die Leiterin der Intensive-Care-Unit[770] *Van't Zandt*, deutlich, dass auch von Seiten Ihrer Einrichtung die Einführung eines Disziplinarinstrumentariums nicht für erforderlich

---

[769] Als rechtliche Grundlage fungiert insoweit Art. 24 I BVT; vgl. hierzu *Kelk* 1998, S. 501.

[770] Die Studie von *Winkels* 1991, S. 205ff. schildert sehr ausführlich den Alltag auf einer derartigen Station. Vgl. auch noch *Kelk* 1988, S. 300; *Kelk* 1998, S. 502; *Ministerie van Justitie* 1991, S. 102; *Van den Bergh et al.* 1996, S. 61f.; *Van Marle* 1983.

gehalten worden sei. Man verstehe sich schließlich als Behandlungs- und nicht als Strafeinrichtung. Man sei statt dessen stets darum bemüht, auch störendes Verhalten eher in den Behandlungsgesprächen aufzuarbeiten und so den Patienten die individuellen Gründe für ihr Fehlverhalten vor Augen zu führen. Ihre theoretische Fundierung finde diese Praxis in der Ausrichtung an verhaltenstherapeutischen Konzepten,[771] welche eine derartige Aufarbeitung zum integralen Bestandteil der täglichen Arbeit mit den Patienten machten. Andererseits konzediert *Van't Zandt*, dass man im Rahmen der routinemäßig vorgenommenen Urinkontrollen bislang bei positiven Befunden durchaus Absonderungen von bis zu drei Wochen auferlegt habe, also insoweit sogar über das nach der neuen Gesetzeslage zum Zwecke der Disziplinierung Zulässige hinausgegangen sei. Betrachte man die fraglichen Maßnahmen als Disziplinarstrafen, sei die bisherige Praxis somit auf der Grundlage des BVT wohl nicht mehr haltbar. In der Mehrzahl dieser Fälle werde jedoch zur Rechtfertigung der auferlegten Restriktionen vorzugsweise ohnehin auf das umfangreiche Arsenal von Maßnahmen zur Gefahrenabwehr zurückgegriffen, welches auch im neuen BVT einen im Vergleich zum Disziplinarrecht weiteren Zuschnitt erhalten habe. Das dargestellte Reaktionssystem im Rahmen der Urinkontrollen existiere im Übrigen, mit den für die jeweilige Abteilung erforderlichen Modifikationen, in der gesamten Einrichtung.

c) Dr. F. S. Meijersklinik

Im Zuge der bereits erwähnten umfassenden Strukturreform des niederländischen TBS-Sektors, welche vor allem die Abkehr vom bisher praktizierten Selektionssystem vollzogen hat,[772] ergab sich für das vormalige *Dr. F. S. Meijers Institut* in Utrecht ein umfassender Aufgabenwandel.[773] Die bisherige zentrale Zuweisungsinstanz für sämtliche mit einer Überlassung belegten Patienten wurde zu einer regulären Behandlungseinrichtung umgeformt, was auch in der nunmehr geänderten Funktionsbezeichnung als *„Dr. F. S. Meijersklinik – Einrichtung für die Behandlung von Überlassenen"* zum Ausdruck kommt. Der hier angesprochene Prozess wurde im August 1999 durch eine Halbierung der Kapazitäten auf drei Abteilungen mit insgesamt 30 Patienten eingeleitet, um die erforderlichen Umbau- und Umstellungsmaßnahmen zu gewährleisten. Im November 2000 – dem Zeitpunkt der Erhebung – war die Anzahl der betriebenen Abteilungen auf mittlerweile fünf gestiegen,

[771] Auf die Dominanz des verhaltenstherapeutischen Ansatzes in *Veldzicht* weist auch *Blankstein* 1990, S. 312ff. hin. Von besonderem Interesse im hier behandelten Zusammenhang ist, dass bei der Beschreibung des Behandlungskonzeptes durchaus auch der Einsatz negativer Verstärker im Falle unerwünschten Patientenverhaltens Erwähnung findet; vgl. *Blankstein* 1990, S. 313: „Dem Patienten werden kleinere Vorrechte oder Privilegien entzogen. [...] Entscheidend ist, dass problematisches Verhalten keinen Gewinn mehr abwerfen darf." Ausführlich zum Entwicklungsprozess der verhaltenstherapeutischen Ausrichtung in Veldzicht schließlich *Perik* 1998, S. 106ff.

[772] Vgl. hierzu die Nachweise in Fn 731, 732.

[773] Hierzu *Blankstein* 1999, S. 20; *IBO II* 1998, S. 8f., 52ff.; *Sagel-Grande* 2000, S. 171; *Tervoort* 1999, S. 79. Vgl. auch bereits *Lindemann* 2001, S. 23.

die Gesamtzahl der Patienten hatte sich auf 40 erhöht. Ein Abschluss der Umstrukturierungsmaßnahmen wird von der Direktorin der Einrichtung *Kleinjan* für das Frühjahr 2001 angekündigt. Die Antworten im Hinblick auf die Disziplinarpraxis der Einrichtung sind vor dem Hintergrund der beschriebenen Umstellungen und der erst verhältnismäßig kurzen Beschäftigung mit der eigentlichen Therapie von TBS-Patienten zu würdigen, vor allem was die Angaben zur Quantität entsprechender Maßnahmen angeht.

Im Rückblick auf die Diskussion vor dem Inkrafttreten des Grundsatzgesetzes zum Maßregelvollzug berichtet *Kleinjan*, es habe unter den Direktoren der TBS-Kliniken nur wenig Enthusiasmus hinsichtlich der Einführung eines Disziplinarrechts geherrscht. Vorbehalte hätten vor allem dahingehend bestanden, dass ein derartiges Instrumentarium als Fremdkörper im Setting einer reinen Behandlungseinrichtung wirke; zugleich sei die unerwünschte Gleichschaltung mit dem Gefängniswesen kritisiert und ein entsprechender Bedarf aus den genannten Gründen klar verneint worden. Ihre eigene Position in dieser Frage sei gleichwohl differenzierter: Nicht jedes intolerable Verhalten eines Untergebrachten habe seine Ursachen ausschließlich in dessen psychischer Störung, weshalb es durchaus sinnvoll sein könne, den Patienten für sein Verhalten verantwortlich zu machen und eine Disziplinarstrafe zu verhängen.

Im Jahre 2000 habe sich die Auferlegung von Disziplinarmaßnahmen nahezu ausschließlich auf positive Urinkontrollen, die Verweigerung der Mitwirkung an der Durchführung entsprechender Proben bzw. festgestellten Alkoholmissbrauch beschränkt. In insgesamt 33 Fällen habe man auf entsprechende Vorkommnisse mit einer Absonderung des Betroffenen im jeweils eigenen Zimmer für die Dauer von 24 Stunden reagiert. Für die anderen vom Gesetz vorgesehenen Beschränkungen habe sich bislang noch kein Anwendungsbereich ergeben, da man den Insassen die in den entsprechenden Sanktionsalternativen angesprochenen Freiheiten überhaupt erst seit kurzer Zeit in einem Umfang zugestehen könne, der eine nennenswerte Begrenzung zulasse. So habe man mittlerweile damit begonnen, den Patienten mehr Bewegungsfreiheit in der Einrichtung einzuräumen und ihnen Besuche auch auf dem eigenen Zimmer zu gestatten, weshalb die entsprechenden Disziplinarstrafen voraussichtlich erst nach und nach an Bedeutung gewinnen würden. Insgesamt ist nach Auffassung von *Kleinjan* durch das mit dem Inkrafttreten des BVT eingeführte Disziplinarrecht eine die bereits bestehenden Eingriffstatbestände sinnvoll ergänzende Möglichkeit geschaffen worden, auf unerwünschtes Patientenverhalten angemessen zu reagieren.

d) Dr. S. van Mesdagklinik

Der Leiter der *Dr. S. van Mesdagklinik*[774] in Groningen *Warnaar* berichtet, man habe die Ankündigung der Einführung eines Disziplinarinstrumentariums durch

---

[774] Zur bisherigen therapeutischen Ausrichtung der verhältnismäßig stark gesicherten Einrichtung *Blankstein* 1990, S. 309f. sowie *Winkels* 1991, S. 55ff.

den Gesetzgeber grundsätzlich als eine Bereicherung des zur Verfügung stehenden Repertoires empfunden. Gleichwohl habe man bislang im Vollzugsalltag von den neu geschaffenen Möglichkeiten noch keinen direkten Gebrauch gemacht. Als Grund hierfür gibt *Warnaar* vor allem an, dass das bloße Bestrafen bestimmter Regelverstöße für sich genommen sinnlos bleibe und im günstigsten Fall lediglich einen unterdrückenden Effekt auf das Verhalten des Betroffenen habe. Gleichwohl nutze man in der Einrichtung zumindest die Androhung von Disziplinarstrafen durchaus dazu, die Patienten „in Bewegung zu bringen".

Im Falle von Drogenmissbrauch werde ein System praktiziert, das mit der zeitweisen Entfernung von Gegenständen der Unterhaltungselektronik aus dem Zimmer des Betroffenen operiere. Durch die Erfüllung einer Aufgabe mit Bezug zu dem gezeigten Fehlverhalten, etwa das Ausarbeiten eines Vortrages über die vom Konsum der bewussten Drogen ausgehenden gesundheitlichen Gefahren oder das Lesen eines entsprechenden Buches, könne der Insasse die Gegenstände dann relativ schnell wieder zurück erhalten. Vor allem bei Patienten mit einer Persönlichkeitsstörung habe sich die Drohung mit einer derartigen Maßnahme als sehr effektiv erwiesen, da die Furcht vor dem Verlust der besagten Apparaturen offensichtlich im Allgemeinen stärker wiege als der kurzfristige Genuss, den der Drogenkonsum verspreche. Die derzeit praktizierte Vorgehensweise habe für die Patienten den Vorteil einer klaren Regelung, was von den Betroffen auch durchweg als angenehm beschrieben werde.

Nach Aussage *Warnaars* dient der Einsatz von Strafen in den Fällen eines Drogenmissbrauchs vor allem zur Verdeutlichung der für das Verhalten in der Einrichtung bestehenden Grenzen. Komme es zu einer entsprechenden Regelübertretung, so stehe bei der hierauf erfolgenden Reaktion nicht so sehr die Zufügung eines Strafübels im Vordergrund, sondern die Beeinflussung der betreffenden Person in Richtung einer Verhaltensmodifikation. Abgesehen von dem hier umrissenen Anwendungsbereich sei bislang nur wenig Bedarf nach der Verhängung von Disziplinarstrafen für normübertretendes Verhalten zu verzeichnen. Auf Gefährdungen der Sicherheit oder Ordnung werde ohnehin eher mit präventiven Maßnahmen reagiert, zu denen etwa das Verbringen des Patienten auf sein Zimmer, die Streichung von Urlaub, Einschränkungen der Bewegungsfreiheit im Haus oder schlimmstenfalls die Isolation des Störenden zu zählen seien. Gleichzeitig werde jedoch stets auch das Gespräch mit dem bewussten Patienten gesucht, um die Gründe für sein Verhalten zu eruieren. Im Grunde reichten diese Möglichkeiten vollkommen aus, wenn man auch durchaus damit rechne, in Zukunft vielleicht doch das eine oder andere Mal auf das neu geschaffene Disziplinarrecht zurückgreifen zu müssen.

e) Forensisch Psychiatrische Klinik Oldenkotte

In der *Forensisch Psychiatrischen Klinik Oldenkotte*[775] kommen nach Aussage der juristischen Mitarbeiterin *Janssen* im Prinzip keine Disziplinarstrafen zur Anwen-

---

[775] Die in dieser Einrichtung vorherrschende Ausrichtung vor allem an soziotherapeutischen Konzepten hebt *Blankstein* 1990, S. 310f. hervor.

dung. Statt dessen werde grundsätzlich versucht, entstehende Konflikte in Gesprächen aufzulösen. Für den Fall, dass es zu einer Eskalation der Auseinandersetzung komme und aufgrund dessen eine ernsthafte Gefahr für die Sicherheit oder Ordnung in der Einrichtung bestehe, werde gleichwohl zu härteren Maßnahmen übergegangen, deren Anwendung das BVT der Einrichtung einräume.

f) Reichseinrichtung für TBS De Singel

Für die *TBS-Klinik De Singel* stellt *de Wijs* zunächst fest, dass die gesetzliche Neuregelung Vorteile auch für die Überlassenen bringe: Zwar sei der Anwendungsbereich für Sanktionen in einer Einrichtung des Maßregelvollzuges grundsätzlich sehr beschränkt. Es habe jedoch schon immer Maßnahmen wie etwa die Absonderung renitenter Patienten gegeben, welche sich von Fall zu Fall auch durch einen Strafcharakter ausgezeichnet hätten. Das BVT mache diese Maßnahmen nunmehr einer unabhängigen Überprüfung zugänglich, wodurch die Rechtsstellung des Patienten entscheidend gestärkt worden sei.

In der Anwendungspraxis gebe man im Übrigen vielen Strafen eher den Charakter einer Maßregel. Das komme zum Beispiel darin zum Ausdruck, dass die auferlegte Restriktion aufgehoben werde, sobald zwischen Patient und Therapeut wieder eine feste und brauchbare Beziehung bestehe. Im Sinne einer wirklichen Bestrafung, also durch Absonderung des Betroffenen für einen zuvor genau festgelegten Zeitraum, werde demgegenüber zum Beispiel auf nachgewiesenen Drogenmissbrauch reagiert. Hierfür existierten im Übrigen in der Klinik *De Singel* feste Straftarife: Auf den Gebrauch „weicher Drogen“ folge grundsätzlich eine Absonderung auf das eigene Zimmer für drei Tage, bei „harten Drogen“ werde für drei Tage in den Intensiv-Betreuungsraum separiert. Im Wiederholungsfalle werde zu einer schärferen Sanktion gegriffen. Zu den geschilderten Strafen komme es etwa zwanzig Mal pro Jahr.

Zusammenfassend ist nach Auffassung von *de Wijs* in der Durchführung eines Vermittlungsverfahrens prinzipiell die vorzugswürdige Alternative im Vergleich zur Verarbeitung von Konflikten durch bloße Sanktionierung des bewussten Fehlverhaltens zu sehen. Bei bestimmten Grenzüberschreitungen könnten jedoch auch Strafen durchaus ein Heilmittel darstellen; dies vor allem dann, wenn man, wie oben beschrieben, innerhalb der Strafe Raum zur Regeneration der von dem Konflikt tangierten Beziehungen lasse.

g) Pompeklinik

Auch die Hausordnung der *Pompeklinik*[776] in Nijmegen enthält im Hinblick auf die Verhängung von disziplinarischen Maßnahmen eine denkbar eindeutige Regelung: Im entsprechenden Abschnitt des Regelwerkes wird kurzerhand festgestellt, dass Disziplinarstrafen in der Klinik nicht zur Anwendung gelangen.

---

[776] Vgl. zum Behandlungsansatz erneut *Blankstein* 1990, S. 311 f.

Verstegen als für die Bearbeitung juristischer Angelegenheiten zuständiger Mitarbeiter der Einrichtung weist zunächst auf die generelle Problematik disziplinarischer Strafen in einer Behandlungseinrichtung hin. Nach seiner Auffassung erweist sich der Rollenkonflikt, der sich aus der Verquickung behandelnder und strafender Aspekte ergibt, als abträglich für das therapeutische Milieu und kann sich insoweit geradezu kontraproduktiv auswirken. Generell sei fraglich, ob eine Disziplinarstrafe überhaupt zu einer zufriedenstellenden Verarbeitung von Konflikten beizutragen vermöge. Statt dessen seien eindeutige Vorschriften sowie klare und verlässliche Absprachen mit den Patienten allemal ein besseres Mittel, um bereits das Entstehen der meisten Konflikte zu verhindern. Komme es dennoch zu einer gravierenderen Verletzung der geltenden Regeln oder der individuell getroffenen Vereinbarungen, und zeige sich der betreffende Untergebrachte besonders uneinsichtig, so werde zumeist ein kurzfristiger Verweis auf das eigene Zimmer, ein so genannter „Time-Out", ausgesprochen. Erst wenn auch diese Intervention nicht zu einer nachhaltigen Verhaltensmodifikation führe, würden unter Umständen weitergehende Restriktionen zur Aufrechterhaltung von Sicherheit und Ordnung in der Einrichtung erforderlich.

Derartigen Maßnahmen, durch welche die Patienten in ihren Freiheiten, also etwa in ihrer Bewegungsfreiheit oder in ihrem gesetzlich verankerten Recht, wenigstens eine Stunde unbeaufsichtigten Besuch pro Woche zu empfangen, beeinträchtigt werden, lässt sich nach Auffassung *Verstegens* stets auch ein strafender Charakter unterlegen. Obwohl die bewussten Beschlüsse nicht zuletzt von der ganz überwiegenden Mehrzahl der Betroffenen auch so erfahren würden, stünden doch bei ihrer Abfassung für gewöhnlich vor allem Belange der Sicherheit und Ordnung und keine strafenden Erwägungen im Vordergrund. Als Beispiel nennt *Verstegen* die Urinkontrollen, bei denen auch in der *Pompeklinik* an einen positiven Befund rechtsbeschränkende Reaktionen geknüpft würden. Diese negativen Folgen, die im Übrigen auch in der Hausordnung verzeichnet seien, dürften jedoch nicht als Disziplinarstrafen missverstanden werden, sondern ergäben sich eher zwangsläufig aus dem Grundsatz, dass der Missbrauch verbotener Substanzen den Aufbau eines gesunden Behandlungsmilieus behindere: Drogenkonsum und Behandlung ließen sich eben nicht miteinander vereinbaren.

h) Zwischenergebnis

Die Resultate der Umfrage unter den Behandlungseinrichtungen des niederländischen TBS-Sektors zu der Frage, in welchem Umfang sich das mit dem BVT eingeführte Disziplinarrecht mittlerweile als in den Unterbringungsalltag integriert erweist, zeichnen auf den ersten Blick ein recht ernüchterndes Bild: Das neu geschaffene Instrumentarium wird – wie bereits während des Gesetzgebungsverfahrens – nach wie vor überaus kritisch gesehen und gelangt in der Mehrzahl der Kliniken schlicht nicht zur Anwendung. Als Gründe hierfür werden zumeist Spezifika des Behandlungssettings sowie hinreichende Eingriffstatbestände im Bereich der Gefahrenabwehr angegeben; überdies werden einer therapeutischen Aufarbeitung konfliktbelasteter Sachverhalte im klärenden Gespräch mit dem Patienten entschieden mehr Sympathien entgegengebracht, als einer konfrontativen Ahndung durch die Zufügung von Rechtseinbußen. Letztlich werden die Disziplinarstrafen aufgrund ihres repressiven Charakters als Fremdkörper im therapeutischen Milieu einer Maßregelklinik empfunden und in den Bereich des Strafvollzuges verwiesen. Folgerichtig erklären zwei der befragten Einrichtungen in ihren Hausordnungen sogar einen vollständigen Verzicht auf den Einsatz der zusätzlichen Eingriffsbefugnisse.

Dem stehen die Antworten vor allem aus der als Behandlungsklinik neu installierten *Dr. F.S. Meijersklinik* sowie aus der ebenfalls erst im Jahre 1998 eröffneten *Reichseinrichtung für TBS De Singel* gegenüber. Dort hat man sich zumindest teilweise auf die bereits mehrfach erwähnte Sentenz vom „*störenden* Verhalten, das nicht unter allen Umständen auch *gestörtes* Verhalten ist" eingelassen. Vor allem im Falle positiv nachgewiesenen Drogenmissbrauchs wird in beiden Kliniken auf die Sanktion der Absonderung im eigenen Zimmer für einen bestimmten Zeitraum zurückgegriffen, wobei explizit *nicht* die ebenfalls zur Verfügung stehenden Tatbestände der Gefahrenabwehr zur Anwendung gelangen.

Nun liegt der Gedanke nahe, dass in den genannten Kliniken aufgrund der recht kurzen Zeit ihres Bestehens naturgemäß noch eher wenig von etablierten Behandlungskonzepten die Rede sein kann, weshalb die mit dem BVT eingeführten Neuerungen vielleicht weniger auf Abneigung gestoßen sind als in den anderen Einrichtungen, die insoweit sämtlich auf eine bedeutend längere Tradition zurückblicken können. Auf der anderen Seite wird man auch die Praxis der Drohung mit dem Entzug von Unterhaltungselektronik, wie sie aus der bereits erheblich älteren *Dr. S. van Mesdagklinik* geschildert wird, ihrem Wesen nach als disziplinarische Sanktion auffassen dürfen. Die insoweit doch recht gewundenen Ausführungen des Berichterstatters aus der Klinik lassen sich vor allem als Ausweis jener Berührungsängste interpretieren, welche auch in den anderen aus den traditionsreicheren Häusern erhaltenen Antworten durchscheinen: Durch den Euphemismus, man wolle die Patienten durch die Ankündigung von Strafübeln letztlich vor allem „in Bewegung bringen" wird doch nur unzureichend kaschiert, dass es sich bei der Drohung, den Betroffenen kurzfristig ihren Fernseher oder die Stereoanlage zu entziehen, im Ergebnis eben doch um eine disziplinarische Sanktion handelt. Nach dem Gesagten erweisen sich jedoch gerade die noch in der Phase der Konstitution eines eigenständigen Behandlungsansatzes befindlichen neu geschaffenen Behandlungseinrichtungen im Hinblick auf das ebenfalls neu implementierte Disziplinarrecht der Art. 48, 49 BVT als besonders aufgeschlossen.

2. Ergänzende Gespräche mit Mitgliedern der Aufsichtskommissionen

Dem in der *Dr. Henri van der Hoeven Klinik* geführten Gespräch mit dem juristischen Mitarbeiter der Einrichtung *Niemandsverdriet* ließen sich Hinweise auf das Bestehen gewisser Meinungsverschiedenheiten entnehmen, welche hinsichtlich der rechtlichen Einordnung bestimmter Vollzugsmaßnahmen (hier: der standardmäßigen Absonderung infolge einer positiven Urinkontrolle) zwischen dem Klinikpersonal und zumindest einem Mitglied der für die Klinik zuständigen Aufsichtskommission bestehen. Tatsächlich war zu erwarten, dass die bisweilen auch in den Antworten aus den anderen TBS-Kliniken durchscheinenden Probleme bei der Trennung der im konkreten Fall zugrunde gelegten Eingriffsrichtungen in den für die externe Kontrolle des Vollzugsgeschehens zuständigen Kommissionen ebenfalls zu kritischen Nachfragen Anlass geben dürften, weshalb in Ergänzung der soeben umrissenen Feldstudie und zur Vervollständigung der bereits dort gewonnenen Eindrücke im niederländischen Justizministerium um Unterstützung bei der Anbahnung entsprechender Gesprächskontakte nachgesucht wurde.

Auf diesem Wege wurden die Adressen der Sekretäre dreier Aufsichtskommissionen ermittelt, von denen immerhin zwei auf entsprechende schriftliche Anfragen hin ihre grundsätzliche Bereitschaft zur Erteilung der gewünschten Auskünfte bekundeten. Es wurden sodann zwei ausführliche Gespräche mit Mitgliedern der Aufsichtskommissionen sowohl der *Dr. Henri van der Hoevenklinik* in Utrecht als auch der *Pompeklinik* in Nijmegen geführt, wobei aus der letztgenannten Kommission im Vorfeld bereits schriftlich auf einen an den bereits weiter oben ausführlich dokumentierten Fragenkatalog aus der Feldstudie[777] angelehnten Erhebungsbogen geantwortet worden war.

a) Dr. Henri van der Hoevenklinik

In den Auskünften, welche aus der *Dr. Henri van der Hoevenklinik* zu erhalten waren, war von den im Gespräch mit *Niemandsverdriet* erörterten Zweifeln an der rechtlichen Einordnung bestimmter Vollzugsmaßnahmen keine Rede mehr: Nach Aussage des Kommissionsmitglieds *Roukema* werden die Disziplinarstrafen gem. Art. 48, 49 BVT in der dortigen Einrichtung – insoweit in Übereinstimmung mit dem generellen Verbot, welches sich in der Hausordnung findet – tatsächlich nicht angewandt.

Zwar werde auf positive Befunde bei Urinkontrollen mit der Auferlegung von Restriktionen reagiert, jedoch komme derartigen Maßnahmen kein Strafcharakter zu. Die Verhängung eines Zimmerarrestes oder einer Arbeitssperre sei stattdessen vor dem Hintergrund der Verpflichtung der Einrichtung zur Gefahrenabwehr zu sehen und habe dementsprechend rein präventiven Charakter. Der Patient, bei dem ein positiver Drogenbefund auftrete, stelle eine Gefährdung des geordneten Zusammenlebens dar und müsse aufgrund dessen zunächst aus der Gemeinschaft entfernt werden. Erst wenn er aussage, auf welchem Wege er die von ihm konsumierten Drogen erhalten habe, könne er sein Zimmer wieder verlassen und an gemeinschaftlichen Aktivitäten teilnehmen. Eine „Rückstufung“ im Behandlungsplan oder Einbußen an materiellen Gütern (etwa durch die Verhängung einer Geldbuße) trete

[777] Oben S. 261.

demgegenüber bei Feststellung eines Drogenkonsums üblicherweise nicht ein; der aus diesem Grunde von einer Absonderung Betroffene könne sogar auf seinem Zimmer weiterarbeiten und erhalte so auch weiterhin das gewohnte Arbeitsentgelt. In denjenigen Fällen schließlich, in welchen es aufgrund des Zustandes des Patienten zu einer gravierenden Gefährdung der Umwelt komme, werde eine Absonderung in den Intensiv-Betreuungsraum durchgeführt, in dem dann jedoch mehrmals täglich Gespräche mit dem Patienten über eine mögliche Rückkehr in die Gemeinschaft geführt würden.

Insgesamt zieht *Roukema* aus den vorstehenden Ausführungen die Schlussfolgerung, dass man des neu geschaffenen Disziplinarrechts im Bereich des Maßregelvollzuges eigentlich nicht bedürfe. Derartige Regelungen hätten eher im Strafvollzug ihren Platz, und es sei wohl vor allem dem Willen der politisch Verantwortlichen im Justizministerium zur Vereinheitlichung der Rechtsstellung in staatlicher Freiheitsentziehung befindlicher Personen zu verdanken, dass auch das BVT im Zuge der Schaffung der bereits erwähnten Grundsatzgesetze entsprechende disziplinarische Tatbestände erhalten habe. Aus den von ihm genannten Gründen geht *Roukema* davon aus, dass man die Disziplinarstrafen mangels Anwendungsbereichs ebenso gut wieder aus dem Gesetz entfernen könnte.

b) Pompeklinik

Buskes und Aarts, Mitglieder der Aufsichtskommission für die *Pompeklinik* in Nijmegen, äußern auf Nachfrage, man habe in der Kommission im Allgemeinen nicht den Eindruck, dass in der Klinik überhaupt Disziplinarstrafen verhängt würden. Dementsprechend sei mit der Einführung eines gesonderten Disziplinarrechts auch keine Veränderung gegenüber der Rechtslage vor Inkrafttreten des BVT am 01.10. 1997 zu verzeichnen gewesen. In den Begründungen des Gros derjenigen Fälle, welche der von Mitgliedern der Aufsichtskommission gebildeten Beschwerdekommission zur Beurteilung vorgelegt würden, werde statt dessen von Seiten der Einrichtung mit dem Begriffspaar *Ordnung* und *Sicherheit* operiert. Hierbei handele es sich um eine großzügige Generalklausel des BVT, unter die man eine Vielzahl von Sachverhalten subsumieren könne: So werde der Begriff „Ordnung" – insoweit in Übereinstimmung mit der Berufungsinstanz in Den Haag – von der Beschwerdekommission gemeinhin weit aufgefasst, so dass man letztlich alle diejenigen Verhaltensweisen in den Anwendungsbereich der Klausel einbeziehe, welche einen ordentlichen und möglichst ungestörten Gang der Dinge in der Klinik und auf ihren einzelnen Abteilungen tangierten.

Einschränkend müssen die beiden Kommissionsmitglieder konzedieren, dass sie natürlich nur über diejenigen Fälle erschöpfend Auskunft erteilen könnten, welche ihnen im Wege der Beschwerde durch die betroffenen Patienten zugetragen würden. Insoweit sei allerdings aus der gesamten Zeit unter der Geltung des BVT lediglich ein Fall erinnerlich, in welchem von einem Überlassenen überhaupt die Absonderung auf seinem Zimmer im Gefolge eines einrichtungsinternen Regelverstoßes als unzulässige Disziplinarstrafe gerügt worden sei. Sowohl die Aufsichtskommission als auch die Berufungsinstanz hätten jedoch dahingehend entschieden, der Beschwerdeführer habe durch sein störendes Verhalten die „Ordnung in der Abteilung" beeinträchtigt, so dass die bewusste Maßnahme vom Eingriffstatbestand des Art. 34 I BVT unter dem Gesichtspunkt der Gefahrenabwehr gedeckt gewesen sei. Im Übrigen seien zwar des öfteren Beschwerden von Patienten zu vernehmen, welche sich „ungerecht" beziehungsweise „ungleich" behandelt fühlten, aber weder die Beschwerdeführer selbst noch die Berufungsinstanz gingen in diesen Fällen davon aus, dass es sich bei der jeweils auferlegten Restriktion um eine Strafe handele.

Im Hinblick auf den Umgang der *Van der Hoeveklinik* mit positiven Urinkontrollen führt *Buskes* in der schriftlichen Antwort auf den vorgelegten Katalog von Fragen zunächst aus, die Berufungsinstanz in Den Haag habe wiederholt festgestellt, dass bei derartigen Kontrollen sowohl im Falle eines positiven Befundes als auch bei einer entsprechenden Weigerung, an ihnen mitzuwirken, selbst eine so gravierende Maßnahme wie die Absonderung geboten sein könne, um die Aufrechterhaltung der Ordnung oder Sicherheit in der Einrichtung zu gewährleisten. So könne es etwa erforderlich werden, den betreffenden Patienten effektiv von seinen Mitpatienten abzuschirmen oder sein Zimmer zu durchsuchen. Diese Auffassung der Berufungsinstanz werde im Übrigen auch von der hiesigen Beschwerdekommission geteilt: Eine Gefährdung der Sicherheit und Ordnung in der Einrichtung komme im Falle eines festgestellten Drogenkonsums vor allem insoweit fast stets in Betracht, als das Risiko der Existenz subkultureller Distributionswege unter den Patienten oder gar unter Einbeziehung von Besuchern kaum einmal völlig von der Hand zu weisen sei; die Duldung derartiger Zustände befördere zudem Begleiterscheinungen wie Erpressung, verbotene Geldströme oder die nicht zu tolerierende Ausübung von Druck auf schwächere Patienten. Bisweilen sei eine Absonderung allerdings auch bereits aufgrund der dem Betroffenen selbst durch den Konsum der Droge drohenden gesundheitlichen Schäden geboten, etwa beim Missbrauch „harter Drogen" wie Ecstasy oder Amphetamine. Auch wenn es bisweilen zu empfindlichen Rechtseinbußen komme, könne jedenfalls von individueller „Repression" im Sinne einer disziplinarischen Ahndung in keinem der vorgenannten Fälle gesprochen werden.

Bereits aus den vorangegangenen Ausführungen ergibt sich schließlich, dass nach Auffassung der Aufsichtskommission auch keineswegs von einer disziplinarischen Ahndung festgestellter Regelverstöße der Untergebrachten über die „Hintertür" anderer Eingriffstatbestände gesprochen werden kann. Insoweit werde die entsprechende Verzichtserklärung in der Hausordnung vom Personal augenscheinlich respektiert. Das hindere im Übrigen nicht, dass den regulären Maßnahmen der Gefahrenabwehr, die in der Klinik zur Anwendung gelangten, durchaus des öfteren ein „korrigierendes" Element innewohne, nur mache ein solcher pädagogischer Einschlag eben nicht ohne weiteres die gesamte Maßnahme zu einer Disziplinarstrafe. Von der Beurteilung des Status Quo völlig zu trennen sei schließlich auch die Frage, ob man nicht in Zukunft Patienten, die in ihrem individuellen Behandlungsverlauf bereits deutlich fortgeschritten seien und aufgrund dessen bereits über erhebliche

Freiheiten wie etwa Urlaub verfügten, im Falle eines Missbrauchs sinnvollerweise bei ihrer Verantwortung für die Übertretung ansprechen sollte – kurz: ob man nicht in derartig gelagerten Fällen mit dem temporären Einzug der gewährten Lockerung als disziplinarischer Sanktion für individuell zu verantwortendes Fehlverhalten reagieren solle. In diesem Zusammenhang werde innerhalb der Kommission durchaus diskutiert, ob der Verhängung einer „Strafe" nicht vielleicht doch ein erzieherischer „Mehrwert" im Vergleich zu einer bloßen Ordnungsmaßnahme zukomme. Gleichwohl habe man den Eindruck gewonnen, dass die Leitung der Einrichtung in der Verhängung von Disziplinarstrafen einen generellen Widerspruch zu dem in der Klinik herrschenden Behandlungsklima sehe und aufgrund dessen derartigen Vorstellungen bereits aus grundsätzlichen Erwägungen ablehnend gegenüberstehe.

3. Ergebnisse einer ersten Evaluation der Gesetzesänderungen aus dem Jahre 1997

Wie bereits kurz angerissen,[778] ist es im Jahre 1997 neben dem Inkrafttreten des BVT auch zu einigen Änderungen im materiellen Unterbringungsrecht durch das sogenannte *Fokkens-Gesetz* gekommen: So trat unter anderem die Überlassung mit Bedingungen gem. Art. 38ff. Sr. an die Stelle der für wenig praxistauglich befundenen Überlassung mit Anweisungen, darüber hinaus wurde eine Verpflichtung normiert, zumindest bei der Verhängung längerer Freiheitsstrafen zusätzlich zur Überlassung mit Versorgung mit der Vollstreckung der Maßregel bereits nach einem Drittel der Haftzeit zu beginnen, und schließlich wurde das Institut einer bedingten Beendigung der Überlassung mit dem Ziel größerer Flexibilität bei der Entlassungspraxis eingeführt.[779] In Art. 85 BVT findet sich nun eine Verpflichtung des Justizministers, den Generalstaaten drei Jahre nach Inkrafttreten der gesetzlichen Neuerungen sowie später nach jeweils fünf Jahren über Effektivität und Auswirkungen der Normierungen in der Rechtswirklichkeit Bericht zu erstatten. Unter dem Titel „Tussen recht en ruimte" – zu übersetzen etwa: „Zwischen rechtlichen Vorgaben und eigener Gestaltungsfreiheit (der TBS-Einrichtungen)" – ist mittlerweile eine erste, von *Leuw* und *Mertens* verfasste empirische Studie zu diesem Themenkomplex erschienen.[780]

Ihrem Auftrag gemäß hatte es sich diese Untersuchung zum Ziel gesetzt, Auskunft über die Anwendungswirklichkeit der wesentlichen gesetzlichen Neuerungen

---

778 Oben S. 247, Fn 707.

779 Zum Hintergrund des *Fokkens-Gesetzes* vgl. das Interview mit dem Vorsitzenden der mit der Ausarbeitung des Gesetzentwurfs befassten Kommission *Fokkens* 1997; zum Inhalt darüber hinaus noch *de Boer* 1997, S. 7; *de Groot* 1997, S. 100ff. sowie den Bericht in NJB 1997, S. 1353f. Ausführlich zu dem ebenfalls unter dem Namen *Commissie Fokkens* 1993 veröffentlichten Abschlussbericht *Sagel-Grande* 1994, S. 156ff.

780 *Leuw/Mertens* 2001. Zur periodischen Berichtspflicht als Mittel der „Sicherstellung der späteren Wirkungs- und Erfolgskontrolle" von Gesetzen *Hugger* 1983, S. 321ff.; *Röhl* 1987, S. 301f. sowie *Zeh* 1983, S. 304. Eingehend zur „Evaluation als Kontrolle der Gesetzgebung" *König* 1983, S. 4.

sowie über die Vereinbarkeit vor allem des BVT mit den drei wichtigsten Bezugspunkten der Überlassung mit Versorgung – Sicherung, Behandlung sowie Wahrung der Rechtsstellung des Überlassenen – zu geben.[781] Zu diesem Zweck wurden neben einer Auswertung des einschlägigen Schrifttums ausführliche Interviews mit so genannten „Schlüsselfiguren" aus den mit dem Vollzug der Maßregel befassten Professionen geführt.[782] Insgesamt kommen die Autoren zu dem Ergebnis, die Neuerungen erfreuten sich aufgrund der guten Zusammenarbeit zwischen rechtssetzenden sowie rechtsanwendenden Instanzen bereits während des Gesetzgebungsverfahrens einer beträchtlichen Akzeptanz;[783] darüber hinaus sei die Mehrheit der befragten Praktiker der Auffassung, dass das BVT sich durch eine hinreichend ausgewogene Berücksichtigung der Belange von Sicherheit, Therapie sowie der Rechtsstellung des Maßregelpatienten auszeichne. Die mit der Kodifizierung des Vollzugsrechts unter anderem angestrebte Gewährleistung einer effektiven Rechtskontrolle sehen *Leuw* und *Mertens* allenfalls durch den Umstand gefährdet, dass Eingriffe in die Rechte des Überlassenen aufgrund der insoweit noch eher geringen Regelungsdichte beinahe stets mit Behandlungsbelangen gerechtfertigt werden könnten.[784]

Allerdings hat die Befragung große Unterschiede im Umgang der Aufsichtskommissionen mit dem Recht der Patienten zur Beschwerde zu Tage gefördert.[785] In einigen Einrichtungen findet demnach beinahe überhaupt keine Behandlung formeller Beschwerden statt, und die zuständige Kommission konzentriert sich stattdessen fast ausschließlich auf ihre Rolle als Vermittler zwischen Überlassenem und Behandlungsteam.[786] In anderen Kliniken lässt sich demgegenüber genau um-

---

781 Ausführlich zu Zielsetzung und Erkenntnisinteresse der Studie *Leuw/Mertens* 2001, S. 4f., 12f. Vgl. hierzu Memorie van toelichting, TK 1993–1994, 23 445, Nr. 3, S. 6f.: „Die Überlassung mit Versorgung erfüllt in unserer Gesellschaft seit jeher zwei Funktionen, die zwar grundsätzlich gleichzeitig, jedoch nicht stets in gleichem Maße erfüllt werden können: Die Sicherungs- und die Behandlungsfunktion. Die gewisse Konkurrenz, die zwischen diesen beiden Zwecken herrscht, kann zurückgeführt werden auf die dem Charakter der Maßregel inhärente Polarität. Im letzten Jahrzehnt trat nunmehr eine weitere Dimension zu diesen Funktionen hinzu, nämlich die Achtung vor der Rechtsstellung des Überlassenen. Die Legitimation der Maßregel wird nunmehr stets mit beeinflusst durch den rechtlichen Standard, der in dieser Hinsicht erreicht wird. Zwischen dem Sicherungs- und dem Behandlungsaspekt sowie dem Aspekt der Rechtsstellung des Überlassenen sollte ein Gleichgewicht bestehen".

782 Gemeint sind politisch Verantwortliche, Personen aus dem Maßregelsektor, der Allgemeinpsychiatrie sowie der Bewährungshilfe, Anwälte und Richter. Hierzu sowie allgemein zum Untersuchungsansatz *Leuw/Mertens* 2001, S. 13f.

783 *Leuw/Mertens* 2001, S. 5f.: „Im Allgemeinen scheint der Eindruck vorzuherrschen, dass die Regelung keineswegs von oben herab oktroyiert wurde."; vgl. ferner S. 37ff., 141f.

784 *Leuw/Mertens* 2001, S. 57ff. Zusammenfassung S. 6f., 142f.

785 *Leuw/Mertens* 2001, S. 70ff. Zusammenfassung S. 7f., 145.

786 Dies scheint unter anderem auch in der für die *Dr. Henri van der Hoevenklinik* zuständigen Aufsichtskommission der Fall zu sein, welche in den Jahren 1998 und 1999 nur jeweils acht und sechs Beschwerden behandelt hat. Eine stärkere Verrechtlichung des Behandlungssettings wird nach Aussage von *Leuw/Mertens* 2001, S. 72 letztlich auch von der dortigen Klinikleitung abgelehnt: Danach steht der Direktor der Einrichtung auf dem Standpunkt, der Umstand, dass ein Patient mit einer formalen Beschwerde Recht bekommen könne, stehe oftmals im Wider-

gekehrt eine Betonung des formellen Verfahrens feststellen, was dann allerdings regelmäßig zur Folge hat, dass ein Großteil der Beschwerden schlicht für unzulässig erklärt wird. Insgesamt ist nach Aussage von *Leuw* und *Mertens* eine verhältnismäßig starke Zunahme eingereichter Beschwerden in den zwei Jahren seit Inkrafttreten des BVT zu verzeichnen; eine Entwicklung, die im Gefolge der Ausweitung der Rechtsposition der Überlassenen sicherlich nicht anders zu erwarten war, ihre Ursache nach Auffassung der Autoren jedoch letztlich wohl auch in dem starken zahlenmäßigen Anwachsen der TBS-Population in der Anfangszeit der Geltung der gesetzlichen Neuregelung hat.[787] Während es demnach zu einer deutlichen Zunahme der Rechtsbeschwerden gekommen ist, hat es demgegenüber keine signifikante Steigerung in der Zahl der Berufungsverfahren gegeben. Als mögliche Erklärung für diesen Umstand bieten *Leuw* und *Mertens* Klarheit und Eindeutigkeit der neuen Regelungen an, welche dadurch einer erschöpfenden Klärung bereits in der Eingangsinstanz unter Umständen besonders zugänglich seien.[788]

Im Rahmen der Dokumentation einer mündlichen Erörterung möglicher problematischer Bestandteile der gesetzlichen Neuregelung mit einigen der bereits erwähnten „Schlüsselfiguren“ aus dem Umfeld des Maßregelsektors finden sich bei *Leuw* und *Mertens* auch einige Ausführungen zu dem hier interessierenden Disziplinarinstrumentarium der Art. 48, 49 BVT.[789] Insoweit wird zunächst ein Eindruck wiedergegeben, der sich auch mit den bereits referierten Ergebnissen der eigenen Erhebung in Übereinstimmung bringen lässt: Die der gesetzlichen Konzeption zugrunde liegende Annahme, es sei zumindest in einigen Fällen sinnvoll, den Patienten bei seiner Verantwortung für ein Verhalten anzusprechen, welches seine Ur-

---

spruch zu dessen ureigensten Interessen. In Situationen, in welchen es zu gestörtem Verhalten komme, könne der Patient den Erfolg seines Rechtsmittels geradezu als eine Bestärkung seiner Haltung erleben. Stattdessen müsse der Überlassene durch die Behandlung gerade in Situationen, in welchen ihm Unrecht geschehe, zu einem adäquaten Umgang mit den daraus entstehenden Konflikten befähigt werden. Aus diesem Grunde verdiene das Vermittlungsverfahren eindeutig den Vorrang vor einer kontradiktorischen Behandlung des Sachverhalts im Beschwerdewege. Diese Ausführungen decken sich mit den Informationen, welche anlässlich des Gesprächs mit dem Kommissionsmitglied *Buskes* über die diesbezüglichen Einstellungen in der Aufsichtskommission gewonnen werden konnten. Es dürfte sich nach den Ausführungen in den vorangegangenen Kapiteln erübrigen, noch einmal gesondert zu begründen, weshalb gerade ein derartiger Ansatz dem weiter oben eingehend erörterten (und dezidiert abgelehnten) „therapeutischen Gewaltverhältnis“ ungemein Vorschub leistet; der hierin zum Ausdruck kommenden eklatanten Verkürzung elementarer Rechtsschutzgarantien ist jedenfalls auf das Entschiedenste entgegenzutreten.

[787] Hierzu insbesondere *Leuw/Mertens* 2001, S. 82f. Zu den mit dem eklatanten Anstieg der Insassenzahlen einher gehenden Kapazitätsproblemen vgl. *Blankstein* 1999, S. 9ff.; *Centrale Directie Wetenschapsbeleid en Ontwikkeling* 1995, S. 90f.; *de Boer-van Schaik* 1999; *Jörg/Kelk* 1998, S. 361; *Leuw* 1998; *Oei* 1999; *Remmelink* 1996, S. 767f.; *Sagel-Grande* 2000, S. 171f.; *Tervoort* 1999, S. 78; *Van Emmerik* 1999; *Van Kuijck/Vegter* 1999, S. 56ff. Unterschiedliche Lösungsansätzen zur Problematik referiert *Van Vliet* 2000.

[788] *Leuw/Mertens* 2001, S. 97ff. Zusammenfassung S. 8, 145.

[789] *Leuw/Mertens* 2001, S. 52f. Vgl. ergänzend auch noch S. 142.

sache nicht in der den Anlass der Unterbringung bildenden Erkrankung habe, erweist sich zumindest für die Mehrzahl der in der Praxis Tätigen als durchaus zustimmungsfähig. Eine derartige Maxime steht zumeist auch nicht im Widerspruch zu den in den Einrichtungen vertretenen „Behandlungsphilosophien". Darüber hinaus wird des Öfteren auch noch die Möglichkeit einer erleichterten Rechtskontrolle als Vorteil für den Überlassenen hervorgehoben; schließlich könne die Disziplinarstrafe einer weitaus detaillierteren gerichtlichen Überprüfung zugeführt werden, als dies etwa bei den von beträchtlicher Unbestimmtheit geprägten Maßnahmen der Gefahrenabwehr der Fall sei.[790]

Auf der anderen Seite stimmen jedoch nach Auskunft von *Leuw* und *Mertens* die meisten der interviewten Personen ebenfalls darin überein, dass die soeben angesprochene Unterscheidung zwischen einem Verhalten, das aus der Störung des Überlassenen entstehe, und solchem, welches frei von krankheitsbedingten Einflüssen sei, im Unterbringungsalltag letztlich nicht durchführbar sei.[791] Zur Illustration dieser Auffassung geben die Autoren der Studie die Äußerung eines Anwalts – also des Angehörigen einer grundsätzlich in besonderem Maße auf die Wahrung der Rechtsposition des Patienten verpflichteten Profession – im Wortlaut wieder:

> „Der prinzipielle Unterschied, den das BVT in dieser Frage vorsieht, mag in der Theorie zu begrüßen sein; in der Praxis funktioniert er nicht. Ich habe letztlich noch von keiner Verhängung einer Strafe durch die Klinik Kenntnis erhalten. Aus der Perspektive der Rechtsstellung des Überlassenen ist das Auferlegen einer Disziplinarstrafe sicher von größerer Klarheit geprägt als die gebräuchlichere Anwendung freiheitsbeschränkender Maßnahmen, aber man kann die Einrichtung in dieser Frage ohnehin nicht auf eine bestimmte Interpretation festlegen. Die Klinik vermag jederzeit glaubhaft zu machen, dass ein bestimmtes Verhalten im Zusammenhang steht mit der Störung des Betroffenen. Dann stellt sich aber die Frage, ob man denjenigen Teilaspekt einer gesetzlichen Regelung, der sich in der Praxis als überhaupt nicht umsetzbar erweist, nicht wieder abschaffen sollte. Prinzipiell richtige, jedoch dysfunktionale Elemente eines Gesetzes dürften jedenfalls kaum von Nutzen sein. Als Alternative zu einer Streichung der bewussten Normen käme natürlich auch in Betracht, auf eine größere Bereitschaft zur ihrer Anwendung in der Vollzugspraxis hinzuwirken."[792]

Mit seiner Einschätzung der Lage hat der interviewte Anwalt die beiden einzig gangbaren Wege benannt, welche nach dem ernüchternden Befund über die bisherige Anwendungswirklichkeit (provokanter könnte man auch formulieren: über die bisherige, fast vollständige Anwendungs*verweigerung* durch weite Teile der Vollzugspraxis) nunmehr für die politisch Verantwortlichen offen stehen: Auf der einen Seite könnte man aus dem fast vollständigen Leerlaufen des Disziplinarrechts den Schluss ziehen, bei dieser Innovation des niederländischen Gesetzgebers handele es sich um einen Irrweg, dessen Beschreiten möglichst umgehend dadurch zu korrigieren sei, dass die entsprechenden Vorschriften zur Gänze wieder aus dem BVT ent-

---

790 *Leuw/Mertens* 2001, S. 53.
791 *Leuw/Mertens* 2001, aaO.
792 *Leuw/Mertens* 2001, aaO.

fernt würden. Auf der anderen Seite erscheint jedoch gerade ein Festhalten am bisherigen Regelungsumfang jedenfalls dann sinnvoll, wenn man davon ausgeht, dass dem Modell der Disziplinarstrafe in der Vollzugswirklichkeit ein tatsächlicher Bedarf korrespondiert, dass also ein Teil der im Unterbringungsalltag auftretenden, konflikthaften Interaktionen eben lediglich durch eine *disziplinarische Ahndung* des ihnen zugrunde liegenden Regelverstoßes des Patienten einer adäquaten Lösung zugeführt werden kann. In dem zuerst genannten Fall wäre demnach der Fehler in der *gesetzgeberischen Konzeption* zu sehen (und durch Tilgung der fraglichen Normen aus dem Regelungsbestand zu beheben), im letztgenannten Fall läge ein besonders hartnäckiger *Subsumtionsfehler* (oder eben sogar eine weitgehende *Verweigerung* der Subsumtion) der mit dem Vollzug der Normen beauftragten Rechtsanwender vor; dann würde es allerdings sinnvoll erscheinen, den festgestellten Mangel durch entsprechende Gegensteuerung möglichst umgehend zu beheben.[793]

Leuw und *Mertens* scheinen in ihrer Studie dazu zu neigen, der neuen gesetzlichen Regelung eher das Zeugnis weitgehender Dysfunktionalität auszustellen und dementsprechend für ihre Abschaffung zu plädieren. Im Anschluss an die wortgetreue Wiedergabe der Ausführungen des Anwalts referieren sie das Ergebnis einer schriftlichen Umfrage unter insgesamt 201 Personen aus den bereits erwähnten, im weitesten Sinne mit dem Vollzug der Überlassung mit Versorgung befassten Berufsgruppen: Danach stimmen 60% der Mitglieder des Vollzugspersonals der Aussage zu, die Disziplinarstrafe sei als *Fremdkörper* im Kontext der forensischen Psychiatrie zu betrachten, während dies unter den mit der Wahrung der Rechtsstellung des Überlassenen befassten Anwälten, Richtern und Mitgliedern der Aufsichtskommissionen lediglich bei 25% der Fall ist. Aus dieser überaus starken Divergenz ziehen *Leuw* und *Mertens* allerdings keineswegs die naheliegende Schlussfolgerung, dass es einer insgesamt effektiveren Rechtskontrolle bedürfte, um die Akzeptanz des Disziplinarelements des BVT auch in der Vollzugspraxis zu erhöhen. Es sei, so geben die Autoren statt dessen zu bedenken, doch tatsächlich sehr die Frage, ob bei einer per definitionem „gestörten" Gruppe von Personen, die ihrer Freiheit beraubt sei, und die sich langfristig unter dem Druck eines soziotherapeutischen Milieus bewege, realistischer Weise eine Unterscheidung zwischen gestörtem und lediglich störendem Verhalten vorgenommen werden könne.[794] Dementsprechend findet sich unter den am Ende der Studie ausgesprochenen Empfehlungen der Rat für die politisch Verantwortlichen, einige wenig praktikable Elemente der Neuregelungen auf den Prüfstand zu stellen; in diesem Zusammenhang erfolgt sodann der explizite Hinweis auf die von der Praxis nicht vorgenommene Differenzierung zwischen den neu eingeführten Disziplinarstrafen auf der einen und den überkommenen Behandlungsmaßnahmen auf der anderen Seite.[795]

---

[793] Allgemein hierzu noch einmal *König* 1983, S. 13f.

[794] *Leuw/Mertens* 2001, aaO.

[795] *Leuw/Mertens* 2001, S. 147.

IV. Zusammenfassende Würdigung

Es verdient sicherlich uneingeschränkte Zustimmung, wenn ein Regelwerk von Umfang und Bedeutung des BVT in gewissen zeitlichen Abständen einer gründlichen erfahrungswissenschaftlichen Überprüfung unterzogen wird.[796] Auch die Vorgehensweise von *Leuw* und *Mertens* begegnet keinen durchgreifenden Bedenken; haben sich die Autoren doch um eine möglichst breite methodische Absicherung ihrer Ergebnisse durch die Einbeziehung verschiedenster Berufsgruppen in die Befragung sowie die Kombination unterschiedlicher Erhebungsinstrumente wie Literaturstudie, Versenden von Fragebögen und mündlichen Interviews bemüht. Allerdings stellt sich die Frage, ob die referierten Ergebnisse der Untersuchung tatsächlich die von *Leuw* und *Mertens* angedeutete Schlussfolgerung zulassen, sämtlichen in den Vollzug der Überlassung mit Versorgung Involvierten – und damit nicht zuletzt auch den Patienten – sei am ehesten mit einer vollständigen Tilgung der Disziplinarstrafen aus dem BVT gedient.

Von *Zeh* ist in einem Beitrag zur „Wirkungskontrolle von Rechts- und Verwaltungsvorschriften" darauf hingewiesen worden, dass insbesondere einem konfligierenden *Vorverständnis* der Umsetzungsinstanzen bei der Implementierung von Rechtsnormen in der Praxis die Bedeutung einer *intervenierenden Variable* zukommen kann.[797] Nun hat bereits die eigene Untersuchung zur Rechtswirklichkeit der Sanktionierung unbotmäßigen Patientenverhaltens im psychiatrischen Maßregelvollzug ergeben, dass auf Seiten des Behandlungspersonals deutliche Berührungsängste zu solchen Formulierungen zu verzeichnen sind, welche sich – wie etwa die Begriffe Sanktion, Ahndung oder eben Disziplinarstrafe – durch eine vermeintlich allzu große Nähe zu den repressiven Aspekten staatlicher Reaktion auf Regelverletzungen der Bürger auszeichnen; im dortigen Kontext wurde auch bereits auf den vermuteten Ursprung dieser Abwehrhaltung im therapeutischen Impetus „helfender" Professionen hingewiesen.[798] Insoweit nimmt es jedoch nicht weiter Wunder, dass es auch in den Niederlanden angesichts der von den politisch Verantwortlichen betriebenen Harmonisierung des BVT mit den parallel entwickelten Gesetzen über die Grundsätze des Straf- und Jugendstrafvollzuges zu der in den Umfragen von *Leuw* und *Mertens* festgestellten, weit verbreiteten Ablehnung gerade des ursprüng-

---

[796] Ausführlich zu den methodischen Problemen (und Grenzen) derartiger Begleitforschung *Blankenburg* 1986; *König* 1983, S. 9ff.; *Rottleuthner* 1987, S. 75ff.; *Zeh* 1983, S. 305ff.

[797] *Zeh* 1983, S. 307. Auch nach *Röhl* 1987, S. 304f. besitzt die Ebene der Vollzugsverwaltung einige Bedeutung bei der Implementierung von Interventionsprogrammen; zur mangelnden Durchsetzungsbereitschaft der zuständigen Instanzen als Ursache für Vollzugsdefizite äußert sich *Rehbinder* 2000, Rn 181. Vgl. schließlich *Blankenburg* 1986, S. 109, nach dessen Auffassung sich eine an Erfahrungsberichten aus der Anwendungspraxis interessierte Rechtspolitik stets mit dem Problem konfrontiert sieht, dass sich Verwaltung und Justiz „ihre nach eigenen Relevanzkriterien selektierte Realität schaffen".

[798] Vgl. hierzu S. 118.

lich im Strafvollzug beheimateten Disziplinarrechts für das Behandlungsmilieu des TBS-Sektors gekommen ist.

Es ist jedoch dringend davon abzuraten, derartige Abstoßungserscheinungen der unmittelbar in das Vollzugsgeschehen involvierten Interessengruppen zum Anlass für eine umgehende Verabschiedung der disziplinarischen Elemente aus dem BVT zu nehmen. Wenn man – wie dies die Ergebnisse sowohl des theoretischen als auch des empirischen Teils dieser Arbeit nahe legen – von einem berechtigten Interesse an der Existenz eines eigenständigen Disziplinarrechts für den Maßregelvollzug ausgeht, sollten die in dieser Hinsicht bestehenden Umsetzungsdefizite statt dessen zum Anlass genommen werden, die Implementierung der neuen Standards unter Aufbietung entsprechender Überzeugungsarbeit auch gegen bestehende Widerstände der potentiellen Rechtsanwender engagiert zu betreiben.[799] Insoweit ist erneut die Warnung vor einer Rückkehr der durch die detaillierten Regelwerke der Vollzugsgesetzgebung überwunden geglaubten Rechtsfigur des besonderen Gewaltverhältnisses „im weißen Kittel“ anzubringen, welche die wohl überzeugendste Begründung für das Bemühen um eine deutliche Trennung der für Vollzugsmaßnahmen denkbaren Eingriffsebenen – Prävention, Behandlung, aber eben auch disziplinarische Sanktion – darstellt.[800] Es dürfte nicht zuletzt auch im Interesse der mit dem Vollzug der Maßregel befassten Berufsgruppen liegen, in dieser Hinsicht für größtmögliche Klarheit zu sorgen und auf diesem Wege der auch von *Leuw* und *Mertens* in anderem Zusammenhang hervorgehobenen[801] Gefahr einer Erosion des Behandlungsbegriffes entschieden entgegenzuwirken. Die vom niederländischen Gesetzgeber vorausgesetzte Unterscheidung zwischen gestörtem und bloß störendem Verhalten mag im Einzelfall schwierig zu treffen sein und ein genaueres Hinsehen verlangen – verzichtbar erscheint sie nach allen bisherigen Ausführungen nicht.[802]

---

[799] Dies müssten eigentlich auch *Leuw/Mertens* 2001 so sehen, wenn sie an anderer Stelle unter Bezugnahme auf die starke Kooperation der rechtssetzenden mit den rechtsanwendenden Instanzen im Gesetzgebungsverfahren zu bedenken geben: „Es besteht natürlich stets die Gefahr, dass der Gesetzgeber bei einer derartig engen Zusammenarbeit mit dem von der Normierung betroffenen gesellschaftlichen Bereich zu viel von der in solchen Fragen erforderlichen Distanz und Unabhängigkeit zu den beteiligten Interessengruppen verliert.“ (S. 146).

[800] Die Rechtsfigur des besonderen Gewaltverhältnisses begegnet im Übrigen auch in der niederländischen Diskussion. So hatte bereits die *Commissie Haars* 1987, S. 12 die Heranziehung des allein durch die Unterbringungssituation bedingten Gewaltverhältnisses als Legitimationsgrundlage für jegliche Form von Rechtsbeschränkungen kritisiert: „Der bloße Umstand, dass sich jemand auf Anweisung des Strafrichters in der Überlassung befindet, begründet nach geltendem Recht beziehungsweise geltender Rechtsauffassung noch keineswegs einen Zustand, in welchem ihm alle Rechte eines freien Bürgers verwehrt werden können.“ Zusammenfassend hierzu *Kelk* 1978, S. 170; *Van der Landen* 1995, S. 455f.; zur Zuerkennung der bürgerlichen Rechte an den Überlassenen *Kelk* 1988, S. 396; *Kelk* 1998, S. 498f.

[801] *Leuw/Mertens* 2001, S. 57ff. Zusammenfassung S. 6f., 142f.

[802] Schwierigkeiten bei der Rechtsanwendung müssen auch nach Auffassung von *Schröder* 1972 keinesfalls zwangsläufig in eine Revision der gesetzgeberischen Konzeption umgesetzt werden; dies vor allem dann nicht, wenn – wie hier – „durch die Gesetzgebung bestehende soziale Normen verändert werden sollen“ (S. 282f.).

Aus den genannten Gründen sollte an der im BVT existierenden Regelung zu den Disziplinarstrafen festgehalten werden. Den festgestellten Defiziten in der Umsetzung der fraglichen Normen sollte von Seiten der politisch Verantwortlichen durch eine Sensibilisierung sowohl der Vollzugspraxis als auch der vorgesehenen Kontrollinstanzen für die hier behandelte Problematik begegnet werden; die von *Leuw* und *Mertens* für die Erstellung ihrer Studie genutzten Informationskanäle scheinen insoweit für eine Beschickung in die umgekehrte Richtung durchaus geeignet. Für das Anliegen dieser Arbeit lässt sich aus der Auseinandersetzung mit den Erfahrungen in den Niederlanden als Quintessenz formulieren, dass das Ziel, die Vollzugspraxis zu einer deutlichen Trennung der Eingriffsebenen der Behandlung, Prävention und Repression zu bewegen, in Anbetracht der bereits im Theorieteil dokumentierten, arrivierten Begründungsmuster des Vollzugspersonals allein durch eine „Reform von oben“ – d.h. durch die Schaffung eines Disziplinarrechts in den Vollzugsgesetzen – nicht zu erreichen sein wird. Auch insoweit wird es mithin einiger Überzeugungsarbeit, aber auch einer effektiveren Rechtskontrolle als bisher bedürfen, damit die konstatierte Tendenz zu einem Verharren in „brauchbarer Illegalität“[803] eine grundlegende Umkehr erfährt.

[803] Vgl. oben Fn 677.

6. Kapitel: Konturen eines Disziplinarinstrumentariums für den Maßregelvollzug – Entwicklung eines eigenen Regelungsvorschlags

Im Folgenden sollen nunmehr die in den vorangegangenen Kapiteln herausgearbeiteten Erkenntnisse gleichsam gebündelt und in der Entwicklung eines eigenen Regelungsvorschlages zusammengeführt werden. Zu den Konturen eines Disziplinarinstrumentariums für den psychiatrischen Maßregelvollzug gehören dabei sowohl die materiellen Voraussetzungen seiner Anwendbarkeit (I) als auch die Ausgestaltung der Rechtsfolgenseite (II). Bereits bei der Aufstellung des Kategoriensystems für den Erstzugriff auf das erhobene Aktenmaterial ist überdies auf die besondere Bedeutung hingewiesen worden, welche der Regelung von Verfahrensfragen unter dem Gesichtspunkt der Berücksichtigung rechtsstaatlicher Garantien zukommt (III). Den Abschluss der Ausführungen wird schließlich eine Gesamtdarstellung des entwickelten Vorschlags bilden (IV).

I. Materielle Voraussetzungen der Anwendbarkeit

1. Auswirkungen des Bestimmtheitsgrundsatzes auf die Tatbestandsgestaltung

In Art. 103 II GG ist – als spezielle Ausprägung des allgemeinen Vorbehalts des Gesetzes – der Grundsatz normiert, dass eine Tat nur dann bestraft werden darf, wenn ihre Strafbarkeit bereits vor der Tatbegehung gesetzlich bestimmt war (Bestimmtheitsgrundsatz[804]). Die Verfassungsgarantie des Art. 103 II GG hat zunächst *freiheitsgewährleistende* Funktion: Nach dem Willen des Verfassungsgebers sollen die Straftatbestände gesetzlich so genau normiert sein, dass der einzelne Bürger ihnen die Voraussetzungen der Strafbarkeit und die Art der Strafe deutlich entnehmen und sein Verhalten von vornherein an diesen Anforderungen ausrichten kann.[805] Dies schließt zwar nicht aus, dass bei der Abfassung des Tatbestandes un-

---

[804] Allgemein zur Ableitung aus dem Rechtsstaatsprinzip BVerfGE 47, 109 (120); 78, 374 (382) sowie zuletzt BVerfG, StV 2002, S. 247, 248 (Vermögensstrafe).

[805] BVerfGE 11, 234 (237f.), st. Rspr.; *Hesse* 1995, Rn 558; *Pieroth/Schlink* 2001, Rn 1091.

bestimmte Rechtsbegriffe verwendet werden, die dann einer Auslegung durch den Richter bedürfen; die Strafvorschrift muss jedoch um so präziser sein, je schwerer die angedrohte Strafe ist.[806] Hinzu tritt die *kompetenzwahrende* Funktion des Bestimmtheitsgrundsatzes: Durch seine verfassungsrechtliche Verankerung soll sichergestellt werden, dass der Gesetzgeber prinzipiell *selbst* über die Strafbarkeit einzelner Verhaltensweisen der Bürger entscheidet; lediglich weitergehende Spezifizierungen sollen auch durch Rechtsverordnungen oder Satzungen vorgenommen werden können.[807] Ob und gegebenenfalls in welchem Umfang auch disziplinarrechtliche Maßnahmen von Art. 103 II GG erfasst sein sollen, ist im Einzelnen umstritten.

Die wohl herrschende Auffassung geht davon aus, dass auch Disziplinarstrafen in ihren tatbestandlichen Voraussetzungen den Anforderungen des Bestimmtheitsgrundsatzes genügen müssen.[808] Gleichwohl erfährt die Verfassungsgarantie des Art. 103 II GG durch die Vertreter dieser Ansicht umgehend eine bedeutende Einschränkung, indem auf die „Besonderheiten des Disziplinarrechts" rekurriert wird, das keine festumrissenen Tatbestände kenne und seit jeher durch die Verwendung von Generalklauseln geprägt sei; daran habe auch der Verfassungsgeber nichts ändern wollen.[809] Die Gegenauffassung sieht hierin eine gefährliche Aufweichung der Bestimmtheitsmaßstäbe und lehnt eine Einbeziehung disziplinarrechtlicher Tatbestände in den Anwendungsbereich des Art. 103 II GG mit diesen Erwägungen bereits grundsätzlich ab. Aufgrund der Tatsache, dass es sich bei den fraglichen Maßnahmen durchweg um Grundrechtseingriffe von beträchtlicher Intensität handele, fänden ohnehin die Sicherungen der allgemeinen Eingriffsdogmatik Anwendung, die zur Wahrung der beeinträchtigten Rechtspositionen im Übrigen durchaus hinreichten.[810]

Unabhängig davon, welcher Auffassung man sich in der Frage der Subsumtion der Disziplinarmaßnahmen unter den Begriff der „Strafe" in Art. 103 II GG anschließt, wird man festhalten können, dass sich den in Art. 103 II GG niedergelegten Grundsätzen zumindest keine *zwingenden* Argumente gegen die Verwendung generalklauselartig abgefasster Tatbestände im Disziplinarrecht entnehmen lassen. Eine Regelung wie die des § 102 I StVollzG, welche als Voraussetzung für die Verhängung von Disziplinarmaßnahmen im Strafvollzug einen Verstoß des Gefange-

---

806 BVerfGE 75, 329 (342f.); Maunz/Dürig/Herzog-*Schmidt-Aßmann* Art. 103, Abs. II, Rn 186; *Pieroth/Schlink* 2001, Rn 1091.

807 BVerfGE 78, 374 (382); *Hesse* 1995, Rn 558; Maunz/Dürig/Herzog-*Schmidt-Aßmann* Art. 103, Abs. II, Rn 178ff.

808 BVerfGE 36, 186 (203f.); 45, 346 (351); NStZ 1998, S. 103; Dreier-*Schulze-Fielitz* Art. 103 II, Rn 16; Schönke/Schröder-*Eser* § 1, Rn 4; *Tröndle/Fischer* § 1, Rn 4.

809 BVerfGE 26, 186 (204); 45, 346 (351); LG Krefeld, MDR 1965, S. 1010; anders AG Krefeld, MDR 1965, S. 759f. Einschränkend in diesem Sinne auch Dreier-*Schulze-Fielitz* Art. 103 II, Rn 16; Schönke/Schröder-*Eser* § 1, Rn 4.

810 BK-*Rüping* (Zweitbearb.) Art. 103, Abs. 2, Rn 78; Maunz/Dürig/Herzog-*Schmidt-Aßmann* Art. 103, Abs. II, Rn 196; vgl. auch *Reich* 1998, Art. 103, Rn 2.

nen gegen diejenigen Pflichten fordert, die ihm durch das StVollzG oder aufgrund dieses Gesetzes auferlegt worden sind, ist somit nicht von vornherein durch das verfassungsrechtliche Postulat des Art. 103 II GG ausgeschlossen.[811] Auch die in Art. 48 I, 49 I BVT enthaltene niederländische Regelung, die insoweit statt einer Anknüpfung an die für den Untergebrachten bestehenden vollzuglichen Pflichten auf das Begriffspaar der Ordnung und Sicherheit in der Einrichtung zurückgreift, könnte danach nicht a priori für mit den verfassungsrechtlichen Vorgaben unvereinbar gehalten werden. Damit ist hingegen noch keine Aussage darüber getroffen, ob eine gewisse tatbestandliche Verdichtung des disziplinarisch zu ahndenden Fehlverhaltens vor dem Hintergrund der soeben umrissenen Wertungen des Verfassungsgebers vielleicht doch *wünschenswert* erschiene.[812]

Walter hat aus den Ergebnissen umfassender eigener Rechtstatsachenforschung und Berichten Dritter gefolgert, die sowohl im Jugend- als auch im Erwachsenenstrafvollzug geltende generalklauselartige Regelung der Disziplinarmaßnahmen eröffne für die Vollzugspraxis entschieden zu weite Spielräume, weshalb die tatbestandlichen Voraussetzungen für die Verhängung entsprechender Sanktionen de lege ferenda sowohl präzisiert als auch deutlich enger gefasst werden müssten.[813] Aus Gründen der Rechtssicherheit und zur Gewährleistung einer möglichst gleichmäßigen Anwendung sei ein Katalog festumrissener Tatbestände zu formulieren, der gegebenenfalls um eine – allerdings eng zu formulierende – Auffangvorschrift ergänzt werden könne.[814] Die bisherigen Untersuchungen vor allem zum Jugendstrafvollzug hätten ergeben, dass sich das Gros der im Vollzugsalltag vorkommenden Verfehlungen auch einer relativ überschaubaren Zahl entsprechender, leicht zu beschreibender Tatbestände zuordnen lasse.[815]

Der Vorschlag *Walters*, der sich wohl am ehesten durch die Abfassung eines Kataloges von Regelbeispielen mit zugehörigem Auffangtatbestand umsetzen ließe,[816]

---

[811] Eine ähnliche Formulierung findet sich im Übrigen auch in den Nrn. 86, 87 VVJug. Die Landesjustizverwaltungen haben sich – ursprünglich lediglich für den Übergangszeitraum bis zum Erlass eines Jugendstrafvollzugsgesetzes – auf einheitliche Verwaltungsvorschriften für den Jugendstrafvollzug, die VVJug, geeinigt (Abdruck bei *Hellstern* 1997, S. 277ff.; kritisch zur bisherigen Abstinenz des (Bundes-)Gesetzgebers *Böhm* 1991, S. 238f.; *Eisenberg* 1985, S. 42; *Ostendorf* § 115 JGG, Rn 1 („Ein 'besonderes Gewaltverhältnis' gibt keine Legitimation; der derzeitige Vollzug wird somit weitgehend in verfassungswidriger Weise durchgeführt"). Die VV-Jug lehnen sich in ihren Nrn. 87ff. beinahe wortgleich an die Regelungen des StVollzG zu den Disziplinarmaßnahmen sowie die zugehörigen VV an.

[812] Die in dieser Hinsicht denkbaren unterschiedlichen Grade der Regelungsdichte zeigt die Zusammenfassung der stark divergierenden Normierungen in den schweizer Kantonen bei *Huber* 1995, S. 32ff. auf.

[813] AK-*Walter*[4] Vor § 102, Rn 16. Zur Situation im Jugendstrafvollzug bereits *Walter* 1993, S. 288; *Walter* 1998b, S. 46f., 202f. Weiterhin in diesem Sinne *Lambropoulou* 1987, S. 283; *Stratenwerth/Bernoulli* 1983, S. 122f.

[814] *Walter* 1993, S. 288; *Walter* 1998b, S. 202f.

[815] *Walter* 1993, aaO; *Walter* 1998b, S. 203.

[816] Der Autor spricht von „recht wenige(n) Tatbestände(n), die leicht beschreibbar sind und nötigenfalls durch eine – allerdings eng formulierte – Auffangvorschrift noch ergänzt werden

kann nach den oben referierten Ergebnissen der eigenen empirischen Untersuchung nur unterstützt werden. Die in der Auseinandersetzung mit der Rechtswirklichkeit des Maßregelvollzuges gewonnenen Erkenntnisse haben gezeigt, dass eine allzu große tatbestandliche Weite bei Eingriffsnormen in der Anwendungspraxis die Gefahr einer (zum Teil missbräuchlichen) Überdehnung in sich birgt und Auslegungsfehlern Vorschub leistet. Der Gesetzgeber täte folglich gut daran, die von einem zukünftigen Disziplinartatbestand zu erfassenden Verhaltensweisen deutlicher zu benennen, als dies etwa in den geltenden Regelwerken zum Jugend- und Erwachsenenstrafvollzug der Fall ist.

Dabei bietet die Verwendung der *Regelbeispielstechnik* im vorliegenden Kontext deutliche Vorteile: Einerseits werden durch die Schaffung eines Auffangtatbestandes diejenigen Stellungnahmen im Schrifttum entkräftet, die vor der mit einer tatbestandlichen Verdichtung im Disziplinarstrafrecht verbundenen Gefahr einer zu starren Schematisierung warnen und angesichts der Vielgestaltigkeit der Verhältnisse in der totalen Institution die notwendige Flexibilität bei der Reaktion auf konflikthaftes Verhalten des Insassen anmahnen.[817] Andererseits entfalten die Regelbeispiele durch die von ihnen ausgehende Indizwirkung wiederum eine deutlich einschränkende Wirkung auf die Auslegung des Auffangtatbestandes; die Annahme einer Disziplinarverfehlung für den Fall, dass keines der Regelbeispiele erfüllt ist, würde danach zumindest einen nicht unbeträchtlich gesteigerten Begründungsaufwand erfordern.[818,819]

Als sprachliche Vorlage für die hier ins Auge gefasste Ausgestaltung des Disziplinartatbestandes im Sinne eines Kataloges von Regelbeispielen kann zunächst der aus dem Jahre 1985 stammende Entwurf eines Jugendstrafvollzugsgesetzes von *Baumann*[820] herangezogen werden, der allerdings zusätzlich mit den Ergebnissen der eigenen empirischen Erhebung abgeglichen werden sollte, um den Besonderheiten des hier behandelten Vollzugsbereichs gerecht zu werden. Der Autor knüpft zunächst – insoweit dem seinerzeit vorliegenden Referentenentwurf folgend, welcher sich wiederum an die Regelung des damaligen StVollzG anlehnte[821] – an das

könnten"; *Walter* 1993, S. 288. Ähnlich noch *Walter* 1998b, S. 202f.; allerdings ist von einer zusätzlichen Auffangvorschrift später nicht mehr die Rede; vgl. AK-*Walter*[4] Vor § 102, Rn 16.

817 Vgl. etwa *Altenhain* 1966, S. 113; *Breiholdt* 1963, S. 46ff.; *Calliess/Müller-Dietz* § 102, Rn 2; *Nährich* 1974, S. 7ff.; *Schüler-Springorum* 1969, S. 101. Für die Niederlande *Geurts* 1962, S. 54; für die Schweiz *Huber* 1995, S. 35.

818 Noch weiter gehend SK-*Hoyer* § 243, Rn 9ff., der eine Analogiebildung zum Nachteil des Täters sogar kategorisch ablehnt. Die h.M. betont demgegenüber sehr viel stärker den Aspekt der Würdigung der Gesamttat und will eine Widerlegung der Indizwirkung zuungunsten des Täters verhältnismäßig unproblematisch zulassen. Vgl. statt vieler *Maiwald* 1973, S. 154ff., 159; Schönke/Schröder-*Eser* § 243, Rn 42a.

819 Aufgrund der Indizwirkung würde im Übrigen auch der Einwand von *Schüler-Springorum* 1969, S. 101 nicht greifen, das Regelungsmodell eines tatbestandlichen Kataloges unterscheide sich oftmals nicht wesentlich von der Verwendung einer Generalklausel, da ohnehin mit einem Auffangtatbestand gearbeitet werde.

820 *Baumann* 1985.

821 Zu den Gründen für das Scheitern dieses Entwurfs *Schüler-Springorum* 1977, S. 425.

Vorliegen eines schweren oder wiederholten Pflichtverstoßes des Gefangenen an. Im Anschluss erfolgt jedoch eine Konkretisierung dahingehend, dass ein derartiger Pflichtverstoß *in der Regel* dann anzunehmen sei, wenn der Gefangene

„1. andere Personen tätlich oder beleidigend angreift,
2. die aufgrund dieses Gesetzes angeordneten Maßnahmen zur Erhaltung der Gesundheit und der Hygiene nicht unterstützt,
3. Lebensmittel, Anstaltseinrichtungen oder andere Gegenstände im Eigentum anderer Personen mutwillig zerstört oder beschädigt,
4. zugewiesene Arbeit verweigert, nicht ordnungsgemäß ausführt oder auf andere Weise seiner Arbeitspflicht nicht genügt,
5. seiner gesetzlichen Schulpflicht nicht genügt,
6. verbotene Gegenstände, insbesondere Rauschgift, in die Anstalt bringt, sich hieran beteiligt oder verbotene Gegenstände besitzt oder vertreibt,
7. entweicht oder zu entweichen versucht, oder
8. die Anstaltsordnung oder das Zusammenleben in der Anstalt nachhaltig stört.“[822]

Für die Bezugnahme auf die dem Insassen durch das Vollzugsgesetz oder aufgrund dieses Gesetzes auferlegten Pflichten, wie sie auch *Baumann* vorliegend vornimmt, wird üblicherweise angeführt, diese bringe für den Betroffenen weitaus mehr Rechtssicherheit als die alternativ zur Verfügung stehende, der Auslegung durch die Vollzugspraxis sehr viel mehr Raum gebende Verwendung des Begriffspaares Sicherheit und Ordnung.[823] Es darf jedoch nicht unerwähnt bleiben, dass gerade im Hinblick auf die Regelung des § 102 I StVollzG, die ja eine entsprechende Anbindung an den gesetzlich vorgesehenen Bestand an Pflichten vorsieht, für eine ganze Reihe von Verhaltensweisen in Rechtsprechung und einschlägigem Schrifttum die Einordnung unter den Disziplinartatbestand höchst umstritten ist (verwiesen sei hier nur auf die Beurteilung von Entweichungen oder selbstschädigendem Verhalten des Gefangenen).[824] Nimmt man hinzu, dass gerade der Vollzug der Unterbringung nach § 63 StGB aufgrund seiner besonders eindeutigen Ausrichtung an Behandlungsbelangen eine dem Strafvollzug ähnliche Unterwerfung des Insassen unter einen umfassenden Pflichtenkatalog nicht kennt, so erscheint es angebracht, für die Regelung des Disziplinartatbestandes in einem Maßregelvollzugsgesetz auf sicherheits- und ordnungsrechtliche Gesichtspunkte abzustellen.[825]

---

822 *Baumann* 1985, S. 54

823 AK-*Brühl*[3] § 102, Rn 4; *Nährich* 1974, S. 8f.; *Stein* 1989, S. 121.

824 Übersicht zu den insoweit existierenden Streitfragen bei AK-*Walter*[4] § 102, Rn 1ff.; *Huber* 1995, S. 81f.; *Laubenthal* 1998, Rn 728ff.

825 Die gewählte Formulierung spiegelt nicht zuletzt auch den einzig legitimationsfähigen Zweck der Verhängung von Disziplinarmaßnahmen im Vollzugskontext wieder, welcher mit der für den Strafvollzug vorherrschenden Auffassung in der Sicherung der Voraussetzungen eines auf das Vollzugsziel gerichteten, geordneten Vollzugs gesehen werden kann. Vgl. hierzu BVerfG, NStZ 1994, 300 (301); 357 (358); AK-*Walter*[4] Vor § 102, Rn 5ff.; *Laubenthal* 1998, Rn 727; *Walter* 1999, Rn 498 sowie *Huber* 1995, S. 121: „Das Disziplinarrecht ist nicht auf die Vergeltung des Pflichtverstoßes, sondern auf die zweckmäßige Ordnung in der Strafanstalt ausgerichtet“.

Die im vierten Kapitel gewonnenen, wenngleich mit den im Hinblick auf ihre Allgemeingültigkeit gebotenen Einschränkungen zu versehenden Erkenntnisse über die in der Rechtswirklichkeit des Maßregelvollzuges für eine Sanktionierung in Betracht zu ziehenden häufigsten Regelübertretungen der Untergebrachten lassen es durchaus angebracht erscheinen, die von *Baumann* in den Nummern eins bis drei sowie sechs und sieben seines Entwurfes erfassten Verhaltensweisen in einen eigenen Regelungsvorschlag zu übernehmen. Aggressionen gegen Vollzugspersonal und Mitpatienten, Missachtung von Hygienestandards, Sachbeschädigungen und unerlaubter Konsum von Betäubungsmitteln scheinen tatsächlich einen nicht unbeträchtlichen Teil der von den Patienten ausgehenden, eine Begrenzung fordernden Verfehlungen auszumachen. Ergänzen sollte man vor allem die Modalität der Sachbeschädigung durch das Regelbeispiel der Entwendung, die sich durch eine vergleichbare Negation der Befugnisse des Sacheigentümers auszeichnet.

Die in der Nummer acht des Entwurfs enthaltenen allgemeinen Ordnungsstörungen sollten hingegen, da sie nach der hier vertretenen Konzeption bereits im Auffangtatbestand angesprochen werden, nicht noch einmal gesondert in den Katalog der Regelbeispiele eingehen. Um dennoch die Ausscheidung bloßer Bagatellfälle aus dem Anwendungsbereich der Norm zu gewährleisten, sollte allerdings hinsichtlich des Verstoßes gegen Sicherheit oder Ordnung der Einrichtung in Anlehnung an die diesbezügliche Formulierung bei *Baumann* die Überschreitung einer gewissen Erheblichkeitsschwelle gefordert werden. Aus den bereits oben genannten Gründen kann schließlich eine etwaige Verweigerungshaltung des Patienten im Hinblick auf Arbeits- und Bildungsangebote, aber auch hinsichtlich der Teilnahme an Therapieprogrammen nicht Gegenstand eines Disziplinarverfahrens sein. Abgesehen davon, dass sich eine entsprechende Regelung systemwidrig zu der Einwilligungslösung verhielte, durch welche die geltende Rechtslage gekennzeichnet ist, ist zur Bewältigung einer derartigen obstruktiven Grundhaltung in jedem Fall die Einleitung weniger konfrontativer, auf Repression verzichtender Maßnahmen geboten. Eine dauerhafte Verweigerungshaltung des Untergebrachten sollte demnach eher zum Anlass genommen werden, über die Anwendung gezielt motivationsfördernder Strategien nachzudenken.[826] Die bei *Baumann* vorgesehenen Regelbeispiele fünf und sechs sollten aus den genannten Erwägungen nicht übernommen werden.

Die Kategorisierung bestimmter Ausprägungen unbotmäßigen Patientenverhaltens im empirischen Teil dieser Arbeit hat darüber hinaus noch eine Reihe weiterer Verhaltensbeschreibungen hervorgebracht, hinsichtlich derer die Schaffung eines eigenen Regelbeispiels grundsätzlich in Betracht zu ziehen wäre: So wurden unter anderem manipulative Einwirkungen auf die Umgebung wie der Versuch einer Spaltung des Personals oder die Anstiftung und Verleumdung von Mitpatienten, unerwünschte Sexualkontakte sowie schließlich Insubordinationen wie etwa die Durchführung unerlaubter Telefonate von Seiten des Personals der untersuchten

---

[826] Vgl. hierzu im Einzelnen S. 41, 60.

Einrichtung zum Anlass für die Verhängung einer Sanktion genommen. Einem Großteil dieser Regelverstöße kommt jedoch lediglich Bagatellcharakter zu, weshalb von einer Aufnahme entsprechender Beispielstatbestände in den Katalog eines künftigen Disziplinarrechts abgesehen werden sollte; das scharfe Missbilligungsurteil einer Disziplinarmaßnahme erschiene hier schlicht unverhältnismäßig.[827] Darüber hinaus zeichnen sich Begriffe wie derjenige der Insubordination oder des manipulativen Verhaltens durch einen derartigen Grad an Unbestimmtheit aus, dass durch ihre Verwendung bei der Ausgestaltung der materiellen Anwendungsvoraussetzungen disziplinarischer Sanktionen wiederum ein Einfallstor für diejenigen Aufweichungstendenzen geschaffen würde, denen abzuhelfen der vorliegend zu verfassende Entwurf gerade antritt.

Zumindest dem allgemeinen, für sämtliche staatlichen Maßnahmen mit belastendem Inhalt geltenden Vorbehalt des Gesetzes lässt sich schließlich nach dem Gesagten noch das Verbot entnehmen, die bislang ungebrochene Abstinenz der Ländergesetzgeber im Hinblick auf die Normierung eines gesonderten Disziplinarrechts für den Vollzug der Maßregel nach § 63 StGB durch die Aufnahme entsprechender Tatbestände in die von allen Vollzugsgesetzen vorgesehenen *Hausordnungen* zu konterkarieren. Damit ist letztlich auch der argumentative Anknüpfungspunkt benannt, der es ermöglicht, den bereits weiter oben kurz erwähnten[828] Ansatz des brandenburgischen Gesetzgebers entschieden zurückzuweisen, in § 27 II des dortigen PsychKG apodiktisch eine disziplinarische Ahndung vorsätzlicher Verstöße gegen die Hausordnungen zuzugestehen und alles weitere den mit dem Vollzug befassten Einrichtungen zu überlassen.[829] Trotz der sogleich im Anschluss erfolgenden einschränkenden Aussage, die in den Hausordnungen enthaltenen Disziplinarmaßnahmen dürften „nicht in freiheitsentziehenden oder kontaktbegrenzenden Maßnahmen bestehen oder die Würde der Person verletzten", sowie einigen ebenfalls enthaltenen rudimentären Aussagen zu dem zu beachtenden Prozedere (Normierung der Zuständigkeit, Verpflichtung zur vorherigen Androhung sowie Dokumentation), stellt diese Regelung keine hinreichend differenzierten Vorgaben für die nähere Ausgestaltung des Disziplinarrechts auf der untergesetzlichen Ebene der Hausordnungen auf. Insoweit ist auf den für den Bereich des Strafvollzuges ganz allgemein anerkannten Grundsatz zu verweisen, dem gemäß die in der Hausordnung geregelten Einschränkungen für Gefangene eine eigenständige Grundlage bereits in den Vorschriften des Strafvollzugsgesetzes besitzen müssen und nicht etwa unmittelbar aus der in § 161 StVollzG erteilten Ermächtigung zum Erlass der Haus-

---

[827] Zum Ausscheiden von Pflichtverstößen mit Bagatellcharakter aus dem Anwendungsbereich des § 102 StVollzG AK-*Walter*[4] Vor § 102, Rn 10; *Calliess/Müller-Dietz* § 102, Rn 13.

[828] Der besagte Ansatz hat bereits in Fn 21 kurz Erwähnung gefunden.

[829] Vgl. nunmehr auch noch § 29 I PsychKG M-V, welcher zu den Regelungsgegenständen der von den Einrichtungen zu erlassenden Hausordnungen unter anderem die „angemessene Reaktion auf Verstöße gegen die Einhaltung der Hausordnung" zählt. Hierzu bereits ausführlich *Pollähne* 2001, S. 201.

ordnung selbst abgeleitet werden können.[830] Da diese Überlegung auch für den Maßregelvollzug uneingeschränkte Geltung beansprucht, ist der vom Land Brandenburg gewählte Weg als Verstoß gegen den Vorbehalt des Gesetzes abzulehnen.[831]

2. Schuldgrundsatz und Vorsatzerfordernis

Nachdem nunmehr zunächst grundlegend für die Schaffung eines offenen Regelbeispielskataloges optiert wurde, ist im Folgenden die weitere Ausgestaltung der Tatbestandsseite vorzunehmen. Bei den Disziplinarmaßnahmen handelt es sich um strafähnliche Sanktionen, für die der aus Art. 2 I iVm Art. 1 I GG und dem Rechtsstaatsprinzip des Art. 20 III GG abgeleitete *Schuldgrundsatz* gilt.[832] Das für eine Sanktionierung in Betracht gezogene Verhalten des Untergebrachten muss daher schuldhaft gewesen sein, was durch eine dem Art. 49 VI BVT nachempfundene Regelung deutlich gemacht werden sollte.[833] Entsprechend dem unstreitigen Meinungsstand zur Rechtslage nach dem StVollzG ist insoweit darauf hinzuweisen, dass zur Beurteilung der Schuldfähigkeit des Patienten auf die Vorschrift des § 20 StGB zurückgegriffen werden kann.[834]

Vordergründig betrachtet, erscheint die Anwendung des Schulderfordernisses auf Verfehlungen der Maßregelvollzugsklientel nicht ganz unproblematisch: Sind doch die nach § 63 StGB Untergebrachten gerade aufgrund des Umstandes in den Maßregelvollzug gelangt, dass sie sich bei Begehung der vor Gericht verhandelten Tat im Zustand zumindest verminderter Schuldfähigkeit befanden. Der Einwand liegt somit nahe, mit dem neu geschaffenen Disziplinarinstrumentarium könne ein großer Teil der anvisierten Normübertretungen wegen fehlender oder geminderter Schuld der Betroffenen gar nicht adäquat erfasst werden. An dieser Stelle ist jedoch erneut auf das bereits im niederländischen Gesetzgebungsverfahren vielfach begegnende Diktum zu verweisen, dass nicht jedes störende Verhalten des Untergebrachten auch als gestörtes Verhalten aufzufassen sei.[835] Die Bestimmung der Schuld-

830 Vgl. BT-Drs. 7/918, S. 97 f.; BVerfG, StV 1996, S. 500; NStZ 1998, S. 103; AK-*Feest*[4] § 161, Rn 1; *Calliess/Müller-Dietz* Anm. zu § 161; Schwind/Böhm-*Rotthaus* § 161, Rn 2 sowie für den Maßregelvollzug noch Kammeier-*Kammeier*[2], Kap. A, Rn 129; Kammeier-*Rzepka*[2], Kap. H, Rn 8 ff.; *Volckart* 1999a, S. 228.

831 In diesem Sinne auch Kammeier-*Rzepka*[2], Kap. H, Rn 3, 8. Zudem hat bereits *Pollähne* 2001, S. 201 auf die Unvereinbarkeit dieser Vorgehensweise mit der vom brandenburgischen Gesetzgeber in § 27 III 1 PsychKG selbst anerkannten Prämisse hingewiesen, durch die Hausordnung dürften „die Rechte der Untergebrachten nicht weiter eingeschränkt werden, als nach diesem Gesetz zulässig." Kritisch zur Regelung des Disziplinarrechts für den Strafvollzug auf Verordnungsebene in einigen Kantonen der Schweiz noch *Huber* 1995, S. 37f.

832 BVerfG, StV 1993, S. 601; StV 1994, S. 438; *Kruis/Cassardt* 1995, S. 575. Vgl. auch noch OLG Zweibrücken, ZfStrVo 1986, S. 383: „strafähnliche(r) Charakter".

833 So auch bereits *Volckart* 1999a, S. 90.

834 AK-*Walter*[4] § 102, Rn 15; *Brühl* 1979, S. 220; *Diepolder* 1980, S. 141.

835 *Commissie Haars* 1987, S. 31; BVT, Memorie van toelichting, TK 1993–1994, 23 445, Nr. 3, S. 52. Dem zustimmend etwa *Jörg/Kelk* 1998, S. 407f.

fähigkeit erfolgt *punktuell*, und eine einmal in einem Strafverfahren im Hinblick auf ein ganz bestimmtes delinquentes Verhalten getroffene Negativaussage kann in dieser Hinsicht niemals das letzte Wort sein.[836] Zwar ist die psychische Situation der Patienten des Maßregelvollzuges naturgemäß in bedeutendem Umfang geprägt von dem ihrer Unterbringung zugrunde liegenden Anlassleiden. Die Intensität der von der Störung ausgehenden Beeinträchtigungen unterliegt jedoch oftmals starken Schwankungen, und die Krankheit betrifft auch in vielen Fällen beileibe nicht alle Lebensbereiche.[837] Aus diesem Grunde ist davon auszugehen, dass der vorgesehenen Disziplinarnorm auch bei adäquater Berücksichtigung des Schuldgrundsatzes ein hinreichend weiter Anwendungsbereich verbleiben wird. Umgekehrt verbietet es sich in den Fällen schuldloser Verwirklichung eines Regelverstoßes nach den vorstehenden Ausführungen ohnehin, mit einer Sanktion an dem besagten Verhalten anzuknüpfen; hierin läge nicht zuletzt der von *Volckart* und *Grünebaum* behauptete Verstoß gegen die Menschenwürde.[838]

Auf lediglich fahrlässige Verstöße des Untergebrachten gegen Sicherheit und Ordnung der Einrichtung wird man grundsätzlich nicht mit Disziplinarmaßnahmen reagieren müssen; zu ihrer Bewältigung stehen weniger gravierende Reaktionsformen zur Verfügung.[839] Eine enge Begrenzung der Regelung auf vorsätzliches Verhalten scheint daher angebracht, schon damit an die Stelle der gerade zurückgedrängten „Hypertrophie des Behandlungsbegriffes" nicht umgehend eine solche des Disziplinarrechts tritt. Um die ultima-ratio-Funktion der Disziplinarstrafe auch in dieser Hinsicht deutlich zu machen, sollte deshalb zusätzlich zu dem bereits herausgearbeiteten Schulderfordernis gesondert auch noch auf die Voraussetzung vorsätzlichen Handelns hingewiesen werden.

II. Ausgestaltung der Rechtsfolgenseite

1. Regelung des Entschließungsermessens

Auf der Rechtsfolgenseite ist zunächst die Ausgestaltung eines etwaigen Entschließungsermessens zu erörtern. In diesem Zusammenhang ist in Fortentwicklung des bereits im vorangegangenen Abschnitt erwähnten Gedankens deutlich darauf

---

836 Vgl. etwa *Roxin* 1997 § 20, Rn 30: „Einsichts- und Hemmungsfähigkeit sind nicht abstrakt, sondern stets nur im Hinblick auf die konkrete Tatbestandsverwirklichung festzustellen." Ebenso *Jakobs* 1993, S. 535; Schönke/Schröder-*Lenckner/Perron* § 20, Rn 31 sowie aus psychiatrischer Perspektive *Nedopil* 1996, S. 19 (Unmöglichkeit der Annahme genereller Schuldunfähigkeit eines Menschen); *Venzlaff* 2000, S. 68 (Rekonstruktion der *Tatzeitpersönlichkeit* aus psychiatrisch-psychologischer Sicht).

837 Vgl. *Volckart* 1999a, S. 91.

838 *Volckart* 1999a, S. 90 zieht Verbindungen zu einem „gewissen Stil der Kindererziehung".

839 Ebenso für den Strafvollzug AK-*Walter*[4] § 102, Rn 15; *Baumann* 1972a, S. 41; *Nährich* 1974, S. 14. Für die Einbeziehung auch fahrlässiger Verfehlungen hingegen *Calliess/Müller-Dietz* § 102, Rn 13; *Diepolder* 1980, S. 141; *Huber* 1995, S. 91; *Laubenthal* 1998, Rn 732.

hinzuweisen, dass auch im Disziplinarverfahren das *Opportunitätsprinzip* Anwendung finden sollte, eine Sanktionierung des Untergebrachten bei Feststellung eines entsprechenden sicherheits- oder ordnungsrelevanten Verhaltens mithin keineswegs zwingend erfolgen muss.[840] Dem sollte zum einen durch die Ausgestaltung der fraglichen Disziplinarregelung als „Kann-Vorschrift" Rechnung getragen werden, was zur Folge hätte, dass die Entscheidung, ob überhaupt mit einer Disziplinarmaßnahme reagiert werden soll, nach pflichtgemäßem Ermessen zu erfolgen hätte.[841] Zum anderen sollte durch die Einfügung eines Passus, demgemäß es sich bei den einer Sanktionierung zugänglichen Verfehlungen um solche handeln muss, die in ihren Auswirkungen auf das Zusammenleben in der Einrichtung eine gewisse Erheblichkeit besitzen, ein dieses Ermessen lenkendes – und mithin den Anwendungsbereich des Disziplinarrechts restringierendes – Element Berücksichtigung finden.

Während mit den vorstehenden Erwägungen zum Opportunitätsprinzip gleichsam die *Untergrenze* für eine formelle Aufarbeitung von Regelverstößen des Maßregelpatienten durch das psychiatrische Krankenhaus nachgezeichnet wurde, sollte nicht außer Betracht bleiben, dass für derartige Maßnahmen grundsätzlich auch eine *Obergrenze* bestehen dürfte: Eine anstaltsinterne formelle Disziplinierung hat in der Regel zumindest dann zu unterbleiben, wenn sich das regelverletzende Verhalten des Patienten zugleich als schwere Straftat darstellt. Für den so umrissenen Bereich gravierenderer Delikte ist *Walter* darin zuzustimmen, dass es nicht Aufgabe des Disziplinarrechts, sondern des Strafrechts ist, die Verletzung von der Rechtsordnung allgemein geschützter Rechtsgüter zu ahnden.[842] Insoweit ist mithin eine Strafanzeige durch den medizinischen Leiter der Einrichtung zu erwägen, wenngleich eine strafbewehrte Anzeige*pflicht* unter dem Gesichtspunkt der §§ 258 I, 13 StGB nicht besteht.[843] Demgegenüber erscheint das „einrichtungsnähere" Diszipli-

---

840 AK-*Walter*⁴ § 102, Rn 16; Kaiser/Kerner/Schöch-*Schöch* § 7, Rn 14; *Laubenthal* 1998, Rn 738; *Walter* 1998b, S. 69f. Mit *Schüler-Springorum* 1969, S. 88, ist insoweit darauf hinzuweisen, dass der Aufwand bei der rechtsförmigen Ausgestaltung eines vollzugsrechtlichen Disziplinarinstrumentariums stets „in umgekehrt proportionalem Verhältnis" zu seiner Bedeutung für die Praxis stehen sollte; diese weise sich nämlich „gerade durch die wenigsten Anwendungsfälle am besten" aus. Ähnlich auch noch *Volckart* 1999a, S. 40: „Vorschriften über die Kontrolle der Post, der Besuche, des Besitzes von Sachen und Geld sowie über Sicherungsmaßnahmen und Disziplinarmaßnahmen gehören nicht deshalb in die Maßregelvollzugsgesetze, damit die Krankenhäuser davon *regelmäßig* Gebrauch machen. Sie gehören hinein, damit *notfalls* gehandelt werden kann." (Hervorhebungen M.L.).

841 Zu den sprachlichen Voraussetzungen, unter welchen dem Normtext die Einräumung eines Entschließungsermessens entnommen werden kann Erichsen-*Ossenbühl* § 10, Rn 12; *Maurer* 2000, § 7, Rn 9 ff.; *Wolff et al.* 1999, § 31, Rn 36 ff.

842 AK-*Walter*⁴ Vor § 102, Rn 18; ähnlich Schwind/Böhm-*Böhm* § 102, Rn 15.

843 Hierzu ist zunächst festzuhalten, dass das in §§ 152 II, 160 I, 163 I StPO verankerte *Legalitätsprinzip* für die Bediensteten des Maßregelvollzuges nicht gilt (vgl. hierzu *Pollähne/Schäfer-Eikermann* 1988, S. 6). Entgegen der in HansOLG, NStZ 1996, S. 102ff. für den Strafvollzug vertretenen Ansicht ist eine Verpflichtung des Personals zur Strafanzeige auch nicht aus der in § 1 I 2 MRVG-NW kodifizierten Vollzugsaufgabe der Sicherung der Allgemeinheit abzuleiten (im Ergebnis ebenso BGH, NStZ 1997, S. 599; *Küpper* 1996; Schönke/Schröder-*Stree* § 258,

narverfahren im Bereich bloßer Bagatelldelikte prinzipiell besser geeignet, sowohl den besonderen Bedürfnissen der Einrichtung als auch den von der Unterbringungssituation ausgehenden Belastungen für den Patienten Rechnung zu tragen, als dies für das Strafverfahren mit seiner naturgemäß distanzierteren Perspektive der Fall sein dürfte. Mit *Baumann* ist aus diesem Grunde ein vorrangiger Zugriff des Disziplinarrechts auch auf leichtere Verfehlungen „oberhalb der Strafrechtsschwelle" zu befürworten.[844]

Sinnvoll könnte in diesem Zusammenhang schließlich die Schaffung einer Subsidiaritätsklausel sein, durch welche dem Rechtsanwender vor der Vornahme einer repressiven Sanktionierung zwingend die Prüfung nicht-punitiver Maßnahmen der Konfliktbewältigung auferlegt würde. § 102 II StVollzG sieht insoweit vor, dass von der Verhängung einer Disziplinarmaßnahme abzusehen ist, soweit eine Verwarnung des Gefangenen ausreichend erscheint. Bereits im Rahmen der Schilderung der niederländischen Normgenese wurden diesbezüglich bestehende Bedenken benannt: Nach den Erkenntnissen des dortigen Gesetzgebers hat sich die im Gesetz über die Grundsätze des Gefängniswesens vorgesehene Möglichkeit zur Auferlegung eines auf die Zufügung von Rechtseinbußen verzichtenden Tadels in der Praxis des Strafvollzuges nicht bewährt, da entsprechende Maßnahmen kaum ergriffen wurden.[845] Auch für den deutschen Strafvollzug wird die durchgängige Beachtung des Subsidiaritätsgrundsatzes des § 102 II StVollzG durch die Vollzugspraxis unter Hinweis auf das verbreitet vermutete Bestreben in Zweifel gezogen, eine „flächendeckende und ausnahmslose Sanktionierung unerwünschten Verhaltens" sicher zu stellen.[846] Derartige Umsetzungsdefizite in der Vollzugswirklichkeit dürfen jedoch keineswegs einfach der geringen Eingriffsintensität der Verwarnung angelastet und in die Forderung nach einem Verzicht auf dieses Institut angesichts mangelnder Effektivität umgemünzt werden. Schließlich handelt es sich bei der fraglichen Klausel um eine Ausprägung des Verhältnismäßigkeitsgrundsatzes, dem als Element des Rechtsstaatsprinzips Verfassungsrang zukommt,[847] und dessen Missachtung eher durch die explizite *Stärkung* von Subsidiaritätsaspekten – etwa durch eine Intensivierung gerichtlicher Kontrolle der Anwendungspraxis[848] – denn durch einen *Abschied* von

---

Rn 19; *Volckart* 1996a; *Wagner* 1992b). Zu berücksichtigen ist in diesem Zusammenhang schließlich, dass das therapeutische Personal des psychiatrischen Krankenhauses durch seine aus § 203 StGB erwachsende Schweigepflicht daran gehindert ist, die Strafverfolgungsbehörden zu informieren, wenn es im Rahmen der *Behandlung* von Straftaten des Patienten Kenntnis erlangt (vgl. zum Ganzen Kammeier-*Pollähne*², Kap. F, Rn 106; *Pollähne/Schäfer-Eikermann* 1988; *Volckart* 1996b).

844 *Baumann* 1977, S. 267. Auf das sich hieraus ergebende Problem eines möglichen Nebeneinanders von Disziplinarmaßnahme und Kriminalstrafe wird weiter unten noch unter dem Gesichtspunkt des Verbots der Doppelbestrafung einzugehen sein; vgl. S. 309f.

845 BVT, Memorie van toelichting, TK 1993–1994, 23 445, Nr. 3, S. 54. Vgl. hierzu bereits S. 256f.

846 AK-*Walter*⁴ § 102, Rn 27.

847 Vgl. hierzu nur BVerfGE 19, 342 (348f.); 35, 382 (400f.); 61, 126 (134); *Hesse* 1995, Rn 185.

848 Für einen deutlich effektiveren Rechtsschutz im psychiatrischen Maßregelvollzug auch Kammeier-*Wagner*², Kap. K, Rn 1ff.; *Wagner* 1992a, S. 47f. et passim.

bestimmten Normierungen des besagten Prinzips begegnet werden sollte. Trotz der geschilderten Einwände ist die Übernahme einer dem § 102 II StVollzG nachempfundenen Subsidiaritätsklausel in einen Disziplinartatbestand für den Maßregelvollzug demnach zu befürworten.

In seinem bereits erwähnten Entwurf für ein Jugendstrafvollzugsgesetz sieht *Baumann* neben der Verwarnung auch noch die Vornahme erzieherischer Maßnahmen, die Schadenswiedergutmachung und besondere Sicherungsmaßnahmen für geeignet an, als milderes Mittel an die Stelle der Auferlegung einer Disziplinarmaßnahme zu treten.[849] Teilweise in eine ähnliche Richtung geht ein Vorschlag *Walters*, der statt punitiver Reaktionsformen vermehrt die Aufarbeitung des Konfliktes im Rahmen eines Täter-Opfer-Ausgleiches vornehmen lassen will.[850] Die Übernahme der von *Baumann* angesprochenen erzieherischen Maßnahmen kommt jedoch für den Vollzug der Maßregel nach § 63 StGB aufgrund ihres spezifischen Zuschnitts auf den Jugendstrafvollzug ersichtlich nicht in Betracht. Mit einer Ersetzung dieses Passus durch eine Bezugnahme auf Behandlungsbelange wäre ebenfalls nichts gewonnen: Die Reaktion auf störendes Verhalten des Untergebrachten soll ja durch den hier entwickelten Regelungsentwurf gerade aus dem Behandlungskontext herausgelöst werden, um dem therapeutischen Personal die Unterscheidung zwischen der eigentlichen Behandlung im engeren Sinne und den dem Verwaltungsbereich zuzuordnenden Maßnahmen zur Aufrechterhaltung der Ordnung zu erleichtern. Aus diesen Gründen ist auf eine entsprechende sprachliche Wendung ganz zu verzichten.

Auch die Einbeziehung der besonderen Sicherungsmaßnahmen in die Subsidiaritätsklausel, also der explizite Hinweis auf eine vorrangige Begründung von Rechtsbeschränkungen mit Belangen der Prävention, sollte für den vorliegenden Zusammenhang unterbleiben. Angesichts ihrer zeitlichen Unbestimmtheit[851] und tatbestandlichen Weite erscheint es bereits nicht recht nachvollziehbar, dass derartigen Maßnahmen durchweg eine geringere Eingriffsintensität als den Disziplinarmaßnahmen zukommen soll, weshalb sich ein Verhältnis der Vor- bzw. Nachrangigkeit nicht mit der für eine Subsidiaritätsklausel erforderlichen Eindeutigkeit aufstellen ließe.[852] Zudem sollte angesichts der im zweiten Abschnitt unternommenen Bemühungen um eine deutliche Trennung der präventiven von der repressiven

---

849 *Baumann* 1985, S. 54. Vgl. auch noch für den Erwachsenenstrafvollzug *Baumann* 1977, S. 270f.

850 AK-*Walter*[4] Vor § 102, Rn 17; *Walter* 1998b, S. 244ff.

851 Ein Korrektiv zur Abwendung übermäßiger Beanspruchung liegt insoweit vor allem im Grundsatz der Erforderlichkeit der Maßnahme; vgl. hierzu *Schüler-Springorum* 1969, S. 92.

852 Der niederländische Gesetzgeber etwa nimmt insoweit eine genau umgekehrte Bewertung vor; vgl. BVT, Memorie van toelichting, TK 1993–1994, 23 445, Nr. 3, S. 53. Die Ergebnisse des rechtsvergleichenden Teils dieser Untersuchung haben denn auch ergeben, dass bei den mit dem Vollzug der Überlassung mit Versorgung befassten Kliniken eine Präferenz für den Rückgriff auf die in ihren Voraussetzungen weitaus dehnbareren *präventiven* Eingriffstatbestände besteht. Zur größeren Eingriffsintensität von besonderen Sicherungsmaßnahmen gegenüber Disziplinarmaßnahmen auch noch *Huber* 1995, S. 22.

Eingriffsebene bereits im Ansatz dem Entstehen des Eindrucks vorgebeugt werden, der rechtlichen Beurteilung von ordnungs- oder sicherheitsrelevanten Vorkommnissen eigne eine gewisse Beliebigkeit. Es wurde bereits ausführlich deutlich gemacht, dass derartige Maßnahmen zueinander in einem *Aliud-Verhältnis* stehen,[853] weshalb im vorliegenden Kontext im Interesse größtmöglicher Klarheit der Anwendungsvoraussetzungen auf die Nennung der besonderen Sicherungsmaßnahmen ganz verzichtet werden sollte.

Der Gedanke der Wiedergutmachung, gegebenenfalls nach dem Modell des Täter-Opfer-Ausgleichs (TOA), beinhaltet hingegen durchaus einiges Potential zur Ersetzung von Disziplinarmaßnahmen: Aufgrund des interpersonellen Charakters eines Großteils der hier behandelten Konflikte erweisen sich diese als besonders zugänglich für Bewältigungsstrategien, welche sich – wie eben auch das Konzept des TOA – durch den Versuch einer Befriedung im kooperativen Ausgleichsgespräch und damit durch ein dem Täter Aktivität abverlangendes, diesen aus der Rolle des eine Sanktionierung bloß Erduldenden herauslösendes soziales Lernerlebnis auszeichnen.[854] In die vorgesehene Subsidiaritätsklausel ist somit neben dem Erfordernis, zunächst die Erfolgsaussichten einer bloßen Verwarnung zu prüfen, auch die Durchführung eines Täter-Opfer-Ausgleichs als mögliches milderes Mittel der Konfliktbeilegung aufzunehmen. Dabei wird jedoch stets die von *Walter* selbst vorgebrachte Warnung zu berücksichtigen sein, die Durchführung eines TOA dürfe nicht dazu missbraucht werden, die durchaus berechtigten Opferinteressen zur Rechtfertigung größerer Härte gegenüber dem Insassen zu benutzen und zu instrumentalisieren.[855]

2. Zusammenstellung des Sanktionsarsenals

Kern der Arbeit an dem Regelungsentwurf für ein Disziplinarrecht muss naturgemäß die Zusammenstellung eines rechtsstaatlichen Anforderungen genügenden Sanktionsarsenals sein. Dieses bemisst die Skala der zur Verfügung stehenden Reaktionsmöglichkeiten bei Verfehlungen des Untergebrachten und bestimmt somit das Ausmaß, in welchem repressiv motivierte Eingriffe in dessen Rechtssphäre zulässig sein sollen. Der Ausgestaltung der Disziplinarmaßnahmen muss demnach ein Prozess behutsamer Abwägung zwischen dem Interesse der Allgemeinheit an einem ungestörten Unterbringungsverlauf und den Belangen des betroffenen Patienten zugrunde liegen. Dabei ist besondere Sorge dafür zu tragen, dass das mit der Unterbringung verfolgte Ziel einer Besserung des Anlassleidens nicht durch eine allzu rigide Konzeption des vorgesehenen Sanktionskataloges konterkariert wird:

---

[853] Vgl. dazu insbesondere oben S. 84ff.

[854] Zu diesen Aspekten der TOA-Konzeption *Bundesministerium der Justiz* 1998, S. 24ff.; *Frehsee* 1987, S. 135ff.; *Walter* 1998b, S. 244ff.

[855] *Walter* 1998b, S. 245f.; vgl. auch noch *Walter* 1999, Rn 288.

Insoweit wurde bereits weiter oben[856] ausgeführt, dass der in Ermangelung hinreichender Anknüpfungspunkte in der *Tatschuld* gemeinhin mit dem *öffentlichen Interesse* des Schutzes vor weiteren Straftaten legitimierte, prinzipiell unbefristete Freiheitsentzug der Unterbringung nach § 63 StGB auf Seiten des Maßregelpatienten einen vorbehaltlosen Anspruch auf die Gewährung adäquater Behandlungsangebote für sein psychisches Leiden entstehen lässt.[857] Dem Grundsatz des *neminem laede* folgend, ergibt sich hieraus auch für den Vollzugsgesetzgeber die unhintergehbare Verpflichtung, auf die Normierung von Maßnahmen zu verzichten, welche aufgrund der mit ihnen verbundenen tiefgreifenden Deprivationen den Behandlungsfortgang gefährden würden.

a) Verweis

Der in § 103 I Nr. 1 StVollzG sowie Nr. 87 I Ziff. 1 VVJug vorgesehene Verweis unterscheidet sich von der bereits erwähnten Verwarnung lediglich dadurch, dass er in einem förmlichen Disziplinarverfahren ausgesprochen wird.[858] Abgesehen von der in seiner Verwendung zum Ausdruck kommenden Missbilligung eines bestimmten Fehlverhaltens des Insassen wird dessen Rechtssphäre somit nicht weiter beeinträchtigt, weshalb die Einordnung des Verweises unter die disziplinarrechtlich aufzuerlegenden Sanktionen wenig nachvollziehbar erscheint. Wenn die Verfehlung des Untergebrachten einen bestimmten Schweregrad nicht überschreitet und der Ausspruch eines Tadels als Reaktion auf das Vorgefallene hinreichend erscheint, sollte ganz auf die Durchführung eines Disziplinarverfahrens verzichtet werden. Der anderenfalls betriebene Aufwand stünde deutlich außer Verhältnis zu dem seinen Anlass bildenden Konflikt, und auch die stets mit einem solchen Verfahren verbundene Stigmatisierung und Zurücksetzung des Patienten sollte in derartigen Fällen möglichst vermieden werden. Es kann somit durchaus mit der bereits in der Subsidiaritätsklausel enthaltenen Möglichkeit zum Ausspruch einer Verwarnung sein Bewenden haben.[859]

b) Eingriffe in das Vermögen und die finanzielle Dispositionsfreiheit

Mit einer spürbaren Einbuße für den Betroffenen verbunden sind demgegenüber Eingriffe in sein Vermögen und seine finanzielle Dispositionsfreiheit. Der niederländische Gesetzgeber greift direkt in das Vermögen des Untergebrachten ein, indem er in Art. 49 I lit. c BVT die Verhängung einer Geldbuße vorsieht, deren maximale Höhe unterdessen durch das Justizministerium auf 100,– NLG – das

[856] Vgl. die Erläuterungen auf S. 49.

[857] Zum Behandlungsanspruch des Untergebrachten noch einmal ausführlich *Bischof* 1987; *Kammeier* 1984, S. 212ff.; *Volckart* in *Schumann/Dimmek* 1987, S. 78.

[858] AK-Walter[4] § 103, Rn 2; *Brühl* 1979, S. 221; *Diepolder* 1980, S. 142; *Stein* 1989, S. 123f.

[859] Anders allerdings *Huber* 1995, S. 96 sowie *Nährich* 1974, S. 21f. unter Hinweis auf die Tagungsberichte der Strafvollzugskommission (*Bundesministerium der Justiz* 1969, S. 26) und die – ohne weitere Begründung erfolgte – Beibehaltung des Verweises bei *Müller-Dietz/Würtenberger* 1969, S. 134f.

entspricht etwa dem Betrag von etwa 45 € – festgesetzt wurde.[860] Lediglich eine befristete Restriktion der Dispositionsbefugnis in finanziellen Belangen enthält demgegenüber § 103 I Nr. 2 StVollzG, welcher die Beschränkung oder den Entzug der Verfügung über das Hausgeld und Restriktionen des Einkaufs für die Dauer von bis zu drei Monaten ermöglicht; im Unterschied zur Geldbuße verbleibt dem Gefangenen hierbei jedoch der in dem entsprechenden Zeitraum aufgrund fortbestehender Einkünfte anwachsende Betrag und wird dem Überbrückungsgeld gutgeschrieben (§ 104 III StVollzG).

Zu der letztgenannten Sanktion wird in der Rechtswirklichkeit verhältnismäßig häufig gegriffen; sie kann für den Strafvollzug als etabliert bezeichnet werden.[861] Gleichwohl wird im Schrifttum immer wieder mahnend darauf hingewiesen, dass eine zu rigide Beschränkung der Möglichkeiten zum Erwerb von Konsumgütern wie Kaffee oder Zigaretten unter den insoweit ohnehin nicht besonders luxuriösen Bedingungen der Haftsituation die Gefahr illegaler Geschäfte mit all ihren unerwünschten Begleiterscheinungen wie Verschuldung, Wucher oder Erpressung in sich berge.[862] Da derartige Befürchtungen auch für die Situation im Maßregelvollzug nicht von vornherein zurückzuweisen sind – wie die eigene empirische Untersuchung gezeigt hat, existiert dort wie in jeder totalen Institution eine Insassensubkultur mit ausdifferenzierten Handelsstrukturen für begehrte Waren – sollte bei der Ausgestaltung einer entsprechenden Sanktion mithin Zurückhaltung geübt werden. Mit den geringsten Gefährdungen im Hinblick auf eine „Folgekriminalisierung" des sanktionierten Insassen scheint insoweit noch die in den Niederlanden praktizierte Form der Geldbuße einherzugehen, da der zu erbringende Betrag ohne größere Probleme an der aktuellen finanziellen Leistungsfähigkeit des Untergebrachten bemessen werden kann. Zudem hätte eine derartige Regelung den Vorteil, dass die Zahlungsmodalitäten sehr flexibel auf den jeweiligen Einzelfall zugeschnitten werden könnten, etwa indem Ratenzahlung vereinbart oder im Falle unvorhergesehener Engpässe eine Stundung in Erwägung gezogen wird. Für den Fall, dass der Untergebrachte die auferlegte Geldbuße trotz Berücksichtigung der individuellen Leistungsfähigkeit in der Folge dennoch nicht aufbringen kann, sollte in Entsprechung des Art. 49 II BVT von der disziplinarbefugten Instanz bereits vorab eine Ersatzsanktion festgelegt werden.

---

[860] Für den deutschen Strafvollzug ist eine derartige Maßnahme etwa von *Schüler-Springorum* 1969, S. 104 angedacht, vom Gesetzgeber jedoch nicht übernommen worden. *Rasch* 1984b berichtet im Übrigen für einzelne Stationen des Rottland-Bereichs als der Vorgängerinstitution des WZFP von der Verhängung geringer Geldbußen für Nachlässigkeiten der Patienten (S. 37); eine derartige Praxis konnte durch die eigene empirische Untersuchung nicht nachgewiesen werden.

[861] Vgl. die Nachweise bei *Brühl* 1979, S. 221; *Dünkel/Rosner* 1982, S. 165ff.; *Nährich* 1974, S. 35, 142f.

[862] Kritisch äußern sich etwa AK-*Walter*[4] § 103, Rn 5; *Diepolder* 1980, S 142; *Nährich* 1974, S. 37; *Stein* 1989, S. 128. sowie – unter Hinweis auf die unterschiedliche Finanzstärke der einzelnen Gefangenen – *Huber* 1995, S. 97, 106f.

Eine interessante Ergänzung zu der hier befürworteten Möglichkeit einer Ahndung durch Geldbuße enthält der *Alternativ-Entwurf eines Strafvollzugsgesetzes* aus dem Jahre 1973. In dem Entwurfstext ist vorgesehen, dass die von dem Strafgefangenen aufzubringende Summe einer Anstalts- oder Gruppenkasse zufließen soll.[863] Dem Betroffenen soll so nebenbei das Gefühl vermittelt werden, etwas Sinnvolles für sein näheres Umfeld zu tun; ein Zweck, welcher nach Auffassung der Entwurfsverfasser mit der Zahlung an die anonyme Staatskasse eher nicht erreicht werden dürfte.[864] *Baumann* weist darüber hinaus noch darauf hin, dass auch von einer gesteigerten Befriedungswirkung der Sanktionierung auszugehen sei, wenn Störungen des Zusammenlebens in der Gruppe mit Rechtsfolgen beantwortet würden, die wiederum unmittelbar dieser Gruppe zugute kämen.[865] Gerade vor dem Hintergrund der in der eigenen empirischen Untersuchung gewonnenen Erkenntnisse im Hinblick auf Chancen und Risiken einer gemeinschaftsnahen Konfliktverarbeitung und der in diesem Zusammenhang zum Ausdruck gebrachten, vorsichtig positiven Gesamtbewertung derartiger Tendenzen kann die hier vorgeschlagene Einrichtung einer Stations- oder Gruppenkasse durchaus befürwortet werden. Es erscheint tatsächlich gerade auch aus Gründen der Nachvollziehbarkeit des Sanktionierungsvorganges für sämtliche Beteiligten sinnvoll, die für eine bestimmte Verfehlung auferlegte Buße direkt in denjenigen sozialen Nahbereich einzubringen, der unter den mit dem konflikthaften Verhalten verbundenen Irritationen am meisten zu leiden hatte. Aus diesem Grunde sollte die Sanktionsalternative der Geldbuße dahingehend konkretisiert werden, dass der aufzubringende Betrag wenn möglich eine den hier umrissenen Grundsätzen entsprechende Verwendung finden sollte.[866]

c) Verhängung einer Arbeitssperre

Der empirische Teil dieser Arbeit hat ebenfalls gezeigt, dass sich finanzielle Einbußen für den Untergebrachten auch durch die Verhängung einer zeitlich befristeten Arbeitssperre herbeiführen lassen, da für den Zeitraum der Sperre kein Anspruch auf die Zahlung eines Entgelts entsteht. Eine zusätzliche Qualität, die sie von der reinen Geldbuße abhebt, erhalten derartige Maßnahmen, wie ebenfalls bereits ausgeführt, durch die von erzwungener Untätigkeit über einen längeren Zeitraum oftmals ausgehende Langeweile.[867] Von der Aufnahme einer dem § 103 I Nr. 7

---

863 *Baumann et al.* 1973, S. 204ff. Vgl. hierzu auch noch *Baumann* 1972a, S. 39; *Baumann* 1974, S. 113.

864 Vgl. *Böhm* 1978, S. 98; *Baumann* 1972a, S. 43; *Baumann* 1977, S. 275; *Nährich* 1974, S. 63f.

865 *Baumann* 1972a, S. 43.

866 Vgl. auch noch die bei *Huber* 1995, S. 97f. wiedergegebene Praxis im Kanton Zürich: Dort fließen die im Strafvollzug aufgrund disziplinarischer Ahndung entrichteten Geldbußen in einen sog. „Ethischen Fond“, aus dem Gefangenen mit finanziellen Problemen ein Startkapital zufließt. Auch dort verschwinden mithin die eingezahlten Bußen nicht „im anonymen Nichts“ (S. 98).

867 Ähnlich für den Strafvollzug AK-*Walter*[4] § 103, Rn 10, der die Arbeitssperre aufgrund dieser kumulativen Wirkung als „sehr einschneidende Sanktion“ einstuft.

StVollzG vergleichbaren Regelung in den vorliegenden Entwurf ist jedoch aufgrund folgender Erwägungen abzusehen: Zum einen ist auf die eminente Bedeutung einer kontinuierlichen, seinen individuellen Fähigkeiten entsprechenden Einbindung des Patienten in die Abläufe des Arbeitslebens für die Entwicklung einer Perspektive der Wiedereingliederung hinzuweisen, welche eine Sperre gerade in diesem Bereich des Unterbringungsalltages ungleich gravierender als etwa eine Beschränkung der Teilnahme an bestimmten Freizeitaktivitäten erscheinen lässt.[868] Dadurch, dass der Untergebrachte plötzlich gezwungen ist, große Abschnitte des Tages selbst mit Leben und Aktivitäten zu füllen, dürften nicht zuletzt neue Spannungen und Auseinandersetzungen mit den anderen auf der Station untergebrachten Patienten und dem Personal vorprogrammiert sein.[869] Darüber hinaus ist schließlich auch der Einwand nicht völlig von der Hand zu weisen, mit einer derartigen Maßnahme treffe man nur diejenigen Insassen, die gerne arbeiteten und deshalb bei der Arbeit kaum einmal disziplinarische Schwierigkeiten bereiteten; die übrigen Insassen, welchen die ihnen angebotene Arbeit nicht liege, seien hingegen durch den Entzug ohnehin kaum zu treffen.[870] Aus den genannten Gründen sollte das Sanktionsarsenal für den Maßregelvollzug keine Arbeitssperre vorsehen.

d) Eingriffe in die Informationsfreiheit

Sowohl die in der Einleitung geschilderte Kontroverse um das Fernsehempfangsrecht in *Haina* als auch die eigenen rechtstatsächlichen Erhebungen in der Klinik in *Lippstadt-Eickelborn* haben deutlich gemacht, dass Einschränkungen des Untergebrachten in seiner Informationsfreiheit ebenfalls verbreitet für tauglich gehalten werden, auf störendes Verhalten mit disziplinarischen Mitteln zu reagieren. Die für den Strafvollzug geltende Regelung des § 103 I Nr. 3 StVollzG bietet insoweit umfassende Möglichkeiten der Rechtsbeschränkung: Danach kann dem Strafgefangenen sowohl der Lesestoff entzogen als auch der Hörfunk- und Fernsehempfang eingeschränkt werden; letzteres sogar bis zur Dauer von bis zu drei Monaten. Dem pädagogischen Prinzip folgend, welches ein inhaltliches Aufgreifen der Verfehlung im Rahmen der daraufhin erfolgenden Reaktion für wünschenswert hält, führt § 103 IV 1 StVollzG zudem das System der Spiegelung in den Kontext des Disziplinarrechts ein und fordert – unter anderem auch für die Vornahme der vorliegend

---

[868] Die schlechte Ausbildungs- und Beschäftigungssituation, in der sich viele Patienten vor der Unterbringung befinden, ist in empirischen Studien immer wieder hervorgehoben worden. Vgl. etwa *Burkhard* 1997, S. 26ff.; *Dessecker* 1997, S. 46ff.; *Hennicke* 1999 („im Vergleich zur Gesamtbevölkerung [...] erheblich geringerer Bildungsstand, insbesondere im beruflichen Bereich“, S. 65); Kammeier-*Gabriel*², Kap. E, Rn 23ff.; *Leygraf* 1988, S. 32ff.; *Volckart* 1999a, S. 114; sowie *Schumann* 1987, S. 17ff.: „Die ungenügende oder fehlende Integration in das Berufsleben gehört mit zu den defizitären sozialen Strukturen psychisch kranker Rechtsbrecher; hier hat auch ein wesentlicher Schwerpunkt für Resozialisierungsbemühungen zu liegen“.

[869] Insoweit weist *Huber* 1995, S. 110 für den Strafvollzug auf die potenzierte Gefahr eines „Haftkollers“ hin.

[870] *Breiholdt* 1963, S. 116; *Diepolder* 1980, S. 143; *Huber* 1995, S. 110.

behandelten Einschränkungen – grundsätzlich das Bestehen eines entsprechenden inhaltlichen Zusammenhanges. Restriktionen, welche den Bereich der Informationsgewinnung tangieren, sollen danach möglichst nur auf störende Verhaltensweisen folgen, die ihrerseits einen Bezug zur Nutzung der betreffenden Medien haben.[871]

Der spiegelnde Charakter, den § 103 IV 1 StVollzG im Grundsatz für einen beträchtlichen Teil des im Strafvollzug anwendbaren Sanktionsarsenals vorsieht, ist im Schrifttum auf zum Teil deutliche Ablehnung gestoßen. Die Kritik richtet sich zunächst dagegen, dem Strafgefangenen gerade diejenigen Befugnisse zu entziehen, deren adäquate Wahrnehmung ihn augenscheinlich vor Probleme stellt, da der Aufbau entsprechender Kompetenzen eigentlich gerade Gegenstand der während der Inhaftierung angeregten Lernprozesse sein sollte.[872] Teilweise wird der Gedanke der Spiegelung auch als Ausdruck des als antiquiert und zweckwidrig empfundenen Talionsprinzips verstanden und mit dem Hinweis auf die sich hieraus ergebenden erheblichen Zweifel an seiner pädagogischen Vertretbarkeit abgelehnt.[873]

Die referierten Argumente gegen den in § 103 IV 1 StVollzG niedergelegten Konnexitätsgrundsatz überzeugen letztlich nicht. Die in dieser Regelung zum Ausdruck kommende gesetzgeberische Wertung, der zufolge eine Sanktionierung unerwünschter Verhaltensweisen des Insassen grundsätzlich an Überzeugungskraft gewinnt, wenn sie die ihr zugrunde liegende Verfehlung durch spiegelnde Restriktionen in der Rechtssphäre des Betroffenen besonders deutlich thematisiert, erscheint unter pädagogischen Gesichtspunkten durchaus nachvollziehbar. Eine repressiv begründete Einschränkung von Rechten gerade in dem durch das unerwünschte Verhalten tangierten Lebensbereich dürfte dem Betroffenen zumeist am ehesten einsichtig sein.[874] Sollte es die besondere Problemlage des zu beurteilenden Falles demgegenüber einmal geboten erscheinen lassen, statt durch die Verhängung einer spiegelnden Sanktion mit Restriktionen in anderen Bereichen des Vollzugsalltages zu reagieren, so belässt die gesetzliche Regelung zudem stets die Möglichkeit, von dem in § 103 IV 1 StVollzG normierten Grundsatz abzuweichen. Gleichwohl für erforderlich gehaltene repressive Maßnahmen können in derartigen Konstellationen mithin einen allgemeineren Zuschnitt erhalten oder auf weniger problematische Aspekte des Alltagslebens ausgerichtet werden.[875] Umgekehrt ist für den Fall einer Ausdehnung der hier behandelten speziellen Sanktionen auf anderes störendes Ver-

---

871 Hierzu AK-*Walter*⁴ § 103, Rn 19ff.; *Brühl* 1979, S. 221; *Calliess/Müller-Dietz* § 103, Rn 3; *Diepolder* 1980, S. 142; *Laubenthal* 1998, Rn 741.

872 Schwind/Böhm-*Böhm* § 103, Rn 4.

873 AK-*Walter*⁴ § 103, Rn 19; *Walter* 1998b, S. 57. Vgl. auch *Stein* 1989, S. 129.

874 So auch *Kiliali* 1982, S. 11.

875 Dass der Umgang mit dem lediglich fakultativen Charakter der Vorschrift allerdings in der Praxis durchaus zu Problemen führen kann, verdeutlicht die in dieser Hinsicht zumindest missverständliche Entscheidung OLG Celle, ZfStrVo 1983, S. 317f. Insoweit ist *Dertinger* 1984 darin zuzustimmen, dass der vom Gericht (S. 318) gezogene Schluss sich so eben gerade nicht aus dem Normtext ergibt.

halten des Untergebrachten der besondere Prüfungs- und Begründungsaufwand hervorzuheben, den ein derartiges Abweichen vom gesetzlich vorgesehenen Normalfall der spiegelnden Maßnahme für die Vollzugspraxis mit sich bringt. Einem richtig verstandenen Grundsatz der Spiegelung kommt dadurch nebenbei auch noch die Funktion zu, einen insgesamt möglichst zurückhaltenden Gebrauch repressiv motivierter Maßnahmen anzumahnen.[876] Der Vorwurf einer allzu holzschnittartigen Orientierung des § 103 IV 1 StVollzG am überkommenen Talionsgedanken kann nach alledem nicht aufrecht erhalten werden; durchgreifende Bedenken gegen die Integration eines gelockerten, Ausnahmen zulassenden Spiegelungsgrundsatzes in den hier entwickelten Regelungsvorschlag bestehen demgemäß nicht.

Nach den Ergebnissen der eigenen empirischen Untersuchung erfreut sich die Nutzung der Informationsmedien – insbesondere des Fernsehens – bei den Patienten des Maßregelvollzuges aufgrund der mit der Unterbringungssituation verbundenen Minimierung der Außenweltkontakte großer Beliebtheit, weshalb die Auferlegung entsprechender Beschränkungen durchaus eine empfindliche Rechtseinbuße darstellen kann. Sie erscheint danach einerseits als sehr wirksame Sanktionsalternative, deren Anwendung andererseits jedoch unter dem Eindruck der Verfassungsgarantie des Art. 5 I GG den bereits in der Einleitung dargelegten Bedenken begegnet: Demnach kommt der Informationsfreiheit in einem demokratischen Gemeinwesen schlichtweg konstituierende Bedeutung zu, weshalb zumindest einem umfassenden Abschneiden des Bürgers von sämtlichen Informationsströmen, wie es etwa § 103 I Nr. 3 StVollzG für die Dauer von bis zu zwei Wochen ermöglicht, deutlich entgegenzutreten ist.[877] Bei der Ausgestaltung eines eigenen Regelungsvorschlages ist demnach sehr viel zurückhaltender vorzugehen: So ist dafür Sorge zu tragen, dass stets nur der Zugang zu einzelnen Medien unterbunden, niemals jedoch ein völlig lückenloser Ausschluss ausgesprochen werden kann. Denkbar wäre etwa eine Einschränkung des Fernsehempfanges (unter Umständen nochmals begrenzt auf bestimmte, besonders beliebte Unterhaltungssendungen), während dem Betroffenen gleichzeitig die Nutzung der Printmedien oder des Radios belassen wird. Zudem sollte die Höchstdauer auch derartig moderater Maßnahmen auf den relativ überschaubaren Zeitraum von zwei Wochen begrenzt werden.

Eine stationsweise abgestufte Verschärfung des Eingriffsumfanges, wie sie das im Ausgangsfall im „Festen Haus“ in *Haina* praktizierte System kennzeichnet, wäre nach dem Gesagten auch vor dem Hintergrund eines etwaigen Disziplinarrechts für den Maßregelvollzug aufgrund des ihr eignenden starren Schematismus als unzulässige Bildung undifferenzierter Straftarife abzulehnen;[878] sie würde jedoch auch

---

[876] In diesem Sinne auch AK-*Walter*[4] § 102, Rn 20; *Brühl* 1979 S. 221; Schwind/Böhm-*Böhm* § 103, Rn 4.

[877] Vgl. zur Bedeutung der Informationsfreiheit im Einzelnen bereits S. 3f.

[878] Hierzu AK-*Walter*[4] § 102, Rn 22; *Walter* 1993, S. 277; *Walter* 1998b, S. 74. Ablehnend zur Einrichtung von Sonderabteilungen für disziplinschwierige Insassen auch noch AK-*Walter*[4] § 103, Rn 3; *Kunisch* 1981.

aufgrund ihrer grundsätzlichen zeitlichen Unbeschränktheit für den einzelnen Untergebrachten den hier aufgestellten Grundsätzen nicht gerecht.

e) Beschränkung der Außenkontakte

Neben der Möglichkeit, die Informationsmedien zu nutzen, stellen auch die wenigen gesetzlich vorgesehenen (§§ 8, 9 MRVG-NW) Außenkontakte für den Patienten des Maßregelvollzuges ein wichtiges Mittel dar, die naturgemäß mit der Freiheitsentziehung in einer totalen Institution einhergehenden Deprivationen im Bereich selbstbestimmter Teilhabe am sozialen Leben zu kompensieren.[879] Der Einräumung entsprechender Gelegenheiten, durch Besuche, Telefongespräche oder Briefverkehr den Kontakt zu Bezugspersonen außerhalb der Einrichtung aufrecht zu erhalten, kommt zudem für die Vorbereitung und Begleitung eines späteren Wiedereingliederungsprozesses besondere Bedeutung zu.[880] Auch in diesem Bereich bestehen somit gewichtige Gründe für eine weitest mögliche Zurückhaltung bei der Ausgestaltung repressiv motivierter Rechtsbeschränkungen.

Art. 49 I lit. d BVT ermöglicht den Ausschluss des Besuchs bestimmter Personen für einen Zeitraum von höchstens zwei Wochen, wobei sich auch hier das soeben behandelte Konnexitätserfordernis zwischen Verfehlung und Sanktion findet. Im Gegensatz zur Regelung in § 103 IV 1 StVollzG muss in den Niederlanden allerdings *zwingend* ein Zusammenhang zwischen der den Gegenstand des Disziplinarverfahrens bildenden Tat sowie dem Besuch der fraglichen Personen bestehen. Der für den hiesigen Strafvollzug geltende § 103 I Nr. 8 StVollzG geht andererseits in seinen Abmessungen über das soeben Dargelegte deutlich hinaus, indem er zum einen eine umfassende Kommunikationssperre vorsieht, die neben sämtlichen Besuchen auch den Brief- und Telefonverkehr erfasst und lediglich dringende Fälle ausspart, und zum anderen auch die Möglichkeit einer Ausdehnung der Sanktion in zeitlicher Hinsicht auf eine Gesamtdauer von drei Monaten einräumt. Lediglich der Schriftwechsel mit bestimmten Empfängern wie etwa dem Verteidiger, Gerichten oder Parlamenten ist gem. § 104 IV 2 StVollzG von jeglicher Einschränkung ausgenommen.

Die Übernahme einer Vorschrift vergleichbar derjenigen des § 103 I Nr. 8 StVollzG ist aufgrund der von ihrer Anwendung ausgehenden einschneidenden Isolationswirkung entschieden abzulehnen.[881] Sowohl im Hinblick auf den von ihr

---

879 Vgl. hierzu *Rasch* 1984b, S. 39: „Das Leben im Maßregelvollzug ist eine vita minima in einer erlebnisverdünnten Zone, in der es keine realistischen Perspektiven gibt".

880 Allgemein hierzu Kammeier-*Lesting*², Kap. G, Rn 16f.; *Schumann* 1987, S. 105; *Volckart* 1999a, S. 62f. *Leygraf* 1988, S. 167 weist explizit auf eine Korrelation zwischen Besuchshäufigkeit und Verweildauer hin: Danach beträgt in der von ihm untersuchten Population die Verweildauer von Patienten mit Besuchskontakten 5,6 Jahre, bei Patienten ohne solche Kontakte hingegen 7,2 Jahre. Vgl. auch noch die Studie von *Albrecht* 1978, S. 119ff. (Zusammenhang zwischen Umfang der Außenkontakte und Entwicklung der Untergebrachten laut ärztlicher Stellungnahme) sowie bereits die Psychiatrie-Enquête der Bundesregierung aus dem Jahre 1975 (BT-Drs. 7/4200, S. 204).

881 Kritisch zu den resozialisierungsfeindlichen Tendenzen dieser Norm auch *Baumann* 1972a, S. 42; *Baumann* 1972b, S. 18f.; *Baumann* 1974, S. 114 („Kleinliche, ja fast dümmliche Schikane

eröffneten zeitlichen Anwendungsbereich als auch hinsichtlich des erfassten Kreises von Personen und unterschiedlichen Kommunikationsmöglichkeiten würde sie den Insassen in einem für den Fortgang des Behandlungsvollzuges nicht mehr hinzunehmenden Ausmaß von den – ohnehin meist wenigen[882] – ihm zur Verfügung stehenden Außenkontakten abschneiden und so den sich in vielen Fällen längerer Unterbringungsdauer abzeichnenden gravierenden Hospitalisierungstendenzen zusätzlich Vorschub leisten.[883] Betrachtet man die sich aus einem umfassenden Abbruch jeglichen nach außen gerichteten sozialen Austausches für eine effektive Reintegration des Betroffenen in die Gesellschaft ergebenden negativen Auswirkungen, so erscheint es angebracht, den eigenen Regelungsentwurf eher an die vom niederländischen Gesetzgeber gewählte, zurückhaltende Gestaltung anzulehnen. Danach sollte zwar ein flexibler Zuschnitt der Beschränkung auf die Besonderheiten des jeweiligen Einzelfalles gewährleistet und dementsprechend auch eine vorsichtige Erstreckung auf mehrere Kommunikationswege gleichzeitig möglich sein. Jedoch sollte andererseits dafür Sorge getragen werden, dass auch bei dieser Sanktion zur Vermeidung unverhältnismäßiger Belastungen der überschaubare Zeitrahmen von zwei Wochen nicht überschritten wird, und dass darüber hinaus auch niemals sämtliche zur Außenwelt bestehenden Kontakte gleichzeitig der Sperre unterliegen.

Als Beispiel soll auf den im Rahmen der eigenen empirischen Untersuchung referierten Fall des intelligenzgeminderten Patienten rekurriert werden, dem unter anderem mehrmalige, auf den einzigen ersichtlichen Außenkontakt zu seiner Mutter bezogene Telefon- und Besuchssperren unterschiedlicher Dauer auferlegt wurden.[884] Nach dem hier vertretenen Ansatz hätte als Höchstgrenze für derartige Maßnahmen nunmehr der Zeitraum von zwei Wochen zu gelten; das berichtete Höchstmaß von vier Wochen wäre demnach auch nach der Neuregelung unzulässig. Stellt die betroffene Person – wie vorliegend – den einzigen Kontakt des Pa-

---

soll also die Insassen wieder auf den rechten Weg bringen!"; ihm in dieser Deutlichkeit beipflichtend Schwind/Böhm-*Böhm* § 103, Rn 4); *Baumann* 1972c, S. 574; *Brühl* 1979, S. 221; *Müller-Dietz* 1970, C 81 (in seiner Ablehnung eindeutiger als noch *Müller-Dietz/Würtenberger* 1969, S. 134ff.); *Schüler-Springorum* 1969 S. 103. Ähnlich zum schweizerischen Strafvollzug noch *Huber* 1995, S. 103.

882 Vgl. *Albrecht* 1978, S. 120; *Binsack* 1974, S. 88f.; *Dessecker* 1997, S. 51; *Hügel/Hupe* 1984, S. 87; *Schumann* 1987, S. 103ff.

883 Vgl. bereits BT-Drs. 7/4200, S. 204. *Bernsmann* 1984, S. 145 spricht in diesem Zusammenhang von „Anstaltsartefakte(n)"; nach *Kargl* 1977, S. 317, kommt es zur Entstehung eines „Syndrom(s), das der ursprünglichen Schwierigkeit des Patienten erst jene chronische und in der landläufigen Anschauung 'geisteskranke' Wendung gibt." Zur Gefahr der Entstehung von Hospitalisierungsschäden bei langfristiger Unterbringung – und den zu ihrer Prävention verfolgten Konzepten – auch noch *Albrecht* 1978, S. 115ff.; *Brauneck* 1974, S. 134; *Hügel/Hupe* 1984, S. 87f.; *Jockusch* 1990, S. 17; Kammeier-*Pollähne*², Kap. F, Rn 15f.; *Koester* 1987, S. 114; *Noeres* 1993, S. 37; *Pittrich* in *Hessisches Ministerium für Jugend* 1993, S. 41f.; *Rasch* 1985, S. 314; *Ritzel* 1975, S. 185; *Streng* 1991, S. 146; *Tondorf* 1983, S. 118; *Volckart* 1999a, S. 53, 123.

884 Vgl. die Textbeispiele Patient Y, Pflegedokumentation (37/57); Patient Y, Krankengeschichte (13/16) sowie Patient Y, Krankengeschichte (3/11) oben auf S. 199f.

tienten zur Außenwelt dar, so ist zudem darauf zu achten, dass dem Betroffenen weiterhin wenigstens *eine* seinen Fähigkeiten angemessene Möglichkeit der Kontaktaufnahme verbleibt. Für den Fall, dass der Untergebrachte sich schriftlich nur ungenügend auszudrücken vermag bzw. nicht lesen kann, scheidet mithin eine gleichzeitige Untersagung des Telefon- und Besuchsverkehrs grundsätzlich aus.

Für den Strafvollzug diskutiert *Nährich* die Frage, ob nicht auch eine Einschränkung des dem Gefangenen gewährten Urlaubs de lege ferenda dem geltenden Sanktionsarsenal als Alternative hinzuzugesellen sei.[885] Eine Übertragung dieses Vorschlages auf den Vollzug der Unterbringung gem. § 63 StGB könnte etwa darin bestehen, die Möglichkeit zur Aufhebung einer bereits gewährten Beurlaubung des Patienten zusätzlich zu den in § 18 VI MRVG-NW enthaltenen Tatbeständen in den Katalog zulässiger Disziplinarmaßnahmen aufzunehmen oder die Verhängung einer zeitlich befristeten Sperre für die Erfüllung entsprechender Gesuche vorzusehen. Da auch die Ausgestaltung des Urlaubsentzuges als Disziplinarmaßnahme wiederum mit einer Begrenzung der Außenkontakte des Untergebrachten verbunden wäre, stellt sich hier erneut die Frage, inwieweit Behandlungsbelange einer derartigen Regelung entgegenstehen. *Nährich* meldet diesbezügliche Bedenken für die Situation im Strafvollzug selber an und weist auf die sozialisierende Funktion des Urlaubs hin, die darin bestünde, dem Betroffenen eine eigenständige Pflege persönlicher Beziehungen zu nahestehenden Personen zu ermöglichen und ihn gleichzeitig daran zu gewöhnen, sich unter normalen Lebensbedingungen zurechtzufinden.[886]

In diesem Zusammenhang ist eine Arbeit *Haberstrohs* aus dem Bereich des Strafvollzugsrechts von Interesse, in welcher der Autor Möglichkeiten einer manipulativen Willensbeeinflussung des Strafgefangenen in Richtung der Mitwirkung an seiner Behandlung erörtert.[887] Vor dem Hintergrund, dass der Vollzugsgesetzgeber mit der in § 4 I 2 StVollzG gefundenen Formulierung zum Ausdruck habe bringen wollen, dass eine (durch die Auferlegung von Disziplinarmaßnahmen) sanktionierbare Mitwirkungspflicht des Gefangenen nicht bestehen solle, untersucht *Haberstroh* die Zulässigkeit alternativ denkbarer Sanktionen und Belohnungen in einzelnen Bereichen der Vollzugsgestaltung. Insbesondere für die Gewährung des Urlaubes aus dem Vollzug stellt der Autor sodann dessen gemeinhin vorgenommene Einstufung als Behandlungsmaßnahme in Frage: Die Gewährung derartiger Lockerungen sei im Erleben beinahe aller Betroffenen allein als Vorteil bzw. als „Vollzugspause" präsent. Der Vollzugsurlaub habe zudem auch objektiv keinerlei Eigenwert im Sinne unabhängiger Vermittlung der für ein zukünftiges straffreies Leben erforderlichen Einstellungen und Fähigkeiten, knüpfe vielmehr lediglich an bereits während des Vollzuges der Freiheitsstrafe Gelerntes an und erschöpfe sich in seiner Erprobungs- und Bewährungsfunktion. Die Gewährung des Regelurlaubs könne aus diesem

---

885 *Nährich* 1974, S. 60f.

886 *Nährich* 1974, S. 60f. In diesem Sinne auch AK-*Lesting*[4] § 11, Rn 5; § 13, Rn 6; *Calliess/Müller-Dietz* § 13, Rn 1; Kaiser/Kerner/Schöch-*Schöch* § 6, Rn 41; Schwind/Böhm-*Kühling* § 13, Rn 1.

887 *Haberstroh* 1982.

Grunde unbedenklich zur Einflussnahme auf die Mitwirkungsbereitschaft des Gefangenen eingesetzt werden.[888]

Abgesehen von dem entschiedenen Widerspruch, der gegen die Implementierung eines Sanktionsapparates contra legem anzubringen ist – insoweit steht die gesetzgeberische Grundentscheidung, die Behandlungsverweigerung des Gefangenen gerade *nicht* disziplinarisch zu ahnden, völlig außer Zweifel[889] –, vermag auch die von *Haberstroh* vorgenommene Herauslösung des Urlaubs aus dem Behandlungskontext nicht zu überzeugen. Zwar gehen Erkenntnisse über die Rechtswirklichkeit des Hafturlaubes tatsächlich dahin, dass eine Aufarbeitung des individuellen Verlaufs von Seiten der Justizvollzugsanstalten eher selten gewährleistet wird und die Gefangenen bei der Bewältigung ihrer Erfahrungen und Probleme mit dem ihnen gewährten Urlaub überwiegend allein gelassen werden.[890] Der Resozialisierungsauftrag an den Behandlungsvollzug gebietet es jedoch, bei einem derartigen Befund nicht stehen zu bleiben. Statt dessen sind vorhandene strukturelle Defizite der derzeitigen Lockerungspraxis aufzuarbeiten; es ist dafür Sorge zu tragen, dass durch eine intensive Vor- und Nachbereitung des Hafturlaubes ein Trainingseffekt entstehen kann, welcher den fraglichen Maßnahmen letztlich auch das Gepräge einer effektiven Behandlungsmaßnahme geben würde.[891] Aus dem Gesagten folgt, dass dem Institut des Hafturlaubs zumindest in seiner vom Gesetzgeber vorgesehenen Ausgestaltung der Behandlungscharakter nicht abgesprochen werden kann;[892] für die Beurlaubung aus dem Maßregelvollzug kann dann jedoch nichts anderes gelten.[893]

Etwaigen Zweifeln hinsichtlich der Einordnung der Beurlaubung aus dem Vollzug der Maßregel nach § 63 StGB als integrale Behandlungsmaßnahme tritt *Pollähne* sehr entschieden entgegen: Er weist darauf hin, dass die fraglichen Maßnahmen dem Patienten keineswegs eine frei verfügbare Erholungszeit verschafften, während welcher er tun und lassen könne, was er wolle.[894] Vielmehr verbleibe der Betroffene auch während der Dauer des Urlaubes zumindest unter der mittelbaren Kontrolle der Einrichtung, indem diese über Kontaktpersonen in seiner Umgebung über etwaige Entweichungen, Zwischenfälle oder sonstige Vorkommnisse und gravierende Veränderungen, etwa in seinem psychiatrischen Krankheitsbild, informiert werde. Aufgrund der umfassenden Planung, welche der Durchführung der Beurlaubung bereits im Vorfeld zuteil werde, könne durchaus von einer „Fortsetzung des Maßregelvollzuges mit anderen Mitteln" gesprochen werden.[895]

---

888 *Haberstroh* 1982, S. 261 f.

889 Ebenso OLG Celle, ZfStrVo 1983, S. 317 (318) m. (insoweit) zust. Anm. *Skirl* 1995, S. 320; AK-*Lesting*⁴ § 13, Rn 4; *Calliess/Müller-Dietz* § 103, Rn 1; Schwind/Böhm-*Böhm* § 103, Rn 1.

890 Vgl. die Ergebnisse der Studie von *Brosch* 1983, S. 165.

891 *Fiedler* 1996, S. 329. Zweifel an der Realisierbarkeit äußert *Brosch* 1983, S. 180.

892 Vgl. für den Strafvollzug die ausführliche Begründung bei *Huber* 1995, S. 104.

893 Allgemein zur therapeutischen Funktion der Lockerungsgewährung *Rüther* 1990.

894 Kammeier-*Pollähne*², Kap. F, Rn 47 f.; *Pollähne* 1994, S. 145.

895 Kammeier-*Pollähne*², Kap. F, Rn 47; *Pollähne* 1994, S. 145. Ähnlich *Rasch* 1986a; *Rüther* 1990;

Nach alledem muss eine Begrenzung der Urlaubsgewährung aus disziplinarischen Gründen aufgrund der von ihr ausgehenden negativen Auswirkungen auf den Behandlungsfortgang als mögliche Sanktionsalternative verworfen werden. Hinzu tritt ein weiterer Aspekt: So weisen die umfangreichen Änderungen, welchen die Regelung über das Maß des Freiheitsentzuges während der Unterbringung in § 18 MRVG-NW durch die Novellierung des Gesetzes vom 15. Juni 1999[896] unterworfen wurde, auf den Wunsch des Gesetzgebers hin, die bisherige Lockerungspraxis einer deutlichen Restriktion zuzuführen (verwiesen sei insoweit nur auf das „Benehmen mit der Vollstreckungsbehörde", das bei bestimmten Patientengruppen mit – vermuteter – besonderer Problematik in der Gefahrenprognose nunmehr vor einer erstmaligen Urlaubsgewährung „herzustellen" ist; § 18 V 2 MRVG-NW[897]). Wenn man davon ausgeht, dass die in diesen Änderungen zum Ausdruck kommende gesetzgeberische Grundentscheidung sich mittlerweile auch in einer zurückhaltenderen Lockerungspraxis niedergeschlagen haben dürfte,[898] so sollte diese Vermutung als zusätzliches Argument für den Verzicht auf eine (weitere) Beeinträchtigung des Untergebrachten im Rahmen der Urlaubsgewährung herangezogen werden. Der diesbezügliche Vorschlag *Nährichs* ist demzufolge zurückzuweisen, so dass es für den hier zu entwickelnden Regelungsentwurf bei der zuvor befürworteten Möglichkeit zu einer maßvollen Beschränkung einzelner Außenkontakte des Untergebrachten als Reaktion auf ein entsprechendes Fehlverhalten bleibt.

f) Einschränkungen im Freizeitbereich

Weiterhin denkbar erscheint die Aufnahme von Einschränkungen im Freizeitbereich in das Arsenal zukünftiger Disziplinarmaßnahmen. Das niederländische Instrumentarium umfasst mit Art. 49 I lit. e BVT die Möglichkeit, den Überlassenen für höchstens zwei Wochen von der Teilnahme an einer oder mehreren gemeinschaftlich durchgeführten Aktivitäten oder Beschäftigungen auszuschließen, soweit ein Zusammenhang dieser Aktivität bzw. Beschäftigung zu seiner Verfehlung besteht. Auch der bereits mehrfach erwähnte und insgesamt sehr zurückhaltend formulierte Entwurf eines Jugendstrafvollzugsgesetzes von *Baumann* sieht in seinem § 104 I Nr. 1 den Ausschluss des Gefangenen von gemeinsamer Freizeit oder von

---

Schöch 2000, S. 337 („soziales Lernfeld"). Zur Vor- und Nachbereitung von Beurlaubungen in Haina vgl. *Leygraf/Heinz* 1984, S. 56; *Lietz/Gretenkord* 1985, S. 235.

896 GV NRW Nr. 28/1999, S. 402ff. Zur Einordnung dieser Novelle in einen Prozess umfassender Änderungen der Gesetzgebung zum Maßregelvollzug in zahlreichen Bundesländern Ende der 90er Jahre *Pollähne* 2000.

897 Hierzu *Schalast* 2000, S. 18. Kritisch auch *Pollähne* 2000, S. 84f.: „Es besteht die Gefahr, dass damit über eine für Vollzugsfragen unzuständige und prognostisch inkompetente Behörde sachfremde Erwägungen in die therapeutisch so wichtigen Lockerungsentscheidungen Einzug erhalten, was letztlich auf einen Verhinderungsmechanismus hinausläuft, der von einem unberechtigten Misstrauen der Maßregelvollzugseinrichtungen gegenüber getragen wird".

898 *Pollähne* 1994, S. 147ff., 291f. bewertet die damalige Praxis im WZFP noch als „relativ extensiv".

einzelnen Freizeitveranstaltungen vor, allerdings für den Zeitraum von bis zu einem Monat.[899] In die auch derzeit gültige Formulierung der Nr. 87 I Ziff. 4 VVJug aus dem Jahre 1977 sowie in § 103 I Nr. 4 StVollzG hat demgegenüber sogar eine Höchstfrist von drei Monaten Eingang gefunden.[900]

Walter hat in seiner Untersuchung über formelle Disziplinierung im Jugendstrafvollzug festgestellt, dass es innerhalb dieser Vollzugsform verhältnismäßig häufig zur Auferlegung der so genannten Freizeitsperre kommt.[901] Während im Vergleich zum Erwachsenenstrafvollzug quantitativ eine deutliche Mehrbelastung der Insassen des Jugendstrafvollzuges mit entsprechenden Disziplinarmaßnahmen besteht,[902] sprechen die von *Walter* erhobenen Zahlen doch zumindest für relative Milde in der Bemessung der Sanktionshöhe: Bei den die Freizeitgestaltung beschränkenden Maßnahmen überwiegen Eingriffe von nur wenigen Tagen; die Auferlegung einer Freizeitsperre für den Zeitraum von mehr als einer Woche stellt demgegenüber die Ausnahme dar.[903] Der in Nr. 87 I Ziff. 4 VVJug vorgesehene zeitliche Höchstrahmen wird demnach von der Vollzugspraxis kaum je voll ausgeschöpft.

In einem konsequent realisierten Behandlungsvollzug kommt auch der Teilnahme des Insassen an den angebotenen Freizeitaktivitäten eine nicht zu vernachlässigende Bedeutung für die Erreichung des Vollzugszieles zu.[904] Aus diesem Grunde ist im einschlägigen strafvollzugsrechtlichen Schrifttum verschiedentlich für eine zurückhaltende Sanktionspraxis in diesem Bereich plädiert worden;[905] teilweise wird sogar ein völliges Absehen von Disziplinarmaßnahmen mit Auswirkungen auf den Freizeitbereich gefordert.[906] Für den vorliegenden Zusammenhang soll aus diesem Grunde auf die eher restriktiv formulierte Regelung des Art. 49 I lit. e BVT rekurriert und dementsprechend die disziplinarisch motivierte Beschränkung der Teilnahme an gemeinsamen Freizeitaktivitäten lediglich für eine Höchstdauer von zwei Wochen gestattet werden. Um Missverständnissen vorzubeugen, sollte auf den in der fraglichen Norm ebenfalls aufgeführten Begriff der gemeinsamen Be-

---

[899] *Baumann* 1985, S. 55; ähnlich bereits *Bundesministerium der Justiz* 1980, S. 40.

[900] Kritisch zu den insoweit bestehenden Übereinstimmungen *Walter* 1998b, S. 31f.

[901] *Walter* 1993, S. 110f.; *Walter* 1998b, S. 281f. Ähnlich für den Erwachsenenstrafvollzug *Dünkel/Rosner* 1982, S. 165ff. (Verwendung „in sehr häufigem Maße"); Schwind/Böhm-*Böhm* § 103, Rn 2. Anders insoweit noch *Nährich* 1974, S. 25 („nimmt in ihrer praktischen Bedeutung keinen allzu großen Raum ein").

[902] *Dünkel/Meyer* 1985, S. 114ff. hat für das Jahr 1983 hinsichtlich Beschränkung und Entzug der Teilnahme an gemeinsamen Veranstaltungen eine Verhältnisziffer von 3.97 errechnet; 1988 betrug dieser Wert immerhin noch 3.52, *Dünkel* 1990, S. 214ff. Vgl. zum Ganzen noch *Walter* 1999, Rn 518, der – unter Bezugnahme auf *Walter* 1988, S. 197 – vor allem „pädagogische Hilflosigkeit" für diesen Umstand verantwortlich macht.

[903] *Walter* 1993, S. 281; *Walter* 1998b, S. 110f.

[904] *Mörs* 1969, S. 51ff. Explizit für den Maßregelvollzug Kammeier-*Lesting*², Kap. G, Rn 49ff.; *Kröger* 1992, S. 95ff.; *Leygraf/Heinz* 1984, S. 53f.; *Müller-Isberner* 1992, S. 365; *Volckart* 1999a, S. 101f.

[905] AK-*Boetticher*⁴ § 67, Rn 9; *Brühl* 1979, S. 221; Schwind/Böhm-*Koepsel* § 67, Rn 14.

[906] *Baumann* 1972b, S. 18f.; *Baumann* 1972a, S. 42; *Nährich* 1974, S. 25ff.

schäftigungen in diesem Zusammenhang verzichtet werden, da hierunter leicht auch die Behandlungsangebote der Beschäftigungstherapie gefasst werden könnten; ein Bereich, in dem disziplinarisch begründete Beschränkungen ganz sicher kontraindiziert und von daher strikt zu vermeiden sind. Aus der niederländischen Regelung übernommen werden sollten hingegen die dort vorgesehenen Abstufungen in der Zumessung der fraglichen Sanktion: Dem Grundsatz vom Vorrang des mildesten Mittels folgend, hat eine Erstreckung der Freizeitsperre auf sämtliche gemeinsamen Aktivitäten immer dann auszuscheiden, wenn weniger umfassende, lediglich einzelne Aktivitäten erfassende Restriktionen als Reaktion auf das jeweilige Fehlverhalten ausreichend erscheinen. Schließlich ist auch für diese Disziplinarmaßnahme der bereits erörterte Grundsatz der Spiegelung vorzusehen.

g) Absonderung und Arrest

Während die bislang behandelten Sanktionen lediglich Teilbereiche des Vollzugsalltages betrafen und dem Untergebrachten grundsätzlich die Freiheit zur Teilhabe am gemeinschaftlichen Leben auf der Station beließen, soll nunmehr die Möglichkeit einer umfassenden physischen Separation des Betroffenen erörtert werden. Naheliegend erscheint zunächst der Gedanke, die Einschränkung der Bewegungsfreiheit im Rahmen einer Disziplinarmaßnahme für den Maßregelvollzug dem in § 103 I Nr. 9 StVollzG, Nr. 87 I Ziff. 8 VVJug vorgesehenen Arrest nachzubilden. Während die erstgenannte Norm insoweit eine zeitliche Höchstgrenze von vier Wochen vorsieht, findet sich in der entsprechenden Verwaltungsvorschrift für den Jugendstrafvollzug eine um die Hälfte reduzierte Bemessung der zulässigen Maximaldauer auf bis zu zwei Wochen. Eine Übereinstimmung zwischen § 103 II StVollzG und Nr. 87 II VVJug besteht demgegenüber in der in beiden Vorschriften vorgesehenen Einschränkung, die Verhängung des Arrestes lediglich wegen schwerer oder mehrfach wiederholter Verfehlungen zuzulassen.

Bei der Auferlegung des Arrestes handelt es sich um die wohl umstrittenste unter den im Erwachsenen- und Jugendstrafvollzug praktizierten Disziplinarmaßnahmen. Während teilweise selbst von Autoren aus dem Umfeld des AE StVollzG nach wie vor von einer Unverzichtbarkeit dieser Sanktion zur Aufrechterhaltung der Anstaltsordnung ausgegangen wurde,[907] reicht das Spektrum der skeptischeren Stellungnahmen im Schrifttum inzwischen von konstruktiver Kritik im Sinne einer Mahnung zu insgesamt zurückhaltenderer Anwendung[908] bis hin zu expliziten Forderungen nach einer Abschaffung der für fragwürdig erachteten Maßnahme.[909]

Vor allem *Walter* hat sich sehr ausführlich mit den Argumenten auseinandergesetzt, die für und gegen einen Verzicht auf den Arrest als Disziplinarsanktion

---

907 *Baumann* 1972c, S. 575; *Baumann* 1972a, S. 43. Vgl. auch noch *Nährich* 1974, S. 45; *Müller-Dietz* 1970, C 81f.

908 *Böhm* 1978, S. 98f.; *Diepolder* 1980, S. 144; Schwind/Böhm-*Böhm* § 103, Rn 6.

909 AK-*Walter*[4] § 103, Rn 17; *Dünkel* 1990, S. 258; *Walter* 1993, S. 291f.; *Walter* 1998b, S. 66ff., 236ff. Sehr kritisch auch noch *Stratenwerth/Bernoulli* 1983, S. 122.

vorgebracht werden können.[910] Zunächst widerlegt er das von den Befürwortern ins Feld geführte Unverzichtbarkeitsargument mit dem Hinweis, in einer ganzen Anzahl von Justizvollzugsanstalten werde seit langem ohne negative Auswirkungen auf die Anstaltsordnung auf eine Verhängung von Arreststrafen verzichtet.[911] Vor allem aufgrund der gravierenden Auswirkungen der zwangsläufig mit dem Arrest verbundenen radikalen Isolation auf die Psyche des Insassen – Erwähnung findet in diesem Zusammenhang vor allem die häufige Hervorrufung destruktiver Stimmungslagen, geprägt von Ohnmachtsgefühlen, Hass, Aggression oder Autoaggression – hält der Autor die Vereinbarkeit der fraglichen Maßnahme mit dem verfassungsrechtlich verankerten Grundsatz der Menschenwürde für zweifelhaft.[912] Daneben führt *Walter* jedoch auch ein am Vollzugszweck orientiertes Argument für einen Verzicht auf die Arreststrafe an, indem er auf die Beeinträchtigung des staatlichen Interesses an einem möglichst ungestörten Fortgang des Behandlungsvollzuges hinweist, die von einer länger andauernden Herauslösung des Insassen aus sämtlichen sozialen Bezügen häufig ausgehen wird. Schließlich wird eine umfangreiche Rechtsprechung kritisch gewürdigt, welche sich nach Auffassung von *Walter* durch einen überaus nachlässigen Umgang mit dem in § 103 II StVollzG vorgegebenen Erheblichkeitskriterium auszeichnet.[913]

Die genannten Gründe lassen es angeraten erscheinen, von der Aufnahme einer § 103 I Nr. 9 StVollzG bzw. Nr. 87 I Ziff. 8 VVJug entsprechenden Regelung in das hier entwickelte Disziplinarinstrumentarium Abstand zu nehmen.[914] Auch die weniger einschneidende Durchführung als Absonderung im eigenen Zimmer, wie sie etwa der niederländische Gesetzgeber in Art. 49 I lit. a BVT vorgesehen hat, vermag nach dem Gesagten nicht zu überzeugen: Sie verzichtet zwar auf die herkömmliche Kumulation der Sanktionswirkungen,[915] indem sie den Betroffenen zu-

---

910 AK-*Walter*[4] § 103, Rn 12ff.; *Walter* 1993, S. 291f.; *Walter* 1998b, S. 66ff., 236ff.

911 Insoweit ähnele die Diskussion derjenigen, die im 19. Jahrhundert um die Abschaffung der körperlichen Züchtigung als Disziplinarstrafe geführt worden sei; *Walter* 1993, S. 292; *Walter* 1998b, S. 240. Vgl. auch noch *Dünkel* 1990, S. 258.

912 Vgl. hierzu die eindrucksvolle Schilderung aus ärztlicher Sicht bei *Fankhauser* 1993, S. 26ff. sowie weiterhin *Weidmann/Dittrich* 1985, S. 401ff. und (für die Niederlande) *Winkels* 1991, S. 82f.

913 AK-*Walter*[4] § 103, Rn 16. Vgl. auch die Nachweise bei Schwind/Böhm-*Böhm* § 103, Rn 6.

914 Vgl. auch den *Musterentwurf eines Gesetzes für psychisch Kranke* von *Marschner/Volckart* 1992, in dessen Begründung explizit darauf hingewiesen wird, die unter dem Begriff der „Besonderen Sicherungsmaßnahmen" versammelten Beschränkungen dürften keinesfalls zum Zwecke der Disziplinierung oder Belehrung („pädagogische Fixierung") verhängt werden. Trotz der in dieser Hinsicht gezeigten Zurückhaltung hat der Entwurf eine kritische Beurteilung von *Voelzke* 1993, S. 22 erfahren: „Diese Sicherungsmaßnahmen schlagen bei uns Betroffenen tiefe Wunden in unsere Seele." Vgl. auch noch die Detailkritik bei *Richter* 1993, S. 70.

915 Hierzu *Huber* 1995, S. 112: „Im Normalfall wird im Arrest alles, was dem Gefangenen an Restriktionen auferlegt werden kann, vereint. Die Maßnahme bedeutet dann die totale Isolation von den Mitgefangenen unter Entzug sämtlicher Befugnisse bezüglich Einkauf, Arbeit, Medienträgern, Büchern und anderen Gegenständen für die Freizeitbeschäftigung und Fortbildung, den Ausschluss von Gemeinschaftsveranstaltungen und vom Verkehr mit Personen außerhalb der Anstalt".

mindest in seiner gewohnten Umgebung belässt, ähnelt jedoch den vorstehend behandelten Maßnahmen im Hinblick auf die mit ihrer Verhängung verbundene gravierende Isolationswirkung. Nach alledem sollte es bei der für die Fälle erheblicher Selbst- oder Fremdgefährdung bzw. Fluchtgefahr in § 21 I MRVG-NW vorgesehenen Möglichkeit der Absonderung oder Unterbringung des Patienten in einem besonders gesicherten Raum als Maßnahme der unmittelbaren Gefahrenabwehr bleiben. Bei einer strikt an Verhältnismäßigkeitserwägungen orientierten, die Schwere des Eingriffs in die Rechtssphäre des Untergebrachten angemessen berücksichtigenden Anwendungspraxis, wie sie durch die in § 21 II, III MRVG-NW niedergelegten Schutzvorkehrungen eigentlich gewährleistet sein sollte, ist die Vornahme derartiger Sicherungsmaßnahmen als eine zwar unerfreuliche, aber wohl doch unerlässliche Begleiterscheinung des Maßregelvollzuges in einem geschlossenen Setting hinzunehmen.[916]

h) Zusammenfassung

Aus der Diskussion eines möglichen Sanktionsarsenals für den Maßregelvollzug sind nach dem Gesagten folgende Maßnahmen in den hier entwickelten Regelungsentwurf zu übernehmen:

(a) Die Auferlegung einer Geldbuße, gegebenenfalls zugunsten einer Stations- oder Gruppenkasse;
(b) der Entzug des Zugangs zu bestimmten Informationsmedien für die Dauer von bis zu zwei Wochen;
(c) die Einschränkung einzelner Außenkontakte für höchstens zwei Wochen sowie
(d) der Ausschluss von bestimmten Freizeitaktivitäten, ebenfalls für einen maximalen Zeitraum von zwei Wochen.

Für die drei zuletzt genannten Maßnahmen soll darüber hinaus grundsätzlich das Bestehen eines Zusammenhanges zwischen der den Gegenstand des Disziplinarverfahrens bildenden Verfehlung sowie der auferlegten Sanktion erforderlich sein, wenngleich andererseits begründete Ausnahmen von diesem Konnexitätserfordernis ebenfalls zulässig bleiben sollen.

3. Regelung des Auswahlermessens

Eine Beschränkung des Auswahlermessens der sanktionierungsbefugten Instanz wurde bereits durch die Einführung des soeben noch einmal erwähnten Grundsatzes vorgenommen, demzufolge sich bei der Mehrzahl der Sanktionen die Verfehlung in der auferlegten Begrenzung abbilden sollte. Insoweit ergibt sich bei einer beabsichtigten Abweichung für den Rechtsanwender jeweils ein gesteigerter Be-

---

916 Ebenso *Volckart* 1999a, S. 97f. sowie Kammeier-*Kniep*, Kap. H, Rn 30ff., nach dem die Durchführung derartiger Maßnahmen allerdings stets eine „Entfernung vom Vollzugsziel" bedeutet (Anm. 37).

gründungsaufwand, der dem prinzipiellen Ausnahmecharakter einer Durchbrechung des Spiegelungserfordernisses Rechnung tragen sollte. Hingegen ist ein über diese Zuordnung hinausgehendes Rangverhältnis der hier vorgesehenen Sanktionsalternativen zumindest abstrakt nicht feststellbar; die Eingriffsintensität wird vielmehr von Fall zu Fall stark divergieren. Aus diesem Grunde erscheint die zusätzliche Normierung weiterer ermessenslenkender bzw. -einschränkender Gesichtspunkte im Sinne einer systematischen Vor- oder Nachrangigkeit einzelner Maßnahmen wenig sinnvoll. Die Beachtung der sich aus dem allgemeinen Übermaßverbot ergebenden Konsequenz, dass eine den Untergebrachten aufgrund besonderer Umstände des Einzelfalles unbillig beeinträchtigende Disziplinarsanktion in jedem Fall auszuscheiden hat, sollte sich von selbst verstehen und bedarf keiner gesonderten Normierung.[917]

4. Kumulation von Maßnahmen

Für den Erwachsenenstrafvollzug sieht § 103 III StVollzG die Möglichkeit einer kumulativen Auferlegung mehrerer Disziplinarmaßnahmen vor; dem entspricht die für den Jugendstrafvollzug geltende Regelung in Nr. 87 III VVJug. Abgesehen von bestimmten Einschränkungen hinsichtlich der Verbindung von Arrest und Freizeitsperre können auch nach Art. 49 III BVT mehrere Disziplinarmaßnahmen miteinander kombiniert werden. In diesem Zusammenhang ist erneut auf das bereits kurz referierte Beispiel für den vorgesehenen Anwendungsbereich der Vorschrift hinzuweisen, welches der niederländische Gesetzgeber in der Entwurfsbegründung selbst gegeben hat: Gedacht war bei der Schaffung des Art. 49 III BVT etwa an Fälle, in denen der Überlassene im Rahmen einer gemeinschaftlichen Aktivität an einer gewalttätigen Auseinandersetzung teilnimmt – eine adäquate Ahndung des fraglichen Fehlverhaltens soll dann einerseits in einem zeitlich befristeten Verbot der Teilnahme an besagter Unternehmung sowie daneben in der Verhängung einer Geldbuße bestehen.[918]

Obwohl dem so umrissenen Szenario eine gewisse Plausibilität nicht abgesprochen werden kann, soll für den vorliegenden Kontext die Übernahme einer entsprechenden, die Kumulation verschiedener Maßnahmen zulassenden Klausel unterbleiben. In dem grundsätzlichen Bemühen, einem Austausch der vermuteten – und im empirischen Teil dieser Arbeit der Vollzugspraxis zum Teil auch tatsächlich attestierten – „Hypertrophie des Behandlungsbegriffes" gegen eine „Hypertrophie der Disziplinargewalt" bereits durch die möglichst zurückhaltende Ausgestaltung des Sanktionsinstrumentariums vorzubeugen, sollte statt dessen bei der oben entwickelten klaren Alternativität verblieben werden: Der Disziplinarbefugte hat da-

---

[917] Vgl. zu derartigen Erwägungen für den Strafvollzug BVerfG, NJW 1994, S. 1339f.; AK-*Walter*[4] § 102, Rn 17f., 25f.; *Brühl* 1979, S. 223; *Walter* 1999, Rn 350.
[918] BVT, Memorie van toelichting, TK 1993–1994, 23 445, Nr. 3, S. 53.

nach aus dem angebotenen Arsenal nicht mehr als *eine* dem jeweiligen Einzelfall gerecht werdende Sanktion auszuwählen, zumal der hierfür im Regelungsvorschlag vorgegebene Höchstrahmen auch bei gravierenderen Regelverstößen eine angemessene Ahndung zulassen dürfte, ohne dass es des Rückgriffes auf ein Maßnahmenbündel bedürfte. Nicht zuletzt wird durch die Eindeutigkeit der hier befürworteten Regelung auch vermieden, dass durch die Kombination mehrerer Einzelsanktionen im Ganzen der Effekt der aufgrund ihrer schädlichen Auswirkungen auf den betroffenen Insassen prinzipiell abgelehnten Verhängung von Arrest oder Absonderung erreicht wird.[919] Aus den genannten Gründen ist von einer Verknüpfung mehrerer Disziplinarmaßnahmen bei der Sanktionierung lediglich eines Vorfalles abzusehen.

5. Verbot der Doppelbestrafung

Bei der Erörterung der Behandlung von Disziplinarvorfällen im Strafvollzug erhält regelmäßig auch das verfassungsrechtlich verankerte Verbot der Doppelbestrafung (Art. 103 III GG) einige Aufmerksamkeit.[920] Die Relevanz dieser Frage auch für den Kontext des Maßregelvollzuges ergibt sich zwangsläufig aus der Feststellung, nicht jedes störende Verhalten des Untergebrachten sei auch als gestörtes Verhalten zu werten; schließlich folgt daraus, dass auch einer (parallelen) strafrechtlichen Verfolgung der hier behandelten Regelverstöße nicht von vornherein die mangelnde Schuldfähigkeit der Betroffenen entgegenstehen muss. Nach überwiegender Auffassung wird jedoch durch ein Nebeneinander von Kriminalstrafe und Disziplinarmaßnahme der Grundsatz des Art. 103 III GG nicht verletzt, da dem Disziplinarrecht nicht der Charakter eines „allgemeinen Strafgesetzes" zukomme.[921] Dies kommt auch in § 102 III StVollzG zum Ausdruck, der explizit die Einleitung eines Disziplinarverfahrens neben einem Straf- oder Bußgeldverfahren zulässt.

Die Problematik einer möglichen Doppelsanktionierung kann gleichwohl nicht unbeachtet bleiben, sondern ist nach allgemeiner Auffassung unter Berücksichtigung sonstiger verfassungsrechtlicher Postulate, insbesondere des aus dem Rechtsstaatsprinzip gewonnenen Verhältnismäßigkeitsgrundsatzes, bei der jeweiligen Entscheidungsfindung zu berücksichtigen.[922] In der ganz überwiegenden Zahl der Fälle wird es aufgrund der größeren Nähe zum Geschehen zunächst zur Aufarbeitung der Verfehlung in einem Disziplinarverfahren kommen, so dass sich die dort sank-

---

919 Auf die hier angesprochene Gefahr weist auch *Schaaf* 1980, S. 146f. hin. Dass diese Vermutung nicht ganz unbegründet ist, zeigt das von *Diepolder* 1980, S. 144 gewählte Beispiel.

920 Vgl. aus dem umfangreichen Schrifttum nur *Altenhain* 1966, S. 113; *Baumann* 1977, S. 267ff.; *Müller-Dietz* 1970, C 80; *Nährich* 1974, S. 10ff.; Schwind/Böhm-*Böhm* § 102, Rn 15.

921 BVerfGE 21, 378, (391); 27, 180 (184ff.); 66, 337 (356f.); *Pieroth/Schlink* 2001, Rn 1108; *von Münch-Kunig* Art. 103, Rn 42. Kritisch etwa *Rupp* 1967, S. 1651f.

922 BVerfGE 21, 378 (388); OLG Frankfurt, NJW 1971, S. 852; *Hill* 1989 § 156, Rn 71; Maunz/Dürig/Herzog-*Schmidt-Aßmann* Art. 103 III, Rn 288, 275ff.; *von Münch-Kunig* Art. 103, Rn 42.

tionierungsbefugten Personen üblicherweise als Erste mit der Frage einer etwaigen Vor- oder Nachrangigkeit der in Betracht kommenden staatlichen Reaktionsmöglichkeiten konfrontiert sehen werden. Der Klarstellung halber sei an dieser Stelle zunächst noch einmal hervorgehoben, dass eine *Verpflichtung* des Vollzugspersonals zur Erstattung einer Strafanzeige nicht besteht; insoweit wurde bereits weiter oben ein vorrangiger Zugriff des Disziplinarrechts auf einen durch Bagatelldelikte geprägten Bereich „oberhalb der Strafrechtsschwelle" befürwortet.[923] Bei leichteren Verstößen bietet sich darüber hinaus ein Blick auf die strafprozessualen Regelungen der Diversion, insbesondere auf die Einstellungsmöglichkeit nach §§ 153, 153a StPO an, mit welchen in einem späteren Strafverfahren ein adäquates Instrumentarium zur Vermeidung unbilliger Mehrfachbelastungen des Untergebrachten zur Verfügung stünde. In Fällen, in denen in dieser Hinsicht von einem Ausbleiben der Kriminalsanktion ausgegangen werden kann, könnte demnach durchaus eine einrichtungsinterne Sanktionierung trotz gleichzeitig – ggf. von Seiten eines außenstehenden Geschädigten – erfolgter Strafanzeige ins Auge gefasst werden.[924] Handelt es sich hingegen bei der zu beurteilenden Verfehlung um ein schwereres Delikt, bei welchem mit der späteren Verurteilung aus einem Strafgesetz zu rechnen ist, so ist von der Verhängung einer Disziplinarmaßnahme prinzipiell abzusehen.[925] Bereits die Europäische Kommission für Menschenrechte hat unter Bezugnahme auf Art. 6 I EMRK in diesem Zusammenhang davor gewarnt, das „Disziplinarische ungebührlich in das Strafrechtliche" eingreifen zu lassen.[926]

Die vorgenannten Erwägungen scheinen einer starren gesetzlichen Regelung grundsätzlich eher wenig zugänglich, zumal das Problem der Doppelbestrafung – wie bereits ausgeführt – in der Entscheidungsfindung der jeweils sanktionierungsbefugten Instanz ohnehin durch eine konsequente Beachtung des verfassungsmäßigen Postulates des allgemeinen Verhältnismäßigkeitsgrundsatzes präsent sein sollte. Aus diesem Grunde soll für den vorliegenden Regelungsentwurf von der abstrakten Verankerung eines Rangverhältnisses zwischen Strafe und Disziplinarmaßnahme abgesehen werden. Statt dessen soll noch einmal ausdrücklich auf die Quintessenz der hier angestellten Überlegungen hingewiesen werden, dass nämlich eine gleichzeitige, sowohl strafrechtliche als auch disziplinarische Ahndung vollzugsinternen Fehlverhaltens des Untergebrachten nach Möglichkeit stets vermieden werden sollte.[927]

---

[923] Vgl. oben S. 289f.

[924] Ebenso AK-*Brühl*[3] § 102, Rn 14; *Baumann* 1977, S. 268; *Calliess/Müller-Dietz* § 102, Rn 14; Schwind/Böhm-*Böhm* § 102, Rn 15. Vgl. auch den Regelungsvorschlag bei *Baumann* 1972a, S. 38 sowie § 140 II AE StVollzG. Skeptisch im Hinblick auf die diesbezügliche Praxis der Strafgerichte *Walter* 1998b, S. 48, 203; AK-Walter[4] § 102, Rn 29.

[925] AK-*Brühl*[3] § 102, Rn 14; AK-*Walter*[4] vor § 102, Rn 18; *Frister* 1987, S. 520ff.; *Walter* 1998b, S. 203.

[926] EKMR, EuGRZ 1976, S. 366 (367) im Anschluss an EGMR, EuGRZ 1976, S. 221 (232). Vgl. hierzu erneut AK-*Brühl*[3] § 102, Rn 14 sowie allgemein zur Abgrenzung von Straf- und Disziplinarrecht angesichts der Verfahrensgarantien des Art. 6 EMRK *Huber* 1995, S. 57ff.

[927] Ebenso im Ergebnis AK-*Walter*[4] § 102, Rn 30; Schwind/Böhm-*Böhm* § 102, Rn 15; *Walter* 1999, Rn 519.

6. Aussetzung der Disziplinarmaßnahme zur Bewährung

§ 104 II StVollzG sieht die Möglichkeit einer vollständigen oder teilweisen Aussetzung der Disziplinarmaßnahme zur Bewährung vor. Darüber hinaus lassen die bundeseinheitlich geltenden Verwaltungsvorschriften zum StVollzG vor Ablauf der Bewährungszeit sowohl eine Verkürzung als auch die Verlängerung der Bewährung bis zur gesetzlich vorgesehenen Höchstfrist zu; für den Fall, dass „der Gefangene die ihr zugrunde liegenden Erwartungen nicht erfüllt“ ist schließlich ein Widerruf der Bewährung möglich (VV zu § 104 StVollzG, Abs. 1, 2). Die letztgenannte Formel ist wegen mangelnder Bestimmtheit im einschlägigen Schrifttum auf zum Teil deutliche Kritik gestoßen.[928] Da die Option einer Zurückstellung der Sanktion für einen bestimmten Bewährungszeitraum jedoch grundsätzlich begrüßenswert erscheint, sollte den angeführten Bedenken dergestalt Rechnung getragen werden, dass für einen Widerruf eindeutig eine weitere (schuldhafte) Verfehlung des Untergebrachten im Sinne des oben entworfenen Disziplinartatbestandes verlangt wird. Gleichzeitig ist jedoch darauf hinzuweisen, dass bei Feststellung einer derartigen Regelübertretung des Patienten die Bewährung keineswegs zwingend zurückgenommen werden muss, sondern eine die etwaigen Besonderheiten des jeweiligen Einzelfalles berücksichtigende Ermessensentscheidung zu erfolgen hat. Statt wie in der gesetzlichen Regelung des § 104 II StVollzG auf bis zu sechs Monate, sollte der zulässige Höchstzeitraum für die Bewährung schließlich, in Anlehnung an Nr. 88 II VVJug sowie den Entwurf von *Baumann*, auf lediglich drei Monate bemessen werden.[929]

III. Regelung von Verfahrensfragen

1. Ausgestaltung des Erkenntnisverfahrens

Fraglich ist zunächst, auf welcher Ebene der Einrichtungshierarchie die Kompetenz zur Auferlegung der Disziplinarmaßnahmen angesiedelt werden soll. Für den Erwachsenen- und den Jugendstrafvollzug weisen § 105 I 1 StVollzG sowie Nr. 89 I 1 VVJug grundsätzlich den Anstaltsleiter als sanktionierungsbefugt aus; eine Übertragung der Befugnis auf nachgeordnete Bedienstete setzt nach der als Organisationsvorschrift für alle Justizvollzugsanstalten (also auch diejenigen des Jugendstrafvollzuges) geltenden Regelung des § 156 III StVollzG die Zustimmung der jeweiligen Aufsichtsbehörde voraus. In einer Umfrage unter den Leitern der bundesdeutschen Jugendstrafanstalten gaben 70 % der Befragten an, die Entscheidung

---

[928] AK-*Walter*[4] § 104, Rn 3 (Verstoß gegen den „verfassungsrechtlich verankerten Bestimmtheitsgrundsatz“); *Brühl* 1979, S. 222; *Stein* 1989, S. 125.

[929] Vgl. § 105 II des Entwurfs von *Baumann* 1985 (S. 56).

über die Anordnung von Disziplinarmaßnahmen selbst zu treffen, während in 22% der Anstalten auch der stellvertretende Anstaltsleiter, bei 30% außerdem noch die Vollzugsabteilungsleiter und in 13% der Fälle sogar die Haus- bzw. Stationsleiter disziplinarbefugt waren.[930] Aus Art. 7 IV lit. e BVT ergibt sich demgegenüber, dass in den Niederlanden eine Übertragung der Disziplinargewalt auf nachgeordnete Vollzugsbedienstete nicht zulässig sein soll.[931]

Für den Vollzug der Maßregel nach § 63 StGB soll eine Delegation bestimmter Aufgaben und Entscheidungen an nachgeordnete Fachkräfte, etwa den leitenden Stationsarzt oder Psychologen, grundsätzlich zulässig sein, wobei der Umfang der Übertragungsbefugnis in einigen Ländern durch Verwaltungsvorschriften (Ministerialerlass) näher bestimmt wird.[932] Obwohl bei der Konzeption der Disziplinarmaßnahmen dafür Sorge getragen wurde, dass diese in ihrer Eingriffsintensität noch deutlich hinter dem bislang im Straf- und Jugendstrafvollzug Zulässigen zurückbleiben, wird man einer Delegation der Entscheidungskompetenz innerhalb der Einrichtungshierarchie dennoch entgegentreten müssen: Der Vergleich zu den besonderen Sicherungsmaßnahmen, hinsichtlich deren Verhängung § 11 III DV MVollzG NRW zumindest *formalrechtlich* dem ärztlichen Leiter der Einrichtung die Entscheidung vorbehält,[933] legt es nahe, auch für die Disziplinarmaßnahmen eine Übertragung der Befugnisse auf nachgeordnete Mitarbeiter auszuschließen. Dem Aspekt größerer Sachnähe des unmittelbar für den betroffenen Patienten zuständigen Behandlungsteams ist dadurch Rechnung zu tragen, dass man dieses Gremium *zusätzlich* über die Verhängung einer entsprechenden Maßnahme befinden lässt beziehungsweise zumindest in ihre Vorbereitung einbezieht, soweit dies der zeitliche Rahmen zulässt.[934] Eine derartige Vorgehensweise bedarf jedoch letztlich wohl keiner gesonderten Normierung, sondern kann von einer verantwortungsvollen Vollzugspraxis erwartet werden.[935] Darüber hinaus sollte es sich schließlich von selbst verstehen, für die sicherlich seltenen Fälle, in welchen der Einrichtungsleiter gleichzeitig unmittelbarer Verletzter des Vorfalls ist, die Disziplinarbefugnis auf seinen

---

930 *Walter* 1998b, S. 148f.

931 Allgemein zur Delegation von Befugnissen nach dem BVT *Hovens* 1997, S. 73.

932 *Volckart* 1999a, S. 226.

933 Vgl. hierzu auch die in § 5 II HessMRVG getroffene Regelung. Auch Kammeier-*Kniep*, Kap. H, Rn 38 fordert eine Beschränkung der Anordnungskompetenz für besondere Sicherungsmaßnahmen auf die Anstaltsleitung, welche allerdings von der Mehrzahl der Landesgesetze nicht – oder nur für bestimmte Fälle besonderer Eingriffsintensität – vorgesehen wird (vgl. den diesbezüglichen Überblick bei Kammeier-*Rzepka*², Kap. H, Rn 117f.).

934 Ähnlich zur Entscheidung über die Gewährung von Vollzugslockerungen *Pollähne* 1994, S. 132f.; Kammeier-*Pollähne*², Kap. F, Rn 87 (Einbeziehung der Stations- bzw. Abteilungskonferenz).

935 Vgl. – erneut zur Lockerungspraxis – die Berichte bei *Lietz/Gretenkord* 1985, S. 235; *Rasch* 1991a, S. 19; *Leygraf/Heinz* 1984, S. 45f.: „Zwar ist es letztlich immer der ärztliche Direktor, der diese oft schwierigen Entscheidungen zu treffen und zu verantworten hat, die Besprechung auf der Konferenz erlaubt aber eine Stellungnahme verschiedener Fachleute, so dass – nach intensiver und teils recht kontroverser Diskussion – eine optimale Entscheidungsgrundlage zur Verfügung steht“.

Stellvertreter übergehen zu lassen, um den Anschein der Befangenheit zu vermeiden.[936]

Aufgrund der Tatsache, dass auf die Einräumung der Möglichkeit zur Verhängung des Arrestes oder einer Absonderung als Disziplinarmaßnahme im vorliegenden Zusammenhang verzichtet wurde, erübrigt sich auch die Auseinandersetzung mit einem für die Situation im Strafvollzug viel diskutierten Problem: Dort erhält nämlich regelmäßig die Frage einige Aufmerksamkeit, ob aufgrund der in § 104 V StVollzG umrissenen näheren Ausgestaltung des Arrestes für die Anordnung einer derartig gravierenden Maßnahme der in Art. 104 II 1 GG verankerte Richtervorbehalt Anwendung finden muss, was zur Folge hätte, dass die Kompetenzzuweisung an den Anstaltsleiter als Verwaltungsorgan insoweit für verfassungswidrig erklärt werden müsste.[937] Das hier vorgesehene Sanktionsarsenal erreicht jedoch auch bei Ausschöpfung des für zulässig erklärten Höchstmaßes nicht die mit einer Separierung des Untergebrachten verbundene besondere Eingriffsintensität, weshalb eine dem strafvollzuglichen Schrifttum vergleichbare Problematisierung unterbleiben kann.[938]

Mit der Schaffung einiger elementarer Bestimmungen zur Beweiserhebung gilt es nunmehr, die durch die umfassende Gewaltunterworfenheit in der totalen Institution des Behandlungsvollzuges ohnehin sehr fragile Position des Untergebrachten für die noch einmal potenzierte Inanspruchnahme im Rahmen eines Disziplinarverfahrens mit den „schützenden Formen"[939] einer rechtsförmigen Prozessstruktur zu versehen. Dabei sollte nicht der dem Strafvollzugsgesetz anhaftende Fehler wiederholt werden, einen beträchtlichen Teil der verfahrensrechtlichen Fragestellungen lediglich in den *Verwaltungsvorschriften* – hier etwa der Durchführungsverordnung zum MRVG – abzuhandeln.[940] Für den vorliegenden Zusammenhang soll deshalb

---

936 *Huber* 1995, S. 125. Die in § 105 II StVollzG vorgesehene Übertragung der Entscheidungszuständigkeit auf die Aufsichtsbehörde soll aufgrund der größeren Sachnähe einer einrichtungsinternen Verarbeitung des Konfliktes nicht übernommen werden. Kritisch zu dieser Regelung auch Schwind/Böhm-*Böhm* § 105, Rn 3.

937 Vgl. BVerfG, NJW 1994, S. 1339; AK-*Walter*[4] § 102, Rn 14; § 104, Rn 6; *Brühl* 1979, S. 221f.; *Diepolder* 1980, S. 145; *Kruis/Cassardt* 1995, S. 575f.; *Müller-Dietz* 1970, C 82f.; *Nährich* 1974, S. 44f.; Schwind/Böhm-*Böhm* § 105, Rn 1.

938 Der Verzicht des vorliegenden Regelungsentwurfs auf die Möglichkeit einer Absonderung des Patienten zum Zwecke disziplinarischer Ahndung macht im Übrigen eine Klausel vergleichbar derjenigen des § 21 II 2 MRVG-NW verzichtbar, die bei einer Absonderung, die länger als eine Woche dauert, neben der ärztlichen Mitwirkung und Überwachung auch noch die Erlaubnis des Trägers der Einrichtung fordert.

939 *Zachariae* 1846, S. 93. Vgl. auch noch *Popitz* 1980, S. 63: „Formvorschriften können zunächst und vor allem bedeuten, dass zwischen Normbruch und Sanktion etwas eingeschoben wird, ein Procedere. Damit wird der spontane Sanktionsvollzug gehemmt, eine Kurzschlussreaktion unwahrscheinlich gemacht. [...] Es entsteht also gleichsam zwischen Tat und Reaktion ein Spalt, in den ein Räsonnement den Fuß setzen kann, bevor die Tür zuschlägt." Für den Strafvollzug wird der Anspruch auf ein faires Verfahren schließlich von Schwind/Böhm-*Böhm* § 102, Rn 16, aus dem „strafähnlichen Charakter" der disziplinarischen Ahndung abgeleitet.

940 Kritisch zur diesbezüglichen Praxis des Bundesgesetzgebers für den Strafvollzug AK-*Walter*[4] § 107, Rn 17; *Brühl* 1979, S. 223ff.; *Heghmanns* 1998, S. 232; *Stein* 1989, S. 129.

besonderer Wert auf die Herstellung einer homogenen, alle wesentlichen Probleme berücksichtigenden *gesetzlichen* Regelung gelegt werden.

Vorab ist ein Vorschlag *Walters* zu diskutieren, der vorsieht, sowohl für den Jugend- als auch für den Erwachsenenstrafvollzug zumindest in denjenigen Fällen, in welchen es sich erkennbar um einen interpersonellen Konflikt handelt, zum Zwecke der Deeskalation vor der Eröffnung des eigentlichen Disziplinarverfahrens zunächst eine Beruhigungs- oder Einigungsfrist verstreichen zu lassen, in der den Beteiligten unter Vermittlung der Anstaltsleitung die Suche nach einer gütlichen Beilegung der Auseinandersetzung eingeräumt wird.[941] Für den vorliegenden Zusammenhang sei insoweit auf die weiter oben befürwortete Subsidiarität einer Sanktionierung mit Disziplinarmaßnahmen gegenüber der Durchführung eines dem Täter-Opfer-Ausgleich nachgebildeten Befriedungsversuchs als mögliches milderes Mittel der Konfliktbewältigung verwiesen;[942] Bedarf für die Normierung eines weiteren non-konfrontativen Verarbeitungsweges besteht aufgrund dessen nicht mehr.

Ein Disziplinarverfahren wird üblicherweise mit der Meldung eines Fehlverhaltens des Untergebrachten durch einen Bediensteten beginnen.[943] Den Leiter der Einrichtung trifft sodann vor allem eine Pflicht zur umfassenden Aufklärung des in der Anzeige behaupteten Sachverhaltes, was in einer dem § 106 I 1 StVollzG nachempfundenen Regelung besonders hervorgehoben werden sollte.[944] Obwohl sich dergleichen in konsequenter Anwendung des Ermittlungsgrundsatzes eigentlich von selbst versteht, sollte zusätzlich darauf hingewiesen werden, dass bei der Untersuchung sowohl belastende als auch entlastende Umstände zu berücksichtigen sind (vgl. VV Nr. 1 II 1 zu § 106 StVollzG). Man wird es im Übrigen aufgrund von Praktikabilitätserwägungen durchaus für zulässig halten dürfen, wenn mit der Durchführung der Ermittlungen ein nachgeordneter Mitarbeiter beauftragt wird.[945] Allerdings ist in diesem Zusammenhang erneut dafür Sorge zu tragen, dass die fragliche Person nicht selbst in den Disziplinarvorfall involviert ist (etwa als Opfer einer Beleidigung, Körperverletzung usw.), um jeglichem Anschein der Be-

---

[941] *Walter* 1993, S. 289; AK-*Walter*[4] § 107, Rn 18. Ihm zustimmend *Walkenhorst* 1999, S.258. Vgl. zu Deeskalationsstrategien bei Konflikten in der totalen Institution aus dem neueren Schrifttum auch noch *Finkbeiner et al.* 1993; *Schwabe* 1994.

[942] Hierzu bereits S. 292.

[943] Vgl. für den Strafvollzug *Diepolder* 1980, S. 140; *Huber* 1995, S. 127.

[944] BVerfG, StV 1994, S. 263. Zum Ermittlungsgrundsatz im strafvollzuglichen Disziplinarverfahren auch noch *Brühl* 1979, S. 223.

[945] Insoweit ablehnend allerdings *Brühl* 1979, S. 224 unter Hinweis auf den Grundsatz der Unmittelbarkeit der Beweiserhebung. Gerade in größeren Einrichtungen mit mehreren hundert Patienten wie etwa dem im Rahmen der empirischen Studie untersuchten WZFP Lippstadt-Eickelborn dürfte es für den Leiter der Einrichtung schlechterdings unmöglich sein, die Ermittlungen in sämtlichen disziplinarisch zu ahndenden Vorfällen mit der gebotenen Umsicht vollständig *selbst* durchzuführen; hier ist sicher – bis auf die bereits behandelte Frage der Letztverantwortung – eine gewisse Entlastung erforderlich.

fangenheit vorzubeugen.[946] Dem Grundsatz der Gewährung rechtlichen Gehörs folgend ist sodann zwingend die Anhörung des belasteten Patienten zu den in der Disziplinaranzeige erhobenen Vorwürfen vorzusehen (vgl. § 106 I 2 StVollzG); eine korrespondierende Pflicht zur Mitwirkung an der Sachverhaltsaufklärung besteht allerdings bereits in konsequenter Anwendung des strafprozessualen Schweigerechts des Beschuldigten (nemo tenetur se ipsum accusare) nicht.[947] Zu Beginn der Einvernahme wird der Betroffene darüber unterrichtet, welche Verfehlung ihm zur Last gelegt wird (VV Nr. 1 I zu § 106 StVollzG). Er ist weiterhin darauf hinzuweisen, dass es ihm freisteht, sich zur Sache zu äußern und gegebenenfalls einen Verteidiger hinzuzuziehen.[948] Über den Inhalt der Vernehmung ist schließlich eine Niederschrift anzufertigen, die zu den Patientenakten zu nehmen ist (vgl. § 106 I 3 StVollzG).

Fraglich ist, in welchem Umfang vor einer Sanktionierung des Untergebrachten im Gesetz gewisse Konsultationspflichten für den prinzipiell allein disziplinarbefugten Leiter der Einrichtung vorzusehen sind. Als Soll-Vorschrift verlangt § 106 II StVollzG zumindest grundsätzlich bei schwereren Verstößen die Durchführung einer Konferenz mit den in die Behandlung des Betroffenen involvierten Personen; in bestimmten Fällen ist darüber hinaus zwingend der Anstaltsarzt zu hören. Es ist jedoch nicht recht einsehbar, weshalb die – grundsätzlich nachvollziehbaren – Argumente für eine Beratung mit den im unmittelbaren Umfeld des Patienten tätigen Bediensteten lediglich für besonders gravierende Fälle gelten sollen.[949] Statt dessen erscheint es zur Vermeidung nachteiliger Auswirkungen der disziplinarischen Sanktion und zur gründlichen Erfassung sämtlicher Besonderheiten des jeweiligen

---

946 Hierzu für den (Jugend-)Strafvollzug AK-*Walter*⁴ § 106, Rn 3; *Walter* 1998b, S. 81f., der allerdings darauf hinweist, dass dennoch häufig der Vollzugsbeamte von den von ihm gemeldeten Fehlverhalten eines Gefangenen selbst betroffen sein wird, so dass „die ersten und in der Praxis nicht selten einzigen Feststellungen [...] somit häufig vom Betroffenen stammen" dürften. Damit ergibt sich jedoch das häufiger beklagte Problem, dass es dem Anstaltsleiter schwer fallen dürfte, die Glaubwürdigkeit derartiger Äußerungen seiner Mitarbeiter in Zweifel zu ziehen, will er sich nicht den Unmut des Personals zuziehen. Vgl. hierzu noch *Huber* 1995, S. 139f.; *Walter* 1999, Rn 515; *Neuland* 1976, S. 294f.: „Haben die Bediensteten, die von einem Vorfall betroffen sind, das Gefühl, der Anstaltsleiter vertrete einseitig die Interessen der Gefangenen, er glaube den Gefangenen mehr, verstehe diese besser, nehme sie ernster, dann sieht er sich der Gefahr gegenüber, dass die Mitarbeiter resignieren oder in Zukunft Vorfälle so dramatisieren oder sogar provozieren, dass er reagieren muss".

947 In diesem Sinne *Calliess/Müller-Dietz* § 106, Rn 1; *Heghmanns* 1998, S. 233; *Laubenthal* 1998, Rn 736. Zur Geltung (und in der Praxis dennoch recht häufigen Missachtung) des Grundsatzes im Strafvollzug der Niederlande vgl. *Van de Pol* 1980, S. 293f., 303f.

948 BGH, NStZ 1997, S. 614f. hat eine Belehrungspflicht explizit lediglich bei strafrechtlich relevanten Vorwürfen angenommen. Wie hier AK-*Walter*⁴ § 106, Rn 4; *Heghmanns* 1998, S. 233f.; *Laubenthal* 1998, Rn 734; *Schriever* 1993, S. 103f.; *Müller-Dietz* 1997, S. 615f. Einschränkend zur Frage der Zulässigkeit eines Rechtsbeistandes *Diepolder* 1980, S. 146.

949 In der Literatur wird aus diesem Grunde zum Teil auch bei leichteren Fällen die Erörterung in einer entsprechenden Konferenz gefordert; vgl. AK-*Walter*⁴ § 106, Rn 6. Insoweit großzügiger die wohl h.M., etwa *Calliess/Müller-Dietz* § 106, Rn 3; Schwind/Böhm-*Böhm* § 106, Rn 5.

Einzelfalles geboten, die Einholung entsprechender Stellungnahmen etwa über die Stationskonferenz grundsätzlich vor jeder Verhängung einer Disziplinarmaßnahme verbindlich vorzuschreiben und Ausnahmen lediglich bei besonderer Eilbedürftigkeit zuzulassen. Mit dem Optieren für eine Einbeziehung der einrichtungsinternen Kommunikationsmöglichkeiten über den Disziplinarvorfall in das Verfahren soll im Übrigen keineswegs einer Aufspaltung der Entscheidungskompetenz das Wort geredet werden;[950] insoweit sollte es für das hier behandelte konfrontative Disziplinarverfahren aus Gründen der eindeutigen Verantwortungszuweisung bei der weiter oben befürworteten, ausschließlichen Verortung beim Einrichtungsleiter bleiben.

Aufgrund der dem Leiter der Einrichtung eingeräumten Möglichkeit, mit der Durchführung der Beweiserhebung einen nachgeordneten Mitarbeiter zu beauftragen, wird man es als unbedingt geboten ansehen müssen, dass der Erstgenannte dem betroffenen Untergebrachten vor der endgültigen Entscheidungsfindung ein – grundsätzlich persönlich entgegenzunehmendes – Schlussgehör einräumt.[951] Sodann hat er die Beweiswürdigung und rechtliche Beurteilung anhand der vorstehend entwickelten Grundsätze vorzunehmen und die in Betracht kommenden Disziplinarmaßnahmen vor dem Hintergrund der von ihrer Anwendung für den jeweiligen Einzelfall zu erwartenden Auswirkungen untereinander abzuwägen.[952] In Entsprechung des § 106 III StVollzG ist eine Regelung vorzusehen, welche die mündliche Eröffnung der Entscheidung gegenüber dem Betroffenen durch den Leiter der Einrichtung sowie die Dokumentation ihres wesentlichen Inhaltes für die Patientenakten vorsieht.[953] Als Mindestinhalt, welcher dem Untergebrachten mitzuteilen und auch schriftlich zu fixieren ist, ist die genaue Bezeichnung der zur Last gelegten Verfehlung sowie der auferlegten Sanktion, weiterhin die Darlegung der wesentlichen Entscheidungsprämissen und schließlich auch eine etwaige Aussetzung zur Bewährung zu nennen.[954] Im Anschluss hieran ist dem Betroffenen eine Rechtsmittelbelehrung in für ihn verständlicher Formulierung zu gewähren.

Für den Fall, dass sich im Laufe der Ermittlungen die vom Anzeigeerstatter mitgeteilten Anhaltspunkte für das Vorliegen einer Disziplinarverfehlung nicht erhärten, ist das Verfahren einzustellen. In entsprechender Anwendung des § 170 II 2 StPO ist im Anschluss hieran eine entsprechende Mitteilung an den Untergebrachten geboten, welche allerdings unterbleiben kann, wenn der Betroffene über die Einleitung des Disziplinarverfahrens noch gar nicht informiert war; in derartigen Fällen entsteht ihm durch die völlige Folgenlosigkeit des Verfahrens keinerlei Beeinträchtigung.[955]

---

950 So aber *Müller-Dietz* 1970, C 83; *Schüler-Springorum* 1969, S. 105, 107.

951 AK-*Walter*⁴ § 106, Rn 9; *Brühl* 1979, S. 223; *Diepolder* 1980, S. 145.

952 *Calliess/Müller-Dietz* § 106, Rn 1; *Kruis/Cassardt* 1995, S. 578.

953 *Calliess/Müller-Dietz* § 106, Rn 4 und *Diepolder* 1980, S. 145 wollen auch hier die Einschaltung eines nachgeordneten Bediensteten zulassen. Mit Recht hiergegen Schwind/Böhm-*Böhm* § 106, Rn 7.

954 AK-*Walter*[4] § 106, Rn 10; *Brühl* 1979, S. 224; *Huber* 1995, S. 130ff.

955 AK-*Walter*[4] § 106, Rn 12; *Brühl* 1979, S. 224; *Diepolder* 1980, S. 145; *Huber* 1995, S. 128f.

2. Vollstreckung der Disziplinarmaßnahme und vorläufiger Rechtsschutz

Im Rahmen der Ausgestaltung des Vollstreckungsverfahrens gilt es, zwei divergierende Interessenpositionen in Ausgleich zu bringen: Zum einen entspricht es einer „pädagogischen Bauernregel",[956] dass die Effektivität einer Sanktionierung im Hinblick auf die angestrebte Verhaltensmodifikation bei dem Sanktionierten mit zunehmender zeitlicher Distanz zu dem ihren Anlass bildenden Fehlverhalten eher abnimmt; dies ist zunächst der Hintergrund des in § 104 I StVollzG verankerten *Grundsatzes der Sofortvollstreckung.*[957] Die angesprochene gesetzgeberische Wertung setzt sich – diesmal allerdings in allgemeinerer Form – auch in den Bestimmungen zum Verfahren vor dem Vollstreckungsgericht fort, indem nämlich § 114 I StVollzG bestimmt, dass einem etwaigen Antrag auf gerichtliche Entscheidung keine aufschiebende Wirkung zukommen soll. Dem Bedürfnis der Sanktionsinstanzen nach einer möglichst unmittelbaren Ahndung festgestellter Regelübertretungen steht diametral das Interesse des Insassen daran gegenüber, die Durchführung der verhängten Maßnahme gegebenenfalls bis zu einer endgültigen gerichtlichen Klärung ihrer Rechtmäßigkeit vorläufig zurückstellen zu lassen; eine Position, welche durch die in § 114 II StVollzG unter bestimmten Voraussetzungen vorgesehene „Aussetzung des Vollzuges" (nach moderner Terminologie: der Vollstreckung[958]) seitens des mit der Hauptsacheentscheidung befassten Gerichtes zumindest nach der gesetzlichen Konzeption ebenfalls einen gewissen Schutz erfährt.[959]

Unabhängig davon, dass eine Aussetzung von Disziplinarmaßnahmen nach § 114 II StVollzG von Teilen des einschlägigen Schrifttums aufgrund des als zwangsläufig überwiegend behaupteten Interesses an der sofortigen Vollstreckung – insoweit unter eindeutigem Verstoß gegen das Verfassungsgebot des Art. 19 IV GG sowie letztlich contra legem[960] – kategorisch abgelehnt wird,[961] sprechen die Erkenntnisse rechtstatsächlicher Untersuchung dafür, dass auch die diesbezügliche Vollzugswirklichkeit von verbreiteten Umgehungsstrategien der Verantwortlichen geprägt ist.[962] *Kamann* hat für die defizitäre Gewährung vorläufigen Rechtsschutzes vor allem zwei ineinandergreifende Ursachen benannt: Auf der einen Seite das Interesse der totalen Institution an einem (auch in zeitlicher Hinsicht) ungehinderten Beweis ihrer Stärke, und auf der anderen Seite ein faktisches Desinteresse der zuständigen

---

956 AK-*Walter*[4] § 104, Rn 1; *Brühl* 1979, S. 219; *Walter* 1998b, S. 207.

957 *Calliess/Müller-Dietz* § 104, Rn 1; *Diepolder* 1980, S. 145; *Laubenthal* 1998, Rn 743; *Müller-Dietz* 1970, C 83; *Nährich* 1974, S. 60; Schwind/Böhm-*Böhm* § 104, Rn 2.

958 AK-*Volckart*[4] § 114, Rn 3.

959 Vgl. zu dem dargelegten Interessenwiderstreit auch noch *Huber* 1995, S. 143: „Gratwanderung zwischen den Interessen des Disziplinarrechts und des Rechtsschutzes".

960 In diesem Sinne BVerfGE 37, 150 (153); BVerfG, ZfStrVo 1995, S. 371 (373) sowie für den Jugendstrafvollzug *Walter* 1998b, S. 86f. Vgl. weiterhin *Brühl* 1979, S. 222, 224; *Stein* 1989, S. 130.

961 *Diepolder* 1980, S. 146. Bedenklich restriktiv auch Schwind/Böhm-*Böhm* § 104, Rn 2.

962 *Feest et al.* 1997, S. 100ff.; *Hoffmann* 1990, S. 88f.; *Kamann* 1993, S. 485.

Gerichte betreffend die tatsächlichen Probleme des Vollzuges.[963] Durch derartiges Vermeidungsverhalten setzt sich die Praxis jedoch in Widerspruch zu neuerer bundesverfassungsgerichtlicher Judikatur, welche zum einen von der JVA besondere Vorkehrungen dafür fordert, dass ein entsprechender Antrag des Gefangenen beschleunigt das Gericht erreicht, und zum anderen auch den mit der Sache befassten Richter zu einer unverzüglichen Entscheidungsfindung für verpflichtet erachtet.[964] Es steht zu hoffen, dass die in der zitierten Entscheidung aufgestellten Postulate sich mäßigend auf die vorstehend skizzierte, bedeutende gesetzgeberische Grundentscheidungen negierende Rechtswirklichkeit des Disziplinarrechts auswirken mögen.[965]

In § 138 II StVollzG werden unter anderem die Regelungen der §§ 109ff. StVollzG über den gerichtlichen Rechtsschutz für im Maßregelvollzug entsprechend anwendbar erklärt; danach fungiert auch hier die Strafvollstreckungskammer als „eine Art besonderes Verwaltungsgericht für die gerichtliche Überprüfung" vollzuglicher Maßnahmen.[966]

In einigen Bundesländern ergibt sich sowohl für den Straf- als auch für den Maßregelvollzug zusätzlich die Besonderheit, dass der dortige Gesetzgeber von der in § 109 III StVollzG ausgesprochenen Ermächtigung Gebrauch gemacht und für den Fall eines Anfechtungs- oder Verpflichtungsantrages die Durchführung eines Verwaltungsvorverfahrens zwingend vorgesehen hat; für Nordrhein-Westfalen ist dies mit der Schaffung des Vorschaltverfahrensgesetzes (VorschVfG) im Jahre 1979 geschehen.[967] Was nun die Möglichkeit des Insassen angeht, um vorläufigen Rechtsschutz in Gestalt einer Aussetzung der Vollstreckung nachzusuchen, so ist gem. § 2 II VorschVfG NW auch ein entsprechender Antrag an die zur Entscheidung über den Widerspruch zuständige Behörde möglich. Im Gefolge der bereits oben zitierten verfassungsgerichtlichen Rechtsprechung[968] wurde jedoch die bundesgesetzliche Norm des § 114 III StVollzG eingeführt, deren Regelungsgehalt – Zulässigkeit eines Antrages nach § 114 II StVollzG bereits vor Stellung eines Antrages in der Hauptsache – ganz allgemein auf die Durchführung des Widerspruchsverfahrens ausgedehnt wird: Danach erfolgt die Gewährung vorläufigen *gerichtlichen* Rechts-

---

[963] *Kamann* 1993, S. 485.

[964] BVerfG, NStZ 1993, S. 507. Zustimmend AK-*Walter*[4] § 106, Rn 13; *Calliess/Müller-Dietz* § 114, Rn 2; *Kamann* 1993, S. 486; *Wulf* 1996, S. 230. Vgl. auch noch BVerfG, ZfStrVo 1995, S. 371.

[965] Ebenso *Kamann* 1993, S. 486; *Wulf* 1996, S. 230. Neue Umgehungsstrategien schildert allerdings *Volckart* 2001; *Volckart* 2001, Rn 315f.

[966] *Volckart* 1999a, S. 235. Vgl. auch Kammeier-*Wagner*[2], Kap. K, Rn 32ff. sowie *Wagner* 1992a, S. 56: „Das Verfahren nach dem Strafvollzugsgesetz ist eher Verwaltungsstreitverfahren als Strafprozess".

[967] VorschVfG v. 20.02.1979, GVNW, S. 40. Hierzu – insbesondere aus der Perspektive des Maßregelvollzuges – Kammeier-*Wagner*[2], Kap. K, Rn 34; *Volckart* 1990, S. 234f.; *Volckart* 1997; *Volckart* 1999a, S. 235f. Die Zweckmäßigkeit des Verwaltungsvorverfahrens ziehen etwa *Lesting* 1993, S. 50 und *Volckart* 2001, Rn 294 in Zweifel; zurückhaltender die Bewertung bei Kaiser/Kerner/Schöch-*Schöch* § 8, Rn 38 sowie *Wagner* 1992a, S. 71.

[968] BVerfGE 37, 150. Zu den Zusammenhängen AK-*Volckart*[4] § 114, Rn 5.

schutzes unabhängig von der vorherigen Einlegung eines Widerspruchs durch den Insassen in einem *Verwaltungs*vorverfahren.[969]

Aus dem Gesagten ergibt sich, dass auch für die hier vorgesehenen disziplinarischen Maßnahmen die Vorschrift des § 114 StVollzG (und ebenso die des § 2 VorschVfG) Anwendung fände. Einem Widerspruch oder Antrag auf gerichtliche Entscheidung durch den Untergebrachten im Hinblick auf eine gegen ihn verhängte Disziplinarsanktion käme danach grundsätzlich keine aufschiebende Wirkung zu; um deren Herstellung müsste der Betroffene in einem gesonderten Antrag im Sinne des § 114 II StVollzG nachsuchen. Hiervon zu trennen ist die Frage, ob in den vorliegend bearbeiten Regelungsvorschlag auch eine dem § 104 I StVollzG entsprechende Vorschrift aufzunehmen ist; zu erörtern ist demnach, ob es sich bei dem Grundsatz der Sofortvollstreckung um ein sinnvolles Institut im Rahmen eines Disziplinarrechts für den Behandlungsvollzug handelt.

Die vorstehend angedeutete, in Teilen des kritischen Schrifttums gepflegte Polemik gegen die „pädagogische Bauernregel" der Sanktionsunmittelbarkeit kann nach dem hier vertretenen Gesamtkonzept keine Unterstützung finden. Gegen die dem § 104 I StVollzG zugrunde liegende These von einer gesteigerten Überzeugungskraft möglichst zeitnaher und vollständiger Aufarbeitung von Fehlverhaltensweisen werden schließlich in derartigen Aussagen keinerlei substantielle Argumente vorgebracht. So müssen denn auch in diesem Kontext die weiter oben zur Frage der Zweckmäßigkeit eines Spiegelungserfordernisses vorgebrachten und bereits dort für überzeugend befundenen Argumente[970] erneut Berücksichtigung finden – modifiziert einzig dahingehend, dass an die Stelle eines für wünschenswert erachteten *sachlichen* Zusammenhangs zwischen Sanktion und Verfehlung vorliegend eine *zeitliche* Verbindung der Ahndung zu der ihren Anlass bildenden Regelverletzung tritt.[971] Berechtigte Ausnahmen von dem hier befürworteten Prinzip wären im Übrigen bei entsprechender Begründung auch jederzeit möglich; insoweit besteht ein pflichtgemäß auszuübendes Ermessen des Leiters der Einrichtung, der gegebenenfalls eine Aussetzung der Vollstreckung bis zur gerichtlichen Klärung von Rechtmäßigkeitsfragen anzuordnen hat.[972] Weiterhin würde auch eine konsequente Umsetzung der verfassungsgerichtlichen Vorgaben für die Gewährung vorläufigen Rechtsschutzes im Rahmen von § 114 II StVollzG durch die im Vollzug und bei den Vollstreckungsgerichten Verantwortlichen zu einer adäquaten Berücksichtigung der Belange des Untergebrachten beitragen. Aus den genannten Gründen ist eine

---

[969] In diesem Sinne etwa AK-*Volckart*[4] § 114, Rn 5; *Calliess/Müller-Dietz* § 114, Rn 5.

[970] Vgl. im Einzelnen S. 296ff.

[971] Ähnlich *Huber* 1995, S. 40: „Disziplinarmaßnahmen haben auch in zeitlicher Hinsicht angemessen zu sein, da der Effekt einer Maßnahme ab einer gewissen Dauer nicht mehr zu- sondern abnimmt, weil der Insasse abstumpft oder neue Aggressionen aufstaut." Vgl. auch noch S. 45f.: „Disziplinarmaßnahmen sollten dem Pflichtverstoß unmittelbar nachfolgen. Ein Zuwarten ohne triftigen Grund verstößt gegen Treu und Glauben".

[972] So für den Strafvollzug BVerfG, StV 1993, S. 484; *Calliess/Müller-Dietz* § 114, Rn 1.

dem § 104 I StVollzG entsprechende Regelung auch dem Entwurf eines Disziplinarinstrumentariums für den Maßregelvollzug hinzuzufügen.

3. Nachträgliche Rechtmäßigkeitskontrolle

Die nachträgliche Rechtmäßigkeitskontrolle bereits durchgeführter Disziplinarmaßnahmen wäre auch für den Maßregelvollzug gem. §§ 138 II, 109ff. StVollzG durch einen Antrag auf gerichtliche Entscheidung beim Vollstreckungsgericht herbeizuführen. Wie jedoch bereits angedeutet, ist dem gerichtlichen Rechtsschutz nach dem für Nordrhein-Westfalen geltenden VorschVfG zunächst zwingend die Einlegung eines Widerspruchs durch den Betroffenen sowie die Durchführung eines Verwaltungsvorverfahrens vorgelagert. In zweiter Instanz bestünde schließlich gem. §§ 138 II, 116ff. StVollzG die Möglichkeit der Rechtsbeschwerde zum OLG.[973]

Verschiedentlich ist auf die verhältnismäßig desolate Situation des Rechtsschutzes gegen vollzugliche Maßnahmen im Rahmen der Unterbringung in einem psychiatrischen Krankenhaus hingewiesen worden.[974] Mit *Volckart* sind aus diesem Grunde kompensatorische Hilfen zur Überwindung bestehender Defizite der in der Wahrnehmung ihrer Rechte oftmals eher ungeschickt agierenden Patienten zu fordern.[975] Angesprochen sind hier vor allem die Sozialarbeiter des psychiatrischen Krankenhauses als primäre, für die Hilfe bei der Bewältigung alltagspraktischer Probleme zuständige Instanz; letztlich ist jedoch von allen mit dem Untergebrachten in regelmäßigem und direktem Kontakt stehenden Berufsgruppen eine gesteigerte Aufmerksamkeit im Hinblick auf die etwaig erforderliche Unterstützung bei den Bemühungen des Betreffenden um eine Rechtskontrolle von Vollzugsmaßnahmen zu fordern.

IV. Regelungsvorschlag

Der Regelungsentwurf eines Disziplinarrechts für den Vollzug der Maßregel nach § 63 StGB ist nach dem Gesagten wie folgt zu formulieren:

§ I Disziplinarmaßnahmen

(1) Im Falle einer vorsätzlich und schuldhaft verwirklichten, schwerwiegenden Störung des geordneten Zusammenlebens in der Einrichtung oder einer erheblichen Gefährdung der Sicherheit durch die Patientinnen oder Patienten kann der ärztliche Leiter der Einrich-

---

[973] Hierzu Kammeier-*Wagner*², Kap. K, Rn 68; *Volckart* 1990, S. 238; *Wagner* 1992a, S. 83.

[974] *Hohlfeld et al.* 1985, S. 93f.; Kammeier-*Wagner*², Kap. K, Rn 4ff. („beklagenswerte Situation"); *Volckart* 1999a, S. 237; *Wagner* 1992a, S. 2.

[975] *Volckart* 1990, S. 227. Vgl. auch *Volckart/Grünebaum* 2003, S. 237 sowie *Schöch* 2000, S. 343: „Ohne anwaltliche Hilfe sind […] nur wenige Patienten in der Lage, sachgerechte und erfolgversprechende Anträge zu stellen".

tung eine Disziplinarmaßnahme anordnen, wenn nicht eine weniger einschneidende Maßnahme, namentlich der Ausspruch einer Verwarnung oder die Durchführung einer Schadenswiedergutmachung, ausreichend erscheint.

(2) Eine schwerwiegende Störung des geordneten Zusammenlebens oder eine erhebliche Gefährdung der Sicherheit im Sinne des Absatzes 1 liegt in der Regel vor, wenn die Patientinnen oder Patienten

1. andere Personen tätlich oder beleidigend angreifen,
2. die aufgrund dieses Gesetzes angeordneten Maßnahmen zur Erhaltung der Gesundheit und der Hygiene nicht unterstützen,
3. Lebensmittel, Einrichtungen der Klinik oder andere in fremdem Eigentum stehende Gegenstände mutwillig zerstören, beschädigen oder entwenden,
4. verbotene Gegenstände, insbesondere Rauschgift, in die Einrichtung bringen, sich hieran beteiligen oder verbotene Gegenstände besitzen oder vertreiben oder
5. entweichen oder zu entweichen versuchen.

(3) Eine Disziplinarmaßnahme ist auch zulässig, wenn wegen derselben Verfehlung ein Straf- oder Bußgeldverfahren eingeleitet wird.

§ II Arten der Disziplinarmaßnahmen

(1) Die zulässigen Disziplinarmaßnahmen sind:

1. die Auferlegung einer Geldbuße von bis zu 50 €, für die in der Hausordnung die Zahlung an eine Stations- oder Gruppenkasse vorgesehen werden kann,
2. die Beschränkung oder der Entzug entweder des Lesestoffs, des Hörfunk- oder des Fernsehempfangs für einen Zeitraum von bis zu zwei Wochen,
3. die Einschränkung des Verkehrs mit Personen außerhalb der Einrichtung für einen Zeitraum von bis zu zwei Wochen,
4. der Ausschluss von einzelnen Freizeitaktivitäten für einen Zeitraum von bis zu zwei Wochen.

(2) Wird eine Geldbuße verhängt, so bestimmt der ärztliche Leiter der Einrichtung eine angemessene Ersatzmaßnahme, welche für den Fall an ihre Stelle tritt, dass die Buße nicht innerhalb des durch ihn festgelegten Zeitraums bezahlt wird. Bei einer Beschränkung des Verkehrs mit Personen außerhalb der Einrichtung ist dafür Sorge zu tragen, dass den Patientinnen oder Patienten weiterhin eine ihren Fähigkeiten angemessene Möglichkeit der Kontaktaufnahme verbleibt. Der Kontakt mit den in § 8 Abs. 3 genannten Personen und Institutionen bleibt unbeschränkt.

(3) Die Maßnahmen nach Absatz 1 Nr. 2 bis 4 sollen möglichst nur angeordnet werden, wenn die Störung des geordneten Zusammenlebens oder die erhebliche Gefährdung der Sicherheit mit den zu beschränkenden oder zu entziehenden Befugnissen in Zusammenhang steht. Die Verbindung mehrerer Maßnahmen miteinander ist unzulässig.

§ III Verfahren

(1) Der ärztliche Leiter der Einrichtung ist zur umfassenden Aufklärung des Sachverhalts verpflichtet. Er hat hierbei sowohl belastende als auch entlastende Umstände zu berücksichtigen. Die Beauftragung eines nachgeordneten Mitarbeiters mit der Durchführung der Ermittlungen ist zulässig.

(2) Den belasteten Patientinnen oder Patienten sind die gegen sie erhobenen Vorwürfe zu eröffnen. Ihnen ist eine ihren Fähigkeiten entsprechende Möglichkeit der Stellungnahme einzuräumen; sie sind jedoch gleichfalls darauf hinzuweisen, dass es ihnen freistehe, sich zur Sache zu äußern und sich eines Verteidigers zu bedienen. Über den Inhalt der Vernehmung ist eine Niederschrift zu fertigen, die zu den Patientenakten zu nehmen ist.

(3) Vor der Entscheidung soll der ärztliche Leiter sich in einer Konferenz mit denjenigen Personen besprechen, die an der Behandlung der belasteten Patientinnen oder Patienten mitwirken. Den Patientinnen oder Patienten ist ein Schlussgehör zu gewähren, dessen Entgegennahme nicht auf einen nachgeordneten Mitarbeiter übertragen werden darf.
(4) Die Entscheidung ist den Patientinnen oder Patienten im mündlichen Gespräch sowie in einer für sie verständlichen Formulierung durch den ärztlichen Leiter zu eröffnen. Darüber hinaus ist eine Niederschrift anzufertigen und zu den Patientenakten zu nehmen, welche zumindest Aussagen über die genaue Bezeichnung der zur Last gelegten Verfehlung, die auferlegte Sanktion und eine etwaige Aussetzung zur Bewährung sowie weiterhin die Darlegung der wesentlichen Entscheidungskriterien zu enthalten hat.
(5) Im Anschluss an die Eröffnung ist den Patientinnen oder Patienten in für sie verständlicher Formulierung eine Rechtsmittelbelehrung zu erteilen. Besteht eine gesetzliche Vertretung, so ist diese von der Maßnahme unverzüglich zu informieren.

§ IV Vollstreckung der Disziplinarmaßnahmen, Aussetzung zur Bewährung
(1) Eine Disziplinarmaßnahme wird in der Regel sofort vollstreckt.
(2) Eine Disziplinarmaßnahme kann für einen Zeitraum von bis zu drei Monaten zur Bewährung ausgesetzt werden. Der Widerruf der Bewährung ist nur bei einer erneuten schwerwiegenden Störung des geordneten Zusammenlebens oder bei einer erheblichen Gefährdung der Sicherheit zulässig.

Der vorstehend entwickelte Regelungsentwurf hat mit insgesamt vier Paragraphen Dimensionen angenommen, die ihm angesichts der durchweg verhältnismäßig schlank ausgestalteten Ländergesetze zum Maßregelvollzug den Vorwurf einer übermäßigen Hervorhebung disziplinarischer Aspekte in einem ansonsten von der Konzentration auf die Regelung wesentlicher Leitlinien der Besserung und Sicherung geprägten gesetzlichen Kontext eintragen könnten. Dem ist jedoch entgegen zu halten, dass die nach wie vor – vor allem, wenn man den Vergleich zum StVollzG sucht – doch sehr überschaubaren Normenbestände der einschlägigen Maßregelvollzugsgesetze und Psychisch-Kranken-Gesetze[976] keineswegs zum Anlass dafür genommen werden dürfen, bei der Formulierung eines Disziplinarrechts nunmehr gewissermaßen ebenfalls zu kurz zu greifen und etwa die Regelung wichtiger Verfahrensfragen in den Bereich der lediglich gesetzeserläuternden Verwaltungsvorschriften abzudrängen. Statt dessen sollte gerade in einem Bereich des Vollzugsalltages, der, wie sowohl die eigene empirische Untersuchung als auch die Auseinandersetzung mit der (weitgehenden Nicht-)Umsetzung der niederländischen Neuregelung sinnfällig vor Augen geführt haben, von den im psychiatrischen Maßregel-

[976] So auch *Pollähne* 2000, S. 68f., der allerdings zumindest bei denjenigen Ländern, welche sich für das Regelungsmodell eines Maßregelvollzugsgesetzes entschieden haben, mittlerweile „immerhin einen deutlichen Akzent auf die Entwicklung eines eigenständigen Maßregelvollzugsrechts" verzeichnet und auch den PsychKG-Modellen der neuen Bundesländer durchweg einen erheblich größeren Umfang sowie spezifischeren Zuschnitt auf die Belange der forensischen Psychiatrie bescheinigt, als dies noch bei ihren Vorgängern in den alten Bundesländern der Fall sei. Kritisch auch noch AK-*Volckart*[4] §§ 136–138, Rn 3; *Bernsmann* 1984, S. 144; *Volckart* 1999a, S. 40 („lückenhafte Gesetze"); speziell zur Situation in den neuen Bundesländern *Dahle* 1995b, S. 118ff.

vollzug tätigen Berufsgruppen traditionell und mit einigem Beharrungsvermögen vor allem unter die Tatbestände des Behandlungs- und Ordnungsrechts subsumiert wird, die Appellwirkung einer eindeutigen und klaren *gesetzlichen* Verankerung genutzt werden, um den in dieser Hinsicht unumgänglichen Bewusstseinswandel zu forcieren. Damit wäre an dieser Stelle insbesondere der Hoffnung Ausdruck zu verleihen, dass der hier entwickelten Konzeption das (bisherige) Schicksal ihres niederländischen Vorbildes erspart bliebe: Lediglich „toter Buchstabe" zu bleiben.[977]

[977] So jedenfalls *Leuw/Mertens* 2001 in der bereits weiter oben ausführlich gewürdigten Evaluationsstudie zum BVT (S. 142).

7. Kapitel: Schlussdiskussion unter Berücksichtigung möglicher Einwände gegen den hier vorgelegten Regelungsentwurf – Zusammenfassung der Ergebnisse

Bevor nunmehr die Ergebnisse der einzelnen Abschnitte der Arbeit zusammengefasst und damit abschließend gewürdigt werden (II), soll dieses Kapitel noch zu einer Auseinandersetzung mit einigen auf der Hand liegenden Einwänden genutzt werden, welche dem hier entwickelten Regelungsentwurf entgegengebracht werden könnten (I).

I. Diskussion möglicher Einwände

1. Nachgeben gegenüber punitiven Grundeinstellungen des Personals

Denkbar erscheint zunächst ein Vorwurf des Inhalts, durch die Schaffung eines eigenen Disziplinarinstrumentariums für den Maßregelvollzug werde im Ergebnis lediglich dem im Rahmen der empirischen Untersuchung bei Teilen der im Vollzug tätigen Pfleger und Ärzte vorgefundenen Strafbedürfnis nachgegeben.[978] Der in dieser Hinsicht zu erhebende Einwand würde danach etwa lauten, derartigen punitiven Grundeinstellungen des Personals[979] dürfe in dem auf die Beachtung rechtsstaatlicher Standards verpflichteten Kontext staatlicher Freiheitsentziehung keinesfalls vorschnell nachgegeben werden; vielmehr sei gerade umgekehrt an das professio-

---

[978] Nachweise für das Bestehen entsprechender Sanktionserwartungen finden sich in folgenden, weiter oben im empirischen Teil der Arbeit wiedergegebenen Aktenauszügen: Patient B, Pflegedokumentation (564/570), S. 118; Patient L, Pflegedokumentation (3/7), S. 117; Patient O, Pflegedokumentation (65/75), S. 115. Referiert sei hier noch ein weiterer Extrakt aus der Pflegedokumentation eines bereits mehrfach durch exhibitionistische Handlungen im Zusammenhang mit Lockerungen aufgefallenen Patienten: „*Pat. wollte unbedingt mit seiner kleinen Turnhose zum Einkauf. Es wurde ihm nahe gelegt doch bitte eine lange Hose zum Eink. anzuziehen. Pat. schrie u. beschimpfte das Pflegepersonal in übelster Weise. Wenn er so (in Turnhose) nicht rausgehen könne wollte er sich bei der Betriebsleitg. beschweren. Der Stat.-Arzt hatte noch ein Gespr. mit Herrn I. Auf Grund seiner Beschimpfung wäre eine Ausgangssperre angezeigt.*" *QUELLE: Patient I, Pflegedokumentation (18/26).*

[979] Ausführlich zur Problematik und zu den alltagstheoretischen Hintergründen punitiver Grundeinstellungen vieler Bediensteter des Jugendstrafvollzugs *Walter* 1998b, S. 213ff.

nelle Selbstverständnis der im Behandlungsvollzug tätigen Berufsgruppen zu appellieren, welches eine Unterdrückung derartiger Impulse und gegebenenfalls die Aufarbeitung des aufgetretenen Konfliktes unter Verwendung non-konfrontativer (d.h. vor allem: nicht-strafender) Bewältigungsstrategien gebiete. Der Logik dieses Vorbringens würde es weiterhin entsprechen, die im Hinblick auf eine Tendenz der Vollzugspraxis zur repressiv motivierten Überdehnung existierender Eingriffstatbestände gewonnenen Erkenntnisse zum Anlass für eine Intensivierung gerichtlicher Kontrolle gerade auch mit therapeutischen Belangen begründeter Rechtsbeschränkungen zu nehmen, anstatt den gegenwärtigen Zustand fortgesetzt wiederholten Rechtsbruches schlicht zu legalisieren.

Dem Hinweis auf die Vorrangigkeit einer nicht-punitiven Verarbeitung konflikthaften Patientenverhaltens im Vollzugsalltag kann für den vorstehend entwickelten Regelungsentwurf zunächst entgegengehalten werden, dass mit der vorgesehenen Subsidiaritätsklausel ein hinreichendes Instrument zur Berücksichtigung entsprechender therapeutischer Ansätze bestehen dürfte. Durch den gesetzlich normierten Vorrang des milderen Mittels wird die Anwendbarkeit des neu geschaffenen Disziplinarrechts überdies gerade auf diejenigen Fälle ordnungs- oder sicherheitsrelevanten Verhaltens beschränkt, in welchen der Regelverstoß weniger als spezifischer Ausdruck des unterbringungsbegründenden psychischen Leidens – und damit als möglicher Anknüpfungspunkt genuin therapeutischen Vorgehens – denn als Manifestation allgemeiner sozialer Defizite und Einordnungsschwierigkeiten des Patienten erscheint. Es sollen somit ohnehin nur Verhaltensweisen des Untergebrachten einer Ahndung zugeführt werden, für deren administrative Bewältigung nach der hierzu im zweiten Kapitel entwickelten Auffassung zumindest nicht primär eine Zuständigkeit des Therapeuten besteht.

Doch auch bei einem solcherart beschränkten Zuschnitt des künftig einer Verhängung von Disziplinarmaßnahmen zugänglichen Fallmaterials könnte mit der Warnung vor einer möglichen „punitiven Aufladung"[980] der Vollzugspraxis und den von dieser ausgehenden Gefahren für den Behandlungserfolg das Gesamtvorhaben in Frage gestellt werden.[981] Deutlich gemacht werden sollte jedoch an dieser Stelle, dass sich der im Rahmen der vorliegenden Arbeit entwickelte Vorschlag keineswegs als großzügiges Zugeständnis an diffuse Bestrafungswünsche eines überforderten Vollzugspersonals versteht. Wie bereits an mehreren Stellen evident wurde, bleibt der Entwurf in vielerlei Hinsicht weit hinter der unter der geltenden

---

980 AK-*Walter*[4] Vor § 102, Rn 10. Zu ähnlichen Befürchtungen für die Situation in den Niederlanden *Koenraadt/Drost* 1985, S. 21: „Andererseits scheint die Gefahr aber groß, dass durch die Einführung von Disziplinarmaßnahmen nur Extramöglichkeiten dem Ganzen der schon implizit bestehenden Sanktionsmöglichkeiten hinzugefügt werden, was dann zu einer Ausdehnung statt einer Einschränkung der Macht der Klinik führen würde".

981 So der Vorwurf von Kammeier-*Rzepka*[2], Kap. H, Rn 4: Danach gefährden Disziplinarmaßnahmen „das Entstehen und den Fortbestand stabiler Therapiebeziehungen – und dies für den Preis einer fragwürdigen, empirisch nicht belegten, erzieherischen Wirkung von Strafmaßnahmen".

Rechtslage verbreitet gepflegten und mit der rechtsfehlerhaften Bezugnahme auf existierende Eingriffstatbestände kaschierten Sanktionierungspraxis zurück.[982] Daneben wurde besonderer Wert darauf gelegt, ein auch gegenüber den bereits vorgefundenen einschlägigen Instrumentarien für den Jugend- und Erwachsenenstrafvollzug durchgängig deutlich herabgestuftes Eingriffsniveau zu normieren. Das festgestellte Bedürfnis der Bediensteten nach einer Reaktion auf schwere, den Stationsalltag mehr als nur unerheblich beeinträchtigende Verfehlungen des Patienten sollte nach alledem zwar durchaus ernst genommen werden; von der stets um Restriktion bemühten Formulierung der Anwendungsvoraussetzungen bis hin zur dezidiert rechtsförmigen Ausgestaltung des Disziplinarverfahrens bemüht sich der Regelungsvorschlag jedoch gleichermaßen um die Herstellung eines Verhältnisses *praktischer Konkordanz*[983] zwischen *sämtlichen* in der konkreten Situation tangierten Interessen, was eine Berücksichtigung der grundrechtlich verbrieften Freiheitspositionen des Untergebrachten einschließt. Gerade aus dessen Perspektive ist demnach, so paradox dies bei oberflächlicher Betrachtung auch zunächst klingen mag, der Entwurf eines Disziplinarrechts trotz der zwangsläufig mit einem derartigen Vorhaben einhergehenden Schaffung neuer Eingriffstatbestände *auch* als Versuch einer effektiven Wahrung seiner Rechtsstellung zu sehen.[984] Nach alledem scheinen einige gewichtige Argumente gefunden, mit welchen dem Vorwurf eines bloßen einseitigen Nachgebens gegenüber punitiven Grundeinstellungen des Vollzugspersonals entgegenzutreten wäre.

---

[982] Vgl. etwa die Ausführungen im Rahmen der Entwicklung des Regelungsentwurfs zur Verhängung verschiedener Telefon- und Besuchssperren gegenüber einem intelligenzgeminderten Patienten (S. 300) sowie nicht zuletzt bereits die dortige Beurteilung des in der Einleitung referierten Hainaer Falles (S. 298f.).

[983] Nach *Hesse* 1995, Rn 72 liegt das Wesen dieses Ausgleichsverfahrens darin, verfassungsrechtlich geschützte Rechtsgüter in der Problemlösung einander so zuzuordnen, „dass jedes von ihnen Wirklichkeit gewinnt." Vgl. zur Herstellung praktischer Konkordanz auch noch *Lerche* 1992, Rn 3ff. („Ausgleich als Leitbild und Legitimation"); Sachs-*Sachs* Einf., Rn 50; *Sachs* 2000, Kap. A9, Rn 44.

[984] In diesem Sinne reklamiert auch der hier vorgelegte Entwurf für sich, dass er „den Patienten und seine Rechte ernst nimmt", wie es von Kammeier-*Rzepka*^{2}, Kap. H, Rn 4 lediglich dem *Verzicht* auf ein Konzept formeller Disziplinierung zugebilligt wird. Der von *Rzepka* (aaO, Rn 3) alternativ vorgeschlagene Weg, den in der Praxis verbreitet feststellbaren informellen Disziplinierungsstrategien statt durch die Schaffung einer dritten Eingriffsebene durch eine „verfassungskonforme, restriktive Auslegung und Anwendung der gesetzlichen Voraussetzungen von Sicherungs-/Ordnungsmaßnahmen zu begegnen", vermag jedoch vor dem Hintergrund der referierten, rechtstatsächlichen Erkenntnisse nicht zu überzeugen: Das in der eigenen empirischen Untersuchung erhobene Material dürfte gezeigt haben, dass eine bloße Restriktion der Gesetzesanwendung – etwa im Wege einer deutlichen Intensivierung gerichtlicher Kontrolle – ohne die Schaffung einer Alternativregelung des hier befürworteten Zuschnitts zu einer deutlichen Überforderung des mit zum Teil gravierenden Regelverstößen der Patienten konfrontierten Vollzugspersonals führen dürfte.

2. „Scheitern" des geltenden Disziplinarrechts im Strafvollzug?

Betrachtet man das einschlägige Schrifttum, welches sich mit dem geltenden Disziplinarrecht des Jugend- und Erwachsenenstrafvollzuges beschäftigt, so legt es eine ganze Reihe von kritischen Anmerkungen durchaus nahe, von einem „Scheitern" des überkommenen Instrumentariums zu sprechen; ein Befund, der nicht gerade für eine Implementierung der entsprechenden Strukturen in einem weiteren Sektor staatlichen Freiheitsentzuges sprechen würde.[985]

a) Feststellung massiv divergierender Sanktionsstile

Zunächst wird durch die Erkenntnisse einiger neuerer empirischer Arbeiten die *Steuerungsfähigkeit* der fraglichen Regelwerke im Hinblick auf die Gewährung einer gewissen Einheitlichkeit der Rechtsanwendung in Frage gestellt. Vor allem die umfassenden Studien *Dünkels* haben für die verschiedenen Bundesländer, aber auch im Vergleich einzelner Vollzugsanstalten untereinander zum Teil massiv divergierende Sanktionsstile ergeben.[986] Der Autor hat hieraus unter anderem die Forderung nach einer Eingrenzung der bestehenden Ermessensspielräume durch die Schaffung konkreterer Verwaltungsvorschriften abgeleitet.[987] In seiner Studie zur formellen Disziplinierung im Jugendstrafvollzug hat auch *Walter* bedeutende Unterschiede in den Sanktionierungsstilen der von ihm untersuchten Vollzugsanstalten festgestellt.[988] Sogar für eine einzelne Anstalt ergab die Evaluation des langjährigen Längsschnittes, dass zum einen die Zahl der verhängten Disziplinarmaßnahmen in einigen Jahren bis zu fünfmal so hoch sein kann wie in anderen Jahren,[989] und dass zum anderen auch innerhalb eines Jahres zumeist starke Schwankungen zu verzeichnen sind.[990] Die erstgenannten Abweichungen werden von *Walter* langfristig angelegten Veränderungen im Definitionsverhalten der Institution zugeschrieben, die vor allem durch einen Wechsel der sanktionsbefugten Instanz – hier des Anstaltsleiters – bedingt sein könnten (sog. *Anstaltsleitereffekt*).[991]

---

[985] In diesem Sinne Kammeier-*Rzepka*², Kap. H, Rn 4.

[986] *Dünkel/Rosner* 1982, S. 151ff.; *Dünkel/Meyer* 1985, S. 127ff.; *Dünkel* 1990, S. 255ff. Die letztgenannte Untersuchung greifen *Walkenhorst* 1999, S. 253f. und AK-*Walter*⁴ Vor § 102, Rn 2 auf. Vgl. auch noch *Dünkel* 1992, S. 32ff., *Dünkel* 1996, S. 99ff. sowie *Walter* 1999, Rn 516f. mit neueren Zahlen dorts., Tab. 16a/b.

[987] *Dünkel* 1992, S. 36 („durch konkrete Verwaltungsvorschriften die weitgehenden Ermessensspielräume eingrenzen und die Rechtsposition von Gefangenen damit indirekt stärken"). Angedeutet wird dieser Zusammenhang bereits bei *Dünkel/Rosner* 1982, S. 176.

[988] *Walter* 1998b, S. 96ff.

[989] *Walter* 1993, S. 279; *Walter* 1998b, S. 102f.

[990] *Walter* 1993, S. 282; *Walter* 1998b, S. 112f.

[991] *Walter* 1993, S. 279; *Walter* 1998b, S. 103. Vgl. hierzu auch *Breiholdt* 1963, S. 7; *Dünkel* 1990, S. 263; *Walter* 1999, Rn 502 sowie AK-*Walter*⁴ Vor § 102, Rn 3: „Alle Anhaltspunkte sprechen deshalb dafür, dass neben der Sanktionshäufigkeit auch die Sanktionsschwere weniger vom individuellen Verhalten des Gefangenen als vielmehr vom anstaltsüblichen Sanktionierungsstil abhängig ist".

Hinsichtlich der festgestellten Unterschiede im Jahresverlauf weist der Autor sodann auf einen Zusammenhang zwischen der Personalsituation (beeinflusst etwa durch bestimmte Haupturlaubszeiten und verbreitete Krankheitsausfälle) und dem quantitativen Sanktionierungsniveau hin; insoweit ergibt sich eine deutliche Parallelität zwischen der jeweiligen Gesamtentwicklung der Fehltage des Personals und der Häufigkeit formeller Disziplinierungen.[992] Auch *Walter* nimmt die erhobenen Befunde zum Anlass, eine Reduktion des auf der Rechtsfolgenseite bestehenden Ermessens zu fordern, um eine stärkere Vereinheitlichung der Sanktionspraxis herbeizuführen;[993] ein weiterer denkbarer Ansatzpunkt ist für ihn jedoch auch die Überwindung der bei vielen Vollzugsbediensteten vorherrschenden punitiven Einstellungsmuster, denen er durch eine sensibilisierte Personalpolitik sowie durch geeignete Ausbildungskonzepte beizukommen hofft.[994]

Betrachtet man die referierten Stellungnahmen aus dem strafvollzugsrechtlichen Schrifttum, so fällt auf, dass diese trotz der zum Teil markanten Abweichungen im Hinblick auf Häufigkeit und Schwere der ausgesprochenen Sanktionen keineswegs das Institut der Disziplinarmaßnahme als solches in Frage stellen, sondern für eine Optimierung der system*immanenten* Schutzvorkehrungen zur Gewährleistung einer einheitlicheren Rechtsanwendung eintreten. Genau dies entspricht jedoch auch der vorliegend verfolgten Strategie, indem nämlich bei der Ausgestaltung sowohl der Anwendungsvoraussetzungen als auch der Rechtsfolgenseite besonderer Wert auf die Berücksichtigung des verfassungsrechtlich verankerten Bestimmtheitsgrundsatzes gelegt wurde. Beurteilungsspielraum und Ermessen, welche dem Leiter der Einrichtung bei der jeweiligen Entscheidungsfindung sinnvollerweise zugestanden werden, erweisen sich demnach an mehreren Stellen des Abwägungsvorganges als reduziert, so etwa durch die Verwendung der Regelbeispielstechnik im Tatbestand oder aufgrund der eindeutigen Subsidiarität einer Sanktionierung gegenüber nichtpunitiven Maßnahmen. Die Hoffnung auf eine Einhaltung elementarer rechtsstaatlicher Standards durch die Vollzugspraxis erscheint allerdings nur dann gerechtfertigt, wenn es gelingt, die „faktische Lage des Rechtsschutzes im Maßregelvollzug"[995] weiter zu verbessern.

b) Paralleles Fortbestehen einer informellen Sanktionierungspraxis

Der im vorangegangenen Kapitel entwickelte Regelungsentwurf hat sich dem Ziel verschrieben, der in der Vollzugspraxis vorgefundenen Tendenz zur Überdehnung

---

[992] *Walter* 1998b, S. 122ff. Eine diesbezügliche Andeutung findet sich bereits bei *Walter* 1993, S. 282f.

[993] *Walter* 1998b, S. 203. Allgemein ist nach *Feest et al.* 1997, S. 199 in der tatbestandlichen Weite der existierenden Eingriffstatbestände des StVollzG der Hauptgrund für die unbefriedigende Rechtsschutzsituation im Strafvollzug zu sehen: „Eine wirksame gerichtliche Kontrolle der Anstaltspraxis und damit ein effektiver Rechtsschutz für Gefangene scheitert in erster Linie an der die richterliche Kontrolldichte reduzierenden Normstruktur des Strafvollzugsgesetzes, durch die den Anstalten zu große Definitions- und Entscheidungsspielräume belassen werden".

[994] *Walter* 1998b, S. 221ff.

[995] *Hohlfeld et al.* 1985.

existierender gesetzlicher Eingriffstatbestände zu Disziplinarzwecken entgegenzuwirken. Dem neu geschaffenen Instrumentarium soll insoweit durchaus auch die Funktion eines Ventils für die sich im Stationsalltag entwickelnden ordnungs- oder sicherheitsrelevanten Konflikte zukommen; von seiner Anwendung wird dementsprechend eine gewisse Befriedungswirkung erwartet. Nimmt man diese Perspektive auf den vorgelegten Entwurf ein, so wären allerdings gewichtige Bedenken für den Fall anzumelden, dass die dergestalt konkretisierte Zielsetzung von den bereits seit Längerem im strafvollzuglichen Kontext bestehenden Regelwerken evident verfehlt würde. Anders formuliert: Ergäbe sich aus den zum Jugend- und Erwachsenenstrafvollzug vorliegenden rechtstatsächlichen Forschungen die Erkenntnis, dass trotz der Existenz eines Disziplinarrechts von den Vollzugsbediensteten weiterhin in nicht unbeträchtlichem Umfang Zuflucht zu der Anwendung *informeller* Disziplinierungsstrategien gesucht wird, so würde dies einen der Grundpfeiler der vorstehend entwickelten Argumentation in Frage stellen.

Zunächst einmal ist zu konstatieren, dass sich in der strafvollzugsrechtlichen Literatur eine bedeutende Anzahl von Stimmen findet, welche auf eine gewisse Verbreitung informeller Sanktionspraxen in der Vollzugswirklichkeit hinweisen.[996] Sehr ausführlich – allerdings in Bezug auf den schweizerischen Strafvollzug – haben *Stratenwerth* und *Bernoulli* das dort existierende differenzierte System der Sozialkontrolle beschrieben.[997] Unter Rekurs auf einen sehr weit verstandenen, der Soziologie entlehnten Sanktionsbegriff skizzieren sie die „nahezu unbegrenzt(en)" Möglichkeiten, die für das Vollzugspersonal hinsichtlich einer effektiven Verhaltenssteuerung sowohl durch positive als auch durch negative Sanktionierung der Gefangenen bestünden.[998] So werde auch die Zuteilung von Vergünstigungen und deren Entzug verbreitet zur Disziplinierung von Regelverstößen genutzt. Derartige Formen der Verhaltensbeeinflussung stünden im schweizerischen Strafvollzug sogar nach wie vor eindeutig im Vordergrund, obwohl durch sie keineswegs die soziale Integration des Straffälligen, sondern allenfalls seine Anpassung an das Anstaltsregime gefördert werde.[999] Das Institut der Disziplinarstrafe bilde zu der mit Vergünstigungen operierenden, eher informellen Strategie lediglich das formalisierte Gegenstück.[1000]

---

[996] Nach *Huber* 1995, S. 8f. handelt es sich bei den insoweit ergriffenen Maßnahmen um „Reaktionen der Anstaltsbehörden auf vorschriftswidriges Verhalten [...], die negative Auswirkungen auf den Insassen haben, ohne formell das Ziel der Disziplinierung in den Vordergrund zu stellen". Schwind/Böhm-*Böhm* § 103, Rn 1 spricht insoweit von „verkappten" Disziplinarmaßnahmen; *Volckart* 1985a vermutet – wie bereits weiter oben (S. 74f.) dargestellt – „repressive Maßnahmen mit anderem Namen".

[997] *Stratenwerth/Bernoulli* 1983, S. 118ff.

[998] *Stratenwerth/Bernoulli* 1983, S. 119. Die Autoren verwenden demnach einen weiteren Sanktionsbegriff, als er dieser Arbeit in Anlehnung an *Spittler* 1967, S. 23 zugrunde gelegt wurde.

[999] *Stratenwerth/Bernoulli* 1983, S. 120f. Damit wird erneut das bereits mehrfach diskutierte Problem einer bloßen Scheinanpassung der Insassen an innerinstitutionelle Verhaltensstandards berührt; vgl. hierzu die Nachweise weiter oben in Fn 317.

[1000] *Stratenwerth/Bernoulli* 1983, S. 121f.

Für den bundesdeutschen Jugendstrafvollzug hat *Walkenhorst* auf das „Vorhandensein einer Vielzahl informeller repressiver Sanktionierungen durch das Anstaltspersonal" hingewiesen, die nur schwerlich präzise zu erfassen und aus diesem Grunde kaum einer rechtlichen Kontrolle zugänglich seien.[1001] Es werden nicht zuletzt die hier angesprochenen Einordnungsprobleme gewesen sein, die auch für *Walter* den Ausschlag gegeben haben, seine eigene empirische Studie ausschließlich auf die Erfassung der bedeutend einfacher zu identifizierenden Akte formeller Disziplinierung zu beschränken.[1002] Um das von ihm behandelte Thema einzugrenzen, weist der Autor dennoch eine Reihe denkbarer Strategien informeller Sanktionierung nach: Nicht selten würden etwa vollzugliche Sicherheits- und Ordnungsmaßnahmen von Seiten der Bediensteten zu disziplinarischen Zwecken ergriffen, oder es werde die Möglichkeit einer Einflussnahme auf die Haftdauer durch nachteilige Ausgestaltung der von der Anstalt in bestimmten Fragen geforderten Stellungnahmen dazu genutzt, unliebsame Gefangene zu benachteiligen.[1003] Letztlich hebt auch *Walter* die faktische Unbegrenztheit des denkbaren Arsenals aus Gewährung und Entzug positiver Maßnahmen hervor und konstatiert zusammenfassend, derartige Beeinträchtigungen beeinflussten das Verhalten des von ihnen betroffenen Gefangenen vermutlich sogar stärker als die offiziellen Reaktionen auf Ordnungsverstöße.[1004]

Darüber hinaus könnten die im Rahmen der in den Niederlanden unternommenen Feldstudie herausgearbeiteten Argumentationsmuster des dortigen Vollzugspersonals als Beleg für ein gewisses Beharrungsvermögen herangezogen werden, mit welchem die Tendenz zur Fehletikettierung von Disziplinarmaßnahmen unabhängig von etwaigen gesetzlichen Neuregelungen tradiert wird. Sowohl die eigene Umfrage in den TBS-Kliniken als auch die Evaluationsstudie von *Leuw* und *Mertens* haben insoweit ergeben, dass auch einige Zeit *nach* der Einführung des neuen Disziplinarrechts die Verantwortlichen bei einer für erforderlich erachteten Reaktion auf störendes oder gefährdendes Verhalten des Untergebrachten nach wie vor deutlich dem überkommenen zweispurigen Instrumentarium zuneigen. Unter den befragten Mitgliedern des Vollzugspersonals herrschte denn auch die Meinung vor, angesichts der bereits bislang existierenden Möglichkeiten der Rechtsbeschränkung bestehe für ein Disziplinarrecht als dritte Eingriffsebene schlicht kein Bedarf. Folgerichtig bezeichnete ein interviewter Anwalt die Disziplinarstrafen als „dysfunktional" und regte ihre Entfernung aus dem BVT an.[1005] Würde man die dargestellten Erfahrungen auf den vorliegend diskutierten Zusammenhang übertragen, erschiene mithin einige Skepsis im Hinblick auf die Erfolgsaussichten des entwickelten Regelungsentwurfs in der Praxis angebracht – insoweit wäre die beträchtliche „Beharrlichkeit des alten Systems"[1006] zu befürchten.

[1001] *Walkenhorst* 1999, S. 254.

[1002] Vgl. insoweit *Walter* 1993, S. 274; *Walter* 1998b, S. 7.

[1003] *Walter* 1998b, S. 3ff. Ähnlich für den Erwachsenenstrafvollzug AK-*Walter*⁴ Vor § 102, Rn 12ff.

[1004] *Walter* 1998b, S. 6f.; AK-*Walter*⁴ Vor § 102, Rn 12; ähnlich *Dünkel* 1992, S. 35f.

[1005] Vgl. hierzu oben S. 275.

[1006] Mit dieser Formulierung beschreibt *Sanner* 1984, S. 77 die Schwierigkeiten, mit denen er

Es stellt sich nunmehr die Frage, welche Schlussfolgerungen aus den vorstehend versammelten Stellungnahmen im Hinblick auf die hier vertretene Konzeption zu ziehen sind. Der in der vorliegenden Arbeit entwickelte Regelungsentwurf geht von der Prämisse aus, für die Patienten des psychiatrischen Maßregelvollzuges eine Verbesserung der rechtlichen Standards im Sinne größerer Rechtsklarheit herbeiführen zu können, indem die nach geltendem Recht praeter legem durchgeführten Sanktionierungen einem neugeschaffenen Eingriffstatbestand zugeordnet werden. Vor allem das Bemühen um eine den verfassungsrechtlichen Vorgaben des Verhältnismäßigkeitsgrundsatzes gerecht werdende, zurückhaltende Ausgestaltung eines derartigen Disziplinarinstrumentariums müsste nun jedoch aus der soeben eingenommenen Perspektive geradezu zwingend „kontraproduktiv“ wirken, da nach den obigen Ausführungen davon auszugehen ist, dass auf diese Art und Weise zumindest ein Teil der Sanktionierungswünsche des Personals auch weiterhin keine Entsprechung im Normensystem finden und sich dementsprechend wiederum in der Durchführung illegitimer Strafaktionen Bahn brechen wird. Dergleichen nimmt im Übrigen auch *Dünkel* für die von ihm befürworteten Reformen des Jugendvollzuges an, soweit diese eine Restriktion der Anwendungsvoraussetzungen von Disziplinarmaßnahmen vorsehen.[1007] Der Autor weist jedoch auch den Weg, der zur Lösung dieses Problems führen muss: Der so umrissenen Gefahr könne nur durch die Schaffung rechtsstaatlicher „Sicherungen“ gegenüber einer extensiven (und als missbräuchlich erkannten) Anwendung besonderer Sicherungsmaßnahmen begegnet werden.[1008]

Auch für den vorliegenden Zusammenhang muss auf einer klaren Grenzziehung bestanden werden: Soweit die Auferlegung einer Sanktion für schuldhaft verwirklichte Regelverletzungen eines Patienten unter Berücksichtigung aller in die konflikthafte Situation involvierten Interessenpositionen vertretbar erschien, wurde die Durchführung entsprechender Maßnahmen im vorliegenden Regelungsentwurf auch vorgesehen. Die so herausgearbeiteten Konturen implizieren jedoch gleichzeitig eine Negativabgrenzung; etwaigen *weiteren* Disziplinierungsbestrebungen des Vollzugspersonals ist demnach eine eindeutige Absage zu erteilen. Zur Vermeidung auch unter der neuen Gesetzeslage weiterhin denkbarer Rechtsbrüche des Vollzugspersonals hat somit eine effektive Rechtskontrolle *sämtlicher* eingreifender Vollzugsmaßnahmen sowie die konsequente gerichtliche Ächtung entsprechender Übertretungen zu erfolgen. Bei einer derartigen Effektivierung des Rechtsschutzes erscheint insbesondere eine tatbestandliche Restriktion der beiden bereits existierenden Arten von Eingriffstatbeständen nicht mehr erforderlich, da diese, wie die im Rahmen der empirischen Arbeit vorgenommenen eigenen Subsumtionsversuche gezeigt haben, bereits de lege lata eine hinreichende Verdichtung aufweisen.[1009] Es

sich nach der Übernahme der ärztlichen Leitung der Vorgängerinstitution des WZFP bei der Umsetzung von Innovationen konfrontiert sah.

1007 *Dünkel* 1990, S. 219.

1008 *Dünkel* 1990, aaO.

1009 Hierzu im Einzelnen die weiter oben erfolgte kritische Würdigung zu folgenden Einzelmaßwäre demnach notfalls Sache der Gerichte, den vom Gesetzgeber vollzogenen Wertungen die ihnen zustehende Geltung zu verschaffen.

Nun könnte man an dieser Stelle bei einigen sehr ernüchternden Ausführungen *Walters* zur „Erzwingung des Fortschritts mit Rechtsvorschriften" verharren, die ein recht düsteres Bild der Steuerungskraft spezifisch juristischer Interventionsmodi zeichnen.[1010] Dort heißt es im Hinblick auf die durch das StVollzG erreichten Verbesserungen: „Die Rechtsnormen haben die Vollzugsrealitäten nur sehr bedingt verändern können. Ihre steuernde Macht wird vor allem von Juristen immer wieder überschätzt."[1011] Dass man nach den Ergebnissen der vorliegenden Arbeit gleichwohl nicht bei diesem Befund stehen bleiben darf, macht eine bereits in der Einleitung wiedergegebene Anmerkung *Volckarts* und *Grünebaums* deutlich, mit welcher diese ihren Vorschlag eines Disziplinarrechts für den Maßregelvollzug unterstützen. Danach gehört es zur Würde auch des Patienten eines psychiatrischen Krankenhauses, bei seiner Verantwortung für von ihm verschuldetes Fehlverhalten angesprochen zu werden. Demgegenüber werde er zum bloßen Objekt medizinischer Bemühungen herabgewürdigt, wenn seinen Verfehlungen nichts entgegengesetzt werde als sog. ärztliche Behandlungsmethoden.[1012] Dem Grundsatz der in Art. 1 I 1 GG für unantastbar erklärten Menschenwürde selbst ist demnach der Imperativ zu entnehmen, durch eindeutige Rechtsnormen und effektiven Rechtsschutz für den Maßregelvollzug für einen rechtsförmigen Umgang mit Regelverstößen der Maßregelpatienten Sorge zu tragen.[1013]

---

nahmen: Zu § 21 I MRVG-NW vgl. Patient N, Krankengeschichte (3/15), S. 122; Patient B, Pflegedokumentation (449/455), dorts.; Patient X, Pflegedokumentation (10/21), S. 130; Patient X, Pflegedokumentation (153/159), S. 131; zu § 9 IV 1, II MRVG-NW vgl. Patient F, Pflegedokumentation (55/60), S. 166; Patient F, Pflegedokumentation (3/6), dorts.; Patient F, Pflegedokumentation (468/483), dorts.; zu § 7 I 1, III 2 MRVG-NW vgl. Patient B, Pflegedokumentation (449/455), S. 176; Patient B, Pflegedokumentation (603/609), dorts.; zu § 10 II MRVG-NW vgl. Patient O, Behandlungsplan (106/119), S. 197; Patient O, Pflegedokumentation (645/647), dorts.

1010 Vgl. *Walter* 1999, Rn 374.

1011 *Walter* 1999, aaO.

1012 *Volckart* 1999a, S. 91. Vgl. hierzu bereits S. 8.

1013 Insoweit ist erneut Kammeier-*Rzepka*², Kap. H, Rn 4 zu widersprechen, die den Verzicht auf ein formelles Disziplinarinstrumentarium nicht wie *Volckart* und *Grünebaum* als „Ausdruck einer institutionellen Aberkennung der Fähigkeit zur Selbstverantwortung, einer Behandlung des Patienten als ununterbrochen akut krank" verstehen will: Zwar lassen die referierten rechtstatsächlichen Erkenntnisse den Schluss zu, dass die Patienten des Maßregelvollzuges durch das Personal im Regelfalle tatsächlich für die von ihnen begangenen Regelübertretungen bei ihrer Verantwortung angesprochen werden. Durch den zugleich vom Personal vorgenommenen Rekurs auf Begründungsmuster aus dem therapeutischen oder präventiven Kontext wird dieser Akt der Zuschreibung jedoch wieder verwischt und geht in einem diffusen „Gewaltverhältnis im weißen Kittel" auf. Auf die Beseitigung gerade *dieser* Art von Ungenauigkeit dürfte die wiedergegebene Argumentation *Volckarts* mit der durch Art. 1 I GG garantierten Menschenwürde abzielen.

3. Nachteilige Auswirkungen einer „übermäßigen" Verrechtlichung auf den Behandlungsfortgang

Vor dem Hintergrund des soeben Ausgeführten ist schließlich noch ein weiterer denkbarer Einwand gegen die Ergänzung der geltenden Maßregelvollzugsgesetze um ein Disziplinarrecht zu diskutieren. In diesem Zusammenhang könnten nämlich erneut die bereits bei der Darstellung der niederländischen Gesetzesgenese kurz angeklungenen Bedenken im Hinblick auf etwaige nachteilige Auswirkungen einer als übermäßig empfundenen Verrechtlichung des Vollzugssettings auf den angestrebten Behandlungsfortgang vorgebracht werden.[1014]

In der allgemeinen Diskussion werden entsprechende Vorbehalte üblicherweise vor allem dahingehend präzisiert, dass eine Stärkung der Rechtsposition des Insassen – etwa durch die gesetzliche Zuerkennung von durchsetzbaren Ansprüchen oder eine Ausweitung der Rechtsschutzmöglichkeiten – die ohnehin begrenzten Kapazitäten des Personals unnötig in Aktivitäten der Rechenschaftslegung gegenüber Kontrollinstanzen binde.[1015] Insbesondere für den Maßregelvollzug in den Niederlanden ist darüber hinaus verbreitet auf die Restriktionen hingewiesen worden, denen nach einer intensiveren rechtlichen Durchdringung des Behandlungskontextes die bislang verbreitet angewandten therapeutischen Strategien einer manipulativen Einflussnahme auf die Behandlungsbereitschaft des Patienten unterliegen würden; dahinter steht die Befürchtung, durch die Verfestigung einklagbarer Rechtspositionen werde es dem Untergebrachten wesentlich einfacher als bisher möglich sein, sich jeglichen Behandlungsbemühungen zu entziehen.[1016] Schließlich wird ganz generell in der umfassenden gesetzlichen Regelwerken naturgemäß eignenden gewissen Starrheit ein Faktor gesehen, welcher unter Umständen mit den im Vollzugskontext geltenden Flexibilitätsanforderungen kollidieren könne und aufgrund dessen die Wahrscheinlichkeit von Regelverletzungen erhöhe.[1017] Freilich findet sich daneben auch eine nicht geringe Anzahl von Stimmen, die den mittlerweile erreichten Standard in der Normierung vollzuglicher Lebensverhältnisse gegen derartige Anwürfe explizit verteidigen,[1018] etwa indem das zwischen Therapeut und Patient

---

1014 Vgl. hierzu bereits die Nachweise Fn 720, 721. Zur Verrechtlichung in der forensischen Psychiatrie *Kammeier* 1984, S. 197 („zunehmende juristische Fassbarkeit und Verrechtlichung"); *Pollähne* 1994, S. 3ff.; zur Verrechtlichung des Gefängniswesens *Böhm* 1992; *Feest et al.* 1997, S. 13ff.

1015 *Herrfahrdt* 1990, S. 4f.; *Kreuzer* 1988, S. 139f.; *Preusker* 1987, S. 14. Vgl. auch noch *Rasch* 1987, S. 21: „Die mit den neuen Bestimmungen eingetretene Präzisierung der Durchführung des Maßregelvollzugs hat zu einer begrüßenswerten Klärung geführt, in mancher Hinsicht allerdings auch mit der Konsequenz einer stärkeren Belastung des Personals".

1016 Hierzu *Aalberts/Brouwers* 1991, S. 52f.; *Blankstein* 1990, S. 300; *Hovens* 1997, S. 79; *Kuperus* 1995, S. 35f.; *Ministerie van Justitie* 1991, S. 17, 157; *N. N.* 1997, S. 14; *Que* 1997, S. 12; *Van Kuijck* 1995, S. 68f.

1017 *de Boer* 1997, S. 6; *Walkenhorst* 1999, S. 256; *Wagner* 1998, S. 194f.; *Walter* 1999, Rn 376.

1018 *de Jong/Van Vliet* 1992, S. 206; *Sagel-Grande* 1991, S. 760; *Van den Bergh/Hofstee* 1988, S. 141; *Winkels* 1991, S. 385ff.; *Winkels* 1992, S. 278f.

bestehende Machtgefälle thematisiert und die besondere Schutzbedürftigkeit des Gewaltunterworfenen hervorgehoben wird.[1019]

Auf den vorliegend behandelten Zusammenhang – die Diskussion der Chancen und Risiken eines Disziplinarinstrumentariums für den Maßregelvollzug – angewandt, würde die soeben ausgeführte Verrechtlichungskritik wohl vor allem den Charakter des Behandlungssettings als eines sämtliche vollzuglichen Lebensbereiche durchdringenden „therapeutischen Milieus“[1020] betonen. Aus dieser Einschätzung ließe sich die Forderung ableiten, auch die Reaktion auf soziale Einordnungsschwierigkeiten des Untergebrachten müsse in der für diesen Bereich originären Kompetenz des Therapeuten belassen werden, wohingegen die hier befürwortete Herauslösung dieser Materie aus dem Behandlungskontext durch Subsumtion unter neu geschaffene Disziplinartatbestände als obsolet, ja sogar kontraindiziert bewertet werden müsste.

Es sei an dieser Stelle noch einmal an den grundlegenden Legitimationszusammenhang der Maßregel nach § 63 StGB erinnert: Seine Rechtfertigung erfährt das Institut der Unterbringung in einem psychiatrischen Krankenhaus allein in der *Gefährlichkeit* des psychisch kranken, persönlichkeitsgestörten oder intelligenzgeminderten Straftäters für die Gesellschaft. Die aufgrund dieser in einer konkreten Straftat manifestierten Gefährlichkeit gerichtlich angeordnete Freiheitsentziehung verlangt dem Schuldlosen, zumindest jedoch vermindert Schuldfähigen ein *Sonderopfer* für die Allgemeinheit ab, weshalb ihm zwar ein *Anspruch* auf Gewährung adäquater Behandlung zusteht, er sich jedoch keineswegs einer *Pflicht* zur Behandlung seines Anlassleidens ausgesetzt sieht.[1021] Die vorstehend entwickelte Argumentation, die mit der Verrechtlichung der forensischen Psychiatrie einhergehende Stärkung der Rechtsposition des Maßregelpatienten wirke als eine Art „Hemmschuh“ einem möglichst ungestörten Behandlungsfortgang entgegen, kann nach alledem keinen Bestand haben; statt dessen gilt es, die angesichts des ungebrochen totalen Charakters einer jeden Institution des Behandlungsvollzuges äußerst verletzliche Rechtssphäre des Untergebrachten gegen drohende Übergriffe aus einem tendenziell allumfassenden „Arztgewaltverhältnis“[1022] zu stärken. Das therapeutische Interesse kann deshalb nicht länger als Blankovollmacht für jegliche dem Untergebrachten auferlegte Restriktion herangezogen werden, vielmehr ist auf einer sauberen terminologischen Unterscheidung zwischen den Bereichen Therapie, Gefahrenabwehr und Disziplinierung zu bestehen, wie sie im Theorieteil dieser Arbeit vorbereitet worden ist und in dem hier vorgelegten Regelungsentwurf eines Diszi-

---

[1019] *Böhm* 1992, S. 38; *Kelk* 1988, S. 298; *Kelk* 1998, S. 498f. Zum Aspekt des Machtgefälles vgl. auch noch *Blankstein* 1990, S. 299; *Bullens* 1991, S. 101f.; *Ministerie van Justitie* 1991, S. 65.

[1020] Die Bedeutung eines „therapeutischen Milieus“ für den Behandlungsfortschritt wird etwa von *Duncker* 1998, S. 135; *Eickmann* 1984, S. 67; *Goudsmit/Reicher* 1980, S. 251; *Koester* 1987, S. 114; *Leygraf/Heinz* 1984, S. 49; *Thomas-März/Müller-Isberner* 1995, S. 344 hervorgehoben.

[1021] Vgl. hierzu im Einzelnen bereits S. 49f.

[1022] *Volckart* 1999a, S. 39.

plinarrechts für den Maßregelvollzug ihren Niederschlag gefunden hat.[1023] Von einer so verstandenen Verrechtlichung dürfte letzten Endes auch eine Entlastung des „therapeutischen Milieus“ von systemfremden Aufgaben zu erwarten sein.[1024]

II. Zusammenfassung der Ergebnisse

Die vorliegende Arbeit zur Sanktionierung unbotmäßigen Patientenverhaltens im psychiatrischen Maßregelvollzug hat ihren Ausgang bei einer Darstellung und kritischen Würdigung der Kontroverse um das Fernsehempfangsrecht eines Patienten der Klinik für Gerichtliche Psychiatrie Haina genommen (1. Kapitel). Aufgrund von Tätlichkeiten innerhalb der Einrichtung war der unter einer chronischen, paranoid-halluzinatorischen Schizophrenie leidende Patient in das sog. „Feste Haus“, eine Außenstelle der Klinik, verlegt worden, wo es weiterhin zu aggressivem Verhalten gegenüber Mitpatienten, Pflegern und ärztlichem Personal kam. Erklärtes Konzept des „Festen Hauses“ war es, durch die gezielt stattfindende weitere Rücknahme persönlicher Möglichkeiten im Vergleich zum Normalvollzug auf den Behandlungsstationen besonders unmotivierten Patienten eine zusätzliche Beschwernis aufzuerlegen, um sie zu stärkerer Kooperationsbereitschaft zu bewegen. Als Teil dieses Konzeptes wurde den besonders uneinsichtigen Patienten auf zwei Unterstationen des Hauses die abendliche Teilnahme am gemeinschaftlichen Fernsehen verweigert, während dies auf anderen, einer Kooperation aufgeschlosseneren Patienten vorbehaltenen Stationen gestattet wurde. Zur Rechtfertigung dieser Regelung verwies die Klinik auf den „Zweck der Maßregel“ nach § 63 StGB; es handele sich um eine verhaltenstherapeutische Maßnahme, mit der ansonsten „therapeutisch nicht erreichbare Patienten auf den Weg in die Freiheit“ gebracht werden sollten.[1025]

Wenngleich diese Praxis durch eine hierzu ergangene Entscheidung des *LG Marburg*[1026] grundsätzliche Billigung erfahren hat, zeichneten sich nach einer Sich-

---

[1023] Vgl. auch *Bernsmann* 1984, S. 143f.: „Soweit sich in der Psychiatrie der Einwand erheben sollte, eine umfassende „Verrechtlichung“ des Maßregelvollzuges beinhalte eine unerträgliche Einzwängung des therapeutischen Anliegens, wäre dem entgegenzuhalten, dass die Psychiatrie Zeit genug hatte, sich in einem praktisch rechtsfreien Raum als taugliches Instrument der Grundrechtswahrung und der Rehabilitierung der Untergebrachten zu erweisen, ihr dieser Nachweis in der Praxis aber weitgehend misslungen ist“.

[1024] In diesem Sinne hat *Wagner* 1989 darauf hingewiesen, dass letztlich „auch Ärzte und Pflegepersonal von effektivem Rechtsschutz profitieren.“ Die Festlegung eindeutiger Regeln für Vollzug und Therapie banne für das Personal die ansonsten latent fortbestehende „Gefahr strafrechtlicher, disziplinarrechtlicher oder haftungsrechtlicher Verantwortung“ (S. 55). Ausführlich *Wagner* 1992a, S. 38ff.; vgl. auch noch *Saage/Göppinger-Wagner/Volckart*, Kap. 4.7, Rn 318: „Die Verrechtlichung der Therapie beschert den Patienten nicht etwa Steine statt Brot, sondern kann die therapeutische Situation verbessern.“ Zur Selbstwahrnehmung der therapeutisch Tätigen in dieser Frage *Dörner/Plog* 1996, S. 485f.

[1025] Vgl. noch einmal die Dokumentation der Begründung bei *Kreuzer* 1994, S. 63.

[1026] Beschluss des LG Marburg v. 28.08.1991 (7b StVK 131/91), der sich fast vollständig dokumentiert findet bei *Kreuzer* 1994, S. 59ff., stärker gekürzt auch in R&P 1992, S. 67ff.

tung der zu besagter Entscheidung ergangenen Stellungnahmen des einschlägigen Schrifttums sowohl durchgreifende behandlungsethische Bedenken gegen die von Seiten der Klinik zugrunde gelegte lerntheoretische Konzeption als auch Zweifel an ihrer Vereinbarkeit mit den geltenden gesetzlichen Grundlagen ab. Insoweit wurde herausgearbeitet, dass die einschlägigen Ländergesetze Eingriffe in Rechtspositionen des Untergebrachten nur aus Gründen der Therapie, der Sicherheit oder des geordneten Zusammenlebens zulassen, ein eigenständiges Disziplinarrecht hingegen nicht kennen. Für die Reaktion auf Ordnungsverstöße der Insassen erweisen sie sich dadurch jedoch als schlecht gerüstet; insbesondere gegen die Einordnung der Verarbeitung bloßer Disziplinwidrigkeiten in den Kernbereich ärztlichen Handelns lassen sich in dieser Hinsicht ernsthafte Einwände formulieren. Einer „Behandlung durch repressive Maßnahmen",[1027] wie sie den Hainaer Fall kennzeichnet, wurde dementsprechend das Modell einer zusätzlichen vollzugsrechtlichen Eingriffsmodalität gegenübergestellt: Rechtsbeschränkungen der beschriebenen Art sollten danach künftig Gegenstand eines noch zu schaffenden Disziplinarrechts für den psychiatrischen Maßregelvollzug sein.

Die im Eingangskapitel im Hinblick auf eine Überdehnung der existierenden gesetzlichen Rechtfertigungstatbestände durch die Vollzugspraxis formulierten Bedenken wurden sodann zum Gegenstand einer Literaturstudie zu den therapeutischen und rechtlichen Rahmenbedingungen der Sanktionierung im Behandlungsvollzug genommen (2. Kapitel). Dabei wurde zunächst klargestellt, dass für die erschöpfende Analyse eines Vollzugsbereichs an der „Schnittstelle zwischen Kriminaljustiz- und psychosozialem Versorgungssystem"[1028] die benachbarten Regionen des ebenfalls durch eine deutliche Behandlungsorientierung gekennzeichneten sozialtherapeutischen Strafvollzuges sowie der geschlossenen Allgemeinpsychiatrie Berücksichtigung zu finden haben; als Oberbegriff für die benannten, in ihren strukturellen Voraussetzungen einander ähnelnden Einrichtungen wurde der von *Goffman* geprägte Begriff der *totalen Institution* eingeführt.[1029] Des weiteren erfolgte eine inhaltliche Konkretisierung des verwendeten Sanktionsbegriffs dahingehend, dass hierunter „Reaktionen auf Abweichungen von Verhaltensregelmäßigkeiten" verstanden werden sollten, durch welche „demonstriert wird, dass das abweichende Verhalten nicht hingenommen wird".[1030]

Im Fortgang der Untersuchung erfuhren zunächst die in der Einleitung wiedergegebenen therapeutischen Techniken unter dem Schlagwort der „Erzeugung von Therapiemotivation" eine kritische Würdigung. In diesem Zusammenhang wurde auf die im psychowissenschaftlichen Schrifttum verbreitet anzutreffende Klage über den Mangel an Therapiekooperation hingewiesen, durch welchen sich ein Großteil der in den verschiedenen Einrichtungen des Behandlungsvollzuges inter-

---

1027 *Volckart* 1999a, S. 171.
1028 *Pollähne* 1999, S. 43.
1029 Grundlegend *Goffman* 1971, S. 13ff.: „Über die Merkmale totaler Institutionen".
1030 So der von *Spittler* 1967, S. 23 entwickelte Sanktionsbegriff.

nierten Straftäter auszeichne. Auf dieser Grundlage wurde über etablierte therapeutische Techniken zur Bewältigung des Problems der Therapiemotivation im justitiellen Zwangskontext berichtet, als deren prominenteste sich die bereits im Hainaer Fall durchscheinende Strategie einer Herbeiführung „praktischer Überzeugung“[1031] des zu Behandelnden herauskristallisierte: In ihrer problematischen Variante besteht die so bezeichnete Vorgehensweise in einer manipulativen Einflussnahme auf die Abwehrhaltung des Insassen in dem Sinne, dass die Distribution vollzuglicher Vorteile an die Manifestation einer den unterbreiteten Behandlungsangeboten aufgeschlossenen Grundhaltung geknüpft wird. Die zusammengetragenen Stellungnahmen aus den verschiedenen Vollzugsbereichen ließen – ungeachtet einiger positiver Ausnahmen – den Schluss zu, dass derartige Techniken nach wie vor als fester Bestandteil des therapeutischen Repertoires fungieren.

Dem psychowissenschaftlichen Konzept der Therapiemotivation wurde sodann als rechtliches Pendant das Institut der *Behandlungseinwilligung* gegenübergestellt: Nach einer Auseinandersetzung mit den verschiedenen, zum Teil stark divergierenden landesgesetzlichen Regelungen zur Frage der Zwangsbehandlung respektive der Einwilligung in Behandlungsmaßnahmen wurden die diesbezüglichen Anforderungen vor dem Hintergrund zwingender verfassungsrechtlicher Postulate konkretisiert, so dass sich – unabhängig vom Wortlaut der jeweiligen Landesnorm – einheitliche Ober- und Untergrenzen für das Einwilligungserfordernis formulieren ließen. Durch die Diskussion der Regelungen zur Zwangsbehandlung wurde dabei gleichzeitig derjenige Bereich identifiziert, in welchem mit der Zustimmungserklärung des Patienten eine der Sanktionierung durch das Vollzugspersonal zugängliche Manifestation der Kooperationsbereitschaft gesetzlich vorgesehen ist.

Im Folgenden wurden Berührungspunkte der dargestellten Techniken „praktischer Überzeugung“ zu der von *Amelung* vertieft behandelten Problematik der „Einwilligung des Unfreien“[1032] herausgearbeitet. Nach Auffassung *Amelungs* erfolgt ein Großteil der Einwilligungen in Rechtsbeschränkungen – wie etwa Behandlungsmaßnahmen – unter den Bedingungen staatlichen Freiheitsentzuges *unfreiwillig*. Dies soll die *Wirksamkeit* derartiger Zustimmungserklärungen jedoch dann nicht hindern, wenn der mit dem Eingriff verfolgte Zweck vor dem Hintergrund des Vollzugszieles legitim erscheint (die Behandlung etwa auf eine Beschleunigung der Entlassung abzielt) und die Einwilligung des Insassen nicht durch zusätzlichen, zu der Haft- beziehungsweise Unterbringungssituation hinzutretenden Zwang herbeigeführt wurde. Wird demgegenüber durch den Entzug von vollzugsinternen Vorteilen auf die Motivationslage des Gefangenen oder Untergebrachten Einfluss genommen, so ist eine daraufhin erfolgende Behandlungseinwilligung nach der von *Amelung* entwickelten Konzeption als unwirksam zu betrachten. Als Fazit dieses Abschnittes konnte demnach formuliert werden, dass eine rechtliche Auseinander-

---

1031 Dieser Begriff geht auf eine ethnomethodologische Untersuchung von *Fengler/Fengler* 1994, S. 345ff. zurück.

1032 Grundlegend hierzu *Amelung* 1983.

setzung mit den unter dem Schlagwort einer „Erzeugung von Therapiemotivation“ versammelten manipulativen Techniken bereits anhand der existierenden Einwilligungsdogmatik möglich erscheint.

Der zweite Teil der Literaturstudie widmete sich mit der Ahndung vollzugsinternen Fehlverhaltens des Maßregelpatienten einer weiteren, bereits im Hainaer Fall anklingenden Sanktionsform. Grundlage der Ausführungen war zunächst ein Abriss über den im Gefolge des Abschieds vom „besonderen Gewaltverhältnis“ eingetretenen Prozess der Vergesetzlichung in der forensischen Psychiatrie, als dessen inzwischen gesicherter Ertrag die Feststellung formuliert werden konnte, für Eingriffe in die Rechtsposition des Untergebrachten bedürfe es jeweils einer in formeller sowie in materieller Hinsicht verfassungsmäßigen Rechtsgrundlage. Diesen vor allem rechtshistorischen und -theoretischen Betrachtungen ließen sich jedoch kritische Stellungnahmen aus dem einschlägigen Schrifttum gegenüberstellen, die vor einer Ersetzung der überwunden geglaubten Rechtsfigur des „besonderen Gewaltverhältnisses“ durch „ein ebenso grundrechtsvernichtendes ärztliches Gewaltverhältnis“ [1033] im Alltag des Behandlungsvollzuges warnen. Vorbehalte wurden vor allem dahingehend zum Ausdruck gebracht, die Vollzugspraxis trage durch eine unterschiedslose Subsumtion der gegenüber den Insassen ausgesprochenen Restriktionen unter den Behandlungsbegriff zu einer Diffusion von Besserungs-, Sicherungs-, Ordnungs- und Strafgesichtspunkten bei und befördere so eine Restauration überkommener disziplinarischer Gängelung „unter therapeutischen Vorzeichen“.

Derartigen Tendenzen wurden sodann Ansätze zu einer Trennung der verschiedenen Eingriffsebenen von Vollzugsmaßnahmen entgegengesetzt: Eine Ausgliederung der Reaktionen auf bloße Ordnungsverstöße des Untergebrachten aus dem Kernbereich *ärztlichen Handelns* beziehungsweise ihre Einordnung in den Kontext rein administrativer Bewältigung des Unterbringungsalltages wurde durch die Kontrollfrage bezweckt, ob es für die Beurteilung der in Rede stehenden Vollzugsmaßnahme zwingend einer ärztlichen Ausbildung bedürfe, oder ob diese nicht vielleicht auch durch Bedienstete ohne entsprechende psychiatrische oder psychotherapeutische Ausbildung vorgenommen werden könne. Die Unterscheidung genuin disziplinarischer Maßnahmen von solchen mit *präventivem Hintergrund* sollte demgegenüber vor allem durch eine Analyse der jeweils zugrunde gelegten Interessenausrichtung ermöglicht werden: Danach steht bei Rechtsbeschränkungen, welche der Gefahrenabwehr dienen, stets der Aspekt der Reaktion auf eine unmittelbar bestehende *Schadenswahrscheinlichkeit* im Vordergrund, während die repressiv motivierten Sanktionen des Disziplinarrechts an der *Verantwortung* für ein in der Vergangenheit liegendes Fehlverhalten des Patienten anknüpfen und ein diesbezügliches Missbilligungsurteil des Personals der Einrichtung zu transportieren bestimmt sind. Als Zwischenergebnis der vorstehenden Erörterungen wurde die Feststellung

---

1033 So die Formulierung bei Kammeier-*Wagner*², Kap. D, Rn 17.

getroffen, die geltenden Gesetzeswerke zum Vollzug der Maßregel nach § 63 StGB enthielten keine hinreichende Ermächtigungsgrundlage für die Ahndung vollzugsinternen Fehlverhaltens der Untergebrachten.

Es stellte sich demnach erneut die – bereits in der Einleitung formulierte – Frage, inwieweit der umrissene „rechtsfreie Raum" in der Vollzugswirklichkeit unter Umständen verbreitet durch einen rechtswidrigen Rückgriff auf die gesetzlich vorgehaltenen Zwangsmechanismen ausgefüllt wird. Zur Überprüfung dieser These erschien eine qualitativ-inhaltsanalytische Untersuchung der Krankenakten bestimmter, besonders disziplinschwieriger Patienten als das Mittel der Wahl (3. Kapitel). Aufgrund ihrer Dokumentations- und Informationsfunktion sowohl innerhalb der untersuchten Einrichtung als auch gegenüber etwaigen externen Kontrollinstanzen boten sich die Patientenakten in besonderem Maße als Untersuchungsgegenstand an, da ihnen Aufzeichnungen zu den hier interessierenden Sanktionsvorgängen mit einem für das jeweils dokumentierende Organ spezifischen Verarbeitungsgrad entnommen werden konnten. Das so gewonnene Textmaterial wurde zum Gegenstand einer strukturierenden Inhaltsanalyse nach *Mayring* gemacht: Dabei wird ein anhand bestimmter Strukturierungsdimensionen vorab entwickeltes Kategoriensystem an das erhobene Material herangetragen; in einem darauf folgenden Schritt werden diejenigen Textbestandteile, die durch die Kategorien angesprochen werden, aus dem Material systematisch extrahiert und für die weitere Verarbeitung aufbereitet. Für die Entwicklung des Kategoriensystems standen erneut einige Passagen aus der bereits erwähnten Arbeit *Goffmans* zur *totalen Institution* Pate, denen auch der Begriff der „Unbotmäßigkeit" entnommen wurde.[1034]

Im Anschluss daran wurden die Ergebnisse einer Analyse der Krankenakten von 25 Patienten des Westfälischen Zentrums für Forensische Psychiatrie Lippstadt unter dem Gesichtspunkt der Sanktionierung unbotmäßigen Patientenverhaltens vorgestellt (4. Kapitel). Anhand bestimmter terminologischer Indikatoren sowie unter Berücksichtigung der verwendeten Argumentationsfiguren wurden aus dem untersuchten Material bestimmte, immer wiederkehrende Kategorien von Regelverstößen der Untergebrachten sowie der daraufhin von Seiten des Personals der Einrichtung verhängten Sanktionen herausgearbeitet. Der gesonderten Würdigung blieben einige übergreifende Konzepte, namentlich die Implementation eines sog. Token-Programmes, der Abschluss von Verhaltensverträgen und Sanktionsvereinbarungen zwischen Patient und Stationspersonal sowie die Einrichtung einer „Gerechten Gemeinschaft" nach dem Modell *Kohlbergs* auf einer Station des WZFP vorbehalten. Insgesamt führte die rechtstatsächliche Studie – den spezifischen Limitationen ihres primär qualitativen Ansatzes entsprechend – zu einer vorsichtigen Bekräftigung des zur Überprüfung anstehenden Verdachts, in der Vollzugswirklichkeit bestehe bei der Reaktion auf „Unbotmäßigkeiten" der Patienten die Tendenz zu einer Überdehnung der existierenden präventiven und therapeutischen Eingriffstatbestände.

[1034] Vgl. wiederum *Goffman* 1971, S. 59.

Die auf der Grundlage dieser Befunde anzustellenden Überlegungen zu den möglichen Konturen eines Disziplinarinstrumentariums für den Maßregelvollzug wurden durch die Rezeption einschlägiger Erfahrungen aus den Niederlanden vorbereitet: Dort sind mit dem 1997 in Kraft getretenen Gesetz über die Grundsätze der Versorgung von Überlassenen (einem der Maßregel nach § 63 StGB vergleichbaren Rechtsinstitut) in den Art. 48 und 49 entsprechende Regelungen geschaffen worden (5. Kapitel). Allerdings haben umfangreiche eigene Erkundungen zur Anwendungspraxis des neu geschaffenen Disziplinarrechts sowie die diesbezüglichen Ergebnisse einer Evaluationsstudie von *Leuw* und *Mertens* den Eindruck entstehen lassen, dass die Vollzugswirklichkeit in der Frage einer Ahndung von Regelverstößen der Patienten mit disziplinarischen Sanktionen von einer breiten Front der Ablehnung geprägt ist. Statt auf die Restriktionsmöglichkeiten zurückzugreifen, welche nunmehr durch die Art. 48, 49 der gesetzlichen Neuregelung eröffnet werden, wurden die bereits existierenden Eingriffsebenen der Therapie sowie der Gefahrenabwehr von weiten Teilen der Praxis für sowohl einfacher zu handhaben als auch der Situation des psychisch kranken Rechtsbrechers eher gerecht werdend gehalten. Folgerichtig wurde in der erwähnten Evaluationsstudie der Vorschlag lanciert, die als systemfremd und letzten Endes „dysfunktional" empfundene Regelung des Disziplinarrechts wieder aus dem Gesetz zu entfernen.[1035]

Diese sicherlich ernüchternden Einsichten aus der Betrachtung der niederländischen Rechtswirklichkeit bildeten sodann die Grundlage für den Versuch, die Konturen eines Disziplinarinstrumentariums für den hiesigen Maßregelvollzug nachzuzeichnen (6. Kapitel). Dabei wurde versucht, den Erkenntnissen aus dem Rechtsvergleich insoweit Rechnung zu tragen, als die Anwendungsvoraussetzungen des Regelungsentwurfs möglichst trennscharf und in einem an rechtsstaatlichen Prämissen wie dem Bestimmtheitsgebot orientierten Grad tatbestandlicher Verdichtung formuliert wurden. Insgesamt wurde Wert darauf gelegt, bei der Ausgestaltung sowohl eines künftigen Disziplinartatbestandes als auch der Rechtsfolgenseite den Behandlungscharakter des Maßregelsettings zu berücksichtigen, indem versucht wurde, schädigende Auswirkungen auf den Behandlungsfortgang so weit wie möglich zu vermeiden. Ebenso große Aufmerksamkeit wie den materiellen Anwendungsvoraussetzungen wurde im Übrigen der Regelung von Verfahrensfragen gewidmet, um die Rechtsposition des Untergebrachten auch mit den „schützenden Formen" eines rechtsförmigen Erkenntnis- und Vollstreckungsverfahrens zu versehen. Am Ende der Arbeit stand demgemäß der vollständig ausformulierte Regelungsvorschlag für ein Disziplinarrecht des Maßregelvollzuges.

1035 In diesem Sinne *Leuw/Mertens* 2001, S. 53, 147.

Literaturverzeichnis

Aalberts, M. M. J./Brouwers, M., De rechtspositie van ter beschikking gestelden, Justitiele Verkenningen 1991, S. 31ff.

Ahlers, H., Grenzbereich zwischen Gefahrenabwehr und Strafverfolgung, 1998, zugl.: Marburg, Univ., Diss., 1997.

Albrecht, P.-A., Aspekte des Maßregelvollzugs im psychiatrischen Krankenhaus, MSchrKrim 1978, S. 104ff.

Ders., Spezialprävention angesichts neuer Tätergruppen, ZStW 97 (1985), S. 831ff.

Ders., Jugendstrafrecht, 2. Auflage, München 1993.

Altenhain, G. A., Hausstrafen im Strafvollzug. Zulässigkeit und Grenzen, GA 1966, S. 110ff.

Alternativ-Kommentar, Kommentar zum Strafvollzugsgesetz, 3. Auflage, Neuwied u.a. 1990, zitiert: AK-*Bearbeiter*[3].

Alternativ-Kommentar, Kommentar zum Strafvollzugsgesetz, 4. Auflage, Neuwied u.a. 2000, zitiert: AK-*Bearbeiter*[4].

Amelung, K., Die Einwilligung in die Beeinträchtigung des Grundrechtsgutes. Eine Untersuchung im Grenzbereich von Grundrechts- und Strafrechtsdogmatik, Berlin 1981.

Ders., Die Einwilligung des Unfreien. Das Problem der Freiwilligkeit bei der Einwilligung eingesperrter Personen, ZStW 95 (1983), S. 1ff.

Arbeitsgruppe Bielefelder Soziologen, Alltagswissen, Interaktion und gesellschaftliche Wirklichkeit, 2 Bände, Reinbek 1973.

Arbuthnot, J./Gordon, D. A./Jurkovic, G. J., Personality; in: Quay, H. C. (Hrsg.), Handbook of Juvenile Delinquency, New York u.a. 1987, S. 139ff.

Arentewicz, G./Schorsch, E., Verhaltenstherapie sexueller Perversionen; in: Sigusch, V. (Hrsg.), Therapie sexueller Störungen, Stuttgart u.a. 1980, S. 220ff.

Ayllon, T./Azrin, N., The Token Economy. A Motivational System for Therapy and Rehabilitation, New York 1968.

Baars, H. M. J./Bergh, W. M. van den, Forensische Psychiatrie in Lippstadt. „Eine bemerkenswerte Leistung" zwischen Mut und Wirklichkeit; in: Bergh, W. M. van den (Hrsg.), Im Zentrum: Maßregelvollzug. Entwicklungen in der Forensischen Psychiatrie. FS für V. Schumann, Lippstadt 1992, S. 11ff.

Babatz, H. et al., Thesen zur Behandlung und Rehabilitation psychisch Kranker im Maßregelvollzug, StV 1985, S. 478 ff.

Bakker, C./Rüter, F./Stolwijk, S. A. M., Beklag en beroep. Analyse van 150 uitspraken in de TBS-inrichtingen, Justitiele Verkenningen 1991, S. 62ff.

Bargfrede, H., Enthospitalisierung forensisch-psychiatrischer Langzeitpatienten, Bonn 1999, zugl.: Bielefeld, Univ., Diss.

Barton, S., Staatsanwaltschaftliche Entscheidungskriterien. Die Konstruktion von Realität durch Akten, MSchrKrim 1980, S. 206ff.

Ders., Der psychowissenschaftliche Sachverständige im Strafverfahren, Heidelberg 1983(a), zugl.: Hamburg, Univ., Diss.

Ders., Sachverständiger und Verteidiger, StV 1983(b), S. 73ff.

Bateson, G., Ökologie des Geistes. Anthropologische, psychologische, biologische und epistemologische Perspektiven, 2. Auflage, Frankfurt am Main 1983.

Baumann, J., Sicherheit und Ordnung in Vollzugsanstalten? Begriffe und Regelungen, die ersetzt werden müssen, Tübingen 1972(a).

Ders., Sicherheits- und Ordnungsprobleme im Strafvollzug 1972, Düsseldorf 1972(b).

Ders., Sicherheit und Ordnung in der Anstalt. Einige kritische Erwägungen zu §§ 72ff. des Entwurfs eines Strafvollzugsgesetzes; in: FS für Reinhart Maurach, Karlsruhe 1972(c), S. 561ff.

Ders., Sicherheit und pädagogische Unordnung; in: Baumann, J. (Hrsg.), Die Reform des Strafvollzuges. Programm nach den Vorstellungen des Alternativ-Entwurfes zu einem Strafvollzugsgesetz, München 1974, S. 101ff.

Ders., Denkansätze bei der Strafvollzugsgesetzgebung in Geschichte und Gegenwart. Dargestellt am Beispiel der Disziplinarverfehlungen; in: Gernhuber, J. (Hrsg.), Tradition und Fortschritt im Recht. FS zum 500jährigen Bestehen der Tübinger Juristenfakultät, Tübingen 1977, S. 263ff.

Ders., Fehlende Rechtsgrundlage bei ärztlicher Zwangsbehandlung Untergebrachter, NJW 1980, S. 1873ff.

Ders., Entwurf eines Jugendstrafvollzugsgesetzes, Heidelberg 1985.

Baumann, J. et al., Alternativ-Entwurf eines Strafvollzugsgesetzes, Tübingen 1973.

Baur, F., Der Maßregelvollzug für psychisch kranke und suchtkranke Täter (§§ 63, 64 StGB), RuP 1980, S. 161ff.

Ders., Postüberwachung im Maßregelvollzug für psychisch kranke und suchtkranke Täter, MDR 1981, S. 803ff.

Baur, F. R., Anmerkung zu OLG Hamm, StV 1982, S. 125, StV 1982(a), S. 125ff.

Ders., Besserung und Sicherung. Zur Problematik des Vollzuges der Maßregeln der Besserung und Sicherung für psychisch kranke und suchtkranke Täter nach §§ 63 und 64 StGB, StV 1982(b), S. 33ff.

Ders., Nochmals: Zwangstherapie im Maßregelvollzug. Erwiderung auf die Anm. von *Tondorf*, StV 1982, S. 373ff., StV 1983, S. 158ff.

Ders., Anmerkungen zum gegenwärtigen Zustand des Maßregelvollzuges. Größenordnungen, Zuständigkeiten, Organisation, Defizite; in: Blau, G./Kammeier, H. (Hrsg.), Straftäter in der Psychiatrie. Situation und Tendenzen des Maßregelvollzuges, Stuttgart 1984, S. 17ff.

Ders., Der Vollzug der Maßregeln der Besserung und Sicherung nach den §§ 63 und 64 StGB in einem psychiatrischen Krankenhaus und in einer Entziehungsanstalt, 1988, zugl.: Münster (Westf.), Univ., Diss., 1987.

Ders., Probleme der unbefristeten Unterbringung und der Entlassungsprognose bei psychisch kranken Tätern (§ 63 StGB), MDR 1990, S. 473ff.

Becker, H. S./Geer, B., Teilnehmende Beobachtung: Die Analyse qualitativer Forschungsergebnisse; in: Hopf, C./Weingarten, E. (Hrsg.), Qualitative Sozialforschung, Stuttgart 1979, S. 139ff.

Beier, K. M./Hinrichs, G., Psychotherapie mit Straffälligen: Standorte und Thesen zum Verhältnis Patient – Therapeut – Jusitz, Stuttgart u.a. 1995.

Bemmelen, J. M. van, Ons strafrecht, 5. Auflage, Alphen aan den Rijn 1990.

Benda, E., Menschenwürde und Persönlichkeitsrecht; in: Benda, E./Maihofer, W./Vogel, H.-J. (Hrsg.), Handbuch des Verfassungsrechts der Bundesrepublik Deutschland. Teil 1, Berlin u.a. 1995, S. 161ff.

Berger, P. L./Luckmann, T., Die gesellschaftliche Konstruktion der Wirklichkeit, Frankfurt am Main 1969.

Bergh, W. M. van den et al., Rahmenbedingungen und Struktur einer neuen Maßregelvollzugseinrichtung, R&P 1996, S. 57ff.

Bergh, W. M. van den/Hofstee, E. J., Een nieuwe rechtspositie-regeling voor TBR-gestelden. Het voorstel van de Commissie Haars, Proces 1988, S. 135ff.

Berghmans, R., Om bestwil. Paternalisme in de psychiatrie. Een gezondheitsethische studie, 1992, zugl.: Amsterdam, Univ., Diss., 1992.

Bergmann, J. R., „Studies of Work" – Ethnomethodologie; in: Flick, U./von Kardorff, E./Keupp, H./von Rosenstiel, L./Wolff, St. (Hrsg.), Handbuch qualitative Sozialforschung. Grundlagen, Konzepte, Methoden und Anwendungen, 2. Auflage, Weinheim 1995, S. 269ff.

Ders., Ethnomethodologie; in: Flick, U./von Kardorff, E./Steinke, I. (Hrsg.), Qualitative Forschung, Hamburg 2000, S. 118ff.

Bernsmann, K., Maßregelvollzug und Grundgesetz. Einige Anmerkungen zum Verhältnis von Verfassung und strafrechtlicher Unterbringung in einem psychiatrischen Krankenhaus; in: Blau, G./Kammeier, H. (Hrsg.), Straftäter in der Psychiatrie. Situation und Tendenzen des Maßregelvollzuges, Stuttgart 1984, S. 142ff.

Betram, H., Moralische Sozialisation; in: Hurrelmann, K./Ulich, D. (Hrsg.), Handbuch der Sozialisationsforschung, 2. Auflage, Weinheim u.a. 1982, S. 717ff.

Beyaert, F. H. L., Toen en nu; in: Bakker, F. A. M./Koenraadt, F. A. M. M./Mooij, A. W. M. (Hrsg.), Om ernstige zaken. Opstellen ter gelegenheid van het vijftigjarig bestaan van het Pieter Baan Centrum, Deventer 1999, S. 11ff.

Binder, S./Happe, C./Schmitz, W., Freiheit und Unfreiheit in der Behandlung von Rauschmittelabhängigen im Maßregelvollzug; in: Keup, W. (Hrsg.), Behandlung der Sucht und des Mißbrauchs chemischer Stoffe, Stuttgart 1981, S. 181ff.

Binsack, H, Längsschnittuntersuchungen bei nach § 42b StGB untergebrachten männlichen Anstaltspatienten, Frankfurt am Main 1974, zugl.: Frankfurt am Main, Univ., Diss.

Bischof, H.-L, Behandlungsanspruch und Behandlungsverweigerung der Patienten im Maßregelvollzug aus medizinischer Sicht, MSchrKrim 1987, S. 291ff.

Blankenburg, E., Die Aktenanalyse; in: Blankenburg, E. (Hrsg.), Empirische Rechtssoziologie, München 1975, S. 193ff.

Ders., Rechtssoziologie und Rechtswirksamkeitsforschung: Warum es so schwierig ist, die Wirksamkeit von Gesetzen zu erforschen; in: Schreckenberger, W. (Hrsg.), Gesetzgebungslehre, Grundlagen – Zugänge – Anwendung, Stuttgart u.a. 1986, S. 109ff.

Blankstein, J.-H., Straffen en behandelen, onverenigbaar of niet?; in: Ministerie van Justitie (Hrsg.), Verslag van het symposium 100 jaar vrijheidsstraf, Den Haag 1987, S. 59ff.

Ders., Behandeling van terbeschikkinggestelden: Een zwarte of een magische doos?; in: Kelk, C./Koenraadt, F./de Mooii, F. H. L. (Hrsg.), Harmonie en tegenspraak, Arnhem 1990, S. 297ff.

Ders., TBS in de negentiger jaren, en hoe verder?, Delikt en Delinkwent 1999, S. 7ff.

Blasi, A., Bridging Moral Cognition and Moral Action: A Critical Review of the Literature, Psychological Bulletin 1980, S. 1ff.

Blau, G., Recht und Unrecht beim Straf- und Maßregelvollzug, GA 1959, S. 141ff.

Ders., Schuld und Gefährlichkeit des psychisch abnormen Täters. Strafrechtsgeschichtliche, kriminologische und rechtsvergleichende Aspekte; in: Blau, G./Kammeier, H.

(Hrsg.), Straftäter in der Psychiatrie. Situation und Tendenzen des Maßregelvollzuges, Stuttgart 1984, S. 1 ff.

Ders., Regelungsmängel beim Vollzug der Unterbringung nach § 63 StGB; in: Vogler, T. (Hrsg.), FS für Hans-Heinrich Jescheck, Berlin 1985, S. 1015ff.

Ders., Die Entwicklung des Strafvollzugs seit 1945 – Tendenzen und Gegentendenzen; in: Schwind, H.-D./Blau, G. (Hrsg.), Strafvollzug in der Praxis. Eine Einführung in die Probleme und Realitäten des Strafvollzuges und der Entlassenenhilfe, 2. Auflage, Berlin u.a. 1988, S. 17ff.

Bleckmann, A., Staatsrecht II. Die Grundrechte, 4. Auflage, Köln u.a. 1997

Boer, J. de, TBS wordt veelzijdiger, Balans 1997, S. 5ff.

Boer-van Schaik, C. J. de, TBS vanaf het jaar 2000; in: Bakker, F. A. M./Koenraadt, F. A. M. M./Mooij, A. W. M. (Hrsg.), Om ernstige zaken. Opstellen ter gelegenheid van het vijftigjarig bestaan van het Pieter Baan Centrum, Deventer 1999, S. 153ff.

Bonner Kommentar, Kommentar zum Grundgesetz. Band 8, Art. 92–104, Loseblattsammlung, Heidelberg, zitiert: BK-*Bearbeiter*.

Boutellier, J. C. J., Stoornis en delict. Een gesprek over psychiatrie en recht met prof. dr. A.W. M. de Mooij, Justitiele Verkenningen 1991, S. 125ff.

Böhm, A., Konfliktbewältigung im Vollzug der Jugendstrafe. Überlegungen zu den Themenbereichen Ordnung, Sicherheit, Disziplinarmaßnahmen und Beschwerden; in: Tagungsberichte der Jugendstrafvollzugskommission. Band IV, Hamburg 1978, S. 78ff.

Ders., Praxisrelevante Verbesserungen des Jugendstrafvollzugs aus juristischer Sicht; in: Frank, Ch./Harrer, G. (Hrsg.), Drogendelinquenz. Jugendstrafrechtsreform, Forensia-Jahrbuch 2, Berlin u.a. 1991, S. 237ff.

Ders., Zur „Verrechtlichung“ des Strafvollzugs, ZfStrVo 1992, S. 37ff.

Böker, W./Häfner, H., Gewalttaten Geistesgestörter. Eine psychiatrisch-epidemiologische Untersuchung in der Bundesrepublik Deutschland, Berlin u.a. 1973.

Böllinger, L., Unheils-Ideologie. Bemerkungen zu einer Soziologie des Strafvollzugs, KJ 1982, S. 88ff.

Ders., Forensische Psychiatrie und Öffentlichkeit. Bedingungen gesellschaftlicher Toleranz gegenüber psychisch gestörten Delinquenten, WsFPP 1994, S. 89ff.

Ders., Forensische Psychiatrie und postmoderne Kriminalpolitik. Zum Konflikt um das Westfälische Zentrum für Forensische Psychiatrie nach dem Tötungsdelikt eines Patienten während eines Ausgangs, R&P 1996, S. 14ff.

Brauneck, A.-E., Der Vollzug der freiheitsentziehenden Maßregeln der Besserung und Sicherung; in: Baumann, J. (Hrsg.), Die Reform des Strafvollzuges. Programm nach den Vorstellungen des Alternativ-Entwurfes zu einem Strafvollzugsgesetz, München 1974, S. 129ff.

Breiholdt, C., Die Hausstrafgewalt im Strafvollzug, Hamburg, Univ., Diss., 1963.

Bronisch, Th., Auswirkungen neuerer psychoanalytischer Theorien und Therapiekonzepte auf die Behandlungstechnik von Sexualdelinquenten, PsychiatPraxis 1983, S. 75ff.

Bronisch, Th./Berger, M./Kokott, G., Integratives Therapiekonzept bei stationärer Behandlung von Sexualdelinquenten, PsychiatPraxis 1983, S. 83ff.

Brosch, D., Der Hafturlaub von Strafgefangenen unter Berücksichtigung des Strafvollzugszieles. Eine empirische Untersuchung zur Einstellung betroffener männlicher Strafgefangener, Frankfurt am Main 1983.

Brugger, S./Holzbauer, A., Die Heilkraft der Staatsgewalt; in: Wagner, E./Werdenich, W.

(Hrsg.), Forensische Psychotherapie. Psychotherapie im Zwangskontext von Justiz, Medizin und sozialer Kontrolle, Wien 1998, S. 13ff.

Brumlik, M., Kohlbergs „Just Community"-Ansatz als Grundlage einer Theorie der Sozialpädagogik, Neue Praxis 1989, S. 374ff.

Ders., „Just community" – demokratische Strukturen im Strafvollzug, Ruperto Carola Heft 3, 1997, S. 16ff.

Ders., „Just community" – A social cognitive research project in the penal system, European Journal of Social Work 1998, S. 339ff.

Brühl, A., Disziplinarmaßnahmen im Strafvollzug. Bemerkungen zu den §§ 102–107 StVollzG, ZfStrVo 1979, S. 219ff.

Brüsemeister, Th., Qualitative Forschung, Wiesbaden 2000.

Bullens, R. A. R., Ambulante behandeling van seksuele delinquenten binnen een verplichtend justitieel kader, Justitiele Verkenningen 1991, S. 90ff.

Bundesministerium der Justiz, Tagungsberichte der Strafvollzugskommission. Band V, Bonn 1969.

Bundesministerium der Justiz, Schlußbericht der Jugendstrafvollzugskommission, Köln 1980.

Bundesministerium der Justiz, Täter-Opfer-Ausgleich. Eine Chance für Opfer und Täter durch einen neuen Weg im Umgang mit Kriminalität. Kurzfassung des 1997 vorgelegten Gutachtens der Forschungsgruppe Täter-Opfer-Ausgleich, Mönchengladbach 1998.

Burkhard, G., Soziographische Merkmale; in: Dimmek, B. (Hrsg.), Vom ungeliebten Kind zum psychisch kranken Rechtsbrecher? Delinquenz als Reinszenierung eigener früher Gewalterfahrung, Lengerich u.a. 1997, S. 21ff.

Calliess, R.-P., Strafvollzug. Institution im Wandel. Eine europäische Untersuchung zur Lage des Männer-Erwachsenen-Strafvollzugs, Stuttgart 1970.

Calliess, R.-P./Müller-Dietz, H., Strafvollzugsgesetz-Kommentar, 9. Auflage, München 2002, zitiert: *Calliess/Müller-Dietz.*

Centrale Directie Wetenschapsbeleid en Ontwikkeling, Voorzieningen voor de behandeling en bejegening van psychisch gestoorde delinquenten. Een internationaal vergelijkende studie, Leiden u.a. 1995.

Cicourel, A. V., Methode und Messung in der Soziologie, Frankfurt am Main 1970.

Claßen, H., Die Problematik des Sanktionierens im erziehungsorientierten Jugendstrafvollzug, ZfStrVo 1984, S. 85ff.

Cleiren, C. P. M./Nijboer, J. F., Strafrecht. Tekst en commentaar, 2. Auflage, Deventer 1997, zitiert: Cleiren/Nijboer-*Bearbeiter*.

Commissie Fokkens, Eindrapport Commissie TBS en Sanctietoepassing Geestelijk Gestoorde Delinquenten. Sancties op maat, 1993.

Commissie Haars, Eindrapport van de Commissie Rechtspositie ter beschikking gestelden, 's Gravenshage 1987.

Cornel, H., Psychoanalytisch verstehende Sozialarbeit und Soziotherapie im offenen Setting – lebenslageorientierte Rehabilitationshilfen für entwicklungsgestörte Delinquenten und ihre kriminalpolitischen Implikationen; in: Schumann, V./Dimmek, B. (Hrsg.), Therapie im Maßregelvollzug, Lippstadt 1987, S. 189 ff.

Coser, L. A., Einige Funktionen abweichenden Verhaltens und normativer Flexibilität; in: Sack, F./König, R. (Hrsg.), Kriminalsoziologie, Frankfurt am Main 1968, S. 21ff.

Dahle, K.-P., Therapie als (Aus-)Weg? Eine Untersuchung zu therapiebezogenen Einstellungen von Strafgefangenen, BewHi 1993, S. 401ff.

Ders., Probleme bei der Behandlung von Delinquenten; in: Steller, M./Dahle, K.-P./Basqué, M. (Hrsg.), Straftäterbehandlung. Argumente für eine Revitalisierung in Forschung und Praxis, Pfaffenweiler 1994(a), S. 175ff.

Ders., Therapiemotivation inhaftierter Straftäter; in: Steller, M./Dahle, K.-P./Basqué, M. (Hrsg.), Straftäterbehandlung. Argumente für eine Revitalisierung in Forschung und Praxis, Pfaffenweiler 1994(b), S. 227ff.

Ders., Therapiemotivation hinter Gittern. Zielgruppenorientierte Entwicklung und Erprobung eines Motivationskonstrukts für die therapeutische Arbeit im Strafvollzug, Regensburg 1995, zugl.: Berlin, Univ., Diss., 1995(a).

Ders., Zur Versorgung forensisch-psychiatrischer Patienten in den neuen Bundesländern. Bestandsaufnahme und Empfehlungen, Baden-Baden 1995(b).

Ders., Therapie und Therapieindikation bei Straftätern; in: Steller, M./Volbert, R. (Hrsg.), Psychologie im Strafverfahren. Ein Handbuch, Bern u.a. 1997, S. 142ff.

Ders., Therapiemotivation und forensische Psychotherapie; in: Wagner, E./Werdenich, W. (Hrsg.), Forensische Psychotherapie. Psychotherapie im Zwangskontext von Justiz, Medizin und sozialer Kontrolle, Wien 1998, S. 97ff.

Dertinger, C., Anmerkung zu OLG Celle, ZfStrVo 1983, S. 317f.; NStZ 1984, S. 192ff.

Dessecker, A., Straftäter und Psychiatrie. Eine empirische Untersuchung zur Praxis der Maßregel nach § 63 StGB im Vergleich mit der Maßregel nach § 64 StGB und sanktionslosen Verfahren, Wiesbaden 1997.

Diepolder, O., Disziplinarmaßnahmen im Strafvollzug. Bemerkungen zu den §§ 102 bis 107 Strafvollzugsgesetz, ZfStrVo 1980, S. 140ff.

Dimmek, B., Überlegungen zu einer institutionlisierten Einbindung des Maßregelvollzuges in Eickelborn in die universitäre Forschung und Lehre; in: van den Bergh, W. M. (Hrsg.), Im Zentrum: Maßregelvollzug. Entwicklungen in der Forensischen Psychiatrie, Lippstadt 1992, S. 137ff.

Dopslaff, U., Abschied von den Entscheidungsfreiräumen bei Ermessen und unbestimmten Rechtsbegriffen mit Beurteilungsspielraum im Strafvollzugsgesetz, ZStW 100 (1988), S. 567ff.

Dölling, D., Probleme der Aktenanalyse in der Kriminologie; in: Kury, H. (Hrsg.), Methodologische Probleme in der kriminologischen Forschungspraxis, Köln u.a. 1984, S. 265ff.

Dörner, K./Plog, U., Irren ist menschlich. Lehrbuch der Psychiatrie/Psychotherapie, Bonn 1996.

Dreier, H., Grundgesetz-Kommentar, Band I, Art. 1–19, Tübingen 1996, zitiert: Dreier-*Bearbeiter*.

Ders., Grundgesetz-Kommentar, Band III, Art. 83–146, Tübingen 2000, zitiert: Dreier-*Bearbeiter*.

Driebold, R./Nellesen, L./Quensel, S./Schmitt, G., Die sozialtherapeutische Anstalt. Modell und Empfehlungen für den Justizvollzug, Göttingen 1984.

Drost, B.-U., Beschwernisse und Forderungen an ein Maßregelvollzugsgesetz; in: Evangelische Akademie Hofgeismar (Hrsg.), Maßregelvollzug in einem psychiatrischen Krankenhaus. Tagungsprotokoll 178/1871, Hofgeismar 1981, S. 25ff.

Duden, Deutsches Universalwörterbuch, 4. Auflage, Mannheim u.a. 2001.

Duncker, H., Grenzen der Einschränkung von Grundrechten bei Patienten des Maßregel-

vollzugs „aus Gründen der Behandlung“; in: Landschaftsverband Westfalen-Lippe (Hrsg.), Maßregelvollzug in Westfalen-Lippe, Selbstverlag 1986, S. 71 ff.
Ders., Die totale Institution zwischen Therapie und Terror; in: Schumann, V./Dimmek, B. (Hrsg.), Therapie im Maßregelvollzug, Lippstadt 1987, S. 125 ff.
Ders., Behandlung und Rehabilitation psychisch kranker Delinquenten im Maßregelvollzug, R&P 1998, S. 134 ff.
Durkheim, E., Die Regeln der soziologischen Methode, 3. Auflage, Neuwied u.a. 1976.
Ders., Über die Teilung der sozialen Arbeit, Frankfurt am Main 1977.
Dülmer, H., Bildung und der Einfluß von Argumenten auf das moralische Urteil. Eine empirische Analyse zur moralischen Entwicklungstheorie Kohlbergs, Kölner Zeitschrift für Soziologie und Sozialpsychologie 2001, S. 1 ff.
Dünkel, F., Freiheitsentzug für junge Rechtsbrecher. Situation und Reform von Jugendstrafe, Jugendstrafvollzug, Jugendarrest und Untersuchungshaft in der Bundesrepublik Deutschland und im internationalen Vergleich, Bonn 1990, zugl.: Freiburg i. Br., Univ., Habil.-Schr., 1990.
Ders., Empirische Beiträge und Materialien zum Strafvollzug. Bestandsaufnahme des Strafvollzugs in Schleswig-Holstein und des Frauenvollzugs in Berlin, Freiburg i. Br. 1992.
Ders., Empirische Forschung im Strafvollzug. Bestandsaufnahme und Perspektiven, Bonn 1996.
Dünkel, F./Meyer, K., Jugendstrafe und Jugendstrafvollzug. Stationäre Maßnahmen der Jugendkriminalrechtspflege im Vergleich. Teilband 1: Bundesrepublik Deutschland, Skandinavien und Westeuropäische Länder, Freiburg i. Br. 1985.
Dünkel, F./Rosner, A., Die Entwicklung des Strafvollzugs in der Bundesrepublik Deutschland seit 1970. Materialien und Analysen, 2. Auflage, Freiburg i. Br. 1982.

Eckensberger, L. H./Reinshagen, H., Kohlbergs Stufentheorie der Entwicklung des Moralischen Urteils: Ein Versuch ihrer Reinterpretation im Bezugsrahmen handlungstheoretischer Konzepte; in: Eckensberger, L. H. (Hrsg.), Entwicklung sozialer Kognitionen: Modelle, Theorien, Methoden, Anwendung, Stuttgart 1980, S. 65 ff.
Egg, R., Drogenabhängige Straftäter – Therapiemotivation durch justitiellen Zwang?, BewHi 1993, S. 26 ff.
Ders., Der Streitfall Sozialtherapie. Praxis und Ergebnisse behandlungsorientierter Einrichtungen des Justizvollzuges; in: Müller-Dietz, H./Walter, M. (Hrsg.), Strafvollzug in den 90er Jahren. Perspektiven und Herausforderungen. Festgabe für K. P. Rotthaus, Pfaffenweiler 1995, S. 55 ff.
Ders., Zur Situation sozialtherapeutischer Einrichtungen, ZfStrVo 1996, S. 276 ff.
Egg, R./Schmidt, C., Sozialtherapie im Justizvollzug 1997. Ergebnisse der Stichtagserhebung vom 31.03.1997, ZfStrVo 1998, S. 131 ff.
Eickmann, F., Psychologisch-pädagogische Behandlungskonzepte bei psychisch kranken Straftätern; in: Blau, G./Kammeier, H. (Hrsg.), Straftäter in der Psychiatrie. Situation und Tendenzen des Maßregelvollzuges, Stuttgart 1984, S. 59 ff.
Eisel, L., Grundrechte der PatientInnen im Maßregelvollzug; in: van den Bergh, W. M. (Hrsg.), Im Zentrum: Maßregelvollzug. Entwicklungen in der Forensischen Psychiatrie, FS für V. Schumann, Lippstadt 1992, S. 175 ff.
Eisenberg, U., Aufgaben (ergänzender) gesetzlicher Regelung des Jugendstrafvollzugs, ZRP 1985, S. 41 ff.
Ders., Kriminologie, 5. Auflage, München 2000.

Ders., Beweisrecht der StPO, 4. Auflage, München 2002.

Emmerik, J. L. van, De maatregel TBS. Een overzicht in cijfers, Justitiele Verkenningen 1993, S. 9ff.

Ders., De last van het getal. Een overzicht in cijfers van de maatregel TBS, Justitiele Verkenningen 1999, S. 9ff.

Endruweit, G./Trommsdorff, G., Wörterbuch der Soziologie. Band 3, Stuttgart 1989, zitiert: Endruweit/Trommsdorff-*Bearbeiter*.

Erhardt, A., Behandlung und Behandlungsverweigerung untergebrachter psychisch Kranker. Eine vergleichende Untersuchung zum deutschen und amerikanischen Recht, Freiburg i. Br. 1986, zugl.: Freiburg i. Br., Univ., Diss., 1986

Erichsen, H.-U., Allgemeines Verwaltungsrecht, 11. Auflage, Berlin u.a. 1998, zitiert: Erichsen-*Bearbeiter*.

Erzberger, C./Kelle, U., Qualitativ vs. Quantitativ? Wider den Traditionalismus methodologischer Paradigmen, Soziologie 1998, S. 45 ff.

Eucker, S./Tolks-Brandau, U./Müller-Isberner, R., Prognosebildung im Psychiatrischen Maßregelvollzug, ZfStrVo 1994, S. 154ff.

Fabricius, D., Mindestanforderungen an eine „resozialisierende Sozialtherapie", MSchrKrim 1991, S. 197ff.

Ders., Strafe als Therapie? Therapie im Strafvollzug? Anforderungen an Konzepte für Therapie und Organisation; in: Schäfer, K. H./Sievering, U. O. (Hrsg.), 20 Jahre Strafvollzugsgesetz. Behandlungsvollzug zwischen Erfolgsbilanz und Offenbarungseid?, Frankfurt am Main 1998, S. 41ff.

Fankhauser, H. A., Erkenntnisse über die psychischen Auswirkungen langer Inhaftierung; in: Nickolai, W./Reindl, R. (Hrsg.), Lebenslänglich. Kontroverse um die Abschaffung der lebenslangen Freiheitsstrafe, Freiburg i. Br. 1993, S. 26ff.

Feest, J., Die Situation des Verdachts; in: Feest, J./Lautmann, R. (Hrsg.), Die Polizei. Soziologische Studien und Forschungsberichte, Opladen 1971, S. 71ff.

Feest, J./Lesting, W./Selling, P., Totale Institution und Rechtsschutz, Opladen 1997.

Fehlenberg, D., Zur Psychotherapie paraphiler Sexualstraftäter im Maßregelvollzug, R&P 1997, S. 159ff.

Feldman, R. E., The Promotion of Moral Development in Prisons and Schools; in: Wilson, R. W./Schochet, G. J. (Hrsg.), Moral Development and Politics, New York 1980, S. 286ff.

Fengler, Ch./Fengler, Th., Alltag in der Anstalt. Wenn Sozialpsychiatrie praktisch wird, Bonn 1994.

Fiedler, H., Wohltat, Behandlungsmaßnahme, Risiko? Zur ideologischen und pragmatischen Einordnung des Urlaubs aus dem Vollzug, ZfStrVo 1996, S. 326ff.

Finkbeiner, L./Karsten, R./Meiners, R., Deeskalationsgruppen mit Inhaftierten unterschiedlicher Nationalität und Kultur in der Jungtäteranstalt Vechta, ZfStrVo 1993, S. 343ff.

Finzen, A./Haug, H.-J./Beck, A/Lüthy, D., Hilfe wider Willen. Zwangsmedikation im psychiatrischen Alltag, Bonn 1993.

Fischer, Th., Vorwegvollzug der Strafe (§ 67 II StGB) mit unbestimmter Dauer?, NStZ 1991, S. 324ff.

Flick, U., Konstruktivismus; in: Flick, U./von Kardorff, E./Steinke, I. (Hrsg.), Qualitative Forschung, Reinbek 2000(a), S. 150ff.

Ders., Qualitative Forschung. Theorie, Methoden, Anwendung in Psychologie und Sozialwissenschaften, 2. Auflage, Reinbek 2000(b).

Foerster, K., Abnorme Gewohnheiten und Störungen der Impulskontrolle nach ICD-10 (Die sog. „nicht-stoffgebundenen Abhängigkeiten"); in: Venzlaff, U./Foerster, K. (Hrsg.), Psychiatrische Begutachtung, 3. Auflage, München u.a. 2000, S. 267ff.

Fokkens, J. W., Wet Fokkens: Een trotse vader vertelt over zijn geesteskind, Balans 1997, S. 17ff.

Forster, R., Rechte setzen sich nicht von selbst durch. Zur Institution des Patientensachwalters im reformierten österreichischen Anhalterecht; in: Eisenbach-Stangl, I./Stangl, W. (Hrsg.), Grenzen der Behandlung. Soziale Kontrolle und Psychiatrie, Opladen 1984, S. 51ff.

Forster, R./Pelikan, J. M., Patientenversorgung und Personalhandeln im Kontext einer psychiatrischen Sonderanstalt. Eine organisationssoziologische Untersuchung im Psychiatrischen Krankenhaus der Gemeinde Wien „Baumgartner Höhe", 2 Bände, Wien 1982.

Foucault, M., Überwachen und Strafen. Die Geburt des Gefängnisses, Frankfurt am Main 1976.

Försterling, W., Methoden sozialtherapeutischer Behandlung im Strafvollzug und die Mitwirkungspflicht des Gefangenen, Bochum 1981.

Freese, R., Psychotherapie bei Minderbegabten im therapeutischen Maßregelvollzug; in: Wagner, E./Werdenich, W. (Hrsg.), Forensische Psychotherapie. Psychotherapie im Zwangskontext von Justiz, Medizin und sozialer Kontrolle, Wien 1998, S. 210ff.

Frehsee, D., Schadenswiedergutmachung als Instrument strafrechtlicher Sozialkontrolle. Ein kriminalpolitischer Beitrag zur Suche nach alternativen Sanktionsformen, Berlin 1987, zugl.: Kiel, Univ., Habil.-Schr., 1987.

Friedman, L. M., Das Rechtssystem im Blickfeld der Sozialwissenschaften, Berlin 1981.

Frister, H., Anmerkung zu KG, StV 1987, S. 519f.; StV 1987, S. 520ff.

Fröhlich, W. D., Wörterbuch Psychologie, 23. Auflage, München 2000.

Fuchs, W./Klima, R./Lautmann, R./Rammstedt, O./Wienold, H., Lexikon zur Soziologie, 2. Auflage, Opladen 1978, zitiert: Fuchs-*Bearbeiter*.

Fülgraff, G./Barbey, I., Stereotaktische Hirnoperationen bei abweichendem Sexualverhalten, Berlin 1978.

Gabbert, T., Rehabilitationsergebnisse mit offenem und teilstationärem Maßregelvollzug, Forensia 1987, S. 81ff.

Gabriel, Th., Grenzen der Einschränkung von Grundrechten der im Maßregelvollzug Untergebrachten „aus Gründen der Behandlung"; in: Landschaftsverband Westfalen-Lippe (Hrsg.), Maßregelvollzug in Westfalen-Lippe, Selbstverlag 1986, S. 91ff.

Garfinkel, H., Studies in ethnomethodology, Englewood Cliffs, NJ u.a. 1967.

Garz, D., Sollten wir vielleicht doch eingreifen? Abolitionismus – Gerechtigkeit – Just Community, KJ 1987, S. 212ff.

Ders., Sozialpsychologische Entwicklungstheorien, 2. Auflage, Opladen 1994.

Gephart, W., Strafe und Verbrechen. Die Theorie Emile Durkheims, Opladen 1990, zugl.: Göttingen, Univ., Diss., 1990.

Geppert, K., Freiheit und Zwang im Strafvollzug, Tübingen 1976.

Gergen, K. J., The Social Constructionist Movement in Modern Psychology, American Psychologist 1985, S. 266 ff.

Ders., An Invitation to Social Construction, London et al. 1999.

Gessner, V., Rechtssoziologie und Rechtspraxis. Zur Rezeption empirischer Rechtsforschung, Soziale Welt 1984, S. 480ff.

Geurts, A. C., De rechtspositie van de gevangene, Assen 1962, zugl.: Utrecht, Univ., Diss., 1962.

Gibbs, J. C., Kohlberg's Stages of Moral Judgement: A Constructive Critique, Harvard Educational Review 1977, S. 43ff.

Glaser, B. G./Strauss, A. L., The discovery of grounded theory: Strategies for qualitative research, New York 1999

Glynn, S. M., Token economy approaches for psychiatric patients. Progress and pitfalls over 25 years, Behavior Modification 1990, S. 383ff.

Goetz, R., Irre, Frankfurt am Main 1983.

Goffman, E., Asyle. Über die soziale Situation psychiatrischer Patienten und anderer Insassen, Frankfurt am Main 1971.

Ders., Wir alle spielen Theater. Die Selbstdarstellung im Alltag, 5. Auflage, München u.a. 1985.

Goudsmit, W./Reicher, J. W., Sozialtherapie schwerstgestörter Delinquenten auf psychoanalytischer Grundlage. Erfahrungen in den Niederlanden; in: Sigusch, V. (Hrsg.), Therapie sexueller Störungen, Stuttgart u.a. 1980, S. 247ff.

Göldner, D., Gesetzmäßigkeit und Vertragsfreiheit im Verwaltungsrecht, JZ 1976, S. 352ff.

Göppinger, H., Kriminologie, 5. Auflage, München 1997.

Götz, V., Allgemeines Polizei- und Ordnungsrecht, 12. Auflage, Göttingen 1995.

Greeven, P. G. J., De intramurale behandeling van forensische patienten met een persoonlijkheidsstoornis. Een empirische studie, Deventer 1997, zugl.: Utrecht, Univ., Diss., 1997.

Gretenkord, L., Gewalttaten nach Maßregelvollzug (§ 63 StGB). Zur Rückfälligkeit der aus der Klinik für gerichtliche Psychiatrie Haina von 1977 bis 1985 entlassenen Patienten; in: Steller, M./Dahle, K.-P./Basqué, M. (Hrsg.), Straftäterbehandlung. Argumente für eine Revitalisierung in Forschung und Praxis, Pfaffenweiler 1994, S. 75ff.

Ders., Sollte der Therapeut zu „63er-Patienten" Beurteilungen abgeben?; in: Beier, K. M./Hinrichs, G. (Hrsg.), Psychotherapie mit Straffälligen: Standorte und Thesen zum Verhältnis Patient – Therapeut – Justiz, Stuttgart u.a. 1995, S. 124ff.

Gretenkord, L./Giese, R./Müller-Isberner, R., Möglichkeiten und Grenzen schulischer Bildung im Maßregelvollzug. Ein Erfahrungsbericht aus der Klinik für gerichtliche Psychiatrie Haina, MSchrKrim 1990, S. 40ff.

Groot, M. F. M. de, Nieuwe wetgeving over de terbeschikkingstelling, Ars aequi 1997, S. 93ff.

Grosch, O., Lockerungen im Jugendstrafvollzug. Grundlagen und Praxis, Freiburg i. Br. 1995, zugl.: Freiburg i. Br., Univ., Diss., 1995.

Guss, K., Lohn und Strafe. Ansätze und Ergebnisse psychologischer Forschung, Bad Heilbrunn 1979.

Gustafson, R., Operant conditioning of activities of daily living on a psychogeriatric ward: A simple method, Psychological Reports 1992, S. 603ff.

Gusy, Ch., Der Antrag im Verwaltungsverfahren, BayVBl 1985, S. 484ff.

Ders., Polizeirecht, 4. Auflage, Tübingen 2000.

Haag, A. et al., Anmerkung zur Therapiemotivation von Patienten mit sexuellen Perversionen, R&P 1985, S. 11ff.

Haberstroh, D., Die Mitwirkung des Gefangenen an seiner Behandlung – Sanktionierung und Belohnung, ZfStrVo 1982, S. 259ff.

Haffke, B., Hat emanzipierende Sozialtherapie eine Chance? Eine Problemskizze; in: Lüderssen, K./Sack, F. (Hrsg.), Seminar Abweichendes Verhalten III. Die gesellschaftliche Reaktion auf Kriminalität. Band 2: Strafprozeß und Strafvollzug, Frankfurt am Main 1976, S. 291ff.

Hakeem, M., Eine Kritik des psychiatrischen Ansatzes; in: Sack, F./König, R. (Hrsg.), Kriminalsoziologie, Frankfurt am Main 1968, S. 244ff.

Hanack, E.-W., Anmerkung zu BGH, JR 1988, S. 378f.; JR 1988, S. 379ff.

Harbordt, S., Die Subkultur des Gefängnisses. Eine soziologische Studie zur Resozialisierung, 2. Auflage, Stuttgart 1972.

Hartmann, A., Umfang und Grenzen ärztlicher Zwangsbehandlung im psychiatrischen Maßregelvollzug, Frankfurt am Main 1997, zugl.: Göttingen, Univ., Diss., 1997.

Hassemer, W., Resozialisierung und Rechtsstaat, KrimJ 1982, S. 161ff.

Ders., Einführung in die Grundlagen des Strafrechts, 2. Auflage, München 1990.

Ders., Bilder vom Strafrecht; in: Böllinger, L./Lautmann, R. (Hrsg.), Vom Guten, das noch stets das Böse schafft. Kriminalwissenschaftliche Essays zu Ehren von H. Jäger, Frankfurt am Main 1993, S. 235ff.

Hautzinger, M., Verhaltenstherapie und kognitive Therapie; in: Reimer, Ch./Eckert, J./Hautzinger, M./Wilke, E. (Hrsg.), Psychotherapie. Ein Lehrbuch für Ärzte und Psychologen, Berlin u.a. 1996, S. 191ff.

Hecker, P., Die Rechtsstellung der Untergebrachten – Eine allgemeine Untersuchung der strafrechtlichen und sozialhilferechtlichen Unterbringung unter besonderer Berücksichtigung des Schriftverkehrs und der Beurlaubung von Untergebrachten, Hamburg 1972, zugl.: Hamburg, Univ., Diss., 1972.

Hegel, G. W. F., Grundlinien der Philosophie des Rechts, oder Naturrecht und Staatswissenschaft im Grundrisse, Berlin 1833.

Heghmanns, M., Zur Anhörung des Gefangenen im vollzugsrechtlichen Disziplinarverfahren, ZfStrVo 1998, S. 232ff.

Heinz, G., Stationäre Behandlung psychisch kranker Straffälliger; in: Heimann, H./Gaertner, H. J. (Hrsg.), Das Verhältnis der Psychiatrie zu ihren Nachbardisziplinen, Berlin u.a. 1986, S. 149ff.

Heinz, G./Jöckel, D., Möglichkeiten und Grenzen der offenen/halboffenen Behandlung in der forensischen Psychiatrie, MSchrKrim 1989, S. 89ff.

Heinze, H., Erläuterungen zum Rahmenentwurf eines Maßregelvollzugsgesetzes; in: Lauter, H./Schreiber, H.-L. (Hrsg.), Rechtsprobleme in der Psychiatrie, Köln 1981, S. 78ff.

Hellstern, F., Handbuch für den Strafvollzug. Textsammlung mit Gesetzen, Verordnungen und Verwaltungsvorschriften für die Bediensteten des Justizvollzugs, Regensburg u.a. 1997.

Hennicke, A., Schulische und berufliche Bildung von Patienten in der forensischen Psychiatrie, R&P 1999, S. 65ff.

Herpertz, S./Saß, H., Offene Selbstbeschädigung, Nervenarzt 1994, S. 296ff.

Herrfahrdt, R., Das Strafvollzugsgesetz auf dem Prüfstand, ZfStrVo 1990, S. 3ff.

Hess, H., Probleme der sozialen Kontrolle; in: Kerner, H.-J./Göppinger, H./Streng, F. (Hrsg.), FS für Heinz Leferenz, Heidelberg 1983, S. 3ff.

Hesse, K., Grundzüge des Verfassungsrechts der Bundesrepublik Deutschland, 20. Auflage, Heidelberg 1995.

Hessisches Ministerium für Jugend, Familie und Gesundheit, Zur Weiterentwicklung des Maßregelvollzuges in Hessen. Fachtagung 4. März 1993 in Frankfurt am Main. Dokumentation, Wiesbaden 1993.

Hickey, J., The effects of guided moral discussion upon youthful offenders' level of moral judgement, Boston 1972, zugl.: Boston, Univ., Diss., 1972.

Hickey, J./Scharf, P., Toward a Just Correctional System, San Francisco u.a. 1980.

Hilgers, M., Das Elend der forensischen Psychiatrie. Behandlung ist möglich, Heilung nicht. Sechsunddreißig Thesen zum Maßregelvollzug; in: Weigend, W. (Hrsg.), Der Maßregelvollzug in der öffentlichen Diskussion, Münster 1999, S. 26ff.

Hill, H., Verfassungsrechtliche Gewährleistungen gegenüber der staatlichen Strafgewalt; in: Isensee, J./Kirchhof, P. (Hrsg.), Handbuch des Staatsrechts der Bundesrepublik Deutschland. Band VI. Freiheitsrechte, Heidelberg 1989, S. 1305ff.

Hillmann, K.-H., Wörterbuch der Soziologie, 4. Auflage, Stuttgart 1994.

Hirschmann, J., Die psychotherapeutische Behandlung von Rechtsbrechern; in: Würtenberger, Th. (Hrsg.), Kriminologie und Vollzug der Freiheitsstrafe, Stuttgart 1961, S. 72ff.

Hoffmann, H., Isolation im Normalvollzug. Normative Entwicklung und Rechtswirklichkeit besonders angeordneter Einzelunterbringung im Strafvollzug, Pfaffenweiler 1990, zugl.: Bremen, Univ., Diss., 1989.

Hoffmann-Riem, C., Die Sozialforschung einer interpretativen Soziologie: Der Datengewinn, Kölner Zeitschrift für Soziologie und Sozialpsychologie 1980, S. 339 ff.

Hoffmeyer, C., Grundrechte im Strafvollzug. Verfassungsrecht als kriminalpolitischer Beitrag zur Reform des Strafvollzugs, Heidelberg u.a. 1979, zugl.: Augsburg, Univ., Diss., 1979.

Hofstee, E. J., TBR en TBS. De TBR in rechtshistorisch perspectief, Arnhem 1987, zugl.: Nijmegen, Univ., Diss., 1987.

Ders., Van TBR naar TBS, Zwolle 1989.

Hohlfeld, W./Haberkern, G./Heine-Bergmeyer, E., Zur faktischen Lage des Rechtsschutzes im Maßregelvollzug, KrimJ 1985, S. 83ff.

Hohmeier, J., Die soziale Situation des Strafgefangenen: Deprivation der Haft und ihre Folgen; in: Lüderssen, K./Sack, F. (Hrsg.), Seminar Abweichendes Verhalten III. Die Gesellschaftliche Reaktion auf Kriminalität. Band 2. Strafprozeß und Strafvollzug, Frankfurt am Main 1976, S. 433ff.

Holstein, C. B., Irreversible, Stepwise sequence in the Development of Moral Judgement: A Longitudinal Study of Males and Females, Child Development 1976, S. 51ff.

Holtus, A., Aspekte der Verhältnismäßigkeit der Behandlung in der forensischen Psychiatrie, dargestellt am Beispiel der Lockerungspraxis im LKH Moringen, München 1991, zugl.: Bremen, Univ., Diss., 1991.

Hopf, C., Soziologie und qualitative Sozialforschung; in: Hopf, C./Weingarten, E. (Hrsg.), Qualitative Sozialforschung, Stuttgart 1979, S. 11ff.

Dies., Hypothesenprüfung und qualitative Sozialforschung; in: Strobl, R./Böttger, A. (Hrsg.), Wahre Geschichten? Zur Theorie und Praxis qualitativer Interviews, Beiträge zum Workshop *Paraphrasieren, Kodieren, Interpretieren...* im Kriminologischen Forschungsinstitut Niedersachsen am 29. und 30. Juni 1995 in Hannover, Baden-Baden 1996, S. 9ff.

Horn, H.-J., Der Maßregelvollzug im Spannungsfeld zwischen Besserung und Sicherung; in: FS für Heinz Leferenz, Heidelberg 1983, S. 485ff.

Hovens, F. J. H., De interne rechtspositieregeling in de Beginselenwet verpleging ter beschikking gestelden, Sancties 1997, S. 70ff.

Huber, L., Disziplinarmaßnahmen im Strafvollzug. Unter besonderer Würdigung des Einflusses bundesrechtlicher Verwaltungs- und Verfassungsgrundsätze auf das kantonale Gefängnisdisziplinarrecht, Basel u.a. 1995, zugl.: Basel, Univ. Diss., 1994.

Hugger, W., Gesetze – Ihre Vorbereitung, Abfassung und Prüfung, Baden-Baden 1983.

Hügel, C. M./Hupe, M., Probleme und Perspektiven der Sozialarbeit in der forensischen Psychiatrie; in: Blau, G./Kammeier, H. (Hrsg.), Straftäter in der Psychiatrie. Situationen und Tendenzen des Maßregelvollzuges, Stuttgart 1984, S. 77ff.

IBO II, „Over stromen". In-, door- en uitstroom bij de TBS. Interdepartementaal Beleidsonderzoek Terbeschikkingstelling, 1998.

Ingenleuf, H.-J., Maßregelvollzug – Gemeinsames Stiefkind von Psychiatrie und Justiz?, Frankfurt am Main u.a. 1992, zugl.: Erlangen, Nürnberg, Univ., Diss., 1992.

Jakobs, G., Strafrecht Allgemeiner Teil. Die Grundlagen und die Zurechnungslehre, 2. Auflage, Berlin u.a. 1993.

Jansen, I./Schreiber, W., „Die Mädchen sind wieder frech geworden" – Zur Bedeutung von Disziplinierung im Strafvollzug an jugendlichen Frauen, MSchrKrim 1994, S. 137ff.

Janzarik, W., Forschungsrichtungen und Lehrmeinungen in der Psychiatrie: Geschichte, Gegenwart, forensische Bedeutung; in: Göppinger, H./Witter, H. (Hrsg.), Handbuch der forensischen Psychiatrie. Band I, Heidelberg u.a. 1972, S. 588ff.

Jäger, M., Sicherheit durch Therapie. Alibifunktion der Strafgesetzgebung?, ZRP 2001, S. 28ff.

Jennings, W. S./Kilkenny, R./Kohlberg, L., Moral Development. Theory and Practice for Youthful and Adult Offenders; in: Laufer, W. S./Day, J. M. (Hrsg.), Personality Theory, Moral Development and Criminal Behavior, Lexington u.a. 1983, S. 281ff.

Jockusch, U., Therapeutischer Maßregelvollzug. Leistungsfähigkeit und Grenzen, R&P 1990, S. 14ff.

Jong, H. de/Vliet, A. van, Opmerkelijke nota's en rapporten. Gevangeniswezen en TBS; in: Coornhert-Liga (Hrsg.), Crimineel Jaarboek 1992, Breda 1992, S. 204ff.

Jonge, G. de, Opmerkelijke nota's en rapporten; in: Coornhert-Liga (Hrsg.), Crimineel Jaarboek 1987–1988, Breda 1988, S. 25ff.

Jörg, N./Kelk, C., Strafrecht met mate, 10. Auflage, Deventer 1998.

Junger-Tas, J., Vrijwilligheid en dwang in hulpverlening en behandeling, Justitiele Verkenningen 1991, S. 8ff.

Jürgens, A., Kommentar zum materiellen Betreuungsrecht, zum Verfahrensrecht und zum Betreuungsbehördengesetz, 2. Auflage, München 2001.

Jürgens, A./Kröger, D./Marschner, R./Winterstein, P., Das neue Betreuungsrecht. Eine systematische Gesamtdarstellung, 3. Auflage, München 1994.

Kaiser, G., Kriminologische Forschung – Ein Ausblick; in: Kury, H. (Hrsg.), Perspektiven und Probleme kriminologischer Forschung, Köln 1981, S. 635ff.

Ders., Die gesetzliche Regelung über den Vollzug der Untersuchungshaft und ihre Reform; in: Wilke, D. (Hrsg.), FS zum 125jährigen Bestehen der juristischen Gesellschaft zu Berlin, Berlin u.a. 1984, S. 299ff.

Ders., Befinden sich die kriminalrechtlichen Maßregeln in der Krise?, Heidelberg 1990.

Ders., Kriminologie, 3. Auflage, Heidelberg 1996.

Kaiser, G./Kerner, H.-J./Schöch, H., Strafvollzug, 4. Auflage, Heidelberg 1991, zitiert: Kaiser/Kerner/Schöch-*Bearbeiter*.

Kamann, U., Anmerkung zu BVerfG StV 1993, S. 482; StV 1993, S. 485ff.

Kammeier, H., Zur Weiterentwicklung des Maßregelvollzugs. Aspekte sozialethischer und rechtspolitischer Überlegungen; in: Blau, G./Kammeier, H. (Hrsg.), Straftäter in der Psychiatrie. Situation und Tendenzen des Maßregelvollzuges, Stuttgart 1984, S. 192ff.

Ders., Bringen psychiatrische Patienten mit ihrem Freiheitsentzug ein Opfer für die Gemeinschaft, das Ansprüche auf soziale Entschädigung auslöst?; in: Dörner, K. (Hrsg.), Neue Praxis braucht neue Theorie. Ökologische und andere Denkansätze für gemeindepsychiatrisches Handeln, Gütersloh 1987, S. 107ff.

Ders., Hessen will seinen Maßregelvollzug wieder voranbringen, R&P 1993, S. 196ff.

Ders., Maßregelrecht. Kriminalpolitik, Normgenese und systematische Struktur einer schuldunabhängigen Gefahrenabwehr, Berlin u.a. 1996, zugl.: Bremen, Univ., Diss., 1995.

Ders. (Hrsg.), Maßregelvollzugsrecht-Kommentar, Berlin u.a. 1995, zitiert: Kammeier-*Bearbeiter*.

Ders. (Hrsg.), Maßregelvollzugsrecht-Kommentar, 2. Auflage, Berlin u.a. 2002, zitiert: Kammeier-*Bearbeiter*[2].

Kammeier, H./Tondorf, G., Der Maßregelvollzug im psychiatrischen Krankenhaus für psychisch kranke und suchtkranke Täter (§§ 64, 64 StGB), RuP 1981, S. 137ff.

Kargl, W., Die Jurisprudenz der Geisteskrankheit. Zur juristisch-psychiatrischen „Kooperation" im Unterbringungsverfahren, Leviathan 1977, S. 301ff.

Kelk, C., Recht voor gedetineerden. Een onderzoek naar de beginselen van het detentierecht, Alphen aan den Rijn 1978, zugl.: Utrecht, Univ., Diss., 1978.

Ders., Kort begrip van het detentierecht, 2. Auflage, Nijmegen 1988.

Ders., Studieboek materieel strafrecht, Arnhem 1998.

Ders., De veelzijdige functies van het Pieter Baan Centrum; in: Bakker, F. A. M./Koenraadt, F./Mooij, A. W. M. (Hrsg.), Om ernstige zaken. Opstellen ter gelegenheid van het vijftigjarig bestaan van het Pieter Baan Centrum, Deventer 1999, S. 59ff.

Kelle, U., Empirisch begründete Theoriebildung. Zur Logik und Methodologie interpretativer Sozialforschung, Weinheim 1994.

Ders., Die Bedeutung theoretischen Vorwissens in der Grounded Theory; in: Strobl, R./Böttger, A. (Hrsg.), Wahre Geschichten? Zur Theorie und Praxis qualitativer Interviews, Beiträge zum Workshop *Paraphrasieren, Kodieren, Interpretieren...* im Kriminologischen Forschungsinstitut Niedersachsen am 29. und 30. Juni 1995 in Hannover, Baden-Baden 1996, S. 23ff.

Kelle, U./Erzberger, C., Qualitative und quantitative Methoden: Kein Gegensatz; in: Flick, U./von Kardorff, E./Steinke, I. (Hrsg.), Qualitative Forschung, Reinbek 2000, S. 299ff.

Kelle, U./Kluge, S., Vom Einzelfall zum Typus. Fallvergleich und Fallkontrastierung in der qualitativen Sozialforschung, Opladen 1999.

Kerner, H.-J., Artikel „Sanktion"; in: Kaiser, G./Kerner, H.-J./Sack, F./Schellhoss, H. (Hrsg.), Kleines kriminologisches Wörterbuch, 3. Auflage, Heidelberg 1993, S. 437ff.

Kieserling, A., Kommunikation unter Anwesenden. Studien über Interaktionssysteme, Frankfurt am Main 1999.

Kiliali, E., Vorschläge der HUMANISTISCHEN UNION für eine Neuordnung der forensischen Psychiatrie unter besonderer Berücksichtigung der zur parlamentarischen Beratung anstehenden Maßregelvollzugsgesetze, München 1982.

Kleining, G., Umriss zu einer Methodologie qualitativer Sozialforschung, Kölner Zeitschrift für Soziologie und Sozialpsychologie 1982, S. 224ff.

Klimke, A./Klieser, E., Zur Wirksamkeit der neuroelektrischen Therapie (NET) bei pharmakotherapeutisch resistenten endogenen Psychosen, Fortschritte der Neurologie – Psychiatrie 1991, S. 53ff.

Knack, H. J., Verwaltungsverfahrensgesetz-Kommentar, 7. Auflage, Köln u.a. 2000, zitiert: Knack-*Bearbeiter*.

Knap, J., TBS afschaffen, Proces 1999, S. 89ff.

Knapheide, J., Die Behandlung intelligenzgeminderter Rechtsbrecher im Westfälischen Zentrum für Forensische Psychiatrie Lippstadt-Eickelborn; in: Kammeier, H. (Hrsg.), Forensik in Münster: Eine Region in der Verantwortung, Münster 2002, S. 121ff.

Knemeyer, F.-L., Polizei- und Ordnungsrecht, 6. Auflage, München 1995.

Knorr-Cetina, K., Spielarten des Konstruktivismus, Soziale Welt 1989, S. 86ff.

Kobbé, U./Duncker, H., Sexualität im Maßregelvollzug, ZfStrVo 1994, S. 92ff.

Koenraadt, F., Dwang en behandeling in detentie, Sancties 1997, S. 146ff.

Koenraadt, F./Drost, Th., Die Dehnbarkeit des niederländischen Maßregelvollzugs. Einige Gummiparagraphen, R&P 1985, S. 18ff.

Koepsel, K., Strafvollzug im Sozialstaat. Die Auswirkungen des Sozialstaatsprinzips auf das Strafvollzugsrecht, Hamburg 1985, zugl.: Hamburg, Univ., Diss., 1985.

Ders., Gefangenenmitverantwortung; in: Schwind, H.-D./Blau, G. (Hrsg.), Strafvollzug in der Praxis, 2. Auflage, Berlin u.a. 1988, S. 308ff.

Ders., Forensische Psychiatrie und Strafvollzug; in: Van den Bergh, W. M. (Hrsg.), Im Zentrum: Maßregelvollzug. Entwicklungen in der Forensischen Psychiatrie, FS für V. Schumann, Lippstadt 1992, S. 169ff.

Koester, H., Strategien in der Behandlung psychisch kranker Rechtsbrecher. Maßregelvollzug in einer neuen Klinik für forensische Psychiatrie, MSchrKrim 1987, S. 111ff.

Kohl, B., Zur gesetzlichen Regelung des Maßregelvollzugs am Beispiel Hessens, KrimJ 1983, S. 259ff.

Kohlberg, L., The Development of Children's Orientations Toward a Moral Order, Part I: Sequence in the Development of Moral Thought, Vita humana 1963, S. 11ff.

Ders., Stufe und Sequenz. Sozialisation unter dem Aspekt der kognitiven Entwicklung; in: Ders. (Hrsg.), Zur Kognitiven Entwicklung des Kindes, Frankfurt am Main 1974, S. 7ff. (ursprünglich: *Kohlberg, L.*: Stage and Sequence: The Cognitive Developmental Approach to Socialization; in: *Goslin, D. A.* (Hrsg.): Handbook of Socialization, Theory and Research, Chicago 1969, S. 347ff.)

Ders., The Just Community Approach to Corrections: A Theory, Journal of Moral Education 1975, S. 243ff.

Ders., The Cognitive Developmental Approach to Behavior Disorders: A Study of the Development of Moral Reasoning in Delinquents; in: Serban, G. (Hrsg.), Cognitive Defects in the Development of Mental Illness, New York 1978, S. 207ff.

Ders., Moralische Entwicklung und demokratische Erziehung; in: Lind, G./Raschert, J. (Hrsg.), Moralische Urteilsfähigkeit. Eine Auseinandersetzung mit Lawrence Kohlberg über Moral, Erziehung und Demokratie, Weinheim u.a. 1987, S. 25ff.

Ders., Die Psychologie der Moralentwicklung, Frankfurt am Main 1996(a).

Ders., Moralische Entwicklung; in: Ders. (Hrsg.), Die Psychologie der Moralentwicklung, Frankfurt am Main 1996(b), S. 7ff. (ursprünglich: *Kohlberg, L.*: Moral Development; in: International Encyclopedia of the Social Sciences, New York 1968, S. 483ff.)

Ders., Moralstufen und Moralerwerb: Der kognitiv-entwicklungstheoretische Ansatz; in: Ders. (Hrsg.), Die Psychologie der Moralentwicklung, Frankfurt am Main 1996(c), S. 123ff. (ursprünglich: *Kohlberg, L.*: Moral Stages and Moralization. The Cognitive-Developmental Approach; in: *Lickona, Th.* (Hrsg.), Moral Development and Behavior. Theory, Research and Social Issues, New York 1976, S. 31ff.)

Ders., Die Bedeutung und Messung des Moralurteils; in: Ders. (Hrsg.), Die Psychologie der Moralentwicklung, Frankfurt am Main 1996(d), S. 175ff. (ursprünglich: *Kohlberg, L.*: Meaning and Measurement of Moral Development; in: *Kaplan, B.* (Hrsg.): The Heinz Werner Memorial Lecture Series, Worcester 1979).

Kohlberg, L./Kramer, R., Zusammenhänge und Brüche zwischen der Moralentwicklung in der Kindheit und im Erwachsenenalter; in: Kohlberg, L. (Hrsg.), Die Psychologie der Moralentwicklung, Frankfurt am Main 1996, S. 41ff. (ursprünglich: *Kohlberg, L./Kramer, R.*: Continuities and Discontinuities in Childhood and Adult Moral Development, Human Development 1969, S. 93ff.)

Kohlberg, L./Levine, C./Hewer, A., Zum gegenwärtigen Stand der Theorie der Moralstufen; in: Ders. (Hrsg.), Die Psychologie der Moralentwicklung, Frankfurt am Main 1996, S. 217ff. (ursprünglich: *Kohlberg, L./Levine, C./Hewer, A.*: The Current Formulation of the Theory; in: *Kohlberg, L.*: Essays on Moral Development, Vol. II: The Psychology of Moral Development, The Nature and Validity of Moral Stages, San Francisco 1984, S. 207ff.)

Kohlberg, L./Scharf, P./Hickey, J., Die Gerechtigkeitsstruktur im Gefängnis. Eine Theorie und eine Intervention; in: Portele, G. (Hrsg.), Sozialisation und Moral. Neuere Ansätze zur moralischen Entwicklung und Erziehung, Weinheim u.a. 1978, S. 202ff. (ursprünglich: *Kohlberg, L./Scharf, P./Hickey, J.*: The Justice Structure of the Prison. A theory and an intervention, The Prison Journal 1972, S. 3ff.)

Kokott, G., Verhaltenstherapie bei sexuellen Deviationen. Ein orientierender Überblick, PsychiatPraxis 1983, S. 78ff.

Kölbel, R., Strafgefangene als Eigentümer und Vertragspartner. Überlegungen zur Rechtsstellung in der Haft, StV 1999, S. 498ff.

Konrad, N., Sexualstraftäter und sozialtherapeutische Anstalt: Nach der Gesetzesänderung. Eine Stellungnahme aus der Perspektive der Forensischen Psychiatrie und Psychotherapie, ZfStrVo 1998, S. 265ff.

Ders., Psychiatrische Probleme im Justizvollzug; in: Venzlaff, U./Foerster, K. (Hrsg.), Psychiatrische Begutachtung, 3. Auflage, München u.a. 2000(a), S. 311ff.

Ders., Psychiatrie in Haft, Gefangenschaft und Gefängnis; in: Helmchen, H./Henn, F./Lauter, H./Sartorius, N. (Hrsg.), Psychiatrie der Gegenwart. Band 3. Psychiatrie spezieller Lebenssituationen, 4. Auflage, Berlin u.a. 2000(b), S. 555ff.

Kopp, F. O., Verwaltungsverfahrensgesetz, 6. Auflage, München 1996, zitiert: *Kopp*.

Kortmann, F. A. M., De toepassing van de Wet Bijzondere Opnemingen in Psychiatrische Ziekenhuizen. Balans tussen respect voor autonomie en handelen om bestwil, Nederlands tijdschrift voor geneeskunde 2000, S. 1686ff.

König, K., Evaluation als Kontrolle der Gesetzgebung, Speyer 1983.

Krebs, W., Verträge und Absprachen zwischen der Verwaltung und Privaten; in: VVDStRL 52, 1993, S. 246ff.

Kreuzer, A., Kommentierende Zusammenfassung zu den Vorträgen und Diskussionsbeiträgen; in: Schwind, H.-D./Steinhilper, G./Böhm, A. (Hrsg.), 10 Jahre Strafvollzugsgesetz. Resozialisierung als alleiniges Vollzugsziel? Heidelberg 1988, S. 129ff.

Ders., Behandlung, Zwang und Einschränkungen im Maßregelvollzug. Eine Analyse unter besonderer Berücksichtigung des Fernsehempfangsrechtes von Untergebrachten, Bonn 1994.

Kriz, J., Grundkonzepte der Psychotherapie, Weinheim 2001.

Kröber, H.-L., Pathologisches Glücksspielen: Definitionen, Erklärungsmodelle und forensische Aspekte, Nervenarzt 1985, S. 593ff.

Ders., „Spielsucht" und Schuldfähigkeit. Zur Notwendigkeit differenzierter Psychopathologie bei straffälligen Spielern, Forensia 1987, S. 113ff.

Ders., Anmerkung zu BGH, JR 1989, S. 379f.; JR 1989, S. 380ff.

Ders., Die Beurteilung der „schweren anderen seelischen Abartigkeit"; in: Müller-Isberner, R./Gonzalez Cabeza, S. (Hrsg.), Forensische Psychiatrie. Schuldfähigkeit, Kriminaltherapie, Kriminalprognose, Mönchengladbach 1998, S. 15ff.

Kröger, U., Arbeit und Bildung, Sport und Kreativität als wichtige Elemente der Behandlung – am Beispiel einer Klinik in den Niederlanden; in: Dimmek, B. (Hrsg.), „Beziehungspflege". Be-Handlungen im Maßregelvollzug. 7. Eickelborner Fachtagung zu Fragen der Forensischen Psychiatrie. 4. März bis 6. März 1992, Lippstadt 1992, S. 89ff.

Kruis, K./Cassardt, G., Verfassungsrechtliche Leitsätze zum Vollzug von Straf- und Untersuchungshaft. 2. Teil, NStZ 1995, S. 574ff.

Kühl, K., Strafrecht. Allgemeiner Teil, 4. Auflage, München 2002.

Kuijck, Y. A. J. M. van, Juridische aspecten van de longstay-patienten in de tbs; in: Ministerie van Justitie (Hrsg.), Blijvend delictgevaarlijk? Verslagbundel van des Studiedagen TBS 1995, Den Haag 1995, S. 59ff.

Kuijck, Y. A. J. M. van/Vegter, P. C., De tbs in de rechtspraktijk, Justitiele Verkenningen 1999, S. 54ff.

Kunig, P., Verträge und Absprachen zwischen Verwaltung und Privaten, DVBl 1992, S. 1193ff.

Kunisch, M., Anmerkung zu OLG Nürnberg, StV 1981, S. 245 (LS) und OLG München, StV 1981, S. 246 (LS); StV 1981, S. 246ff.

Kunz, K.-L., Soziales Lernen ohne Zwang. Ein Programm für den Strafvollzug der Zukunft, ZStW 101 (1989), S. 75ff.

Kuperus, H. W., Inleiding; in: Ministerie van Justitie (Hrsg.), Blijvend delictgevaarlijk? Verslagbundel van de Studiedagen TBS 1995, Den Haag 1995, S. 18ff.

Küpper, G., Anmerkung zu HansOLG JR 1996, S. 520ff.; JR 1996, S. 524ff.

Kurtines, W./Greif, E. B., The Development of Moral Thought: Review and Evaluation of Kohlberg's Approach, Psychological Bulletin 1974, S. 453ff.

Lambropoulou, E., Erlebnisbiographie und Aufenthalt im Jugendstrafvollzug, Freiburg i. Br. 1987, zugl.: Freiburg i. Br., Univ., Diss., 1987.

Lamnek, S., Qualitative Sozialforschung. Band 1. Methodologie, 3. Auflage, Weinheim 1995(a).

Ders., Qualitative Sozialforschung. Band 2. Methoden und Techniken, 3. Auflage, Weinheim 1995(b).

Lamott, F., Zur Heilungsideologie des Strafvollzugs, KJ 1982, S. 79ff.

Dies., Die erzwungene Beichte. Zur Kritik des therapeutischen Strafvollzugs, München 1984, zugl.: München, Univ., Diss., 1984.

Landen, D. van der, Een pleidooi voor de afschaffing van tbs, Justitiele Verkenningen 1993, S. 56ff.

Ders., De Beginselenwet Verpleging TBS-gestelden, Delikt en Delinkwent 1995, S. 453ff.

Lange, O. R. de, Over stromen. Het rapport van de werkgroep IBO TBS 2, Justitiele Verkenningen 1999, S. 67ff.

Langelüddeke, A./Bresser, P. H., Gerichtliche Psychiatrie, 4. Auflage, Berlin u.a. 1976.

Lau, Th./Wolff, S., Bündnis wider Willen. Sozialarbeiter und ihre Akten, Neue Praxis 1981, S. 199ff.

Dies., Der Einstieg in das Untersuchungsfeld als soziologischer Lernprozeß, Kölner Zeitschrift für Soziologie und Sozialpsychologie 1983, S. 417ff.

Laubenthal, K., Anmerkung zu OLG Hamm, JR 2000, S. 168ff.; JR 2000, S. 170ff.

Ders., Strafvollzug, 3. Auflage, Berlin u.a. 2003.

Lautmann, R., Justiz – Die stille Gewalt. Teilnehmende Beobachtung und entscheidungssoziologische Analyse, Frankfurt am Main 1972.

Legemaate, J., Die Rechte der Psychiatriepatienten: Zwischen Rechtsverwirklichung und Schutzbedürfnis, R&P 1998, S. 80ff.

Lehmann, E., Psychotherapeutische Ergebnisse bei Sexualstraftätern. Eine methodenkritische Bestandsaufnahme; in: Steller, M./Dahle, K.-P./Basqué, M. (Hrsg.), Straftäterbehandlung. Argumente für eine Revitalisierung in Forschung und Praxis, Pfaffenweiler 1994, S. 66ff.

Leipziger Kommentar, Großkommentar zum StGB. 2. Lieferung. Vor §61; §§61–67, 11. Auflage, Berlin u.a. 1992, zitiert: LK-*Bearbeiter*.

Leipziger Kommentar, Großkommentar zum StGB. 10. Lieferung. §§ 19–21, 11. Auflage, Berlin u.a. 1993, zitiert: LK-*Bearbeiter*.

Lempert, J., Therapie als Strafe? Die Frage der Freiwilligkeit in der Täterbehandlung, Frankfurter Rundschau vom 02. Dezember 2000, S. 9.

Lerche, P., Grundrechtsschranken; in: Isensee, J./Kirchhof, P. (Hrsg.), Handbuch des Staatsrechts der Bundesrepublik Deutschland. Band V. Allgemeine Grundrechtslehren, Heidelberg 1992, S. 775ff.

Lesting, W., Wohin mit psychisch kranken Strafgefangenen?, R&P 1992, S. 81ff.

Ders., Vorschläge zur Verbesserung des Rechtsschutzes von Strafgefangenen, KrimJ 1993, S. 48ff.

Ders., Informelle Rechtskontrolle und Konfliktregelung. Zur Tätigkeit der Beschwerdestellen der Landschaftsverbände in Nordrhein-Westfalen, R&P 1998, S. 33ff.

Leuw, E., Dwangopname voor hypercriminele druggebruikers, Justitiele Verkenningen 1991, S. 106ff.

Ders., Drogentherapie und Strafjustiz in den Niederlanden, BewHi 1993, S. 75ff.

Ders., De capaciteitscrisis in de TBS. Feiten en verklaringen, Proces 1998, S. 113ff.

Leuw, E./Mertens, N. M., Tussen recht ein ruimte. Eerste evaluatie van de tbs-wetgeving van 1997, Den Haag 2001.

Leygraf, N., Psychisch kranke Straftäter. Epidemiologie und aktuelle Praxis des psychiatrischen Maßregelvollzugs, Berlin u.a. 1988.

Leygraf, N./Heinz, G., Stationäre psychiatrische Behandlung psychisch kranker Straftäter; in: Blau, G./Kammeier, H. (Hrsg.), Straftäter in der Psychiatrie. Situation und Tendenzen des Maßregelvollzuges, Stuttgart 1984, S. 44ff.

Leygraf, N./Nowara, S., Prognosegutachten. Klinisch-psychiatrische und psychologische Beurteilungsmöglichkeiten der Kriminalprognose; in: Frank, Ch./Harrer, G. (Hrsg.), Kriminalprognose. Alkoholbeeinträchtigung. Rechtsfragen und Begutachtungsprobleme, Forensia-Jahrbuch 3, Berlin u.a. 1992, S. 43ff.

Lietz, J./Gretenkord, L., Lockerungen und Urlaub nach dem Hessischen Maßregelvollzugsgesetz, MSchrKrim 1985, S. 229ff.

Lindemann, M., Die Behandlung der Unbehandelbaren. Eine Skizze des niederländischen Longstay-Pilotprojektes Veldzicht, R&P 2001, S. 21ff.

Ders., Zur Vereinbarkeit gesonderter Longstay-Abteilungen mit den geltenden (verfassungs-)rechtlichen Vorgaben, R&P 2002, S. 8ff.

Linpinsel, F., Unterricht und schulische Förderung für Patienten; in: Van den Bergh, W. M. (Hrsg.), Im Zentrum: Maßregelvollzug. Entwicklungen in der Forensischen Psychiatrie, FS für V. Schumann, Lippstadt 1992, S. 25ff.

Lisken, H./Denninger, E., Handbuch des Polizeirechts, 2. Auflage, München 2001, zitiert: Lisken/Denninger-*Bearbeiter*.

Lohse, H., Konsequenz als Handlungsmaxime in einer Sozialtherapeutischen Einrichtung. Reaktion auf Konflikte aus therapeutischer und organisatorischer Sicht; in: Justizvollzugsanstalt Kassel II (Hrsg.), Aktuelle Probleme der Sozialtherapie. Behandlung von Straftätern – Eine lohnende Aufgabe. Dokumentation der 4. überregionalen Fachtagung für Mitarbeiter der Sozialtherapeutischen Einrichtungen im Justizvollzug vom 25.–27. Oktober 1993 in Kassel-Wilhelmshöhe, Kassel 1993, S. 13ff.

Loschelder, W., Grundrechte im Sonderstatus; in: Isensee, J./Kirchhof, P. (Hrsg.), Handbuch des Staatsrechts der Bundesrepublik Deutschland. Band V. Allgemeine Grundrechtslehren, Heidelberg 1992, S. 805ff.

Lösel, F., Kapitel „Psychologische Kriminalitätstheorien"; in: Kaiser, G./Kerner, H.-J./ Sack, F. (Hrsg.), Kleines kriminologisches Wörterbuch, 3. Auflage, Heidelberg 1993, S. 253ff.

Ders., Ist der Behandlungsgedanke gescheitert? Eine empirische Bestandsaufnahme, ZfStrVo 1996, S. 259ff.

Lösel, F./Bender, D., Straftäterbehandlung: Konzepte, Ergebnisse, Probleme; in: Steller, M./ Volbert, R. (Hrsg.), Psychologie im Strafverfahren. Ein Handbuch, Bern u.a. 1997, S. 171ff.

Luhmann, N., Funktion und Folgen formaler Organisation, Berlin 1964.

Ders., Recht und Automation in der öffentlichen Verwaltung. Eine verwaltungswissenschaftliche Untersuchung, Berlin 1966, zugl.: Münster, Univ., Diss., 1966.

Lüdemann, R., Therapie als Gewaltverhältnis. Resozialisierung und Behandlung im Justizvollzug der BRD; in: Backes, O./Albrecht, P.-A. (Hrsg.), Verdeckte Gewalt. Plädoyers für eine „Innere Abrüstung", Frankfurt am Main 1990, S. 229ff.

Lüderssen, K., Abschaffen des Strafens?, Frankfurt am Main 1995.

Maercker, A., Operante Verfahren; in: Markgraf, J. (Hrsg.), Lehrbuch der Verhaltenstherapie. Band 1. Grundlagen, Diagnostik, Verfahren, Rahmenbedingungen, 2. Auflage, Berlin u.a. 2000, S. 541ff.

Maier, U./Mache, W./Klein, H. E., Woran krankt der Maßregelvollzug? Therapeutisch fragwürdige Aufenthalte psychisch kranker Rechtsbrecher im psychiatrischen Krankenhaus und in der Entziehungsanstalt, MSchrKrim 2000, S. 71ff.

Maiwald, M., Bestimmtheitsgebot, tatbestandliche Typisierung und die Technik der Regelbeispiele; in: FS für Wilhelm Gallas, Berlin u.a. 1973, S. 136ff.

Mangoldt, H. von/Klein, F./Starck, C., Das Bonner Grundgesetz. Kommentar, 4. Auflage, München 1999, zitiert: v.Mangoldt/Klein/Starck-*Bearbeiter*.

Marle, H. J. C. van, De Very Intensive Care afdeling: beveiliging en behandeling hand in hand, Tijdschrift voor Psychiatrie 1983, S. 553ff.

Dies., Verpleging en motivering tot behandeling in de TBR, Tijdschrift voor Psychiatrie 1986, S. 244ff.

Dies., De hang naar dwang, Arnhem 1999.

Marneros, A./Ullrich, S./Rössner, D., Was unterscheidet psychiatrisch begutachtete von psychiatrisch nicht begutachteten Angeklagten? Resümee einer komparativen Studie, R&P 1999, S. 117ff.

Dies., Das Dilemma der Begutachtung: Das Hallenser Angeklagtenprojekt; in: Marneros, A./Rössner, D./Haring, A./Brieger, P. (Hrsg.), Psychiatrie und Justiz, München u.a. 2000, S. 2ff.

Marneros, A. et al., Motivation und subjektive Einstellung zur Therapie von alkoholkranken Straftätern, untergebracht nach § 64 StGB, MSchrKrim 1993, S. 169ff.

Marschner, R., Rechtsgrundlagen zur Zwangsbehandlung, R&P 1985(a), S. 3ff.

Ders., Psychische Krankheit und Freiheitsentziehung. Eine vergleichende Kritik des geltenden Unterbringungsrechts, München 1985(b).

Ders., Stufen der Zwangsbehandlung, R&P 1988, S. 19ff.

Ders., Das Verhältnis von Vormundschaftsrecht und Unterbringungsrecht bei der Zwangsbehandlung, R&P 1990, S. 66ff.

Marschner, R./Volckart, B., Musterentwurf eines Gesetzes für psychisch Kranke, R&P 1992, S. 54ff.

Dies., Freiheitsentziehung und Unterbringung, 4. Auflage, München 2001, zitiert: Marschner/Volckart-*Bearbeiter*.

Mauch, G./Mauch, R., Sozialtherapie und die Sozialtherapeutische Anstalt. Erfahrungen in der Behandlung Chronisch-Krimineller, Stuttgart 1971.

Maunz, Th./Dürig, G./Herzog, R., Grundgesetz-Kommentar. Band V. Art. 92–146, Loseblattsammlung, München 1999, zitiert: Maunz/Dürig/Herzog-*Bearbeiter*.

Maurer, H., Der Verwaltungsvertrag – Probleme und Möglichkeiten, DVBl 1989, S. 798ff.

Ders., Allgemeines Verwaltungsrecht, 13. Auflage, München 2000.

Mauz, G., Gretchen und der Sachverständige vor Gericht; in: Michel, K. M./Wiesner, H. (Hrsg.), Kursbuch 56, Berlin 1979, S. 149ff.

Mayring, P., Qualitative Inhaltsanalyse; in: Jüttemann, G. (Hrsg.), Qualitative Forschung in der Psychologie. Grundfragen, Verfahrensweisen, Anwendungsfelder, Weinheim u.a. 1985, S. 187ff.

Ders., Qualitative Inhaltsanalyse; in: Flick, U./von Kardorff, E./Keupp, H./von Rosenstiel, L./Wolff, St. (Hrsg.), Handbuch qualitative Sozialforschung, 2. Auflage, Weinheim 1995, S. 209ff.

Ders., Einführung in die qualitative Sozialforschung. Eine Anleitung zu qualitativem Denken, 4. Auflage, Weinheim 1999.

Ders., Qualitative Inhaltsanalyse. Grundlagen und Techniken, 7. Auflage, Weinheim 2000.

Mechler, A., Psychiatrie des Strafvollzugs, Stuttgart u.a. 1981.

Mechler, A./Wilde, K., Psychoanalytisch orientierte Arbeit mit Strafgefangenen, MSchrKrim 1976, S. 191ff.

Meinefeld, W., Ex-ante Hypothesen in der Qualitativen Sozialforschung: zwischen „fehl am Platz“ und „unverzichtbar“, Zeitschrift für Soziologie 1997, S. 22ff.

Ders., Hypothesen und Vorwissen in der qualitativen Sozialforschung; in: Flick, U./von Kardorff, E./Steinke, I. (Hrsg.), Qualitative Forschung, Reinbek 2000, S. 265ff.

Merton, R. K., Sozialstruktur und Anomie; in: Sack, F./König, R. (Hrsg.), Kriminalsoziologie, Frankfurt am Main 1968, S. 283ff.

Meyer, G., Die Beurteilung der Schuldfähigkeit bei Abhängigkeit vom Glücksspiel, MSchrKrim 1988, S. 213ff.

Ministerie van Justitie, TBS – een bijzondere maatregel. De concurrentie tussen beveiliging, behandeling en bescherming van de rechtspositie, Den Haag 1991.

Moser, T., Repressive Kriminalpsychiatrie. Vom Elend einer Wissenschaft, 2. Auflage, Frankfurt am Main 1971.

Möller, H., Einige Aspekte der Psychotherapie mit Gewalttätern, ZfStrVo 1994, S. 285ff.

Mörs, K.-J., Das Freizeitproblem im deutschen Erwachsenenstrafvollzug, Stuttgart 1969.

Mrozynski, P., Resozialisierung und soziales Betreuungsverhältnis. Eine Untersuchung zur Bedeutung des Sozialrechts in der Resozialisierung, Heidelberg 1984.

Müller-Dietz, H., Mit welchem Hauptinhalt empfiehlt es sich, ein Strafvollzugsgesetz zu erlassen? In: Ständige Deputation des Deutschen Juristentages (Hrsg.), Verhandlungen des 48. Deutschen Juristentages. Band I (Gutachten), München 1970, S. C 1–135ff.

Ders., Wege zur Strafvollzugsreform, Berlin 1972.

Ders., Strafvollzugsrecht, 2. Auflage, Berlin u.a. 1978.

Ders., Maßregelvollzugsgesetze der Bundesrepublik Deutschland, Forensia 1983, S. 117ff.

Ders., Rechtsfragen der Unterbringung nach § 63 StGB, NStZ 1983, S. 145ff.; S. 203ff.

Ders., Die Bedeutung sozialtherapeutischer Einrichtungen im deutschen Strafvollzug, ZfStrVo 1996, S. 268ff.

Ders., Anmerkung zu BGH, NStZ 1997, S. 614f.; NStZ 1997, S. 615ff.

Müller-Dietz, H./Würtenberger, Th., Hauptprobleme der künftigen Strafvollzugsgesetzgebung. Denkschrift des Fachausschusses I Strafrecht und Strafvollzug des Bundeszusammenschlusses für Straffälligenhilfe, Bad Godesberg 1969.

Müller-Isberner, R., Neue Wege in der Behandlung von Sexualstraftätern im Maßregelvollzug in Hessen; in: Wille, R./Schumacher, W./Andrzejak, N. (Hrsg.), Zur Therapie von sexuell Devianten, Berlin 1990, S. 50ff.

Ders., Die Behandlung psychisch kranker Rechtsbrecher in Hessen, ZfStrVo 1992, S. 363ff.

Ders., Prinzipien der psychiatrischen Kriminaltherapie; in: Müller-Isberner, R./Gonzalez Cabeza, S. (Hrsg.), Forensische Psychiatrie. Schuldfähigkeit, Kriminaltherapie, Kriminalprognose, Mönchengladbach 1998, S. 51ff.

Müller, F., Der Maßregelvollzug aus der Innensicht eines Betroffenen; in: Blau, G./Kammeier, H. (Hrsg.), Straftäter in der Psychiatrie. Situation und Tendenzen des Maßregelvollzuges, Stuttgart 1984, S. 107ff.

Münch, I. von, Grundgesetz-Kommentar. Band 1. Präambel bis Art. 20, 3. Auflage, München 1992, zitiert: von Münch-*Bearbeiter*.

Ders., Grundgesetz-Kommentar. Band 3. Art. 70 bis Art. 146 und Gesamtregister, 3. Auflage, München 1996, zitiert: von Münch-*Bearbeiter*.

N. N., Beschermd tegen jezelf: Medicijnen slikken onder dwang, Balans 1997, S. 13ff.

Nadel, S. F., Social control and self-regulation, Social Forces 1953, S. 265ff.

Naucke, W., Strafrecht. Eine Einführung, 8. Auflage, Neuwied u.a. 1998.

Nährich, W.-D., Praxis und Problematik der Hausstrafen im Strafvollzug, Bonn 1974, zugl.: Bonn, Univ., Diss., 1974.

Nedopil, N., Die medikamentöse Versorgung als Heilbehandlung gemäß § 1904 BGB. Erwiderung auf den Beitrag von Schreiber, FamRZ 1991, S. 1014ff., FamRZ 1993, S. 24ff.

Ders., Forensische Psychiatrie. Klinik, Begutachtung und Behandlung zwischen Psychiatrie und Recht, Stuttgart u.a. 1996.

Nedopil, N./Müller-Isberner, R., Psychiatrischer Maßregelvollzug gemäß § 63 StGB: Rechtsgrundlagen – Derzeitige Situation – Behandlungskonzepte – Perspektiven, Nervenarzt 1995(a), S. 793ff.

Dies., Struktur- und Organisationsfragen im psychiatrischen Maßregelvollzug (§ 63 StGB). Theoretische Aspekte – Internationale Erfahrungen – Das hessische Modell, MSchrKrim 1995(b), S. 236ff.

Neuland, G., Vergünstigungen und Hausstrafen; in: Schwind, H.-D./Blau, G. (Hrsg.), Strafvollzug in der Praxis. Eine Einführung in die Probleme und Realitäten des Strafvollzuges und der Entlassenenhilfe, Berlin u.a. 1976, S. 291ff.

Neumann, V., Menschenwürde und psychische Krankheit, KritV 1993, S. 276ff.

Niemandsverdriet, J. R./Krul-Steketee, J., Een gelijkwaardige positie voor forensisch psychiatrische patienten, Sancties 1995, S. 7ff.

Nilles, M./Freese, R./Müller-Isberner, R., Geistig behinderte Rechtsbrecher im psychiatrischen Maßregelvollzug, ZfStrVo 1995, S. 228ff.

Noeres, P., Therapie im Maßregelvollzug und die Bedeutung von Stufenkonzepten; in: Hessisches Ministerium für Jugend, Familie und Gesundheit (Hrsg.), Zur Weiterentwicklung des Maßregelvollzuges in Hessen. Fachtagung 4. März 1993 in Frankfurt am Main. Dokumentation, Wiesbaden 1993, S. 35ff.

Noll, P., Die ethische Begründung der Strafe, Tübingen 1962.

Noyon, T. J./Langemeijer, G. E./Remmelink, J., Het wetboek van strafrecht, 7. Auflage, Loseblattsammlung, Deventer 2000, zitiert: Noyon/Langemeijer/Remmelink-*Bearbeiter*.

O'Leary, K. D./Becker, W. C., Behavior modification of an adjustment class: A token reinforcement program, Exceptional Children 1967, S. 637ff.

Obermayer, K., Kommentar zum Verwaltungsverfahrensgesetz, 3. Auflage, Neuwied u.a. 1999, zitiert: Obermayer-*Bearbeiter*.

Oei, T. I., De rek is eruit bij de terbeschikkingstelling. Hoe nu verder?, Medisch Contact 1999, S. 1746ff.

Oppedijk, D. W., Moet dwangbehandeling in de Beginselenwet TBS worden opgenomen?, Sancties 1994, S. 272ff.

Oser, F./Althof, W., Moralische Selbstbestimmung. Modelle der Entwicklung und Erziehung im Wertebereich, Stuttgart 1992.

Oskamp, U., Heilpädagogische Überlegungen zur Behandlung von Lernbehinderten und geistig behinderten Patienten in einer forensisch-psychiatrischen Klinik; in: Kammeier, H. (Hrsg.), Forensik in Münster: Eine Region in der Verantwortung, Münster 2002, S. 109ff.

Ostendorf, H., Jugendgerichtsgesetz-Kommentar, 5. Auflage, Köln u.a. 2000, zitiert: *Ostendorf*.

Padlesak, S., Grenzen der Indikation von Psychotherapie bei Kriminalität im Rahmen von Persönlichkeitsstörungen; in: Wagner, E./Werdenich, W. (Hrsg.), Forensische Psychotherapie. Psychotherapie im Zwangskontext von Justiz, Medizin und sozialer Kontrolle, Wien 1998, S. 125ff.

Parfy, E., Verhaltenstherapie; in: Slunecko, T./Sonneck, G. (Hrsg.), Einführung in die Psychotherapie, Wien 1999, S. 140ff.

Peine, F.-J., Allgemeines Verwaltungsrecht, 5. Auflage, Heidelberg 2000.

Perik, J. C. A., Qualitätsmanagement in der TBS-Klinik Veldzicht, WsFPP 1998, S. 103ff.

Peters, K., Die Stellung des Arztes in dem forensisch-psychiatrischen Krankenhaus; in: FS für Theodor Kleinknecht, München 1985, S. 341ff.

Peuckert, R., Artikel „Sanktion"; in: Schäfers, B. (Hrsg.), Grundbegriffe der Soziologie, 6. Auflage, Opladen 2000, S. 294ff.

Pfäfflin, F., Angst und Lust. Zur Diskussion über gefährliche Sexualtäter, R&P 1997, S. 59ff.

Pfäfflin, F./Mergenthaler, E., Forschungsfragen der forensischen Psychotherapie; in: Wagner, E./Werdenich, W. (Hrsg.), Forensische Psychotherapie. Psychotherapie im Zwangskontext von Justiz, Medizin und sozialer Kontrolle, Wien 1998, S. 21ff.

Phillips, E. L., Achievement place: Token reinforcement procedures in a home-style rehabilitation setting for „pre-delinquent" boys, Journal of Applied Behavior Analysis 1968, S. 213ff.

Piaget, J., Das moralische Urteil beim Kinde, Zürich 1954.

Pielmaier, H., Verhaltenstherapie bei delinquenten Jugendlichen, Stuttgart 1979, zugl.: Freiburg i. Br., Univ., Diss., 1979.

Pieroth, B./Schlink, B., Grundrechte. Staatsrecht II, 17. Auflage, Heidelberg 2001.

Pol, U. van de, Executie zonder form van proces ofwel een analyse van de penitentiaire praktijk van disciplinaire bestraffing; in: Davelaar-van Tongeren, V. H./Keijzer, N./van den Pol, U. (Hrsg.), Strafrecht in perspectief. Een bundel bijdragen op strafrechtelijk gebied ter gelegenheid van het 100-jarig bestaan der Vrije Universiteit te Amsterdam, Arnhem 1980, S. 289ff.

Pollähne, H., Positive Rechte gegen „negative Verstärker". Anmerkungen zur Geltung der Grundrechte im Maßregelvollzug aus Anlaß eines Beschlusses des LG Marburg v. 28. 8. 1991, 7b StVK 131/91, R&P 1992, S. 47ff.

Ders., Lockerungen im Maßregelvollzug, Frankfurt a. M. 1994, zugl.: Frankfurt a. M., Univ., Diss., 1992.

Ders., Maßregelvollzug zwischen Strafvollzug und Psychiatrie; in: Weigend, W. (Hrsg.), Der Maßregelvollzug in der öffentlichen Diskussion, Münster 1999, S. 37ff.

Ders., Entwicklungstendenzen der Maßregelvollzugs-Gesetzgebung, WsFPP 2000, S. 61ff.

Ders., Maßregelvollzugsrecht auf Abwegen. Anmerkungen zu abweichendem Verhalten von Landesgesetzgebern, R&P 2001, S. 195ff.

Pollähne, H./Schäfer-Eikermann, R., „... soll man denn zu Verbrechen schweigen?" Die Schweigepflicht im Maßregelvollzug im Verhältnis zu Strafverfolgungsinteressen, R&P 1988, S. 2ff.

Popitz, H., Soziale Normen, Archives Européennes de Sociologie 1961, S. 185ff.

Ders., Die Präventivwirkung des Nichtwissens, Tübingen 1968.

Ders., Die normative Konstruktion von Gesellschaft, Tübingen 1980.

Preusker, H., Erfahrungen der Praxis mit dem Strafvollzugsgesetz, ZfStrVo 1987, S. 11ff.

Que, F., Patient vaart wel bij inspraak, Balans 1997, S. 10ff.

Quensel, E., Kritische Betrachtungen zur Behandlung im Strafvollzug; in: Eisenbach-Stangl, I./Stangl, W. (Hrsg.), Grenzen der Behandlung, Opladen 1984, S. 103ff.

Raes, B. C. M., Oratio pro domo? De maatregel TBS, de fundamenten en het gebouw, Justitiele Verkenningen 1999, S. 32ff.

Raiser, Th., Das lebende Recht. Rechtssoziologie in Deutschland, 2. Auflage, Baden-Baden 1995.

Rasch, W., Zur Praxis des Maßregelvollzugs. Verhalten in der Institution als Basis der Prognosebeurteilung ; in: Eisenbach-Stangl, I./Stangl, W. (Hrsg.), Grenzen der Behandlung, Opladen 1984(a), S. 128ff.

Ders., Krank und/oder kriminell? Gutachten zur Situation und zu Entwicklungsmöglichkeiten in der Durchführung des Maßregelvollzugs nach den §§ 63 und 64 StGB im forensischen Bereich des Westfälischen Landeskrankenhauses Eickelborn; in: Landschaftsverband Westfalen-Lippe (Hrsg.), Krank und/oder kriminell? Maßregelvollzug in Westfalen-Lippe, Münster 1984(b), S. 7ff.

Ders., Die Prognose im Maßregelvollzug als kalkuliertes Risiko; in: FS für Günter Blau, Berlin u.a. 1985, S. 309ff.

Ders., Die Funktion von Lockerungen im Maßregelvollzug; in: Pohlmeier, H./Deutsch, E./Schreiber, H.-L. (Hrsg.), Forensische Psychiatrie heute. Prof. Dr. med. Ulrich Venzlaff zum 65. Geburtstag gewidmet, Berlin u.a. 1986(a), S. 99ff.

Ders., Forensische Psychiatrie, Stuttgart u.a. 1986(b).

Ders., Grundlagen und Rahmenbedingungen der Behandlung; in: Schumann, V./Dimmek, B. (Hrsg.), Therapie im Maßregelvollzug, Lippstadt 1987, S. 19ff.

Ders., Sozialtherapie im Maßregelvollzug. Die psychiatrische Lösung, MSchrKrim 1989, S. 115ff.

Ders., Kriminaltherapie im richtigen Format. Gutachten über die Klinik für gerichtliche Psychiatrie Haina, 1991(a) (unveröffentlicht).

Ders., Die psychiatrisch-psychologische Beurteilung der so genannten schweren anderen seelischen Abartigkeit, StV 1991(b), S. 126ff.

Ders., Forensisch-psychiatrische Therapie doch nicht im richtigen Format?; in: Hessisches Ministerium für Jugend, Familie und Gesundheit (Hrsg.), Zur Weiterentwicklung des Maßregelvollzuges in Hessen. Fachtagung 4. März 1993 in Frankfurt am Main. Dokumentation, Wiesbaden 1993, S. 9ff.

Ders., Forensische Psychiatrie, 2. Auflage, Stuttgart u.a. 1999.

Rasch, W./Kühl, K.-P., Subjektives Leiden als sozialtherapeutisches Behandlungskriterium. FPI-Ergebnisse bei Tätergruppen des § 65 Abs. 1 2. StRG, MSchrKrim 1973, S. 237ff.

Rasch, W./Sassenberg, U., Kriminologische Aspekte bei der Behandlung von Sexualdelinquenten, PsychiatPraxis 1983, S. 69ff.

Rauchfleisch, U., Probleme der Indikationsstellung für eine psychoanalytische Psychotherapie von Delinquenten; in: Schneider, W. (Hrsg.), Indikationen zur Psychotherapie. Anwendungsbereiche und Forschungsprobleme, Weinheim u.a. 1990, S. 81ff.

Ders., Behandlungsstrategien ganz gezielt der Realität der Delinquenten anpassen; in: Steller, M./Dahle, K.-P./Basqué, M. (Hrsg.), Straftäterbehandlung. Argumente für eine Revitalisierung in Forschung und Praxis, Pfaffenweiler 1994, S. 259ff.

Redaktionsgruppe Psychiatrie-Ratgeber, Psychiatrie und Recht. Praktischer Ratgeber zur Durchsetzung Ihrer Rechte in der Psychiatrie, 2. Auflage, Freiburg i. Br. 1985.

Rehbinder, M., Rechtssoziologie, 4. Auflage, München 2000.

Rehn, G., Entscheidungen, Regeln, Anstaltsorganisation: Einige Überlegungen zur Vermeidung schädlicher Routine im sozialtherapeutischen Vollzug; in: Egg, R. (Hrsg.), Sozialtherapie in den 90er Jahren. Gegenwärtiger Stand und aktuelle Entwicklung im Justizvollzug, Wiesbaden 1993, S. 33ff.

Ders., Behandlung im Strafvollzug: unzeitgemäß?; in: Müller-Dietz, H./Walter, M. (Hrsg.), Strafvollzug in den 90er Jahren. Perspektiven und Herausforderungen. Festgabe für K. P. Rotthaus, Pfaffenweiler 1995, S. 69ff.

Reich, A., Magdeburger Kommentar zum Grundgesetz für die Bundesrepublik Deutschland, Bad Honnef 1998.

Reich, G., Artikel „Spaltung"; in: Mertens, W./Waldvogel, B. (Hrsg.), Handbuch psychoanalytischer Grundbegriffe, Stuttgart u.a. 2000, S. 666ff.

Reinecker, H., Verhaltenstherapie; in: Senf, W./Broda, M. (Hrsg.), Praxis der Psychotherapie. Ein integratives Lehrbuch für Psychoanalyse und Verhaltenstherapie, Stuttgart u.a. 1996, S. 140ff.

Ders., Methoden der Verhaltenstherapie; in: Reinecker, H. (Hrsg.), Lehrbuch der Verhaltenstherapie, Tübingen 1999, S. 147ff.

Reinke-Köberer, E., Therapeutisierung oder Kriminalisierung – die Scheinalternativen der Rehabilitation, KrimJ 1984, S. 181ff.

Remmelink, J., Inleiding tot de studie van het Nederlandse strafrecht, 15. Auflage, Deventer 1996.

Revenstorf, D., Psychotherapeutische Verfahren. Band II. Verhaltenstherapie, 3. Auflage, Stuttgart u.a. 1996.

Richter, S., Anmerkungen zum Musterentwurf eines Gesetzes für psychisch Kranke, R & P 1993, S. 68ff.

Rinke, W., Therapeutische Zwangsmaßnahmen beim Maßregelvollzug im psychiatrischen Krankenhaus. Verfassungsrechtliche Aspekte einer gesetzlichen Regelung der ärztlichen Behandlung im Maßregelvollzug gemäß § 63 StGB, 1985, zugl.: Bonn, Univ., Diss., 1985.

Ders., Therapeutische Zwangsmaßnahmen beim Maßregelvollzug im Psychiatrischen Krankenhaus. Verfassungsrechtliche Aspekte einer gesetzlichen Regelung der ärztlichen Behandlung im Maßregelvollzug gemäß § 63 StGB, NStZ 1988, S. 10ff.

Ritzel, G., Unterbringung nach § 63 2. StRG: Besserung oder Sicherung?, MSchrKrim 1975, S. 182ff.

Rotter, F., Rechtliche Kontrolle und die Struktur psychosozialer Versorgung. Zur Brückenfunktion der Grundrechte; in: Crefeld, W. (Hrsg.), Recht und Psychiatrie, Rehburg-Loccum 1983, S. 86ff.

Rotthaus, K. P., Sozialtherapie in der Dr.-Henri-van-der-Hoeven-Kliniek in Utrecht, MSchrKrim 1975, S. 83ff.

Ders., Die neue Dr.-van-der-Hoeven-Kliniek in Utrecht, MSchrKrim 1978, S. 126ff.

Ders., Die gesetzliche Regelung des Maßregelvollzugs im Lande Nordrhein-Westfalen, NStZ 1985, S. 441ff.

Ders., So nahe und doch getrennt: Forensische Psychiatrie und Sozialtherapie im Strafvollzug; in: van den Bergh, W. M. (Hrsg.), Im Zentrum: Maßregelvollzug. Entwicklungen in der Forensischen Psychiatrie, FS für V. Schumann, Lippstadt 1992, S. 153ff.

Rotthaus, W., Einleitung; in: Rotthaus, W. (Hrsg.), Sexuell deviantes Verhalten Jugendlicher, Dortmund 1991, S. 7ff.

Ders., Freiwilligkeit und Zwang und was dazwischenliegt; in: Wagner, E./Werdenich, W. (Hrsg.), Forensische Psychotherapie. Psychotherapie im Zwangskontext von Justiz, Medizin und sozialer Kontrolle, Wien 1998, S. 265ff.

Rottleuthner, H., Richterliches Handeln. Zur Kritik der juristischen Dogmatik, Frankfurt am Main 1973.

Ders., Einführung in die Rechtssoziologie, Darmstadt 1987.

Rottmann, F., Der Vorbehalt des Gesetzes und die grundrechtlichen Gesetzesvorbehalte, EuGRZ 1985, S. 277ff.

Roxin, C., Strafrecht Allgemeiner Teil. Band I. Grundlagen, der Aufbau der Verbrechenslehre, 3. Auflage, München 1997.

Röhl, K. F., Rechtssoziologie, Köln u.a. 1987.

Ders., Allgemeine Rechtslehre, 2. Auflage, Köln u.a. 2001.

Rupp, H. H., Anmerkung zu BVerfG NJW 1967, S. 1651ff.; dorts.

Rüping, H., Der psychisch Kranke als Sicherheitsrisiko. Bemerkungen zum Maßregelvollzug nach dem Bayerischen Unterbringungsgesetz von 1982, NStZ 1983, S. 13ff.

Ders., Grundfragen des Maßregelvollzugs aus juristischer Sicht; in: Böcker, F./Weig, W. (Hrsg.), Aktuelle Kernfragen der Psychiatrie, Berlin u.a. 1988, S. 403ff.

Rüther, N., Lockerungen im Maßregelvollzug – ein therapeutisches Instrument?; in: de Boor, W./Frisch, W./Rode, I. (Hrsg.), Zur Problematik von Vollzugslockerungen und bedingten Entlassungen bei Aggressionstätern, Köln 1990, S. 68ff.

Saage, E./Göppinger, H., Freiheitsentziehung und Unterbringung, 3. Auflage, München 1994, zitiert: Saage/Göppinger-*Bearbeiter*.

Sachs, M., Grundgesetz-Kommentar, 2. Auflage, München 1999, zitiert: Sachs-*Bearbeiter*.

Ders., Verfassungsrecht II. Grundrechte, Berlin u.a. 2000.

Sack, F., Neue Perspektiven in der Kriminologie; in: Sack, F./König, R. (Hrsg.), Kriminalsoziologie, Frankfurt am Main 1968, S. 431ff.

Sagel-Grande, I., Die Maßregeln der Besserung und Sicherung im strafrechtlichen Rechtsfolgensystem der Niederlande, ZStW 103 (1991), S. 732ff.

Dies., Neue Entwicklungen im niederländischen Maßregelrecht, ZStW 106 (1994), S. 869ff.

Dies., Maßregelvollzug und Patientenrechte in den Niederlanden; in: Marneros, A./Rössner, D./Haring, A./Brieger, P. (Hrsg.), Psychiatrie und Justiz, München u.a. 2000, S. 166ff.

Sagel-Grande, I./Toornvliet, L. G., Jugendliche in einem niederländischen Orthopädagogischen Zentrum. Reminiszenzen an Anne-Eva Braunecks Habilitationsschrift „Die Entwicklung jugendlicher Straftäter“ (1961), MSchrKrim 2000, S. 363ff.

Sanner, H., Eickelborn 1983; in: Landschaftsverband Westfalen-Lippe (Hrsg.), Krank und/oder kriminell? Maßregelvollzug in Westfalen-Lippe, Münster 1984, S. 75ff.

Schaaf, F., Zum Problem des mehrfach aufeinander folgenden Ausspruchs von zeitlich begrenzten Disziplinarmaßnahmen, ZfStrVo 1980, S. 146ff.

Schalast, N., Anmerkungen zur Novellierung des nordrhein-westfälischen Maßregelvollzugsgesetzes, R&P 2000, S. 16ff.

Schanda, H./Knecht, G., Der Umgang der Psychiatrie mit Gewalttätern; in: Müller-Isberner, R./Gonzalez Cabeza, S. (Hrsg.), Forensische Psychiatrie. Schuldfähigkeit, Kriminaltherapie, Kriminalprognose, Mönchengladbach 1998, S. 109ff.

Scharf, P./Hickey, J., The Prison and the Inmate's Conception of Legal Justice. An Experiment in Democratic Education, Criminal Justice and Behavior 1976, S. 107ff.

Schäfer, K. H./Sievering, U. O., 20 Jahre Strafvollzugsgesetz. Behandlungsvollzug zwischen Erfolgsbilanz und Offenbarungseid?, Frankfurt am Main 1998.

Scheerer, S., Die abolitionistische Perspektive, KrimJ 1984, S. 90ff.

Ders., Grundrechte und soziale Wirklichkeit im behandlungsorientierten Freiheitsentzug: Strafe, Maßregel, Unterbringung und die Tendenz zum privat organisierten Strafvollzug. Eine Problemskizze, Kriminalsoziologische Bibliographie 1985, S. 1ff.

Scherzberg, A., Grundfragen des verwaltungsrechtlichen Vertrages, JuS 1992, S. 205ff.
Schneider, H.-J., Die gegenwärtige Lage der deutschsprachigen Kriminologie. Kritischer Überblick über ihre Grundprobleme und Hauptrichtungen, JZ 1973, S. 569ff.
Schorsch, E./Galedary, G./Haag, A./Hauch, M./Lohse, H., Perversion als Straftat. Dynamik und Psychotherapie, 2. Auflage, Stuttgart 1996.
Schorsch, E./Schmidt, G., Hypothalamotomie bei sexuellen Abweichungen. Eine Kritik aus sexualwissenschaftlicher Sicht, Nervenarzt 1979, S. 689ff.
Schöch, H., Rechtliche Grundlagen der Psychotherapie im Straf- und Maßregelvollzug; in: Beier, K. M./Hinrichs, G. (Hrsg.), Psychotherapie mit Straffälligen: Standorte und Thesen zum Verhältnis Patient – Therapeut – Justiz, Stuttgart u.a. 1995, S. 90ff.
Ders., Juristische Aspekte des Maßregelvollzugs; in: Venzlaff, U./Foerster, K. (Hrsg.), Psychiatrische Begutachtung, 3. Auflage, München u.a. 2000, S. 325ff.
Schönke, A./Schröder, H., Strafgesetzbuch. Kommentar, 26. Auflage, München 2001, zitiert: Schönke/Schröder-*Bearbeiter*.
Schreiber, H.-L., Ethische und rechtliche Probleme der Zwangsbehandlung; in: Pohlmeier, H./Deutsch, E./Schreiber, H.-L. (Hrsg.), Forensische Psychiatrie heute. Prof. Dr. med. Ulrich Venzlaff zum 65. Geburtstag gewidmet, Berlin u.a. 1986, S. 11ff.
Schriever, W., Anmerkung zu OLG Hamm, NStZ 1993, S. 103 (LS), dorts.
Schröder, H. J., Zur Erfolgskontrolle der Gesetzgebung; in: Rehbinder, M./Schelsky, H. (Hrsg.), Zur Effektivität des Rechts. Jahrbuch für Rechtssoziologie und Rechtstheorie. Band III, Düsseldorf 1972, S. 271ff.
Schumacher, W., Die Beurteilung der Schuldfähigkeit bei nicht-stoffgebundenen Abhängigkeiten (Spielleidenschaft, Fetischismen, Hörigkeit); in: Hamm, R. (Hrsg.), FS für W. Sarstedt, Berlin u.a. 1981, S. 361ff.
Schumann, K. F., Zeichen der Unfreiheit. Zur Theorie und Messung sozialer Sanktionen, Freiburg i. Br. 1968.
Schumann, V., Psychisch kranke Rechtsbrecher . Eine Querschnittsuntersuchung im Maßregelvollzug, Stuttgart 1987.
Dies., Fünf Jahre Maßregelvollzug im Westfälischen Zentrum für Forensische Psychiatrie Lippstadt-Eickelborn, Sozialpsychiatrische Informationen 1989, S. 2ff.
Dies., Behandlungsvoraussetzungen und -möglichkeiten der nach § 63 StGB Untergebrachten; in: Beier, K. M./Hinrichs, G. (Hrsg.), Psychotherapie mit Straffälligen: Standorte und Thesen zum Verhältnis Patient – Therapeut – Justiz, Stuttgart u.a. 1995, S. 99ff.
Schumann, V./Dimmek, B., Therapie im Maßregelvollzug, Lippstadt 1987.
Schüler-Springorum, H., Hausstrafen und Sicherungsmaßnahmen; in: Bundesministerium der Justiz (Hrsg.), Tagungsberichte der Strafvollzugskommission. Band V, Bonn 1969, S. 87ff.
Ders., Hauptprobleme einer gesetzlichen Regelung des Jugendstrafvollzugs; in: Kultur, Kriminalität, Strafrecht. FS für Thomas Würtenberger, Berlin 1977, S. 425ff.
Ders., Anmerkung zu BGH, StV 1986, S. 477f.; StV 1986, S. 478ff.
Schüler-Springorum, H. et al., Sexualstraftäter im Maßregelvollzug. Grundfragen ihrer therapeutischen Behandlung und der Sicherheit der Allgemeinheit. Gutachten der unabhängigen Expertenkommission vom 31.1.1996, MSchrKrim 1996, S. 147ff.
Schütz, A., Gesammelte Aufsätze. Band I. Das Problem der sozialen Wirklichkeit, Den Haag 1971.
Ders., Der sinnhafte Aufbau der sozialen Welt. Eine Einleitung in die verstehende Soziologie, Frankfurt am Main 1974.

Ders., Das Problem der Relevanz, Frankfurt am Main 1982.

Schütz, A./Luckmann, T., Strukturen der Lebenswelt. Band 1, Neuwied u.a. 1975.

Dies., Strukturen der Lebenswelt. Band 2, Frankfurt am Main 1984.

Schwabe, M., „Plötzlich gab's ein Handgemenge". Eskalation und De-Eskalation von körperlicher Gewalt in stationären Einrichtungen der Jugendhilfe, Materialien zur Heimerziehung 1994, S. 5ff.

Schwind, H.-D./Böhm, A., Strafvollzugsgesetz-Kommentar, 3. Auflage, Berlin u.a. 1999, zitiert: Schwind/Böhm-*Bearbeiter*.

Sigusch, V., Medizinische Experimente am Menschen. Das Beispiel Psychochirurgie, Berlin 1977.

Skirl, M., Zur Zulässigkeit von Disziplinarmaßnahmen nach Drogenkonsum eines Strafgefangenen, ZfStrVo 1995, S. 93ff.

Specht, F., Entwicklung und Zukunft der Sozialtherapeutischen Anstalten im Justizvollzug der Bundesrepublik Deutschland; in: Egg, R. (Hrsg.), Sozialtherapie in den 90er Jahren. Gegenwärtiger Stand und aktuelle Entwicklung im Justizvollzug, Wiesbaden 1993, S. 11ff.

Spittler, G., Norm und Sanktion. Untersuchungen zum Sanktionsmechanismus, Olten u.a. 1967.

Steffen, W., Grenzen und Möglichkeiten der Verwendung von Strafakten als Grundlage kriminologischer Forschung. Methodische Probleme und Anwendungsbeispiele; in: Müller, P. J. (Hrsg.), Die Analyse prozeß-produzierter Daten, Stuttgart 1977, S. 89ff.

Stein, H., Disziplinarmaßnahmen im Strafvollzug; in: Bemmann, G./Manoledakis, I. (Hrsg.), Probleme des staatlichen Strafens unter besonderer Berücksichtigung des Strafvollzugs. Deutsch-Griechisches Symposion Komotini 1989, Baden-Baden 1989, S. 117ff.

Steinke, I., Kriterien qualitativer Forschung . Ansätze zur Bewertung qualitativ-empirischer Sozialforschung, Weinheim u.a. 1999.

Stelkens, P./Bonk, H. J./Sachs, M., Verwaltungsverfahrensgesetz-Kommentar, 5. Auflage, München 1998, zitiert: Stelkens/Bonk/Sachs-*Bearbeiter*.

Steller, M., „Leidensdruck" als Indikation für Sozialtherapie? Eine Analyse motivationaler Klienten-Variablen und ihres Einflusses auf die Wirksamkeit von Psychotherapie bei Delinquenten, 1974, zugl.: Kiel, Univ., Diss., 1974.

Ders., Über Unbelehr- und Unbehandelbare. Chancen und Defizite der Psychologie im behandlungsorientierten Strafvollzug; in: Leygraf, N./Volbert, R./Horstkotte, H./Fried, S. (Hrsg.), Die Sprache des Verbrechens. Wege zu einer klinischen Kriminologie. FS für Wilfried Rasch, Stuttgart u.a. 1993, S. 296ff.

Steller, M./Hommers, W., Zur Behandlungsmotivation von Delinquenten. Empirische Befunde zu „Leidensdruck" und anderen motivationalen Variablen als sozialtherapeutische Eignungskriterien, MSchrKrim 1977, S. 279ff.

Stephan, E., Verhaltenstherapie und Verhaltensmodifikation im Maßregelvollzug; in: Schumann, V./Dimmek, B. (Hrsg.), Therapie im Maßregelvollzug, Lippstadt 1987, S. 115ff.

Stern, K., Das Staatsrecht der Bundesrepublik Deutschland. Band III/1. Allgemeine Lehren der Grundrechte, München 1988.

Stolz, P., Der sozialstaatliche Ausbau der deutschen Psychiatriegesetze – Kontrolle durch Fürsorge?, R&P 1984, S. 51ff.

Ders., Von der Macht und Ohnmacht psychopharmakologischer Eingriffe, R&P 1985, S. 132ff.

Strafrechtsausschuß des DeutschenAnwaltVereins, Stellungnahme zum Entwurf eines Gesetzes zur Bekämpfung von Sexualdelikten und anderen gefährlichen Straftaten (BT-Drs. 13/7163), Bonn 1997.

Strasser, P., Die Beccaria-Falle. Eine kritische Analyse des „Therapie-statt-Strafe"-Arguments, BewHi 1977, S. 288ff.

Ders., Unschädlichmachen. Ein Beitrag zur therapeutischen Kriminologie, Kriminalsoziologische Bibliographie 1978, S. 33ff.

Stratenwerth, G., Zur Rechtfertigung freiheitsbeschränkender sichernder Maßnahmen, SchwZStR 1988, S. 105ff.

Ders., Strafrecht, Allgemeiner Teil I. Die Straftat, 4. Auflage, Köln u.a. 2000.

Stratenwerth, G./Bernoulli, A., Der schweizerische Strafvollzug. Ergebnisse einer empirischen Untersuchung, Aarau u.a. 1983.

Strauch, H.-J., Wie wirklich sehen wir die Wirklichkeit? Vom Nutzen des Radikalen Konstruktivismus für die juristische Theorie und Praxis, JZ 2000, S. 1020ff.

Streitbürger, G., Die sozialtherapeutische Weiterbildung für Mitarbeiterinnen im Pflegedienst von Maßregelvollzugskliniken; in: van den Bergh, W. M. (Hrsg.), Im Zentrum: Maßregelvollzug. Entwicklungen in der Forensischen Psychiatrie. FS für V. Schumann, Lippstadt 1992, S. 183ff.

Streitbürger, G./Trampe, W., Sozialtherapeutischer Fortbildungslehrgang für Mitarbeiter im Pflegedienst in Maßregelvollzugskliniken, R&P 1990, S. 121ff.

Streng, F., Vikariierens-Prinzip und Leidensdruck. Überlegungen zum Verhältnis von Therapie und Strafe im Rahmen von § 67 StGB, StV 1987, S. 41ff.

Ders., Strafrechtliche Sanktionen. Grundlagen und Anwendung, Stuttgart u.a. 1991.

Sutter, H., Demokratieerziehung und Moralentwicklung. Kohlbergs Just-Community-Modell unter den Bedingungen des Jugendstrafvollzugs; in: Stark, W./Fitzner, Th./Giebeler, K./Schubert, Ch. (Hrsg.), Moralisches Lernen in Schule, Betrieb und Gesellschaft. Internationaler Kongreß der Evangelischen Akademie Bad Boll. Protokolldienst Nr. 7/96, Bad Boll 1996(a), S. 168ff.

Ders., Moralische Entwicklung und demokratische Partizipation als Ziel der Erziehung; in: Scheiwe, N. (Hrsg.), Mit jungen Menschen auf dem Weg in die Zukunft, Konstanz 1996(b), S. 9ff.

Sutter, H./Baader, M./Weyers, S., Die „Demokratische Gemeinschaft" als Ort sozialen und moralischen Lernens. Der Modellversuch in der Justizvollzugsanstalt Adelsheim. Eine Zwischenbilanz, Neue Praxis 1998, S. 383ff.

Sütfels, M., Probleme ärztlicher Zwangsbehandlung im Maßregelvollzug, Berlin 1985, zugl.: Berlin, Univ., Diss., 1985.

Swift, J., Gullivers Reisen, Frankfurt am Main 1974.

Systematischer Kommentar, Kommentar zum Strafgesetzbuch. Band II. Besonderer Teil (§§ 80–358). Loseblattsammlung, Neuwied u.a., zitiert: SK-*Bearbeiter*.

Tacke, B./Hanisch, A./Knaack, M./Rode, I., Untersuchung psychiatrischer und psychologischer Faktoren, welche für Selbstbeschädigungen (das sog. Metallschlucken) von Häftlingen in Strafanstalten bestimmend sind, Opladen 1975.

Tapp, J. L./Kohlberg, L., Developing Senses of Law and Legal Justice, Journal of Social Issues 1971, S. 65ff.

Telger, K./Seifert, D., Entwicklung einer Konzeption zur Behandlung intelligenzgeminderter Rechtsbrecher am Alexianer-Krankenhaus in Münster; in: Kammeier, H. (Hrsg.), Forensik in Münster: Eine Region in der Verantwortung, Münster 2002, S. 39ff.

Teller, M., Behandlungszwang im Maßregelvollzug, München 1996, zugl.: München, Univ., Diss., 1996.

Tervoort, M. G. A., Voorkomen en beperken van dwang in een Forensisch Psychiatrische Kliniek, Proces 1996, S. 56ff.

Ders., Differentieren in plaats van egaliseren. Het rapport IBO TBS 2 kritisch bezien, Justitiele Verkenningen 1999, S. 78ff.

Thieme, W., Verwaltungslehre, 3. Auflage, Köln u.a. 1977.

Thomas-März, V./Müller-Isberner, R., Psychotherapie mit Sexualstraftätern, ZfStrVo 1995, S. 344ff.

Tondorf, G., Der Maßregelvollzug für psychisch kranke Täter und Suchtkranke (§§ 63, 64 StGB), RuP 1980, S. 114ff.

Ders., Anmerkung zu OLG Hamm, StV 1982, S. 125, StV 1982, S. 373ff.

Ders., Die katastrophale Lage psychisch Kranker im Maßregelvollzug, ZRP 1983, S. 118ff.

Ders., Der „aufgedrängte" Sachverständige als Ärgernis für die Verteidigung, R&P 1984, S. 155ff.

Trampe, W., Therapeutische Funktionen des Pflegepersonals im Maßregelvollzug; in: Schumann, V./Dimmek, B. (Hrsg.), Therapie im Maßregelvollzug, Lippstadt 1987, S. 153ff.

Treiber, H., Entlastungseffekte des Dunkelfeldes. Anmerkungen zu einer Dunkelzifferbefragung, KrimJ 1973, S. 97ff.

Trotha, T. von, Exzentrische Positionalität, Norm und Abweichung. Sozialphilosophisch-soziologische Überlegungen über die Universalität von Norm und Abweichung, ARSP 1978, S. 305ff.

Ders., Perspektiven der Strafvollzugsreform oder Ein kritischer Bericht über die Errungenschaften des Landes Balnibarbi, KJ 1979, S. 119ff.

Ders., Gefangen im Panoptikum. Über Maßregelvollzug und aktive soziale Kontrolle; in: Eisenbach-Stangl, I./Stangl, W. (Hrsg.), Grenzen der Behandlung, Opladen 1984, S. 95ff.

Tröndle, H./Fischer, Th., Strafgesetzbuch und Nebengesetze. Kommentar, 51. Auflage, München 2003, zitiert: *Tröndle/Fischer*.

Tuinen, K. van, Disciplinaire straffen en maatregelen; in: de Jong, D. H./van der Neut, J. L./Tulkens, J. J. J. (Hrsg.), De vrijheidsstraf. Bundel opstellen ter gelegenheid van de eeuwherdenking op 15 april 1986 te Groningen van de invoering van het Wetboek van Strafrecht en de eerste Beginselenwet van het gevangeniswezen, Arnhem 1986, S. 267ff.

Ukena, G., Die Unterbringung in einem psychiatrischen Krankenhaus, Frankfurt a. M. 1991, zugl.: Göttingen, Univ., Diss., 1991.

Ule, C. H./Laubinger, H.-W., Verwaltungsverfahrensrecht, 4. Auflage, Köln u.a. 1995.

Venzlaff, U., Psychiatrisch-psychologische Begutachtung bei der Unterbringung von Straftätern in einem psychiatrischen Krankenhaus und bei bedingter Entlassung (§§ 63, 64, 67b–67e, 67g StGB); in: Blau, G./Kammeier, H. (Hrsg.), Straftäter in der Psychiatrie. Situation und Tendenzen des Maßregelvollzuges, Stuttgart 1984, S. 96ff.

Ders., Was ist Delinquenz und was kann man daran behandeln? Gedanken über Aufgaben und Möglichkeiten des Maßregelvollzuges, MSchrKrim 1989, S. 161ff.

Ders., Therapie im Maßregelvollzug und die Bedeutung von Stufenkonzepten; in: Hessisches Ministerium für Jugend, Familie und Gesundheit (Hrsg.), Zur Weiterentwicklung des Maßregelvollzuges in Hessen. Fachtagung 4. März 1993 in Frankfurt am Main. Dokumentation, Wiesbaden 1993, S. 29ff.

Ders., Methodische und praktische Probleme der forensisch-psychiatrischen Begutachtung; in: Venzlaff, U./Foerster, K. (Hrsg.), Psychiatrische Begutachtung, 3. Auflage, München u.a. 2000, S. 67ff.

Venzlaff, U./Schreiber, H.-L., Der Maßregelvollzug – Stiefkind der Strafrechtsreform?; in: Bergener, M. (Hrsg.), Psychiatrie und Rechtsstaat, Neuwied u.a. 1981, S. 189ff.

Vliet, J. A. van, Veranderingen in de TBS, Proces 2000, S. 88ff.

Voelzke, W., Anmerkungen zum „Musterentwurf eines Gesetzes für psychisch Kranke", R&P 1993, S. 18ff.

Volckart, B., Anmerkung zu BGH, NStZ 1983, S. 173f., NStZ 1982, S. 174ff.

Ders., Behandlung im Strafvollzug – repressive Maßnahmen mit anderem Namen?, BewHi 1985(a), S. 24ff.

Ders., Anmerkung zu KG, R&P 1985, S. 34f., R&P 1985(b), S. 35ff.

Ders., Verwaltungsverfahrensrecht im Krankenhaus, R&P 1987, S. 104ff.

Ders., Anmerkung zu BGH EzSt StGB § 67, Nr. 8 – 1 StR 229/87, EzSt 1988, S. 5ff.

Ders., Anmerkung zu OLG Hamm, NStZ 1989, S. 590f., NStZ 1989, S. 591ff.

Ders., Rechtsbehelfe der Maßregelpatienten, BewHi 1990, S. 227ff.

Ders., Die Krankenunterlagen im öffentlich-rechtlichen psychiatrischen Freiheitsentzug; in: Däubler-Gmelin, H./Kinkel, K./Meyer, H./Simon, H. (Hrsg.), Gegenrede: Aufklärung – Kritik – Öffentlichkeit. FS für E.G. Mahrenholz, Baden-Baden 1994, S. 819ff.

Ders., Anmerkung zu HansOLG StV 1996, S. 606, StV 1996(a), S. 608ff.

Ders., Auskünfte über untergebrachte Patienten im strafrechtlichen Ermittlungsverfahren, R&P 1996(b), S. 187ff.

Ders., Das Verwaltungsvorverfahren nach Landesrecht im maßregelvollzuglichen Rechtsschutz, R&P 1997, S. 121ff.

Ders., Maßregelvollzug. Das Recht des Vollzuges der Unterbringung nach §§ 63, 64 StGB in einem psychiatrischen Krankenhaus und in einer Entziehungsanstalt, 5. Auflage, Neuwied u.a. 1999(a).

Ders., Zum Regierungsentwurf eines neuen Maßregelvollzugsgesetzes in Nordrhein-Westfalen, R&P 1999(b), S. 102ff.

Ders., Verteidigung in der Strafvollstreckung und im Vollzug, 3. Auflage, Heidelberg 2001.

Volckart, B./Grünebaum, R., Maßregelvollzug. Das Recht des Vollzugs der Unterbringung nach §§ 63, 64 StGB in einem psychiatrischen Krankenhaus und in einer Entziehungsanstalt, 6. Auflage, München u.a. 2003.

Wagner, B., Sind psychiatrische Therapiemethoden „gerecht"? Für effektiven Rechtsschutz bei der Auswahl einer psychiatrischen Zwangsbehandlung, Teil I, R&P 1989, S. 49ff.

Ders., Zweifelhafter Rechtsschutz gegen zweifelhafte Therapiemaßnahmen. Für effektiven Rechtsschutz bei der Auswahl einer psychiatrischen Zwangsbehandlung, Teil II, R&P 1990(a), S. 58ff.

Ders., Psychiatrische Zwangsbehandlung und rechtfertigender Notstand (§ 34 StGB), R&P 1990(b), S. 166ff.

Ders., Effektiver Rechtsschutz im Maßregelvollzug. Hintergründe, Hemmnisse und Möglichkeiten zur Überprüfung des Vollzuges der Unterbringung nach § 63 StGB, 2. Auflage, Bonn 1992(a).

Ders., Strafvollzugspersonal im Dienst der Strafverfolgung? Zur Strafbarkeit von Vollzugsbediensteten wegen Strafverfolgungsvereitelung durch Unterlassen (§§ 258 Abs. 1, 13 StGB); in: Ostendorf, H. (Hrsg.), FS zum 125jährigen Bestehen der Staatsanwaltschaft Schleswig-Holstein, Köln u.a. 1992(b), S. 511ff.

Wagner, E., Scheitern, Krisen, Katastrophen; in: Wagner, E./Werdenich, W. (Hrsg.), Forensische Psychotherapie. Psychotherapie im Zwangskontext von Justiz, Medizin und sozialer Kontrolle, Wien 1998, S. 179ff.

Wahrig, Deutsches Wörterbuch, 7. Auflage, Gütersloh u.a. 2000.

Walkenhorst, P., Sicherheit, Ordnung und Disziplin im Jugendstrafvollzug. Einige pädagogische Überlegungen, DVJJ-Journal 1999, S. 247ff.

Walter, J., Disziplinarmaßnahmen, besondere Sicherungsmaßnahmen und Selbstschädigungen. Indikatoren für die Konfliktbelastung einer Vollzugsanstalt?, ZfStrVo 1988, S. 195ff.

Ders., Formelle Disziplinierung im Jugendstrafvollzug, MSchrKrim 1993, S. 273ff.

Ders., Moralische Entwicklung im Jugendstrafvollzug oder: Demokratie lernen. Ein Modellversuch in der JVA Adelsheim, Kriminalpädagogische Praxis 1998(a), S. 13ff.

Ders., Formelle Disziplinierung im Jugendstrafvollzug, Frankfurt am Main u.a. 1998(b), zugl.: Heidelberg, Univ., Diss., 1997.

Walter, M., Strafvollzug, 2. Auflage, Stuttgart u.a. 1999.

Warta, D., Täuschung als Kommunikationsform und konstantes Element von Psychotherapie im Strafvollzug; in: Wagner, E./Werdenich, W. (Hrsg.), Forensische Psychotherapie. Psychotherapie im Zwangskontext von Justiz, Medizin und sozialer Kontrolle, Wien 1998, S. 113ff.

Weber, M., Wirtschaft und Gesellschaft. Grundriss der verstehenden Soziologie, Köln u.a. 1964.

Weidmann, R./Dittrich, A., Neue Erkenntnisse über die psychopathologischen Wirkungen der Einzelhaft. Folgerungen für die Rechtssetzung und Rechtsanwendung?, SchwZStR 1985, S. 399ff.

Weigend, Th., „Neoklassizismus". Ein transatlantisches Missverständnis. Gedanken anläßlich eines internationalen Kolloquiums über „Neue Tendenzen der Kriminalpolitik", ZStW 94 (1982), S. 801ff.

Weingarten, E./Sack, F./Schenkein, J., Ethnomethodologie. Beiträge zu einer Soziologie des Alltagshandelns, 2. Auflage, Frankfurt am Main 1979.

Weltgesundheitsorganisation, Taschenführer zur ICD-10-Klassifikation psychischer Störungen, 2. Auflage, Bern u.a. 2001.

Werdenich, W./Wagner, E., Die Kunst der Zwangsbehandlung; in: Wagner, E./Werdenich, W. (Hrsg.), Forensische Psychotherapie. Psychotherapie im Zwangskontext von Justiz, Medizin und sozialer Kontrolle, Wien 1998, S. 37ff.

Whiteley, J. S., Innerer und äußerer Zwang in der Therapeutischen Gemeinschaft, R&P 1996, S. 155ff.

Wille, R./Schumacher, W./Andrzejak, N., Zur Therapie von sexuell Devianten, Berlin 1990.

Wilson, T. P., Qualitative „oder" quantitative Methoden in der Sozialforschung, Kölner Zeitschrift für Soziologie und Sozialpsychologie 1982, S. 487ff.

Winkels, M. J, De binnenkooi. Een onderzoek naar de toepassing en toetsing van dwang-

maatregelen binnen de terbeschikkingstelling, Groningen 1991, zugl.: Groningen, Univ., Diss., 1991.
Dies., Tast betere rechtsbescherming van terbeschikkinggestelden de fundamenten van dwangverpleging aan?, Proces 1992, S. 273ff.
Winkler-Wilfurth, A., Betreuung und Heilbehandlung, Regensburg 1992, zugl.: Regensburg, Univ., Diss., 1992.
Wohlgemuth, R., Inoffizielle Kriterien für die Vergabe von Vollzugslockerungen; in: Kury, H. (Hrsg.), Ambulante Massnahmen zwischen Hilfe und Kontrolle, Köln u.a. 1984, S. 373ff.
Wolff, H. J./Bachof, O./Stober, R., Verwaltungsrecht. Band 1, 11. Auflage, München 1999
Dies., Verwaltungsrecht. Band 2, 6. Auflage, München 2000.
Wolff, St., Dokumenten- und Aktenanalyse; in: Flick, U./von Kardorff, E./Steinke, I. (Hrsg.), Qualitative Forschung, Hamburg 2000(a), S. 502ff.
Ders., Wege ins Feld und ihre Varianten; in: Flick, U./von Kardorff, E./Steinke, I. (Hrsg.), Qualitative Forschung, Reinbek 2000(b), S. 334ff.
Wolfslast, G., Psychotherapie in den Grenzen des Rechts, Stuttgart 1985, zugl.: Göttingen, Univ., Diss., 1984
Dies., Rechtliche Grenzen der Behandlung; in: Schumann, V./Dimmek, B. (Hrsg.), Therapie im Maßregelvollzug, Lippstadt 1987, S. 39ff.
Wulf, R., Grund- und Menschenrechte im Justizvollzug. Schutz von Minimalrechten der Gefangenen als verfassungsrechtlicher Auftrag, NJ 1996, S. 227ff.
Wullweber, H., Machen Psychopharmaka gesund? Überlegungen zur Zwangsbehandlung psychisch Kranker, R&P 1985, S. 122ff.

Zachariae, H. A., Die Gebrechen und die Reform des deutschen Strafverfahrens, Göttingen 1846.
Zeh, W., Die Wirkungskontrolle von Rechts- und Verwaltungsvorschriften im Vollzug; in: Bundesakademie für öffentliche Verwaltung (Hrsg.), Praxis der Gesetzgebung, Regensburg 1983, S. 297ff.
Zeijst, J. van, Geschiedenis van de TBS, Justitiele Verkenningen 1993, S. 39ff.
Zelditch, M., Methodische Probleme der Feldforschung; in: Hopf, C./Weingarten, E. (Hrsg.), Qualitative Sozialforschung, Stuttgart 1979, S. 119ff.

Sachregister

FSC
www.fsc.org
MIX
Papier | Fördert
gute Waldnutzung
FSC® C083411

Kolibri 360 GmbH
Ferdinand-Jühlke-Straße 7
99095 Erfurt, Deutschland
produktsicherheit@kolibri360.de